MAINTIEN DE LA PAIX DE 1815 À AUJOURD'HUI

Actes du XXIᵉ colloque de la Commission internationale d'histoire militaire

PEACEKEEPING 1815 TO TODAY

Proceedings of the XXIˢᵗ Colloquium of the International Commission of Military History

THE GOVERNOR GENERAL
GOUVERNEUR GÉNÉRAL

Je suis heureux, en ma qualité de Gouverneur général et de Commandant en chef du Canada, de transmettre mes plus cordiales salutations aux participants en provenance du monde entier rassemblés à Québec à l'occasion du XXIe Colloque de la Commission internationale d'histoire militaire.

Le thème du colloque, **Maintien de la paix de 1815 à aujourd'hui**, permettra de faire le point sur un élément qui a marqué de son empreinte les relations internationales depuis la fin des guerres napoléoniennes. Pendant plus d'un siècle, les grandes puissances, en dépit de leur volonté affichée de se concerter pour éviter le déclenchement de conflits et maintenir la paix, ont été davantage guidées par le souci de préserver leurs propres intérêts et d'étendre leur sphère d'influence que par la volonté d'instaurer une paix juste et durable en Europe et dans le monde. Le maintien de la paix s'est souvent traduit, malheureusement, par l'imposition de la loi du plus fort et n'a pu empêcher le déclenchement de deux guerres mondiales.

Un tournant capital fut pris, il y a cinquante ans, avec la création des Nations unies. Cette fois, c'était l'ensemble de la communauté internationale qui s'engageait à préserver la paix et à prévenir la guerre. Et c'est sous l'impulsion d'un Canadien, Lester B. Pearson, qu'a été élaborée la conception moderne du maintien de la paix qu'illustrent les Casques bleus depuis quatre décennies. Aujourd'hui, la notion de maintien de la paix est encore appelée à évoluer, mais ce sera sans doute sous le signe d'une solidarité et d'une coopération internationales renforcées.

Le choix de Québec pour le déroulement du colloque est des plus heureux. La Vieille Capitale, classée monument du patrimoine mondial par l'UNESCO, témoigne de plus de 350 ans d'histoire du Canada. J'espère que les participants profiteront de leurs moments libres pour la découvrir et succomber à son charme. J'adresse mes félicitations aux organisateurs de cette importante rencontre. Puissent les nombreuses communications et discussions prévues se révéler pour tous passionnantes et enrichissantes!

Roméo LeBlanc

1995

RIDEAU HALL
OTTAWA

THE GOVERNOR GENERAL
GOUVERNEUR GÉNÉRAL

As Governor General and Commander-in-Chief of Canada, I am pleased to send my warmest greetings to all those who have come to Quebec City from around the world to take part in the XXI Colloquium of the International Commission of Military History.

The theme of the Colloquium, **Peacekeeping 1815 to Today**, has been an increasingly important aspect of international relations since the end of the Napoleonic wars. For more than a century, the Great Powers declared it was their intention to work together to prevent the outbreak of conflicts and maintain the peace. However, they were guided more often by their concerns about protecting their own interests and extending their spheres of influence than by a desire to establish a just and lasting peace in Europe and throughout the world. Unfortunately, peacekeeping in practice often meant that the doctrine that "might is right" prevailed and this failed to prevent the two world wars.

Fifty years ago, a major turning point occurred when the United Nations was created. This time, the international community as a whole undertook to preserve the peace and prevent war. And it was a Canadian, Lester B. Pearson, who developed the modern concept of peacekeeping that the Blue Helmets have embodied for the past four decades. Today, the concept of peacekeeping must continue to evolve, but it will undoubtedly do so in the context of greater international solidarity and cooperation.

The choice of Quebec City for this symposium is particularly fitting. *La Vieille Capitale*, a UNESCO World Heritage Site, has witnessed over 350 years of Canadian history. I hope that the participants will take advantage of their free time to discover and be seduced by its charm. I wish to congratulate the organizers of this important meeting, and I hope that the proceedings prove interesting and enlightening for everyone.

Roméo LeBlanc

MESSAGE DU CHEF D'ÉTAT-MAJOR DE LA DÉFENSE DU CANADA

MESSAGE OF THE CHIEF OF THE DEFENCE STAFF OF CANADA

I welcome you all to this 21st Symposium.

The thousands of years that span the existence of mankind have given us ample opportunity to repeat the mistakes of the past. That we have done so with such apparent cheerful regularity is discouraging. Failure to avoid past error can surely only be ascribed to ignorance, obstinacy or stupidity. Ignorance of the past is rectified by diligent recording and intelligent evaluation, the hallmark of the competent historian. But how we apply the lessons of the past is a measure of the competency of the rest of us.

Nowhere is this more true than in the chronicle of war and in the multitude of conflicts waged over the centuries for reasons of ignorance, tribalism, religion, hatred or greed. This year, the fiftieth anniversary of the end of the most destructive war ever waged, it is fitting that this International Military History Symposium reflects on the value of the work of the military historian.

En juin dernier, aux Pays-Bas, j'ai assisté aux cérémonies qui ont marqué le Jour de la victoire en Europe. Ces événements sont gravés dans ma mémoire, tout comme l'émotion qui se lisait sur le visage des anciens combattants. J'ai aussi été rassuré par 1'enthousiasme des écoliers qui participaient aux activités. Le profond respect qu'ils marquaient à l'égard des vétérans a rehaussé la valeur des cérémonies. Leur attitude nous a aussi rappelé combien il est important de parler à nos enfants des sacrifices consentis par ceux et celles qui ont fait la guerre. Nos liens avec ce passé sont tissés par l'histoire, car toute trace vivante des évenements finit par disparaître.

I wish you well in your discussions. May the venue of the beautiful, historic and strategic city that is La ville de Québec, provide inspiration to your deliberations. And may you enjoy yourselves too.

General AJGD de Chastelain

INTRODUCTION

Les actes du XXIe Colloque de la Commission internationale d'histoire militaire replacent les actuelles missions de la paix de l'ONU dans le contexte plus large de la période 1815 à nos jours, au cours de laquelle une série d'interventions militaires de type impérialiste ont lieu en vue d'établir la paix ou de la maintenir lorsqu'elle est fragile.

Le concept de la paix pour tous remonte à la nuit des temps. Bien que notre étude se soit limitée aux 180 dernières années, le lecteur remarquera qu'à l'occasion il y a débordement. Mermigidis rappellera, par exemple, un discours d'Alexandre le Grand sur l'harmonie entre les races et les peuples que la plupart des politiciens actuels pourraient reprendre presque mot à mot. Quant à Mircea Dogaru, dans la première partie de son texte que nous n'avons pu publier faute d'espace, il a promené ses auditeurs dans les hauts et les bas de la recherche de la paix dans le monde chrétien européen, depuis environ 300 de notre ère jusqu'à 1815. En suivant ce filon du long terme, il semble bien, depuis 1815, et malgré les apparences, que nous vivions la partie ascendante du cycle paix. En effet, même si l'idéal de paix universelle recherché durant ces quinze siècles d'histoire a frappé plusieurs écueils, une idée d'implantation limitée prend racine, à compter de 1815, avec la Sainte-Alliance. La paix par la force ou par le droit ou, encore, par un certain mysticisme ne parviennent cependant pas à s'imposer sur notre planète face aux nationalismes. Ce colloque, réunissant des historiens militaires, aura amplement donné l'occasion de constater que la donnée nationaliste joue un rôle très évident dans plusieurs des communications (en corollaire, ces présentations permettront à plusieurs de faire connaissance avec des participants importants au processus actuel du maintien de la paix, qui sont souvent laissés dans l'ombre ou carrément oubliés). Les autorités politiques internationales tiennent compte de ce facteur national, qui existe aussi bien parmi ceux chez qui on tente d'établir la paix que parmi ceux qui sont envoyés pour l'instaurer ou la maintenir tout en restant fréquemment sujets à des lois nationales.

Mais revenons un instant sur le XIXe siècle pour constater qu'existait déjà un concert des nations. Bien sûr, il était moins universel que l'actuelle ONU, mais il n'empêchait pas, au contraire, la paix de progresser. En Europe, les grandes guerres coûteuses disparaissent durant près d'un siècle. Les interventions, tout de même nombreuses, sur le continent européen ou hors de celui-ci, par les puissances de l'époque, sont faites en concertation ou avec l'entente tacite ou la neutralité bienveillante des pays amis et ennemis. Il arrive même que la présence dans une zone de conflits d'une force militaire neutre, fournie par une des puissances, arrête l'élan d'attaquants. À l'échelle universelle, l'ONU peut-elle devenir cette force morale et matérielle qui garantira bien des vies? Appuyée par la volonté de ses pays membres, pourquoi pas? Entre-temps, rappelons-nous que la Société des Nations arrive sur l'échiquier mondial comme une conclusion mal assimilée des leçons apprises depuis le Concert des Nations. Et que plusieurs des faiblesses de la SDN ont été éliminées avec l'ONU qui, elle-même, est actuellement en voie d'évolution rapide.

Un autre facteur en faveur de la paix, déjà très présent au XIXᵉ siècle, est l'arbitrage. La charte des Nations unies comprend ce moyen d'action. A-t-on tiré le maximum de cette charte? Les conclusions d'une conciliation ou d'une médiation ne sont pas obligatoirement acceptées alors que celles de l'arbitrage le sont. Aussi bien au XIXᵉ qu'au XXᵉ siècle, il n'est pas facile, pour des intervenants assurés, chacun, d'être dans son bon droit, mais qui ne s'entendent pas malgré leur bonne foi respective, de demander la décision d'un arbitre.

Entre 1815 et 1995, la technologie militaire a grandement évolué. Les forces terrestres et navales sont utilisées depuis toujours dans le maintien de la paix et l'on verra que ce fut le cas au XIXᵉ siècle, avant que cela ne le soit au XXᵉ. Cela dit, au cours de notre siècle, et en particulier suite au cataclysme de 1939-1945 (et même durant celui-ci), les forces aériennes militaires, surtout leur composante transport, ont été appelées à jouer un rôle de plus en plus grand, en particulier à titre de fournisseur d'aide humanitaire ou d'appui logistique aux troupes de maintien de la paix engagées au sol.

Le XXIᵉ Colloque international d'histoire militaire comparée aura permis la tenue d'une session spéciale autour du maintien de la paix au Moyen-Orient. Sans passion, chacun des trois participants, deux Israéliens et un Jordanien, aborde ce sujet. Les conclusions ne sont pas les mêmes, surtout en ce qui concerne les raisons de l'échec de l'UNEF I, en 1967. Mais il faut bien convenir que la présence de l'ONU militaire est de moins en moins visible dans la région du fait d'un rapprochement progressif des parties en cause grâce à la présence active des Nations unies.

Ce qui nous conduit à la crise actuelle vécue par le maintien de la paix. Les interventions sont présentement d'une nature qui se rapproche beaucoup de ce qu'a vécu l'ONU, au Congo, dès 1960, alors que ses militaires ont été lancés dans un secteur où n'existait pas de zone démilitarisée, pas de ligne d'armistice et... pas de paix à garder. Il ne peut évidemment y avoir qu'un seul et unique modèle de maintien de la paix. La phase de changement vécue depuis le tournant des années 1990 par le maintien de la paix, alors que se multiplient les situations à la congo-laise faisant l'objet d'interventions, a remis à l'avant-plan des problèmes bien connus déjà, mais auxquels on hésitait trop souvent à s'attaquer. Ainsi en était-il de la qualité de l'appui logistique, du commandement, du contrôle et de la coordination des troupes onusiennes, du renseignement, de l'instruction, de la nécessité de plus d'unités de spécialistes, de la mobilité tactique, des achats et des finances. Tous ces secteurs, depuis trois ans, ont été repris sérieusement en main par l'ONU et la progression, dans tous ces domaines, est bien réelle, même parmi les pessimistes (qui sont nombreux).

Cela dit, au-dessus de cette panoplie technique entourant l'intervention, plane la volonté politique. À ce sujet, la conclusion d'un des auteurs des communications, Peter Dennis, mérite d'être citée.

The end of the War (WWII) in southeast Asia, and the problems of restoring peace, illustrates many of the difficulties faced in peace-keeping operations. Where there is no clear political aim, or where the parties involved have diametrically, even violently, opposed political programs, the restoration of peace is a difficult, if not impossible task. Where also there is a lack of military means to impose even a temporary settlement, and the political will to support such military action, there may be little incentive for any of the protagonists to compromise, or to accept that negotiation may be preferable to armed confrontation. Where great powers refuse or feel unable to intervene, the very notion of peace is held to ransom by those who value it least. The parallels with a number of situations in the contemporary world are striking.

Au vu et au su de ce que nous apprennent les textes qui suivent en ce qui concerne l'implantation et le maintien de la paix, il est à se demander si chacun d'entre nous, dans la mesure de ses moyens, n'a pas le devoir d'agir auprès de ses autorités politiques en vue de la paix? Ne doit-on pas pousser vers des compromis favorables au maintien de la paix, où elle existe déjà et semble être en perte de vitesse, et au partage de ce trésor avec les parties du monde qui en sont privées? Cela signifie d'égaliser parfois les aspérités causées par le tribalisme, le nationalisme, la religion, le socio-politique, les personnalités etc..., tous des éléments qui ne disparaîtront jamais de la problématique et dont on doit inévitablement tenir compte dans la solution du problème extrêmement complexe de l'instauration d'une paix universelle durable.

Serge Bernier, Président
Commission canadienne d'histoire militaire

DISCOURS DE BIENVENUE

WELCOMING ADDRESS

Mesdames et messieurs, chers amis

Après notre colloque à Varsovie nous nous trouvons ici à Québec et, au nom de la Commission internationale d'histoire militaire, je voudrais exprimer notre gratitude à l'égard des autorités canadiennes de nous avoir offert leur hospitalité.

L'accueil par Serge Bernier et la Commission canadienne d'histoire militaire a été d'une chaleur – si j'ose dire – familière et bien connue de nous tous.

En effet, en 1988, la Commission canadienne d'histoire militaire, à l'époque sous la présidence de Jean Pariseau, que je salue particulièrement, nous a réunis à Montréal et "nous nous souvenons toujours".

Chers amis, dans nos pérégrinations, nous pouvons constater que géographiquement parlant, le monde est bien étendu. Dans les cinq années passées, nous nous sommes réunis en Suisse, en Italie, en Turquie, en Pologne et maintenant au Canada. Mais il y a eu aussi des colloques pendant lesquels les membres de nos commissions se sont rencontrés, en Roumanie, en Grèce, au Portugal, en Tchéquie et au Canada enfin. Comme vous le savez peut-être, le musée de l'armée à Bruxelles a organisé une très grande exposition, consacrée à la Deuxième Guerre mondiale. Plusieurs de nos commissions y ont collaboré.

En dépit des grandes distances, mais grâce aux amitiés mutuelles, nous sommes toujours restés très proches les uns des autres.

Un point de contact de la plus haute importance a été et sera toujours le comité de la bibliographie commandé avec verve par le brigadier Jean Langenberger.

Les archivistes militaires, réunis autour du colonel Kehrig, essaient de resserrer les liens professionels entre eux et il est question aussi d'un regroupement des bibliothécaires militaires. Mais qu'est-ce que c'est une commission internationale d'histoire militaire sans le soutien des – si j'ose dire – sages tels que notre président, André Corvisier, et les membres du comité d'élection messieurs Kaninnen, Roulet, Collins, et Pariseau.

Nous tous, nous leur devons notre reconnaissance.

Moi-même je tiens à remercier les membres du bureau, et notamment notre secrétaire général Patrick Lefèvre et notre trésorier Hervé de Weck.

Ces deux derniers ont géré avec probité et compétence notre commission.

Ladies and gentlemen

In 1988, when we held our Congress in Montreal, we were received by the Governor General, Lady Jeanne Sauvé. As she told us: "This colloquium will bring together specialists who focus on military research to improve our knowledge of history and to provide us with interpretations that will promote a better understanding of international relations."

Today, we entertain these same intentions. But times have changed more than anybody could have imagined seven years ago, as the themes of these two conferences show. In 1988 our discussions centered on "High and Low Intensity Conflicts since the Second World War". This year our theme will be "Peacekeeping". CNN and any other major broadcasting corporation in the world daily show proof of the actuality of this theme.

Each country carries responsibility to maintain and restore world peace. We study the past to understand the way conflicts spring to life. We endeavour to conceive why and how peace was broken in former Yugoslavia. And we ask ourselves: How can the international community handle such a conflict and why is the war fought the way it is ?

By studying other wars we seek to enlarge our insights in this conflict. A conflict that by all standards is one of the most confusing wars of recent times. This summer, there were times when crimes against humanity were daily news. Peacekeepers were held hostage by nearly all parties. And the United States and Europe fell apart over the question when the the arms embargo for Bosnia had to be lifted. Unable to restore peace, the international community could aspire to little more than lighten the burden of the victims of the war.

It is not by chance that we discuss the theme of peacekeeping here in Quebec. We are all familiar with the crucial role Canadian Forces played in some of the decisive battles of this century. I hardly have to remind you of the battle of Vimy in the Great War. And only months ago, for a second time the Dutch population welcomed its liberators of the Second World War.

Canadian participation in both wars was not inspired by imperialist motives or personal interests. In this country the will to defend democracy and restore world peace lives strongly. Since 1945 Canada has built itself a tradition of supporting peacekeeping whenever and whereever necessary.

Sinces time immemorial, waging war has attracted the attention of some of the most brilliant minds of their times. In the present day, undergraduate students all over the world are introduced to the questions of war and peace by studying Machiavelli's "The Art of War" or Clausewitz's "Vom Kriege". And when the Maréchal de Saxe composed his "Rêveries" his theme was war—not peace.

So, nearly six hundred years after Machiavelli, "The Art of Peace" still remains to be written. Maybe because "a state of war" is much easier to be pictured than "a state of peace". Or is there more to war and peace than only the question whether the arms are raised or put to rest ?

According to Tacitus "a bad peace is even worse than war". One of the great humanitarian of all time, my fellow countryman Erasmus, strongly disagreed however as he wrote "the most disadvantageous peace is better than the most just war." To return to our theme, I guess the conflict in former Yugoslavia offers us enough food for thought for the next couple of days.

Meine Damen und Herrn

Nach der Heimsuchung des Ersten Weltkrieges erstrebtren viele Staaten die Ausmerzung von Krieg und die friedliche Lösung von Konflikten im Rahmen des Völkerbundes. Trotzdem bewaffneten sie sich an dem Vorabend des Zweiten Weltkrieges unter dem Motto "Si vis pacem, para bellum". Was die Folgen dieser Rustüng waren, wissen wir. In großen Teilen des Abendlandes wollen die Menschen sich jetzt nicht mehr nach diesem Motto richten. Manche glauben an eine neue Ära der internationalen Zusammenarbeit. Und doch gibt es zahllose kleine und große Konflikte und Kriege. Was wird mit dem Wort 'Friedensoperationen' eigentlich gemeint? Dies ist eine komplizierte Frage. Sind es Einsätze, die darauf hinzielen, die eigene Haut zu retten, oder geht es darum, der kollektiven Verantwortung Rechnung zu tragen? Die Vereinten Nationen sind ein Instrument dieser kollektiven Verantwortung. Die Verhütung von bewaffneten Konflikten ist sicherlich ein gerechtes und gutes Ziel.

Haben wir, die Historiker, den Politikern und anderen Entscheidungsträgern etwas zu bieten? Da möchte ich gerne die Antwort wiederholen, die der damalige Bundespräsident Richard von Weizsäcker am 25. August 1985 auf dem Stuttgarter Historikertag gegeben hat. Ich zitiere: "Das Studium der Geschichte bietet dem politischen Menschen, wie Heimpel es nennt, 'nicht Ausbildung, sondern Bildung', nicht Handlungsanweisung, sondern Horizonte: Wir lernen aus der Geschichte nicht, was wir tun sollen, aber wir können aus Ihr lernen, was wir bedenken müssen. Das ist unendlich wichtig".

Zitat Ende.

Mesdames et messieurs

Dans nos colloques antérieurs nous nous sommes intéressés au phénomène militaire à travers les âges. En faisant cela nous avons essayé de comprendre, de témoigner du respect aux hommes et aux femmes chargés de défendre leur patrie ou emportés dans les troubles du temps. Les statuts de notre association déclarent: "La Commission internationale d'histoire militaire a pour but d'encourager et de coordonner les recherches des historiens militaires dans un esprit d'entente internationale, afin qu'ils puissent mieux se connaître et confronter le résultat de leurs efforts".

Nous avons étudié les guerres du passé.

Jamais nous nous sommes posés la question: comment faut-il faire de nouvelles guerres en ébauchant des scénarios néfastes !

C'est que nous sommes trop conscients des Misères de la Guerre, illustrées par le grand Lorrain Jacques Callot en 1630. Il était témoin de la Guerre de Trente Ans qui déchirait l'Europe. Certes, la Guerre de Trente Ans semble être loin, mais ses misères sont plus proches qu'on croit.

Cette fois-ci dans, ce colloque, nous allons pour la première fois, je pense, dans les dernières communications discuter de l'avenir. Concrètement: "que faire pour maintenir la paix ?"

Chers amis canadiens, en 1608, Québec, sur les bords du Saint-Laurent, a été fondé un petit comptoir de traite qui servira plus tard de verrou sur la Nouvelle-France. Pour nous, en 1995, Québec sera le début de nouvelles recherches ouvrant des perspectives riches en promesses vers la belle voie de la paix.

Je vous remercie.

C.M. Schulten, Président
Commission internationale d'histoire militaire

ALLOCUTION D'OUVERTURE

Monsieur le Président,
Mesdames, Messieurs,
Chers amis,

Il m'est difficile d'exprimer les sentiments qui sont les miens en me retrouvant dans un pays où j'ai enseigné, qui depuis vingt-cinq ans m'est devenu familier et où je retrouve tant d'amis. À chaque séjour au Canada, j'ai été profondément touché de l'accueil si chaleureux, dans son authentique simplicité, reçu des autorités organisatrices des rencontres auxquelles j'avais été convié, et notamment dans cette ville de Québec, si chargée d'histoire. Moi aussi, "je me souviens".

Le thème du présent colloque touche au plus profond de la sensibilité humaine : le maintien de la paix, source d'angoisse et d'interrogations des moralistes, théologiens, philosophes, des politiques, et au-delà, de tout homme qui pense. Pourquoi les militaires, des hommes qui savent ce qu'est la guerre, en seraient-ils tenus à l'écart?

Sans doute les militaires ont-ils été les instruments de politiques hégémoniques et de conquêtes. Cependant, depuis les décrets d'asylie du monde grec, les trêves de Dieu du Moyen Âge, la guerre réglée des XVIIIe et XIXe siècles, des militaires ont participé aux efforts d'humanisation de la guerre. De plus, soit comme hommes d'État, soit comme instruments du pouvoir politique, ils ont souvent participé aux limitations imposées à la guerre et maintenu des aires de paix, en servant des politiques d'équilibre, de concert entre les puissances ou d'intervention contre ceux qui troublent l'ordre international.

On sait que les rêves de paix universelle de Pierre Dubois à la fin du XIVe siècle, d'Emeric Crucé, de l'abbé de Saint-Pierre ou de Jérémie Bentham au XVIIIe siècle ont connu des échecs, bien avant celui, dramatique, de la SDN. Les militaires, aux ordres des politiques, en sont-ils pour autant seuls responsables?

Les horreurs des deux guerres mondiales, l'entrée dans l'âge nucléaire, le rôle croissant de l'opinion, ont bouleversé les données du problème. Ainsi, l'ONU ayant mis la guerre hors la loi, aux guerres déclarées ont succédé les guerres par procuration ou par personnes interposées, prenant généralement comme point de départ des guerres civiles. Si l'équilibre de la terreur nucléaire a évité la guerre entre grandes puissances, les actions terroristes sont entrées dans une véritable stratégie utilisant l'opinion devenue le principal moteur politique. Les guerres idéologiques ont, hélas! ressuscité les guerres de religion du XVIe siècle, et les chocs de cultures se produisent toujours.

La tâche des militaires n'en est devenue que plus délicate. Plus de glorieuses actions, mais un rôle d'intervention, d'interposition et aussi d'action humanitaire, péniblement dosé par les politiques et sans cesse remis en question! Comment rester indifférent à ce rôle ingrat, constamment en butte à de nombreuses critiques.

Mais trêve de propos trop généraux, qui sont de ma part un péché de vieillesse. C'est sur des exemples précis que nous allons nous pencher pendant ce colloque, grâce à la bonne volonté de nombreux historiens qui, sur ce sujet sensible, vont nous donner, j'en suis sûr, le meilleur d'eux-mêmes.

Merci à monsieur le Gouverneur général du Canada, à monsieur le Chef d'état-major de la Défense nationale, aux autorités qui ont permis la tenue de ce colloque et en ont donné les moyens, aux initiateurs et organisateurs, à Serge Bernier et à ses collaborateurs.

André Corvisier, Président d'honneur
Commission internationale d'histoire militaire

DISCOURS D'OUVERTURE

LE MAINTIEN DE LA PAIX DE 1815 À AUJOURD'HUI

Professeur Albert LEGAULT[1]

C'est pour moi un privilège et un très grand honneur que d'avoir été invité par le président de la Commission canadienne d'histoire militaire, M. Serge BERNIER, à prononcer le discours d'ouverture de ce XXIe Colloque. Votre thème «Le maintien de la paix de 1815 à aujourd'hui» représente en soi un défi tout à la fois intellectuel et prometteur. Un défi intellectuel, car comment comparer des périodes historiques aussi différentes, des systèmes internationaux aussi variés, et des études de cas si peu semblables? Si j'ai accepté cet honneur, c'est en partie parce que tous ces problèmes me fascinent, ayant moi-même pendant cinq ans enseigné l'histoire diplomatique de 1815 à nos jours. Par ailleurs, j'ai commencé ma carrière à Paris, en 1966, à titre de directeur adjoint au Centre international d'information sur les opérations de maintien de la paix. De plus, je dirige depuis trois ans un *Bulletin sur le maintien de la paix* à l'Institut québécois des hautes études internationales (IQHÉI) de l'université Laval, auquel j'ai l'honneur d'être attaché. C'est donc dire que je renoue ici avec mes premières amours et avec un sujet qui me tient particulièrement à cœur.

À l'aube du XXIe siècle, au moment même où vient de prendre fin la Guerre froide, que d'autres comme Francis FUKUYAMA nous ont annoncé «La fin de l'histoire» et que des conflits sans précédent battent leur plein aux portes de l'Europe, je suis heureux de constater que politologues et historiens unissent désormais leurs efforts pour s'interroger sur les forces profondes de l'histoire et les facteurs de changement qu'elle porte en son sein. Si j'accepte ce défi prometteur, c'est parce que les théories s'écroulent les unes après les autres, qu'aucune explication ne peut simplifier les réalités complexes qui nous entourent et que nous partageons tous les mêmes interrogations de l'heure: comment maintenir la paix et la sécurité internationales?

Vous ne m'en voudrez pas trop, je l'espère, de diviser mon exposé en trois parties. La première porte sur les deux principaux paradigmes des théories des relations internationales, paradigmes communs à l'histoire et aux relations internationales, c'est-à-dire les modèles de «la paix par le droit» et de «la paix par la force». Dans une seconde partie, nous nous attarderons sur les principales conclusions empiriques que l'on peut tirer des recherches sur les conflits, tandis que je m'arrêterai au cours d'une troisième partie sur ce qui m'apparaît constituer les éléments indispensables au règlement des conflits et, par conséquent, au maintien de la paix.

Les deux paradigmes majeurs de l'histoire des relations internationales[2]

Raymond ARON a écrit que l'histoire est antinomique lorsque le système international est belliqueux et que les diplomaties sont pacifiques. Les phénomènes de paix et guerre ont toujours été antinomiques, ne serait-ce qu'en vertu du paradigme bien connu *«si vis pacem, para bellum»*. Le carré logique d'Aristote nous enseigne qu'il est contradictoire d'armer en temps de paix et de désarmer en temps de guerre. Comment maintenir un éventail de capacités dissuasives, sans provoquer la guerre que l'on cherche à éviter, ne constitue-t-il pas la question centrale de la diplomatie internationale de 1815 à nos jours?

En réalité, les deux courants dominants dans l'histoire des relations internationales ont toujours été, à des époques diverses et à des degrés divers, les phénomènes de «la paix par la force» et de «la paix par le droit», ces deux tendances se retrouvant souvent plus ou moins mélangées selon les cas, voire même, quelquefois, totalement séparées. «La paix par le droit», ou plus justement la «paix par la coopération positive», ne constitue pas un phénomène nouveau. Les deux fondements de cette école de pensée sont la justice sociale issue des grandes valeurs judéo-chrétiennes et le concept de règlement pacifique des différends. Les projets de paix perpétuelle ont été nombreux dans l'histoire. HENRI IV rêvait d'une fédération de quinze États européens. L'Abbé de SAINT-PIERRE soumit au congrès d'Utrecht, en 1713, un projet de confédération européenne assortie d'une assemblée générale. Par la suite, d'autres projets furent exposés par Jean-Jacques ROUSSEAU, Jeremy BENTHAM, pour ne point parler du projet de «paix perpétuelle» d'Emmanuel KANT, fondé sur une confédération de républiques, ou du *Leviathan* de Thomas HOBBES. Par ailleurs, les assises modernes de la diplomatie parlementaire ont été posées avec l'apparition des grandes conférences internationales de La Haye de 1899 et de 1907. La Société des Nations, directement issue du Traité de Versailles, posait comme postulat que la paix et la sécurité internationales relevaient de la communauté des États, que ceux-ci devaient résoudre leurs différends sur une base pacifique et qu'en cas de rupture de la paix les États avaient la responsabilité de trouver une solution collective sur la base d'une sécurité partagée.

L'ONU ne fera que reprendre ces grands principes philosophiques en supprimant la règle de l'unanimité des États pour faire apparaître un Concert des États, les membres permanents du Conseil de sécurité se voyant confier la responsabilité principale du maintien de la paix et de la sécurité internationales. L'ONU emprunte au Congrès de Vienne de 1815 la notion d'une responsabilité oligarchique de la gestion du système international —tous les animaux sont égaux, mais certains le sont plus que d'autres, selon la formule célèbre de George Orwell—, tandis que la diplomatie parlementaire publique, fondée sur l'égalité des États et le respect de leur souveraineté, est issue de l'idéalisme wilsonien et des grands principes de la Révolution française transposés d'un plan interne au niveau du système international tout entier. Le souci d'adopter «les normes de droit international comme règle effective de comportement entre gouvernements»[3] constitue encore aujourd'hui l'une des prémisses les plus vivantes de l'école de la «paix par le droit».

À l'intérieur de cette école de pensée, il faut distinguer trois sous-ensembles. Il y a tout d'abord l'idéalisme juridique qui consiste à croire qu'avec l'établissement d'un gouvernement mondial et d'un ordre juridique ferme tous les problèmes de la société internationale seraient résolus sur une base pacifique. Cette tendance a donné lieu à des publications nombreuses dont les plus importantes sont les travaux du juriste Richard FALK. Le second sous-ensemble est constitué par les recherches sur le fonctionnalisme qui remontent aux années trente avec David MITRANY et dont la thèse principale est que la coopération positive sur une base multilatérale est possible pour autant qu'on puisse la développer à l'abri des conflits politiques. Le néo-fonctionnalisme qui débouche sur les théories de l'intégration tout autant que les travaux récents sur le multilatéralisme, dont le défenseur le plus farouche est Robert O. KEOHANE, font partie de ce deuxième sous-ensemble[4]. Enfin, le troisième sous-ensemble est issu de la grande tradition juridique qui porte sur la médiation, la conciliation et l'arbitrage, tendance que l'on retrouve aujourd'hui avec le «peacemaking» et le «peacekeeping», c'est-à-dire toute la littérature qui porte sur la réglementation des conflits grâce à de tiers intervenants neutres, constitués par l'ONU ou des organisations internationales à vocation de sécurité régionale.

De son côté, l'école de «la paix par la force» est aussi vielle que l'humanité tout comme, par ailleurs, les lois de la dissuasion militaire, mais cette deuxième école n'a connu ses véritables développements que depuis quelques siècles. En effet, elle tire ses origines du positivisme scientifique et de la grande révolution industrielle qui ont rendu possibles la levée en masse des grandes armées et une organisation logistique compatible avec la mobilité et la puissance de feu des troupes modernes. La stratégie contemporaine est une stratégie orientée vers l'action, avec toutes les composantes idéologiques, psychologiques et matérielles que la stratégie implique. Dans ces conditions, nul ne s'étonnera que la stratégie fasse bon ménage avec la théorie des jeux, l'analyse des systèmes et la recherche opérationnelle. Ce sont là autant de critères d'aides à la décision destinées à optimiser les résultats recherchés et à maximiser les avantages de ceux qui la pratiquent.

Ici comme ailleurs, il y a des dynamiques et des pulsions différentes dans le temps et l'espace. Le Congrès de Vienne a certes pratiqué une politique de paix par la force lorsqu'il a su contenir, ô durant si peu de temps, le double danger du nationalisme et de l'hydre révolutionnaire française que constituait l'avènement en Europe continentale de la démocratie parlementaire. Cela fut possible à l'époque parce que les puissances dominantes du système étaient des puissances de statu quo, satisfaites dans leur léthargie conservatrice et peu enclines aux innovations politiques. Bismarck, en son temps, qui poursuivait des objectifs froids et savamment calculés, entretenait aussi à loisir la thèse de la supériorité du glaive sur le droit, mais d'une façon limitée et égoïste. L'école de «la paix par la force» a connu son paroxysme avec les deux grands conflits mondiaux qui ont mis l'Europe à feu et à sang.

Plus récemment, on peut distinguer trois sous-écoles de pensées stratégiques dans le débat nucléaire contemporain. En premier lieu, il y a les partisans de la dissuasion à outrance dont la seule ambition était de s'assurer la supériorité dans le conflit (les *war-fighting strategies*), la domination sur le terrain (l'*intra-war deterrence*) et la victoire décisive dans le combat (le *victorious outcome*). En deuxième lieu, les théoriciens de la dissuasion minimum (*limited deterrence*) qui déjà s'exprimaient avec éloquence au début des années soixante ont été balayés à l'époque par l'accélération de la course aux armements et les progrès de la technologie. Ils reviennent aujourd'hui en force, car leurs doctrines ne fait que confirmer ce que tous et chacun savent: une guerre nucléaire est impensable et ne peut être gagnée. Enfin, en deçà de ces deux courants de pensée, il y a les tenants du *crisis management* qui est l'envers de la médaille de la dissuasion, dans la mesure où l'objectif, en cas d'éclatement d'un conflit, est de tenter d'en limiter la portée, les effets, les dégâts, et de restaurer un semblant d'ordre à l'intérieur duquel les diplomates tenteront de faire taire la poudre pour donner le droit à la parole pacificatrice.

Dans l'ensemble, il y a une distinction cruciale et fondamentale entre «la paix par le droit» et «la paix par la force». Elle se situe sur le plan des finalités des écoles de pensée. Dans le premier cas, on s'efforce de maximiser le bien de la communauté internationale et de faire passer le droit international avant ses propres intérêts égoïstes. Dans le second cas, il s'agit de maximiser ses propres intérêts étatiques envers et contre tous, quitte à bafouer, ce faisant, les règles élémentaires du droit international. En un mot comme en cent, et sans vouloir jouer sur les mots, en matière d'histoire des relations internationales, il existe des internationalistes «nationalistes» et des internationalistes «cosmopolites». La différence entre les deux écoles relève d'une éthique des relations internationales; elle rejoint la distinction si bien établie par Stanley HOFFMANN entre le «is» —ce qui est— et le «ought» —ce qui doit être.

Quelques conclusions empiriques sur la guerre et la paix

La guerre est meurtrière. On le savait déjà. Les deux Grandes Guerres mondiales à elles seules ont causé plus de morts que les quelque 500 conflits recensés entre 1721 et 1985. La révolte de Taiping en 1851 a causé 11 millions de morts, la Première Guerre mondiale 13 millions et la Seconde Guerre mondiale, 38 millions. Plusieurs conflits depuis 1945 ont causé plus de un million de morts (Cambodge, 3 millions; Corée, 2 millions; Viet Nam, 1,8 million; Bangladesh, 1,5 million; Nigeria-Biafra, 1,1 million). De 1945 à nos jours, c'est à 25 millions environ que l'on chiffre le nombre de morts dus à des conflits conventionnels à travers le monde.

Selon une étude de KAYE, GRANT et EMOND[5], de 1951 à 1985, on sait:
- que 174 conflits ont eu lieu, dont la durée moyenne a été de cinq ans;
- qu'il y a eu plus de guerres internes (certaines avec une participation extérieure non négligeable) que de guerres interétatiques;
- que les régions les plus touchées par le nombre de conflits ont été, par ordre d'importance, l'Afrique, l'Asie, les Amériques et le Proche-Orient;
- que l'«initiateur» du conflit a obtenu gain de cause dans 21,3 % des cas, que ses tentatives se sont soldées par un échec dans 34,5 % des cas et par un compromis dans 19,5 % des cas.

Ces statistiques rejoignent celles d'une autre étude de GRANT et LINDSEY[6] qui démontre que la probabilité de gagner la guerre pour celui qui la déclenchait était de 50 % entre 1700 et 1900, que cette probabilité était réduite à 33 % entre 1900 et 1950 et qu'elle n'était plus que de 25 % de 1950 à 1985. La définition de la guerre retenue par ces derniers auteurs est empruntée aux travaux de David J. SINGER[7] qui inclut dans son échantillon tout conflit dont le «seuil de morts» est supérieur à 1 000. D'autres travaux refusent ces définitions ou ne portent pas sur les mêmes périodes ou sur les mêmes conflits. Par exemple, pour la période 1816-1974, BUENO DE MESQUITA[8] estime que les États qui déclenchaient les hostilités, lorsqu'ils bénéficiaient d'«avantages anticipés» (*expected utility*), gagnaient la guerre dans 83 % des cas. En revanche, sur le plan de la perception et pour les 278 crises de la période 1929-1979 étudiées par WILKENFELD, BRECHER et MOSER[9], les auteurs concluent que 38 % des 627 acteurs considérés estimaient qu'ils sortaient victorieux de la crise.

Dans l'ensemble, on peut être sûr de deux choses. En premier lieu, la guerre ne paie pas; elle sème la désolation humaine; et le XXᵉ siècle a été le plus dévastateur de tous les siècles depuis la naissance de l'État ou du système contemporain des relations internationales qui remonte au traité de Westphalie de 1648. En deuxième lieu, la dimension nouvelle de la guerre est qu'elle entraîne sur son chemin plus de morts au sein des populations civiles qu'au sein des populations combattantes. Nous ne voulons pas nous engager ici dans les discussions qui portent sur les caractéristiques des systèmes internationaux (structure, alliance, polarisation), car les travaux en la matière sont ambigus et souvent contradictoires. Cependant, il est une série de considérations, certaines générales, d'autres spécifiques, sur lesquelles il est peut-être utile de s'attarder.

Parmi les plus générales, notons qu'aucun des cinq grands pays nucléaires ne peut raisonnablement considérer l'atome comme un instrument rationnel de politique militaire, car elle se traduirait par un suicide réciproque. Hormis Hiroshima et Nagasaki, personne n'a depuis utilisé l'arme nucléaire et personne n'envisage sérieusement de le faire. En outre, les démocraties sont vieillissantes. La moyenne d'âge de celles-ci se situe aux alentours de 50 ans, alors qu'en Allemagne nazie, au début des années trente, la moyenne d'âge se situait dans la jeune trentaine. Par ailleurs les 5P ou les cinq membres permanents du Conseil de sécurité de l'ONU sont tous des pays de *statu quo*, la Grande-Bretagne et la France ayant depuis longtemps renoncé à leurs anciens empires, la Russie ayant réalisé son expansion à la veille de la Première Guerre mondiale, les États-Unis ayant accompli leur unité au milieu du XIXᵉ siècle et la Chine étant restée dans ses frontières depuis des millénaires, peut-être parce qu'elle avait suffisamment à faire à l'intérieur pour ne point être tentée, du moins jusqu'à maintenant, par l'aventure extérieure. Ce sont donc toutes des puissances qui sont solidaires d'une situation qui ressemble étrangement à celle qui prévalait lors du Congrès de Vienne en 1815 : pas d'ambitions territoriales déclarées, maintien de l'ordre à l'intérieur et refus d'exporter leurs révolutions à l'extérieur, du moins depuis l'écroulement du communisme au tournant des années quatre-vingt-dix.

Henry KISSINGER, dans son ouvrage *Diplomacy*[10], nous rappelle que chaque siècle a vu l'émergence, comme s'il s'était agi d'une loi naturelle, d'une puissance capable d'imposer son impulsion intellectuelle et ses vertus morales à un point tel que tout le système international de l'époque a été façonné selon ses propres valeurs. Ainsi, l'Europe sous la France de Richelieu au XVIIe siècle, la Grande-Bretagne au XVIIIe siècle avec l'émergence du concept de l'«équilibre des forces» (balance of power), la reconstruction du Concert par l'Autriche et son démantèlement par Bismarck au XIXe siècle et, enfin, l'émergence des États-Unis au XXe siècle, avec tout le côté pragmatique et la vision morale d'une Amérique réfractaire aux alliances, mais qui jamais n'en a conclu autant en si peu de temps. Aujourd'hui, en dépit des miracles économiques allemand et japonais, aucune puissance ne se dresse à l'horizon capable de mouler le monde à sa façon, tandis que l'Amérique ne peut plus, seule, «ou dominer le monde ou s'en retirer»[11].

Ces considérations en disent long sur l'avenir du système international. La prolifération des technologies guerrières, l'émergence des nationalismes exacerbés et des fondamentalismes religieux qui sont plutôt la conséquence que la cause de l'effondrement d'un ordre soi-disant bipolaire, ainsi que le maintien structurel des inégalités entre États, sont autant de facteurs qui permettent de croire que nous vivons désormais dans un système international entropique, caractérisé par la double probabilité que le système entier n'éclatera pas, c'est-à-dire que les grandes puissances ne se feront pas la guerre nucléaire, et que croîtront les conflits régionaux localisés, peu importe leurs sources ou leurs origines proches ou lointaines.

Le maintien de la paix à l'aube du XXIe siècle

Ces considérations m'amènent à d'autres plus spécifiques qui portent précisément sur le sujet qui vous intéresse : le maintien de la paix de 1815 à nos jours. Durant cette période d'histoire, deux choses méritent ici d'être soulignées. La première concerne les rapports entre le centre et la périphérie du système; la seconde, les interventions dans les affaires intérieures des États.

Tous les systèmes internationaux se sont préoccupés de ce qui se passait en leur périphérie. La chose est particulièrement évidente en Europe, avec la guerre de Crimée en 1856 ou avec la guerre russo-turque qui se termina par le traité de San Stefano de 1878 qui venait couronner la victoire russe, mais qui sera en grande partie défait par le Congrès de Berlin où le négociateur Otto von Bismarck finit par imposer ses vues, enlevant ainsi d'une main ce que la Russie avait gagné de l'autre sur le champ de bataille. En Crimée comme dans les Balkans, il s'agit de maintenir la paix en Europe, de conserver un équilibre entre les puissances européennes, de contenir les visées russes contre l'«homme malade» de l'Europe, c'est-à-dire l'empire ottoman, et de faire en sorte que l'ascendance allemande soit perçue comme un facteur de stabilité.

Dès 1862, BISMARCK avait déjà déclaré, à propos de la «question d'Orient», «c'est un terrain sur lequel nous pouvons être utiles à nos amis et nuisibles à nos ennemis sans être trop entravés par nos propres intérêts». En 1876, la non moins fameuse déclaration de BISMARCK au sujet des Balkans à l'effet que cette région «ne valait pas la carcasse d'un seul soldat poméranien» témoigne bien de la perception qu'avait l'Allemagne de ce conflit. En 1821, lors du massacre grec des 12 000 musulmans en Morie (Sud-Ouest de la Grèce) et de la riposte des Turcs qui ravagèrent l'île de Chio, où 23 000 personnes furent massacrées et 50 000 autres vendues comme esclaves, l'autrichien METTERNICH déclara : «Les Turcs égorgent les Grecs, les Grecs leurs coupent la tête, voilà les nouvelles les plus agréables que j'ai apprises. C'est une question hors la civilisation... Là-bas, par-delà nos frontières orientales, 3 ou 400 000 individus pendus, égorgés, empalés, cela ne compte guère...». Ces déclarations en disent long sur l'état d'esprit des dirigeants de l'époque! Du réalisme à l'état pur doublé d'un cynisme parfaitement calculateur...

Le système «deux poids deux mesures», selon que le conflit se passe au cœur du système ou en sa périphérie, a toujours été un trait dominant des relations internationales de 1815 à nos jours. Bien que les États-Unis aient fait un effort particulier en Somalie pour démontrer au Secrétaire général de l'ONU que la machine américaine était capable de s'engager dans des endroits autres que les pays riches (allusion du Secrétaire général à la guerre du Golfe), il reste que la passivité des Occidentaux face à la guerre en ex-Yougoslavie tient au fait que leurs intérêts vitaux n'étaient pas menacés par ce conflit. L'ex-président François MITTERRAND l'a crié haut et fort : il n'y a que la guerre qui puisse mettre fin à la guerre en ex-Yougoslavie! L'ONU s'est donc contentée de missions d'aide humanitaire en Bosnie-Herzégovine, soulageant ainsi son âme et conscience tout en tentant de limiter sur place les dégâts de la guerre.

En la matière, les demi-mesures permettent de gagner du temps ou donnent l'impression que les choses avancent, tandis que les combattants tentent d'en découdre sur le terrain. Pour être parfaitement honnête, convenons que l'UNPROFOR (Force de Protection des Nations unies) n'a jamais été véritablement une «mission de paix», mais plutôt une mission d'observation de la guerre. S'il est vrai qu'il est logique de conclure qu'il ne saurait y avoir une mission de paix «if there is no peace to keep», comme l'a écrit Henry GRUNWALD dans le *Time*[12], il reste que les Occidentaux n'ont pu se contenter d'un immobilisme béat et qu'ils ont tenté, en dépit d'innombrables erreurs —telles la reconnaissance précoce des républiques sécessionnistes ou la menace de frappes aériennes symboliques— d'intervenir au nom de valeurs morales parfaitement défendables et louables, c'est-à-dire l'aide humanitaire.

L'intervention dans des conflits internes constitue un fait nouveau pour l'ONU, du moins lorsqu'il s'agit de génocide ou de catastrophes humanitaires, mais les interventions multilatérales dans les affaires internes des États furent tout aussi nombreuses en Europe aux lendemains du Congrès de Vienne. Le Congrès de Vienne est intervenu à plusieurs reprises, pour étouffer des révolutions (les Congrès de Troppau (1820), de Laybach (1821) et de Verone (1822), qui fut le dernier de la Quadruple Alliance), mais les puissances européennes intervinrent aussi en Allemagne, en Espagne, en Italie, dans les deux Siciles et au Piémont. Il est vrai que ces exercices avaient pour but de solidifier les régimes monarchiques en Europe et de contrer les dangers de propagation des valeurs démocratiques républicaines. Le danger de contagion n'est pas né avec la naissance du «containement» ou de la politique américaine de l'«endiguement» du communisme au lendemain de la Seconde Guerre mondiale...

À ce stade de l'analyse, nous pouvons avancer que, de tout temps, les puissances dominantes d'un système sont intervenues pour protéger leurs intérêts, lorsque ceux-ci étaient menacés, ou encore lorsque les règles du jeu le permettaient. Ce qui a changé considérablement, ce sont les normes et principes qui président aux interventions, les moyens d'intervention ainsi que les mécanismes d'intervention.

Je n'ai pas l'intention de m'attarder ici sur les normes et principes qui sont codifiés dans les textes ou dans les résolutions de l'ONU, ainsi que sur les règles et procédures en vigueur à l'ONU. Nous avons déjà fait le tour de ces questions dans une étude antérieure[13]. Qu'il me soit permis de rappeler à ce propos que nous nous rapprochons ici de la théorie des régimes. Celle-ci fournit certes un merveilleux instrument d'étude comparative des différents mécanismes d'intervention, tant sur le plan de l'ONU que sur celui des organisations régionales, mais la théorie ne nous est d'aucun secours pour expliquer le bien-fondé ou non d'une intervention. Autrement dit, la théorie des régimes permet de structurer l'étude de la coopération, mais elle ne permet pas d'évaluer le potentiel de règlement des conflits à l'intérieur d'un système de sécurité donné.

Trois remarques s'imposent ici. En premier lieu, quel que soit le système juridique des normes et principes en vigueur, il est faux de prétendre que le droit est au service des plus puissants et que cette situation détermine leurs comportements. Il s'agit tout au plus d'un facteur conjoncturel qui peut ou non emporter la décision dans certains cas. En deuxième lieu, une organisation puissante et bien rodée n'est pas une garantie suffisante pour imposer la paix. À telle enseigne, l'OTAN qui a été d'un bien faible secours pour régler la situation du conflit yougoslave. Une telle démarche devrait faire réfléchir ceux qui préconisent la mise sur pied d'une force d'intervention rapide de l'ONU. En troisième lieu, quels que soient les normes et principes en vigueur, les moyens et les mécanismes d'intervention, rien ne remplace la volonté politique ou la recherche d'un consensus sur l'intervention proprement dite.

Nous nous rapprochons ainsi des travaux de JERVIS qui précise que les conditions idéales à la résolution d'un conflit sont au nombre de quatre[14] :

1) Les grandes puissances doivent s'entendre pour constituer un concert;

2) Il faut dépasser les réticences initiales qu'ont les parties à propos de leurs intentions stratégiques, de telle sorte qu'elles en arrivent à partager des valeurs communes de sécurité et de coopération mutuelle;

3) Toutes les parties doivent renoncer à des politiques expansionnistes; et

4) Les guerres doivent être considérées comme étant trop coûteuses pour être livrées[15].

Outre la recherche d'un consensus au sein des puissances intervenantes, l'existence de valeurs communes en ce qui a trait à l'élaboration d'un système de sécurité futur et le renoncement à toute politique expansionniste, il existe d'autres facteurs spécifiques, qui tiennent compte, cette fois, de la situation interne des conflits. Selon William ZARTMANN et BERMAN[16], les conditions propices à la résolution d'un conflit sont au nombre de quatre: une «impasse délétère» pour les parties en présence; la perspective d'une «catastrophe imminente»; une «porte de sortie» en règle générale ouverte par la médiation ou la conciliation à travers des tierces parties; et un minimum de consensus sur le choix des «représentants légitimes» capables de négocier[17].

Ces huit critères —quatre externes au conflit et quatre internes— constituent ce que nous sommes tenté d'appeler la structure diplomatico-stratégique d'un conflit. Disons immédiatement que nous n'avons pas l'intention d'appliquer ces critères à l'analyse comparative des conflits, car nous dépasserions ainsi le cadre d'analyse que nous nous sommes fixé. Nous tenions cependant à les mentionner, car ils nous permettent par la même occasion d'évacuer d'autres problèmes qui sont devenus des «sonnettes d'alarme» dans les débats courants sur le maintien de la paix. Convenons par ailleurs qu'il s'agit ici de trois débats paradoxaux, sur lesquels nous aimerions terminer en guise de conclusions.

Conclusion

Le premier a trait à la capacité matérielle et organisationnelle de l'ONU. Tous ces problèmes ont été merveilleusement bien étudiés par Mats BERDAL[18] dans un Adelphi Paper publié en 1994. Les faiblesses organisationnelles de l'ONU sont légendes, les projets de réforme de l'ONU sont aussi innombrables, tout autant que les propositions destinées à doter l'Organisation de forces permanentes, de forces en attente ou de capacités d'action rapide. Tout ce que nous pouvons dire ici, c'est que tout renforcement de la capacité de l'ONU à intervenir constituerait en soi une amélioration positive et souhaitable de cet instrument international qu'est l'ONU, mais elle ne modifierait en rien le paramètre de base de l'Organisation : en l'absence de consensus au sein des membres permanents du Conseil de sécurité de l'ONU, une intervention est plus ou moins vouée à un échec. Autrement dit, en l'absence d'une vision commune des objectifs à atteindre à l'intérieur d'une mission donnée, il vaudrait peut-être mieux ne pas donner de feu vert à une intervention.

Nous sommes ici conscient qu'il existe plusieurs situations intermédiaires où une capacité améliorée de l'Organisation pourrait suppléer à cette carence du Conseil de sécurité. À telle enseigne, les propositions du général Roméo DALLAIRE[19] destinées à faire d'une capacité d'action rapide, composée de contingents fournis par des pays qui ne sont pas membres permanents du Conseil de sécurité, les premiers éléments d'une force d'intervention qui permettrait à l'Organisation d'agir préventivement et avant que la crise n'ait véritablement éclaté. Le cas du Rwanda est le plus souvent cité pour illustrer ces propos. Notons aussi que l'histoire récente nous fournit des exemples où certains pays peuvent prendre sur eux l'initiative de créer de toutes pièces une force d'intervention qui sera par la suite entérinée par l'Organisation. Cela a été le cas avec l'«Opération Turquoise» au Rwanda, mais d'autres exemples peuvent être cités, comme celui du Nigeria qui a pris la tête de l'opération de l'OUA (Organisation de l'unité africaine) dans le conflit au Liberia. Dans l'ensemble, il est heureux que ces opérations aient eu lieu, mais elles démontrent toutes la même chose : en l'absence d'un consensus au sein du Conseil de sécurité, seule la volonté politique d'une coalition sous la gouverne d'un État chef de file peut arracher une décision. Inutile de rappeler ici que, dans la période cruciale du conflit au Rwanda, le Secrétaire général de l'ONU s'est vu opposer un refus de participation par 19 de la vingtaine d'États qui s'était engagée à fournir à l'ONU des «forces en attente».

Le premier paradoxe du débat est donc relativement simple : l'organisation internationale la mieux rodée reste et restera toujours l'instrument de politique étrangère des États qui la composent. En outre, même l'organisation la mieux étoffée ne constitue pas en elle-même un facteur de succès : encore faut-il que la volonté politique d'intervention soit présente. Cela étant dit, ceci ne constitue pas une condamnation des efforts de ceux qui tentent de rendre l'organisation la plus efficace possible.

Le deuxième paradoxe tient aux normes et principes contradictoires de l'Organisation. D'une part, les principes sacro-saints de l'égalité et de la souveraineté des États sont catégoriquement affirmés dans la Charte, alors que l'évolution des normes en matière de droit humanitaire est aussi clairement affirmée, d'autre part, ce qui permet au Conseil de sécurité d'intervenir comme bon lui semble et quand il le veut, c'est-à-dire lorsqu'il estime que la paix et la sécurité internationales «sont menacées». Nous l'avons dit ci-dessus, les grands États sont souvent intervenus dans les affaires intérieures des États. La situation en 1995 permet de croire que les principaux États du système sont plus responsables que ne l'étaient peut-être les grandes puissances en 1815, ou encore que les normes sont aujourd'hui mieux définies qu'elles ne l'étaient en 1815, mais il est clair que les États dominants du système devront faire preuve de discernement et de prudence dans la pratique d'une telle politique. On risque autrement d'étioler les ressources de l'Organisation et, en cas d'échec, d'entamer sérieusement sa crédibilité.

Le troisième et dernier paradoxe tient à la double dynamique même de tout conflit et du fait que l'ONU, en cas d'intervention, devient un acteur ou partie au conflit, plus particulièrement dans les cas d'intervention dans les conflits qui opposent plusieurs parties adverses ou rivales. Ce qui revient à poser le problème en des termes différents —et je suis redevable à mon collègue Jean-Pierre DERRIENNIC d'avoir attiré mon attention sur ce point : peut-on intervenir dans un conflit interne tout en restant neutre ou sans devenir partie au conflit? L'interrogation se déplace inévitablement : l'ONU peut-elle empêcher ou au contraire doit-elle faciliter le redécoupage des frontières en cas de conflits internes? Voilà où nous en sommes aujourd'hui avec le conflit yougoslave. Cinquante ans d'histoire ont permis de rendre inviolables les frontières; peut-être devra-t-on s'employer dans les années à venir à les rendre plus malléables tout en conservant à l'esprit les trois grands principes de la paix : la justice sociale, c'est-à-dire l'éradication des inégalités les plus scabreuses à l'intérieur des groupes composant une même entité sociale, le respect des minorités nationales et la mise en place de structures sociales qui permettent le règlement pacifique des différends.

Je vous remercie.

Notes

1. Professeur à l'Institut québécois des hautes études internationales (IQHÉI) et directeur du programme paix et sécurité internationales. L'auteur tient à remercier ses assistantes Julie FOURNIER et Isabelle DESMARTIS pour leur contribution à cette recherche. Une subvention du Conseil de recherche en sciences sociales a rendu possible la réalisation de ce travail.

2. Cette partie s'inspire de mes travaux antérieurs réalisés avec le professeur Michel FORTMANN. Voir LEGAULT, Albert, FORTMANN, Michel, FÂCHÉ, Françoise et THIBAULT, Jean-François, "La paix par la force et la paix par le droit", dans DAVID, Charles-Philippe (édit.), *Les études stratégiques : approches et concepts*, Montréal, Éditions Méridiens, 1989, p. 403-415. Voir également du même auteur, *La fin d'un siècle militaire*, Ottawa, CRDI (Centre de recherche pour le développement international), février 1992, 127 p. (version aussi publiée en anglais en 1995, sous le titre *The End of a Military Century?*).

3. Leo GROSS, «*The Peace of Westphalia, 1648-1948*», dans Richard FALK et Wolfram HANRIEDER, dir., International Law and Organization, Philadelphie, 1969, p. 45.

4. Robert O. KEOHANE établit une subtile distinction entre les «institutionnalistes par raison» (rationalistic institutionalists) et les «institutionnalistes de cœur» (reflective institutionalists). Tsuyoshi KAWASAKI, («The logic of Japanese Multilateralism for Asia Pacific Security», Vancouver, Institute of International Relations, *Working Paper N° 8*, décembre 1994, p. 10-11) résume ainsi le débat : «Rationalistic institutionalists see these institutions as a device to reduce uncertainty in international anarchy. Norms embodied in inter-state agreements, which form the core of such institutions, can function as a framework within which states can predict others' behaviour. Without institutions, guessing others' behaviour would be more costly. By complying with norms even at the expense of sacrificing its short-term, myopic interest, a particular state can enhance its reputation as a reliable partner in the long run and can expect other states to reciprocate, which will lead to the emergence of an information-rich, highly predictable international environment. Thus, it is logical for states, acting rationally and egoistically, to establish and comply with international institutions.

Rationalistic institutionalism sees international institutions as instruments of foreign policy. In the final analysis, states manipulate them to advance their national interests. In sharp contrast, reflective institutionalists such as Friedrich KRATOCHWILL and John RUGGIE regard international institutions not as policy instruments but as social reality, to use DURKHEIM's terminology, which constrains and even changes national interests. States internalize norms embodied in international institutions, and such norm-governed behaviour is qualitatively different from state behaviour purely driven by short-term, myopic self-interests. A particular institution whose member states behave in such a manner is an inter-state community governed by its norms. In the view of reflective institutionalists, therefore, the essence of international institutions lies in shared norms, which cannot be reduced to a sum of short-term, myopic self-interests.» Ces distinctions établies par Keohane ne sont vraies qu'à la condition de prendre en compte la finalité différente des deux écoles de pensée.

Autrement dit, dans les deux cas, la coopération institutionnelle introduit un élément de «prévision» dans le système, elle permet d'harmoniser les attentes des acteurs et, peut-être aussi, de maximiser leurs bénéfices et de minimiser les inconvénients du refus de leur non-coopération. Il est vrai cependant que la finalité est différente: l'internalisation de règles externes à un système répond à des critères moraux et sociaux différents (voire à une *gemeinschaft* librement consentie et éprouvée) de ceux du simple appât de la maximisation due à la coopération (ou à un simple calcul rationnel des gains et bénéfices).

5. KAYE, G.D., GRANT, D.A. et EMOND, E.J., *Major Armed Conflict: A Compendium of Interstate and Intrastate conflict*, 1720-1979, Ottawa, CARO (Centre d'analyse et de recherche opérationnelle, ministère de la Défense nationale), Rapport n° 100, 1985.

6. GRANT, D.A. et LINDSEY, George R., «Risk Analysis and War», dans MARTIN, Larry G. et LAFOND, Gilbert (dir.), *Risk Assessment and Management: Emergency Planning Perspectives*, Waterloo, Ontario, University of Waterloo Press, p. 17-131.

7. SINGER, David, J., *The Correlates of WAR*, vol. 1, *Research Origins and Rationale*, New York, The Free Press, 1979.

8. BUENO DE MESQUITA, Bruce, *The War Trap*, New Haven, Connecticut, Yale University Press, 1981, p. 153.

9. WILKENFELD, Jonathan, BRECHER, Michael, et MOSER, Sheila, *Crises in the Twentieth Century*, vol. II, *Handbook of Foreign Policy Crises*, New York, Pergamon Press, 1988, p. 205.

10. KISSINGER, Henry, *Diplomacy*, New York, Simon & Schuster, 1994, p. 17.

11. Ibid., p. 19 (can neither withdraw from the world nor dominate it).

12. *Time*, 26 juin 1995, p. 56.

13. Voir à ce propos «La théorie des régimes et son utilité pour l'étude de la sécurité collective» (en collaboration avec Isabelle DESMARTIS, Julie FOURNIER et Charles THUMERELLE), dans Charles-Philippe DAVID et Albert LEGAULT, *La redéfinition des politiques de sécurité : le cas yougoslave*, Québec, Centre québécois de relations internationales, 1994, p. 27-74, et pour une version abrégée en anglais «The United Nations at Fifty: Regime Theory and Collective Security» (en collaboration avec les mêmes auteurs), *International Journal*, vol. L, n° 1, Winter 1994-1995, p. 71-102.

14. JERVIS, Robert, dans William T. TOW, «Contending Security Approaches in the Asia-Pacific Region», Security Studies, vol. 3, n° 1, automne 1993, cité dans SELIN, Shannon, «Asia Pacific Arms Buildups; Part Two: Prospects for Control», Vancouver, B.C., U.B.C., Institute of International Relations, *Working Paper N° 7*, p. 47.

15. Le texte anglais se lit comme suit : 1) great powers must be willing to establish such a concert; 2) initial reservations about each other's strategic intentions must be overcome to the point that each would-be participant believes all the others share its values regarding mutual security and cooperation; 3) expansionist tendencies must be repudiated by all parties, and 4) wars must be regarded as too costly to wage.

16. ZARTMANN William, et BERMAN Maureen, *The Principal Negotiator*, Yale, 1982.

17. Cité dans SIGLER, John, *Les conflits dans le monde, 1993-1994*, Québec, Centre québécois de relations internationales, 1994.

18. BERDAL, Mats, «Peacekeeping in Europe», *Adelphi Paper, n° 284*, 1994.

19. DALLAIRE, Roméo. MGen., «UN Rapid Reaction Force Capabilities Study», à paraître dans COX, David et LEGAULT, Albert, (titre non encore arrêté) dans une publication à venir de l'Institut canadien d'études stratégiques, Toronto, Ontario.

LA SAINTE-ALLIANCE ET LES CONSÉQUENCES DE LA PAIX ARMÉE DE 1815 POUR LES PAYS ROUMAINS

D. Hist. Mircea Dogaru

La Sainte-Alliance et les Roumains

Longuement préparée par les milieux révolutionnaires et maçoniques européens et précédée par des actions-test au Nouveau Monde et en Transylvanie[1], la Révolution française promut une nouvelle vision sur l'union européenne, sur la paix continentale et la solidarité humaine qui découlaient des principes de l'égalité et de la liberté individuelle exposées dans la "Déclaration des droits de l'homme et du citoyen" (le 26 août 1789), conçue comme document universellement valable et expression de la raison éternelle. En son nom, les armées françaises introduisirent sur le continent de nouvelles mentalités, antiféodales et anticatholiques, un nouvel ordre social et, brisant l'équilibre traditionnel réalisé jusqu'alors par les trois pôles du pouvoir – la Russie (à l'Est), l'Allemagne (par la Prusse et l'Autriche, au Centre) et l'Angleterre (en Occident) essayèrent d'instaurer un nouvel ordre universel également – une union de régions gravitant autour d'un centre unique du pouvoir, Paris, selon le modèle de la République romaine païenne. Les forces aristocratiques conservatrices européennes se coalisèrent dans la tradition de la Sainte-Alliance, contre la France révolutionnaire, républicaine, ensuite impériale qui représentait tout de même l'offensive victorieuse du tiers état. Ce fut un pacte militaire entre les souverains et l'on constitua, sous l'égide des Habsbourg et du tsar, sept coalitions dans la période du 7 février 1792 jusqu'au 25 mars 1815.

La réaction de la France révolutionnaire confrontée à l'Autriche, à la Prusse, à la Russie, à l'Angleterre, à l'Espagne, à la Hollande, à Naples, à la Suède, à la Turquie suivit toujours le modèle romain de l'État universel par la proclamation de l'Empire le 18 mai 1804. Cependant ce ne fut pas un empire <u>romain</u> mais <u>français</u> qui prit naissance, car la France allait devenir le centre de l'univers humain[2], dans la conception du consul Napoléon Bonaparte, empereur à la suite de son autoproclamation. Comme symbole de l'interruption de la tradition impériale occidentale romaino-allemande, le couronnement eut lieu à Paris, où le pape Pie VII (1800-1823) fut amené en qualité de figurant, non pas le 2 décembre de l'an 1804 après Christ mais, selon le calendrier révolutionnaire, le 2 "frimaire" de l'an XIII. On y déclencha de cette façon l'épopée de l'accomplissement par la force de l'union européenne sous l'égide de la France impériale, épopée accompagnée par les amples efforts de modernisation de la société dans tous les compartiments de la vie économique, sociale, spirituelle et politique.

Indifféremment des résultats de l'action militaire, tous les congrès de paix de cette période, à commencer par celui de Rastatt (le 16 novembre 1797 - le 28 avril 1799), proclamèrent la nécessité de conclure une paix universelle, un "traité de paix définitif" qui mit fin aux "calamités de la guerre", instaurant à l'avenir et pour toujours une paix stable et inviolable[3]. Simples armistices, ceux-ci n'étaient en effet que des ententes à l'égard du partage de l'Europe et des sphères d'influence extracontinentales, éloquent à ce sens étant le traité de Luneville (le 9 février 1801) par lequel les Habsbourg reconnaissaient à la France la Belgique, la rive gauche du Rhin et la qualité d'arbitre en Italie. Un autre exemple en est la "paix perpétuelle" d'Amiens, par laquelle l'Angleterre rétrocédait à la France les colonies (excepté le Ceylan et la Trinidad) et évacuait Malte, en échange la France renonça à l'Égypte, à Rome, à Naples et à l'Ile d'Elbe[4]. Invoquant toujours "le désir sincère de rétablir sur des bases stables et, autant que possible, inébranlables, la paix générale en Europe"[5], le Traité de paix de Tilsit (le 9 juin 1807) et la Convention d'alliance franco-russe d'Erfurt (le 12 octobre 1808) mettaient les bases de la distribution des sphères d'influence sur le continent entre l'empereur de l'Occident, Napoléon Ier et l'empereur de l'Orient, Alexandre Ier (1801-1825), en donnant à celui-ci la liberté d'agir à l'égard de la Porte ottomane et des Pays Roumains, liberté qui fut mise en oeuvre par les Russes en ravissant la Moldavie de l'est, située entre le Prut et le Nistre et baptisée avec une ruserie diplomatique "Bessarabie"[6].

L'équilibre bipolaire ne dura pas, l'alliance ouest-est étant rompue, ainsi qu'il se passera en 1941 également, par l'agression du maître de l'Occident, désireux d'éliminer son partenaire, agression concernant les possessions du maître d'Orient, en 1812. Dans cette situation, le tsar revenait à ses alliés traditionnels, le traité anglo-russo-suédois d'Obrero (le 18 juillet 1812) base de la VIe coalition antifrançaise inaugurant la procédure qui allait faire carrière dans la diplomatie internationale du XXe siècle (voir la conférence de Téhéran de Yalta et l'entrevue de Malte). Invoquant le bien-être des peuples et la "paix générale", il anticipait l'organisation de l'Europe post-napoléonienne. Conclu en secret, le 1er mars 1814, lorsque le combat pour la France était encore en cours, le "Pacte de Chaumont" esquissait cette organisation, en partageant l'Europe entre les principaux bénéficiaires de la prochaine paix armée – l'Angleterre, la Russie, la Prusse et l'Autriche. Anticipant "l'Acte final" du Congrès de Vienne, le "pacte" proclamait déjà de remplacer l'ordre universel établi par la force et contre les peuples éveillés à la vie par les principes de liberté, égalité, fraternité de la Révolution française, par un nouvel ordre européen, quadripolaire, basé sur le principe "démocratique" du partage du continent entre les forces conservatrices. À but justificatif, dans l'acte d'abdication signé à Fontainebleau, les "puissances alliées proclamèrent que l'empereur Napoléon était le seul obstacle à la paix en Europe"[7].

Développé durant la période de septembre 1814 jusqu'à juin 1815, sans être entravé par le règne des 100 jours de Napoléon et par les campagnes de la VIIe Coalition antifrançaise, le Congrès de Vienne fut le premier conclave moderne où l'on a décidé mercantilement les destinées de l'humanité, car les participants avaient des possessions sur tous les continents, mais l'on préfigura également la nécessité de créer un organisme supraétatique qui veilla au respect des décisions de la nouvelle paix armée. Sans discussion, la figure centrale en fut le représentant de l'Autriche, le prince Metternich, par rapport auquel, les représentants de la Prusse (le prince de Hardenberg), de la Suède (le comte Carol Axel de Loewenhielm), du Portugal (le comte de Palmella) et même de l'Angleterre (lord Castelereagh) paraissaient de simples figurants. À la mesure de son génie politique s'avérèrent être seulement le tsar Alexandre I dont les négociateurs (Razumovsky-Nesselrode) ne s'élevèrent cependant pas aux exigences de leur souverain et, bien sûr, l'habile Talleyrand qui représentait la France vaincue.

Exprimée dans des termes presque contemporains, l'idée centrale de ce Congrès fut celle de rétablir "l'équilibre européen des puissances". Aspirant au rôle de leader suprême, le tsar s'approchait[8] du point de vue de la propagande de l'idée actuelle de l'union européenne par ce qu'il affirmait dans son message du 15 mai 1814 concernant les "États dont la réunion devrait dès lors former la grande famille européenne" par la généralisation du système de la monarchie constitutionelle appuyée par des assemblées aristocratiques représentatives[9]. Metternich, plus pratique, rejetait l'idée d'un souverain qui s'érigea en leader unique, parce que les Habsbourg n'avaient plus la force nécessaire pour jouer un tel rôle. Il soutint le partage "équitable" de l'Europe entre les alliés, conformément au protocole secret signé le 30 mai 1814 sur la base du "droit public" interprété comme "droits de rois". Les évaluations territoriales ont été faites avec un esprit féodal, "selon le nombre d'âmes"; l'Autriche reçut la Galicie, le Tyrol, la Dalmatie, la Styrie, la Lombardie et la Venise, la Prusse engloba l'ouest de la Pologne, le nord de la Saxe et la Rhénanie-Westphalie, l'Angleterre reçut en plus des colonies perdues dans les guerres napoléoniennes, les Îles Ioniennes et Malte; la Russie obtint la reconnaissance du territoire ravi aux Roumains en 1812, la Finlande et le duché de la Varsovie. Réduite aux anciennes frontières de 1792, la France restait cependant une grande puissance, car Talleyrand avait obtenu la limitation de l'occupation étrangère – aux régions de frontière seulement et à une période de 5 ans. À l'égard du défunt Empire romaino-allemand, en constituant le 8 juin 1815 la Confédération des États allemands, l'on établissait un équilibre entre l'ancien leader, la Maison des Habsbourg y représentant l'Autriche et ses possessions slavo-hongroises-roumaines, et le Royaume de la Prusse.

Pour arrêter les plans de pénétration de la Russie dans les Balkans, Metternich essaya, mais sans succès, d'introduire le sultan dans le système d'alliances des souverains, que l'on préconisait de conclure afin de garantir l'ordre de l'époque d'après Napoléon, invoquant comme argument le danger de l'éclatement de révolutions qui eussent menacé la paix dans les possessions européennes de celui-ci.

Conçu en tant que pacte d'assistance mutuelle des souverains qui garantit le nouvel ordre, par l'intervention armée collective à la demande de l'un des monarques, même contre son propre peuple, ce premier organisme international de contrôle recevait un statut juridique le 26 septembre 1815 sous le nom de la Sainte-Alliance. Un nom qui avait fait carrière dans la diplomatie européenne, mais qui ne gardait plus rien de l'idéal chrétien ou politique de république chrétienne de l'époque de gloire des papautés. Instrument dans la main des souverains, le premier ancêtre de l'ONU n'était pas destiné à combattre les païens, mais les peuples européens eux mêmes, dans la situation où un mouvement insurrectionel eût mis en péril l'équilibre des puissances et le nouvel ordre social et politique, imposés par la paix générale de 1815. Son créateur, idéologue du nouvel ordre européen et, par les possessions extracontinentales des signataires, fut, évidemment, Metternich dont les conceptions à l'égard de la conservation de l'ordre européen imposé se retrouvent dans les trois points principaux du statut: I " ... les monarques qui ont fait le contrat resteront unis par les liaisons d'une fraternité réelle et indissoluble et, en se considérant compatriotes (concession faite à l'idée tsariste de la "famille européenne" - n.n.) ils s'accorderont en toute occasion et en tout endroit, de l'assistance, de l'aide et de l'appui"; II "...le seul principe de base, soit entre les gouvernements mentionnés ci-dessus, soit entre leurs sujets, sera celui de se donner l'appui réciproquement"; III "... toutes les puissances qui reconnaîtront ces principes seront accréditées dès lors d'exercer sur les destinées humaines l'entière influence qui leur appartient"[10].

Signé par les monarques de l'Autriche, de la Russie et de la Prusse, l'acte, auquel allait souscrire ultérieurement le roi de l'Angleterre également, instaurait dans l'Europe un ordre policier à l'intérêt de la noblesse féodale nostalgique qui considérait que par la force elle pouvait dépasser le choc de la Révolution française, un ordre en totale contradiction avec les aspirations de la majorité de la société et avec les principes de la constitution américaine républicaine, qui, après l'instauration du régime de la Restauration en France, resterait le modèle à suivre pour les classes progressistes sur le continent. C'est pourquoi les États-Unis, encore trop jeunes pour participer à la lutte pour la suprématie universelle, allaient adopter la défensive, décidant, par la "Doctrine Monroe" (le 2 décembre 1823) l'isolationnisme – la non-mixtion dans les problèmes européens, mais aussi l'interdiction pour le système politique européen de s'éteindre dans le Nouveau Monde. La France royaliste allait cependant participer comme invitée aux travaux du premier Congrès de la Sainte-Alliance d'Aachen (le 30 septembre - le 21 novembre 1818). C'est ainsi que la patrie de la révolution, identifiée conformément aux conceptions du nouvel ordre européen avec son roi "légitime" restauré, absoute des conséquences de la paix armée, en premier lieu de l'occupation militaire est reçue dans l'organisme de contrôle européen. Le congrès proclamait de nouveau "l'union intime établie par les monarques associés par les principes et par l'intérêt de leurs peuples", la seule en mesure d'offrir à l'Europe la garantie la plus sacrée du calme futur, utilisant bien sûr l'intervention armée, sans permettre à personne "d'essayer une autre combinaison politique, ni des changements", deux années plus tard la Sainte Alliance avait l'occasion de démontrer[11] son efficacité.

En juin 1820 c'est à Naples que la révolution éclatait sous la commande du général Florestano Pepe et, le 22 janvier 1821 en Valachie, pays sous souveraineté ottomane et sous "protection" russe, la révolution menée par Tudor Vladimirescu. Celui-ci avait été lieutenant dans l'armée du tsar, décoré avec l'ordre Saint Vladimir et avait commandé les volontaires roumains (les "Panduri") qui avaient lutté aux côtés des Russes dans la Guerre antiottomane de 1806-1812. Un mois plus tard, en février, les idées révolutionnaires pénétraient également en Moldavie, la deuxième principauté roumaine, grâce aux membres de la société secrète grecque Eteria, qui passèrent de Russie en Moldavie, dirigés par le prince Ipsilanti, général dans l'armée du tsar. En mars 1821, la révolution éclatait en Piémont aussi. Tout cela dans les conditions où la révolution espagnole n'avait jamais été totalement vaincue.

Réunie à un congrès d'urgence à Troppau le 20 octobre 1820, la Sainte-Alliance prolongea ses débats, en les achevant seulement le 12 mai 1821 à Laibach (Ljubljana) à cause de la complexité de la situation et de la duplicité de la Russie. L'Autriche reçut sans problèmes le mandat d'intervenir par force armée contre les révolutions de l'Italie. Cependant, Philike Hetairia avait été créée en 1814 sur le territoire russe, à Odesse, avec l'appui occulte du tsar qui voulait provoquer une révolte générale des Grecs dans les Balkans, révolte qu'il put exploiter à sa faveur. Au début la révolution roumaine paraissait elle aussi servir ses intérêts, mais dans le moment où il fut clair qu'elle était en total désaccord avec les idéaux de l'Eteria et que Tudor Vladimirescu visait l'émancipation sociale et nationale par l'annihilation de l'influence tsariste et autrichienne et qu'il optait même pour une entente avec les Turcs, le tsar intervint brutalement. Le 28 février l'aide secrète russe fut retirée et la révolution roumaine désavouée; le consul russe incitait les Roumains, le 28 mars, à se soumettre au sultan et, à la fois, il invitait celui-ci à y intervenir avec des troupes. Les Turcs passèrent le Danube le 1er mai 1821 sans engager de luttes contre l'armée révolutionnaire roumaine. Dans ces conditions, les membres de l'Eteria réussirent à arrêter par trahison Tudor Vladimirescu qu'ils assassinèrent, le 27 mai, ou, fait plus probable, ils l'amenèrent en Russie où l'on perdit sa trace. L'Eteria fut anéantie par les Turcs dans la Valachie, mais la lutte de libération des Grecs ne pouvait plus être arrêtée et c'est la révolution qui éclatait en Grèce au mois d'avril qui allait prendre de l'ampleur. En plus, pendant que la Valachie était abandonnée à l'occupation turque (1821-1822), sous le patronnage de la Sainte-Alliance qui, manipulée par la Russie trahit de cette manière son principe de base, en Occident c'est un ample mouvement philohéllène qui prit naissance, à l'appui... de la révolution grecque. La révolution espagnole eut moins de chance parce qu'elle fut considérée dangereuse pour le nouvel ordre d'après le Congrès de Vienne et partagea le sort de la révolution roumaine. Le Congrès de la Sainte-Alliance à Vérone (le 20 octobre - le 14 décembre 1822) mandatait la France pour intervenir avec l'armée en Espagne. En même temps que les soldats français, "coupables" du virus des renouvellements, anéantissaient les insurgés espagnols à Trocadéro, le 31 août 1823, et restauraient en Espagne le régime absolutiste, à Paris, les gens du beau monde plaignaient le "Massacre de Chios" des insurgés grecs. En dépit des intérêts de Metternich, même en dépit des deux déclarations de la Sainte-Alliance, la Russie, misant sur l'intérêt des autres membres, réussissait à conclure, le 6 juillet 1827 à Londres, avec l'Angleterre et la France, une convention antiottomane comme moyen de pression pour obtenir l'indépendance de la Grèce. En se considérant de cette façon mandaté, le tsar Nicolas Ier (1825-1855) intervenait dans son propre intérêt dans le conflit. La guerre russo-turque finit par la paix d'Adrianopole (le 14 septembre 1829) et entraîna l'indépendance de la Grèce, mais aussi 5 ans d'occupation russe pour les Principautés roumaines et la création sur place d'un régime du "Réglement organique" qui représentait la vision du tsar de l'ordre social et qui était destiné à faciliter à l'avenir leur intégration à la Russie.

En compensation, la Russie vint à l'appui des intérêts allemands et français dans la Conférence de Londres de la Sainte-Alliance (décembre 1830 - janvier 1831) dédiée à l'analyse de la situation de la Belgique catholique où avait éclaté la révolution contre la Hollande protestante le 25 août 1830. La division du Royaume des Pays-Bas fut admis dans les conditions de la création d'un royaume de la Belgique, déclaré neutre pour toujours, par le couronnement du prince allemand Léopold de Saxe-Cobourg en tant que roi, le 21 juillet 1851, sous le nom de Léopold Ier (1851-1865). Également, la Sainte-Alliance légiférait les résultats de la Révolution française de 1830, acceptant la chute du membre le plus récent, le roi "légitime" Charles I (1824-1830) et son remplacement avec le "roi des barricades" - Louis Philippe d'Orléans (1830-1848). Après avoir satisfait les intérêts politiques particuliers de ses membres, par l'accord secret conclu par les fondateurs (les souverains de l'Autriche, de la Russie et de la Prusse), à Berlin, le 15 octobre 1833, la Sainte-Alliance reprenait ses attributions, proclamant dès ce moment le respect ferme du principe de l'intervention armée contre tout mouvement révolutionnaire européen. On y voit de nouveau la claire vision politique du vieux Metternich, selon qui une nouvelle révolution bourgeoise européenne se trouvait en phase de gestation, menaçant en premier plan l'Empire des Habsbourg, "le rocher de l'ordre" continental. C'était comme un "volcan" qui annonçait "une maladie qui rongeait le corps social", une hydre "à la bouche ouverte pour engloutir l'ordre social, un incendie qui menaçait de tout dévorer". Esprit lucide, Metternich se montrait pessimiste en dépit de toutes les mesures prises par la Sainte-Alliance: "Pour moi c'est clair qu'il y aura de grands change-ments... L'Europe se trouve dans la situation la plus dangereuse où elle se soit jamais trouvée depuis 60 ans, indisposition passagère d'une maladie mortelle. Mais à ce moment il s'agit d'une maladie mortelle. Nous nous maintiendrons tant que nous le pourrions, mais la fin me paraît désespérée"[12]. Et, en effet, annoncée par la révolution de Cracovie (le 20 février – le 3 mars 1846) vite étouffée par les troupes autrichiennes et tsaristes, la maladie mortelle éclata évidemment à Paris, le 22 février 1848, en provoquant chez le tsar Nicolas Ier, ancien soutien par intérêt des révolutionnaires grecs et belges, mais redevenu "le gendarme de l'Europe", la réaction bien connue – interrompre le bal de la Cour par les mots: "Messieurs, à cheval, c'est la révolution à Paris!" Et il aurait pu ajouter qu'il y avait là plus qu'une révolution. À Paris, il y avait déjà la République, ce qui provoqua la première brèche dans le système de la Sainte-Alliance. Et si les Habsbourg essayèrent de sauver leur trône en appelant à la solution classique divide et impera, en divisant les Hongrois, les Slaves, les Roumains et les Allemands en utilisant leurs aspirations nationales, le tsar appliqua de manière conséquente le principe de l'intervention armée. Par la mobilisation des troupes sur le Prut, il détermina l'échec de la révolution prématurément déclenchée en Moldavie (le 29 mars 1848), ensuite, sous la menace d'attaquer Bucarest, il fit retirer de la capitale le gouvernement révolutionnaire de la Valachie (le 10/11 juillet) et l'intervention armée ottomane qui se produisait en même temps avec l'invasion des deux Principautés roumaines par ses troupes (le 31 juillet 1848). À la suite de ces événements, l'ancien rêve de Metternich – d'affilier le sultan à la Sainte Alliance – paraissait devenir réalité, à l'initiative même du principal adversaire des Ottomans – le tsar. Le 19 mai 1849, l'on signait à Balta-Liman la convention russo-turque à l'égard de la collaboration militaire pour annihiler la révolution roumaine, du futur statut des deux principautés et de leur maintien sous l'occupation afin de réprimer "tout mouvement insurrectionnel"[13]; sur le compte des Roumains, les deux puissances signataires de la convention allaient disloquer des troupes d'occupation aux effectifs de 25 000 - 30 000 chacune.

S'assurant ainsi l'arrière-front, les troupes du tsar donnèrent cours ensuite à la sollicitation des Habsbourg et envahirent la Transylvanie pendant la nuit du 18 au 19 juin 1849, étouffant jusqu'au 13 août la révolution, tant dans cette principauté roumaine soumise à la Couronne impériale que dans la Hongrie. Au nom de l'ordre européen patronné par la Sainte-Alliance, les Roumains et les Hongrois allaient comparaître ensemble devant les "tribunaux de sang" institués au mois de septembre par les Habsbourg afin de punir les insurgés.

Bien que défaite, la révolution européenne donna un coup mortel à la Sainte-Alliance et à l'équilibre précaire de la force institué par elle sur le continent. Son décès se produisait cependant <u>de facto</u>, par surprise à peine le 3 juillet 1853 par l'explosion des intérêts spécifiques divergents qui animaient ses signataires et qui, une fois disparue la terreur de la révolution, éclatèrent violemment. Décidé à cueillir les fruits de ses propres efforts, le tsar attaqua et occupa les principautés roumaines, comme première étape dans le chemin de la Russie vers les Détroits. La Porte était obligée par les anciens traités roumaino-ottomans (<u>ahdname</u>, "capitulations") d'intervenir par la force armée, donc l'acte équivalait à une déclaration de guerre faite au sultan, à qui étaient liées, par des intérêts économiques en premier lieu, la France et l'Angleterre. Le fait de rompre l'équilibre de forces établi en 1815 et à cause de la réouverture de la "question orientale", la Sainte-Alliance cessait d'exister, son décès étant signé par une guerre générale qui opposait ses membres. En mars 1853, l'Angleterre, la France suivies par le Piémont, déclaraient la guerre à la Russie et intervenaient à l'appui de l'Empire ottoman. Une alliance catholique-musulmane était dirigée contre le leader de la chrétienté orthodoxe. Sous la pression de l'Autriche qui avait mobilisé des troupes sur la frontière carpatique et également à cause de la Confédération allemande instiguée par la Prusse, les troupes du tsar furent obligées de se retirer alors. Dès le mois de septembre 1854, l'effort russe de guerre se concentra dans la Crimée. Pour les Roumains, l'occupation tsariste fut remplacée par celle impériale, le traité franco-anglo-autrichen du 14 décembre 1854 de Vienne traçant aux Habsbourg le devoir de leur "protection". Une "protection" qui coûterait aux Roumains, seulement pour entretenir l'armée d'occupation pendant la période du mois de septembre 1854 jusqu'à novembre 1856, la somme globale de 30 millions de piastres[14].

Consacrant la défaite de la Russie et mettant fin à une guerre euro-asiatique déployée à l'intérieur même de la Sainte-Alliance, le Traité de Paix de Paris, conclu le 30 mars 1856, remplaçait l'ordre continental établi dans l'intérêt des souverains, avec un système collectif de garantie donné par les grandes puissances reconnues, l'Angleterre, la France, l'Empire des Habsbourg, l'Autriche, le Royaume de la Sardaigne, la Prusse, la Russie et l'Empire ottoman (la Turquie). Par conséquent, le protectorat russe sur les Pays roumains fut remplacé par le protectorat des 7 puissances qui instituaient aussi une commission européenne du Danube. Toute tentative de la Russie de reprendre ses actions offensives vers Istanbul était ainsi prévenue par la rétrocession vers la Moldavie du sud du territoire ravi en 1892 sous le nom de Bessarabie, la déclaration de la neutralité de la mer Noire et la fermeture des détroits Bosphore et Dardanelles. Involontairement, l'acte qui consacrait l'écroulement du système de la Sainte-Alliance adoptait pour les Roumains un principe démocratique à l'égard de leur future organisation – celui de la consultation de la population et de l'autodétermination, en créant des commissions sur place ou des assemblées représentatives qui décident du sort des Principautés[15]. Cela parce que les principales puissances impliquées, qui détenaient abusivement des territoires roumains, l'Autriche, la Russie, la Turquie avec leurs soutiens (l'Angleterre et la France) n'eurent pas pu ne pas tomber d'accord. Le manque d'une unité des points de vue constitua pour les Roumains la chance inespérée de réaliser leur idéal d'unité et de liberté nationale comme première étape et, dans ce sens, on réalisa, le 24 janvier 1859, l'union des principautés extracarpatiques par la double élection en qualité de prince régnant du colonel Alexandre Ioan Cuza. Le nouvel État commença à s'affirmer après 1860 dans la constellation des États européens sous le nom de la Roumanie. Pour la diplomatie européenne, le succès des Roumains allait représenter un échec, anticipé d'ailleurs, comme le prouve la lettre de mars 1856 de l'ambassadeur français à Istanbul, Édouard-Antoine Thauvenel, adressée à son ministre des Affaires étrangères, le comte Walewski: "Les Roumains unis considéreront la souveraineté de la Porte comme une honte et une injustice; ils croiront que leur pays est trop petit et aspireront donc a un État indépendant, englobant la Bucovine, la Transylvanie, le Banat (...). Ceux-ci seront menacés jusqu'à la moelle des os"[16]. En effet, ce fut de ce train que les choses allèrent : sur le compte du faliment de la Sainte-Alliance, les Roumains réussirent à réaliser l'union des Principautés (1859), ensuite l'indépendance par rapport à la Porte du nouvel État et l'union de la Dobroudja (1878) et, enfin, à la suite de la guerre de réunification (1916-1919), la libération et l'unification en 1918 de toutes les provinces roumaines ravies par les Habsbourg et les tsars russes (la Bessarabie, la Bucovine, le Banat, la Crisana, le Maramures et la Transylvanie).

Comme conclusion à ce que nous avons passé ici en revue de manière synthétique, on peut dire que la disparition en 1856 de la Sainte-Alliance marqua l'échec final de plus d'un millénaire d'efforts de la part de l'Occident pour réunir l'Europe par la force, sous la couverture de plus en plus transparente du catholicisme, au profit d'une coalition d'États. Ni la direction contraire, celle de réaliser l'État chrétien universel sous l'égide d'un seul leader – le pape, l'empereur romaino-allemand, celui français ou le tsar russe – ne réussit d'ailleurs pas. Chaque tentative de réaliser l'union européenne, comme base de l'union et de la paix universelle, glissant fatalement vers l'utilisation de la force et finissant par un désastre militaire général, par rapport aux aspirations naturelles des peuples vers la pleine affirmation nationale, inaltérée par la volonté des leaders ou des gendarmes de prétention universelle.

Notes

1. Idem, L'insurrection des Roumains transylvains de 1784 - prologue des révolutions européennes, communication présentée au XXᵉ Colloque international d'histoire militaire de Varsovie, le 28 août 1994.

2. Illustratifs à ce sens sont les vers préférés de la chanson que Napoléon avait l'habitude de fredonner: "Qui veut asservir l'univers/Doit commencer par sa patrie" (voir G. Lenôtre Napoléon (Croquis de l'Épopée B. Grasset, Paris, 1932. p. 133).

3. Voir G.F. Martens, Recueil des principaux traités, VI, Gottingen 1829, p. 420; M. Clerq, Recueil des traités de la France, I, Paris, 1864, p. 145-151.

4. Voir M. Clerq, op.cit., p. 484-491.

5. Apud Culegere de texte pentru istoria universala. Epoca moderna. I (1640-1848) Bucuresti, 1973, p. 200.

6. La Moldavie et la Valachie étaient des États alliés à la Porte laquelle, cependant, n'avait aucun droit sur leur territoire, mais était obligée en échange de leur accorder de l'appui militaire en cas d'aggresion externe. Comme partie de la Valachie ("Pays Roumain") au début et ensuite partie de la Moldaine (après 1462), la Bessarabie historique, zone littorale du Danube maritime, avec la cité Chilia, avait été cependant prise de Stefan cel Mare par les Turcs en 1484. Faisant partie de la "Maison d'Islam" cette zone pouvait être révendiquée donc comme bastion de guerre par le tsar, au cas d'une victoire dans le conflit russo-ottoman de 1806-1812. L'habileté du tsar se réalisa par l'extension du nom de Bessarabie sur les cartes, lors des tractations avec Napoléon Iᵉʳ, sur toute une moitié de la principauté roumaine souveraine de la Moldavie, partie qu'il était décidé de ravir aux Roumains, avec lesquels il n'était pas en conflit, sous le prétexte qu'il la prenait en compensation des Turcs. C'était au fond le même procédé utilisé par les Habsbourg en 1775 lorsqu'ils avaient ravi sans lutte, à la table des négociations, le nord de la Moldavie, baptisé par eux Bucovine.

7. E.V. Tarlé, Napoléon, ed. III, Bucuresti, 1964, p. 366. L'aventure même de Napoléon de ces "100 jours" allait constituer pour les nouveaux maîtres du monde une heureuse occasion de manipuler l'opinion publique, les participants du Congrès de Vienne proclamant cyniquement, le 25 mars 1815, la nécessité de "défendre contre toute atteinte l'état des choses – établi d'une manière si heureuse en Europe" (Ch. Seignobos, 1815-1915, Du Congrès de Vienne jusqu'à la guerre de 1914, A. Collin, Paris, 1915, p. 7).

8. "L'état de paix" basé sur une "sage répartition des forces" avait été proclamé par les alliés comme but primordial, dès 1813 par les déclarations du 9 septembre et du 1ᵉʳ décembre (Voir Ch. Seignobos, op.cit., p. 7-8).

9. Ibidem, p. 10.

10. G.F. de Martens, <u>Nouveau recueil de traités, d'alliance, de paix, de trève, de neutralité, de commerce</u> ..., t. VI, 1814-1815, Gottingen, 1818, p. 656.

11. <u>Ibidem</u>, XVIII, Gottingen, 1820, p. 560-561.

12. Voir Metternich, <u>Mémoires documents et écrits divers</u>, VII, Paris, 1883, p. 176-194.

13. Voir <u>Acte si documente relative la istoria renasterii României</u>, I, Bucuresti, 1889, p. 357-360.

14. Voir A. Ubicini, <u>La question des Principautés devant l'Europe</u>, Paris, 1858, p. 115-116.

15. Voir Leonid Boicu, <u>Diplomatia europeana si triumful cauzei române, (1856-1859)</u>, Iasi, 1978, p. 7-88.

16. <u>Acte si documente relative la istoria renasterii României</u> II, Bucuresti, 1890, p. 1101-1102.

QUELQUES INTERVENTIONS MILITAIRES FRANÇAISES DANS LE MONDE 1823-1862

René Pillorget

Six études portant sur différentes interventions militaires françaises dans le monde, ayant eu lieu au cours du XIXe siècle, ont été effectuées par huit chercheurs. Ce travail collectif a porté – je cite leurs sujets par ordre chronologique – sur les interventions en Espagne en 1823; au Portugal en 1831, travail dû au général Delmas; à Montevideo de 1845 à 1852, par M. Jean Avenel; en Syrie en 1860-1861, par MM. Frédéric Guelton et Olivier Forcade; en Chine en 1860, par MM. Raymond Bourgerie et Pierre Lesouef; et enfin à La Vera Cruz de décembre 1861 à avril 1862, par le général Salkin.

Dans le genèse de ces expéditions, un élément apparaît prépondérant, au point de conférer à celles-ci une unité au moins apparente : le souci du prestige français. Exemple le plus significatif : en 1823, la France intervient en Espagne, et intervient seule, dans une très large mesure pour faire oublier 1815 et montrer à l'Europe qu'elle n'a rien perdu de ses capacités militaires.

Toutefois, trois autres facteurs, liés à cette volonté de défense du prestige national, contribuent à faire prendre par l'autorité gouvernementale des décisions d'intervention. Premièrement, le souci de la paix intérieure : en 1823, la volonté d'éviter la contagion révolutionnaire et de voir les troubles passer d'Espagne en France. Deuxièmement, en plusieurs circonstances, le devoir de protéger soit des Français domiciliés à l'étranger – cas du Portugal en 1831, de l'Argentine et de l'Uruguay entre 1845 et 1852, de la Chine en 1860 – soit des populations amies: ainsi, les chrétiens d'Orient, persécutés en 1860. Troisièmement, la volonté de défendre les intérêts français à l'étranger – c'est le cas au Mexique, en 1861-1862 – volonté qui peut ne pas être exempte, dans ce pays, mais aussi dans d'autres, en Chine, en particulier, d'arrière-pensées d'expansion économique, c'est-à-dire d'ouverture de nouveaux marchés.

Un fait ressort de ces six études : en aucun cas, le gouvernement français ne prend la décision d'intervenir militairement dans un autre pays sans avoir au moins consulté les autres grandes puissances. Le Concert européen est une réalité. Partie intégrante de la préparation de l'intervention, l'activité des diplomates parvient à des résultats importants pour le déroulement ultérieur des opérations. Premièrement, elle obtient, en 1823, la neutralité plutôt réticente d'une puissance – la Grande-Bretagne – et des neutralités approbatrices – celles de la Prusse, de l'Autriche et de la Russie. Deuxièmement, elle aboutit, en juillet-août

1860, à la signature d'une convention passée entre les cinq grandes puissances européennes et la Turquie, reconnaissant comme nécessaire une intervention militaire en Syrie, qui sera le fait de la seule armée française. Troisièmement, l'activité des diplomates débouche, en 1845, puis en 1860, sur une intervention militaire bipartite – France et Grande-Bretagne d'abord devant Montevideo, puis en Chine – et même, en 1861, sur une intervention tripartite, franco-anglo-espagnole, à La Vera Cruz.

On retrouve, dans l'organisation de certaines des interventions qui ont fait l'objet de nos études, une même collaboration des civils – diplomates ou hommes politiques – et des militaires. Lors de l'expédition d'Espagne, son commandant en chef, le duc d'Angoulême, est accompagné d'un commissaire civil, Martignac, en fait chargé d'une mission diplomatique : éviter qu'il soit porté atteinte à la fierté nationale des Espagnols. Au Portugal, en 1831, la négociation se déroule parallèlement aux opérations militaires. En 1852, à Montevideo, 13 navires et 1500 soldats sont placés "sous l'ordre des agents diplomatiques français". En Syrie, la collaboration civils-militaires englobe les ecclésiastiques. Elle est plus difficile en Chine où les négociations accompagnent la marche en avant, mais où le caractère bipartite de l'expédition entraîne la présence de quatre commandants en chef – un général et un amiral français, un général et un amiral anglais – et de deux plénipotentiaires, le baron Gros et lord Elgin. Cette collaboration est plus difficile encore à La Vera Cruz, où les trois alliés ont des vues divergentes, et où, de surcroît, nous dit le général Salkin, l'amiral Jurien de la Gravière et le ministre Saligny ne s'entendent guère.

La réputation du pays et de ses forces armées se trouvant engagée, un soin particulier a été apporté à l'organisation proprement militaire de ces expéditions. À la fois pour que le succès soit assuré, et ne serait-ce que pour faire bonne figure tant auprès des alliés – lorsque l'expédition est bi – ou tripartite – qu'aux yeux des habitants de la contrée où aura lieu l'intervention, le gouvernement ne lésine ni sur les effectifs, ni sur le matériel. En 1823, c'est une armée de 100 000 hommes qui franchit la Bidassoa. Un gros effort financier est fait pour que la population espagnole ne soit lésée par aucune réquisition abusive. En 1831, le contre-amiral Roussin dispose de 5 vaisseaux de 74 à 80 canons et de 2 frégates de 60, ce qui lui assure une nette supériorité par rapport à la marine portugaise, et, raconte le général Delmas, le forcement du Tage se trouve facilité par le fait que les défenses de celui-ci étaient demeurées bien obsolètes. 6000 hommes *sont* engagés en Syrie, 3 000 à La Vera Cruz, et, bien que les Espagnols y soient deux fois plus nombreux, Napoléon III se refuse à ce que ses troupes soient placées sous le commandement unique du général Prim.

Les buts des différentes interventions ayant été clairement définis, et des moyens suffisants ayant été mis en oeuvre, la plupart d'entre elles se terminent par un plein succès; aucune, par un véritable échec, moins encore par un désastre. Et lorsque le succès n'est pas complet, ceci tient à des raisons d'ordre politique et structurel qui dépassent de loin les possibilités d'action d'un corps expéditionnaire, et même d'un seul État.

L'intervention de 1823 – "ma guerre d'Espagne", dira Chateaubriand – n'est nullement une "promenade militaire", ainsi qu'on l'a trop souvent écrit. Il y a des morts et des blessés, notamment lors de la prise du fort du Trocadéro. Elle est, pour le gouvernement de Louis XVIII, un grand succès, qui s'explique par une analyse lucide de la situation politique, par une appréciation exacte des sentiments de la majorité du peuple espagnol. Au Portugal, après le forcement du Tage, la France reçoit pleine satisfaction : libération de ses ressortissants emprisonnés, versement d'une indemnité, plus quelques "conditions ignominieuses", écrira plus tard un officier ayant participé à l'opération. Et si, dans le Rio de la Plata, l'intervention est longue (1845-1852), elle est marquée par un succès en deux phases. La première, l'occupation de l'île Martin Garcia, qui contrôle l'embouchure des fleuves Parana et Uruguay, et la victoire d'Obligado, dans laquelle il n'est pas exagéré de voir "une des grandes pages de l'histoire de la marine nationale". La seconde, avec la protection de Montevideo. Quant à l'expédition de Chine, elle ne fait pas seulement figure, dans l'histoire de l'armée française, de modèle d'organisation – contrastant beaucoup, nous disent MM. Bourgerie et Lesouef, avec l'improvisation qui a présidé à l'organisation de la campagne d'Italie – mais aussi de modèle de conduite des opérations.

Avec les expéditions de Syrie et de La Vera Cruz, on se trouve en présence de succès seulement partiels. En Syrie, soulignent MM. Guelton et Forcade, il convient de distinguer l'aspect <u>pacification</u> et l'aspect <u>action caritative</u> de l'intervention. La brigade du général de Beaufort d'Hautpoul opère une pacification partielle et temporaire. Mais une pacification à long terme apparaît illusoire, à cause d'une situation locale extrêmement compliquée, à cause du double jeu des Turcs, qui appuient, plus ou moins discrètement, les Druses. "Ce pays où nous ne faisons, où ne pouvons rien faire", écrit le commandant Charles Ardant du Picq, du 16e régiment de chasseurs à pied. Grâce à une souscription lancée par l'abbé Lavigerie, grâce à l'action coordonnée des agents consulaires, des oeuvres catholiques des écoles d'Orient et du corps expéditionnaire, des secours peuvent être apportés aux populations. Ainsi, une "mission à caractère militaire" se trouve "transformée en mission de bienfaisance"... "Tâche méritoire", écrit Pierre de La Gorce, "mais un peu insuffisante pour des soldats, et pour des soldats venus de si loin".

Ajoutons qu'en ce qui concerne l'expédition de La Vera Cruz c'est pour des raisons relevant de la politique internationale – les relations franco-anglo-espagnoles – et non pas à cause d'une quelconque carence du corps expéditionnaire que le succès militaire initial ne peut être exploité en commun. Et précisément, la première phase de cette intervention française au Mexique nous conduit à nous poser une importante question.

Si les opérations ont été menées de façon efficace, voire même brillante, les résultats obtenus sur place ont-ils été en rapport avec les moyens mis en œuvre? En ce qui concerne l'Espagne de 1823, aucun doute, la réussite a été totale et durable. Le ministre anglais Canning, qui s'était opposé autant qu'il l'avait pu à l'intervention française, se trouve obligé de reconnaître: "Jamais armée n'a fait si peu de mal, et n'en a empêché autant". Elle a évité à l'Espagne de connaître ce qui représente, pour une nation, le mal absolu : la guerre civile. Au Portugal, la mission dont les forces françaises ont été chargées a été accomplie au prix de dégâts minimes. Mission également accomplie à Montevideo : la ville est protégée, la sécurité des ressortissants français assurée. En Syrie, ainsi que l'écrit un officier, "par l'effet moral de notre présence, nous avons empêché de nouveaux massacres". Certains Maronites, qui avaient dû s'enfuir, ont pu regagner leurs villes ou leurs villages et une conférence internationale obtiendra du Sultan la nomination d'un gouverneur chrétien. Amélioration qui ne peut être définitive : pour que ne se reproduisent plus les drames qui ont provoqué l'intervention européenne, toute la structure politique et administrative de l'empire ottoman devrait être rénovée. L'expédition de Chine force le gouvernement de Pékin à satisfaire toutes les exigences occidentales en matière d'indemnités et le second traité de Tien-Tsin peut être signé. Enfin, à La Vera Cruz, la dette mexicaine à l'égard des puissances européennes est reconnue; le but assigné à l'expédition est atteint. Mais l'alliance franco-anglo-espagnole n'aura duré que cinq mois. Après la conférence de la Soledad et les négociations d'Orizaba, elle est rompue. Le gouvernement de Napoléon III n'a pas, au Mexique, la sagesse qu'a montré celui de Louis-Philippe en ce qui concernait le Portugal. La France va s'immiscer dans la politique intérieure de ce pays, apparemment avec d'excellentes intentions énoncées dans la proclamation du 16 avril 1862 : "Mexicains, nous ne sommes point venus ici pour prendre parti dans vos divisions, nous sommes venus pour les faire cesser...". On connaît la suite.

À l'exception, précisément, des conséquences de cette affaire de La Vera Cruz – conséquences qui auraient pu être toutes autres – celles des six expéditions que nous avons étudiées apparaissent, pour la France, qui les a organisées, nettement positives sur le plan international. Au lendemain de son intervention en Espagne, elle a retrouvé tout son prestige de grande puissance. Son armée a remporté des succès dans un pays où Napoléon n'avait connu que des déboires et elle, qui était, il y a seulement quelques années, un pays occupé, elle laisse en Espagne des troupes d'occupation qui n'en partiront qu'en 1828. Le forcement du Tage n'a apparemment éveillé, grâce aux précautions des diplomates, aucune inquiétude, ni en Grande-Bretagne, ni ailleurs, et grâce à son caractère limité à la fois dans l'espace et dans le temps, il ne laissera aucune séquelle dans les relations franco-portugaises ultérieures. Grâce à l'opération de Montevideo, l'Uruguay pourra, face à l'Argentine, exister en tant que nation indépendante. Enfin, la victoire en Chine du Nord permet à Cousin-Montauban d'envoyer un millier de soldats à l'amiral Charner, qui permettent à celui-ci de faire lever le siège de Saigon, en mars 1861, et d'obtenir, un an plus tard, la cession des provinces de Saigon, Mytho et Bien-hoa. La campagne de Chine a donc joué indirectement un rôle décisif dans la conquête française de la Cochinchine. Elle a représenté, en outre, une étape importante dans l'ouverture de l'empire du Milieu au commerce international.

Terminons en nous demandant s'il est possible de tirer quelques enseignements de l'étude de ces six expéditions.

Il apparaît tout d'abord que l'efficacité d'une opération militaire de ce type dépend de la détermination du pouvoir politique. Ceci est très bien souligné par M. Avenel. Il faut que l'adversaire potentiel sache que l'on est bien décidé à intervenir. Deuxièmement, la présence militaire physique – même si elle est, en principe, neutre – peut suffire à empêcher un éventuel assaillant de procéder à une attaque contre la ville, la communauté ou le pays protégés. Ainsi la présence de 1 500 soldats français suffit à dissuader un ennemi, au demeurant mal équipé, de prendre d'assaut Montevideo. La ville est assiégée, mais ne fait l'objet d'aucune attaque frontale.

Par ailleurs, l'étude de ces expéditions nous conduit à nous demander si l'existence d'une coalition internationale augmente l'efficacité de l'action dissuasive. Le seul fait de savoir que plusieurs nations sont décidées à agir ensemble peut décourager l'adversaire potentiel, ou l'incliner à se montrer conciliant. L'action commune de la France et de la Grande-Bretagne a donné d'excellents résultats, à Obligado, en Chine. Toutefois, on se souviendra que la France a agi seule, et a remporté des succès, en Espagne, au Portugal, en Syrie.

Enfin, on remarquera qu'à l'exception de l'intervention dans le Rio de la Plata toutes ces expéditions ont été courtes. La France aurait-elle été disposée à assumer, si elles avaient duré beaucoup plus longtemps, leur coût en hommes et en argent? L'opinion publique aurait-elle admis cet engagement à long terme? Il est hors de doute que, si l'affaire d'Espagne avait mal tourné, l'opposition libérale aurait mené la vie dure au gouvernement.

Quant à l'opinion des participants concernant les missions qui leur étaient assignées, nous ne la connaissons que de manière, jusqu'à présent, très fragmentaire. Elle apparaît toutefois particulièrement intéressante en ce qui concerne cette expédition de Syrie, au cours de laquelle les soldats sont passés d'une opération militaire classique à une action caritative. Mutation qui a pu sembler étonnante à certains d'entre eux. Et c'est à l'étude due à MM. Guelton et Forcade que nous emprunterons l'ultime conclusion, formulée par le maréchal Randon : "Le bien est terriblement difficile à faire; notre rôle du moins reste honorable et grand, malgré les orages qu'il soulève, et si la France ne parvient pas à arrêter les cruautés d'un autre âge, sa conduite aura toujours le caractère d'une éclatante, protestation".

RAMENER ET MAINTENIR LA PAIX: L'INTERVENTION DES FORCES ARMÉES BRITANNIQUES AU BAS-CANADA DE 1837 À 1841

Roch Legault

Les événements troubles qui marquent le Bas-Canada en 1837 et en 1838 ont déjà fait l'objet de maintes analyses historiques. Ces analyses débutées peu de temps après les rébellions dans les années 1840 par Michel Bibaud, Robert Christie et François-Xavier Garneau[1], ont chacune adoptée une perspective différente. Les analyses se poursuivent encore aujourd'hui avec d'autres historiens[2] sans que ceux-ci puissent être capables d'épuiser le sujet tellement ces événements constituent un noeud important dans l'histoire canadienne, une étape majeure dans l'évolution politique, sociale et nationale du Canada et du Québec.

Les rébellions de 1837 et de 1838 au Bas-Canada ont été présentées tantôt comme une lutte nationale, tantôt comme un combat pour obtenir la modernisation des institutions politiques, tantôt comme une lutte mettant en cause les classes sociales et, plus récemment, comme une révolte du monde paysan. Force est d'admettre toutefois que la lorgnette militaire n'a pas été mise à contribution tellement souvent par les chercheurs. Il faut ainsi savoir gré aux historiens Elinor Kyte Senior[3] et Michael Mann[4] pour l'avoir utilisée. Nous nous proposons ici de suivre le même sentier intellectuel que ces deux historiens et d'expliquer l'intervention des forces armées britanniques dans la colonie canadienne. L'armée ramène la paix au Bas-Canada à l'arrivée de la froide saison de 1837 et, à peu près à la même période de l'année, en 1838. Elle fait un travail de maintien de la paix par la suite jusqu'à l'établissement d'une nouvelle constitution et la formation d'un gouvernement d'union du Bas et du Haut-Canada. Nous allons adopter, dans les propos qui suivent, la perspective du militaire, officier comme simple soldat, dont la mission est de ramener la tranquilité à cette société coloniale et de faire en sorte que cela dure.

L'intervention des forces armées britanniques au Bas-Canada de 1837 à 1841 ne peut pas se comparer, et ne saurait être comparée, à une mission du maintien de la paix telle que nous les connaissons depuis les années 1950, c'est l'évidence même. Il y manque surtout cette composante internationale dans la force d'interposition si l'on reprend la définition offerte par la <u>International Peace Academy</u> :

"The prevention, containment, moderation, and termination of hostilities, through the medium of a peaceful third party intervention, organized and directed internationally, using multinational forces of soldiers, police, and civilians to restore and maintain peace"[5].

La Grande-Bretagne décide seule de l'intervention et au nom d'intérêts impériaux.

Pourtant, il n'est pas inutile de jeter un oeil scrutateur aux événements qui se sont produits à cette occasion pour plusieurs raisons. La principale serait sans doute de comprendre le passé des missions du maintien de la paix. Ce passé est plus que pertinent puisque l'originalité du maintien de la paix durant la guerre froide consistait dans la disposition particulière des moyens utilisés déjà connus de tous et non dans la mise en place de moyens nouveaux ou inusités[6]. Comme les autres manifestations militaires de notre époque, le maintien de la paix possède des origines historiques, des racines profondes. Et ces racines se trouvent, pour une bonne part, dans le monde anglo-saxon, hormis les États-Unis. Il n'est qu'à regarder présentement la contribution majeure en effectif des nombreux pays ayant appartenu à l'empire britannique pour s'en convaincre. Il est également devenu nécessaire, pour les raisons que l'on sait, de comprendre les origines historiques des missions de rétablissement de la paix.

Une seconde raison de plonger dans ce passé militaire du Canada de conflits de basse et de moyenne intensité et de le lier au maintien de la paix et au rétablissement de la paix, c'est que le pays peut, non sans une certaine légitimité, réclamer la pérennité du type de maintien de la paix qui a eu cours pendant la guerre froide (à l'exception bien sûr de l'intervention onusienne durant la guerre de Corée). Dans ce passé canadien réside en effet, certaines des idées et une certaine façon d'approcher les problèmes politiques et militaires qui sont propres au Canada et qui ont sans doute été transposées via le bagage culturel de Lester Pearson, ministre des Affaires extérieures du Canada, aux pratiques du maintien de la paix modernes.

Pour les fins de l'exercice, nous allons donc considérer une intervention d'un tiers parti, ou d'une force d'interposition, les forces armées métropolitaines britanniques en l'occurence, dans un conflit armé dans une colonie opposant le camp des insurgés ou Patriotes à celui des Loyalistes. La division des camps se fait surtout selon une démarcation ethnique : colons d'origine française contre colons d'origine britannique et irlandaise. Les choses ne sont toutefois pas aussi évidentes sur le terrain : Louis-Joseph Papineau, le chef politique des Patriotes, compte parmi ses très proches collaborateurs des hommes d'origine britannique et irlandaise, tel Storrow Brown, les frères Robert et Wolfred Nelson, O'Callaghan et de nombreux sympathisants au Haut-Canada. L'armée britannique se range aussi d'emblée du côté des Loyalistes : il ne faut pas être dupe sur la neutralité ethnique et sur le parti que va favoriser le commmandant des <u>Guards</u> de l'armée britannique lorsqu'il fait une allocution en langue gaélique devant les volontaires de son clan au Canada, les <u>Glengarry Highlanders</u>, une formation loyaliste.

Nous allons donc souligner ici brièvement six aspects de la mission des forces armées britanniques : du milieu, des partis en présence et du contexte international, de l'initiative de l'intervention, de l'acheminement et de la consolidation de la force d'interposition, de l'aspect financier et du ravitaillement, des moyens de l'intervention et finalement de l'utilisation d'alliés.

a) Le milieu, les parties en présence et le contexte international

Le Bas-Canada possède une population d'environ 650 000 âmes dont moins du quart est anglophone au moment des troubles. Mais Montréal, une ville de quelque 40 000 habitants qui est promise à un brillant avenir au niveau du continent, possède une population plus équilibrée. La violence va se produire uniquement dans la région de Montréal. À Québec, sans doute que la garnison, les fortifications et surtout la <u>Royal Navy</u> incitent les Patriotes de la région à plus de discrétion. Durant les deux années que durent les troubles, l'activité militaire est toujours bien localisée. En 1837, il s'agit de prise d'armes dans la vallée du Richelieu, à l'est de Montréal, puis, la même année, dans le nord-ouest. En 1838, à l'occasion de la seconde rébellion, c'est la région située au sud qui s'embrase. Dans le cadre de leur affrontement, les deux parties en présence au Bas-Canada ont quitté l'arène politique après les élections de 1834 alors que sont constituées les "Constitutional Associations", à Québec le 22 novembre 1834 et à Montréal le 23 janvier 1835. Ces organisations loyalistes tendent rapidement vers la formation d'un groupe para-militaire qui encourt toutefois le déplaisir du gouverneur Gosford. Gosford démembre ainsi le "British Rifles Corps"[7] le 15 janvier 1836. C'est la raison pour laquelle le prochain groupe "actif" des Loyalistes, le "Doric Club", doit être une organisation semi-secrète. Son action se fera surtout sentir à Montréal même. À la fin de 1837, les groupes armés loyalistes seront favorisées par les gouverneurs et agiront librement et quelquefois avec un excès de zèle.

L'une des réponses des Patriotes, l'organisation des "Fils de la Liberté", ne peut agir efficacement à Montréal. C'est que les "Fils de la liberté", à l'image de l'ensemble du mouvement patriote, vont manquer de leadership, de discipline et d'organisation tout au long de ces deux années critiques. Les Frères Chasseurs constituent l'organisation militaire secrète des Patriotes pour la seconde rébellion et souffrent des mêmes carences. Par ailleurs, la milice sédentaire, l'organisation de base de la défense de la colonie, est rendue inopérante par les luttes intestines que se livrent les parties opposées à l'intérieur de l'institution. Au surplus, elle a déjà fait l'objet d'une attaque préventive de la part du gouverneur Dalhousie en 1827 qui a demandé la retraite ou la démission de plusieurs officiers[8]. Depuis ce temps, elle éveille la méfiance chez les sympathisants patriotes qui demandent à ses chefs de renoncer à leur commission d'officier[9]. Mais les Patriotes se privent ainsi de la possibilité d'un encadrement précieux.

Dès la nuit du 6 novembre 1837, après un engagement entre le "Doric Club" et les "Fils de la liberté", il est clair que la ville de Montréal sera aux mains du gouvernement et des forces loyalistes. Ceci facilite grandement la tâche au rétablissement de l'ordre dans la colonie. En effet, les forces armées n'auront pas à faire face à une guérilla urbaine, mais opéreront à la campagne. Les villes principales sont aux mains des Loyalistes alors que les villages et la campagne sont les terrains privilégiés d'organisation et de ressources pour les Patriotes. Il y aura donc un échange de population avec chaque approche d'affrontements, les uns trouvant refuge des exactions subies à la campagne dans la ville, les autres fuyant au contraire la ville de peur de tomber dans les filets tendus par les autorités et les Loyalistes.

Les problèmes internes du Bas-Canada se traduisent sur le plan international par la méfiance du Royaume-Uni envers les États-Unis, berceau du républicanisme dont se réclame les Patriotes. Tenues en échec durant la guerre de 1812-1814, les anciennes colonies anglaises n'ont toujours pas renoncé au Canada aux yeux des autorités politiques britanniques. En même temps que ramener l'ordre au Bas-Canada, l'intervention militaire britannique doit être suffisamment musclée pour intimider les États-Unis et les convaincre de ne pas se mêler des affaires de leur voisin du nord. Heureusement, les États-Unis vont collaborer, imparfaitement, il est vrai, mais à plusieurs reprises en intervenant contre des sympathisants de la cause révolutionnaire au Canada. C'est ainsi que deux semaines après le début de la seconde rébellion au Bas-Canada, le 7 décembre 1838, le Secrétaire d'État des États-Unis écrit ceci aux procureurs des états du Vermont, de New York et du Michigan au moment où l'organisation des Frères Chasseurs comptent sur le territoire américain pour en faire une base d'attaque:

> "In the course of the contest which has comenced in a portion of the territory of Great Britain, between portions of the population and the Government, some of our citizens may, from their connection with the settlers, and from their love of enterprise and desire of change, be induced to forget their duty to their own Government, and its obligations to foreign Powers. It is the fixed determination of the President faithfully to discharge, so far as his power extends, all the obligations of this Government, and that obligation especially which requires that we shall stay abstain, under every temptation, from intermeddling with the domestic disputes of other nations"[10].

Il s'agit d'un message clair, qui même s'il n'est pas suivi localement à la lettre, garantit la non-intervention d'un gouvernement étranger pour compliquer le rétablissement de la paix par les forces britanniques.

b) L'initiative de l'intervention

Le mouvement politique des Patriotes ne semble pas se rendre compte que ses menées inquiètent les autorités militaires et suscitent l'organisation d'une opposition armée des colons loyalistes. La préparation à la confrontation est plus lente du côté des Patriotes que de celle des Loyalistes. Pendant que l'on tient des assemblées publiques qui débutent le 7 mai pour culminer avec celle de la Confédération des Six-Comtés à Saint-Charles le 23 et 24 octobre 1837, l'autre partie observe et se prépare.

Les autorités britanniques possèdent une longue tradition d'intervention dans les sociétés coloniales lorsque les troubles débutent au Bas-Canada. Elle date de la Révolution américaine. Aussi, le lieutenant-général Colborne est-il décidé d'intervenir très rapidement pour en découdre avec les chefs des réunions politiques qui se déroulent au Bas-Canada. Ces assemblés obtiennent un succès remarquable dans la vallée de la rivière Richelieu et laissent croire à un mouvement de désaffection du peuple envers la Couronne qui ne cesse de prendre de l'ampleur. Les forces militaires britanniques sur place en Amérique du Nord se mettent en branle et un appel de détresse est lancé à Londres pour obtenir du renfort. Les effectifs au Canada au début des hostilités sont seulement de 6 bataillons réguliers après l'arrivée de renforts du Haut-Canada en mai et octobre 1837 et de Halifax en juin 1837 : le 2e bataillon du 1er (Royal Scots), le 15e (East Yorkshire), le 24e (South Wales Borderers), le 32e (The Duke of Cornwall's Light Infantry), le 66e (The Royal Berkshires), le 83e (Royal Ulster Rifles) [Mann, p. 27]. Ce n'est pas une force impressionnante, mais elle est un peu supérieure à celle qu'entretient la Grande-Bretagne depuis la fin de la guerre de 1814-1815 pour protéger le Bas-Canada. La tête des principaux leaders est mise à prix le 16 novembre et les militaires sortent de leurs casernes.

Les Patriotes vont retarder les plans des militaires en les repoussant au village de Saint-Denis le 23 novembre, mais ne peuvent que s'incliner devant la colonne du lieutenant-colonel Wetherall à Saint-Charles le 25. C'est le début d'une longue suite ininterrompue de déboires pour les Patriotes. La troupe a progressé assez lentement vers Saint-Charles, mais, même à la nouvelle des difficultés de la colonne menée par Gore à Saint-Denis et avec ses arrières menacés, Wetherall, après un moment d'hésitation à Sant-Hilaire et après avoir obtenu le renfort d'une compagnie de grenadiers, fonce sur son objectif. Pourtant, les soldats et officiers britanniques évoluent sur un terrain qu'ils ne connaissent pas et au milieu d'une population avec qui il est difficile d'échanger puisque, selon le magistrat Guy qui accompagne les troupes dans la vallée du Richelieu, aucun militaire ne pouvait s'exprimer en français. Les chefs patriotes sont néanmoins pris de vitesse, l'entraînement n'a pas eu lieu, les armes n'ont pas été achetées[11]. Il existe bien un système de commmunication et de signalisation[12], mais les Patriotes ne semblent pas être capables de bien coordonner leur force. Et surtout, le commandant Colborne n'a pas lésiné sur les moyens militaires à déployer pour ses opérations. La campagne contre les villages de Saint-Eustache et de Saint-Benoît a lieu tout de suite après les engagements de la vallée du Richelieu. La vitesse a joué ici un grand rôle, comme l'admettront certains chefs patriotes après coup et comme le prouvent leur panique et leur fuite aux États-Unis en 1837. Le scénario des opérations militaires pour 1838 est à peu près le même, la vitesse contre les carences organisationnelles : les Patriotes ne font pas le poids et font figure d'assiégés à Lacolle (le 5 novembre 1838) et Odeltown (le 9 novembre 1838).

c) L'acheminement et la consolidation de la force d'interposition

C'est un fait qui peut paraître surprenant pour une force militaire comme la Grande-Bretagne à cette époque, mais le pays ne possède pas les moyens adéquats pour projeter sa puissance. La situation délicate du Canada est connue à Londres à la fin de décembre 1837. Les belligérants ont choisi cette période de l'année puisqu'ils savent que la venue de renforts sera très difficile avec le fleuve Saint-Laurent prisonnier des glaces. La saison n'est pas non plus la meilleure de l'autre côté de l'Atlantique pour préparer une flotte de secours. Ce qui complique le plus l'expédition, c'est que la Grande-Bretagne n'a pas de navire prêt pour embarquer les troupes pour le Canada. La <u>Royal Navy</u> ne possède que deux transports de troupes déjà affectés à une mission loin des ports du pays. Le seul navire disponible, l'"Inconsistant" (un navire de 36 canons), doit être désarmé pour embarquer les hommes du 93ᵉ régiment (260 hommes et 40 femmes et enfants). Il ne peut quitter que le 7 janvier. Le "The Pique", rappelé des côtes nord de l'Espagne amène le reste du 93ᵉ (336 hommes et officiers) en partance de l'Irlande. Le "Hercules" qui quitte Lisbonne pour prendre à son bord 436 officiers et hommes de troupe à Cork doit demeurer en Grande-Bretagne, à Plymouth, plus longtemps que prévu à cause d'avaries. Il ne fait voile que le 27 février. Enfin, le "Vestale" emporte les 160 hommes retants en direction d'Halifax le 3 mars 1838. [Bowles, p. 18-19] Ces délais en amont risquent de compromettre toutes les opérations terrestres en Amérique.

Un commentateur contemporain ne peut s'empêcher de critiquer cette situation qui dure depuis trop longtemps et regretter qu'il n'y ait pas de service au sein de la marine pour agir promptement en cas d'urgence. L'embarquement se fait soit sur des navires de ligne qui prennent un temps considérable à réappareiller et privent le pays d'un bâtiment de guerre, soit sur des navires commerciaux où les conditions des voyageurs sont exécrables et la confidentialité des mouvements de troupes impossible à conserver. "A great maritime nation should always be prepared with the means of embarking a considerable force rapidly and secretly..." [Bowles, p. 9]

Quoi qu'il en soit, le renfort qui réussit malgré tout à parvenir d'Europe au Canada est important, non seulement en quantité, mais en qualité. Dix-sept régiments se retrouvent en 1838 sous les ordres de Colborne advenant une reprise des troubles. Il dispose en plus, ce qui constitue une mesure exceptionnelle, de deux bataillons de "Guards", les deuxièmes bataillons des <u>Grenadier</u> et des <u>Coldstream</u>. Le "7th Hussards" (cavalerie légère) et le "1st Dragoons Guards" (cavalerie lourde) fournissent respectivement 200 et 300 cavaliers[13]. Il n'est survenu qu'à deux reprises, de la fin des guerres contre Napoléon jusqu'en 1851, que Londres réponde à une urgence en envoyant un renfort de cavalerie dans les colonies[14]. Le Bas-Canada en 1838 sera l'une de ces deux occasions.

d) Aspects financiers et le ravitaillement

Le <u>Commissary General</u> de toutes les troupes britanniques au Canada, Isaac Randolph Routh, est pris au dépourvu par l'ampleur des dépenses auxquelles il doit faire face avec le début des opérations militaires[15]. En poste dans la colonie depuis 1826, habitué à la vie de garnison, il est réconforté par les directives qu'il reçoit de Londres de payer ce que le lieutenant-général Colborne jugera bon de lui demander de payer, à condition de conserver un compte de dépenses séparé pour être en mesure d'évaluer le coût de toute l'opération du rétablissement de la paix et de son maintien par la suite[16]. La mission des forces armées pourra être ainsi critiquée par les payeurs de taxes britanniques puisque le Parlement affectera un fonds spécial à la crise au montant de près de £2 100 000, selon un décompte effectué le 18 mai 1844[17]. Les années 1839 et 1840 coûtent à elles seules aux forces armées £1 629 070 et £1 313 884. En 1842, les dépenses militaires britanniques au Canada sont encore très importantes à £884 998, cinq fois plus qu'en 1836[18].

Le service d'intendance a bien rempli sa mission sur le terrain. Toutefois, des dépenses d'une telle magnitude ne sont pas sans soulever quelques ennuis. Les difficultés ne se font pas seulement sentir à cause des situations nouvelles créées par la crise, comme pour les paiements à effectuer aux troupes auxiliaires qui semblent être réglés en février 1838[19], mais aussi à cause des relations tendues entre les services des forces armées. Même au coeur de l'action, le <u>Commissariat</u> et l'<u>Ordnance</u> trouvent toujours le temps de se quereller: le <u>Commissariat</u> veut faire respecter les directives du <u>Treasury</u> alors que les ingénieurs et les artilleurs veulent agir rapidement et efficacement[20]. Les disputes interdépartementales sont toujours un danger pour des forces armées.

Le ravitaillement de la force d'intervention s'effectue sans problème au Bas-Canada chez les colons d'origine britannique en majorité, mais aussi chez ceux d'origine française. Les registres de l'époque indiquent que des 247 contrats passés par l'armée depuis l'arrivée des renforts en mai 1838 jusqu'à la fin de l'année, 62 ont été décrochés par des noms à consonance française.

e) Les moyens de l'intervention

Le lieutenant-général Colborne ne se prive d'aucun moyen à sa disposition pour arriver aux buts fixés : faire règner l'ordre. Le plus ennuyeux pour Colborne c'est que les forces britanniques ne peuvent compter sur la cavalerie régulière au début des troubles puisqu'elle est inexistante au Canada.

Traditionnellement, la forêt a depuis bien longtemps nui à l'utilisation des chevaux tant aux États-Unis qu'au Canada. Voilà pourquoi elle ne fait pas partie des armes de la garnison canadienne. Avec les progrès de la colonisation, il devient possible de les utiliser militairement avec plus d'efficacité. Colborne s'en rend compte et l'obtention de chevaux est précisément l'une des demandes les plus pressantes qu'il fait. Il voit la nécessité de frapper vite, de faire couvrir de grande distance à la campagne à ses forces et de ramener les rebelles aux endroits sous son contrôle. En 1837, Colborne doit se rabattre sur la cavalerie provinciale jusqu'à ce qu'il obtienne la cavalerie régulière en 1838.

L'usage de l'artillerie est limité à cause du problème de transport que posent les pièces de trop gros calibre sur les routes du Bas-Canada reconnues pour être très mauvaises. Mais l'artillerie sera tout de même constamment employée par l'armée.

À l'utilisation des armes traditionnelles que sont l'infanterie, la cavalerie et l'artillerie, les Britanniques emploient des officiers qui sont envoyés à la campagne sans escorte après la première rébellion pour faire rapport sur l'état des campagnes. Certains autres sont délégués auprès de formations de volontaires loyalistes pour leur inculquer discipline et savoir faire. Tous sont en mission particulière, listés ainsi dans les <u>Army List</u>[21], cet annuaire des rangs et des régiments des officiers. Vingt-cinq officiers en tout, 3 capitaines, 10 majors et 12 lieutenants-colonels se renseignent sur l'esprit de sédition de la population ou effectuent des patrouilles à la tête de volontaires.

Colborne utilise aussi le jeu du bâton et de la carotte. Il fait saisir les armes des habitants, mais juge la situation assez calme pour les leur remettre le 19 septembre 1838. Ces armes sont importantes pour la subsistance et la défense des paysans. [RG8, no 611, f.95] Par contre, les incendies vont marquer la mémoire collective des habitants du Bas-Canada. Ils font partie des ordres militaires. Il faut détruire les maisons qui abritent des tireurs patriotes et les propriétés des chefs rebelles. Après la seconde insurrection de 1838, une cour martiale est instituée pour juger les chefs patriotes. 99 sont condamnés à mort pour haute trahison et autres crimes. La majorité sera cependant graciée à l'exception de 12 malheureux.

f) L'utilisation d'alliés

L'appui des forces britanniques sur des groupes de partisans armés se produit dès les premiers moments de son intervention au sortir de ses casernes. Les formations loyalistes, comme les <u>Glengarry Highlanders</u>, venus du Haut-Canada sur les demandes répétées de Colborne, les <u>Queen's Light Dragoons</u> et le <u>Royal Montreal Cavalry</u>, font le travail ordinairement dévolu aux réguliers lors de la première révolte et permettent de conserver Montréal à l'abri des coups de main des rebelles. Les officiers réguliers manquent rarement l'occasion de souligner une bonne action de ces groupes de façon à les encourager et à se les attacher bien que, dans le privé, le tenace préjugé de la supériorité incontestable du soldat régulier refait surface rapidement. Certaines troupes loyalistes seront payées et équipées par le trésor militaire britannique.

L'armée peut aussi compter sur l'alliance avec les Amérindiens des environs de Montréal. Ils résistent à "l'emprunt" ou à l'achat de leur armes par les Patriotes et fournissent des guerriers lors des opérations. Avec les Écossais, qui ont aussi une mauvaise réputation chez les Patriotes, les Amérindiens ont un effet psychologique de dissuasion.

Enfin, le clergé catholique est une force morale qu'il serait bien difficile de mesurer. La condamnation très forte des activités subversives et violentes de monseigneur Lartigue peut avoir eu l'effet de saper le moral d'un camp en même temps que de monter d'un cran celui du camp adverse. Il est bien connu toutefois que le parti que choisit Lartigue est intéressé. La caisse militaire britannique a maintes fois contribué au maintien du clergé catholique au Bas-Canada, les militaires ayant reconnu depuis longtemps l'utilité stratégique d'un encadrement spirituel contrôlé.

Toutes ces alliances des forces armées au Bas-Canada auront comme résultat de leur donner accès à un service de renseignements efficaces.

Conclusion

Les forces armées britanniques réussissent à ramener l'ordre au Bas-Canada en dépit de circonstances difficiles. Elles demeurent sur place pour faire respecter l'ordre dans une mission de maintien de la paix jusqu'après l'élection de 1841 qui change les règles de la vie politique dans les deux Canadas. Les moyens employés sont nombreux et, militairement, Colborne ne renonce à aucune alternative. Cependant l'usage de la force est restreinte par le but à atteindre, celui de rétablir la paix. Après l'opération, une bonne partie des troupes est rappelée et la garnison est de nouveau tout juste suffisante pour surveiller la fontière et le nouvel ordre social. L'intervention des forces armées britanniques lors des troubles de 1837-38 doit être considérée comme un lointain ancêtre des opérations du maintien de la paix et du rétablissement de la paix. Elle peut, comme d'autres opérations de ce genre, nous éclairer sur la façon de mener les opérations de maintien de la paix et de rétablir la paix dans le monde d'aujourd'hui.

Notes

1. Michel Bibaud, Histoire du Canada et des Canadiens sous la domination anglaise, Montréal, Lowell et Gibson, 1844; Robert Christie, A History of the Late Province of Lower Canada..., Montréal, Richard Worthington, réimpression 1865-1866, original 1848-1855 et François-Xavier Garneau, Histoire du Canada depuis sa découverte jusqu'à nos jours, Paris, Librairie Félix Alcand, 1913-1920.

2. Voir l'excellent travail historiographique de Jean-Paul Bernard, Les rébellions de 1837-1838, Montréal, Boréal Express, 1983. Il faudrait aussi consulter la monographie de Allen Greer, The Patriots and the People : The Rebellion of 1837 in Rural Lower Canada, Toronto, University of Toronto Press, 1993. Pour les dates marquantes de cette période, voir Jean-Paul Bernard, Assemblées publiques, résolutions et déclarations de 1837-1838, Ville Saint-Laurent, Vlb éditeur, 1988, pp. 11 à 20 et l'article de Félix Leclerc reproduit dans l'ouvrage précédent de Bernard aux pages 91 à 135.

3. Elinor Kyte Senior, Redcoats and Patriotes : The Rebellions in Lower Canada, 1837-38, Stittsville (Ontario), Canada's Wings en collaboration avec les Musées nationaux du Canada, 1985, 218 p.; "The Glengarry Highlanders and the Suppression of the Rebellions in Lower Canada 1837-38," dans le Journal of the Society for Army Historical Research, vol. 66 (automne 1978), pp. 143 à 159; "The Provincial Cavalry in Lower Canada 1837-50," dans la Canadian Historical Review, vol. 67 (mars 1976), pp. 1-24.

4. Michael Mann, A Particular Duty : The Canadian Rebellions, 1837-1839, Salisbury (Wiltshire), Michael Russel Publishing, 1986, 211 p.

5. Cité par Paul F. Diehl, International Peacekeeping, Baltimore et Londres, The Johns Hopkins University Press, 1993, p. 5. L'auteur emprunte lui-même ce passage de Jit Rikhye, Michael Harbottle et Bjorn Egge, The Thin Blue Line: International Peacekeeping and Its future, New Haven, Yale University Press, 1974, p. 11.

6. "What made the UNEF I deployed on November 15, 1956, different was not so much that all of its components were new, but that the combination of the components was unprecedented." Cité dans Paul F. Diehl, op. cit., p. 31. Voir aussi l'ouvrage de William Frye, A United Nations Peace Force, New York, 1957.

7. Mis sur pied le 16 décembre 1835.

8. Chambre d'assemblée du Bas-Canada, Report of the Special Committee : To Whom Was Referred That Part of His Excellency Speech Which Referred to the Organization of the Militia, Québec, Neilson and Cowan, 1829, 122 p. 423 officiers sont ainsi visés par cette initiative. Plusieurs réussissent à retrouver leur poste par la suite.

9. Pour les réactions du monde rural bas-canadien durant cette période voir Allan Greer, The Patriots and the People : The Rebellion of 1837 in Rural Lower Canada, Toronto, University of Toronto Press, 1993, 385 p.

10. Forsyth to Kellogg cité par Orrin Edward Tiffany, "The Relations of the United States to the Canadian Rebellion of 1837-1838", dans Frank H. Severance (éd.), Publications of the Buffalo Historical Society, vol. VIII, Buffalo (New York), 1905, p. 72.

11. C'est dans des circonstances difficiles que les Patriotes soulagent l'église de Saint-Denis et son curé de £6 000. Un "emprunt" destiné à l'achat d'armes. [Elinor Kyte Senior, 85, pp. 56 et 57].

12. Des fusées de couleur bleu sont tirées par les rebelles pour signifier la présence et le nombre des militaires comme le rapporte le capitaine Charles Beauclerk, Lithographic Views of Military Operations in Canada..., Londres, A. Flint, 1840, p. 3.

13. 6 et 4 "Troops" pour les "Hussards" et les "Dragoons". [Michael Mann, A particular Duty, p. 71].

14. Il s'agit d'un témoignage d'un responsable militaire britannique devant un comité d'enquête de la Chambre des communes. Il est ici fait exclusion des Indes avec la East India Company. [British Parliamentary Papers, Military and Naval, vol. 4, Irish University Press, Shannon, Ireland, 1971, p. 219, Report from the Select Committee on Army and Ordnance Expenditure, p. 11, 21 juillet 1851].

15. ANC, RG8, vol. 147, f. 148 à 150.

16. Les mots exactes employés à la treasury Chambers sont les suivants: "...to furnish the most full and detailed account of the Expenditure which may occur by the existing state of Affairs in Canada beyond the normal and ordinary Expenditure in that Command." [26 décembre 1837, RG8, vol. 1195j, f. 126.]

17. British Parliamentary Papers, op. cit., vol. 16, "Colonies Canada", p. 807.

18. Ibid.

19. Hamish A. Leach, A Politico-Military Study of the Detroit River Boundary Defense During the December 1837-March 1838 Emergency, Ottawa, thèse de doctorat (histoire), Université d'Ottawa, 1963, pp. 217 et 218.

20. RG8, vol. 147, f. 445-446.

21. Army List de 1838, p. 284. Il est indiqué qu'ils sont "Employed on a Particular Service".

L'ASPECT NAVAL DES OPÉRATIONS DE «MAINTIEN DE LA PAIX» DURANT LE SECOND EMPIRE

Par Michèle Battesti, chargée de recherches au Service historique de la marine
(Vincennes, France)

Michèle Battesti

Durant le Second Empire, la marine impériale a été souvent mise à contribution pour servir la politique «interventionniste» de Napoléon III. Car si, pour rassurer l'Europe, l'Empereur a multiplié avant son avènement les déclarations sur le thème *"l'Empire c'est la paix"*, il ne s'en est pas moins spécialisé tout au long de son règne dans les interventions aussi bien en Europe qu'outre-mer au point que la reine Victoria le désignera comme le «perturbateur universel». Or, indépendamment de toute arrière-pensée politique, ces interventions extraeuropéennes ont eu pour finalité un dénominateur commun : faire respecter le droit des gens avec l'intention d'intégrer les pays «barbares» dans le concert des nations civilisées aux rapports régis par l'égalité diplomatique et les échanges réciproques. Par la force des contraintes géopolitiques, la marine impériale a été appelée à jouer un rôle majeur dans les opérations destinées à «maintenir la paix» outre-mer aussi bien au Moyen-Orient, en Asie, qu'en Amérique.

Le Moyen-Orient

La lutte d'influence entre catholiques latins et grecs orthodoxes avait entraîné la France dans la guerre d'Orient (1854-1856). Or, une des retombées de cette guerre a été de modifier le statut des populations chrétiennes de l'Empire ottoman en leur octroyant des avantages égaux à ceux des musulmans. Cette disposition appliquée aux chrétiens de tout rite a exacerbé la rivalité ancienne entre les deux communautés se partageant les montagnes libanaises : Druzes (secte chiite) et Maronites (catholiques de rite oriental). Antagonisme aggravé par les immixtions des puissances européennes: les Britanniques obsédés par l'intégrité ottomane soutenant la cause des musulmans en général et des Druzes en particulier; les Français se posant en défenseurs inconditionnels des Maronites.

Au printemps 1860, une jacquerie dirigée par le maréchal-ferrant Tanios Chahine dégénère en guerre de religion. En mai, les Druzes attaquent les Maronites, brûlent une trentaine de villages, massacrent les habitants. Les Maronites s'enfuient vers le littoral pour bénéficier de la protection des puissances européennes. Dès que la nouvelle de ces massacres interconfessionnels est connue, le gouvernement français dépêche à Beyrouth la division navale du Levant, commandée par le capitaine de vaisseau La Roncière Le Noury. *"Votre tâche est avant tout, une tâche d'humanité... il importe que votre présence prouve aux montagnards que nous ne sommes point indifférents à leur sort et que nous compatissons à leurs maux"*[1]. Il lui est toutefois précisé qu'il doit être *"circonspect dans [son] action"*. De toute façon il, ne dispose que de moyens symboliques (une frégate et 3 avisos). Arrivé le 20 juin à Beyrouth, La Roncière envoie aussitôt ses avisos à Saida pour protéger le *khan* français où se sont réfugiées plus de 3 000 personnes et à Djouni auprès du patriarche maronite. Leur mission est d'évacuer les réfugiés qui demandent asile et de *"tranquiliser un peu les populations... effrayées"*[2]. Une ration de deux jours de biscuits est distribuée à chaque réfugié transporté. L'*Éclaireur* évacue ainsi sur Beyrouth 100 enfants du couvent des Jésuites de Gazir. Les avisos croisent aussi souvent que possible devant Caïffa, Jaffa, Latakieh et Tripoli. La présence du pavillon français de conserve avec le britannique et le russe semble jouer son rôle dissuasif puisqu'en dépit des rumeurs les plus alarmantes les réfugiés ne sont pas inquiétés. Elle est, par contre, sans effet dans l'intérieur du pays. À partir du 9 juillet, les tueries s'étendent à Damas, où 20 000 chrétiens vivent au milieu de 130 000 musulmans. Abdel-Kader offre l'hospitalité aux consuls russe, français, grec et à quelque 10 000 chrétiens[3]. Ces nouveaux massacres font 5 000 victimes.

L'émotion très vive en Europe oblige les puissances à réagir -diplomatiquement- auprès de la Sublime Porte, mais Napoléon III se sent, quant à lui, une obligation morale d'intervenir. Aussi, le 16 juillet 1860, décide-t-il l'envoi d'un corps expéditionnaire pour *"rétablir l'ordre"*. Napoléon III en informe la Grande-Bretagne très réticente et, pour la rassurer, propose la création d'une force d'interposition internationale. Les cinq grandes puissances après de longues et épineuses négociations parviennent, le 3 août, à un protocole signé à Paris qui, *"pour arrêter par des mesures promptes et efficaces l'effusion de sang en Syrie"*[4], autorise l'envoi d'un corps de «troupes européennes» de 12 000 hommes dont la France s'engage à fournir immédiatement la moitié de l'effectif à condition que son intervention soit limitée à six mois. La France est «mandatée» par les grandes puissances pour *"aider le Sultan à rétablir la paix [et à] venger l'humanité indignement outragée"*[5].

Le commandement du corps expéditionnaire est confié au général Beaufort d'Hautpol. Comme dans toutes interventions outre-mer, la marine est chargée d'assurer la logistique. Une dépêche du 20 juillet lui demande de prendre ses dispositions pour assurer le transport de 183 officiers, 5 544 soldats, 1 699 chevaux et 2 599 tx de matériel (habillement, subsistance, hôpitaux, artillerie), prélevés en France et en Algérie. Pour alléger sa tâche, les Messageries impériales assurent le transport de 3 000 hommes, 1 800 tx de matériel et 60 chevaux sur trois de leurs paquebots.

Hautpol arrive à Beyrouth le 16 août. Les opérations de débarquement se déroulent sans encombre malgré le nombre notoirement insuffisant de chalands, limité à deux unités. Puis les troupes gagnent le mont Liban pour exécuter l'opération de police. La Sublime Porte a changé diamétralement d'attitude. À Damas, son commissaire extraordinaire, Fuad, mène une répression sévère contre les auteurs des massacres, 721 musulmans sont arrêtés. La justice est expéditive : 251 sont condamnés à mort, 325 envoyés au bagne, 145 bannis. Fuad se rend à Beyrouth et, après concertation avec Hautpol, convient que les Français «auxiliaires du Sultan» se dirigeront vers Deir-el-Kamar tandis que les Turcs franchiraient les crêtes du mont Liban et, opérant sur l'est de la chaîne, rabattraient les Druzes sur les bataillons français. L'affaire tourne à la farce. Les Turcs prennent un tel retard que les responsables des massacres ont le temps de s'échapper et les Français voient leur action réduite à une simple promenade militaire, à caractère humanitaire.

Pendant ce temps, les forces navales placées sous les ordres du contre-amiral Jehenne reçoivent le renfort de 2 vaisseaux détachés de l'escadre d'évolutions. Acte hautement symbolique puisque cette escadre d'évolutions, stationnée en permanence en Méditerranée, composée des bâtiments les plus modernes de la flotte, constitue le corps de bataille de la marine impériale. La division navale continue à prêter son concours au corps expéditionnaire en acheminant renforts et approvisionnements et contribue au maintien de la sécurité des villages chrétiens du littoral, non occupés par les troupes françaises, en multipliant croisières et escales sur tous les points de la côte de Syrie.

Dès le 10 janvier 1861, la Grande-Bretagne s'impatiente et, rappelant que le délai de six mois expire, exige le retrait immédiat des troupes françaises puisque *"l'effusion de sang en Syrie"* est arrêtée. Napoléon III essaie de gagner du temps, objecte que la pacification est inachevée et qu'un départ prématuré pourrait entraîner de nouveaux massacres. Réunie sur l'initiative de la France, une nouvelle conférence internationale finit par fixer au 5 juin 1861 la date ultime de retrait des troupes françaises[6].

La marine impériale est de nouveau mise à contribution pour enlever de Beyrouth les 7 188 hommes du corps expéditionnaire et 1 625 chevaux et les ramener sur l'Algérie ou la métropole[7]. Elle met en oeuvre 9 frégates mixtes ou à roues, 4 transports auxquels doivent s'ajouter 2 vaisseaux de l'escadre d'évolutions. Napoléon III décide de maintenir ces unités affectées d'ordinaire à la défense de la France, *afin de bien faire comprendre qu'il n'entend nullement abandonner la cause des chrétiens*[8]. Les accords internationaux des 9 juin 1861 et 6 septembre 1864 garantissent l'autonomie du «mont Liban» et mettent en place un système qui assurera la paix et demeurera en vigueur jusqu'à la Première Guerre mondiale. Cette opération de la paix de type «humanitaire» s'est finalement soldée par un succès auquel la marine impériale a contribué en assurant la logistique et par des «gesticulations» le long du littoral qui se prolongeront jusqu'en 1864.

Asie

Premier théâtre : la Chine. Les traités internationaux de Nankin (1842), Wanglia et Whampao (1844) conclus par la Grande-Bretagne, les États-Unis et la France prévoyant l'ouverture au commerce international de cinq ports chinois (Shanghai, Amoy, Ningpo, Canton, Fuzhou) ainsi que la liberté d'apostolat pour les missions chrétiennes dans ces ports ouverts ne sont pas respectés par l'empire du Milieu, déstabilisé par des mouvements centrifuges (Taiping, Triades, Nian, sultanat de Dali). Par ailleurs les Européens, déçus par leurs résultats commerciaux, souhaitent une ouverture plus large étendue aux ports du Nord et au Yangzikiang. Or, en 1854, le traité de Nankin, arrivé au terme de 12 années, peut être révisé. Britanniques, Américains et Français entendent profiter de cette opportunité juridique pour obtenir le redressement de leurs griefs et de nouvelles concessions. Le gouvernement chinois oppose une fin de non-recevoir. Une nouvelle démarche échoue en 1856. Le parti de l'intransigeance est au pouvoir à Pékin avec pour chefs de file l'empereur Xianfeng, de hauts dignitaires mandchous et des mandarins chinois dont le gouverneur général des Deux-Guang, Ye Min-Zhen. Deux affaires vont opportunément servir de prétexte à l'emploi de moyens de coercition pour amener la Chine à résipiscence : le 29 février 1856, le père missionnaire Auguste Chapdelaine est assassiné dans le Guangxi; le 8 octobre, la lortcha *Arrow* est saisie à Canton pour contrebande et le pavillon britannique amené. Pour réparer l'insulte au pavillon, les Britanniques exercent des représailles immédiates en s'emparant des défenses extérieures de Canton et en détruisant les jonques de guerre. Mais faute de moyens suffisants, ils ne peuvent tenir les positions acquises. Les Chinois ripostent en incendiant les factories de Canton, les Britanniques doivent se replier sur Hong Kong.

Se posant en «gendarmes de l'Occident», Britanniques et Français décident une action commune sous forme de «démonstration navale», destinée à faire respecter le droit international. La France renforce sa station navale en Extrême-Orient par l'envoi, sous les ordres du contre-amiral Rigault de Genouilly, d'une frégate, 2 corvettes, 4 canonnières de 1e classe, 2 transports mixtes et 2 compagnies d'infanterie de marine. En avril 1857, Palmerston désigne un ambassadeur extraordinaire, lord Elgin, dont l'action doit être appuyée par un corps expéditionnaire de 5 000 hommes. Mais la soudaine et violente révolte des Cipayes (10 mai) déroute ces troupes sur Calcutta. Dans un premier temps, faute de moyens suffisants, les Alliés doivent se contenter d'une action limitée sur Canton, ce qui permet de prolonger la fiction de circonscrire le différend à un espace et à une personnalité, Ye Ming-Zhen, impliqué dans les deux affaires, sans mettre en question le gouvernement de Pékin. L'amiral Seymour, commandant de la station britannique d'Extrême-Orient, a maintenu la pression par des opérations de harcèlement et la tenue du blocus de la rivière des Perles (3 août). Genouilly s'associe à cette première mesure coercitive (10 décembre), préliminaire au franchissement d'un nouvel échelon de l'escalade des mesures coercitives avec la saisie d'un gage : Canton. La ville d'un million d'habitants est prise sans coup férir le 28 décembre. La tactique employée est d'une grande simplicité. La ville est prise en tenaille par les bâtiments embossés sur la rivière des Perles au sud, tandis qu'un corps expéditionnaire de quelques milliers d'hommes prend à revers les fortifications par l'est. L'obstination des autorités chinoises à refuser toute négociation entraîne un raid allié au cours duquel celles-ci sont capturées[9]. En vain. Diplomates et militaires décident de remonter vers le nord jusqu'au Pei-ho, fleuve reliant Pékin à la mer, et d'atteindre Tientsin à 60 km de son embouchure, clé de la capitale. Les Chinois tentent de gagner du temps par diverses manœuvres diplomatiques. Mais le refus de l'empereur de laisser entrer les plénipotentiaires dans Pékin est considéré comme un *casus belli*. Les Franco-Britanniques décident une nouvelle fois l'usage de la force pour se saisir d'un nouveau gage : les forts défendant l'embouchure du Pei-ho. L'affaire est rondement menée en dépit des fortifications ourlant les deux rives. Le 20 mai, 11 canonnières franco-britanniques franchissent la barre et bombardent les forts tandis que 1 100 hommes sont débarqués pour les prendre par l'escalade et achever leur neutralisation. À midi, les couleurs alliées flottant sur les lignes des forts, la démonstration navale aurait dû s'achever. Mais, grâce aux canonnières à faible tirant d'eau, les puissances maritimes disposent de moyens pour prolonger leur action à l'intérieur des continents. Atout dont les diplomates entendent user en dépit des réticences des amiraux peu enclins à s'aventurer sans connaissances hydrographiques du fleuve, ni renseignements sur le système de défense de Tientsin, ville de 700 000 habitants. Le «mouvement pacifique», considérablement ralenti par les échouages des canonnières, ne rencontre aucune opposition. Le 31 mai, les plénipotentionnaires parviennent à Tientsin, déclarée ville ouverte par les mandarins. Pékin finit par obtempérer et accepte les conditions du traité de Tientsin, le 27 juin[10] : autorisation accordée aux agents diplomatiques de se rendre *"éventuellement"* dans la capitale pour y traiter les *"affaires importantes"*; ouverture de six nouveaux ports[11]; versement d'une indemnité de 2 millions de taëls. Dès la signature du traité, les Alliés se retirent, se contentant de détruire les forts du Pei-ho avant de quitter le golfe du Petchili.

Leur succès ne fait pas long feu. Un édit impérial (7 novembre 1858) justifie le traité parce qu'il *"fallait accorder à ces barbares ce qu'ils demandaient afin de mettre un terme à la détresse du moment"*[12]. Le gouvernement chinois ayant pris conscience de la nouvelle menace que les canonnières font peser sur ses frontières orientales et l'intérieur du pays, ordonne d'obstruer le Pei-ho pour éviter que se renouvellent les *"empiètements des barbares"*. En juin 1859, lorsque les Franco-Britanniques se présentent à l'embouchure du Pei-ho pour échanger les ratifications du traité, ils se voient dans l'impossibilité matérielle de le faire. Le dispositif de défense est considérablement renforcé, le fleuve est obstrué par trois estacades (chevaux de frise en fer, blocs de bois reliés par des chaînes, pilotis). Les forts sont étrangement silencieux. L'amiral Hope commandant la force navale croit à un bluff et, bien que ne disposant que de 9 canonnières, décide de passer de vive force. Les Français, par ailleurs engagés en Annam, n'ont envoyé qu'une force symbolique : la corvette *Du Chayla* au tirant d'eau trop grand pour franchir la barre et l'aviso *Norzagaray* à l'armement trop faible. Le 25 juin, Hope tente de rééditer la manoeuvre de l'année précédente. Les premières canonnières en ligne de file franchissent le premier barrage et atteignent le second lorsqu'elles sont prises sous le feu croisé des forts. L'affaire tourne au fiasco. Les ponts sont ravagés, Hope blessé à la hanche doit céder le commandement. Les canonnières criblées de coups sont ramenées à leur position de départ, trois d'entre elles coulent. Pour redresser la situation, 350 *marines* et la compagnie de débarquement du Chayla (64 hommes) sont débarqués pour prendre d'assaut le fort de la rive droite, opération rendue périlleuse par les pieux enfoncés dans la vase. À peine mises à terre, les troupes sont prises à partie par les forts, les Chinois tirant des feux d'artifice pour ajuster leurs tirs. Elles se heurtent à des obstacles inattendus : deux fossés remplis l'un de vase, l'autre d'eau qu'il faut franchir à la nage. Une cinquantaine d'hommes parviennent au pied du fort. Mais munitions mouillées, fusils enrayés par la boue, échelles d'escalade brisées, ils ne peuvent que faire demi-tour. Le rembarquement gêné par la marée dure une grande partie de la nuit, des blessés meurent noyés. Le bilan très lourd se solde par la mise hors de combat de 30 % des effectifs engagés.

Dès l'annonce du fiasco du Takou, Paris et Londres se concertent *"pour obtenir toutes réparations qu'exige un acte aussi éclatant de déloyauté"*[13]. Le droit international ne peut être impunément bafoué à moins d'hypothéquer l'influence occidentale dans le Céleste Empire. Partant du principe que *"Dieu est toujours du côté des gros bataillons"* (Voltaire), les Franco-Britanniques abandonnent les demi-mesures de la «démonstration navale» et retiennent le principe d'une expédition combinée de grande envergure mettant en oeuvre 20 000 hommes dont 8 000 Français. Dans cette nouvelle campagne, les forces navales sont censées jouer un rôle secondaire; aussi, le commandement de l'expédition française est-il confié au général Cousin-Montauban (13 novembre 1859) avec le *titre de commandant en chef des forces de terre et de mer*. Par la suite, les Britanniques ayant un commandement séparé pour les forces navales et les troupes, Napoléon III décide de s'aligner sur eux et nomme le vice-amiral Charner *commandant en chef des forces navales*, posant un délicat problème de partage des pouvoirs que le baron Gros, ministre plénipotentiaire, aura à arbitrer à plusieurs reprises. Les forces navales, à majorité à hélice (70 %), comprennent un vaisseau de 4e rang, 8 frégates, 3 corvettes, 11 avisos, 14 canonnières auxquelles s'ajoutent 18 bâtiments de transport, 7 navires «loués» et une centaine de navires de commerce nolisés. La campagne suscite la construction d'un type de bâtiments: les canonnières démontables en fer. Le problème du transport des petites canonnières s'avérant insoluble en raison de leur très mauvaise tenue à la mer, Napoléon III ordonne la construction de 20 canonnières à embarquer en pièces détachées sur des bâtiments de transport pour être remontées en Chine. Les chantiers des Forges et chantiers de la Méditerranée vont réaliser l'exploit de fabriquer en trois mois ces bâtiments démontés en 15 tranches, se réunissant par des boulons à écrou avec une lame de caoutchouc serrée dans le joint[14].

La première phase de la campagne –logistique– pose un inextricable problème à la marine impériale non encore dotée de la flotte de transport (94 bâtiments à hélice) inscrite dans la loi de programmation de 1857. Dans des temps records, elle organise un réseau d'agents, maillant la route passant par Le Cap, pour assurer le service des vivres, du charbon, des objets de rechange et du matériel des bâtiments. En Chine le contre-amiral Page prépare activement l'expédition : construction de chalands de débarquement, de cales de construction pour le montage des canonnières, de débarcadères; organisation de dépôts de charbon; transformation d'une goëlette en bateau-citerne, etc. La traversée sera longue et pénible, en moyenne 145 à 165 jours avec les escales[15]. Mais un quart des troupes prendront place à bord de voiliers, l'*Andromaque* mettra 203 jours pour rallier le nord de la Chine! Les Britanniques auront moins de difficultés pour le transport puisque les deux tiers de leurs troupes proviennent des Indes et qu'ils disposent d'un réseau de bases. La promiscuité, la chaleur, les écarts brusques de température, l'encombrement des bâtiments, l'exiguïté de l'espace, l'alimentation peu variée, l'absence de marche fatiguent les troupes peu accoutumées à la vie en mer. Non «acclimatées», elles vont de surcroît débarquer dans un pays chaud, dans des régions marécageuses et insalubres, avec un équipement inadapté pour les fortes chaleurs, ce qui aura d'inévitables conséquences sanitaires. Il est à noter que 103 décès seulement sont enregistrés en mer sur les 14 000 marins et passagers effectivement transportés ce qui constitue en soi une extraordinaire performance. Sur les 950 morts de la campagne, plus de 90 % sont dus à la maladie.

Les Chinois continuent à tergiverser, poussant les Alliés à la confrontation, de toute façon inéluctable eu égard à l'ampleur du déploiement de forces. Les Franco-Britanniques ont l'intention d'en finir rapidement en frappant au coeur du Céleste Empire et de menacer l'empereur dans sa capitale. La campagne est une promenade militaire. Comme en 1858, la première phase vise à prendre les forts du Takou pour ouvrir le fleuve et à marcher sur Tientsin où les négociations sont prévues. Les défenses du Pei-ho se sont encore renforcées, cette fois six estacades barrent le fleuve (pieux de bois, de fer, bateaux coulés, etc.). Le plan consiste à débarquer le corps expéditionnaire dans le nord-ouest pour prendre à revers les forts tandis que les canonnières attaqueraient le front de mer. Le 1er août, le corps expéditionnaire débarque sans rencontrer d'opposition à l'embouchure du Peh-tang. La seule difficulté tient dans le nombre insuffisant de chalands, ce qui ralentit un peu le rythme du débarquement. Après avoir enlevé les différents villages et balayé les troupes chinoises aux alentours des forts, les Franco-Britanniques passent à l'offensive le 21 août à 5 h. Une heure plus tard l'action est générale. La poudrière des forts du Nord explose, les colonnes d'assaut s'en emparent après un bref corps à corps avec les Tartares. En début d'après-midi, les forts du Sud se rendent. Quelques heures ont suffi aux Alliés pour s'adjuger 5 forts, 621 pièces d'artillerie de différents calibres, une grande quantité d'armes et de munitions, plus de 3 000 prisonniers immédiatement relâchés. L'opération a coûté 17 morts et 184 blessés aux Britanniques, 40 tués et 170 blessés aux Français.

Dans la soirée, la démolition des estacades est commencée. Dès le lendemain, le fleuve est ouvert. L'étape suivante est Tientsin, terminal de la navigation, qui est atteint par le gros des troupes le 26. Les représentants chinois amorcent des pourparlers avant de les arrêter brusquement parce qu'ils n'ont pas les pleins pouvoirs. En attendant leur régularisation, les Franco-Britanniques décident de continuer les opérations militaires et de remonter jusqu'à Tung-tchao, à 4 lieues et demie de Pékin où les négociations doivent reprendre leur cours. Les troupes alliées (6 000 hommes) divisées en trois colonnes (2 britanniques, une française) se mettent en mouvement les 10 et 11 septembre.

Le rôle militaire de la flotte se limite à la participation de 2 compagnies de fusiliers marins intégrées dans la brigade Collineau. Par contre, son rôle logistique est plus que jamais vital. Les canonnières forment une *noria* continue entre Tientsin et la mer. Pour accompagner la progression de l'armée, Charner organise des convois de bateaux plats calant moins de 50 cm, halés par la cordelle, pour naviguer en amont dans le Pei-ho supérieur, ce qui permet d'acheminer des vivres, des munitions et les pièces de 12.

Les diplomates chinois sont censés attendre à Toung-tchao pour signer le traité de paix; or, le détachement franco-britannique envoyé pour préparer la rencontre tombe dans un guet-apens, 38 hommes sont retenus prisonniers. Les Alliés passent immédiatement à l'offensive, mettant en fuite les troupes chinoises. Pékin refuse de restituer les prisonniers, les Chinois attendent monts et merveilles de la cavalerie tartare jamais engagée à ce jour. Le 21 septembre, les Alliés se dirigeant vers le pont de Palikao trouvent l'armée chinoise, forte de 50 000 à 60 000 hommes, ordonnée en arc de cercle, prête à livrer bataille. Mais la charge de la fameuse cavalerie est brisée par l'artillerie de campagne avant même d'atteindre les lignes françaises. L'armée chinoise culbutée se débande. Les Français n'ont perdu dans l'échauffourée que 3 tués et une dizaine de blessés. Plus rien ne fait obstacle à la progression des Alliés sur Pékin qui est investie le 13 octobre. L'annonce des tortures endurées par les prisonniers faits à Tung-tchao et de l'exécution de 20 d'entre eux provoque en représailles le sac, puis l'incendie du Palais d'été (18 octobre).

L'empereur et la cour s'enfuient à Jehol. Le parti de la conciliation reprend les rênes du pouvoir avec l'intention de sauver la dynastie et le régime. Le frère de l'empereur, le prince Kung, finit par accepter les conditions franco-britanniques constituant une défaite autrement plus grande qu'en 1842-1844: ouverture de 11 villes nouvelles, installation d'agents diplomatiques permanents à Pékin, paiement à la France d'une indemnité de 60 millions de francs, ouverture du Yangzikiang au commerce international, etc[16]. Cette fois les Alliés prennent la précaution d'occuper Tientsin, Takou et Canton jusqu'au paiement des indemnités. La «démonstration navale» de la première période n'a pas suffi à impressionner les Chinois, ce qui a obligé les Alliés à organiser une opération combinée mettant en oeuvre un corps expéditionnaire bipartite très important. Il en est résulté une victoire rapide et complète à la mesure de l'inégalité de la lutte entre une puissance archaïque et deux puissances industrielles.

Deuxième théâtre : l'Annam. La situation de l'Annam ressemble par bien des égards à celle de son suzerain chinois. L'empereur Tu Duc, confucéen, refuse tout contact avec les «Barbares de l'Ouest» et persécute les chrétiens, considérés comme des traîtres en puissance. Au nom d'antécédents historiques[17], la France entend «civiliser» cet État récalcitrant. L'assassinat d'un évêque espagnol, Mgr Diaz, le 20 juillet 1858, fournit le prétexte à l'intervention française à laquelle se joint l'Espagne dans le cadre d'une pseudo-croisade. Elle doit fournir 1 400 hommes d'infanterie, une batterie d'artillerie et un aviso. La finalité est d'obtenir de Tu Duc un traité similaire à ceux conclus avec la Chine accordant la liberté de culte, l'ouverture commerciale et des relations diplomatiques permanentes. Une fois le traité de Tientsin signé, Rigault de Genouilly a les mains libres et entend amener à résipiscence les autorités annamites en s'emparant d'un gage, Tourane, et en menaçant Tu Duc dans sa capitale (Huê) comme il vient de le faire durant la campagne de Chine.

Les 13 bâtiments de la division, disposant de 100 canons, 2 000 hommes d'équipage et 1 750 soldats (dont 450 Tagals) viennent mouiller le 31 août devant la baie de Tourane dont la prise est un jeu d'enfant tant la résistance annamite est molle et l'armée «introuvable». Une note écrite quelques mois plus tôt par un mandarin donne une idée de la stratégie annamite : ne pas négocier, ne pas accepter le combat, "*environner* [les ennemis] *de difficultés et de périls*". Les pertes alliées sont nulles, à l'exception de quelques morts subites (coup de chaleur).

Genouilly s'emploie à rendre inexpugnable la presqu'île de Tourane avant la mousson. Premier mécompte, les Annamites pratiquant la tactique du vide, ont évacué les habitants. Faute de main d'oeuvre locale, marins et soldats peinent pendant 10 heures par jour à installer la base, renforcer sa défense par une ligne de blockhaus, construire des routes permettant une concentration rapide sur n'importe quel point. Deuxième mécompte, l'accès de Huê -distante de 130 km, fortifiée à l'européenne et défendue par plus de 37 000 hommes- n'est possible que par voie fluviale, les routes étant détestables et les troupes incapables d'effectuer de longues marches. Faute de petites canonnières à très faible tirant d'eau (type 2ᵉ classe) et de flottilles de transports, Genouilly est voué à l'impuissance. Or la situation sanitaire se dégrade : les épidémies (choléra, dysenterie, typhus, scorbut...) déciment les troupes épuisées. Le 1ᵉʳ janvier 1859, la division compte déjà 108 morts, 50 malades évacués sur Macao et 200 hommes sont hospitalisés en permanence.

La prise de gage est sans effet sur les Annamites qui ont effectué un repli stratégique et concentrent 15 000 hommes à proximité de Tourane. Genouilly, enfermé dans sa tête de pont, doit faire face à des problèmes de ravitaillement liés à la distance géographique de ses «arrières» (12 000 milles le séparent de la métropole, 670 de Hong Kong, 500 de Macao, 800 de Manille, 1 100 de Singapour). Pour sortir de l'impasse, il décide le «blocus du riz» pour provoquer une disette et appauvrir le trésor impérial, ce qui implique une nouvelle prise de gage : Saigon. Entre le 11 et le 15 février, il remonte le Donchai avec 1 500 hommes, 2 corvettes, 3 canonnières et un aviso espagnol en détruisant au fur et à mesure estacades et forts pour assurer la sécurité de ses communications. Il enlève le 17 la citadelle de Saigon en quelques heures. Quoique opérant en pays inconnu, en six jours, il a détruit 10 forts ainsi que la citadelle où il a amené ses troupes intactes. Le matériel saisi est considérable : 1 corvette, 7 jonques en construction, 200 bouches à feu, 20 000 armes individuelles, des stocks de riz... Les Annamites optant pour la même stratégie, créent le vide autour de Saigon.

Genouilly retourne alors à Tourane où, entre temps, les Annamites ont lancé une offensive et ont été repoussés. À Saigon, la garnison (300 hommes commandés par le capitaine de frégate Jauréguiberry) est isolée par les Annamites qui tentent de couper ses lignes de communication avec la ville chinoise de Cholon, en élevant une ligne de défense, appuyée sur trois forts. Profitant du passage de la *Marne* avec 942 hommes, destinés à renforcer la garnison de Canton, Jauréguiberry tente une sortie pour desserrer l'étau. Il bouscule la ligne annamite, mais doit retraiter car ses troupes sont épuisées après deux heures de marche et une heure et demie de combat. Ce coup de main est un demi-succès très représentatif de cette campagne de Cochinchine où les troupes européennes, même très inférieures en nombre, remportent d'indéniables succès avec un minimum de pertes, mais faute d'effectifs suffisants ne peuvent tenir leurs positions qui sont reprises par l'adversaire. La guerre d'usure s'installe. À Tourane, l'étau annamite se resserre. Genouilly passe préventivement à l'offensive, mais les Annamites se sont aguerris et ont développé des fortifications très sophistiquées qui augurent mal d'une attaque contre Huê. Il réclame des renforts, car les troupes continuent à fondre, victimes de la dysenterie et du choléra. Les pourparlers commencent enfin avec les autorités annamites, mais celles-ci, remarquablement informées sur la situation de la France en guerre contre l'Autriche, cherchent à gagner du temps. La nouvelle du fiasco du Pei-ho renforce leur détermination. Genouilly tente un baroud d'honneur pour accélérer le processus de paix ou effectuer un repli dans de meilleures conditions. Il rompt les négociations et passe à l'offensive le 15 septembre. Les Annamites sont balayés, mais ses troupes épuisées ne peuvent exploiter la victoire. Le 1er novembre, Genouilly rend son commandement au contre-amiral Page. Napoléon III, découragé, renonce à attaquer Huê et ordonne l'évacuation de Tourane. La première campagne, menée dans la plus complète improvisation, se termine sur un semi-échec. Plus de 1 000 soldats et marins sont morts.

Deuxième campagne (1860-1862) : opération combinée

La France ne peut rester dans cette position inconfortable, prestige oblige. Comme en Chine, elle doit franchir un nouvel échelon de l'escalade et organiser une opération combinée pour dégager Saigon où la garnison est encerclée. Les Annamites continuent leur travail de sape pour enfermer les Français dans Saigon dont ils peuvent les chasser, mais qu'ils asphyxient en coupant ses communications. La situation de Saigon se dégrade, le grenier à riz de l'Annam ne reçoit plus d'approvisionnement. Or, Napoléon III compte conserver cette position dans une logique punitive contre Tu Duc. Mais, peu à peu, la philosophie présidant à l'opération combinée change de nature. Saigon s'impose comme la base tant convoitée par les Français défavorisés par rapport aux autres puissances européennes dans ces contrées (les Britanniques détiennent Singapour et Hong Kong, les Portugais Macao, les Hollandais Batavia, les Espagnols les Philippines). Or, l'attitude des Annamites, en détournant les flux commerciaux de Saigon, démontre que la France risque de ne posséder qu'une coquille vide et l'incite à conquérir son *hinterland*. La prise de gage initiale se meut en embryon de colonie. Avec 55 navires et 3 500 soldats, Charner, démobilisé de Chine, dégage Saigon en prenant la ligne des forts de Ki-hoa (25 février) après un vif engagement (225 hommes mis hors de combat dont 12 tués). Dans la foulée, il conquiert la province de Saigon (Gia-dinh), puis, pour protéger les territoires conquis, ses canonnières s'adjugent la maîtrise des rivières et des arroyos, ce qui entraîne la chute de Mytho sur le Mékong. Dans la même logique sécuritaire, son successeur, le contre-amiral Bonard, s'empare de Bien-hoa et de Vinh-long. Tu-Duc, menacé par une rébellion au Tonkin, accepte les conditions françaises (traité de Huê, 5 juin 1862)[18] : cession de trois provinces de la Basse Cochinchine (Bien-hoa, Gia-dinh, Dinh-thuong) et de l'île de Poulo Condor, liberté de navigation sur le Mékong, liberté du culte en Annam, protectorat sur le Cambodge, versement d'une indemnité de 4 millions de dollars payable en 10 ans à partager avec l'Espagne, le partenaire quelque peu occulté de cette conquête. En Annam, l'opération de maintien de la paix se pervertit. Déviée de son objectif initial, elle aboutit, sous la pression des événements, à une conquête territoriale, non voulue par ses initiateurs.

Mexique

Comme les autres opérations outre-mer, la genèse de l'expédition du Mexique se trouve dans le désir d'amener un pays «barbare» dans le giron des nations civilisées. Le Mexique, depuis son indépendance en 1821, est la proie d'une guerre civile endémique. L'économie en ruine contraint les gouvernements successifs à contracter des emprunts auprès des capitalistes européens. Exaspérés par l'insolvabilité des Mexicains, ceux-ci réclament à cor et à cri l'intervention de leurs gouvernements, de conserve avec les ressortissants étrangers victimes d'exaction de toutes sortes et de dénis de justice. Depuis le début de 1861, le pouvoir est entre les mains du leader libéral et anti-clérical Benito Juárez auquel l'attaché d'affaires français, Dubois de Saligny, a fait signer une reconnaissance des réparations exigées par la France. Comme les caisses du Trésor mexicain ne se sont pas remplies par magie, Juárez fait banqueroute. Le 17 juillet, le Congrès mexicain vote l'ajournement à deux années des créances étrangères. Aussitôt la France et la Grande-Bretagne, principales puissances lésées, rompent leurs relations diplomatiques avec Mexico (25 juillet). Soutenu par les États-Unis, Juárez est persuadé que les Européens se contenteront de cette protestation platonique. Mauvais calcul, car, engagés dans une guerre civile meurtrière, les États-Unis s'avèrent incapables de faire respecter la doctrine de Monroe. Résultat : les Européens se sentent les mains libres pour obtenir réparations.

Londres, Paris et Madrid se mettent en rapport pour rapprocher leurs points de vue et organiser une action commune sur la base d'une «démonstration navale» avec saisie des douanes, procédure habituelle pour amener un État débiteur à honorer ses dettes. Les conversations préliminaires ne tardent pas à révéler les divergences des cabinets. Les Français sont persuadés que l'arrivée des Alliés va provoquer un mouvement irrésistible vers la monarchie dont bénéficiera leur candidat, l'archiduc Ferdinand-Max; les Espagnols sont également favorables à une restauration monarchique, mais en faveur d'un Bourbon; les Britanniques prônent l'instauration d'un gouvernement stable, nécessaire pour recouvrer leurs créances, mais ils sont hostiles à une monarchie catholique. Quoi qu'il en soit, les trois puissances signent, le 31 octobre 1861, la Convention de Londres[19] prévoyant l'envoi d'une force combinée pour occuper les points sensibles du littoral mexicain tout en s'engageant à ne pas s'ingérer dans les affaires intérieures. Le corps expéditionnaire tripartite est fixé : 6 000 Espagnols, 3 000 Français et 700 Britanniques. Le contre-amiral Jurien de La Gravière prend le commandement militaire et politique de l'expédition française démontrant qu'initialement Napoléon III entendait s'en tenir à une simple démonstration navale. À la tête d'une division de 14 bâtiments à hélice, La Gravière débarque à Veracruz le

7 janvier 1862 sans combattre. Le rôle militaire de la flotte se termine avant d'avoir commencé. Agissant sans attendre leurs Alliés, les Espagnols ont exécuté seuls la première phase de la Convention, provoquant une vive réaction d'hostilité des populations. Le général Uraga, commandant de l'armée mexicaine d'Orient, a effectué un repli stratégique pour isoler la ville qui devient une tête de pont bientôt menacée par le *vomito negro* (fièvre jaune) qui sévit à l'état endémique de mars à septembre. La Gravière se retrouve dans une situation inattendue et inconfortable. Au lieu de se révolter contre le gouvernement de Juárez, la population se montre hostile aux Européens ressentis comme des envahisseurs. Comme il ne peut être question de rester coincé sur le littoral insalubre, La Gravière se voit dans l'obligation d'improviser l'organisation du corps expéditionnaire pour pénétrer dans l'intérieur du pays, mais sans cartes, sans véhicules, ni animaux de bât pour transporter artillerie, vivres et ambulances. Très vite il se rend compte que les réalités mexicaines sont plus complexes que le laissaient entendre les renseignements fournis par les diplomates et les exilés mexicains. Un premier cantonnement est organisé à Tijeria pour alléger l'encombrement de Veracruz à 16 km et se rapprocher de la zone tempérée. L'accord entre les Alliés vole en éclats lorsqu'ils précisent leurs intentions à l'égard du Mexique. Les Britanniques exigent une réparation de 85 millions de francs, les Français 60, les Espagnols 40, ce qui, avec celles des autres nations créancières, élève le débit du Mexique à plus de 200 millions, somme jugée exorbitante d'autant que les Français y ajoutent les 75 millions de la frauduleuse créance Jecker. La note collective du 14 janvier rédigée par La Gravière est un tissu de généralités. Par ailleurs une «note verbale» réclame un cantonnement – pour des raisons sanitaires – sur le plateau de Jalapa, en zone tempérée. La stratégie des Mexicains est évidente : laisser les Européens se consumer sur le littoral. La Gravière s'escrime à organiser un convoi en achetant des mules à prix d'or à La Havane, des chariots retapés à la hâte, etc. Napoléon III, agacé par l'attitude de Madrid, brusque les événements en envoyant une brigade de 4 000 hommes, sous les ordres du général de Lorencez, pour rétablir l'équilibre avec les troupes espagnoles et obtenir la parité pour éventuellement reprendre sa liberté. Sur le terrain, les pourparlers s'enlisent, le *vomito negro* est annoncé précoce et intense. L'état sanitaire se dégrade. Les Français comptent 335 malades, les Britanniques 130, les Espagnols ont renvoyé 800 malades sur La Havane. Pour débloquer la situation, le représentant de l'Espagne prend l'initiative de signer la convention préliminaire de la Soledad (19 février 1862)[20], prévoyant l'ouverture de négociations à Orizaba pour régler les réclamations financières et l'occupation temporaire par les troupes alliées de Cordova, Orizaba et Tehuacan, situées en zone tempérée loin des miasmes de Veracruz. La Gravière, ne pensant qu'au *"salut"* de ses troupes, avalise l'initiative espagnole.

Le 26 février, le corps expéditionnaire français commence son mouvement sur Tehuacan, atteint avec beaucoup de difficultés le 14 mars. Mais la donne stratégique a été modifiée à Paris. Le 3 avril, les plénipotentiaires français reçoivent des instructions les invitant à *"poursuivre seuls la réparation due à la France"*[21]. La Gravière prend prétexte du différend l'opposant aux Mexicains au sujet des proscrits pour provoquer la rupture. Espagnols et Britanniques se désolidarisent des Français le 9 avril et rapatrient leurs troupes. L'alliance est consommée. La France déclare la guerre au Mexique. Le 20 avril, nouvelle dépêche blâmant sévèrement La Gravière pour la signature de la Convention de la Soledad. Ses pouvoirs politiques lui sont retirés. Enferré dans son erreur, Napoléon III conserve l'illusion que les Mexicains vont accepter avec reconnaissance l'instauration de la monarchie et que seule la guerre peut amener ce bouleversement. L'opération de maintien de la paix dégénère en un conflit où la marine ne joue plus qu'un rôle secondaire. La suite est bien connue avec la conquête et l'occupation du pays qui aboutissent à la proclamation de l'empereur Maximilien (18 mai 1864), lequel, venu dans les fourgons de l'étranger, sera rejeté par la population et fusillé le 19 juin 1867 à Querétaro, une fois les Français partis.

L'échec de l'opération de maintien de la paix au Mexique est dû à l'imprécision des objectifs fixés entre les trois partenaires (absence d'accord initial sur le montant des réparations), à l'interférence avec le projet politique français conçu sur des renseignements erronés et inacceptables pour les deux autres, et à un problème de communication (30 à 40 jours pour qu'une dépêche parvienne à son destinataire), ce qui a rendu ingérable la crise mexicaine à partir de Paris. L'exécution de la Convention de la Soledad aurait sans doute abouti à un compromis, ce qui aurait économisé une campagne désastreuse pour le régime, le seul échec des expéditions lointaines. L'aventure mexicaine a coûté à la France 380 millions de francs en pure perte.

Ces opérations outre-mer présentent des caractéristiques communes. Elles se sont déroulées contre des adversaires archaïques, inférieurs sur le plan militaire, incapables de constituer une menace maritime. Elles sont la conséquence de l'ère industrielle qui avec la propulsion à vapeur a rétréci la planète, avec les canonnières a donné un instrument de domination des continents et avec l'artillerie rayée a donné à la mer les moyens de lutter efficacement contre la terre. Elles sont d'un coût élevé : de 1857 à 1865 la marine a dépensé 381 millions de francs représentant 20,8 % de son budget global, y compris celui des colonies. La marine s'est montrée «hybride», se battant aussi bien à terre que sur mer en usant de toute la panoplie des mesures coercitives : croisières dissuasives, blocus, bombardements navals, opérations combinées. Sans oublier la très lourde servitude d'assurer la logistique des différents corps expéditionnaires à qui elle a permis de vivre, se déplacer et combattre très loin de la métropole. Thiers disait d'elle qu'elle était *"le souffre douleur"* des expéditions lointaines.

Notes

1. Dépêche du marquis de La Valette, ambassadeur de France à Constantinople au commandant en chef de la division navale du Levant, 8 juin 1860, arch. nat., BB4785, f° 48.

2. Dépêche La Roncière Le Noury au minis. mar., 23 juin 1860, BB4785, f° 54-55.

3. Dépêche télégraphique du consul de Damas au consul général de France à Beyrouth, 12 juillet 1860, BB4785, f° 85.

4. Protocole transformé en convention le 6 septembre 1860, Clerck, *Recueil des traités de la France*, t . VIII, p. 79 et 101-102.

5. Proclamation du général Beaufort aux soldats avant leur départ en Syrie, citée *in* Camille de ROCHEMONTEIX, *Le Liban et l'expédition française en Syrie (1860-1861)*, Paris, Auguste Picard, 1921, p. 98. Voir *Moniteur*.

6. *Convention du 19 mars 1861 entre la France, l'Autriche, la Grande-Bretagne, la Prusse, la Russie et la Turquie au sujet de l'armée d'occupation française en Syrie*, CLERCK, *op. cit.*, t. VIII, p. 212-213.

7. Dépêche du minis. mar. au vice-amiral Tinian, 15 mai 1861, arch. nat., BB4795, f° 38.

8. Dépêche du minis. mar. au vice-amiral Tinian, 17 mai 1861, arch. nat., BB4795, f° 49.

9. Ye Ming-zhen exilé à Calcutta y mourra le 10 avril 1859.

10. CLERCK, *op. cit.*, t. VII, p. 413.

11. Qiongzhou (île d'Hainan), Shantou, Taiwan et Tanshui (Formose), Teng-tchéou, Nankin.

12. Traduction de l'édit secret de Pékin du 7 novembre 1858, Arch. nat., BB4763, f° 37-38.

13. *Moniteur universel*, 14 septembre 1859.

14. Longs de 24,70 m; large de 4,90 m; 1,50 m de tirant d'eau; 89 tx de déplacement; machine de 16 CV; vitesse de 8 noeuds; armement: un canon rayé de 30.

15. En moyenne quatre escales sont prévues: la 1re à Gorée, Tenerife, Saint-Vincent du Cap-Vert; 2e au Cap; 3e à Singapour; 4e à Hong Kong.

16. *Convention additionnelle au traité de Tientsin* (Pékin), 25 octobre 1860, CLERCK, *op. cit.*, t. VIII, p. 135.

17. Présence des missionnaires français depuis le XVIIe siècle, traité d'alliance conclu le 28 novembre 1787 non exécuté, aide apportée par des Français (dont Mgr Pigneau de Béhaine) à la conquête du Vietnam par Gia Long (1802-1820), fondateur de la dynastie des Nguyên.

18. CLERCK, *op. cit.*, t. VIII, p. 414.

19. *Bulletin officiel de la marine*, n° 4, 1862, 1er sem., p. 381-383.

20. Arch. nat., BB⁴ 799, f° 473-475.

21. Dépêche Jurien de la Gravière au minis. mar., 11 avril 1862, n° 79, arch. nat., BB⁴ 799, f° 568.

LA CAMPAÑA DE AFRICA DE 1859-60

Hugo O'Donnell (SPAIN)

Consideraciones generales

L a guerra hispano-marroquí de 1859-60 no puede considerarse como una auténtica guerra colonial a la manera de las que por esa misma época vienen desarrollando Inglaterra y Francia y a las que se sumarán posteriormente otras potencias europeas como Alemania e Italia, una vez formada su unidad nacional.

El entorno internacional y las circunstancias históricas y del momento, así como la proximidad geográfica del teatro de operaciones con Argelia, donde se viene consolidando una política expansionista desde finales del siglo anterior, han hecho aparecer este conflicto con el tinte clásico de las políticas coloniales. Muchos de los contemporáneos también lo creyeron así y buena parte de la opinión publica manifestó su voluntad de que lo que se había iniciado como un desagravio y una necesidad de asegurar las plazas fronterizas se convirtiese, con un poco más de esfuerzo, aprovechando la inercia, la oportunidad política y los medios puestos en liza, en una guerra de conquista.

Pese a todo, el Gobierno se mantuvo fiel, una vez finalizado el conflicto, tanto a las exigencias iniciales, como al compromiso adquirido con la potencia colonial hegemónica por excelencia, Inglaterra, y se puso inmediato fin a la guerra en el momento en que aquéllas fueron admitidas.

Sólo alguna pequeña concesión, más testimonial que de valor y contenido, puede parecer empañar la realidad de que en esa guerra, eso sí originada bajo el prisma y con la mentalidad pundonorosa y romántica de la época, y como un rechazo a la tentación de explotar un éxito que podría haber puesto a España en el grupo de potencias coloniales a la moderna con ese supuesto derecho-obligación de imponer criterios y adquirir beneficios territoriales o comerciales respecto a naciones menos desarrolladas.

Con ello tal vez sólo se ponía en práctica un criterio realista, ya que aunque la continuación de la guerra hubiese sido posible y la obtención territorial muy probable, la España del momento político, el primer interludio pacífico obtenido por un gobierno relativamente estable, y la primera reactivación económica de la revolución industrial, no podía permitirse iniciar una política colonialista. El pueblo no supo comprenderlo y se habló de "una guerra muy grande para una paz muy chica", perdiéndose en poco tiempo los beneficios políticos de aquélla.

Desde el punto de vista militar, esta campaña tuvo también características propias con la aplicación por vez primera en España de nuevas aplicaciones técnicas, nuevas armas y nuevas tácticas, adquiriendo mayoría de edad el periodismo militar y la pintura bélica.

Las causas de la guerra

La hostilidad tradicional frente a las posesiones españolas y la inseguridad del tráfico marítimo por la actividad de ligeros cárabos que, partiendo de las costas del Rif y de la Yebala apresaban las embarcaciones menores, se había incrementado en los últimos años de la primera mitad del siglo XIX.

Las agresiones a las plazas españolas de África (Ceuta, Melilla, Peñón de los Vélez y Alhucemas se habían venido sucediendo sistemáticamente por parte de la población de las cabilas vecinas, pero las guerras carlistas y la turbulenta situación política española desde principios de siglo no habían permitido atender a estos sucesos y darles una solución futura.

Pese a lo estipulado en el tratado de paz entre España y Marruecos de 1799, las tribus próximas a Ceuta ocuparon parte del campo exterior de la plaza. Presentada la reclamación ante el gobierno de Fez, éste prometió devolver los territorios, cosa que no puso en práctica, probablemente por no poder imponer la autoridad, poco más que nominal, del sultán a las arriscadas tribus norteñas. La política marroquí ante las sucesivas protestas españolas seguiría siendo siempre la misma: admitir y prometer, pero nunca cumplir.

Al año siguiente se produjo un ataque a Melilla y el asesinato del cónsul español en Mazagán, con el consecuente ultimátum español que tuvo como consecuencia los convenios de Tánger (25-VIII-1844) y Larache (6-V-1845) por los que se reconocían los límites violados, que sin embargo se convirtieron también en papel mojado. Una década después la tensión no había remitido, tan es así, que con motivo de la captura de siete españoles junto a Melilla, la flota española tuvo que hacer una demostración de fuerza ante Tánger el 25 de octubre de 1858 para obtener su liberación.

El detonante final se produciría al año siguiente en que con ocasión de la reconstrucción de unos baluartes defensivos en uno de los cuerpos de guardia de Ceuta, en la noche del 10 de agosto, éstos fueron atacados y destruidos, y los mojones de delimitación entre los campos fueron arrancados, circunstancia esta última a la que se dio una gran importancia por estar grabados en ellos el escudo de España.

Lo que en otras circunstancias podría haber pasado por un incidente más, cogía a España apercibida y en situación de adoptar una postura más firme que no se redujese a una simple expedición punitiva.

Desde 1855 se había estudiado la posibilidad seria de una intervención militar reconociéndose la costa, lugares de posible desembarco y vías de penetración.

Como consecuencia de estos últimos incidentes España exigió garantías, demandando también ciertos ajustes en la frontera de Ceuta que mejorasen su situación estratégica. La respuesta marroquí no fue satisfactoria, tratando de ganar tiempo, por lo que se presentó un ultimátum que expiraba el 15 de octubre de 1859.

La decisión inicial española de no convertir la guerra en un conflicto típicamente colonial de adquisición de territorios que no fuesen los impres- cindibles para la seguridad de sus plazas, se vio impuesta de todas formas por la actitud de Gran Bretaña que fue la única potencia en exigir explicaciones a la actitud española, ante la posibilidad de que, como consecuencia de la guerra, se adquiriesen posiciones que pudiesen comprometer estratégicamente Gibraltar; por ello, el gobierno de Madrid hubo de tranquilizarla comprometiéndose a que, caso de ocuparse Tánger, esta ocupación no tendría un carácter definitivo. La suspicacia de Inglaterra no cambiaría en el transcurso de la contienda, y posteriormente haría sentir todo el peso de su presión diplomática para que tampoco Tetuán permaneciera en manos españolas.

El inicio de las hostilidades se llevaba a cabo sin apetencias territoriales por parte de la potencia que las llevaba a cabo.

En opinión del gobierno español la guerra alzaría el prestigio de España, reafirmaría su posición en Africa, castigaría las ofensas anteriores y echaría las bases para una influencia española sólida y duradera en el futuro; por de pronto, aglutinaría la opinión nacional en torno a su política y ayudaría a superar una incómoda situación que amenazaba las bases mismas del trono de Isabel II, manteniendo ocupados los inquietos mandos militares cuya intromisión en la vida pública había trastocado medio siglo de convivencia nacional.

La declaración de guerra se convirtió en un clamor popular universal cuya satisfacción exigió que el propio presidente del Gobierno, general Leopoldo O'Donnell asumiese personalmente el mando del Ejército, unas fuerzas que, pese a todas sus deficiencias, estuvieron en todo momento mucho mejor pertrechadas, armadas y atendidas que las de cualquiera de los dos bandos que se habían enfrentado en la guerra civil carlista.

La propia prensa y los partidos de la oposición renunciaron a intereses particulares y volcaron su actividad en exaltar el patriotismo, obteniéndose numerosos subsidios con gran afluencia de voluntariado.

Planes y operaciones

Desde un primer momento se establecen como objetivos iniciales la ocupación de las plazas de Tetuán y Tánger, a fin de poder establecer una base de operaciones sin la que sería inútil toda progresión hacia el interior del país, y dado que la insuficiencia de la Marina no permite realizar operaciones en el Atlántico sino sólo en el Estrecho.

Un primer plan de desembarco cerca de Tánger es descartado al resultar imposible realizarlo en invierno ya que las costas eran difíciles y la escuadra no garantizaba el poderlo llevar a cabo de una sola vez, con el consiguiente riesgo de verse el Ejército fraccionado en un momento crucial.

Por ello se establece un segundo plan por el que un Primer Cuerpo debía desembarcar en Ceuta; el Tercero con la Reserva junto al cabo Negro; y el resto del Ejército lo haría más tarde en Río Martín para tomar Tetuán y proseguir para Tánger. En una fase inmediata, o bien se proseguiría hacia el interior, o bien se seguirían ocupando puertos en la costa como Rabat y Mogador, si para entonces se había conseguido apaciguar la preocupación inglesa, con la ayuda de la corte de Versalles y de la mayoría de las naciones europeas que habían visto con simpatía las razones españolas.

Las serias dificultades con que se encontró el Primer Cuerpo no sólo en progresar desde Ceuta, sino en fortificarse ante los continuos ataques marroquíes, determinaron que todo el contingente desembarcase en este mismo punto establecido como base de operaciones.

Señalado como primer objetivo Tetuán, el Ejército se reagrupó en Ceuta ya que, habiéndose desatado una epidemia de cólera que causaba 300 bajas diarias, no se podían remitir éstas a España por la alarma y peligro de contagio que esto podía causar, quedando en la plaza todo el Primer Cuerpo que aseguraba las comunicaciones y toda eventual retirada, y, una vez incorporadas todas las fuerzas, embarcados los víveres para un mes, racionada la tropa y ganado para seis días y habilitados los buques-hospital y los hospitales de la plaza, el resto del Ejército inició su camino hacia Tetuán a finales del año 1859, tras haber transcurrido la primera fase de fortificación, reunión y preparación en la base de operaciones, en la que diversas circunstancias adversas como la escasez de medios de transporte y cobertura naval, la frecuencia de los temporales y la epidemia de cólera habían retrasado y hecho variar respecto de lo planeado.

Iniciado el camino hacia Tetuán por las ásperas ramificaciones de la cordillera de Sierra Bullones y Sierra del Haus, pobladas de espeso monte y maleza, bien aprovechado por los francotiradores marroquíes, y tras diversas acciones menores tendientes a impedir o al menos retrasar el avance español, tiene lugar la batalla de los Castillejos en el valle e inmediaciones de dicho río el 1 de enero de 1860 en la que se empeñan y abren paso catorce batallones apoyados por dos baterías de montaña, otra montada y dos escuadrones de Caballería correspondientes a la división de Reserva y al Segundo Cuerpo, frente a un ejército estimado entre 20.000 y 30.000 hombres.

Incorporados tras la batalla el Tercer Cuerpo y la División de Caballería, la comunicación con la base y el Primer Cuerpo queda rota. Habiéndose establecido el campamento en el valle del río Smir, sin cesar los combates y ataques enemigos, y como consecuencia de un terrible temporal que estrella contra las rocas la goleta "Rosalía", la Escuadra no puede abastecer a las tropas que se ven acosadas por el hambre hasta que una mejora meteorológica permite el desembarco de suministros frente al río Smir.

Construido un puente sobre el río, el Ejército continúa su avance y se suceden las acciones de Cabo Negro (14-I-60), Aduana (23-I-60), y Uad el Jelu (31-I), desembarcando una división de refuerzo (general De Los Ríos) compuesta por ocho batallones y un escuadrón el 16 de enero. Mientras tanto la Escuadra había acallado los fuegos del Fuerte Martín y la Infantería de Marina lo había ocupado.

En recorrer los 30 kilómetros entre Ceuta y Río Martín las fuerzas de operaciones habían tardado 16 días, lo que da idea de las dificultades en el avance por el terreno, la ferocidad y continuidad de los combates y las dificultades del apoyo logístico.

Junto con los refuerzos, entre los que se encuentra el Batallón de Voluntarios Catalanes, desembarca el tren de sitio para la toma de las plazas de Tetuán y Tánger que no habría necesidad de emplear y gran cantidad de material de ingenieros y tendido de puentes, víveres y vituallas, incluido un ferrocarril de tracción animal, con lo que se constituye una verdadera base de la que el ejército español había carecido al romperse su enlace con Ceuta.

Se reorganiza el Ejército con los nuevos efectivos, quedando Prim al mando del Segundo Cuerpo por enfermedad de Zabala y siendo sustituido por De Los Ríos en la Reserva. De aquí en adelante operarán tres cuerpos de ejército más una reserva constituida como cuarto cuerpo; un total de más de 36.000 hombres, sin perjuicio de las fuerzas que quedan en Ceuta.

La movilidad de las tribus y cábilas en sus desordenados ataques exige que las marchas se efectúen en orden cerrado, según las exigencias del terreno.

A retaguardia de cada batallón se transportaban cinco cargas de municiones, con un depósito general móvil en lugar conocido, con los botiquines y material de Sanidad asignado por brigadas, divisiones y cuartel general.

El valle de Tetuán estaba defendido por dos campamentos atrincherados y artillados y un ejército desplegado de unos 40.000 hombres más la caballería. El dispositivo de ataque adoptado el día 4 de febrero de 1860 en la batalla de Tetuán fue denominado de "frente abaluartado" y fue llevado a cabo por los cuerpos Segundo y Tercero en formación de cuñas huecas en forma de baluarte del que las líneas de Ingenieros, Artillería y Caballería constituyeron la "cortina" o flancos, y consistió en batir el campamento enemigo por la artillería, atacando de frente y de flanco a la vez, constituyendo a retaguardia una posición inexpugnable por medio de un reducto artillado, obra del cuerpo de Ingenieros.

Aunque la artillería no pudo ser silenciada totalmente por la buena condición de las obras de defensa, fueron tomadas a la bayoneta las posiciones enemigas a través de las brechas abiertas, el ejército marroquí cuya caballería había intentado inútilmente envolver el flanco español, se dio a la más desordenada fuga, quedando libre el acceso a Tetuán, ciudad que no optó por la resistencia, siendo abandonada, y ocupada por los españoles el 6 de febrero de 1860, pese a contar con medios para una larga defensa.

Mientras el Ejército descansa y repone sus bajas en hombres (llega el Batallón de Cazadores de Tarifa y los denominados Tercios Vascongados) y ganado, Muley Abbas, el día 11 solicita por medio de unos emisarios condiciones de paz. La cesión de Tetuán es el punto principal del debate en el que no se llega a ningún acuerdo, continuándose las operaciones y el avance hacia el paso de Fondak y Tánger.

En el valle de Wad-Ras tuvo lugar la última batalla de la guerra, el 23 de marzo. Fue muy disputada y en ella la combinación de fuerzas y su coincidencia final decidieron la victoria de las armas españolas, replegándose el enemigo.

La expedición española había contado con todos los medios modernos que el país había podido proporcionarle, habiéndose organizado con el cuerpo civil de telégrafos una brigada que no se pudo utilizar por haber naufragado el vapor "Génova" que la transportaba, creándose más tarde con medios militares propios una sección en Ceuta y otra en Tetuán que probaron su utilidad.

La previsión de haber creado en 1859 la Compañía de Obreros de la Administración Militar dio los frutos exigibles a esta unidad auxiliar de Intendencia, añadiéndose otras dos compañías más.

Actividades de la flota

La escasez de buques adecuados y la mala época del año en que se llevaron a cabo las operaciones redujeron la actividad de la Armada que en todo caso fue de gran importancia ya que a ella, tanto por lo que respecta a buques de guerra como a transportes, estuvo encomendado el bloqueo y observación de la costa enemiga, el constante mantenimiento de las comunicaciones con la Península, el transporte y abastecimiento del Ejército, el apoyo del avance por tierra de las tropas mediante las cañoneras y embarcaciones sutiles mientras éste fue posible, y el ataque a puertos estratégicos con la destrucción de sus defensas y desmantelamiento de sus baterías.

La Escuadra, que contaba con un navío ("Reina Isabel"), dos fragatas ("Isabel II" y "Perla"), una corbeta ("Villa de Madrid") y nueve vapores de ruedas o hélice, además de una escuadrilla de embarcaciones cañoneras sutiles, protegió el convoy y el desembarco, se constituyó en base móvil mientras el Ejército se desplazaba por el litoral en dirección a Tetuán, y llevó a cabo los bombardeos del Fuerte Martín (30-XII-59) y de los puertos de Arcilla y Larache (28-II-60), acallando los fuegos de las baterías costeras y bombardeando ambas poblaciones. Aunque estaba planeado que se atacase también Salé y Rabat, la operación se retrasó por el mal tiempo y acabó suspendiéndose tras la firma de los preliminares de la paz a cuya aceptación por parte marroquí colaboró eficacísimamente.

El tratado de paz

El 26 de abril de 1860 se firmaba el denominado tratado de WadRas que daba fin al estado de guerra. Por él España ampliaba el entorno estratégico de su plaza de Ceuta, en la costa atlántica recibía la base pesquera de Santa Cruz de Mar Pequeña, obtenía la condición comercial de nación más favorecida y la autorización de establecer en Fez una casa de misioneros. Como indemnización económica se establecía la de cuatrocientos millones de reales.

En tanto que la deuda fuera satisfecha, la plaza de Tetuán quedaría ocupada por España.

El tratado fue considerado insatisfactorio por buena parte de la prensa y la opinión pública; sin embargo el Gobierno permaneció fiel a sus propósitos iniciales de no obtener más compensaciones territoriales, pese a que la indemnización, reducida, no fue finalmente pagada hasta 1888, entregándose sin embargo muy pronto la plaza de Tetuán.

Las fuerzas españolas

El ejército expedicionario se componía de tres cuerpos de ejército, una división de reserva y otra de Caballería. El Primer Cuerpo (mariscal de campo Echagüe) contaba inicialmente 11.500 hombres organizados en una brigada de vanguardia y una división de Infantería compuesta por dos brigadas, con dos escuadrones de Caballería, cuatro compañías de Artillería de montaña, cuatro compañías de Ingenieros y un destacamento de la Guardia Civil de Infantería y Caballería; el

Segundo (teniente general Zabala) 7.500 hombres en dos divisiones de Infantería, un escuadrón de Caballería ligera, tres compañías de Artillería montada, una compañía de Ingenieros y otro destacamento mixto de la Guardia Civil; y el Tercero (teniente general Ros de Olano) 9.300 hombres en dos divisiones, con un escuadrón de Caballería, dos compañías de Artillería montada y una de montaña, una compañía de Ingenieros, y el correspondiente destacamento de la Guardia Civil. La División de Reserva (teniente general Prim) tenía 4.100 hombres en dos brigadas de Infantería. La División de Caballería tenía 2.300 hombres.

Los efectivos totales eran de unos 35.000 hombres incluidos los presidiarios que voluntariamente tomaron las armas para redimir condena y los cuerpos auxiliares.

Por lo que al armamento individual se refiere, la Infantería utilizaba la carabina rayada modelo 1855 con alza de librillo y el magnífico fusil de Infantería modelo 1859 que, con un calibre de 14,4 mm, una longitud de cañón de 100 mm y una excelente alza de corredera, era capaz de producir agrupamientos comparables a los de un arma moderna. También fue un arma excelente de este sistema el mosquetón rayado para Artillería modelo 1857.

Con el sistema de llave de percusión se podía disparar en cualquier situación climatológica. Merced al conjunto cañón rayado, llave de percusión y bala autoforzada por expansión, invento de Claude E. Minié (1849), se pudo hablar por primera vez de precisión, causando asombro también el alcance entre los marroquíes quienes denominaban a estas armas "fusiles para matar cobardes" ya que, según ellos sufrían más bajas por su consecuencia, de lejos, cuando se retiraban o no se decidían a atacar.

Se trataba sin embargo de fusiles de avancarga con todos los inconvenientes de la baqueta que se perdía con frecuencia quedando desarmado y obligando al soldado a ponerse de pie, descubriéndose bajo el fuego de fusiles lisos (recordemos que hasta la batalla de Sadowa (1866) no se demostraría las ventajas de la retrocarga).

Aunque algunas unidades portaban la denominada bayoneta-sable de corta duración, la mayor parte del ejército llevaba la denominada "de cubo" que había predominado en España y en Europa desde principio de siglo.

Como consecuencia de las condiciones accidentadas del terreno y del tipo de combate a la defensiva adoptado por los marroquíes, la mayoría de las acciones de la guerra se decidirían con cargas a la bayoneta que, muy superior en estas ocasiones a las gumías y prácticamente desconocida por las tribus del norte, inspiraba gran temor.

Aunque existía una notable permisividad respecto al tipo de arma corta usado por la oficialidad como propiedad personal, se empleó mayoritariamente la pistola de retrocarga y cartucho metálico, habiendo siendo sin embargo el revólver del sistema Lefaucheux de 12 mm declarado reglamentario en 1858. Ambos fueron de gran utilidad en las múltiples ocasiones de cuerpo a cuerpo.

El soldado cargaba con su gran mochila donde almacenaba sus raciones diarias (en ocasiones se le racionaba para una semana lo que la convertía en incómoda de llevar, como en la batalla de Wad Ras), la munición (unos 70 cartuchos en todo momento), la manta enrollada sobre la mochila y el poncho o tienda individual de lona embreada, utilizada por primera vez en campaña por el ejército español y que servía asimismo como capote impermeable, de gran utilidad en la época de lluvias en que se desencadenó la campaña de Marruecos.

La Caballería expedicionaria

En enero de 1859 se había llevado a cabo una nueva organización de la Caballería (RROO de 1 y 20 de enero y 5 de mayo). En su virtud, se establecen de una manera definitiva los cuatro institutos de Coraceros, Lanceros, Cazadores y Húsares, considerando los dos primeros como Caballería de línea, y los otros dos como Caballería ligera. La reforma respondía a la necesidad de llegar a un equilibrio, con un porcentaje que respondiese a las necesidades reales.

Los regimientos, que hasta entonces y desde 1852 eran 16, pasan a ser 19 y dos escuadrones sueltos de Cazadores.

Para el ejército expedicionario no se escogen grandes unidades completas, sino que sólo algunas aportan escuadrones sueltos de los cuatro que se compone cada regimiento, pese al inconveniente de coordinación que eso suponía, y en aras a una mayor representatividad general del Arma en la campaña y a una selección que atendía ante todo a la operatividad de las unidades concretas.

Cada uno de los cuatro regimientos de Coraceros (Rey, Reina, Príncipe y Borbón) aportó un escuadrón; los Lanceros fueron escogidos del regimiento de Farnesio (2 escuadrones), del de Villaviciosa (1 escuadrón) y del de Santiago (1 escuadrón). Las unidades de Cazadores correspondían al regimiento de Albuera (dos escuadrones) a las que se sumó el escuadrón independiente de Mallorca.

Del único regimiento de Húsares, el de la Princesa, se escogieron dos escuadrones.

Fueron trece por lo tanto los escuadrones elegidos, con lo que quedaba patente el segundo plano al que desde el principio de la campaña se concedía a la Caballería, ya que la proporción normal en los campos de batalla europeos entre las dos armas era de un 10%, lo que hubiese exigido más del doble de los efectivos. El accidentadísimo teatro de operaciones y la evidente superioridad de la Caballería marroquí en cualquier caso, determinaron compensar ésta por otros medios y reducir la caballería expedicionaria, circunstancias a las que debemos añadir las dificultades en el transporte de los animales por mar y el suministro de pienso. Grande fue la dificultad que entrañó el embarcar colgando los nerviosos caballos y su desembarco con algo de mar; hubo días en que se empleó toda una mañana en transbordar un solo escuadrón.

La fuerza teórica de cada escuadrón la componían 125 hombres, de ellos 100 plazas montadas.

El armamento básico de los Lanceros era la lanza de Caballería y el sable como sustituto, con casco metálico como protección; el de los Cazadores y Húsares lo eran la carabina rayada y el sable, y el de los Coraceros, que tenían también casco, simplemente el sable. Sólo la oficialidad contaba con pistolas o revólveres.

En el avance su actividad se reduce a intervenciones ocasionales y protección de los bagajes del Cuartel General y de los cuerpos de ejército. Los Cazadores colaboran activamente con las unidades en los continuos enfrentamientos, pese a lo abrupto del terreno. En campo abierto, las fuerzas de la División adquieren notable protagonismo.

En la batalla de Tetuán (4 de febrero) la Caballería permanece a la expectativa frente a una eventual reacción del enemigo que no llega a producirse.

Las escaramuzas siguen dando lugar a cargas siempre exitosas, como la del día 11 de marzo, protagonizada por uno de los escuadrones de Albuera.

En la batalla de Wad-Ras (23 de marzo) los Lanceros quedan guardando la artillería, pero los tres escuadrones de Coraceros, pese a las dificultades de un terreno poblado de árboles y rocas, colabora con varias cargas a costa de numerosas bajas.

Pese al éxito que acompañó a todas sus intervenciones, puede decirse que se hizo un uso abusivo de este arma, empleándose en acciones comprometidas y en terreno poco apropiado.

La artillería expedicionaria

El arma de Artillería contribuyó de una manera decisiva a los triunfos españoles. En ella se acababa de producir una verdadera revolución. El ensayo de la nueva artillería se había llevado a cabo en Solferino donde, mientras las balas de los cañones austríacos caían a 50 metros delante de las baterías francesas, éstas sembraban la destrucción a 2.000 metros.

Aunque ya se utiliza por los ingleses el sistema William Amstrong de retrocarga, cuyo alcance era justamente el doble, y su fabricación secreta, se adopta el sistema francés pero adaptado y fabricado en España.

Las piezas son rayadas y los calibres escogidos para la campaña se reducen a dos; calibre de 12 libras o de sitio y calibre de 4 o de campaña (12 y 8 cm).

La bala antigua se ha suprimido no usándose más que proyectiles huecos de forma cónica y aletas de plomo que se ajustan a las rayas de la pieza dando al disparo una precisión desconocida.

El cañón del 12, destinado a las operaciones de sitio, reemplaza con gran ventaja los calibres monstruosos y particularmente a la pieza de 24, clásica para la brecha, demostrándose cómo apuntando con una batería de 24 contra un macizo de la más fuerte mampostería a 35 metros, distancia a la que se rompe el fuego de brecha contra una muralla, haciendo lo mismo con una batería del 12 a 70 metros, la artillería rayada no necesitó más que la mitad de los disparos para abrir brecha, aunque la distancia era doble.

La pieza de a 4 o de campaña, era pequeña y manejable, inferior a los 300 kg, seis artilleros podían sin trabajo transportarla sobre sus hombros en un paso difícil, no empleando en cada disparo más que 500 g de pólvora.

Su precisión era grande acertando a un hombre a caballo a una distancia de 3.100 m.

En la fábrica de cañones de Trubia (Asturias) se había conseguido en 1859 el rayado de un cañón del 16 bajo la dirección del general Elorza; tras el éxito de la prueba se reglamentó el resto de los calibres 16, 15, 12, 8 y 4, así como los de montaña.

El sistema de retrocarga de Krupp (1867) perfeccionaría los anteriores intentos españoles de Savary, Navarro Sangrán y conde de Venadito. En la batalla del Puente de Alcolea (29 sept 68) el 4º Regimiento de Artillería del bando gubernamental lo emplearía por vez primera.

El departamento de Guerra había desplegado una gran actividad prebélica en la que había destacado la Fundición de Artillería de Sevilla donde se fabricaron las 24 piezas de campaña de 12 cm junto con 80 largos rayados de 8 cm y 36 cortos de 8 cm y siete obuses de anima lisa y calibre de 21 cm.

La fábrica de pólvora de Granada de la que se había hecho cargo en 1849 el Cuerpo de Artillería impulsó la fabricación de pólvoras negras con destino a Africa. En 1860 llegaron a fabricarse 200 toneladas.

En las diversas necesidades de la campaña se empleó pólvora parda, de mayor regularidad en la combustión.

La escasa actividad y precisión de la artillería enemiga permitió a la propia verdaderos alardes. En Wad-Ras las baterías a caballo maniobran al galope frente al enemigo y a escasa distancia. En Tetuán la artillería avanza hasta colocarse a vanguardia de forma escalonada.

El montaje adoptado desde mediados de siglo lo fue la cureña inglesa de chapa de acero, más ligera y resistente que las anteriores.

El ejército marroquí

El sistema religioso-feudal imperante en Marruecos excluía la posibilidad de disponer de un ejército permanente fuerte. La llamada del sultán a Guerra Santa era el grito aglutinador para que las tribus o cábilas, muchas veces enfrentadas entre sí, aportaran sus contingentes al esfuerzo común.

En el momento de la guerra se disponía de un cuerpo de soldados profesionales más o menos organizado a la europea y uniformado.

Se trataba de los denominados por los españoles "moros de rey", pertenecientes a una casta militar de la que todo hijo varón pasaba a formar parte (unos 25.000 h, a partes iguales entre Caballería e Infantería), la Guardia Negra de Caballería ("bojaris") e Infantería, tenida por la unidad más disciplinada y fiel, cuyos componentes eran descendientes de esclavos negros de las regiones meridionales lindantes con el Imperio y que en número no precisado protegía al sultán, los 2.000 hombres del "Nizam", cuerpo de infantes armados con fusiles y carabinas modernos y de procedencia inglesa, que acababa de ser organizado por el anterior sultán más con miras a reprimir insurrecciones interiores que a rechazar un ejército extranjero.

La unidad táctica de las tropas semirregulares del sultán era el grupo de cien hombres mandado por un "caíd" y dividido en fracciones de 25 al mando del "mokaden".

El "magzem" era la unidad de 24.000 hombres de los que la mitad eran de Caballería.

El grueso del ejército estaba formado por las aportaciones tribales que acudían en masa encabezados por sus "cherifes" al ser requeridos para una empresa concreta, integrando el "gum" que acogía a un hombre por cada casa entre los

16 y los 60 años, armado por su cuenta con espingarda, pistola y gumia. Este contingente, según cálculos de la época podía ascender a los 300.000 hombres.

Los cabileños marroquíes habían seguido fieles a la llave de chispa, que para ellos tenía ventajas, pues con un barrilillo de pólvora y unas docenas de piedras (se cambiaba cada 40 disparos) era suficiente, y aunque no se podía disparar con tiempo húmedo, se podían fundir las balas fácilmente en la turquesa en las largas veladas de campamento. Usaban la llave "a la española" o de "miquelete", de sílex que producía fallos cada quince disparos por término medio, teniendo que cambiar la piedra y el cebo.

Como las cábilas gozaban de gran autonomía, el general o los generales, normalmente parientes próximos del emperador, nunca sabían los efectivos ciertos con los que podían contar en cada momento determinado, y sus decisiones se veían coartadas por la opinión del consejo de las tribus más significadas.

Las operaciones generales fueron dirigidas en esta confrontación por el príncipe Muley el Abbas, hermano del sultán.

La desorganización y la falta de recursos para mantener concentrado el ejército un largo período de tiempo fueron las peores lacras, pese a la frugalidad de los combatientes que se mantenían días enteros a base de los pequeños panecitos denominados "batatas" con los que llenaban sus morrales.

Las tribus de Anghera y Wad-Ras llevaron la iniciativa por el bando marroquí durante la primera parte de la campaña; posteriormente fue la Caballería dirigida directamente por el alto mando quien lo hizo.

La Caballería marroquí era sin duda muy superior en número de hombres e incluso en armamento.

El jinete moro, adiestrado en el combate por los frecuentes enfrentamientos entre las cábilas, llevaba como armamento una espingarda, sable o gumia y puñal. Cruzado al pecho un morral con los instrumentos para arreglar los desajustes de la cazoleta y tornillos de su espingarda, una bolsita con piedras de chispa y dos o tres docenas de cartuchos de procedencia generalmente inglesa.

La táctica empleada consistía en la denominada "fantasía" o carga frenada en el último instante para apuntar y hacer fuego y volver grupas rápidamente, despreciando el choque que tantas veces decidía las batallas y reduciendo el combate cuerpo a cuerpo a las ocasiones de abrumadora superioridad. Los españoles, al contrario abusaron del choque y emplearon casi exclusivamente el arma blanca (lanzas y sables).

Unos dos mil artilleros (muchos de ellos europeos contratados y renegados) servían unas 600 piezas de artillería de plaza y 150 de batalla. Las más modernas defendían las plazas costeras, pero por lo general eran anticuadas y algunas verdaderos objetos de museo.

El ejército marroquí carecía de parques de artillería y maestranza propiamente dichos, habilitando algunas casas de Tetuán al efecto y otros múltiples lugares escondidos sin concierto alguno por lo que, conforme se inició el avance de los españoles, cada día aparecían quintales de pólvora, cajones de azufre, montones de salitre, balas para espingarda, hojas de cimitarra...

La sanidad era inexistente, llevando cada cual en su mochila algunos primeros auxilios tradicionales como pelos de camello con los que cauterizar las heridas.

Bajas y costes

Las bajas del ejército español fueron de 9.034 hombres de los que sólo 786 fueron muertos en el campo de batalla, 366 muertos como consecuencia de heridas adquiridas en el campo de batalla, 2.888 muertos de enfermedad y 4.994 heridos en campaña.

Fue por lo tanto la peste desatada con anterioridad incluso al desembarco en Ceuta, la causa de más del 50% de las muertes.

No existen datos oficiales de las bajas ocasionadas en el bando marroquí, debido a la especial organización tribal y variante de los efectivos de su ejército y al hecho de que muertos y heridos eran retirados por familiares y allegados y llevados a sus aduares sin que existieran auténticos hospitales de campaña donde se pudiera llevar a cabo la más elemental evaluación o recuento.

Se pueden obtener sin embargo cifras aproximadas de las bajas marroquíes en las batallas más importantes de los datos aportados por las relaciones oficiales y los datos de los corresponsales españoles y extranjeros y de los prisioneros.

De estas cifras y de las correspondientes a los combates menores se deduce que las bajas marroquíes fueron casi cuatro veces superiores.

La memoria administrativa del Intendente General del Ejército estimó los gastos de la expedición en 236.638.194, que quedaron ampliamente sufragados por los 400 millones de la indemnización de guerra de la que se pagó con presteza exactamente la mitad del importe.

TROIS CONFLITS INTERNATIONAUX RÉSOLUS PAR ARBITRAGE (1870-1905)

Général Manuel Freire Themudo Barata

La guerre est assurément l'un des phénomènes historiques les plus anciens et les mieux étudiés. Malgré cela, l'homme n'est guère encore parvenu jusqu'à ce jour à en connaître l'essentiel – c'est-à-dire, comment l'éviter, comment conserver la paix. Pour employer le langage de la médecine, il s'agit d'une maladie sociale dont l'étiologie est connue en détail, mais contre laquelle nul médicament efficace n'a encore été découvert.

La preuve réside dans la prolifération des guerres au cours des dernières années – guerres de différents types, dans maints et distants points du globe. Et réside également dans le fait que nous nous soyons réunis ici pour réfléchir aux expériences historiques du maintien de la paix et lui ayons apporté notre modeste contribution pour qu'un jour – si possible, très proche – puisse être trouvée la guérison au terrible mal qu'est la guerre.

Il importe donc, dans ce contexte, d'avoir présent à l'esprit que la guerre n'est que l'explosion violente et brutale des «conflits irréductibles»[1] qui persistent encore à l'intérieur de chaque homme, de chaque communauté et de la société internationale.

En effet, et comme on sait, la paix n'est point synonyme d'absence de guerre, du *«vide»* qui se situe entre deux périodes de combats militaires. Elle est plus que cette réalité passagère et extérieure des *«armes qui se sont tues»*. Elle est aussi plus que la simple volonté de paix – sincère, parfois, mais presque toujours mollement inactive et désengagée. La paix avant tout, comme le rappelait Ortega y Gasset à la veille de la IIe Guerre mondiale, doit constituer un énorme effort destiné non seulement à extirper la guerre, mais aussi et surtout à la remplacer par un *«système de nouveaux moyens de convivialité entre les hommes»*[2].

Or, l'un de ces moyens est précisément l'arbitrage. Déjà bien ancienne et florissante dans la période finale du Moyen Âge, cette forme de solution pacifique des conflits internationaux a quasi disparu à l'Âge moderne pour réapparaître dans la deuxième moitié du XIXe siècle, en faisant maintenant l'objet d'une reconnaissance solennelle par la Charte des Nations unies, au n° 1 de son article 33[3].

Quoiqu'efficace (puisque les parties s'engagent préalablement à accepter la décision qui sera prise), le recours à l'arbitrage présuppose l'existence, à la chaîne, de trois conditions: – que la matière objet du litige ne soit point considérée vitale par l'une ou l'autre partie – sa discussion s'avérant, de ce fait, inacceptable; – que l'état militairement supérieur, en reconnaissant la validité partielle des droits invoqués par la partie contraire, se sente sous pression morale et accepte de céder dans sa position; – l'existence d'un arbitre exempt et doté de prestige international.

Au cours des 100 années qui ont précédé la Ire Grande Guerre, la paix n'était qu'une conséquence ou un entracte des différentes guerres. Il ne s'agissait pas d'un bien à sauvegarder, mais surtout d'une époque dont il fallait jouir jusqu'à l'arrivée d'un nouveau conflit.

Cependant, comme l'a écrit Jaques Néré, *«situés entre les guerres révolutionnaires et napoléoniennes, d'une part, et les grandes hécatombes du XXe siècle, d'autre part, les conflits de la période 1815-1870 semblent être limités dans le temps et peu onéreux en hommes et en argent. La diplomatie servait très souvent à abréger les guerres»*[4].

En effet, le nouvel équilibre issu du Congrès de Vienne a diminué les tensions au sein du Vieux Continent, pendant quelques décennies. Toutefois, la brusque accélération de l'industrialisation et l'émergence de l'Allemagne ont posé de nouveaux problèmes et forcé l'Europe à se tourner vers l'extérieur. C'est alors que débuta la *«ruée vers l'Afrique»*, spécialement vers la zone la plus convoitée – les régions au sud du Sahara. Cette véritable «fièvre de l'Afrique», comme on l'a appelée[5], a fortement contagié l'Angleterre, l'Allemagne et la France – et, plus tard, la Belgique.

Le Portugal était sur le continent africain depuis le XVe siècle, à la suite des découvertes maritimes initiées par Henri, le Navigateur. Il avait en fait, à partir de 1434, commencé à parcourir méthodiquement toute la côte, depuis le Cap Bojador (au sud du parallèle des îles Canaries) jusqu'à Mombasa (au Kenya), afin de parvenir en Inde, où il est arrivé en 1498.

Il s'est fixé sur quelques points du littoral plus favorables à l'abri et au repos de ses armadas, au commerce et à l'action des missionnaires. Il a construit des forteresses, autour desquelles se formèrent de petits peuplements, le représentant du roi du Portugal y assumant le pouvoir. Et cette autorité était acceptée par la population autochtone et reconnue par les sujets des autres nations européennes qui y faisaient escale.

Au début, la navigation était côtière. Ce n'est que plus tard que, pour profiter des vents et atteindre l'Orient et le Brésil, elle se fit désormais au large. En donnant lieu, avec Colomb et la découverte de l'Amérique, au grand conflit entre le Portugal et l'Espagne, tranché par l'arbitrage du pape et qui s'est traduit par le fameux Traité de Tordesillas de 1494, qui a divisé, entre les deux pays de la péninsule Ibérique les droits de circulation sur les mers et de découverte de nouvelles terres.

Ce droit spécial de navigation – ledit *«mare clausum»* – bien qu'aussitôt contesté par certains états, est, dans la pratique, resté en vigueur pendant un siècle sans générer d'incidents graves. La situation a cependant changé après la défaite de *«l'Invincible Armada»* de Philippe II, à l'époque également roi du Portugal. Avec l'affaiblissement du pouvoir naval péninsulaire, les deux puissances maritimes émergeantes – l'Angleterre et les Pays-Bas – décident de mettre un terme aux droits exclusifs de navigation et de possession que Portugais et Espagnols continuaient de s'arroger.

C'est alors qu'apparaît Hugo Grocio et son fameux opuscule – *«Mare Liberum»* – où il expose avec talent sa thèse d'une *«navigation libre pour tous et en tous lieux»*[6]. La nouvelle doctrine fut aussitôt ratifiée par la sentence du 9 septembre 1604, de la Cour d'Amsterdam, qui a légalisé l'arraisonnement du vaisseau portugais «*Santa Catarina*» et la vente aux enchères de sa cargaison, comprenant de riches porcelaines chinoises.

Le troisième pas fait dans le sens du droit international a commencé à se dessiner au milieu du XIXe siècle et s'est concrétisé en 1885, dans les procès-verbaux de la Conférence de Berlin. L'Afrique est alors directement visée et des règles sont définies pour le droit à la possession des zones de l'intérieur par la puissance occupant le littoral[7].

L'occupation effective du territoire est exigée et doit se traduire par l'existence d'une autorité locale, ainsi que par un commerce et une circulation libres.

C'est donc déjà dans cette atmosphère que se déroulent les trois conflits entre le Portugal et l'Angleterre, qui font l'objet de ce travail.

Il y a lieu de souligner que ces deux pays sont encore de nos jours unis par une vieille alliance qui date de 1373, mais qui à cette époque a vécu ses pires moments. Rappelons également que la nette hégémonie mondiale de l'Angleterre, qui a suivi la chute de Napoléon, entra en déclin vers 1870. Et, enfin, n'oublions pas que les États-Unis émergèrent avec vigueur de la guerre de Sécession et que leur importance sur la scène internationale s'est rapidement accrue.

Le premier de ces conflits surgit dans une zone de valeur stratégique moindre, au nord de l'équateur – dans l'actuelle Guinée-Bissau.

Le Portugal occupait ce secteur depuis le XVe siècle et, peu à peu, il y affermit son autorité. Il s'agissait de terrains marécageux et d'un archipel d'innombrables petites îles peu distantes de la terre ferme.

En 1792, venu de la voisine Sierra Leone, parvient à l'île de Bolama un sujet anglais qui demande l'autorisation d'y installer un fonds de commerce. Ensuite, sans le communiquer aux autorités, il achète leurs terres aux indigènes. Mais, en vertu du climat d'hostilité et suite à quelques attaques des autochtones, au bout de 16 mois il quitte la zone. Quarante années plus tard, le gouverneur de Sierra Leone reprend l'affaire, réclame la possession de l'île et y débarque à la tête d'une force. Il déclare l'ensemble de l'archipel territoire anglais et ajoute avoir l'intention d'y installer une garnison militaire permanente. C'était l'occupation[8]. Des incidents graves ont lieu entre troupes britanniques et portugaises. S'ensuivent les habituelles protestations diplomatiques – mais, entre-temps, le conflit s'aggrave et la menace croît.

Par le biais de contacts, le Portugal s'assure que le conflit est d'origine locale.

Autrement dit, qu'il ne s'est point agi d'une initiative du gouvernement de Londres et que celui-ci ne s'y trouve pas profondément impliqué. Malgré cela, le problème s'amplifie, les confrontations se succèdent et la situation traîne dangereusement pour les intérêts portugais.

D'où que, sûr de ses droits, le Portugal nomme en 1864 un plénipotentiaire chargé de négocier une solution pacifique au conflit. Les négociations directes ayant échoué, le recours à l'arbitrage est aussitôt proposé.

La proposition est acceptée quatre ans plus tard et le Portugal invite alors l'Angleterre à choisir l'arbitre. Le gouvernement anglais choisit le président des

États-Unis, Ulysses Grant, récemment élu pour son premier mandat. La sentence, proférée le 21 avril 1870, reconnaît les droits du Portugal à la possession des territoires disputés[9].

Le deuxième conflit a débuté en 1823, a duré un demi-siècle et s'est déroulé dans une zone de la région sud du continent africain qui assumait alors une importance géopolitique particulière. C'était l'époque de la découverte des diamants et de l'or, ainsi que de son enthousiaste exploitation au Transvaal, pays dont l'indépendance venait d'être reconnue par l'Angleterre, contre le gré de celle-ci, en 1852, et qu'elle parviendra à annexer en 1877[10].

C'était aussi l'époque où l'Angleterre déployait son meilleur effort politique, diplomatique et militaire pour, à partir de la ville du Cap, s'assurer la maîtrise non seulement de l'ensemble du richissime territoire de la future Union sud-africaine, mais également d'un large corridor situé plus au nord et dont ont résulté le Zimbabwe, la Zambie et le Malawi.

À partir de 1843, le Transvaal a cessé d'avoir sa propre issue ou une issue libre sur la mer. En effet, depuis l'annexion par l'Angleterre de sa voisine république du Natal, le seul port dont il disposait était celui de Lourenço Marques (aujourd'hui, Maputo), situé au sud du Mozambique et appartenant au Portugal depuis le XVIe siècle, lorsqu'il a été reconnu et occupé par le pilote portugais du même nom.

Dans cette lutte, tant militaire que diplomatique et politique, entre l'Angleterre et les républiques boers, le port portugais et la baie où il se trouve implanté jouent un rôle fondamental.

Le premier incident est localisé et destitué de grande répercussion : un officier anglais forge des traités avec l'aide des autorités indigènes et implante le drapeau anglais dans la partie sud de la baie. S'ensuivent des soulèvements populaires, qui ne sont que le fruit de ces rivalités.

Mais le conflit assume des proportions plus importantes en 1861, quand un militaire britannique, accrédité par la reine Victoria, notifie le gouverneur de la ville qu'il a l'intention d'entrer en possession des îles situées en face de la fortification portugaise[11]. A son tour, le gouverneur du Transvaal conçoit et encourage la construction d'une voie ferrée destinée à transporter ses marchandises vers Lourenço Marques – ce que l'Angleterre ne voit pas d'un bon oeil[12] – et décrète, unilatéralement, la possession de la partie sud de la baie. Peu après (1870), un nouveau contingent anglais débarque et y hisse le drapeau de son pays. L'autorité locale portugaise s'empresse de réoccuper les îles et rétablit la souveraineté.

Dans ce conflit plus vaste, Lourenço Marques était un objectif important, dont la possession pouvait modifier la politique de partage de l'Afrique négociée entre les principales puissances européennes – partage où l'Allemagne était particulièrement engagée.

Cette réalité laissait au Portugal quelque capacité de manœuvre. Et, lucide et opportun, le gouvernement l'amplifia. Il associe le problème africain à la sécurité de la péninsule Ibérique, où les tentatives d'unir le Portugal à l'Espagne gagnaient de plus en plus de force, et fait sentir à Londres que le maintien et le renforcement de la séculaire alliance entre les deux pays, dans cette conjoncture, était d'un mutuel et grand intérêt pour les deux parties.

Le conflit à propos de la baie de Lourenço Marques s'est calmé au niveau local, mais fut transféré dans le camp diplomatique. En 1873, le recours à l'arbitrage est accepté. Le choix de la personnalité retombe sur le président de la République Française, Adolphe Thiers, remplacé cette même année par le maréchal Mac-Mahon. La sentence arbitrale est proférée le 24 juillet 1875, dans le sens de reconnaître les droits du Portugal[13].

Le dernier cas tranché par arbitrage résulte de l'accélération de la «*ruée vers l'Afrique*», après la victoire allemande de 1870, et de l'élargissement assumé par l'empire zoulou, dont les frontières, surtout à l'est, étaient mal définies dans ledit royaume du Barotze[14].

Toutes les puissances désiraient se surpasser en initiatives dans la région intérieure du continent africain.

Rappelons le missionnaire anglais Livingstone, le Nord-Américain Stanley ultérieurement au service du roi Léopold de Belgique et le jeune Italien naturalisé français De Brazza, sans oublier, évidemment, la présence décisive de Cecil Rhodes.

Le Portugal envoie aussi quelques explorateurs audacieux pour affirmer son autorité dans les zones intérieures. Dans certains cas, ils s'affrontent aux missions, elles aussi armées, d'autres nationalités – surtout anglaises. Il en résulte le plus grave problème avec l'Angleterre, dont elle impose la solution par la force le 11 janvier 1890.

Il s'agissait, effectivement, d'un objectif vital pour la politique anglaise. D'après les termes de l'Acte de Berlin de 1885, la France et l'Allemagne reconnaissaient au Portugal une sphère d'influence en Afrique australe qui permettrait de relier l'Angola au Mozambique. Cependant, l'Angleterre a refusé d'accepter cette conséquence implicite dans l'accord, car cela la privait des territoires qu'elle estimait être fondamentaux pour relier la ville du Cap au Caire[15].

Une fois les blessures de l'incident guéries par le Traité de Lisbonne du 11 juin 1891, les deux pays ont fixé les limites intérieures du Mozambique et de l'Angola. Mais, relativement à cette dernière, la frontière ouest, au sud du Congo belge d'alors, resta toujours au coeur de la discussion. Le traité parlait de la limite du royaume du Barotze, mais personne ne savait au juste où elle se situait. La surface en discussion était une portion importante de terres entre les parallèles 12° et 18° S et les méridiens 18° et 28° E. C'est pourquoi, les années suivantes, tant les militaires que les explorateurs portugais et anglais effectuèrent maints voyages et incursions, revêtant souvent des aspects de violence armée et d'utilisation des armes à feu, dans la tentative de mieux défendre les droits de leurs pays. Bien que la zone fût de faible importance stratégique, le foyer de tension était intense, les conflits, petits, mais constants. Ils perdirent néanmoins de leur intérêt avec le temps, surtout pour l'Angleterre, car la situation internationale lui causait des problèmes nouveaux et très graves. Elle était effectivement engagée, en Afrique australe, dans la 2e guerre anglo-boers (1899-1902). En Europe, les signes du rapprochement d'une guerre terrible étaient déjà clairs et préoccupants. Ainsi, le gouvernement britannique avait maintenant intérêt à normaliser ses relations avec le Portugal. Ce nouveau scénario politique (bien mis à profit par le tact diplomatique et le grand prestige dont jouissait auprès d'Edouard VII et de la société anglaise l'ambassadeur portugais à Londres) a fait en sorte que les deux pays conviennent, en 1903, de demander l'arbitrage du roi d'Italie, Victor-Emmanuel III[16].

Le monarque italien a proféré la sentence le 30 mai 1905. Et par là, ont été définies les actuelles frontières entre l'Angola et la Zambie[17].

Ces trois exemples nous permettent de conclure qu'il est possible de freiner l'escalade d'un conflit, même entre puissances de pouvoir militaire inégal, si elles savent – et veulent – exploiter des hypothèses de solutions non violentes.

Dans quelques cas, cela implique que la raison se situe nettement du côté du plus faible. Dans d'autres, qu'il faut essayer de faire reposer tel droit sur une intelligente et opportune mise à profit des intérêts vitaux de tiers. Dans certains autres, la tentative de résister avec prudence, mais aussi avec ténacité, et d'exploiter toutes les potentialités géostratégiques de la partie militairement moins puissante.

En toute circonstance, il faut qu'aussi bien le plus fort que le plus faible se régissent internement par des normes de justice et de liberté. Car alors, sur le plan extérieur, ils deviendront sensibles au fonctionnement d'un système international qui fait appel à ces mêmes valeurs.

Comme nous le savons tous et beaucoup l'on déjà dit[18], le danger du feu ne réside pas dans le feu lui-même, mais dans le mauvais usage que l'on en fait.

En transportant cette vérité dans le champ militaire, je pense qu'il est évident qu'une fois la guerre «*inventée*» et la découverte d'armes de plus en plus puissantes, ce n'est pas uniquement par la limitation de l'armement que l'on parviendra à maintenir la paix. Il est essentiel, avant tout, de perfectionner un système de relations internationales susceptible de développer cette volonté de paix entre les hommes et de mettre les armes, qui ne cesseront jamais d'exister, au service de la paix: c'est-à-dire, à la disposition d'une autorité internationale exempte et dotée d'une autorité efficace pour faire respecter ses décisions et ne guère laisser s'amplifier les conflits, qui ne cesseront d'exister tant que les hommes ne seront pas des anges.

En résumé, bien que l'arbitrage ne soit pas une panacée pour tous les conflits, il faut malgré tout l'essayer parce qu'elle en a déjà tranché quelques-uns.

Notes

1. Maurice Duverger, «Introduction à la politique», Éditions Gallimard, 1964, Chap. V, 3e partie, pp. 284 et suivantes, dans l'édition portugaise.

    Ces «conflits irréductibles», ou plutôt, conflits que l'humanité n'a pas encore réussi à éliminer, commencent dans l'antagonisme intérieur de la conscience individuelle, entre le bien que chacun connaît et le mal qu'il pratique. Ils passent par l'inégalité des aptitudes et des ressources propres à chaque homme. Et, ensuite, ils se poursuivent en tant que conflits entre générations, entre le pouvoir de l'état et l'affirmation personnelle de la citoyenneté, entre les sociétés de bien-être et les irrécusables appels de l'esprit à la solidarité envers les moins protégés.

2. José Ortega y Gasset, «La rebelion de las Masas», Revista de Ocidente, Madrid, 1956, p. 280

3. «Enciclopédia Luso Brasileira de Cultura», Verbo, Vol. II, p. 964, Lisbonne, 1964.

Il y a lieu de noter que l'arbitrage se distingue des 4 autres formes de résolution pacifique des conflits admises par les Nations unies, parce que :

- bien que les parties soient libres de choisir l'arbitre, elles s'engagent à reconnaître et à accepter sa décision, ce qui n'est pas le cas de la médiation ou de la conciliation;

- dans la décision judiciaire, les parties ne choisissent pas les juges et ne définissent pas non plus au préalable l'ampleur d'une éventuelle décision de la cour internationale;

- l'arbitrage décide de l'application des règles de droit, alors que la décision du Conseil de Sécurité, qui est un organe politique, résulte de critères d'ordre politique.

4. Jacques Néré, «Précis d'Histoire Ancienne», Vol. IV, édition portugaise, p. 68.

5. Antonio José Telo, «Lourenço Marques na Politica Externa Portuguesa, 1875-1900», Ediçoes Cosmos, Lisbonne, 1991, p. 14.

6. Marcello Caetano, «Portugal e a Internacionalizacao dos Problemas Africanos (Historia duma Batalha: Da Liberdade dos Mares às Naçoes Unidas», pp. 39 à 42, Ediçoes Atica, Lisbonne, 1971.

7. Idem, p. 116.

8. Joaquim Verissimo Serrao, «Historia de Portugal», Ediçao de Barcelos, Vol. VII

9. La situation est rapidement revenue au normal, car, le 1er octobre suivant, l'autorité portugaise a été définie et rétablie.

10. Comme on le sait, c'est cet événement qui a donné lieu à la 1re guerre anglo-boers.

11. Idem, pp. 27-29. Darniao Peres, «Historia de Portugal», Ediçao de Barcelos, Vol. VII, Chap. III, pp. 563-592.

12. Antonio José Telo, Idem, pp. 23-26.

13. Bien qu'il se soit agi d'un sérieux revers pour l'Angleterre, elle a accepté la décision.

14. Fondé aux environs de la province du Natal, l'empire zoulou s'est étendu vers l'ouest, a traversé le désert du Kalahari et atteint la région supérieure du fleuve Zambèze, où s'est établi ledit «Royaume de Barotze».

15. Joao Medina, «Historia de Portugal», Ediclube Lisboa, 1993, pp. 199-209, article d'Antonio José Telo.

16. «Grande Enciclopéida Luso Brasileira», Editorial Enciclopédia, Lisbonne et Rio de Janeiro, Vol. 4, pp. 244-246.

17. Nations unies, «Recueil des sentences arbitrales», Vol. XI, pp. 67-69.

18. Norbert Wiener, «The Human Use of Human Beings», 1950, édition portugaise, Editora Cultrix, Sao Paulo, p. 180.

Bibliographie

CAETANO, Marcello, *Lourenço Marques na Polftica Externa Portuguesa, 1875-1900*, Ediçoes Atica, 1971.

DUVERGER, Maurice, *Introduction à la politique*, Éditions Gallimard, 1964.

Enciclopédia Luso Brasileira de Cultura, Verbo, Vol. II, Lisbonne, 1964.

Grande Enciclopéida Luso Brasileira, Editorial Enciclopédia, Lisbonne et Rio de Janeiro, Vol. 4.

MEDINA, Joao, *Historia de Portugal*, Ediclube, Lisboa 1993.

NATIONS UNIES, *Recueil des sentences arbitrales*, Vol. XI.

NÉRÉ, Jacques, *Précis d'histoire ancienne*, édition portugaise, Vol. IV.

ORTEGA Y GASSET, José, *La rebelion de las Masas*, Revista de Ocidente, Madrid, 1956.

PERES, Damiao, *Historia de Portugal*, Ediçao de Barcelos, Vol. VII.

SERRAO, Joaquim Verissimo, *Historia de Portugal*, Vol. VIII e Vol. IX, Editorial Verbo, Lisbonne, 1986.

TELO, Antonio José, *Lourenço Marques na Polftica Externa Portuguesa, 1875-1900*, Ediçoes Cosmos, Lisbonne, 1991.

WIENER, Norbert, *The Human Use of Human Beings*, Editora Cultrix, édition portugaise, Sao Paulo, 1950.

UNION PEACEKEEPING AND PACIFICATION IN THE UPPER CONFEDERATE HEARTLAND 1862-1865

Benjamin Franklin Cooling

Students of Prussian theorist of war, Karl von Clausewitz (especially the American military since Viet Nam), have concentrated upon his conventional wisdom – war as an extension of politics, the trinity of war (political direction, the armed forces, and the popular base), the search for the enemy's center of gravity, and friction or "fog of war" as a negative "force multiplier." Of course, there is so much more to <u>Vom Kriege</u> (suggested by even the most casual scanning of the Howard and Paret edition, for instance). A case in point – Clausewitz also touched upon a theme relatively new in his own time – the People in Arms. Chapter Twenty-Six of Book Six briefly addressed this phenomenon unleashed by the French Revolutionary-Napoleonic turmoil he witnessed personally[1].

Clausewitz's death in 1831 and apparent absence of any widely available English translation for the generation of American soldiers who fought the Civil War does not detract from his prescient observations when applied to that conflict. The facts of the latter bore out the contentions of the former; Americans in civil war (some would say the Second Revolution) provided the very phenomenon Clausewitz theorized about – a People in Arms. Nowhere was this more apparent than in the upper Confederate heartland states of Tennessee and Kentucky.

Clausewitz believed that a popular uprising should be considered generally as "a broadening and intensification of the fermentation process known as war." The whole system of requisitioning, the enormous growth of armies resulting from popularization and universal conscription, the employment of militia, even the calling out of the home guard and arming of the people ran toward intensification of war in his age. He suggested that any nation using this powerful new tool intelligently would "as a rule, gain some superiority over those who disdain its use." Obviously neither Union nor Confederacy disdained its use. On the other hand, neither warring section of the United States necessarily understood popular uprising as an integral part of a new mode of warfare, à la Clausewitz.

Clausewitz considered it wise to think of a general insurrection within the framework of a war conducted by regular forces and coordinated in "one all-encompassing plan." It is even less apparent that Union or Confederacy understood this one all-encompassing plan idea. Rather, to West Pointers conducting the south's military affairs, the idea of the People in Arms other than in the uniformed ranks often seemed a desultory annoyance in a life and death struggle that they, as soldiers, felt should be better left to organized and disciplined forces in set battles under professional leadership. Their northern counterparts certainly agreed. In fact, they viewed <u>ad hoc</u> opposition among southern citizenry as proof of rebellion and lawlessness requiring ruthless suppression regardless of political belief, loyalty, gender, age, or race[2].

On the one hand, civilian "hearts and minds" seemed almost irrelevant to the Confederate military as long as the main enemy forces held their professional attention. On the other hand, to their Union counterparts all southerners south of the Ohio and Potomac rivers were unrepentant rebels, traitors, and scoundrels. In something of a revolving door scenario, the southern people rose in arms in response to Federal presence in their midst which, in turn, spawned the latter's oppressive pacification and peacekeeping activities. At the same time, the Confederate high command often appeared unable to coordinate such popular resistance with their own major military operations. Perhaps the most graphic example was Confederate inability to stimulate a supposedly rebellious citizenry of Kentucky during the fall invasion in 1862. Yet, the circumstances behind the Confederates' overall wartime failure in this regard unfolded as soon as the first Union invaders entered southern territory in early 1862 and accomplished a succession of brilliant victories beginning with Forts Henry and Donelson.

The story can be separated into two parts with a watershed occurring about the end of 1863. The battles around Chattanooga at that point successfully evicted main force Confederate armies allowing officials like Tennessee's military governor Andrew Johnson to proceed more confidently with attempted political reconstruction of his state in support of the national goals of the administration of President Abraham Lincoln. As Johnson had informed the President following the Union victory at Stones River at the beginning of 1863, that battle "has inspired much confidence with Union men of the ultimate success of the Government, and has greatly discouraged rebels, but increased their bitterness." If the rebel army could be expelled from the state, and "Union sentiment developed without fear or restraint, I still think Tennessee will be brought back into the Union by decided majority of popular vote." Here was Clausewitzian theory incarnate – war, extension of politics, political direction, the armed forces, and the popular base. However, eviction of the armies was one thing; renascent unionism quite another. Proving the truth of Johnson's assertion waited another two years for confirmation[3].

The eviction of rebel armies at the end of 1863, for instance, neither obviated civil disobedience, partisan warfare nor even the occasional serious raid into the upper heartland by Confederate generals Nathan Bedford Forrest, John B. Hood or lesser known subordinates. Nor, for that matter, did it signal a successful culmination to Union military pacification efforts. Irregular warfare on behalf of the Confederacy continued to tie down large numbers of Federal troops by harassing Union lines of communication, recruiting new soldiers for the Cause behind Union lines, while maintaining some illusion of Confederate legitimacy in the region. It even periodically assisted regular Confederate operations. What the end of 1863 brought was a different temper to the war whereby defeat of Confederate armies and their eviction significantly undermined the will of the people of Union-occupied Tennessee and Kentucky.

True, unrepentant southerners (in cooperation with or independently from deserters, outlaws, guerrillas, or the residue of officially sanctioned partisan rangers), continued a quasi-rebellion. They remained capable of resistance, disobedience, and above all posed a potent threat to the political aspects of the conflict. After all, the year 1864 was one of national political elections, and significant state and local contests the previous year also had reflected the state of non-reconciliation – which tallied with Clausewitz as inextricably linked with policy implications of war. Yet, increasing numbers of the indigenous population simply tired of bloodshed, foraging and pillaging, and harassment by the military of both sides. In the absence of valid proof of Confederate national viability, many southerners increasingly saw no reason to continue the struggle. The struggle in their view now embraced only the lawless or riff-raff and outlaws posing as new defenders of the south. Moreover, this same element preyed upon innocent citizenry of all political persuasions. They were a pestilence to be eradicated, not supported as patriots of a new order[4].

Period One – 1862-1863

Military operations set the tone for the first period. This was the period stretching from Forts Henry and Donelson (February 1862), the conquest of West Tennessee (Shiloh in April, capture of Memphis in June), the confusing summer of operations along the Memphis and Charleston railroad which paralleled the Tennessee/Mississippi-Alabama border mixed with Confederate resurgence culminating in the Kentucky campaign of in the fall. Then, the contest for Middle Tennessee stretched past Stones River at the end of the year into an unsettled winter/spring of 1863 and the virtually bloodless campaign to reopen East Tennessee via Tullahoma and Chattanooga in the summer. A spurt of energy carried Confederate fortunes to another high point at Chickamauga in September before the disasters around Chattanooga marked the onset of the third war winter. In each case, the major operations have fascinated historians and myth-makers. The parallel rear echelon story of logistical buildup and defense, pacification and failed reconstruction of societal and political stability in countryside as well as urban areas, and evolution of what, in many ways, was true civil war for a People in Arms has not received equal attention[5].

Ironically, even a Confederate advance into neutral southern Kentucky in September 1861 gave the local populace their first taste of military presence in a civilian community. Some civilians did not like that experience. Josephine Covington of Bowling Green, Kentucky and nearby farmer L. C. Porter came to deplore the southern army's presence what with thievery, rascality, and general mayhem attending that martial presence. Porter termed Confederate occupation of the Green River neighborhood (which lasted until the following February) "the most absolute tyranny under the name of a provisional government without even as much as consulting the people as to their wishes." He thought confiscation of all civilian firearms was hardly the avowed ploy to help equip rebel soldiers, but rather a device to thwart any chance of local civil disobedience to military rule. He felt that the southern military government proved "to be very distasteful to our people," for Confederate officers had purged the civil jurisdictions of judges, magistrates, and sheriffs who refused to embrace their cause, even underwriting a self-styled Confederate state government at Russellville, Kentucky. Other southerners soon echoed these sentiments about the arriving Federal troops, while isolated pockets of Tennessee unionists likewise railed about Confederate military oppression in East Tennessee and north Alabama, soon mounting a revolt within a revolution[6].

The initial Union tidal wave that swept from the Ohio river to Tennessee's state borders with Alabama and Mississippi from February into the summer of 1862 reflected not only successful rollback of Confederate armies, but also the capture of key heartland cities like Nashville and Memphis and the takeover of the river and rail systems of the region. Still, it also proved an overextension of national military momentum that simply could not be sustained at this point. Failure of any annihilative victory to end the rebellion meant that Union commanders advancing against a retiring Confederate military foe soon encountered a more resilient residual civilian opposition. Or, as one student of civilian resistance and guerrilla warfare in Middle Tennessee has declared, whenever Union troops marched into the south they confronted not just one armed enemy but two – "ahead of them, Confederate armies blocked the path; around their flanks and rear, Southern guerrillas struck and ran, then struck again." He might have added civilian resistance and disobedience to the latter[7].

Federal commanders had to deposit control garrisons at key towns or rail junctions, protect lines of communication, construct the logistical infrastructure for the army and navy as well as strategic hamlets for district control. All of this drained resources from the fighting forces, on the one hand, but did provide instruments of coercion and intimidation (pacification and peacekeeping), on the other. Of course, none of this secured the conclusive battlefield victories coveted by generals, politicians and the northern press. In any event, such centers of Yankee control in a hostile countryside became symbols of the hated invader and oppressor. Some became targets for southern civilian and military reprisal just as much as the main Union army and navy focused the attention of principal Confederate armies.

Southern generals Albert Sidney Johnston, Pierre Gustav Toutant Beauregard, Braxton Bragg and Edmund Kirby Smith, et.al. realized that these Union symbols offered alluring targets for counterattack by mounted strikes of cavalry wizards like John Hunt Morgan, Nathan Bedford Forrest, and "Fighting Joe" Wheeler. When the local populace naturally helped such deliverers, Union retaliation and retribution were introduced to the equation of war and society in the upper south. Conflict in this sense quickly assumed a cyclical pattern of action and retaliation in seemingly endless and purposeless succession by the spring of 1862.

There were, of course, other elements to this growing matrix of conflict. First, Union soldiers quickly embarked upon blatant foraging and attacking local southern (Confederate) infrastructure by damaging physical property and liberating slaves. The relationship to changing national policies of the Lincoln government was illuminating. At first, the official policy was not slave emancipation, or tampering with citizen property unless it had been used in the service of the rebellion. But, even this fact permitted officers and men on the spot great license with interpretation of orders from superiors, army regulations, punishment, and application of Lincoln administration "rose water" or conciliationist policies. Furthermore, dutiful Union generals like Don Carlos Buell, or George B. McClellan in the east faced the quandary of appearing "soft" on the enemy while punishing loyal troops for taking a hard line with recalcitrant southerners. Such leaders hardly endeared themselves to the soldiery suffering abuse from those southerners, or an increasingly strident northern population desiring a harder tone to the war.

Union soldiery assuredly led the cutting edge of revolution and pacification (translate – the freeing of slaves, confiscation of property, often wanton pillaging and destruction of total war – politely termed "foraging" in military parlance) in the upper south. Western Union generals like John Pope, Ulysses S. Grant, and William T. Sherman – even Henry Halleck, as theater commander – adjusted to the whims of the field as well as fluctuating legalisms from Washington. Call it a variant on Clausewitz's "fog of war" but unpredictability requires military flexibility on or off the battlefield. Union soldiers often adjusted more quickly to an escalating attritional war embracing the whole society of the south than Washington officials, it seemed[8].

The current, somewhat epistemological question of who first introduced total war during the American conflict was avowedly self-evident to midwesterners in Union army ranks in 1862 and 1863. Taking matters into his own hands, the Federal soldier identified slavery and property with the enemy, an enemy whose own military and civilians were shooting at and killing comrades around him. Therefore, attack the root cause of rebellion on the local home front and rebel armies would collapse, thereby ending the rebellion, concluded the boys in blue. Citizen soldier Johnny then could go marching home! In reality, however, the "enemy", whether in butternut, gray or mufti, struck back via both passive and active resistance leading to a civil war different from the set-piece battle image of Gettysburg, Shiloh, or Franklin that mesmerizes anew each successive generation of students of the war[9].

At the very moment newspapers across both sections carried word of fresh casualty lists and the death of Sidney Johnston at Shiloh, the Confederate congress meeting in Richmond, Virginia enacted two pieces of legislation that changed the complexion of war in North America. In one case the legislators passed the first conscription act ever enacted in this part of the world (followed the next year by the Union government's similar move to a military manpower draft). But, it was the second piece of Confederate legislation that relates more directly to the pacification story.

This legislation authorized President Jefferson Davis to commission so-called "Partisan Ranger" units for independent action behind Union lines. The model was not the ancient resistance fighters of Palestine, Scottish Rob Roy, or even the Iberian "guerrillos," but rather American home-grown heroes like Fancis Marion, Thomas Sumter, Andrew Pickens and Daniel Morgan of the southern colonies during the Revolution. Descendants of such "freedom fighters" now populated the heartland and expressed a desire to defend hearth and home, not in the ranks of Confederate armies but from behind farm fences and in river-bank groves or wherever they might kill the hated Yankees. They rallied to local bands under Adam Rankin Johnson, T. E. Woodward, Jacob Bennett in Kentucky as well as Frank McNairy, Thomas Carrick, Alonzo Napier, Jake Biffle, and W. W. Faulkner as well as the notorious Champ Ferguson of the Cumberland region in Tennessee. Confederate generals naturally warned that such home-grown local defense outfits would sap the strength of regular forces and hinder conscription. Ultimately they proved correct, but Confederate authorities in Richmond were groping desperately for solutions in the spring and summer of 1862. Partisan rangers seemed another part of mobilizing the southern people for survival[10].

Such mobilization – whether through conscription, partisan rangers, a new round of volunteers or whatever—managed to sustain a Confederate resurgence that lasted into the next year. How much related to the actions of Bragg's heartland army, other Confederate forces in the greater Mississippi Valley, rear area disruption by rebel cavalry, or the sheer daunting task of conquest confronting Mr. Lincoln's generals and admirals in the west remains unclear in the aggregate. It was a war of distance, logistics, as well as military confrontation and periodic battles like Perryville, Corinth, Stones River, Tullahoma, Vicksburg, Chickamauga or Chattanooga. But, it was also increasingly a war in the shadows – partisan activity along with cavalry raids, even occasional interdiction of waterborne logistics leading to naval convoys as well as individual citizen actions against authority or even fellow citizens.

Union countermeasures included counter-guerrilla sweeps and patrols by river and road, coupled with political intimidation, loyalty oaths, property confiscation in the face of disloyalty, and aborted attempts to restore civil government through free elections also surfaced in this first period. Two civil wars paralleled one another and even existed beside and within one another, occasionally crossing over, and in the end extending and expanding the conflict beyond parameters originally envisioned by military and political professionals.

For instance, Kentucky clergyman/farmer and political neutral George Browder penned in his diary on February 7, 1863 how newspapers reported the Federal Congress as passing a bill authorizing the enlistment of "150 regiments of negro soldiers to be officered by negroes & used in the war against the South!" Union men denounced this measure as "odious monstrous – villainous – say Lincoln & the cabinet & congress ought to be hung," but would not join with the South in resistance to such tyranny. It seemed to Browder that the war now embraced all of Kentucky, Tennessee, and Mississippi and "we look for greater horrors & outrages." The Confederates "hang or shoot all the negroes they find in uniform & say they will give all the officers captured since the issuing of Lincoln's proclamation into the hands of the State authorities to be punished for exciting insurrection." The penalty was death and "this may lead to cruel & bloody retaliation." Oh, the horrors of these evil times, he wailed[11].

Indeed, Browder captured the essence of a changing war. No longer were armies alone the principal objects of attention. Now, the civilian society and economy – the engines and sinews of war – also bore the brunt of the Union effort. Slaves as property in an agrarian economy were fair game. So were farms, mills, factories, even rural communities – and, above all the people. To Union generals like William T. Sherman it was all quite simple – forced to invade; we must keep the war in the south until the people are not only ruined, exhausted, but humbled in pride and spirit, he contended. "We are not only fighting hostile armies, but a hostile people, and we must make old and young, rich and poor, feel the hard hand of war, as well as the organized armies," he would write Washington chief of staff Henry Halleck from Savannah, Georgia the day before Christmas 1864[12].

Sherman derived this conclusion not from his infamous and just-concluded March to the Sea through Georgia, but over several prior years operating in the upper heartland. Men's patience and forbearing diminished as the war dragged past its second summer and rebellion showed no sign of cessation. Retaliation replaced conciliation, confiscation accompanied suppression of civil liberties, imprisonment and banishment became official Union government complements to the original prescription of merely loyalty oaths to the Union.

Pacification now meant more than defeating enemy armies en route to retrieving a rebellious section of the nation. Rather the People in Arms had become a major locus also.

Meanwhile, both armies ate out the locales through which they passed or were encamped during non-campaign seasons. Union troops in particular laid waste to the countryside and preyed upon the inhabitants. Governor Andrew Johnson ruled Tennessee from Nashville (but only with the help of the Federal military and controlled little more than the capital. The late summer gubernatorial election of 1863 in Kentucky offered an ominous preview of the future. Proclamation of martial law prior to the election – an election where, according to one historian "there was hardly a possibility of the Union ticket being defeated." The polls were guarded by soldiers, and no disloyal individuals could vote. Kentuckians, accordingly resented such interference of the military rulers with the state's civil government[13].

The Second Period - 1864-1865

Principal military operations in the western theater moved to Georgia and the deeper south in the spring of 1864. Kentucky and Tennessee became a backwash to the main effort in that sense, except for Union logistical support of the titanic struggle between Sherman and Johnston (and later Hood). Logistical lifelines (via river and rail) and supply centers like Chattanooga, Nashville and Memphis commanded the commanders' attention as before. Protection afforded by improved blockhouses and fortifications, more mobile and aggressive garrisons (and the navy's gunboat patrols on the waterways) reflected the upgraded Union posture. Cavalry raiding parties comprising regulars and irregulars alike represented continued Confederate response.

In a sense, such activity perpetuated the pattern of operations in 1862-1863. But, more troublesome were local guerrillas, outlaws, and sullen populace in counterpoise to the Union garrisons and instruments of occupation and political reconstruction. By now, Union authorities had become skilled at neutralizing their influence. Union strategic hamlets provided a combination of counter-insurgency strike forces and local Union home guards (southerners loyal to the national government – often styled "Union tories" by their secessionist neighbors) to suppress the popular front that aided and abetted the partisans, and more infrequent raiders.

Finally, Federal authorities recognized that civilian animosity and marauding were two sides of the same coin. In a rural setting, the dissidents were local, not free-floating bands. So, conditions demanded new responses. Neighborhoods paid for the sins of their local sons in guerrilla garb. Tactical manuals were replaced by new military regulations and orders. Occupation edicts reflected new interpretations of the laws of war as interpreted by the famous code of law professor Francis Lieber – filtered to the ranks by General Order 100 and other such rules of conduct[14].

Yet, even these pronouncements were stretched by local officers and their commands while home guardsmen, animosity and blood feuds within the body politic left little room to recognize differences between a regular and irregular enemy according to War Department dictums emanating from Washington. Hangings and counter-terrorism increasingly supplemented imprisonment or deportation. Destruction of communities judged to be guerrilla sanctuaries became standard policy. One Union officer passing through Lynnville in Giles County, Tennessee recorded dispassionately in his journal in November 1864 that the hamlet had been formerly a town of about thirty houses, "most of which were burned a week ago by the Tenth Tennessee [Federal] Cavalry in revenge for being fired upon by some rebel guerrillas in the neighborhood[15]."

When a Kentucky Confederate irregular "Sue Munday" was executed in Louisville maintaining his innocence of crimes with which he was charged, and a moderate Union Brigadier General Jeremiah Boyle was succeeded by the harsh and unrelenting Major General Steven G. Burbridge and Brigadier General E. A. Paine as occupation commanders in the state, then the Bluegrass too passed into a dark period of military control. The policies and actions of this period were calculated to pacify and intimidate, nay even subjugate, citizens (along with the apparent lawless) by the sword not the olive branch, in spite of the fact that, technically, Kentucky was a loyal state.

The killing or wounding of key heartland partisan leaders like Woodward and Johnson in the summer undermined both morale and efficiency of their units. Regular Confederate cavalry wizard "Fighting Joe" Wheeler, raiding into Middle Tennessee in this period found few recruits, poor forage, and civilian and guerrilla support sporadic at best. Unable to crack Union railroad blockhouses, or arouse the populace, Wheeler's expedition was "in short, an exercise in futility," declared a later historian[16].

Wheeler's compatriot, Nathan Bedford Forrest, enjoyed better success against blockhouses and other fortifications, in a similar raid. His spectacular destruction of Union shipping and the Yankee supply base at Johnsonville on the Tennessee River in the fall has produced over a century of adulation among ardent disciples. Even at the time, Forrest's reputation spurred individual recruitment to his command from residents in what amounted to his personal corner of the Confederacy – in this case, western Kentucky, West Tennessee, northern Mississippi and Alabama. However, Forrest too experienced difficulty stirring support from irregular local bands, so that neither he nor Wheeler provided any permanent rallying point for a People in Arms suffering from the heel of despotism and oppression in the upper heartland.

In the last analysis, however, General John B. Hood, by destroying his army at Franklin and Nashville, snuffed out even the slightest flicker of hope for redemption among ardent heartland secessionists. Indeed, as far as the Confederacy was concerned, Federal pacification efforts in Tennessee and Kentucky had literally placed both states beyond its grasp. Random Confederate raiders like Confederate colonel Hylan B. Lyon (functioning in a partisan capacity), could rampage through his native western Kentucky destroying courthouses as a somewhat forlorn response to their occupation by Federal troops by late autumn, and unbridled lawlessness and guerrillaism disrupted civil order and normalcy's return even after the principal Confederate military capitulations in the spring of 1865. Yet such activities reflected anarchy not warfare in the region[17].

The proclivity of Confederate armies in the west to self-destruct coupled with declining effectiveness of both raiders and partisans for stirring popular support after the summer of 1863. By the following year, the main Confederate army simply was out of position for rallying secessionist sentiment in Kentucky and Tennessee. Much of this was traceable to the original pattern of Federal conquest and occupation of the region. Much too was traceable to Federal counter-measures that literally wore down and eventually suppressed the populace so that the people had no will to succor the Confederate army's remaining offensive burst in the second half of 1864. In that sense, it was a matter of time – a cruel twist of Forrest's explanation of his own combat success – getting there first with the most resources to exploit a situation. Once evicted from the region, Confederate authorities lacked power to effect their political will through martial actions – regular, irregular, or simply popular rising.

The Federal occupation matrix was itself impressive. It included garrisoned towns and posts (including former Confederate forts like Henry and Donelson) athwart supply and communication routes, sufficient maneuver forces for guerrilla annihilation (including mounted local or state-raised volunteers and home guards, as well as naval patrols), employment of slash and burn techniques to eradicate sanctuaries and supporting civilian communities (often to the detriment of even innocent civilians). Above all stood a ruthless policy of suppression and control that ranged from property impressment to summary execution of anyone suspected of irregular warfare. Union authorities freely resorted to banishment of rebel sympathizing civilians, and signed loyalty oaths from unionists, neutrals, former secessionists and ex-Confederate soldiery alike. But, too often a policy of "no quarter" governed in the field.

Enforcement derived from Kentucky and Tennessee citizens, who, in some instances, may have simply accommodated themselves to the apparent realities of power politics. None of this, in and of itself, suppressed the rebellion in the upper heartland. But, it was successful enough to lower the threshold of violence to the level of outlawism – a point intolerable even to a fading People in Arms. The war no longer equated with supporting further Confederate military resistance; peace and a return to normality became the uppermost goal. In most cases, the populace had little real support left to provide anyway – several years of armies living on the land, Union confiscation and persecution, and the tumult of conflict in their midst had drained patriotism, rebellion and resistance from them. The national government had literally won their hearts and minds by bludgeoning society into submission in the final stretch. Sherman and others had envisioned this coming midway in the war and by their harsh or total war practices had moved the conflict toward that inevitable conclusion. But, like the Duke of Wellington's comment on Waterloo, it was a damned close thing.

Ironically, harsh Union policies almost tipped the balance to the Confederacy. Lincoln's policy on slavery nearly caused new rebellion in the upper heartland. While legal emancipation applied in neither Tennessee nor Kentucky at the time, <u>de facto</u> liberation via passage of Union armies, as well as the recruitment of black regiments from ex-slaves raised the hackles of many Tennesseans and Kentuckians. Not only was Lincoln's action deemed in violation of the United States Constitution, but it struck directly at southerners' pocket-books – loyal and disloyal alike. Reflected by rough-hewn representatives of the white south like Forrest, racism most quickly surfaced in atrocities such as the Fort Pillow, Tennessee massacre in April 1864. But, racism also found expression in Bluegrass Kentucky where indignation and political denunciation in turn further fueled repression and retaliation by local Union military authorities under the guise that opposition to any and all administration policies signified treason.

When Kentucky cavalry leader, Colonel Frank L. Wolford (a very effective anti-guerrilla commander) aroused the people to revolt from the idea of "keeping step to the music of the Union alongside of negro soldiers," he was forced out of the army, arrested and imprisoned. In an over-heated climate where guerrillaism and enemy raiders continued to threaten the peace (i.e., political hegemony of the unionists), such dissidence from within Kentucky's own loyal ranks seemed incendiary. Simmering from the very first blacks liberated by Ulysses S. Grant's zealous soldiers after Fort Donelson in February 1862, Kentucky's home brand of rebellion escalated as the war itself wound down by late 1864 and early 1865. Expressed by the state's overwhelming vote for Democrat and peace candidate George B. McClellan (himself a former Union general who had been sacked by Lincoln for not prosecuting the war with sufficient fervor), and not its own native son, Lincoln, wags have often advanced that Kentucky joined the Confederacy after the war was over. In any event, Union wartime policy in Kentucky – pacification and peacekeeping turned oppression and subjugation – eventually resulted in the state politically realigning itself after Appomattox. In effect, Kentucky became the standard-bearer for states of the old Confederacy during the period known as Reconstruction[18].

Pacification and peacekeeping became military missions literally from the time that either northern or southern armies mingled with the civilian population in the upper heartland. But, those issues rapidly moved beyond the purview of expeditionary forces. The American Civil War in the upper southern heartland became more than merely a clash between Napoleonic-style armies somewhere in the late spring and summer of 1862. The authorization of so-called Partisan Rangers by the Confederate government and the early physical occupation of southern territory by national troops spawned true civil war within a society. Some historians today view this as guerrilla warfare in defense of a rural society, predominantly of small farmers, threatened by invasion and internal opposition from slaves and unionists[19].

Militarily successful for the Confederacy during the first period – April 1862 to December 1863 – this internal conflict preoccupied numbers of Federal troops, harassed Union communications and logistics and recruited new soldiers for the Confederacy behind Union lines. Moreover, a token Confederate legitimacy was maintained until regular Confederate forces could return to the area as in the fall of 1862 and through the first six to nine months of the next year in Middle Tennessee. However, those forces failed to either permanently occupy territory or evoke a coordinated response from armed civilians that might have reversed the tide of Union success at this time.

Frankly, the coordination between the military arm of the Confederacy and a People in Arms (as seen by Clausewitz) depended upon frequent contact between the three elements of the war (politicians, the military, and the people) and their mutual respect and unstinting cooperation. By 1864 and 1865 the relationship broke down, as repeated battlefield setbacks carried principal Confederate armies beyond easy supporting distance of Kentucky and Tennessee. Moreover, frank disdain for irregular operations from the professional Confederate officer corps – even people's generals like Nathan Bedford Forrest – doomed this kind of effort. Suggesting the weakness of the partisan policy from the beginning, Forrest complained to Secretary of war John C. Breckinridge on March 18, 1865 that his own Kentuckians now "deserted and attached themselves to the roving bands of guerrillas, jayhawkers, and plunderers who are the natural offspring of authorities given to parties to raise troops within the enemy's lines" [i.e., the partisan rangers]. Such lawless men "not only rob the citizens them-selves, but whose presence in the country gives a pretext to Federal authority for oppressing the people[20]."

Yet, victory or defeat in this civil war lay not only with Confederate actions. The Federal government's willingness to resort to brutal methods to stamp out the People in Arms aspect of the conflict combined with battlefield victories that diminished Confederate army ranks, causing many men to go home and convince kinfolk that this was truly a Lost Cause. Practicing draconian measures by 1864 and 1865, Union military authorities armed the blacks and native "tories" to root out and eliminate what they considered to be robbers and scoundrels (translated as former Confederates, partisans, guerrillas, outlaws etc.). They showed little compunction in persecuting all they felt fit the category.

Did Union pacification and peacekeeping accomplish its goal? Peace was not restored in Kentucky and Tennessee and violence continued even beyond the period known as Reconstruction. But, of course the wartime heartland witnessed not only the bloody contest between contending armies. As the citizens – People in Arms or not – waged a war among themselves, often for unique and personal reasons against one another and the soldiers. Here then was a turbulent arena of civil strife where every man and woman was a combatant, every neighborhood a battleground, concludes Stephen Ash, one student of this aspect of the war[21].

In the absence of duly constituted local police authority and courts, and with Federal military officials primarily concerned with formal military operations to quell the rebellion, pacification bore mixed results. The American Civil War truly constituted two wars – one of conventional military operations; the other a people's conflict. The convergence of the two in a place like Kentucky and Tennessee provides rich turf for studying the broadest context of pacification and peacekeeping in nineteenth century military affairs, per Clausewitz as an extension of politics.

Notes

1. Michael Howard and Peter Paret, editors/translators, Carl Von Clausewitz, On War, (Princeton, NJ, 1989 edition), pages 479-484.

2. The most comprehensive study of Federal policy toward the wartime south in this regard appears in Christopher Mark Grimsley, "A Directed Severity: The Evolution of Federal Policy Toward Southern Civilians and Property, 1861-1865," Ph.D. dissertation, Ohio State University, 1992, and available through UMI Dissertation Services, Ann Arbor, MI.

3. U.S. War Department, The War of the Rebellion: The Official Records of Union and Confederate Armies. (Washington, 1880-1901, Series I, Volume 20, Part 2, page 317.

4. On differentiation between Confederate regulars, irregulars and outlaws, see James B. Martin, "Black Flag Over the Bluegrass: Guerrilla Warfare in Kentucky, 1863-1865," Kentucky Historical Society Register, v. 86 (1988), pages 352-375.

5. Conventional operations can be followed in the author's own Forts Henry and Donelson: The Key to the Confederate Heartland. (Knoxville, TN., 1987); and James Lee McDonough's, Shiloh - In Hell Before Night. (Knoxville, TN., 1977); War in Kentucky: From Shiloh to Perryville. (Knoxville, TN., 1995); Stones River: Bloody Winter in Tennessee. (Knoxville, TN., 1980); and Chattanooga: A Death Grip on the Confederacy. (Knoxville, TN., 1984) among other studies.

    Useful analyses of the war and society theme include Stephen V. Ash, Middle Tennessee Society Transformed, 1860-1870: War and Peace in the Upper South. (Baton Rouge, LA., 1988); Walter T. Durham, Nashville: The Occupied City the First Seventeen Months February 16 1862 to June 30 1863. (Nashville, TN., 1985) and Reluctant Partners: Nashville and the Union, July 1, 1863 to June 30, 1865. (Nashville, TN., 1987); Peter Maslowski, Treason Must Be Made Odious: Military Occupation and Wartime Reconstruction in Nashville, Tennessee. (Millwood, NY., 1983).

6. See Letter, Josephine Covington to father, March 2, 1862; and L. C. Porter diary transcript, pages 102-108, both The Filson Club, Louisville, Kentucky.

7. Stephen V. Ash, "Sharks in an Angry Sea: Civilian Resistance and Guerrilla Warfare in Occupied Middle Tennessee, 1862-1865," Tennessee Historical Quarterly, Volume XLV, (Fall 1986), page 217.

8. See, for example, Daniel E. Sutherland, "Abraham Lincoln, John Pope, and the Origins of Total War," The Journal of Military History, Volume 56, (October 1992), pages 567-586; Noel C. Fisher, "'Prepare Them For My Coming': General William T. Sherman, Total War, and Pacification in West Tennessee."

9. Tennessee Historical Quarterly, Volume LI, (Summer 1992), pages 75-86; Charles Royster, The Destructive War: William Tecumseh Sherman, Stonewall Jackson and the Americans. (New York, 1991); Lance Janda, "Shutting the Gates of Mercy: The American Origins of Total War, 1860-1800," The Journal of Military History, Volume 59, (January 1995), pages 7-26.

10. See James A. Ramage, Rebel Raider: The Life of General John Hunt Morgan. (Lexington, KY., 1986), pages 67-70; while on the Partisan Ranger Act of 1862, see James M. Matthews, editor, The Statutes at Large of the Confederate States of America. 1st Congress, 1st Session. (Richmond, 1862), page 48; and Journal of the Congress of the Confederate States of America, 1861-1865. (New York, 1904-1905), Volume II, pages 195, and Volume V, pages 193, 261-262.

11. Richard Troutman, editor. The Heavens Are Weeping: The Diaries of George R. Browder 1852-1886, (Grand Rapids, MI., 1987), page 146.

12. William T. Sherman, Memoirs of General William T. Sherman. (New York, 1875), Volume II, page 227.

13. Elizabeth Shelby Kirkead, A History of Kentucky, (New York, 1896), pages 196-197.

14. See Richard Shelly Hartigan, Lieber's Code and the Law of War. (Chicago, 1983), pages 15-19, 45-71; ORA, Series III, Volume 3, pages 148-264.

15. ORA, Series I, Volume 45, Part 1, pages 356-357.

16. Lewis A. Lawson, Wheeler's Last Raid (Greenwood, Fla., 1986), pages 1, 178-182, 189-191, 199-205, 218-219.

17. Richard P. Gildrie, "Guerrilla Warfare in the Lower Cumberland River Valley, 1862-1865," Tennessee Historical Quarterly, Volume XLIX (Fall 1990), Pages 172-173; Hunter B. Whitesell, "Military Operations in the Jackson Purchase Area of Kentucky, 1862-1865," Kentucky Historical Society Register Volume 63, (October 1965), pages 339-340.

18. Kirkead, A History of Kentucky pages 201-202; Hunter B. Whitesell, "Military Operations in the Jackson Purchase Area of Kentucky, 1862-1865," Kentucky Historical Society Register, Volume 63, (October 1965), pages 346-347.

19. This has been the thesis of Stephen B. Ash's studies, noted elsewhere in this paper.

20. ORA, I, vol. 49, pt. 2, pages 1124-1125, and 1125-1126.

21. Ash, "Sharks in an Angry Sea," page 229.

RAPPORTS DE FORCE ET ACTIONS POUR LE MAINTIEN DE LA PAIX AU SUD-EST DE L'EUROPE DÈS LA GUERRE DE CRIMÉE JUSQU'AU CONGRÈS DE BERLIN (1853-1878). LE RÔLE DES FORCES ARMÉES ROUMAINES

Lt.col. d.Hist. Stefan Pâslaru

Pendant le quart de siècle compris entre 1853-1878, dans les conditions complexes géopolitiques, économiques, sociales et militaires du Sud-Est de l'Europe, les relations entre les nations et les États de cette partie du continent et les grandes puissances ont connu des changements considérables par rapport aux époques précédentes. Dans cet intervalle de temps, la Russie et les puissances occidentales, intéressées à maintenir ou à acquérir de nouvelles zones d'influence, se sont trouvées dans une acerbe compétition diplomatique marquée par des conflits armés, soit directs, le cas de la guerre de Crimée (1853-1856), soit indirects, par exemple la guerre russo-roumano-ottomane de 1877-1878. C'est surtout la Grande-Bretagne qui a soutenu – même par des moyens de force – l'intégrité territoriale de l'Empire ottoman; cette conduite politique avait comme but d'arrêter la pénétration russe vers la Méditerranée, ainsi que l'occupation des bouches du Danube, la principale voie de circulation commerciale du Centre et de l'Est de l'Europe.

Par la concentration de leurs forces d'intervention dans la zone, les grandes puissances ont cherché à prévenir ou à limiter les crises politiques-militaires aux Balkans et au Bas-Danube, en évitant ainsi un conflit général européen, sans qu'existe cependant un cadre officiel, reconnu unanimement pour un tel maintien de la paix.

C'est un fait réel que les guerres menées par la Russie contre l'Empire ottoman pendant cette période ont favorisé la lutte des Roumains, des Serbes et Monténégrins, des Bulgares et aussi des Grecs pour l'indépendance ou leur unité nationale. En même temps, la rivalité anglo-russe, à côté des autres contradictions existant entre les grandes puissances dans la région, a contribué au développement des prémisses objectives pour que la domination ottomane dans les Balkans soit remplacée. D'ailleurs, les petits États danubiens et balkaniques, qui évoluaient vers l'indépendance, ont été obligés de tenir compte de ce conflit d'intérêts des grandes puissances et surtout de l'antagonisme russo-ottoman.

Dans tout ce complexe de relations et d'événements, la position de la Roumanie se fit remarquer; en bénéficiant d'un statut d'une large autonomie politique et administrative, surtout après l'union de la Moldavie et de la Valachie en 1859, elle a réussi à mener une politique d'équilibre en zone, bien appréciée par les grandes puissances. Également, la Roumanie a joué un rôle aussi important en appuyant les efforts de libération des nations du Sud-Est de l'Europe, qui se trouvaient encore sous la domination ottomane.

La crise de la «question d'Orient», ouverte de nouveau en 1853, jeta les Principautés roumaines extracarpatiques en première ligne des rapports internationaux. La décision intempestive du tsar Nicolas I de faire passer le Prut par ses armées (le 21 juillet 1853) d'occuper la Moldavie et la Valachie, comme moyen de pression à l'égard de la Porte, qui refusait de lui accorder la protection des chrétiens orthodoxes de l'Empire ottoman, rend l'Europe consciente du fait que l'existence des Principautés danubiennes constitue un enjeu particulier pour l'équilibre des forces sur le continent, une barrière nécessaire entre les deux empires ottoman et tsariste. Il ne faut pas encore oublier le fait que les Principautés étaient le seul et le plus court passage terrestre des troupes russes vers Constantinopole et, à la fois, un territoire qui assurait tant la surveillance du cours inférieur du Danube que la liaison avec les peuples slaves et orthodoxes des Balkans. Quelques-uns des historiens croyaient même que l'un des facteurs qui avaient été à l'origine de la guerre de Crimée a été engendré également par la controverse russo-britannique concernant la navigation et le régime juridique du Danube, surtout du bras de la Sulina. La situation des deux États roumains, passés pendant la guerre de 1853-1856 d'une domination à une autre, s'est aggravée au fur et à mesure que leur mouvement pour l'émancipation polarisait l'attention d'autres nations du Sud-Est de l'Europe.

À la veille de la guerre de Crimée, les forces militaires des Principautés roumaines – unités régulières et territoriales (non permanentes) – comptaient presque 20 000 militaires, c'est-à-dire un nombre assez important en comparaison, par exemple, avec les effectifs des autres États balkaniques. Mais le développement des forces armées allait être visiblement retardé par le déroulement de la guerre; les Principautés roumaines ont été obligées de supporter ingérences et occupation militaire étrangères. Ainsi, entre juillet 1853 et août – septembre 1854, y avaient été cantonnées les troupes russes – environ 89 000 militaires, sous le commandement du général prince Mihail Gorceakov, et ensuite, du mois d'août 1854 jusqu'en mars 1857, les armées autrichiennes – comptant environ 40 000 hommes, commandées par le feld-maréchal Johann von Coronini Kronberg. En-même temps, se sont trouvées dans la Valachie – jusqu'en décembre 1854 – et en Moldavie – jusqu'en septembre 1855 – des forces ottomanes de plus de 80 000 militaires sous le commandement de Omer-pasha. La présence de si nombreuses troupes d'occupation pendant une longue période produira des moments particulièrement tendus dans leurs relations avec la population autochtone et les unités militaires et les autorités roumaines, qui ont dû accepter un effort logistique considérable. Ces dissensions ont été amplifiées par les mesures des commandements respectifs qui avaient imposé leurs propres règlements, ainsi que par les tentatives de ceux-ci d'englober les unités roumaines dans le système militaire russe ou autrichien. C'est ainsi que, pendant l'occupation, le commandement russe a demandé aux unités roumaines d'assurer les communications et la surveillance des dépôts d'aliments, de fourrages et de munitions, et de continuer à exercer le service de police et de garde des piquets près du Danube. En même temps, nous rappelons la participation de l'artillerie de la Valachie, en novembre 1853, aux luttes de Gura Ialomitei, au bombardement de Silistre, aux combats anti-ottomans de Dobroudja. Les forces du même principat, incorporées à l'armée russe, ont été aussi employées à d'autres actions sur le Danube. Il y eut des moments très tendus dans les rapports avec les officiels et l'armée russes lors de leur retraite à cause du refus d'accepter les ordres du général Budberg, commissaire extraordinaire des Principautés après le départ des princes roumains à Vienne, concernant le déplacement des unités roumaines en Russie. On a essayé, devant leur refus, «d'absorber» et de désarmer les unités roumaines. En conséquence, les batteries d'artillerie de Moldavie et de Valachie ainsi que les chaloupes et les cannonières furent capturées et expédiées en Russie. Ces actes provoquèrent la réaction et l'opposition véhémente des officiers roumains, dont quelques-uns ont subi la déportation en Sibérie, le cas typique à cet égard étant celui du capitaine Gheorghe Filipescu, le commandant de la batterie d'artillerie de Jassy; celui-ci avait déclaré qu'il n'était pas sous les ordres ni des Russes, ni des Turcs, mais uniquement de la nation roumaine. Les documents des archives et les recherches entreprises nous donnent la conclusion que l'autre occupation – celle autrichienne – avait essayé elle aussi de séparer les Principautés roumaines de l'Empire ottoman en les annexant à la monarchie des Habsbourg. La preuve est que les garnisons autrichiennes sont maintenues même après la conclusion de la paix de Paris, du mois de mars 1856. Sur le plan militaire, l'on avait essayé de remplacer l'influence russe par l'autrichienne, suivant les indications expresses de la chancellerie militaire de l'empereur François-Joseph, par l'intermédiaire du comte Grunne, le 21 mars 1855, le général Coronini indiquant la réorganisation des armées des deux pays roumains. L'organisation et la dotation des troupes allaient être modelées selon l'exemple de l'armée impériale et les réglements militaires autrichiens traduits allaient être à la base de l'instruction des militaires roumains, instruction qui devait se déployer sous le commandement des officiers autrichiens.

L'occupation militaire autrichienne s'est avérée âpre et a mené également aux conflits armés, tel que celui de Buzau, le 19 mai 1855, lorsque les soldats d'un régiment roumain ont riposté à la tentative des militaires autrichiens de prendre leurs chars.

Les travaux du Congrès de paix de Paris de février-mars 1856 ont consacré le caractère international du problème roumain. Bien que les Principautés danubiennes soient restées sous la suzeraineté de la Porte ottomane, elles seront mises cette fois sous la garantie des autres puissances qui ont signé le traité du 30 mars 1856 : l'Autriche, la France, la Grande-Bretagne, la Russie, la Prusse et la Sardaigne. Les stipulations des 27e et 28e articles du traité se sont avérées extrêmement importantes parce qu'on permettait aux Principautés roumaines d'avoir "une armée nationale pour assurer l'ordre intérieur et leurs frontières". Également, dans ces articles on précisait qu'"aucune de ces puissances ne peut faire entrer des armées dans ces pays sans s'entendre avec les autres".

Dans le but d'éloigner la Russie des bouches du Danube, dans le traité on a prévu encore la restitution du Delta du Danube et du Sud de la Bessarabie (annexée par les Russes en 1812) à la Moldavie. En même temps, pour la première fois, une commission internationale devait réglementer le régime de navigation sur le fleuve, l'entrée des navires de guerre dans la mer Noire étant interdite. Dans la période suivant la réorganisation des Principautés comme État unitaire, son statut juridique et son organisation future ont été de plus à l'attention des gouvernements européens. De nombreux hommes politiques de l'époque ont été convaincus de la nécessité de garantir la neutralité et l'integrité territoriale du nouvel État. Situé entre les trois empires, celui-ci devait assurer l'équilibre dans cette partie de l'Europe. Présentant le point de vue de la France, mais encore des autres pays qui étaient favorables à cette union, le directeur du quotidien «le Constitutionnel» montrait en février 1857 que l'Europe a aujourd'hui, en ce qui concerne ce problème, des intérêts similaires aux Principautés roumaines et à la Turquie. En réalité, il s'agit d'assurer l'affermissement des travaux du Congrès de Paris, en évitant les aggravations qui ont récemment menacé la paix de l'Occident, la sécurité de l'Orient. Les Principautés sont en même temps le point de contact et d'action de la Russie et de la Turquie. La meilleure possibilité d'éviter le choc est celle d'agir pour que l'État qui sépare les deux autres États soit suffisament puissant pour arrêter les Russes à leurs frontières, en cas de besoin, en les empêchant d'arriver sur le territoire ottoman. L'idée d'unir la Valachie avec la Moldavie sous l'autorité d'un seul prince est vieille. En fait, les deux Principatés sont séparées depuis des siècles et c'est pourquoi la Turquie, d'une part, ainsi que la Russie, d'autre part, ont profité de cet état de choses. La France n'a pas donc inventé l'idée de l'union, mais elle l'a retrouvée parce que cette idée est plus convenable aux conclusions de l'histoire. Quelques mois plus tard, en novembre 1857, Saint Marc Girardin exprimait, sans équivoque, la raison politique majeure pour constituer un État qui allait assurer l'équilibre dans le Sud-Est du continent. Dans le Journal des Débats, il écrivait que l'«union est nécessaire aux Principautés, d'une part, et, au moment où elle assurera la prospérité et la paix à celles-ci, elle sera utile à l'Europe et au solutionnement du problème de l'Orient».

Profitant de la diminution du rôle de la Russie, de l'état de désorganisation de l'Empire ottoman, ainsi que des grandes contradictions existant entre les puissances «garantes», les peuples balkaniques vont intensifier leurs actions d'émancipation.

Quoique les décisions des grandes puissances à la conférence de Paris, tenue deux ans plus tard, en 1858, aient représenté un compromis entre les aspirations des Roumains et certaines tentatives anti-roumaines, la convention politique signée le 7 août, à la fin de ses travaux, a consacré le statut juridique international des «Principautés unies de la Moldavie et de la Valachie», restées encore sous la suzeraineté de la Porte ottomane (1er article). Conformément aux articles 42-45 de la Convention de Paris, les forces armées régulières des Principautés roumaines devaient avoir une organisation identique en vue de s'unir et de former une seule armée, en cas de nécessité, au moment où la sécurité des frontières serait menacée.

Après l'élection, les 5 et 24 janvier 1859, à Iasi et à Bucarest, du colonel Alexandru Ioan Cuza comme prince régnant des Principautés unies, l'armée roumaine a connu un rapide processus d'unification et de modernisation de ses structures, de l'instruction et de la dotation de ses troupes. La caractéristique essentielle de ce processus a été la création d'un cadre institutionnel qui permettra une instruction militaire supérieure à d'importants effectifs, réguliers et non permanents. La mission militaire française, arrivée en 1860, va contribuer en bonne mesure à cette modernisation, car elle a pour but déclaré de connaître la situation réelle et d'instruire les forces armées roumaines.

La reconnaissance internationale de jure et de facto de l'État roumain par les puissances garantes, s'est produite par le Protocole de Constantinople du 28 juin 1864. L'objectif essentiel de la politique roumaine était l'affaiblissement de l'influence des grands empires au Bas-Danube, ainsi que l'appui accordé à la lutte des peuples du Sud-Est de l'Europe – notamment les Serbes, les Bulgares et les Monténégrins – pour leur libération nationale. Cette lutte d'émancipation a connu des formes diverses en allant jusqu'à la conclusion des alliances politiques et militaires. Significative dans ce sens est l'entrevue d'avril 1867 du prince régnant Carol – arrivé à la tête de l'État roumain en mai 1866 – avec le prince serbe Mikhaïl Obrenovic, entrevue qui s'est concrétisée par la conclusion, en janvier 1868, d'un traité d'alliance bilatérale.

Le progrès de l'armée roumaine, ainsi que le rôle de la Roumanie dans la balance des forces du continent allaient être fréquemment enregistrés dans les analyses et les rapports diplomatiques, y compris dans les comptes rendus militaires des représentants des États garants. Par exemple, au début de l'année 1875, un officier de l'état-major français, qui avait assisté aux manoeuvres de l'armée roumaine, considérait que "la Roumanie offre au point de vue du nombre une force militaire considérable, en tenant compte du nombre de sa population [...] Elle possède de l'armement, si non entièrement perfectionné, au moins convenable et bien conservé, de très bons effets militaires et d'équipement, ensuite un excellent matériel tout nouveau de ponts, des ambulances, de télégraphie de campagne [...]. Elle a aussi des soldats doués de grandes qualités telles la sobriété, la discipline et la vigueur physique".

On peut affirmer donc que la Roumanie, en 1875, grâce a son développement militaire, représentait la principale petite puissance de la zone, un facteur que les puissances européennes ne pouvaient plus négliger. Par ses démarches diplomatiques pleines d'initiative et de persévérance visant la création d'une force militaire vigoureuse, la Roumanie avait réussi à se détacher partiellement de l'autorité des trois empires voisins – ottoman, russe et, après 1867, austro-hongrois – et à mener une politique soutenant de plus en plus ses propres intérêts nationaux.

C'est chose connue que la balance des grandes puissances a été affectée par la défaite de la France dans la guerre de 1870-1871 avec la Prusse et par l'ascension de l'Allemagne et de l'Italie devenues des États unitaires; la Grande-Bretagne avait été soumise à son tour à un relatif isolement politique et l'Empire des

Habsbourg – devenu en 1867 une monarchie austro-hongroise – s'était aussi affaibli. Tout cela a permis à la Russie de dénoncer, par la convention de Londres (1871), une partie des articles du traité de Paris de 1856. Elle a apporté de nouveau sa flotte de guerre dans la mer Noire et a regagné le droit de refaire son arsenal sur le littoral, ce qui a signifié pratiquement la fin du système politique européen instauré après la guerre de Crimée.

Les premières années de la 8e décennie du 19e siècle, la Roumanie se trouvait donc dans une situation toute spéciale dans les relations avec la puissance suzeraine ottomane. Dès le mois d'octobre 1875, la Porte a reçu de la part de la Russie, l'Allemagne et l'Autriche-Hongrie, des notes officielles d'où résultait que les gouvernements de Vienne, de Berlin et de Saint-Petersbourg, envisageant leurs intérêts matériels et la position des Principautés, auraient le droit de conclure avec celles-ci des conventions directes et spéciales concernant les droits de douane, tarifaires et commerciaux. Quelques mois plus tard, en juin 1875, la Roumanie signait, à Vienne, une convention commerciale avec l'Autriche-Hongrie et, ensuite, d'autres conventions avec la Russie, l'Italie et l'Allemagne, ce qui faisait qu'elle entrait dans l'arène des nations européennes sans tenir compte de la dépendance envers l'Empire ottoman.

La réouverture de la «question orientale» quelques années plus tard, pendant l'été du 1875, conséquence du refus de la Porte de résoudre la situation des ses peuples chrétiens: Serbes, Monténegrins et Bulgares – toujours plus mécontents de cette politique, a mis la Roumanie dans une situation particulière. Dès le début, le gouvernement roumain a exprimé sa position par la déclaration du ministre des Affaires étrangères du 9 août 1875: "Nous nous maintenons dans une réserve absolue et nous sommes tout yeux et tout oreilles pour surveiller tous les mouvements et empêcher toute action qui pourrait affecter la neutralité de notre territoire [...] nous nous maintenons dans une parfaite entente avec la Sublime Porte", mais ayant de la «sympathie» pour les populations insurgées de la rive droite du Danube. C'est la même position qui a été exprimée, en janvier 1876, par le premier ministre roumain Lascar Catargiu; celui-ci a tenu à assurer par les agents diplomatiques près de gouvernements des Puissances garantes que "le gouvernement du Prince, fidèle aux traités, avait toujours respecté et respecterait encore la plus stricte neutralité". Toutefois, il a exprimé la décision des autorités roumaines de s'opposer, même par les armes, à toute "tentative de violation du territoire national pour faire respecter notre neutralité". Cette position a été bien appréciée par l'Europe[1] parce que, par cela, on avait réussi à localiser le conflit. Le déroulement des événements et l'absence d'une décision des Puissances garantes, incapables de se concerter pour déterminer l'Empire ottoman à faire de réelles concessions, ainsi que l'imminente intervention de la Russie dans un conflit, ont un impact direct sur la situation de la Roumanie; résolue à défendre ses propres intérêts, elle n'a pas voulu devenir, comme autrefois, un couloir de passage ou un théâtre de guerre en cas d'une guerre russo-ottomane dans les Balkans. Le 20 juillet 1876, Mihail Kogalniceanu, le ministre des Affaires étrangères de la Roumanie, a fait un nouvel appel aux Puissances garantes "d'user de leurs positions pour déterminer les armées de la Turquie à respecter les droits de l'homme et faire preuve d'humanité. C'est ainsi qu'on peut anéantir la barbarie et le désir d'exterminer en masse, poursuivi par la guerre d'aujourd'hui contre les peuples chrétiens" et la Roumanie ne peut pas rester indifférente "aux cris de douleur qui viennent de la rive droite du Danube".

Parce que souvent dans les relations internationales la souveraineté des petits États n'était pas respectée, même lorsqu'ils avaient officiellement proclamé une position de neutralité, les dirigeants de la Roumanie ont dû choisir la voie d'une alliance avec l'une des grandes puissances dont les intérêts l'auraient décidée de lui offrir des garanties politiques et militaires et, en cas de besoin, de défendre son integrité. À la suite de la réponse négative de la Porte aux propositions faites par les ambassadeurs des autres puissances à la conférence de Constantinople (décembre 1876) et puis au Protocole de mars 1877 de Londres concernant une juste solution à la crise des Balkans, la Roumanie a conclu, le 4 avril 1877, une convention politique avec la Russie en vue d'établir, par une formule juridico-protocolaire, les conditions du passage des troupes russes sur le territoire national au sud du Danube.

Par rapport aux années 1854-1857, quand les troupes russes et celles autrichiennes et ottomanes avaient stationné dans les Principautés sans avoir aucune obligation envers les autorités roumaines, maintenant la Russie, en échange de la permission de passage libre de ses troupes sur le territoire roumain, a consenti à respecter les droits politiques et l'inviolabilité territoriale de l'État roumain, à maintenir et à défendre son intégrité (le 2ᵉ article). Une convention spéciale (26 articles) annexée à la convention politique, a réglementé les détails concernant cette opération, les étapes de marche et aussi les relations avec les autorités locales; il était interdit aux troupes russes d'entrer dans la capitale, Bucarest. Dans une circulaire du 5/17 avril 1877, le nouveau ministre des Affaires étrangères, Mihail Kogalniceanu, demandait aux agents diplomatiques roumains d'intervenir auprès des Puissances garantes pour qu'elles insistent à Constantinopole afin que la Roumanie ne devînt le théâtre de la guerre. Il y montrait que l'envahissement du territoire roumain ne pouvait justifier le passage de l'armée russe, qui allait faire cela avec l'accord tacite des grandes puissances. Cependant la Roumanie ne pouvait pas arrêter ce que l'Europe elle-même ne réussissait pas à arrêter. L'Empire ottoman n'avait pas le droit de déplacer ses troupes au Nord du Danube. Dans ce cas, les Roumains étaient obligés de prendre les décisions dictées par leur désespoir si les Puissances garantes les quittaient dans ces moments difficiles, laissant le gouvernement ottoman réaliser ses menaces.

Bientôt, après le franchissement du Prut par les troupes russes (12 avril 1877), la Roumanie a cessé ses relations diplomatiques avec la Porte ottomane; l'artillerie ottomane a commencé à bombarder les villes et les villages de la rive droite du Danube. Le 9/21 mai 1877, la Roumanie, qui était en état de guerre avec la Porte ottomane depuis le 29 avril/10 mai, a proclamé sa totale indépendance envers l'Empire ottoman.

Pendant les semaines suivantes, le gouvernement roumain a décidé d'assurer la couverture du fleuve sur le flanc droit de l'armée russe qui avait franchi le Danube. Les échecs inattendus des troupes russes à Plevna (Pleven) ont déterminé le grand duc Nicolas à demander l'assistance militaire du commandement roumain. Celui-ci a décidé de la participation de l'armée roumaine aux côtés de la russe aux opérations autour de Plevna, dans le cadre de l'armée de l'Ouest; les unités russo-roumaines ont été mises sous le commandement supérieur du prince régnant Carol I, ayant comme chef d'état-major le général russe D. Zotov.

Pendant les onze mois de guerre – d'avril 1877 au février 1878 – l'armée roumaine, a mobilisé 125 000 militaires, dont 60 000 formaient l'armée d'opérations, et a accompli remarquablement ses missions: la couverture stratégique du Danube, la conquête de l'importante position de Rahova et, en coopération avec les forces russes alliées, l'encerclement et le siège de Plevna, occupée le 28 novembre/10 décembre 1877, puis l'anéantissement des résistances ottomanes au Nord-Ouest de la Bulgarie, dans la zone Vidin-Belogradcik. Par comparaison, la Russie, dans la même guerre, a envoyé sur le théâtre d'opérations des Balkans 260 000 combattants, la Serbie 60 000, le Monténégro 25 000, la Grèce 8 000 et la Bulgarie 7 000 volontaires.

La défaite de la Porte ottomane et la conclusion du traité préliminaire de paix russo-ottoman de San Stefano (le 19 février 1878) ont obligé l'Empire ottoman à payer une importante indemnisation de guerre à la Russie, à reconnaître l'indépendance de la Serbie, du Monténégro et de la Roumanie et à créer une Principauté autonome bulgare avec débouché sur la mer Egée, qui, dès lors, allait rester sous occupation russe pendant deux années. Revenaient à la Russie le Sud de la Bessarabie et une région du Caucase; le Bosphore et les Dardanelles devaient rester ouverts aux bâtiments de guerre des pays neutres.

Les articles de ce traité se sont avérés inacceptables pour les grandes puissances occidentales qui assistaient à un vrai démembrement de l'Empire ottoman, à un nouveau régime pour les détroits. Surtout l'Autriche-Hongrie, qui avait été frustrée dans ses prétentions sur la Bosnie-Herzégovine, s'opposait à la creation d'un grand État prépondérant au Sud du Danube. En conséquence, la Russie a été obligée d'accepter de participer – entre le 1er juin et le 1er juillet 1878, au Congrès de Paix de Berlin. Accordant l'indépendance à la Roumanie, au Monténégro et à la Serbie, le Congrès a décidé encore, entre autres, de constituer les principautés indépendantes de la Bulgarie et de la Roumélie, de laisser occuper et administrer par l'Autriche-Hongrie la Bosnie et de l'Herzégovine, de faire rétrocéder le Sud de la Bessarabie à la Russie qui, de cette façon, revenait aux bouches du Danube; on a décidé également d'interdire l'accès de tout navire de guerre sur le fleuve, à commencer des Portes de Fer jusqu'à l'embouchure du fleuve.

La reconnaissance internationale de l'indépendance a signifié pour la Roumanie un pas important vers sa modernisation et son progrès et lui a donné un prestige mérité sur le plan international.

Depuis 1878, la présence active des États balkaniques indépendants a apporté de nouveaux éléments qui ont intensifié les relations diplomatiques et militaires de la région et sur le continent. Ainsi nous pouvons considérer que, si, pendant la guerre de Crimée et la première partie des années 1860 du dernier siècle, le maintien de la paix dans le Sud-Est de l'Europe revenait presqu'en exclusivité aux grandes puissances européennes, surtout depuis 1870, les petites nations joueront un rôle de plus en plus important; elles ont influencé la réalisation d'un nouvel équilibre qui, pour un temps, éloignera le danger d'une conflagration majeure.

En conclusion, la Roumanie, par sa politique moderée, mais active et énergique, a contribué à la constitution des États nationaux indépendants et, aussi, au développement des relations pacifiques, de bon voisinage, dans cette région du continent, se révélant un facteur de stabilité, d'équilibre et même de dissuasion des tendances agressives des puissances.

Pendant la période présentée, les grandes puissances européennes se sont assumées le droit d'intervenir dans l'apaisement des conflits de la zone, en considérant cela comme un devoir et une nécessité pour le maintien de l'équilibre des forces dans le Sud-Est européen. C'est pourquoi on peut apprécier que les Balkans, quoique considérés être «le tonneau à poudre de l'Europe», auraient pu constituer une zone d'équilibre, de bonne collaboration et de paix si les peuple avaient laissé à resoudre leurs problèmes eux-mêmes. Les faits invoqués, et non seulement ceux-ci, doivent nous inviter à une sérieuse réflexion.

Bibliographie sélective

Dan Berindei, Epoca Unirii, Bucuresti, 1979

Leonid Boicu, Austria si Principatele Romane in vremea razboiului Crimeii (1853-1856), Bucuresti, 1972

Leonid Boicu, Geneza, "chestiuni romanesti" ca problema internationala, Iasi, 1975

Leonid Boicu, Unirea Principatelor Romane in dezbaterea forurilor internationale (1855-1859), in vol. Unirea Principatelor si puterile europene, Bucuresti, 1984

Richard Burks, Romania and the Balkan Crisis of 1875-1878, dans le "Journal of Central European Affairs", vol. 2, n. 2, July, 1942

Constantin Cazinsteanu, Un deceniu de realiazari militare 1866-1875, dans File din istoria militara a poporului roman, vol. 7, Bucuresti, 1986, p. 96-128

Nicolae Ciachir, Razboiul pentru independenta Romaniei in contextul european (1875), Bucuresti, 1977

Nicolae Ciachir, Istoria popoarelor din sud-estul Europei in epoca moderna, Bucuresti, 1987

Nicolae Ciachir, Gheorghe Bercan, Diplomatia europeana in epoca moderna, Bucuresti, 1984

Nicolae Corivan, Relatiile diplomatice ale Romaniei de la 1859 la 1877, Bucuresti, 1984

Dimitrie Djordjevic, Révolutions nationales des peuples balkaniques 1804-1914, Beograd, 1965

Jacques Droz, Histoire diplomatique de 1648 à 1919, Paris, 1952

Amédée Le Faure, Histoire de la guerre d'Orient (1877-1878), tomes I-II, Paris, 1878

F.V. Greene, Report on the Russian Army and its Campaigns in Turkey in 1877-1878. New York, 1879

Henri Hausser, Histoire diplomatique de l'Europe (1871-1914), vol. I, Paris, 1929

Nicolae Iorga, <u>Politica externa si a regelui Carol I</u>, Bucuresti, 1923

Nicolae Iorga, <u>Razboiul pentru independenta Romaniei. Actiuni diplomatice si stari de spirit</u>, Bucuresti, 1927

x x x <u>Istoria militara a poporului roman</u>, vol. IV, Bucuresti, 1987

S.T. Lascaris, <u>La politique extérieure de la Grèce avant et après le Congrès de Berlin</u>, Paris, 1924

Beatrice Marinescu, Gabriela Wagner, <u>The Union of the Rumanian Principalities in the Concerns of Stratford Canning as Ambasador in Constantinopole 1853-1858</u>, dans les "Revue Roumaine d'histoire", Bucuresti, nr 3, 1986

Ion I. Nlstor, <u>Ocupatia austriaca in Principate (1854-1857) dupa rapoartele lui Coronini</u> dans "Analele Academiei Romane", seria a III-a, tom. XX (1938), p. 138-149

Fr. Notte, <u>L'Europe militaire et diplomatique au dix-neuvième siècle, 1815-1884</u>, Paris 1884

Andrei Otetea, <u>L'Union des Principautés. problème de l'équilibre européen au milieu du XXe siècle</u>, Bucuresti, 1965

Academician Stefan Pascu, <u>Organizarea armatei romane moderne si rolul ei in desfasurarea luptei de emqncipare nationala 1821-1859</u>, in <u>File din istoria militara a poporului roman</u>, vol. 7, Bucuresti, 1980

Dr. Dorina Rusu, <u>Tarile romane si fortele lor militare in ajunul si in timpul razboiului Crimeei. File din istoria militara a poporului roman</u>, vol. 7, Bucuresti, 1980, p. 44-59

Mosse Werner, <u>The Rise and Fall of the Crimean System. 1855-1871</u>, London, 1953.

Notes

1. En ce sens, nous attirons l'attention sur les affirmations du journaliste Hotze de Planta qui précisait à Londres, le 17 juillet 1876, que cette position n'avait pas été mal reçue par le Foreign Office. C'est pourquoi, concluait-il, on commencait à rendre justice à la Roumanie et à reconnaître l'énorme importance de sa position de réelle et juste neutralité. Voir: <u>Documents concernant l'histoire de la Roumanie. La guerre pour indépendance</u>. Vol. I, 2e partie Bucarest, 1954, p. 287, Doc. no. 355; Beatrice Marinescu, <u>Roumanian-British Political Relations 1848-1877</u>, Bucarest 1983, p. 215-116.

LA EXPEDICIÓN ESPAÑOLA
A COCHINCHINA (1858 - 1862)

Andres Mas Chao
(Una contribución al comienzo del establecimiento francés en Indochina).

Antecedentes

L as expediciones de fuerzas de naciones europeas realizadas hasta principios del siglo XX para ocupar territorios habitados por sociedades tribales sin organización nacional o contra países que conculcaban las normas reconocidas de derecho internacional o por perseguir a miembros de ciertas minorías interiores —especialmente cristianas—, con la teórica finalidad de hacer respetar aquellos derechos e impedir abusos o persecuciones, puede considerarse —con todas las reservas que se quiera— como un antecedente de las actuales misiones de imposición de la paz que llevan a cabo las Fuerzas Armadas. Indudablemente estas motivaciones ocultaban muchas veces otras finalidades más materialistas y generalmente dieron lugar al establecimiento de un sistema colonial en el territorio intervenido o a ventajas comerciales o de otro tipo para la nación interviniente; sin embargo no es menos cierto que, con todas las reservas que se quiera, estas intervenciones sirvieron para llevar los beneficios de la civilización o elevar el nivel cultural de muchos pueblos atrasados.

Una de estas expediciones fue la llevada a cabo por una fuerza hispano-francesa contra el imperio de Asam entre 1858 y 1862, a causa de la persecución contra los cristianos que tenía lugar en dicho país y que fue la base para la posterior ocupación francesa de Indochina. La participación española en ella es, en general, muy poco conocida; sin embargo el incidente que la provocó era un asunto que concernía a España, la contribución de los soldados españoles durante su desarrollo, principalmente en la Conquista y mantenimiento de Saigón, aunque pequeña en número, fue importante y la falta de interés del Gobierno de Madrid en establecer una colonia en aquellos territorios facilitó a Francia el dominio posterior de toda la península. Por ello creo que puede ser interesante realizar un pequeño estudio sobre su desarrollo, basado en la documentación y libros sobre la misma existentes en el Servicio Histórico Militar Español. Pero antes de entrar plenamente en el tema, conviene encuadrarlo dentro de las coordenadas nacionales e internacionales en que se desarrolló.

En el ámbito español la Campaña de Cochinchina coincide con otras intervenciones militares en el extranjero, la Guerra de Africa de 1859 a 1860 y la Campaña de Méjico de 1861 a 1862. En nuestras posesiones del Archipiélago filipino, base natural de la expedición, la situación era la siguiente: de las islas mayores se poseía la Isla de Luzón; aunque en el Norte de ella existían grupos insumisos prácticamente independientes. En Mindanao se asentaban los indígenas musulmanes bajo una nominal soberanía española, mientras que las islas de Jolo eran un auténtico nido de piratas. El mando de las islas lo ostentaba un Teniente General con la designación de Capitán General de Filipinas, quien tenía bajo sus órdenes 7 Regimientos de Infantería, 1 de Artillería y 1 Escuadrón de Lanceros. La tropa, excepto la primera Brigada de Artillería, era indígena, las clases estaban más o menos al 50% y los oficiales eran totalmente europeos. En relación con la situación internacional, nos encontramos en plena expansión colonial europea, mientras que en el Viejo Continente se vivía la cuestión de los Balcanes y el intento de reunificación de Italia. En la India inglesa acaba de ser dominada la suble-vación de los Cipayos y en China, una fuerza franco-británica bombardearía y ocuparía Cantón el 28 de diciembre de 1857, como respuesta a los asesinatos ocurridos en dicha ciudad. Posteriormente se impondría al gobierno Imperial el tratado de Tien-tsin, no ratificado por China, que impediría, además, por las armas la llegada de los plenipotenciarios anglo-franceses a Pequín.

Centrándose ya, concretamente, en la zona de operaciones, Cochinchina[1] (o Annam meridional), junto con Tonquín (Annam septentrional) y Camboya, formaban el Imperio de Annam, dentro del conjunto Indochino. El emperador Gia-Laog había conseguido, a finales del siglo XVIII, dar una cierta cohesión al conjunto, llegando a firmar un tratado con Francia en 1.787 que, a través de sus misioneros, pudo comenzar una cierta intervención en aquellas tierras. Por parte española, la acción misional de los dominicos de Filipinas, mucho más intensa, dio lugar a un importante núcleo cristiano en el Tonquín oriental regido por ellos.

En la segunda mitad del siglo XIX el emperador Tu-duc recrudeció la endémica persecución contra los cristianos, matando tras martirizarlos a algunos misioneros. Francia envió en 1856 y 1857 dos pequeñas expediciones de adver-tencia, pero sirvieron para recrudecer aún más la persecución, que culminaría, el 20 de julio del último año, con la decapitación en la ciudad de Nam-Dinh, del Obispo de Platea y Vicario Apostólico de Tonquín Central Fr. José M.ª Díaz Sanjurjo. De este hecho arranca el origen de la campaña. En efecto, al enterarse de la prisión del obispo, el Cónsul General español en China —con residencia en Macao— solicitó oficialmente a la legación francesa en el Celeste Imperio un navío de guerra francés, para que apoyase las gestiones que se iban a realizar en busca de la salvación del religioso español[2].

Acogida la petición, el Contraalmirante francés Rigault Genouilly, Jefe de la Escuadra francesa en China, dispuso que la corbeta "Catinat" acompañase al vapor portugués "Lilly", fletado por nuestro Cónsul, para intentar rescatar al prisionero. Sin embargo la expedición llegó cuando ya había sido decapitado el obispo, por lo que el Jefe de la Expedición[3] se limitó a entregar en nombre de Francia y España una severa nota de protesta. En consecuencia el 1 de diciembre de 1857, Francia tomaba la iniciativa de proponer al Gobierno Español que cooperase, con un contingente de 1.500 hombres, a la acción de represalia que iba a emprender el Contraalmirante Rigault de Genouilly, exigiendo la reparación de las ofensas inferidas y el cese de la persecución anticristiana.

Aceptada la propuesta, en la que se fijaba, entre otras cosas, que el mando de la fuerza combinada correspondería al Contraalmirante francés, se envió al Capitán

General de Filipinas, Teniente General D. Fernando de Norzegaray, una R.O., de fecha 25 de diciembre de aquel año, comunicándole dicho acuerdo y que tuviese preparado un Regimiento de Infantería a 1.000 hombres y 2 Compañías de Cazadores a 150, para embarcarlos cuando diese la orden el citado Contraalmirante, y prevista una batería de Artillería indígena de 100 hombres por si aquella autoridad la solicitaba. En una comunicación posterior, 7 de marzo de 1858, señalaría el Consejo de Ministros que el fin perseguido por España, además del indicado por Francia, era conseguir algunas ventajas comerciales y económicas —cuya determinación se fijaría más adelante— para compensarnos de los gastos ocasionados; retirándose la fuerza española una vez conseguidos estos objetivos.

Primera fase de la campaña

El Teniente General Norzegaray, tras intercambiar enlaces con el Mando francés, designó como Jefe de la Expedición al Coronel D. Bernardo Ruiz de Lanzarote, debiendo las Unidades designadas estar dispuestas a embarcar hacia el reino de Annam tan pronto como se les ordenase[4]. Inmediatamente la citada Autoridad recibió una petición del Contraalmirante francés para que se le autorizara a filiar un batallón de tagalos que, con mandos franceses, quedaría al servicio del Ejército de dicho país; también pidió incluir en la expedición 30 soldados de caballería y poder alistar tagalos como marineros[5]. Por todo ello el Capitán General solicitó instrucciones aclaratorias, contestándosele que no se autorizara la filiación de tagalos al servicio de Francia por prohibirlo la legislación española. En cuanto a los soldados de caballería se aprobó enviarlos como escoltas y asistentes del Cuartel General.

Mientras esto ocurría, el Contraalmirante francés era esperado en Manila para concretar detalles sobre la expedición. Por fin el 12 de agosto arribó un buque de la Marina Imperial con orden de comenzar el embarque de las fuerzas españolas, haciéndolo 3 compañías, 60 artilleros y otros elementos hasta completar 500 hombres, que salieron el día 20 a dirección a la bahía de Yulibran, en la isla de Hainan del golfo de Tonquín, donde se reunirían con la parte francesa de la expedición. El día 21 arribó un segundo mercante, que saldría el 5 de septiembre con algunos buques contratados por la Capitanía como transportes de material y vituallas, llevando el resto de la fuerza española[6].

Es interesante señalar que la noticia de la expedición fue acogida favorablemente por la población de Filipinas. El componente blanco de la misma vio en ella la posibilidad de incrementar la influencia española en Asia y abrir nuevos mercados que potenciaran el comercio filipino; la parte indígena, profundamente católica y antichina, acogió favorablemente la posibilidad de atacar a un pueblo que consideraba enemigo y la defensa de la religión[7]. El comandante Olave, ayudante de Palanca, confirmaría esta impresión en su folleto **"Cuestión de Cochinchina. Aclaraciones"**, al decir que los soldados tagalos, tan proclives en general a desertar de forma temporal por no dar importancia a faltar unos días al cuartel, al enterarse de la expedición, dejaron de cometer esa falta para estar dispuestos a embarcar en cualquier momento, ya que no querían perder la ocasión de participar en ella[8]. Sin embargo en la Península no fue tan unánime la opinión pública, pues el partido progresista se opuso frontalmente a ella por estimar que solo se servía a los intereses franceses[9]. Tampoco Norzegaray debió ver con mucho agrado esta expedición; pues, en una carta oficial, se queja de que no proporciona ningún beneficio a España y distrae sus fuerzas, impidiéndole llevar a cabo una acción contra los piratas joloanos[10].

Reunidas en Yulibran la expedición francesa y la vanguardia de las fuerzas españolas, salieron el día 20 de agosto de 1858 en dirección a la bahía de Touranne, de donde partía un camino directo hacia Hué capital del Imperio; cuya caída, según los misioneros y conocedores de la región, sería causa suficiente para terminar rápida y favorablemente la acción emprendida[11]. El 31 de agosto se fondeó ante el pueblo del mismo nombre y se intimó al gobernador de la comarca a la rendición. Al no contestar a este ultimátum se comenzó el bombardeo, desembarcando posteriormente fuerzas franco-españolas. El 14 de septiembre llegaba el Coronel Ruiz de Lanzarote con el resto de la expedición española, reuniéndose así la totalidad de la expedición, continuando las operaciones en curso hasta el 24 de septiembre en que quedó totalmente establecida una cabeza de desembarco, que cubrió una serie de fuertes exteriores. Todo este sistema defensivo quedaba dentro del alcance de la artillería naval francesa, dando una neta superioridad a las fuerzas europeas sobre las mal armadas annamitas, cuya artillería eran viejos cañones del siglo anterior. Al mismo tiempo se iniciaban una serie de reconocimientos en fuerza, apoyados por una flotilla de lanchas cañoneras, bajo el mando del aviso español Elcano único que por su calado podía maniobrar en aquellas aguas.

Repuestos de su primera sorpresa los annamitas iniciaron un sistema de obras de circunvalación a la zona dominada por la fuerza expedicionaria, como si se tratase de conquistar una plaza sitiada. Todo ello, unido al altísimo número de bajas por enfermedad del cuerpo hispano-francés, ponían la toma de Hué cada vez más lejos. Ante esta situación el Contraalmirante Rigault multiplicará sus peticiones de todo orden a Manila al mismo tiempo que declara no tener fuerzas suficientes para ir a la conquista de Hué[12]. Por su parte el Capitán General de Filipinas, enterado de la situación por los informes que recibía de Lanzarote, dio cuenta al Ministerio de la Guerra que la verdadera intención de los franceses era establecerse en Touranne, solicitando por ello instrucciones sobre su actitud y su respuesta si le proponían ocupar una zona en el Tonquín Central[13]. Al recibirse esta comunicación en el Ministerio de la Guerra se rechazó esta última posibilidad, basándose en que produciría el debilitamiento del Ejército de Filipinas y además porque este posible establecimiento, sin reportarnos ventajas tangibles, solo sería un antemural para la colonia francesa ante una muy posible revolución china que se corriera a Annam[14].

Ante los problemas que presentaba el avance hacia Hué se va a producir un cambio de objetivo; en efecto, el día 28 de enero de 1859, Rigault comunicaba al Capitán General de Filipinas que pensaba iniciar una acción con unos 1.200 hombres con el objeto de ocupar Saigón en la baja Cochinchina. La razón principal era que esta ciudad tenía acceso navegable, mientras que la conquista de Hué exigiría una penosa marcha por terrenos pantanosos, sin el apoyo de una fuerza naval. Añadía

112

así mismo que, por razones de prestigio, los europeos no debían sufrir ningún descalabro, por lo que se dirigía a una plaza cuya conquista consideraba segura. Finalmente esta conquista cortaría el suministro de arroz al reino de Annam que se suministra principalmente en la baja Cochinchina[15].

Ante esta noticia Norzegaray comunicará al Gobierno que esta determinación prolongará aún más la campaña; advirtiendo al mismo tiempo que la situación en China parecía agravarse, de acuerdo con las noticias existentes; lo que podría obligar a la escuadra francesa a regresar a aquella zona, privando así a la fuerza franco-española de este apoyo básico. Por otra parte, la ocupación de Saigón alejaba la terminación del conflicto, con riesgo de recrudecer la persecución contra los católicos, no solo en Tonquín sino también en Cochinchina, donde existía una floreciente comunidad, apenas afectada hasta ahora por la persecución. A pesar de todo, el 2 de febrero, salía de Touranne una fuerza combinada de 7 barcos franceses y el aviso Elcano, con la marinería francesa de desembarco y 800 hombres del Ejército de Tierra, al 50% franceses y españoles. El resto de la fuerza quedó en Touranne a la defensiva, esperando que la nueva actuación sobre Saigón hiciese disminuir la presión que se estaba intensificando en torno a las posiciones europeas.

El día 9 la fuerza naval fondea frente al Cabo Santiago y desembarca las tropas que inician la progresión hacia Saigón, apoyadas por los buques que avanzan por el río. De esta forma, entre este día y el 16, se van ocupando y destruyendo los sucesivos fuertes que impiden el acceso a la ciudad a cuya proximidad se llega el último día. El día 17 se ataca la ciudadela de Saigón, que se ocupa tras un breve combate, siendo las fuerzas españolas al mando del Comandante Palanca, junto a un pequeño destacamento francés, las primeras que inician el asalto y abren las puertas del fuerte. A partir de este momento se empieza a preparar la destrucción de la ciudadela y la construcción de un nuevo puesto fortificado más cerca del embarcadero, donde se guarnecerían las fuerzas que se dejaran en Saigón. Finalmente el día 30 de marzo —volada e incendiada la ciudadela— se inició el regreso, dejando en Saigón una pequeña fuerza de la que formaba parte una Compañía de línea española[16].

Mientras esto ocurría, la situación de Touranne se había ido agravando de día en día. El día 20 de abril regresaba allí la fuerza procedente de Saigón, y a partir de este momento se reiniciaban las operaciones en esta zona, hasta llegar a amenazar seriamente la comunicación de las fuerzas annamitas con Hué, lo que obligaría al rey Tu-du a entablar negociaciones. Sin embargo la situación iba de nuevo a estancarse a causa de la problemática internacional. De un lado la guerra austro-prusiana impedía el envío de refuerzos desde Francia; por otro la actuación china, cerrando el paso de los plenipotenciarios anglo-franceses hacia Pequín, hacía reaparecer la guerra; al mismo tiempo Rigault de Genouilly era relevado por el Contraalmirante Page, sin consultar al Gobierno español, por lo que éste no podía tener formalmente el carácter de mando del conjunto que había tenido Rigault. El Coronel Lanzarote sin embargo consideró su deber no dificultar la acción de mando del nuevo jefe francés y se puso incondicionalmente a sus órdenes[17].

Enterados de la situación los annamitas rompen las negociaciones, al tiempo que en Saigón la población se subleva y obliga a la guarnición a encerrarse en su reducto, lo que dará lugar al envío de un refuerzo a dicha ciudad, del que formaba parte otra compañía española, consiguiéndose así aplastar la sublevación. Page, ante la necesidad de acudir a China con todas las fuerzas francesas posibles, se ve en la obligación de evacuar Touranne, por lo que ordenará a Lanzarote que prepare sus fuerzas para ser replegadas a Manila. Así en la primera quincena de mayo de 1860 se retiraba de Touranne la expedición franco-española, quedando solamente ocupado Saigón con una guarnición de 600 hombres —de los que 240 son españoles— más una pequeña flotilla francesa de 4 buques.

La defensa de saigón

Coincidiendo con todas estas vicisitudes, el 4 de agosto de 1859, el Capitán General de Filipinas había dirigido una importante exposición al Gobierno. En ella se informaba de la urgencia francesa por finalizar la campaña, en función de la situación internacional, lo que seguramente obligaría al Vicealmirante a firmar si era posible un tratado en nombre de Francia y evacuar Touranne. Por todo ello Norzegaray había comunicado a Rigault que, dado que actuaba como Mando Conjunto de la expedición, representara los intereses españoles, procurando conseguir las máximas ventajas comerciales para nuestro país. En cualquier caso el Capitán General exponía en su informe que no consideraba conveniente la permanencia de la fuerza española en Touranne, por no contar en caso de evacuación francesa con una fuerza naval que la apoyara[18].

Por el mismo tiempo el Comandante Palanca, finalizando su compromiso en Filipinas, y destinado en Madrid, pudo exponer la situación en el Ministerio de la Guerra tal como el la veía, presentando el 23 de enero de 1860 un informe, en el que señala el interés francés por establecer una base permanente. Igualmente sugería que, antes de llegar al tratado, España debería definir sus intenciones y llegar a un acuerdo con París sobre este asunto. Finalmente entregó un borrador sobre las posibles condiciones españolas para firmar el tratado de paz, en el que se incluyen, la ocupación por España de una base en el Tonquín Central para asegurar el cumplimiento de lo acordado, en equivalencia por lo perseguida por Francia[19]. El 17 de febrero de ese año, el ya Teniente Coronel Palanca es nombrado Comandante en Jefe de la expedición y plenipotenciario español para todo lo relativo al reino de Annam. Junto con el nombramiento se le dan unas instrucciones sobre su actuación; de acuerdo con ellas dependerá del Capitán General de Filipinas en el aspecto militar de la operación y en el diplomático directamente del Ministerio de Estado. En toda su actuación deberá asegurar la consecución de unas ventajas similares a los franceses en un posible acuerdo de paz[20].

El 10 de abril de 1860 llegaba a Singapur el Teniente Coronel Palanca, después de hacer el viaje con el Vicealmirante francés Charne, nombrado nuevo jefe de las fuerzas francesas en China, quien lo comunicó que no tenía instrucciones de su Gobierno sobre la participación que debía tener España en los asuntos de Cochinchina, que por otra parte no atendería hasta haber resuelto la situación de China. En Singapur Palanca se entera de la retirada de Touranne y que no quedan en Indochina más que 200 españoles de guarnición en Saigón. En vista de lo cual y dado que no se prevé la reactivación de la campaña de Cochinchina hasta la finalización de la de China, solicita permanecer adjunto a las fuerzas franco-inglesas que operan allí, pero el Mariscal de Campo Ramón Mª Solano, Capitán General interino por cese de Norzagaray, le deniega la autorización y, al tener conocimiento de ello, embarca para Saigón donde llega a finales de mayo.

Por su parte en Saigón la situación se había ido agravando progresivamente tras la evacuación de Touranne; en vista de ello Palanca, el 11 de junio, solicitó a Manila 4 Compañías de refuerzo, pero el General Solano, el 17 de julio de 1860 en carta particular a Palanca, le dirá que mientras no reciba orden terminante del Gobierno no mandará un solo soldado a Saigón, ni aún para reponer las bajas, y no contento con esto cortó hasta el envío de víveres, vestuario, munición o dinero; llegando la Hacienda de Filipinas a comunicar con la aprobación del Capitán General interino **"que la expedición se proveyera de fondos pidiéndolos a la Administración francesa"**[21]; actitud que sería seguida igualmente por su sucesor. Por todo ello Palanca estaría 3 meses sin recibir la más mínima comunicación oficial ni apoyo de Manila, hasta el extremo que para poder pagar a la tropa el plus de campaña tuvo que recurrir a sus ahorros personales y a los de sus oficiales[22], aunque el 13 de septiembre recibiría un pequeño repuesto de víveres enviado con un barco de cabotaje.

Sin embargo, a pesar de esta absoluta falta de apoyo, el Teniente Coronel Palanca va a desarrollar una magnífica labor. En el campo militar sabe inyectar a sus hombres una capacidad de entrega absoluta y se puede decir que sus 2 compañías son un elemento esencial para el mantenimiento de Saigón en poder de los europeos. En efecto, ante el continuo avance de las líneas annamitas que amenazan la línea exterior de puestos, se decide la fortificación de una pagoda —llamada Clochetons— que corta la dirección de progresión, para lo que el día 29 de junio se atacaron las vanguardias enemigas y tras derrotarlas se dejó una guarnición de 100 españoles en la citada pagoda. Allí se estrellarían los feroces ataques que en días sucesivos lanzaron los annamitas y que culminaron el 4 de julio con un intento de asalto nocturno por más de 5.000 hombres, que dejaron más de 100 cadáveres sobre el campo, teniendo información que el enemigo tuvo cerca de 1.000 bajas.

Junto a esta actuación militar la actuación política y diplomática de Palanca como Plenipotenciario español no es menos brillante. Ya el 19 de mayo comunica al Ministerio de Estado los grandes beneficios que produce a los franceses la apertura del puerto de Saigón y que ha protestado ante el mando francés por no tener participación España. Igualmente expondrá al Ministerio de Estado la necesidad de tener previsto el refuerzo de la expedición española para no dejar a los franceses como únicos amos de la situación y estudiará la posibilidad de ocupar una base en el Tonquín Central, que cuenta con abundante población cristiana dirigida por misioneros españoles.

Mientras tanto la situación continuaba deteriorándose principalmente por el alto número de bajas por enfermedad en especial francesas, ya que los soldados tagalos de la fuerza española resistían mejor el clima. Todo ello obligaría al Comandante francés y a Palanca a enviar a sus mandos respectivos una nueva petición de refuerzos, que desde luego no fue atendida por Manila. Por su parte el mando francés consideró tan grave la situación que el Comandante del destacamento de Cantón, que recibió la comunicación, envió la mitad de su pequeña fuerza de 300 hombres y posteriormente se incorporaron 2 compañías del Cuerpo expedicionario en China. Con esto la situación de Saigón mejoraría notablemente, hasta el extremo de permitir a Palanca trasladarse a Hong-Kong. De regreso el 29 de octubre en Saigón comprobará que la situación se ha agravado de nuevo, habiéndose asesinado a varios europeos en las líneas exteriores del fuerte, entre ellos un Capitán francés. Por ello los mandos aliados se vieron en la obligación de reunir cuantas fuerzas pudieron —400 hombres— para lanzar un ataque contra las líneas annamitas que alejara el peligro.

El fin de la campaña

Finalizada la campaña de China, el Vicealmirante Charne oficiaba al Capitán General de Filipinas anunciándole su próximo regreso a Saigón con la totalidad de sus fuerzas, instándole a enviar el resto de los españoles o al menos un núcleo importante de Caballería. Entre el 3 y el 7 de febrero de 1861 llegan a Saigón unos 4.000 hombres. Inmediatamente el ya Coronel Palanca, en su calidad de Plenipotenciario español, a pesar de sus exiguas fuerzas —unos 150 hombres— se entrevista con Carne para discutir el Plan de Operaciones previsto, consiguiendo relevar los puestos que guarnecen sus hombres, por fuerzas francesas. Ello le permitirá mantener una pequeña fuerza operativa, que actuará, a petición suya, casi siempre en vanguardia de la columnas que empezarán la conquista de la Baja Cochinchina.

Casi al mismo tiempo llegaba a Manila un Capitán General efectivo, el Teniente General D. José Lannery, que el 8 de febrero escribía a Madrid informando que consideraba que no debían distraerse fuerzas del Ejército de Filipinas para enviarlas a Indochina, por lo que no atendería las peticiones de Charne, si bien haría lo posible para remediar el abandono en que había estado la fuerza de Palanca hasta el momento y enviaría los hombres necesarios para mantener las 2 Compañías al completo. También comunicaba que en beneficio de las buenas relaciones con Francia, autorizará a reclutar 300 tagalos como marineros en sustitución de los que se habían licenciado por haber cumplido su tiempo de enganche[23].

El día 23 de febrero se reanudan las operaciones ofensivas en Saigón. Para esta acción la totalidad de la fuerza española forma la vanguardia de una de las columnas de ataque. El combate es francamente duro siendo herido en la cabeza el Coronel Palanca al encabezar el asalto, debiendo dejar el mando al Capitán Fajardo, que al día siguiente será también herido a la cabeza de sus tropas. La acción finaliza con pleno éxito conquistando todas las posiciones, pero a costa de 300 bajas francesas, y 32 españolas. Nuestros aliados reconocen en su orden de operaciones la eficaz ayuda de nuestros hombres y llegan a nombrar Caballeros de la Legión de Honor a 3 hombres de tropa, distinción que se concedía muy raramente a esta clase en su Ejército.

Para darse cuenta del espíritu que reina en las Compañías españolas baste citar que para reunir el mayor número posible de hombres para esta acción, el Coronel habló a un grupo de soldados que ya habían cumplido su compromiso e iban a salir para Manila, dándoles opción a quedarse en Saigón a lo que respondieron todos ellos solicitando el honor de marchar con la columna de operaciones[24]. Roto el frente annamita se continúa el avance hasta conquistar la provincia de My-tho, tras lo que se entra en un nuevo período de estancamiento por las muchas bajas que produce el cólera. Durante toda esta fase Palanca no deja de informar a Madrid y Manila sobre intenciones francesas de ocupar la Baja Cochinchina, sin interesarles de momento alcanzar una paz, para tener tiempo de organizar sus conquistas. Por ello considera que si anteriormente hubiera sido conveniente la llegada de un refuerzo español, que hubiera servido para instalar una base española en la zona, en la actualidad no debe hacerse sin antes concretar con París el plan para un posible ataque a Hué[25].

Durante el desarrollo de esta campaña el Tonquín Central se subleva contra el rey de Annam y el mando de la rebelión solicita apoyo europeo, especialmente español; pero una vez más Palanca ante la falta de instrucciones tiene que dejar pasar la ocasión, al igual que la que supone la propuesta del Vicealmirante Charne de apoyarle para conseguir la ocupación de la provincia de Bien-hoa para España. Casi al mismo tiempo los mandarines annamitas inician una nueva aproximación para una posible negociación, pero los plenipotenciarios francés y español exigen, para evitar nuevas dilaciones, el depósito previo de una importante cantidad en metálico, lo que da al traste con el intento.

El 28 de noviembre se produce un nuevo relevo del mando francés, haciéndose cargo del mismo el Vicealmirante Bonard que trae nuevos refuerzos de Francia con la misión de ocupar para su país la provincia de Bien-hoa. En las conversaciones que tiene con Palanca le informa que, tras las operaciones citadas y en caso que España envíe más fuerzas, colaborará en la ocupación para nuestro país de la provincia de Nam-ding en el Tonquín Central. El 13 de diciembre se inician las operaciones contra Bien-hoa que caerá el 24, continuándose con la limpieza del territorio ocupado, en la que participará de forma muy importante el propio Palanca al mando de una fuerza franco-española. Con estas operaciones, que se prolongan hasta el 1 de abril de 1862, finalizará la guerra, pues el rey de Annam enfrentado con el ataque europeo y la sublevación del Tonquín Central no tiene fuerza para continuar las operaciones. Por otra parte en una nueva comunicación del Ministerio de Estado se ordena a Palanca que limite sus reclamaciones, en caso de entrar en negociaciones, a la exigencia de ventajas comerciales y aduaneras y una indemnización que cubra los gastos efectuados con motivo de la expedición, sin reclamar ventajas territoriales[26].

Por fin el 29 de mayo se inician las definitivas conversaciones de paz firmándose el tratado el 6 de junio, por el que España conseguía, aparte de la libertad religiosa, libertad de comercio, un cónsul en Hué y 40.000.000 millones de francos de indemnización; mientras que Francia se apoderaba de las seis provincias que forman la Baja Cochinchina que serían la base para apoderarse de toda la región

Indochina. Pero de momento las fuerzas existentes en Indochina no pueden iniciar el regreso, pues estalla una sublevación dentro del territorio conquistado. Ante esta situación Palanca no considera oportuno repatriar sus fuerzas, aunque el territorio conquistado ya es una colonia francesa, pero con gran sorpresa por su parte es ahora cuando Manila manda un buque de guerra y un batallón a reforzar la fuerza española y cooperar en el aplastamiento de la rebelión, cosa que se conseguirá el 18 de marzo de 1863, poniéndose así fin a la presencia de España en Indochina.

Notas

1. Nombre al parecer de origen portugués por la semejanza de estas tierras con el reino de Cochin en la India que fue colonia portuguesa por un lado y por su proximidad al Celeste Imperio y afinidad con sus habitantes por otro.

2. RAMOS CHARCO VILLASEÑOR, "Los españoles en la expedición a Cochinchina" (1858-1863), Editorial Tradicionalista. Madrid 1943, pág. 11-12.

3. Secretario de la Legación francesa en Macao, pues el Cónsul español no envió ningún representante.

4. Para datos diversos puede verse el libro de ARCE, Francisco de, "Noticias de la vida de D. Mariano Oscáriz", Madrid 1864.

5. Memora presentada por el Teniente Coronel Palanca, Servicio Histórico Militar -a partir de aquí SHM- Filipinas Legajo 79, Carpetilla 35.

6. Se trataba de los buques franceses Dardogne y Durance, respectivamente. Con el primero salió también el aviso español Elcano y con el segundo los cinco mercantes contratados.

7. Carta del Capitán General de Filipinas al Ministro de la Guerra de 2 de Febrero de 1859, SHM Filipinas, Legajo 79.

8. Op. Cit. **Imprenta de D. Primo Andrés Babi.** Madrid 1862, pág. 15.

9. bídem. pág. 18.

10. Carta del Capitán General de Filipinas al Ministro de la Guerra, SHM Filipinas, Legajo 78. Expediente de la Campaña.

11. Carta oficial del Capitán General de Filipinas de 15 de Noviembre, que traslada una comunicación del Contraalmirante francés, sobre la opinión del Obispo Coadjutor del Tonquín Central en el sentido que la caída de Hué pondría fin a la guerra. SHM, Legajo 78, Expediente de la Campaña.

12. Carta del 15 de Noviembre citada en 11. En ella solicita entre otras cosas la recluta de numerosos tagalos y el envío de lanchas de poco calado para poder actuar en los ríos.

13. Carta oficial del 23 de Noviembre de 1858.

14. Comentario de la Secretaría de Guerra a la carta oficial de 9 de Febrero de 1859. SHM. Filipinas, Legajo 78. Expediente de la Campaña.

15. **RAMOS CHARCO VILLASEÑOR, Aniceto**, Op. Cit. pág. 57 a 60.

16. Diario de Operaciones SHM. Legajo 78. Desarrollo de la operación de Saigón desde el 9 de Febrero al 30 de Marzo.

17. Carta oficial del 31 de Octubre SHM, Legajo 78. Expediente de la Campaña.

18. Carta Oficial del 4 de Agosto de 1859. SHM, Legajo 79, carpetilla 51.

19. Informe del Coronel Palanca sobre la situación de Cochinchina 23-01-1860, SHM, Legajo 79, carpetilla 62.

20. Memoria adjunta al escrito de 15 de Octubre de 1861, SHM, Legajo 79, carpetilla 110.

21. Carta oficial del Capitán General de Filipinas al Comandante General del Cuerpo Expedicionario, de 22 de Septiembre de 1860, SHM, Legajo 80.

22. Carta oficial al Capitán General de Filipinas, de fecha 13 de Septiembre de 1860, y otra del 15 del mismo mes, SHM, Legajo 79. Expediente de la Campaña.

23. Cartas oficiales del 8 y 22 de Febrero de 1861 al Ministerio de la Guerra, SHM, Legajo 78. Expediente de la Campaña.

24. Comunicación el 8 de Abril de 1861, del Capitán General al Ministro de la Guerra, dando cuenta de este hecho del que le informa el Coronel Palanca, solicitando una recompensa para estos soldados, SHM, Legajo 78. Expediente de la Campaña.

25. Carta oficial de 8 de Abril de 1861, del Comandante General del Cuerpo Expedicionario al Capitán General. SHM, Legajo 78. Expediente de la Campaña.

26. Carta oficial de 28 de Mayo de 1862. SHM, Legajo 79. Carpetilla 110.

EUROPÄISCHES MANDAT UND ÖSTERREICHISCH-UNGARISCHE DURCHFÜHRUNG

DIE OKKUPATION BOSNIENS UND DER HERZEGOWINA IM JAHRE 1878

József Zachar

Die orientalische Frage in den europäischen Mächteverhältnissen seit dem ausgehenden 17. Jahrhundert zielte darauf ab, wie die labil gewordene Herrschaft des Osmanischen Reiches in der Peripherie ersetzt werden könne. Bis zur akuten orientalischen Krisis der Jahre 1875 bis 1878 waren schon bedeutende Territorien ausgeschieden und unter den Einfluß anderer Reiche gekommen. Allerdings erstreckte sich die Administration der Pforte noch auf weite, von christlichen Untertanen ehemals selbständiger Kleinstaaten bewohnte Gebiete, die ihre Unterwerfung immer unerträglicher fanden und wegen der weiteren Schwächung der Zentralgewalt immer mehr Chancen zum Ausscheren aus dem Staatsverband sahen. Diese Ereignisse wurden auch in den politischen Kreisen des Nachbarreiches, der österreichisch-ungarischen Monarchie, mit großer Aufmerksamkeit mitverfolgt. Den Rahmen der österreichisch-ungarischen Außenpolitik bildete schon seit 1873 der Dreikaiserbund, also das Bündnis der Herrscher der Doppelmonarchie, Deutschlands und Rußlands.

In der Hoffnung auf die sich durch diese politische Konstellation ergebenden Möglichkeiten und die wahrscheinliche konkrete Unterstützung der quasi unabhängigen Regierungen Serbiens und Rumäniens brach in der Herzegowina im Jahre 1875 ein allgemeiner Volksaufstand aus[1]. Trotz des Dreikaiserbundes übten die einzelnen Regierungen nicht gleichermaßen Druck auf die Pforte aus. Während die russische Regierung auch für die Herzegowina die Autonomie forderte, begnügte sich die österreichisch-ungarische Regierung mit der Forderung nach einer Verbesserung der Lage der slawischen Untertanen des Sultans bei Beibehaltung des Status quo[2]. Mit der Forderung nach Sicherung der vollen Religionsfreiheit, der Durchführung einer Steuerreform und der Kontrolle dieser Maßnahmen durch gemischte christlich-moslemische Kommissionen wandte sich der österreichisch-ungarische Außenminister Julius Graf Andrássy in einer Note vom 30. Dezember 1875 an die interessierten Regierungen der europäischen Mächte[3]. Rußland und Deutschland schlossen sich an, auch die Pforte zeigte sich geneigt, die Note der Großmächte vom 31. Januar 1876 zu akzeptieren, aber für die aufständischen Herzegowiner schien diese Intervention schon zu wenig. Für die Außenminister des Dreikaiserbundes war jedoch die Zustimmung der osmanischen Regierung von größerer Bedeutung. Im Anschluß an ihre Beratungen beschlossen sie im Mai 1876 das Memorandum von Berlin, in welchem sie von der Pforte weitere Reformen und die Zustimmung zur Kontrolle durch die Großmächte forderten. Es gelang ihnen auch, Frankreich und Italien zu gewinnen, von größerer Bedeutung war aber, daß Großbritannien eher auf der Seite des Osmanischen Reiches stand[4].

Während der diplomatischen Verhandlungen breitete sich der Aufstand in der Herzegowina aus, er griff sogar auf Bosnien über, und im weiteren brach auch in Bulgarien ein Aufstand aus, dem schließlich der Krieg Serbiens und Montenegros gegen das Osmanische Reich folgte, und auch weitere quasi unabhängige Staaten bereiteten sich noch zum eventuellen Angriff vor[5]. Österreich-Ungarn und Rußland sahen die Zeit gekommen, die Folgen des Balkankrieges zu bedenken. Aufgrund der Verhandlungen der beiden Außenminister wurde am 8. Juni 1876 das Geheimabkommen von Reichstadt geschlossen, in welchem Serbien im Falle seines Sieges ein Gebietszuwachs zuerkannt wurde, jedoch geknüpft an das Verbot der Schaffung eines großen südslawischen Staates. Die beiden Nachbargroßmächte wollten auch ihre eigenen Balkaninteressen gegenseitig sichern lassen, und so wurde der österreichisch-ungarischen Monarchie durch Rußland das Recht eingeräumt, Bosnien und die Herzegowina zu annektieren; Rußland erhielt dafür die Zusicherung der Doppelmonarchie, sich Bessarabien und Batum einverleiben zu dürfen[6]. Trotz der erwarteten Niederlage des Osmanischen Reiches kam es aber zum katastrophalen Zusammenbruch des serbisch-montenegrinischen Angriffes. Die Pforte wollte ihre Erfolge auf dem Schlachtfeld ausnutzen, und so mußte sich Serbien wegen eines Waffenstillstandes an die Nachbarreiche wenden. Die mitgeteilten Friedensbedingungen waren so drückend, daß Rußland als Schutzmacht der Balkanslawen sie nicht zulassen durfte. Obwohl die österrei-chisch-ungarische Regierung sich dem nicht sofort anschließen wollte, richtete die russische Regierung an die Pforte das Ultimatum, die Botschafterkonferenz der Großmächte vom 11. Dezember bis zum 1. Januar 1877 in Konstantinopel zu dulden. Nach dem Beschluß der Botschafter hätten Serbien und Montenegro weitere osmanische Gebiete, Bosnien, die Herzegowina und Bulgarien jedoch Autonomie unter der Kontrolle der Großmächte erhalten müssen. Dieser Beschluß wurde aber vom Osmanischen Reich zurückgewiesen[7].

Der russisch-türkische Krieg zeichnete sich jetzt deutlich ab. In der Geheimvereinbarung von Budapest vom 15. Januar 1877 sicherte sich Rußland die Neutralität Österreich-Ungarns, sollte ein Krieg ausbrechen. Rußland zeigte sich für den Fall des erhofften Sieges bereit, die Doppelmonarchie in die territoriale Neuordnung auf dem Balkan miteinzubeziehen. Folgende Beschlüsse fanden beiderseitige Zustimmung: Serbien, Bulgarien und Rumänien erhalten die volle staatliche Unabhängigkeit, aber kein großer Staat der Südslawen wird gebildet, des weiteren gilt unverändert, daß Bosnien und die Herzegowina der österrei-chisch-ungarischen Monarchie, Bessarabien und Batum Rußland zufallen werden[8]. Die anderen Großmächte wollten den Krieg noch verhindern. Als Ergebnis der Verhandlungen in London entstand das Protokoll vom März 1877, in welchem die Reformvorschläge zur Verbesserung der Lage der christlichen

Untertanen des osmanischen Reiches wiederholt wurden. Diese Vorschläge wurden aber von der Pforte erneut zurückgewiesen[9]. Dadurch entstand die günstige Situation für Rußland, am 24. April 1877 dem Osmanischen Reich den Krieg erklären zu können. Der Vormarsch war schon im voraus im Abkommen mit Rumänien gesichert worden. Großbritannien wollte Rußland zurückhalten, aber die österreichisch-ungarische Monarchie konnte sich wegen der innenpolitischen Lage dem antirussischen Angriff nicht anschließen. Rußland dagegen schlossen sich Rumänien und Serbien als Waffengefährten an, sogar bulgarische Freiwilligenkorps nahmenteil. Nach Anfangserfolgen der osmanischen Kräfte fiel die Festung Plewna, und der Weg nach Konstantinopel war für die russischen Truppen frei. Auch mit dem Konferenzvorschlag der Doppelmonarchie und mit den Flottenmanövern Großbritanniens war Rußland nicht mehr aufzuhalten. Schon am 31. Januar 1878 wurde der Waffenstillstand nach dem Diktat Rußlands abgeschlossen[10].

Der russisch-türkische Vorfriede von San Stefano vom 3. März 1878 zeigte eindeutig, daß sich Rußland um die früheren Vereinbarungen, um die Interessen Österreich-Ungarns und um die Proteste Großbritanniens nicht kümmerte. In diesem Frieden sicherte Rußland die vollständige Unabhängigkeit und den Gebietszuwachs von Serbien, Montenegro, Rumänien und Bulgarien, und mit Groß-Bulgarien schuf es sogar den von den anderen Großmächten unerwünschten großen südslawischen Staat. Daneben erhielt es für sich von Rumänien Bessarabien sowie vom Osmanischen Reich einen enormen Tribut. Das alles konnte von den anderen Großmächten nicht zugelassen werden. Vor allem die Regierungen Großbritanniens und der österreichisch-ungarischen Monarchie sahen ihre Interessen verletzt und fühlten sich genötigt, diplomatische Schritte zu unternehmen. Ihr Vorgehen war aber grundverschieden. Großbritanniens Regierung war entschlossen, im Bündnis mit Österreich-Ungarn auch einen Krieg gegen Rußland zu unternehmen. Die Innenpolitik der Doppelmonarchie ließ es aber weiterhin nicht zu, an einem gemeinsamen antirussischen Krieg teilzunehmen. Auch die russische Diplomatie tat alles, um Österreich-Ungarn von Großbritannien zu trennen. Nach dem Scheitern eines weiteren russischen Versuches, die Doppelmonarchie dazu zu bewegen, den Vorfrieden von San Stefano zu akzeptieren, kam es zu einer Wende. Großbritannien begann direkte Verhandlungen mit Rußland, deren Ergebnis das Abkommen vom 30. Mai 1878 war. In diesem wurde festgelegt, daß Bulgarien verkleinert und hinter den Balkan zurückgedrängt, die russischen Eroberungen im Transkaukasus von Großbritannien akzeptiert werden, Rußland sich verpflichtet, Konstantinopel nicht zu besetzen sowie die Interessen der Briten im Nahen Osten nicht zu gefährden und in diesem Sinne im voraus einen englisch-türkischen Vertrag über den Wechsel der Hoheitsgewalt über die Insel Zypern anzuerkennen. Währenddessen war die österreichisch-ungarische Diplomatie bemüht, die orientalische Krise durch eine europäische Konferenz über den Vorfrieden von San Stefano zu lösen[11]. Dazu konnte nicht nur das Deutsche Reich gewonnen werden, sondern schon am 6. Juni wurde eine Vereinbarung auch mit der Regierung Großbritanniens in diesem Sinne abgeschlossen. Auch sie folgte der Einladung

Bismarcks vom 3. Juni, am Kongreß in Berlin teilzunehmen. Unter diesen Umständen sah sich auch die russische Regierung gezwungen, sich dem Kongreß zu fügen, um nicht einen erneuten Krieg riskieren zu müssen[12].

So konnte die Großmächtekonferenz, der sogenannte Berliner Kongreß, am 13. Juni 1878 eröffnet werden. Als diplomatische Beauftragte versammelten sich die führenden Staatsmänner Deutschlands, Großbritanniens, der österreichisch-ungarischen Monarchie, Frankreichs, Italiens, Rußlands und des Osmanischen Reiches, um das Schicksal Südosteuropas neu zu gestalten und den Vorfrieden von San Stefano zwischen Rußland und dem Osmanischen Reich zu revidieren. Bismarck, Beaconsfield, Andrássy, Waddington, Corti, Gortschakow und Karatheodory standen an der Spitze der einzelnen Delegationen, die unter Vorsitz des deutschen Reichskanzlers in wenigen Plenarsitzungen und vielen bilateralen Verhandlungen die einzelnen Friedenspunkte berieten[13].

Die am 13. Juli 1878 unterschriebene Kongreßakte, der Berliner Vertrag, enthielt Bestimmungen, die vor allem die Zurückdrängung Rußlands und die Verhinderung der Bildung eines großen slawischen Balkanstaates bezweckten. Die einzelnen Punkte beinhalteten: die Dreiteilung Groß-Bulgariens, wobei Mazedonien weiterhin unter osmanischer Herrschaft blieb; Ostrumelien wurde zu einer autonomen Provinz innerhalb des Osmanischen Reiches unter einem christlichen Gouverneur, und nur Nord-Bulgarien konnte als formell unabhängiger, doch dem Sultan steuerpflichtiger Vasallenstaat unter einem eigenen Fürsten organisiert werden, wobei dieser Fürst keiner regierenden Herrscherfamilie entstammen durfte. Serbien, Montenegro und Rumänien erhielten die staatliche Unabhängigkeit mit konfessioneller, bürgerlicher und politischer Gleichheit der Untertanen. Als Territoriumszuwachs erhielt Serbien die Bezirke von Nis und Pirot, Montenegro bekam Antivari und die angrenzende Küste. Rumänien wurde gezwungen, Bessarabien und das rechte Ufer des Donaudeltas Rußland zu überlassen, als Kompensation erhielt es jedoch die Inseln im Donaudelta sowie Dobrudschen. Rußland bekam noch die Häfen Karscha, Ardakan und Batum. Die Grenze zwischen Griechenland und dem Osmanischen Reich wurde zugunsten Griechenlands in Thessalien und Epir modifiziert. Der Sultan wurde verpflichtet, die Religionsfreiheit auf Kreta und in anderen von Christen bewohnten Gebieten zu gewährleisten. Das Passieren der Meerengen blieb russischen Kriegsschiffen weiterhin untersagt. Die Donau wurde für neutral erklärt, und zu ihrer Kontrolle wurde eine Europäische Kommission ins Leben gerufen. Die früheren Vereinbarungen über die Heiligen Stätten wurden weiterhin aufrechterhalten, und Großbritannien erhielt die Zustimmung zur Besetzung der Insel Zypern. Neben diesen wichtigen Bestimmungen war jedoch das der österreichisch-ungarischen Monarchie erteilte Mandat von noch größerer Bedeutung[14].

Im Artikel XXV des Berliner Kongresses wurde zuerst eindeutig festgelegt: "Bosnien und die Herzegowina bleiben integräre Teile des Osmanischen Reiches." Viel wichtiger war aber der nächste Satz: "Sie werden aber von Österreich-Ungarn okkupiert und verwaltet." Im weiteren wurde noch hinzugefügt, um Serbien und Monetengro gegeneinander auszuspielen, daß "der Sandschak Novi-Bazar" zwar unter osmanischer Herrschaft bleibt, die Doppelmonarchie dort aber, ebenso wie in den neuerworbenen Küstengebieten Montenegros, "Garnisonen unterhalten und strategische und Handelsstraßen bauen kann"[15]. Dadurch wurde die ursprüngliche Zielsetzung der k. u. k. Hofdiplomatie erreicht: Zur Sicherung der inneren Zustände in den von Südslawen bewohnten eigenen Gebieten konnte das Hinterland besetzt werden. Dadurch gewannen die Slawen an Gewicht innerhalb der Doppelmonarchie. Wegen der darauffolgenden inneren Opposition und des internationalen Widerstandes, schließlich auch infolge der zähen diplomatischen Abwehrmanöver der Pforte, konnte jedoch nicht für die ursprünglich erwünschte Annexion, sondern nur für die oben geschilderte Okkupation im Einklang mit dem erhaltenen Mandat die internationale Anerkennung erlangt werden[16].

Das Schicksal der beiden südslawischen Länder des osmanischen Reiches wurde auf der Sitzung des Berliner Kongresses am 28. Juni 1878 von den Großmächten keineswegs im Interesse der Einwohner dieser Länder entschieden. Die österreichisch-ungarische Erklärung sprach offen aus, daß es in den Interessen der Doppelmonarchie lag, mit militärischer Macht aufzutreten. Der formelle Antrag kam von der Delegation Großbritanniens, in welchem wieder ganz eindeutig betont wurde, daß schon die Schaffung selbständiger Staaten der slawischen Bevölkerung den europäischen Großmachtinteressen nicht entsprechen würde und zur Pazifizierung des Westbalkans die militärische und administrative Kontrolle Österreich-Ungarns nötig sei[17]. Wie wenig es um das Schicksal der slawischen Bevölkerung ging, zeigte das Bestreben der österreichisch-ungarischen Diplomatie, der moslemischen Bevölkerung schon im voraus zu versichern, daß eine friedliche Besetzung mit der Beibehaltung der gegebenen inneren Zustände und mit dem Schutz der Interessen der Bosniaken bevorstehe. Um eine möglichst schnelle Durchführung der Okkupation gewährleisten zu können, ging der österreichisch-ungarische Außenminister noch weiter, als er noch vor der Unterschrift des Berliner Vertrages dem Vertreter der Pforte versicherte, daß die Okkupation eine vorübergehende, die Herrschaftsrechte des Osmanischen Reiches nicht verletzende sein werde[18].

Die Ereignisse ließen sich jedoch nicht aufhalten. Schon zur Zeit des russisch-türkischen Krieges hatten sich die etwa 500 000 orthodoxen und etwa 450 000 moslemischen Einwohner einander angenähert, nur die etwa 210 000 Katholiken hatten weiterhin einen scharfen antimoslemischen Standpunkt vertreten[19]. Mit der Herrschaft der osmanischen Zentralmacht waren allerdings die breiten Massen Bosniens und der Herzegowina dermaßen unzufrieden, daß sie schon zur Zeit des Berliner Kongresses zu den Waffen griffen[20]. In dieser Lage sickerte durch, daß der Generalkonsul Österreich-Ungarns in Sarajewo am 3. Juli über die bevorstehende Okkupation vom Außenministerium unterrichtet wurde. Die Imame der Moslems begannen, die Einwohner sogleich zu mobilisieren, damit sie ihr Land auch ohne Mitwirkung der Behörden des Sultans verteidigen könnten.

Volkskomitees wurden gebildet, und den Verteidigungsvorbereitungen schlossen sich breite Massen an. Demgegenüber erklärte der Gouverneur der Pforte dem österreichisch-ungarischen Generalkonsul, daß die osmanische Staatsmacht neutral bleiben werde. Von den Moslems wurde schon am 13. Juli den eindringenden österreichisch-ungarischen Truppen der Heilige Krieg

(Dschihad) erklärt[21]. Unter diesen Umständen war der Aufruf der österreichisch-ungarischen Regierung an die Bevölkerung Bosniens und der Herzegowina umsonst, in welchem als Ziele der Okkupation die Sicherung der Ruhe und Ordnung, die Beendigung von Elend und Gewalt sowie die Beachtung der gegebenen Gesetze und Gebräuche betont wurden[22]. Die Bewohner der beiden Länder nahmen die Verteidigung ihrer Heimat in ihre Hände, und aus dem Aufstand gegen die nachgebende osmanische Staatsmacht wurde ein wahrer Freiheitskampf gegen die fremden Eindringlinge. Unter der Führung des moslemischen Imams Hadschi Loja und des orthodoxen Kaufmanns Petro Petrović wurde in Sarajewo eine provisorische Regierung gebildet, die als bewaffnete Macht nicht nur aufgerüstete Zivilisten, sondern immer mehr frühere Armeeangehörige um sich scharen konnte. Nach dem Aufruf der provisorischen Regierung zur Landesverteidigung schloß sich am 2. August auch die Bevölkerung von Mostar an[23].

Währenddessen dauerten auch die militärischen Vorbereitungen der österreichisch-ungarischen Monarchie an. Die Heeresleitung akzeptierte den politischen Beschluß, daß die Okkupation mit bescheidenen Kräften durchzuführen sei. Der schon am 9. November 1877 (!) fertiggestellte Operationsplan rechnete mit der Mobilmachung eines einzigen Korps[24]. Der Kommandant des vorgesehenen 13. Korps, Feldzugmeister Joseph von Philippović, der in drei Divisionen über 66 000 Mann verfügte, zog in seiner Stellungnahme vom 3. Februar 1878 in Zweifel, ob seine Kräfte im Falle des zu erwartenden Widerstandes der Bevölkerung zu einer Kampfführung gegen irreguläre Truppen und vor allem zu der erforderlichen Pazifikation ausreichen würden[25]. Vom Herrscher erhielt er aber lediglich die Erlaubnis, noch eine vierte Division mitführen zu dürfen[26]. FZM Philippović war der Meinung, daß seine Okkupationtruppen nach wie vor zu schwach seien. Noch zweimal wandte er sich direkt an Kaiser Franz Joseph, der Herrscher war aber zu weiterer Verstärkung nicht zu bewegen[27]. Er gab den Mobilisierungsbefehl am 9. Juni, also noch vor dem Zusammenkommen des Berliner Kongresses, weit vor der formellen Annahme des Berliner Vertrags mit dem Mandat der Okkupation. Als erster Mobilisierungstag wurde von ihm der 5. Juli bestimmt, in Kenntnis der Tatsache, daß die in Kampfbereitschaft versetzten Truppen am 14. Tag marschfertig sein könnten und noch weitere 8 Tage benötigen würden, um die Sammelplätze zu erreichen[28]. Nach einer Eisenbahnfahrt bis zu den Stationen Sisek, Esseg und Vukovar und einem anschließenden Fußmarsch überschritten die österreichisch-ungarischen Truppen am 29. Juli die Grenze[29].

Die Heeresleitung war schon im voraus über den bevorstehenden bewaffneten Widerstand der Bevölkerung unterrichtet und rechnete mit etwa 100 000 Aufständischen, unter ihnen etwa ein Drittel ehemalige Kämpfer der osmanischen Streitkräfte[30]. Sie war sich auch dessen bewußt, daß die Aufständischen über gute Bewaffnung und reichlich Munition verfügten[31]. Auch über die Schwierigkeiten der Nachrichtenübermittlung in dem bewaldeten, gebirgigen Gelände hatte sie genügend Informationen, wie auch über die Spannungen zwischen den verschiedenen Religionsgruppen[32]. Sie war im weiteren davon unterrichtet, daß Serbien die freiwillige Unterstützung des Widerstandes in Bosnien und der Herzegowina von Zivilisten und sogar von Armeeangehörigen zuließ, indem die Regierungskreise auch mit dem österreichisch-ungarischen Gesandten engen Kontakt pflegten. Über die Bewegungen der Aufständischen erhielten die österreichisch-ungarischen Diplomaten auch von montenegrinischen Regierungskreisen wichtige Angaben[33]. Die römisch-katholischen Untertanen des Sultans gingen noch weiter: Mehrere Tausende von ihnen griffen zu den Waffen, um die österreichisch-ungarischen Truppen zu unterstützen[34]. Dies alles bedenkend, hatte der Kommandant der Okkupationstruppen rasch vorzugehen, aber den friedlichen Charakter des Einmarsches zu wahren und den bewaffneten Zusammenstoß mit der Bevölkerung zu vermeiden[35].

Darauf schickte FZM Philippović seine Truppen in drei Kolonnen über die Save nach Bosnien: Die Hauptkolonne mit vier Brigaden und der Reserve von Brod nach Sarajevo, auf dem linken Flügel eine Brigade von Samac nach Zvornik und auf dem rechten Flügel drei Brigaden von Gradiska nach Travnik. Zur gleichen Zeit wurden die vier Brigaden der selbständigen XVIII. Division unter dem Kommando des Feldmarschalleutnants Stephan von Jovanović aus Dalmatien in die Herzegowina geführt, und zwar die Hauptkolonne im Neretvatal nach Mostar und die andere von Raguza nach Trebinje[36].

Schon am 3. August kam es zu einem ernsten Zusammenstoß. Zur Aufklärung war eine Husarenschwadron der Hauptkolonne des 13. Korps vorausgeschickt worden, und sie wurde bei Maglaj von den Aufständischen angegriffen[37]. Das gab dem österreichisch-ungarischen Heerführer Anlaß, sich erneut an den Herrscher zu wenden, ihm über die Unmöglichkeit des friedlichen Einmarsches und über die Schwierigkeiten der Wetter- und Straßenverhältnisse infolge des heftigen Gewitters, welches die Nachrichtenverbindungen weitgehend zerstört hatte, zu unterrichten und ihn wieder um Verstärkungen zu bitten[38]. Als Antwort wurde das strengere Vorgehen gegen die Aufständischen, die von Österreich-Ungarn nicht als Kriegführende anerkannt wurden, befohlen, verbunden mit einem Verbot von Massenrepressalien[39]. FZM Philippović verhängte daraufhin für Mord, Raub, Feuerlegen und Aufstand die Todesstrafe durch standrechtliches Erschießen[40]. Zu den ersten Hinrichtungen kam es nach der Besetzung von Maglaj; die gefangenommenen Aufständischen wurden an Ort und Stelle erschossen[41]. Die Situation wurde bald noch schlimmmer, denn der Nachschub der österreichisch-ungarischen Truppen war weit zurückgeblieben, es konnte nur mit einem langsamen Vorwärtskommmen gerechnet werden, und so sah sich die Heerführung gezwungen, die kämpfenden Truppen mit Hilfe der vorgeschriebenen Requisition zu versorgen[42]. Auch die beiden Flügel des 13. Korps mußten zur Inbesitznahme einer jeden bedeutenden Ortschaft blutige Kämpfe führen[43]. FZM Philippović kümmerte sich nicht um die Schwierigkeiten, ordnete seine Truppen, und setzte den Vormarsch nach Sarajevo fort. Dies wurde dadurch erleichtert, daß die Aufständischen ihre Truppen nicht konzentrieren konnten und ihre kleineren Gruppierungen schließlich überall unweigerlich Niederlagen erlitten. Am 19. August konnte dann auch Sarajevo berannt werden, die Aufständischen verließen die Stadt und die Zitadelle. Darauf folgte die übliche Vergeltung der Sieger[44]. Inzwischen begann auch der Angriff in der Herzegowina gegen Mostar. FML Jovanović konnte am 5. August die provisorische Regierung dieses Landes zur Kapitulation der Residenzstadt zwingen, aber der Widerstand dauerte an.

Auch die Verkündung des Kriegsrechts half nicht. Ebenso wie in Bosnien waren auch in der Herzegowina noch weite Gebiete zu besetzen[45].

Die nur kurz skizzierten ersten Kampfhandlungen zeigten der politischen und militärischen Führung der Doppelmonarchie, daß FZM Phillippović recht gehabt hatte, als er schon im voraus eine viel größere Stärke für die Okkupationstruppen gefordert hatte. Der gemeinsame Ministerrat entschied darauf am 13. August, weitere Truppen in die beiden zu okkupierenden Länder zu schicken, obwohl die Diskussion über die Größe des zur Unterstützung zu schickenden Armeekontingents noch eine Woche andauerte[46]. Schließlich entschied sich der Herrscher für die Aufstellung einer ganzen Okkupationsarmee in einer Stärke von 270 000 Mann, inbegriffen die schon Kämpfenden[47]. Der Kommandant der neugebildeten II. Armee wurde FZM Philippović, der zu seinem 13., aus den VI., VII. und XXXVI. Divisionen bestehenden Korps und der selbständigen XVIII. Division noch die in das 3., 4. und 5. Korps zusammengefaßten I., IV., XX., XIII., XXXI., XIV. und XXXIII. Divisionen erhielt, die aber nicht direkt ihm unterstanden, sondern unter das Kommmando des Feldmarschalleutnants Ramberg gestellt wurden[48].

Obwohl mit dem Fall von Sarajevo die Aufständischen ihr Zentrum verloren hatten, waren sie noch imstande, weitere Kampfhandlungen — freilich in unterschiedlichem Umfang und mit wechselnder Intensität — zu führen[49]. Ihr größter Erfolg war, daß sie in Ost-Bosnien den Brückenkopf von Doboj ständig angreifen konnten[50]. In West-Bosnien waren die Aufständischen vor allem weiterhin um Bihac erfolgreich[51]. Auch in der Herzegowina war ein aufständisches Zentrum um Trebinje noch aktiv[52].

Angesichts dessen wurde in Wien mit lang andauernden Kämpfen gerechnet, und man dachte daran, statt der Okkupation gleich die Annexion vorzunehmen. Wegen des Widerstandes der führenden politischen Kräfte der ungarischen Reichshälfte und vor allem wegen der außenpolitischen Überlegungen entschied sich der gemeinsame Ministerrat vom 24. August dann jedoch gegen die Annexion[53]. Allerdings erhielt FZM Philippović den Befehl, die beiden Länder so rasch wie möglich in Besitz zu nehmen[54], und in diesem Sinne die bis zum Eintreffen der Verstärkungen eingestellten Kampfhandlungen[55] neben der Pazifikation[56] erneut zu beginnen.

Der österreichisch-ungarische Heerführer entschied sich dazu, in erster Linie die Widerstandsnester auszuräuchern[57]. Die größte Anstrengung war um Doboj gefordert. Erst in den zwischen dem 3. und 6. September ununterbrochen durchgeführten Angriffen konnte das 3. Armeekorps unter Generalmajor Ladislaus Graf Szapáry die Truppen von Mehmed Nureddin Semsikodić aufrollen und in die Flucht schlagen. Nach diesem Sieg konnten die ost-bosnischen Gebiete in Besitz genommen und pazifiziert werden, obwohl es noch zu weiteren kleineren Gefechten kam[58]. Zur gleichen Zeit kamen die Verstärkungen aus der Doppelmonarchie an, worauf die Aufständischen mehrere Ortschaften aufgaben und um Tuzla Verteidigungsstellungen bezogen[59]. Die österreichisch-ungarischen Truppen folgten ihnen. In blutigen Gefechten nahmen sie am 16. September Brcka in Besitz und begannen, Tuzla zu berennen[60]. Nachdem am 21. September auch diese Stadt den Aufständischen weggenommen werden konnte, begann auch hier die Pazifikation. Nach dem verlorenen Gefecht bei Senkovic sahen sich die Aufständischen genötigt, auch dieses Gebiet aufzugeben. Damit erreichten die okkupierenden Truppen die Grenze des Sandschaks Novi-Bazar[61].

In West-Bosnien kam es zu ähnlichen Szenen. Um Ključ konnten die Aufständischen die Truppen des 13. Korps am 24. August noch zum Stehen bringen, aber nach dem Eintreffen der Verstärkungen änderte sich die Situation. Der Angriff der Okkupationstruppen vom 6. September führte zum Erfolg, und in zwei Tagen verschwanden die Aufständischen aus der Gegend[62]. Darauf konnten die österreichisch-ungarischen Truppen den ganzen Bezirk von Banjaluka besetzen. Die Verbände des 5. Korps kämpften sich währenddessen nach Bihac durch. Gemeinsam mit dem 13. Korps wurde der Angriff gegen diese Stadt begonnen, welcher am 18. September zum Erfolg führte[63]. Die Aufständischen konnten sich aber noch bis zum 28. September in der Umgebung halten; erst mit diesem Tag hörte der Widerstand in West-Bosnien auf.[64]

Auch in der Herzegowina dauerten die Zusammenstöße an. Die Truppenkörper der XVIII. Division gingen von Mostar aus vor. Am 7. September begannen sie die Belagerung von Trebinje, und nach der Besetzung dieser wichtigen Schlüsselstadt war die Süd-Herzegowina in ihrem Besitz[65]. Die letzte Aktion zielte auf die Inbesitznahme von Nordwest-Bosnien ab. Die Aufständischen an der Una konnten sich bis zum 14. Oktober halten, aber mit dem Fall von Pazin mußten sie auch dieses Gebiet aufgeben[66].

Zu kleineren örtlichen Kämpfen mit Aufständischen kam es noch bis Ende Oktober 1878, aber schließlich konnten die österreichisch-ungarischen Truppenmassen nicht nur den Widerstand der einheimischen moslemischen und orthodoxen Bevölkerung brechen, sondern durch die Pazifikation auch die öffentliche Ruhe sichern. Es gab jedoch einen Unterschied zwischen den beiden Ländern. In der Herzegowina ließ FML Jovanović die alte, von der osmanischen Herrschaft übernommene Administration weiterbestehen, in Bosnien war FZM Philippović dagegen mißtraurisch gegenüber der früheren Administration, weshalb er eine ganz neue, von ihm selbst erwählte einsetzen ließ[67]. Nach dem vollständigen Abschluß der Okkupation war es nicht mehr nötig, die ganze II. Armee in den beiden Ländern zu belassen. Zwölf Brigaden wurden vollständig zurückgezogen, die übrigen vierzehn in Friedenszustand versetzt, und so blieben nur noch 80 000 Mann als Besatzungsmacht in Bosnien und der Herzegowina. An die Spitze der Administration der beiden okkupierten Länder wurde der Herzog von Württemberg gestellt, zum Stellvertreter und zugleich Kommandanten der zurückgelassenen Truppen wurde FML Jovanović ernannt[68]. Die Pazifikation erwies sich als so gründlich, daß schon mit Ende 1878 die Konsolidierung vollständig schien, und es konnte eine allgemeine Amnestie erlassen werden. Im nächsten Jahr erfolgte die Inbesitznahme des Sandschaks von Novi-Bazar dann ohne jeden Widerstand[69].

Die Ruhe auf dem Balkan erwies sich aber als kurzfristig, wenn sie auch im Gebiet des Westbalkans nicht gestört wurde. Mit dem Aufstand von 1885 in Ostrumelien flackerte die orientalische Krise erneut auf. Dieses Gebiet schloß sich an Bulgarien an, worauf Serbien Territorien von Bulgarien als Kompensation forderte. Österreich-Ungarn unterstützte Serbien, um seinen Einfluß auf dem Balkan zu stärken, aber der serbisch-bulgarische Krieg endete mit dem Sieg Bulgariens. Im Budapester Frieden vom 3. März 1886 mußten beide Staaten den Status quo ante anerkennen. Rußland mischte sich jedoch ein, stürzte den Fürsten von Bulgarien, und demzufolge verschärften sich die Beziehungen zwischen Rußland und Österreich-Ungarn. So kam es nicht zur fälligen Erneuerung des Dreikaiserbundes, obwohl Deutschland durch seine Friedensvermittlung in diesem Falle den Krieg zwischen diesen beiden Großmächten noch verhindern konnte[70]. Aber das tragische weitere Schicksal dieser Region war nicht mehr aufzuhalten, denn bald kam es zu neuen Unruhen auch in den okkupierten Ländern Bosnien und Herzegowina[71].

Notes

1. Siehe die Materialien der modernsten Forschungsergebnisse in: Mesdunarodni naučni skup povodom 100-godosnjice ustanaka u Bosni i Hercegovini, drugim Balkanskim zemljana i istoričnoj krizi 1875-1878 godine, Sarajevo, 1977

2. Palotás, Emil: Heeresleitung und Balkanpolitik in Österreich-Ungarn in den Krisenjahren 1875-1879, Annales Univ. Sc. Budapestiensis, Sect. Hist., Tom. XXI., Budapest, 1982, S. 1888. u. f., Ekmečic, Milorad: Ustanak u Bosni 1875-1878, Sarajevo, 1973, S. 331. u.f.

3. Wertheimer, Eduard v.: Julius Graf Andrássy. Sein Leben und seine Zeit, Stuttgart, 1910, Bd. II. S. 58. u.f.

4. Diószegi, István: A hatalmi politika másfél évszáda, Budapest, 1994, S. 173. u.f.

5. Cvetkova, Bisztra: Az Oszmán Birodalom az 1877-78-as háború elóestéjén, in: Száz éve szabadult fel Bulgária az oszmán rabság alól, Budapest, 1978, S. 47. u. f.

6. Zachar, József: A Verfassungspartei külpolitikája a Neue Freie Presse tükrében az 1870-es években, Századok, 1972, S. 136. u.f. Vgl.: Palotás, Emil: A Balkán-kérdés az osztrák-magyar és az orosz diplomáciában a XIX. század végén, Budapest, 1972

7. Wertheimer, Bd. II. S.376. u. f.

8. Diószegi, István: Die Außenpolitik der österreichisch-Ungarischen Monarchie 1871-1877, Graz-Wien, 1985, S. 337. u. f.

9. Wertheimer, Bd. II. 392. u. f.

10. Der russisch-türkische Krieg 1877-1878 auf der Balkanhalbinsel, verfaßt von der Kriegsgesch. Comm. des kaiserl. russischen Hauptstabes, Wien, 1902, Bd. I. S. 21. u. f., vgl.: Rüstow, Wilhelm: Der orientalische Krieg in den Jahren 1877 und 1878, Zürich, 1878

11. Diószegi, István: Ausztria-Magyarország és Bulgária a San Stefano i béke utan, Budapest, 1961, S. 19. u. f.

12. Wertheimer, Bd. III. S. 84. u. f.

13. Novotny, Alexander: Österreich-Ungarn und die Türkei zur Zeit des Berliner Kongresses bis zum Abschluß der Konvention vom 21. April 1879, MÖSTA, Bd. 10, Wien, 1957, S. 341. u. f.

14. Novotny, Alexander: Ouellen und Studien zur Geschichte des Berliner Kongresses, Graz-Köln, 1957, Bd. I. S. 15. u. f.

15. Zachar, József: Az osztrák-német liberális Alkotmánypárt és a politikai hatalom 1861-1881, Budapest, 1981, S. 240. u. f.

16. Kriegsarchiv, Wien /KA/: MKSM 7132 ex 1852, Memoires 11/283 ex 1853, Nachlässe B/678, Nr. 1. Buch II. Bd. I. S. 29. u. f., MKSM 15-1/14 ex 1867, Memoires 1/47 ex 1867, MKSM 69-2/2 ex 1875, 691-21 ex 1877, Sep. Fasc. 75. Nr. 8, Sep. Fasc. 77. Nr. l., Fournier, August: Wie wir zu Bosnien kamen, Wien, 1909, S. 8. u. f., Beer, Adolf /Hrg./: Aus Tegetthoffs Nachlaß, Wien, 18882, S. 75. u. f., Glaise-Horstenau, Edmund v.: Franz Josephs Weggefährte, Zürich-Wien-Leipzig, 1930, S. 179. u. f.

17. Novotny: Quellen u. Studien, Bd. I. S. 55. u. f.

18. Hadtörtánelmi Levéltar, Budapest /HL/: Mikrofilmsammlung, Rolle 1802

19. Militär-statistische Übersicht von Bosnien und Herzegovina, Wien, 1881, S. 8. u. f., Koetschet, Josef: Aus Bosniens letzter Türkenzeit, Wien-Leipzig, 1905, DS. 70. u. f.

20. Herkalovič, Thomas: Vorgeschichte der Occupation Bosniens und der Herzegowina, Zagreb, 1906, S. 117. u. f.

21. KA, MKSM 33-1/40-2,3,4 ex 1878

22. Haus-, Hof- und Staatsarchiv, Wien /HHStA/: Min. d. Äuß. PA Bosnien, 1878, fol. 211

23. KA, AFA, 13. Korps, 1878-8-187/71, XVIII. Div, 1878-13-4, Koetschet, S. 86. u. f., Bajič, Mehmedalija: Svrgavanje turske vlasti i obdrambeni rat Bosne i Hercegovina protiv austrougorske invazije 1878 godine, in: Otpor austrougorskoj okupaciji 1878 godine, Sarajevo, 1979, S. 71. u. f.

24. KA, Nachlässe, B/128 Nr. 2

25. KA, MKSM 69-1/15-1 ex 1878

26. KA, MKSM, Präs. 76-7/1 ex 1878

27. KA, MKSM 69-1/75-2,3 ex 1878

28. KA, MKSM 69-1/18 ex 1878

29. Die Occupation Bosniens und der Herzegovina durch k.k. Truppen im Jahre 1878, Wien, 1879, S. 84. u. f., vgl.: Czeschka, Hugo v.: Die Okkupation Bosniens und der Herzegovina durch k.u.k. Truppen i. J. 1878, Wien, 1912, Wagner, Anton: Der Feldzug in Bosnien und in der Herzegowina i. J. 1878, Truppendienst, Wien, 1978, S. 222. u. f., Bencze, László: Bosznia es Hercegovina okkupációja 1878-ban, Budapest, 1987 /Die bisher beste Bearbeitung des Themas/

30. KA, AFA, 13. Korps, 1878-13-60/1,2,3, 1878-13-95, MKSM 33-1/40- 2,34,5,6, 69-1/30-30, 69-4/11-5,9 ex 1878

31. KA, AFA, 1878-8-250/72, MKSM 20-2/1-2 ex 1879

32. KA, AFA, 13. Korps, 1878-13-95, 1878-7-154, 1878-8-187, 250

33. KA, MKSM 69-4/11-6, 69-1/30 ex 1878, Sep. Fasc. 42 Nr. 18, 20

34. KA, AFA, II. Armee, 1878-9-16, 13. Korps, 1878-13-61/8, XVIII. Div. 1878-8-323, 13. Korps, 1878-9-384/32

35. KA, MKSM 69-1/27-1 ex 1878, vgl.: Gavranović, Borislav: Bosna i Hercegovina u doba austrougorske okkupacije 1878 god., Sarajevo, 1973, S. 79. u. f.

36. KA, AFA, 13., Korps, 1878-7-56, 65, 65a, XX. Div. 1878-7-21

37. KA, AFA, 13. Korps, 1878-8-27, 27a,27b

38. KA, AFA, 13. Korps, 1878-65, 66, 67, vgl.: 1878-13-34

39. KA, MKSM 69-lt27-2,5 ex 1878

40. KA, AFA, 13. Korps, 1878-9-281

41. KA,. AFA, 13. Korps, 1878-8-36, u. f.

42. KA, AFA, 13. Korps, 1878-8-51/69 u. f.

43. KA, AFA, VII. Div. 1878-7-131 u. f., 1878-8-180 u. f.

44. KA, AFA, 13. Korps, 1878-8-20+ U: F: vgl. Kenedi Géza: Magyar vér Boszniában, Budapest, 1928, S. 123. u. f.

45. KA, AFA, XVIII. Div. 1878-7-16 u. f., 1878-8-318 u. f.

46. HL, Mikrofilmsammlung, Rolle 1027

47. KA, MKSM 97-9/2 ex 1879

48. KA, MKSM 69-1/30 ex 1879, AFA, II. Armee, 1878-13-98/5

49. KA, AFA, 13. Korps, 1878-13-34, 3. Korps, 1878-9-286 u. f.

50. KA, AFA, II. Armee, 1878-13-61 u. f., 3. Korps, 1878-13-12, 4. Korps, 1878-13-27

51. KA, AFA, 13. Korps, 1878-13-61, 71, 1878-9-423, 1878-10-150

52. KA, AFA, XVIII. Div. 1878-8-265, 1878-9-206

53. Hegedüs Géza: Két Andrássy, két Tisza, Budapest, 1937, S. 212. u. f.

54. KA, MKSM 69-1/27-5 ex 1879

55. KA, AFA, 13. Korps, 1878-8-460/1

56. KA, AFA, 13. Korps, 1878-8-250 u. f.

57. KA, AFA, II. Armee, 1878-13-97

58. KA, AFA, 3. Korps, 1878-13-12 u. f., 1878-8-60,1878-9-6 u. f.

59. KA, AFA, II. Armee, 1878-13-62, 97, 3. Korps, 1878-9-420 u. f.

60. KA, AFA, 3. Korps, 1878-9-408 u. f., 4. Korps, 1878-9-120 u. f.

61. KA, AFA, II. Armee, 1878-9-216 u. f.,

62. KA, AFA, 13. Korps, 1878-8-390 u. f., 1878-9-356 u. f.

63. KA, AFA, 13. Korps, 1878-9-131/11

64. KA, AFA, 13. Korps, 1878-9-131 u. f.

65. KA, AFA, XVIII. Div. 1878-8-265 u. f., 1878-13-1,2,6

66. KA, AFA, 13. Korps, 1878-9-546 u. f., 1878-10-1 u. f.

67. KA, MKSM 69-17/6, 1/27-5 ex 1879

68. KA, MKSM 97-9/2 ex 1879, Sep. Fasc. 70 nr. 58

69. KA, MKSM 69-13/1-3, 69-17/2,8,9 ex 1879

70. Palotás 1972, S. 183. u. f.

71. Wertheimer, Bd. III. S. 317. u. f.

LAS EXPEDICIONES MILITARES ESPAÑOLAS EN LAS GUERRAS DE CUBA Y LA RESPUESTA DE LA SOCIEDAD CIVIL

Pedro Pascual
Doctor en Ciencias de la Información
Licenciado en Geografía e Historia

Lugar de trabajo: Universidad Politécnica de Madrid

Ahora precisamente se cumple el centenario del comienzo de lo que los cubanos llaman Guerra de la Independencia de Cuba, última y definitiva de las tres guerras que desde 1868 a 1898 mantuvieron contra España para lograr su soberanía. Los gobiernos de la metrópoli, en vez de haber acudido desde el primer momento, el grito de Yara (10-X-1868), que señaló el comienzo de la Guerra Grande o Guerra Larga (1868-1878) y de las sucesivas contiendas, a la negociación para impedir que la situación se enconase y evitar inútiles sacrificios y derramamientos de sangre, escogieron terca y tozudamente la vía de pretender parar en seco los vientos de la historia.

El huracán independentista hispanoamericano había comenzado al despuntar el siglo. Entre 1811 y 1812, Argentina, Venezuela y Paraguay proclamaron su libertad y se desligaron para siempre de la soberanía española. En poco más de la docena de años siguientes, España perdió su imperio americano, con la excepción del caso atípico de Santo Domingo, y de las Islas de las Antillas, Cuba y Puerto Rico, que permanecieron fieles a lo que con tan generosidad por parte de las naciones hispanoamericanas llaman la Madre Patria.

Si estos vientos de la historia no eran suficientes para mostrar lo que no hacía falta demostrar, la pura evidencia, se añadió otro tifón, el norteamericano, con sus nunca disimuladas ansias de querer apropiarse de Cuba, de modo físico y total o a través del comercio.

Guillermo Céspedes del Castillo, en su <u>América Hispánica</u> da unas cifras reveladoras de los intereses norteamericanos en Cuba. Estados Unidos "en 1850 absorbió el 27% de la exportación total del azúcar cubano; en 1875, casi el 65%; en 1894, casi el 91,5%. Antes de que el trust azucarero se constituya legalmente como tal (1887), el oligopolio está en marcha: ya en 1869 el puerto de Nueva York recibe más del 58% de las exportaciones cubanas a Estados Unidos, y el 80% del azúcar es procesado en sólo cuatro refinerías. Ante esta situación, la arruinada sacarocracia cubana se limitó a la pura actividad agrícola de cultivar la caña y enviarla a las fábricas cubanas, ya que no se podía exportar la caña deshidratada. Desde la penúltima década del siglo XIX, Cuba vende sólo a Estados Unidos, envía allí su azúcar concreta en barcos norteamericanos a una sola empresa refinadora; los precios se fijan en el Sugar Exchange de Nueva York; la información sobre mercados llega a Cuba a través de una agencia yanqui, por cablegramas transmitidos por la Western Union yanqui. En 1891-1895, casi el 85% del total de las exportaciones cubanas se dirige a Estados Unidos. Todo ello significa que la metrópoli económica de Cuba no es en absoluto España, sino los Estado Unidos"[1].

Las apetencias norteamericanas sobre Cuba venían desde hace muchos años antes. En 1812 y 1822 hubo intentos de compra. El 30 de mayo de 1848, el Presidente James Knox Polk ofreció cien millones de dólares a España por la compra de Cuba. James Buchanan, Secretario de Estado, dio instrucciones a su embajador en Madrid, Romulus M. Sanders, para que negociara. Fue un turbio asusto, en que también jugaba por su cuenta la reina madre María Cristina. El partido demócrata, al que pertenecía Polk, fue derrotado en las siguientes elecciones, al descubrirse el asunto. En 1857 hubo otro intento de adquisición.

En 1896 la tensión soterrada entre España y Estados Unidos se acentúa, hasta el punto que las cancillerías de las principales potencias eran prácticamente unánimes en reconocer que el contencioso se acabaría sólo con un acuerdo hispano-americano[2]. Todo se encoñó aún más a partir del 27 de marzo de 1897, día en que tomó posesión el Presidente norteamericano Mc Kinley. Dos días después el embajador de Estados Unidos en Madrid, Woordford, entregó un auténtico ultimátum al Gobierno de España. La gota que colmo el vaso se produjo el 19 de abril, cuando la Cámara de Representantes autorizó al Presidente Mc Kinley a intervenir en Cuba con todos los medios que fueran necesarios, para salvaguardar a los ciudadanos americanos residentes en la isla, los intereses del país y la paz de la región, fórmula habitual del intervencionismo militar.

Con estos simples datos es ocioso pensar que la poderosísima potencia del norte iba a dejar que un país lejano, España, se entrometiera en sus asuntos internos, y asunto interno norteamericano era Cuba.

Ante hechos tan evidentes como estos, los sucesivos gobiernos que hubo en España durante los 30 años de guerras en Cuba prefirieron apagar el incendio independentista cubano echando cada día más gasolina. El 17 de septiembre de 1868 se produjo la Gloriosa Revolución o Revolución Septembrina que destronó a la reina Isabel II, revolución fraguada y dirigida por un grupo de generales, entre ellos Topete y Prim. El 30 de ese mes se formó una Junta provisional de Gobierno y el 8 de octubre del siguiente el primero de los doce gobiernos que hubo en este período denominado el Sexenio Revolucionario. Dos días más tarde, Carlos Manuel de Céspedes lanzó el "Grito de Yara", que señaló el comienzo de la revolución y de las guerras independentistas cubanas.

Tanto los doce gobiernos del Sexenio Revolucionario como los cinco de la I República, que duró once meses, como los 23 de la Restauración Canovista, desde el comienzo de 1875 al final de las guerras en 1898, que señalaron la pérdida de Cuba, Puerto Rico y Filipinas, no quisieron dialogar con los rebeldes independentistas para ir otorgando sucesivos grados de autonomía y autogobierno, a su debido tiempo, y cuando se tomaron estas medidas era tan tarde que de nada sirvió.

134

La tozudez y terquedad militarista del Presidente del Gobierno, Cánovas del Castillo, falto además de visión de Estado, acentuado con su irreal aislamiento de España de la esfera internacional que se hizo dolorosamente patente con el nulo papel que jugó España en la Conferencia de Berlín (1884-85), promovida por el Canciller Otto von Bismark, los desaforados intereses económicos de la familia sagastina, los de importadores y exportadores españoles, los de la burguesía criolla habanera, la política maniobrera de Antonio López y su Compañía Transatlántica, que consiguió la práctica exclusiva del transporte entre España y las islas antillanas para llevar y traer mercancías del más variado signo, armamento y soldados, la sofocante corrupción generada por estas guerras retardaron una solución de paz de la que España se podía haber beneficiado desde el primer momento en todos los sentidos. Cuando estos intereses, que se quisieron defender con soldados y no con negociaciones, entraron en colisión con los de los Estados Unidos, que en la recta final de 1895-98 ayudó a los independentistas y entró directamente en la actividad bélica, pasó lo que pasó y que todos sabemos. Todo lo que ocurrió fue con la anuencia y el impulso de la Corona. Éste es uno de los capítulos más siniestros y miserables de la historia de los políticos contemporáneos de España. Los gobiernos y los políticos sacrificaron bárbaramente al Ejército y la Armada y a la juventud en una guerra sin sentido.

EL PARLAMENTO Y LAS GUERRAS DE CUBA

Desde el "Grito de Yara" la actitud del Gobierno de España fue bien clara: nada de diálogo ni negociaciones con los insurrectos sino todo lo contrario, envío de expedición tras expedición militar para laminar la intenciones independentistas y mantener la paz. Punto importante en esta cuestión es saber el número de soldados españoles que cruzaron el Atlántico para combatir en Cuba. Todavía hoy es imposible saberlo, al menos de los que lo hicieron en la Guerra Grande, con toda exactitud y sin siquiera un mínimo margen de error. La cifras que se vienen manejando no son fiables. tanto por no citar la fuente como porque todas están redondeadas.

Por un Real Decreto se creó un Archivo General Militar en el que se refundieron los dependientes del Ministerio de la Guerra que había en Alcalá de Henares, Aranjuez, Guadalajara y Segovia, que se instalaría en el Alcázar de Segovia, al cuidado del Cuerpo Auxiliar de Oficinas Militares[3]. Terminada la contienda en Cuba, el Ministerio español de la Guerra dio instrucciones mediante una circular (17-IX-1898) para el regreso del personal militar a España, y en ella se ordena que el Estado Mayor, Artillería e Ingenieros traigan todos los documentos relacionados con la campaña que puedan servir para hacer historia y que se envían al Archivo de Segovia y a los Museos de Artillería y de Ingenieros[4].

Esa documentación ha sido microfilmada en 97 rollos, que contienen de 100.000 a 150.000 documentos, según me informaron oficiosamente, muy bien conservadas las películas en el Archivo Histórico Militar de Madrid. Pero sin ordenar ni clasificar los documentos ni siquiera por años, todos revueltos, y además no hay catálogo ni inventario. Los documentos originales fueron llevados a Guadalajara, ciudad cercana a Madrid, y de allí a principios de 1995, a Avila, esperando que se habilite un lugar apto en el Archivo Histórico Militar de Madrid para guardar este tesoro. Por lo que se ve, en cien años no ha habido tiempo para ordenar, clasificar, catalogar e inventariar una documentación de altísimo valor.

No obstante, a base de mucha paciencia pude encontrar el documento del envío del primer cuerpo expedicionario militar español a Cuba, en 1869, que ofrezco en apéndice[5]. Fueron 3.200 soldados.

Algo muy distinto es la documentación de la guerra de 1895-98. El Diario Oficial del Ministerio de la Guerra publicó su primer número el 4 de enero de 1888[6]. Y el Anuario Militar a partir de 1892[7]. En una y otra publicación, la información es muy detallada y precisa. En apéndice recojo el estado de fuerza en los años 1895, 96 y 97 en Cuba. Estas son cifras y datos todos ellos fiables.

La repuesta de la sociedad civil a la guerra de Cuba fue, aunque parezca paradójico en el sentido literal del término, una continuada e insistente pregunta desde el Parlamento al Gobierno, que mantuvo durante los 30 años de contienda una postura hosca de cerrado silencio y de ocultismo, lo que provocó y sigue provocando todo género de sospechas.

Esta preocupación de la sociedad civil por la marcha de la guerra de Cuba apareció de forma muy destacada en "El Socialista", semanario y más tarde diario órgano oficial del Partido Socialista Obrero Español, y en diversas publicaciones de izquierda, así como en diarios, en los años 1895-98, de la importancia y solvencia como "El Pueblo", de Vicente Blasco Ibañez, de Valencia y "Heraldo de Madrid" y "El Imparcial", de Madrid. Por el contrario, la prensa ministerial y de la derecha, entre los que se encontraba como uno de los más reaccionarios "Blanco y Negro", apoyaban la acción de las tropas españolas desde la óptica de un patrioterismo fácil. "El tristemente celebrado José Martí", decía "Blanco y Negro" para decir que "basta con el cadáver de Martí para que la insurrección quede descabezada y nuestras tropas sostengan el vigoroso espíritu y valiente entusiasmo de que tantas muestras van dando en esta campaña" (1-VI-1895).

Dejo a un lado el reflejo que las guerras de Cuba dejaron en la prensa de entonces para centrarme en dos puntos: Actuación de los diputados en el parlamento, es decir, la voz del pueblo y de la sociedad civil a través de sus representantes elegidos por voto, y de los escritores e intelectuales.

El diputado Navarro y Rodrigo fue el primero en pedir cuentas al gobierno, solicitando la relación de número y clases de refuerzos enviados a Cuba hasta ahora, fechas, si es ejército o son paisanos, armamento y gastos. Le contestó con una clara imprecisión, el general Juan Prim, Presidente del Conejo de Ministros, para indicar que el Ministro de la Guerra no tiene inconveniente en dar esos datos, "pero sí le puedo decir que no bajarán de 30.000 los soldados que han ido después de la revolución". (Diario de Sesiones del Congreso de los Diputados, en adelante DSC, 27-XI-1869, n° 169, pág. 4411).

A partir de aquí las preguntas de los diputados se hicieron cada vez más frecuentes, las interpelaciones al gobierno aumentaron el tono de dureza y de fuerte exigencia y las respuestas de los ministros eran siempre del mismo tono: promesa de que se enviarían los datos pedidos al Parlamento, que no se cumplía, o acudir a la disculpa de que eran secretos de Estado que podían favorecer al enemigo.

El diputado Padial preguntó por las notas y actas de las conferencias sostenidas entre representantes de los Gobiernos de España y Estados Unidos (DSC, 28-V-1870)

El diputado Santos solicitó el envío a la Cámara de los expedientes sobre "equipo, alistamiento y habilitación de las fuerzas que han ido a la isla de Cuba desde 1º de Enero de 1869 hasta 31 de Diciembre de 1871" (DSC 16-V-1872). Medio mes después, "no habiéndose recibido todavía ninguno de esos expedientes", Santos lo recordó (DSC, 7-VI-1872).

El diputado Lafuente pidió "un estado detallado del ejército que existe hoy en la isla de Cuba" (DSC 30-IX-1872), y fue contestado con dos estados de revista del mes de agosto (DSC, 8-X-1872) pero el diputado Labra preguntó por las fuerzas enviadas a Cuba desde 1870 (DSC 27-I-1873), lo que quiere decir que los diputados no estaban conformes con las notas enviadas por el gobierno.

El diputado Manuel Salamanca y Negrete, que llegó a mariscal con una de las hojas de servicios más brillantes del ejército español, fue uno de los diputados que, con otros colegas de su partido, más se distinguió en inquirir del gobierno lo que sucedía en Cuba.

La primera pregunta fue sobre la forma de pagar "los gastos de recluta y armamento de los 24 batallones que han ido a Cuba" (DSC, 9-XII-1876). Nueva pregunta sobre los soldados enviados a Cuba desde el 1-I-1869, esta vez por Salamanca y Negrete (DSC, 18-II-1878), lo que quiere decir que todos querían saberlo y nadie estaba conforme con alguna nota perdida dada por algún ministro. Salamanca y Negrete preguntó por las condiciones de la capitulación enemiga y el "Pacto de Zanjón" (DSC, 2-III-1878), y a él se unió Núñez de Arce solicitando la postura de los cabecillas que se habían sometido (DSC, 11-III-1878). Salamanca y Negrete insistió en su petición (DSC, 18-III-1878, 1-IV-1878 y 13-IV-1878) con la consabida respuesta del silencio gubernamental.

Los días 7 y 8 de mayo el Congreso de los Diputados de España vivió un tenso debate, pues los diputados Manuel Salamanca, Cándido Martínez, Joaquín González Fiori, Antonio Vivar, Javier los Arcos, Ricardo Muñiz y Constancio Gambel exigieron al Gobierno que presentara "todos los antecedentes de la guerra de Cuba y capitulación pactada con algunas fuerzas insurrectas que han depuesto las armas". Salamanca y Negrete acusó al Gobierno de "diez años de silencio y de ocultación de los hechos" a "los representantes de la Nación, y demuestra que lo que se trata es de eludir cotejos y responsabilidades que de ellos desprenden y que no se sepa la verdad de lo ocurrido". Y añadió que "el Congreso sabe particularmente, y por la prensa, detalles de una mal llamada paz, que no conoce oficialmente, a pesar de haberse firmado hace dos meses. El Gobierno nos ha despreciado hasta el punto de no traer a nuestro conocimiento y examen lo que todo ciudadano español ha visto y leído en la prensa... ha creado una situación insostenible en Cuba; nos ha rebajado a los ojos de los extranjeros, sin conseguir alcanzar la paz; y no contento con esto, elude la reponsabilidad huyendo de la discusión".

Eran acusaciones gravísimas contra el gobierno y contra un compañero de armas, el general Arsenio Martínez Campos, general en jefe del ejército español en Cuba, quien fue el artífice del pacto o paz de Zanjón, y a quien acusó también de una larga serie de concesiones hechas a los independentistas, sobre todo a sus dirigentes en cuyas manos se ponía la posibilidad de rehacerse. Salamanca y Negrete, que sostuvo que entre soldados y voluntarios se aproximaban a los 200.000 hombres los combatientes contra 3.000 insurrectos, "descamisados extranjeros, reunión de malvados" como los calificó el gobierno. Su crítica fue durísima pues dijo que se mandó "una fuerza heterogénea, mermada por las enfermedades y vicios, y en especial la sífilis, sin instrucción alguna, sin género alguno de aclimatización, costumbres militares... el soldado va a operaciones con imperfecta instrucción, con el ánimo decaído"... la enfermedad de Cuba no es el vómito, no es el cólera; es la anemia, producto de la mala alimentación", citando las memorias o declaraciones de generales como Montero Gabuty, Concha, Riquelme y cuantos han estado allí. En su larguísimo discurso mencionó también, en cuanto al traslado de los soldados, a los transportes de la Armada, que para eso están o deberían estar. La alusión a la compañía Trasatlántica, cuyas contratas provocaron varios agrios debates hasta el final de la guerra, debido a la corrupción existente en ellas, era clarísima. El resultado del debate es que se propuso hacer una votación de confianza al gobierno. El diputado Manuel Salamanca Negrete se quedó sólo.

Pero siguió insistiendo sobre la paz de Zanjón (DSC 11-XI-1879) y recordando el envío de documentos solicitados, además de exponer una larga serie de hechos de la más absoluta corrupción y de agravios comparativos entre la falta de pagos a la tropa o a las madres de soldados muertos en campaña mientras que se estaban dando elevadas cantidades de dinero a los cabecillas independentistas. (DSC 4 y 15-VII-1879).

Manuel Salamanca y Negrete (Burgos 1831-La Habana 1891), el rayo que no cesa, fue nombrado Gobernador General de Cuba (1889), desde cuyo cargo acusó al Gabinete presidido por Sagasta de malversación de fondos públicos.

Cuba y la guerra siguieron ocupando la atención de los parlamentarios. El diputado Dabán preguntó, como de costumbre sin mayor éxito en cuando a que el gobierno le aclarase sus dudas, sobre los gastos de la guerra y de forma muy precisa acerca de lo que se debía en sueldos a jefes, oficiales y soldados regresados de Cuba (DSC 28-I-1880). El mismo diputado volvió a pedir el estado de fuerza y situación del ejército de Cuba "para tenerlo en cuenta al estudiar el presupuesto de aquella isla (DSC 5-VI-1883), que en esta ocasión tuvo una rápida respuesta por parte de Arsenio Martínez Campos (DSC 9-VI-1883), quien dio datos más precisos.

En marzo de 1895 volvió la tensión por Cuba al parlamento español. El diputado Sanchis preguntó al gobierno (DSC 9-III-1895) por la actitud de los Estados Unidos ante la insurrección cubana, que había comenzado el 23 de febrero inmediatamente anterior con el "Grito de Baire". En el DSC no hay preocupación por parte de los diputados para estar informados de lo que sucedía en la isla ni interés por el gobierno para adelantarse y decir lo que ocurría. Un espeso silencio anida en sus páginas. Y desde ese día de marzo de 1895 en adelante no existió la conciencia de la gravedad de lo que ocurría en Cuba.

El diputado Sanchis cogió el relevo de las preguntas sobre la fuerza existente en Cuba, que "por virtud de una organización que me permito llamar defectuosa, los 12.764 soldados que en el papel componen aquel ejército quedan reducidos, rebajando los artilleros que tienen que guarnecer las fortificaciones, la sección de ordenanzas y la brigada sanitaria, a 11.817, y de estos me atrevo a afirmar que no hay siquiera 5.000 en armas; aquel ejército va a ser reforzado ahora con 8.500 hombres, y además otros batallones estarán dispuestos para en caso necesario, marchar también a aquella isla, según ha manifestado aquí públicamente el Ministro de la "Guerra". (DSC 9-III-1895). En el debate, el Ministro de la Guerra, López Domínguez, entre otras cosas, dijo al hablar del servicio de artillería de plaza en Cuba que no se atrevía a dar su opinión "sobre ese servicio en Cuba, porque no lo conozco". Revelador.

EL DESASTRE Y LA GENERACIÓN DEL 98

Que la guerra de Cuba de 1895-1898 estaba perdida de antemano, lo anunciaron mentes ecuánimes y enteradas de la realidad de la situación. Otra cosa era la parafernalia patriotera de los políticos y de varios periodistas y periódicos que no cesaban de mofarse de los Estados Unidos, a los que calificaban de vulgares tenderos.

Por su significación escojo a uno de los jefes más calificados, el contraalmirante Pascual Cervera y Topete, quien en su libro en el que recogió cartas y documentos sobre su intervención y la de la Armada española, que terminó con su derrota el 3 de julio de 1898 en Santiago de Cuba, además de señalar, con cifras y datos, el poderío naval norteamericano, empleó repetidamente la palabra desastre en sus comunicaciones a sus superiores para prevenirles de lo que fatalmente sucedió[8].

Por el aviso premonitorio que el jefe de las fuerzas navales hizo, el término desastre, que tenía que servir única y exclusivamente para enfocar un fracaso bélico naval, desde hace un siglo viene sirviendo a diversos historiadores para englobar en ese concepto a toda España, al pueblo español, a sus instituciones, como producto y resultado único de la pérdida de Cuba, a consecuencia de una historiografía anodina, sin el menor sentido crítico y sin haber investigado ni poco ni mucho en lo que realmente fue para España la pérdida de Cuba. El desastre fue el del gobierno que en 1898 presidía Práxedes Mateo Sagasta, que en vez de dimitir, como era normal haberlo hecho, no se dio ni por enterado ni por aludido de la pérdida de Cuba y no tuvo inconveniente en firmar la deshonrosa paz de París con Estados Unidos.

La pérdida de Cuba, Puerto Rico y Filipinas no llevó al caos a España, ni fue una catástrofe que se impusiera a todo y a todos, en lo económico, en lo social, en lo humano, hasta el punto de que de esa pérdida se hubiera podido derivar una revolución, una situación tan desesperada y agónica que habría desembocado en la desaparición de España, ni un descalabro de dimensiones tales que se habría traducido en la eliminación de la monarquía y el comienzo del cantonalismo. No hubo nada de esto. Ni siquiera la pretendida conmoción nacional, tan repetida por algunos historiadores.

En lo humano y lo social, no hubo desastres sino todo lo contrario. Los jóvenes españoles dejaron de vestir el uniforme rayadillo para morir absurda y estúpidamente en la manigua cubana o en un poblado filipino en una guerra que también ellos sabían que estaba perdida de antemano. O de forma nada heroica a causa del vómito o de la fiebre amarilla. Carlos Serrano ha estudiado el caso frecuentísimo de jóvenes que se escondían, que emigraban a América, a Francia, Portugal o norte de Africa para no tener que ir a luchar en las colonias. A partir de la pérdida de Cuba, Puerto Rico y Filipinas las familias ya no se vieron envueltas en la angustia permanente de que el hijo fuera destinado a Ultramar o de una espera trágica sobre su suerte, pues podía morir en la batalla o por el vómito, y en el mejor de los casos, volver irremediablemente enfermo. Las muy altas cifras de mortalidad y las disposiciones oficiales de ayuda económica para las familias que no tenían ni dinero para enterrar al joven que volvió herido de muerte, son demostrativas de una situación. También las familias no tuvieron que seguir ahorrando dinero, quitándoselo a veces del plato de comida, para con ello pagar la redención en metálico que eximía a los jóvenes del cumplimiento del servicio militar. Con estos datos, ¿es honesto que todavía hoy se siga hablando de desastre?

En lo económico, al no tener que hacer el gobierno los desembolsos altísimos para mantener al ejército y la armada, lo cual fue un ahorro muy elevado, y la repatriación de capitales, fue para la burguesía y las finanzas lo contrario a un quebranto económico. No hay que dudar que la nueva situación permeabilizó a toda la situación española. Harrison sostiene que "para la comunidad financiera de Vizcaya, el desastre colonial fue una fuente de beneficios, poco menos que una crisis de la bolsa (1901) debida a la ola especulativa que se desató en virtud de la prosperidad de la zona.. Más aun, la expatriación de los ahorros de los emigrados que volvían de Cuba, desató un gran incremento de la formación de compañías en Bilbao, lo que dio por resultado el fortalecimiento y la diversificación de la industria"[9].

En esta apreciación hay coincidencia en dos importantes economistas españoles e historiadores de la economía, como son el catedrático José Luis García Delgado[10] y Jordi Nadal[11].

El año 1898 señaló en España, especialmente en Cataluña y País Vasco, el arranque de una recuperación económica y de industrialización muy notable, el nacimiento de bancos y el incremento de las exportaciones, incluyendo paradójicamente en esos destinos a la isla de Cuba.

En lo cultural, seguir hablando de desastre es decir cosas sin sentido y sencillamente faltar a la verdad, pues precisamente el último cuarto del siglo XIX y el primero del XX constituyen uno de los períodos más brillantes, más granados, más maduros de la novela, poesía, teatro, ensayo, historiografía y hasta ciencia, así como en la música y la pintura, comparable a la Edad de Oro de España y, en algunos aspectos y campos, superior.

El año 1898 ha dado nombre a una muy mal llamada "Generación del 98" formada por escritores, a los que se les señala como iniciadores de una corriente crítica hacia el poder establecido, el régimen, los gobiernos y determinados políticos. Estos escritores han pasado a formar un grupo que hoy se estudia en la historia de la literatura española como una corriente más entre naturalismo, realismo, modernismo, etc. Se identifica año 98 y pérdida de Cuba con el latigazo intelectual dado por esos escritores a consecuencia de la pretendida conmoción nacional, como si los escritores de años antes hubieran estado todos dormidos.

140

La realidad es muy distinta. Tengo que detenerme aquí, no solamente para poner las cosas en su sitio y enfocar con sentido muy crítico correctamente lo que fue y no fue la "Generación del 98", sino ante todo para señalar cuál fue la reacción de los intelectuales y escritores españoles ante la pérdida de Cuba, volcada en los libros y folletos que escribieron y publicaron sobre ello.

El nacimiento de la muy mal llamada "Generación del 98" se sitúa en 1901, cuando ya los efectos emocionales de la pérdida de las colonias había pasado y Cuba, Puerto Rico y Filipinas eran algo en la lejanía del recuerdo que, muy fundadamente, nadie quería recordar. Es, por lo tanto, una espoleta demasiado retardada. Los escritores españoles Azorín, Pío Baroja y Ramiro de Maeztu firmaron, con el pesudónimo de "Los Tres" el Manifiesto de 1901, que se publicó en la revista Juventud, para luchar a favor de "la generación de un nuevo estado social de España", ya que no era útil ni "el dogma religioso, que unos sienten y otros no, ni el doctrinarismo republicano o socialista, ni siquiera el ideal democrático", para que se "canalice esa fuerza" del "ideal vago" de la juventud"[12].

Éste era el propósito de esos tres escritores, a los que se unieron otros y a los que, de buenas a primeras se les bautizó con el nombre de "Generación del 98". Azorín, quizá su miembro más significado, publicó (1913) en el diario ABC, de Madrid, cuatro artículos, recogidos posteriormente en el libro "Clásicos y modernos", con el título general de "La generación de 1898", en el que clarificó de una vez y para siempre lo que esto significó[13]. Con poco éxito, pues legiones y legiones de ensayistas, escritores, críticos, analistas, historiadores parece que no los han leído, o los han manipulado e interpretado burdamente. Lo mínimo que puede pedir y esperar un autor es que se respete la idea y la literalidad de sus escritos, aunque no se esté de acuerdo con ellos. De Azorín son estos párrafos:

"Existe una cierta ilusión referente a la moderna literatura española de crítica social y política; se cree generalmente que toda esa copiosa bibliografía "regeneradora", que todos esos trabajos formados bajo la obsesión del problema de España han brotado a raíz del desastre colonial y como consecuencia de él. Nada más erróneo; la literatura regeneradora, producida de 1898 hasta años después, no es sino una prolongación, una continuación lógica, coherente, de la crisis política y social que desde mucho antes a las guerras coloniales venía ejerciéndose. El desastre avivó así, el movimiento; pero la tendencia era ya antigua, ininterrumpida."

"El movimiento de protesta comenzaba a inquietar a la generación anterior. No seríamos exactos si no dijéramos que el Renacimiento del que hablamos no se inicia precisamente en 1898. Si la protesta se define ese año, ya antes había comenzado a manifestarse más o menos vagamente. Señales de ello, por ejemplo, en 1897".

"La generación de 1898, en suma no ha hecho sino continuar el movimiento ideológico de la generación anterior".

Ramiro de Maeztu se apartó pronto de los ideales literarios y de medias tintas de sus amigos y rechazó su inclusión en la generación del 98 por ser un "concepto impreciso y falso" y porque pensaba que "aquello fue durante varios años una tragicomedia de despropósitos"[14].

Pío Baroja protestó así en 1914: "Yo no creo que haya habido, ni que haya, una generación de 1898. Si la hay, yo no pertenezco a ella. En 1898, yo no había publicado apenas nada, ni era conocido, ni tenía el más pequeño nombre. Mi primer libro, "Vidas sombrías", apareció en 1900. No me ha parecido nunca uno de los aciertos de Azorín, el bautizador y casi inventor de esa generación, el de asociar los nombres de unos cuantos escritores a una fecha de derrota del país, en la cual ellos no tuvieron la menor parte"[15].

Y Miguel de Unamuno dijo en 1918 que se trataba de un mito elaborado durante más de medio siglo, un doble mito que nos ha presentado una "generación del 98" como expresión de una concepción del mundo y casi de un cuerpo cerrado de doctrina, lo que está a mil leguas de la realidad"[16].

Saber si el desastre llevó a la conmoción nacional y cómo todo esto se expuso en las obras de los intelectuales y escritores de aquel tiempo, sobre todo y ante todo de los componentes de la "Generación del 98" obliga a repasar la bibliografía de entonces. Después de la derrota de los ejércitos expedicionarios españoles en Cuba y Filipinas hubo un debate en los periódicos, bastante breve, pues se fue diluyendo durante la segunda mitad de 1898 y comienzos de 1899. Fue muy sonado y comentado el famoso artículo "España sin pulso" original de Francisco Silvela, quien a comienzos de marzo de 1899 asumió la tarea de jefe del gobierno.

En cuanto a libros y folletos, que exigen calma y reposo, más maduración de las ideas contrastadas, el resultado es peor. Durante cuatro años me he dedicado a investigar este asunto, en un elevado número de archivos, bibliotecas y centros de investigación españoles, con el fin de reunir la bibliografía originaria por la situación de Cuba. El resultado d mi trabajo es este: He recopilado 435 fichas de libros y folletos publicados en España desde 1868 a los primeros años del siglo XX, por autores españoles. He dado de lado todo cuanto publicaron los independentistas cubanos, en Cuba y fuera de la isla. La escasez de espacio en esta ponencia me impide aportar las 435 fichas. De éstas dos o tres sí son representativas de lo que se puede calificar como el dolor de España por la pérdida de Cuba, la llamada conmoción nacional. Hay cerca de un centenar de obras sobre cuestiones estrictamente bélicas y de técnica militar, cuyo contenido es explicar, razonar, contar, narrar lo ocurrido en los campos de batalla o en diversas acciones logísticas. El resto trata de cuestiones diversas de la vida cubana, desde poesías a la situación de la esclavitud.

Ni uno de esos 435 libros y folletos fueron escritos por autores de la mal llamada "Generación del 98" o sus aledaños. Está claro que a ellos no les afectó el desastre y la conmoción nacional, por la sencilla razón de que ambos no existieron. El pueblo español se olvidó pronto de la tragedia de las guerras, de la pérdida de Cuba Puerto Rico y Filipinas y se dedicó a vivir.

Notas

1. CÉSPEDES DEL CASTILLO, Guillermo. América hispánica (1492-1898). Historia de España, T. VI. Labor. Barcelona. 1985. 526 págs.

2. GARCÍA SANZ, Fernando. El contexto internacional de la guerra de Cuba: La percepción italiana del "98" español, en Estudios de Historia Social. España y Cuba en el siglo XIX. Núms. 44-47. 1988.

3. Diario Oficial del Ministerio de la Guerra (en adelante DOMG), 23-VI-1898.

4. DOMG, 18-IX-1898.

5. Archivo Histórico Militar. Madrid. 1869. Cuba. Organización de fuerzas. Rollo 11, Legajos 41-46. 18 Enero 1869. Circular. El Subsecretario, José S. Bregua. El Ministro de la Guerra dijo al Director General de la Infantería (16-I-1869): Pasar voluntariamente a Cuba para combatir con los que allí están, para concluir rápidamente la insurrección allí levantada. Pasarán: 4 batallones de Infantería compuesta por 8 Compañías con la fuerza de 100 plazas cada una (800 por batallón, con armamento, municiones y prendas de vestuario que designe el Director General de Infantería y un traje de campaña que recibirá el soldado a su embarque). Continuarán perteneciendo al Ejército de la Península sin dejar baja en las escalas.

6. Diario Oficial del Ministerio de la Guerra. Año I, núm. 1, Tomo I. Madrid 4 de Enero de 1888. Imp. y Lit. del Depósito de la Guerra. El primer número tenía 4 págs., que aumentaron las necesidades. Las secciones fueron muchas. Entonces era Ministro de la Guerra el general Manuel Cassola.

7. Anuario Militar de España. Ministerio de la Guerra. Madrid. Imp. y Lit. del Depósito de la Guerra. Se mandaba publicar al Depósito por real orden de Octubre de cada año. Los datos se tomaban de Diario Oficial y facilitados por el Ministerio de la Guerra y demás dependencias militares. En el apéndice, doy esquemáticamente los de 1895 publicados en 1896, y en fotocopia y completos los de los años 1896 y 1897, publicados los respectivos años siguientes. En 1899 y siguientes no apareció una línea sobre las fuerzas en Ultramar.

8. CERVERA Y TOPETE, Pascual. Guerra hispanoamericana. Colección de documentos referentes a la escuadra de operaciones de las Antillas ordenados por el Contralmirante... Imp. El Correo Gallego. El Ferrol. 1899. 218 págs.

9. HARRISON, Joseph. Historia económica de España. Vicens. Barcelona. 1988. 3ª reed. 262 págs.

10. GARCÍA DELGADO, José Luis. Nacionalismo económico e intervención estatal. 1900-1930, en la modernización económica de España, 1830-1930, comp. N. Sánchez Albornoz. Alianza. Madrid. 1985. 343 págs.

11. NADAL OLLER, Jordi. Un siglo de industrialización en España 1833-1930, en La modernización...

12. GRANJEL, Luis. La generación literaria del 98. Anaya. Salamanca 1966. 259 págs.

13. AZORÍN. Clásicos y modernos. Losada. Buenos Aires. 1971. 196 págs.

14. ROZAS LÓPEZ, Juan Manuel, et al. Historia de la literatura II. UNED-MEC. Madrid. 1982. 768 págs.

15. BAROJA, Pío. Desde la última vuelta del camino. Memorias. Ed. Caro Raggio. Madrid. 1982. I-III.

16. TUÑON DE LARA, Manuel. Medio siglo de cultura española (1885-1936). Tecnos. Madrid. 1984. 3ª ed.-2ª reimp. 304 págs.

APÉNDICES

BAJAS

El número exacto de bajas es dificilísimo saberlo. De las guerras de 1868-1878 y de la llamada Chiquita no hay datos fiables y fuentes informativas a las que acudir con garantías. De la "Guerra de la Independencia" (1895-1898) hay cifras oficiales que tienen todas las características de la verosimilitud, sobre todo las listas de las bajas definitivas de jefes, oficiales, clases y tropa del ejército de operaciones de Cuba, en las que hay que ver la verdad de lo ocurrido. Las publicó el DOMG en 174 números (22-III-1896/7-VI-1900), según las relaciones que enviaba el Capitán General de Cuba. En cada listado se consignaba el arma, cuerpo, clase, nombre del combatiente, fecha del fallecimiento (día, mes, año), y naturaleza (pueblo y provincia del que procedía). Las causas de las defunciones fueron las siguientes:

En el campo de batalla:	2.032
De heridas recibidas:	1.069
Del vómito:	16.329
De enfermedades comunes o accidentes:	24.959
Total:	44.389, incluidos 33 suicidados y 2 fusilados.

Además hubo 156 desaparecidos y 9 hechos prisioneros.

Como se ve, el mayor número corresponde a enfermedades, que suman 41.288 (vómito y enfermedades comunes), mientras que sólo fueron 3.101 los muertos en el campo de batalla o por heridas.

También el DOMG publicó diez relaciones, de 26-X-1898/12-IV-1899, con los nombres y circunstancias de los combatientes que regresaron enfermos de Cuba y murieron, al poco de ser ingresados, en cerca de 30 hospitales civiles y militares dispuestos al efecto, y en algunos de los barcos en que regresaban. En total fueron 827 los muertos. Parecen pocas estas relaciones, si se tiene en cuenta el estado en que volvían los combatientes. Es imposible saber el número de los heridos y enfermos que pudieron regresar a España y fallecieron en sus casas o diversos lugares. Los fallecimientos publicados por el DOMG se produjeron entre el 7-VIII-1898/1-III-1899.

Las últimas cifras, las de los regresados por enfermos. El DOMG publicó las listas de los componentes de las unidades de Ultramar que regresaban enfermos de Cuba. Estos listados aparecieron entre 12-IV-1896/1-V-1898. En total fueron 16.415 combatientes. Es imposible saber los que murieron a consecuencia de la enfermedad contraída en Cuba, pero debió ser alta si se tiene en cuenta el porcentaje de las bajas absolutas ofrecidas anteriormente.

Salvo error u omisión, éstas son las auténticas cifras dadas por el DOMG, cuyos totales los he tenido que hacer sumando uno tras uno de los casos, ya que el DOMG no lo hizo. Sobre muertos y enfermos en la guerra de Cuba (1895-98) se ha fantaseado mucho y se han dado cifras al gusto ideológico de quien escribía. Es imprescindible poner las cosas en su punto.

FUERZAS DEL EJÉRCITO

El DSC y el DOMG coinciden en informar sobre la fuerza del Ejército permanente para cada año económico.

1888-89: Ejército permanente en la Península: 95.266. Cuba 19.571. Puerto Rico: 3.155. Filipinas: 8.753.

1894-95: Península: 82.000 hombres de tropa. Puerto Rico: 3.091. Filipinas: 13.291.

Según el Anuario Militar de España, para Cuba se fijó en 13.842, a los que hay que añadir 4.560 de la Guardia Civil, 976 de Orden Público, y 943 de los cuerpos voluntarios, pagados por la Sección de Guerra del presupuesto de la isla. Y además otras fuerzas. En total, 2.731 oficiales, 607 asimilados, 70 capellanes y 81.264 de tropa. Total general: 84.372 hombres.

Para los siguientes años, véase el estadillo completo de cada uno que figura a continuación, tomados del AME. Pasada la guerra se fijó en 80.000 hombres la fuerza del ejército permanente para 1901 (DOMG 25-XI-1900)

LA CONFÉRENCE DE LA PAIX DE PARIS ET LA GUERRE ROUMANO-HONGROISE DE 1919

IMPLICATIONS SUR LE NOUVEL ÉQUILIBRE EUROPÉEN

Dumitru Preda

Le 18 janvier 1919, alors que, dans la capitale de la France, à Paris, commençaient les travaux de la Conférence de la Paix, destinée à régler la nouvelle architecture des relations internationales, la Roumanie se présentait au monde comme un État, de fait et de droit, national et unitaire, indépendant et souverain. Le réputé analyste britannique A.W.A. Leeper, estimait l'Union des roumains comme "une grande réussite pour la cause des peuples et de la démocratie, ce qui est universellement admis". Mais ses frontières n'étaient pas définitives et reconnues par des documents officiels à validité juridique internationale. Une partie de son territoire national était encore sous différentes occupations et des aggressions des puissances ennemies – la Hongrie et la Russie soviétique – étaient en train de se préparer, tant à la frontière de Nord-Ouest que celle de Nord-Est. La nuit du 15 au 16 avril 1919, la République hongroise des Conseils a déclenché la guerre contre la Roumanie, le conflit armée se prolongeant, avec une brève période d'armistice, jusqu'au mois d'août la même année, où, après une nouvelle attaque des forces bolcheviques hongroises (le 20 juillet), l'armée roumaine a vaincu l'ennemi, en occupant sa capitale.

Dans une lettre remise le 31 janvier 1926 au renommé professeur universitaire Geouffre de Lapradelle concernant ces événements, Nicolae Titulescu tenait à rappeler: "Vous n'êtes pas sans savoir, mon cher Maître, qu'à la fameuse séance du Conseil suprême du 11 juillet 1919 les puissances alliées et associées demandèrent aux nations voisines de la Hongrie une intervention militaire pour extirper le bolchevisme qui règnait alors à Budapest. Elles se déclarèrent toutes, en principe, d'accord avec les mesures demandées par le Conseil suprême que le maréchal Foch précisa [...] Mais si tout le monde fut d'accord sur le principe, certains demandèrent que le moment n'était pas propice. C'est ce qui fit dire à M.Clemenceau: «La Roumanie offre ses divisions, mais ne demande rien»."

La raison réelle de l'action militaire roumaine a été synthétisée par Constantin Diamandy, le haut commissaire du gouvernement roumain pendant l'occupation: "L'armée roumaine n'a pas franchi la Tisza dans le but d'occuper ou de conquérir des territoires, mais obligée et en légitime défense par suite de l'attaque des troupes hongroises de Béla Kun".

Certes, pour la plus grande partie des gens d'aujourd'hui, les événements qui ont eu lieu après la réalisation de l'unité nationale et d'État des Roumains, proclamée solennellement le 1er décembre 1918, au moment de la décision prise à Alba Julia d'union de la Transylvanie à la Roumanie, et surtout les causes du prolongement de presque une année de l'état de guerre, le conflit armé avec la République hongroise des Conseils y compris, sont restés dans le noir et dans la confusion, pas tellement à cause du temps écoulé depuis, qu'en conséquence d'une déformation délibérée de la mémoire historique pratiquée pendant les dernières décennies.

Ce moment décisif de l'histoire roumaine, mais ayant aussi une vraie dimension et importance européennes, a fait et continue de faire l'objet de diverses spéculations, amplifiées après l'écroulement des régimes communistes dans l'Est de l'Europe. L'analyse exacte et critique de toutes les données et du contexte international indique très clairement l'objectif de la Roumanie et de son armée de ces années-là : la défense de l'État unitaire contre les forces hostiles, fussent-elles conservatrices ou révolutionnaires-bolcheviques de la Hongrie, de la Russie ou des autres États. Certes, à Bucarest il y avait une opposition catégorique aux régimes bolcheviques de Budapest, de Moscou ou de Kiev, mais la position du gouvernement roumain a été déterminée par la politique agressive, déstabilisatrice de ces régimes, se proposant de récupérer des territoires envahis au long des siècles par les empires des Habsbourg ou des tsars, Budapest et Moscou ont promu une véritable politique impérialiste, refusant avec obstination de reconnaître la réunion des Roumains en un seul État national.

L'incapacité ou la mauvaise volonté des gouvernants de Budapest devant la réalité historique alliées à l'espoir d'influencer la décision de la Conférence de la Paix, les faisaient rejeter l'union d'Alba Julia et la tentative des Roumains de dialoguer pour trouver une solution pacifique aux problèmes bilatéraux – en premier lieu à ceux concernant la délimitation de la frontière –, ce qui allait créer un état conflictuel toujours plus ouvert entre la Roumanie et la Hongrie. Grevées par un héritage historique difficile dû aux contradictions et aux tensions accumulées le long des siècles à cause de l'agression et de la domination magyares sur de grands territoires roumains, exacerbées les dernières décennies par la politique de dénationalisation forcée des Roumains de Transylvanie ainsi que par les positions divergentes des années de la Première Guerre mondiale, ces relations allaient conduire en 1919 à une guerre douloureuse, mais inévitable.

Dans ma communication, je veux souligner seulement les moments et les aspects essentiels du problème, présentés d'ailleurs dans l'ample monographie élaborée en collaboration avec mes collègues, les colonels Vasile Alexandrescu et Costica Prodan, dont l'édition française est déjà parue à l'occasion de notre réunion scientifique.

Tout d'abord, il faut préciser que l'action armée s'est imposée parce que la tentative de trouver une solution pacifique au problème de la souveraineté roumaine dans les provinces occupées jusqu'alors par les Austro-Hongrois s'est heurtée contre la position inflexible du gouvernement Karolyi : ne pas renoncer à "l'intégrité territoriale de la Hongrie historique" et s'opposer, même par les armes, à la volonté de la majorité absolue de la population; exprimée d'une manière catégorique le 18 octobre et ensuite le 1er décembre 1918, position facilitée par une surprenante et prolongée attitude tolérante des puissances alliées envers la Hongrie.

La cessation des hostilités, le 11 novembre 1918, trouvait de nouveau la Roumanie dans le camp de l'entente, avec laquelle elle collaborait politiquement et militairement contre l'Allemagne. Dans le mémoire remis par le gouvernement Coanda, le 10 novembre, aux représentants des puissances alliées de Jassy, on mentionnait: "La question des Roumains de la Hongrie s'est imposée, par sa nature même, le jour où les principes de justice, d'indépendance et de liberté des peuples ont été proclamés. Elle s'est également imposée par les circonstances de la guerre quand, par le traité du 4 [17] août 1916, les alliés se sont obligés d'asssurer aux Roumains l'unité nationale".

Bien que provisoire et ayant un caractère militaire seulement, la ligne de démarcation établie sur le cours du Mures par l'armistice de Belgrade du 13 novembre 1918 avait créé une situation très confuse dans les territoires roumains de l'autre versant des Carpates. Elle "divise la nation roumaine de Transylvanie et de Hongrie en deux parties, ce qui aggrave énormément les difficultés de l'action pour la renaissance nationale et l'organisation relative, si nécessaire en ce jour de transformation historique" – montrait Juliu Maniu dans un mémoire du 28 novembre, envoyé par la légation roumaine au ministre français des Affaires étrangères.

Cependant, immédiatement après la proclamation de la Hongrie comme République populaire, le gouvernement hongrois, au lieu de démobiliser ses forces armées au niveau établi par l'article 2 de la convention du 13 novembre 1918, a pris des mesures de réorganisation et de concentration des troupes à l'arrière de la ligne du Mures, appelant sous les drapeaux de nouveaux contingents de recrues. Des unités importantes ont été massées, dès la fin du mois de novembre, dans la région de Cluj – Dej – Oradea. D'une manière dissimulée, elles ont aidé l'armée Mackensen à se soustraire aux clauses de l'armistice, bien que Budapest se fût engagée de les observer et de procéder au désarmement et à l'internement des troupes allemandes.

Le 4 décembre 1918 Karolyi, en invoquant les dangers extérieurs qui attentaient à "l'integrité de la patrie", lançait un appel pathétique à la nation magyare, dans lequel il tenait à souligner sa ferme position de ne pas céder.

La déclaration, faite à la manière traditionnelle de la diplomatie hongroise ciselée à l'école du dualisme, mettait en lumière encore une fois la contradiction flagrante entre la position d'ensemble de la direction de Budapest, d'acceptation des principes wilsoniens – "le seul fondement solide et juste d'une politique équitable et rationnelle", selon l'expression utilisée dans la lettre du 14 novembre adressée au président des États-Unis – et les limites de la même position quand il s'agissait de la défense de "l'État millénaire", qui comprenait des territoires occupés par force au long des siècles, où la majorité absolue de la population – non magyare – n'avait plus rien à espérer ou à attendre de ceux qui l'avaient opprimée.

Pendant la période suivante, à part le soutien sur tous les plans des mouvements de libération nationale du Bucovine et de Transylvanie, le gouvernement roumain allait déployer une intense action diplomatique destinée à sonder la position des grandes puissances victorieuses concernant leurs engagements antérieurs envers la Roumanie, à les informer et donc à clarifier ses relations avec celles-ci dans les problèmes essentiels, ainsi que la place et le rôle réservés à l'État roumain à la future conférence de paix et par la suite la confirmation de l'unité nationale et d'État réalisée durant l'année 1918, qui fussent ratifiés par des documents de valeur juridique internationale. À la fin de cette année, la Roumanie avait gagné plusieurs atouts par lutte et par sacrifices, qui la situaient parmi les premières nations en ce qui concerne l'effort humain et matériel pour la guerre; elle représentait – et personne ne peut le contester – un facteur politique et militaire important dans le Sud-Est de l'Europe, sinon le plus important. Même au mois de novembre, il était évident que l'objectif de la réunification de l'État roumain allait être accompli, au moment où d'autres nations de la même région du continent se constituaient elles aussi en entités indépendantes d'État.

Malgré les obstacles créés par des circonstances politico-militaires complexes, malgré les pressions et les calomnies habiles des anciens oppresseurs "aveugles au passé et sourds à l'avenir", la libération complète et la réunion du territoire roumain avec le pays libre, commencées le 13 novembre par l'avance des troupes roumaines en Transylvanie, allaient poursuivre leurs cours, toujours en accord avec les alliés. Ainsi, le 24 décembre 1918, la veille de Noël, la plupart de la Transylvanie proprement dite se trouvait dans la possession des forces roumaines. Le 16 janvier 1919, les troupes roumaines occupaient déjà la crête des monts Apuseni. À cette date, l'effectif combatif des quatre divisions disloquées était de 14 056 hommes, leurs services étant réduits. Le 1er avril les effectifs opératifs du commandement roumain de Transylvanie, grâce aux mesures déployées par le Grand Quartier général, étaient trois fois plus grands : 1 511 officiers et 35 328 soldats. On y ajoutait les formations transylvaines, deux divisions comptant un total de 368 officiers et 10 842 soldats.

Les événements qui ont suivi l'arrivée des troupes roumaines sur l'alignement des Apuseni sont caractérisés, en premier lieu, par la multiplication des provocations magyares, sur tout le territoire de la Transylvanie, d'une part et de l'autre de la nouvelle ligne de démarcation.

Une action toujours plus ouverte de préparation d'une résistance armée "populaire", en étroite liaison et souvent sous la couverture des troupes régulières, les gardes armées des Magyars et des Szeklers, utilisant l'armement et les munitions abandonnées par les unités allemandes en retraite, sous le prétexte du maintien de l'ordre contre les manifestations anarchiques, se sont dirigées contre les conseils et les gardes roumains, instaurant ainsi une atmosphère de terreur et d'instabilité, favorable à l'action politique des forces conservatrices, anarchiques et chauvines.

Une question s'imposait là-dessus : dans quelle mesure et, surtout, dans quelles conditions l'unité nationale et d'État roumaine allait-elle être reconnue? "La nouvelle diplomatie" qui consacrait le principe de l'autodétermination nationale comme axe de la future réglementation mondiale – diplomatie promue par les États-Unis – les intérêts différents et contradictoires, les disputes, encore en sourdine, pour des sphères d'influence dans la zone du Bas-Danube et à la mer Noire, ainsi que l'évolution explosive dans l'ancien Empire russe avait fait paraître – et pouvaient encore le faire – dans l'équation des négociations de paix des éléments d'ordre politique, économique et militaire imprévisibles, que les États intéressés, comme la Roumanie, ne devaient pas négliger et minimiser.

Sans avoir les frontières reconnues, frontières qui lui garantissent la sécurité nationale, attaquée au Nord-Ouest, au Nord et au Nord-Est par les forces hostiles, bolcheviques – hongroises, russes et ukrainiennes – ayant des relations tendues au Sud avec les Serbes et les Bulgares, la Roumanie se trouvait encore dans un état non déclaré de guerre, pendant que, depuis quelques mois, dans la plupart de l'Europe, les hostilités militaires avaient pris fin.

Sérieusement alarmé par l'évolution des événements dans les conditions de l'offensive accentuée des forces bolcheviques en Europe de l'Est, le maréchal Foch même chargeait le colonel Eugène Trousson d'inspecter la Transylvanie et la Hongrie pour se convaincre sur la "situation réelle". Arrivé à Sibiu, le 12 mars, à la fin de son tour, celui-ci concluait que, du point de vue militaire, il serait nécessaire que les Roumains occupent les points stratégiques de Satu Mare – Carei – Oradea – Békéscsaba vers Arad et "depuis cette ligne une zone neutre de 10-15 km vers l'Ouest".

Le 20 mars, le général Berthelot informait le Grand Quartier général roumain que la décision de la Conférence de la Paix sur la création "d'une zone neutre" prise dans la séance du 26 février sera présentée au président de la Hongrie; un délai de dix jours, dès le 23 mars, était accordé aux Hongrois pour se retirer sur le nouvel alignement. Lorsque "cette évacuation sera réalisée – disait la note – je vous en aviserai et l'avance roumaine pourra commencer".

La décision du 26 février a été officiellement annoncée au président Karolyi et au gouvernement hongrois le jour même du 20 mars. Après une réunion d'urgence, le gouvernement hongrois, dont la situation était de toute façon affaiblie, s'est refusé d'accepter la décision des puissances alliées, en présentant sa démission.

L'instauration du nouveau régime social-démocrate-communiste à Budapest, qui n'a pas changé la nature des rapports entre la Roumanie et la Hongrie, l'extension de la révolution sociale du type bolchevique qui menaçait la stabilité politique de l'Europe vont précipiter la prise d'engagements plus précis de la part des Alliés qui avaient gardé assez de réserves vis-à-vis la Roumanie. Ainsi, durant la séance du Conseil des Quatre du 25 mars, le chef du cabinet britannique, David Lloyd-George, se prononça pour une concentration "de tous nos moyens de défense en Roumanie", pour y établir "notre barrière contre le bolchevisme".

La mission du général Smuts de la première décade du mois d'avril allait consigner l'échec des alliés vis-à-vis d'une solution négociable concernant la situation conflictuelle de cette zone de l'Europe, surtout à cause de la partie hongroise qui, refusant les nouvelles propositions du Conseil suprême, affichait des contre-propositions avec une sorte d'agressivité et d'arrogance qui dépassaient les prévisions les plus pessimistes.

C'était le moment où les attaques bolchéviques sur la ligne du Dniestr s'étaient intensifiées et les manoeuvres de regroupement et de concentration des forces hongroises indiquaient que "l'effort principal du nouveau gouvernement de Budapest est dirigé contre la Roumanie".

Un ample commentaire paru à Paris, dans "Le Temps" du 30 mars 1919, précisait: "La révolution de Budapest [...] a du moins le mérite de nous mettre en présence d'une situation nette [...] La Roumanie est aujourd'hui menacée de trois côtés à la fois: 1) À l'Est sur le Dniestr et au Nord, en Bucovine, par les bolchevistes [...] Une double attaque sur ce front est probable d'ici à la fin d'avril. 2) À l'ouest, en Transylvanie, par les Hongrois, qui disposent dès maintenant de six à huit divisions [...] L'attaque hongroise coïncidera, sans nul doute, avec celle des bolchevistes. 3) Au Sud, le long du Danube et dans la Dobroudja, par les Bulgares [...]

La conclusion est claire. Si les alliés ne prennent pas des mesures immédiates [...] une nouvelle catastrophe se prépare..."

Les nouvelles reçues sur l'accroissement sans cesse des forces hongroises, simultanément avec l'action entreprise par l'armée rouge russe, aux côtés de l'armée ukrainienne, de s'approcher du front roumain, allaient conduire le GQG roumain à solliciter, par le gouvernement de Bucarest, la création sans retard d'un commandement unique de toutes les forces alliées de l'Est de l'Europe qui devait prendre des mesures destinées à prevenir une éventuelle et possible aggression hongroise. Ce point de vue justifié sera partagé par les commandants alliés de Belgrade, Bucarest et Constantinople. Le général en chef Franchet d'Esperey "considérait une telle situation comme très grave et exigeait d'urgence une intervention énergique du gouvernement roumain à Paris pour mettre sous commande unique toutes les troupes alliées, dans une action commune rapide vers Budapest, avec trois divisions serbes, deux divisions roumaines et les troupes française de Banat".

Le 8 avril, le commandement allié ordonnait la blocade autour de la Hongrie, seules les communications ferroviaires et télégraphiques entre Arad et Sibiu restant ouvertes pour les liaisons franco-roumaines.

La situation des alliés dans la Russie méridionale était devenue critique. Par raison de manque d'effectifs, on ordonnait, le 4 avril, l'évacuation de l'Odesse, ainsi que la retraite des troupes françaises du territoire de la Bessarabie. Les troupes roumaines se sont, elles aussi, retirées, sans combats, sur la rive droite du Dniestr.

La guerre roumano-hongroise de 1919 comporte deux phases: 1) entre le 16 avril et le 2 mai, pendant laquelle, ripostant à l'agression des forces hongroises, les divisions roumaines ont contre-attaqué au long des monts Apuseni; leur offensive continua avec impétuosité jusqu'à la Tisza, le cours de la rivière étant atteint sur toute la longueur le 1er mai. Une tête de pont était aussi établie sur le bord droit à Tokaj, afin de réaliser la liaison avec l'armée tchécoslovaque, dont l'offensive avait commencé le 27 avril. Le 2 mai, le commandement hongrois a envoyé des parlementaires sollicitant la conclusion de l'armistice.

Les implications de nature politique du succès militaire roumain en ce qui concerne la stabilité du régime au pouvoir à Budapest n'ont pas échappé aux observateurs étrangers; ils constataient une intensification de la résistance des forces anticommunistes de l'intérieur, à laquelle s'associait l'inquiétude toujours accrue du gouvernement Garbai-Kun devant l'imminence d'une offensive alliée contre la République des Conseils.

Le rapport du 8 mai 1919 du général Paul de Lobit, le commandant provisoire de l'armée française de Hongrie, estimait que "les résultats de l'avance roumaine sont dès maintenant extrêmement importants. L'occupation de la région Munkacs – Csap, ou l'armée de Transylvanie, opère en liaison avec les forces tchécoslovaques, barre la trouée par laquelle la Hongrie communiquait avec la Russie bolchevique [...] le centre roumain arrivé devant Szolnok se trouve à moins de 100 kilomètres de Budapest et la liaison avec l'armée de Hongrie est parfaitement assurée [...] Il convient de remarquer – ajoutait-il – que les Roumains ont été accueillis en libérateurs non seulement dans les endroits où l'élément roumain domine, mais encore dans les localités d'habitants hongrois".

La question de la continuation de l'offensive roumaine au-delà de la Tisza a suscité les semaines suivantes certaines discussions qui ont mis en évidence le caractère divers et contradictoire des positions des milieux politiques et militaires internationaux.

En profitant, le gouvernement rouge, quoiqu'il a reconnu, le 1er mai, les prétentions territoriales "sans réserve" des trois États voisins, a continué à préparer une nouvelle offensive à côté des autres États bolcheviques. La proposition du GQG roumain d'exécuter à côté des forces alliées une opération commune urgente pour le désarmement de l'armée rouge hongroise ayant pour but l'élimination du foyer menaçant le centre de l'Europe, fut refusée pour le moment.

Encouragé par l'indécision des alliés, le commandement de l'armée rouge hongroise déclenchait le 16 mai l'attaque contre l'armée tchécoslovaque, les succès obtenus obligeant le commandement de Transylvanie de retirer ses troupes de Tokaj.

En même temps, à la sollicitation de l'état-major polonais, des unités roumaines ont occupé la Pocutia (au sud de Galicie) en empêchant la pénétration des forces ukrainiennes. La région fut évacuée deux mois plus tard.

La IIe phase est caractérisée par la "Bataille sur la Tisza", à la suite de la nouvelle attaque hongroise du 20 juillet, la contre-offensive roumaine développée depuis le 24 août se terminant par l'occupation de la Budapest et d'une partie de la Hongrie par l'armée roumaine.

La victoire roumaine a eu des conséquences immédiates : la chute du régime des conseils et l'élimination de l'armée rouge hongroise. Ainsi, elle a barré la marée bolchevique vers le centre du continent.

Se rapportant à ces événements, Frank Rattigen, le chargé d'affaires de la Grande-Bretagne à Bucarest, écrivait le 6 août 1919 au Foreign Office : "Je suis informé que les troupes roumaines au moment de leur entrée à Budapest ont été accueillies, si ce n'est avec enthousiasme, en tout cas avec une visible satisfaction par la population hongroise". Certes, la satisfaction était provoquée par la chute du régime communiste.

L'occupation militaire roumaine en Hongrie a duré tant qu'il a été nécessaire pour éteindre le foyer de guerre dans cette région et pour obtenir les garanties nécessaires à la sécurité et à l'intégrité territoriale de la Roumanie. La présence des unités roumaines à Budapest et dans le reste du territoire hongrois s'est caractérisée par un comportement humanitaire, mis en évidence par les autorités, par les institutions et par des personnes privées hongroises, par les représentants objectifs de l'entente. L'armée roumaine n'a pas culpabilisé la population hongroise en son ensemble. De même, le commandement roumain, sans s'ingérer dans les problèmes internes de l'État voisin, a facilité le rétablissement de la vie économique et publique normale dans ce pays, persuadé que la stabilité politique de la Hongrie aurait des conséquences positives pour les futures relations entre les deux pays et pour la situation au centre et au Sud-Est de l'Europe.

La lutte soutenue le long des siècles par les Roumains pour réaliser leur unité nationale et d'État, proclamée solonnellement le 1er décembre 1918, au moment de la décision prise à Alba Julia d'union de la Transylvanie, du Banat, de la Crisana et du Maramure à la Roumanie, a été consacrée au plan international par le système de traités de paix de Paris de 1919-1920, qui ont mis formellement fin à la Première Guerre mondiale. L'acte d'autodétermination réalisé en trois étapes distinctes, l'année 1918, mais étroitement liées entre elles, a été défendu par l'armée roumaine dans la dernière campagne de la guerre de libération et d'unité.

Ayant réuni les provinces ancestrales qui jusqu'alors s'étaient trouvées sous domination étrangère, la Roumanie est devenue un État moyen, sous le rapport de la superficie et de la population: 295 049 km^2 et 15 541 424 habitants en 1920, donc le plus grand État du Sud-Est de l'Europe.

Nous avons voulu présenter, dans une vision propre, l'intégration de l'histoire roumaine dans le tissu complexe des relations internationales, en mettant l'accent sur l'idée que, sans se bercer d'illusions, la Roumanie et la nation roumaine ont joué un rôle actif dans la politique du continent, dans le maintien de l'équilibre et de la paix de l'Europe, rôle qu'elles doivent continuer.

BULGARIAN TROOPS OF OCCUPATION 1915-1918

Colonel Ph.D. Dimiter Minchev

The term occupation is used in international law in the meaning of the temporary occupied territory of the enemy with a military force. In the same way the term "troops of occupation" or "occupation troops" means troops which temporarily occupy and bring order in a certain territory, as a rule an enemy's. In those terms the international law does not imply either positive, or negative sense. But it's not the case with the military historians. In the term "occupational" the latter imply a military, political, emotional and moral sense.

In the territories occupied by the fascists during WWII a lot of crimes were committed. The term "occupation" was thus compromised. This was the reason that in the conscience of the nations the meaning of this word was changed. "Occupier" was already a sadist, a man who only troubles could bring to the people. In the conscience of the nations this term acquired an emotional sense – a negative one. This made the mission of the military historians very hard, because they are obliged not only to read the laws, but to also represent their own ideas when analyzing the problems. The people nowadays would not perhaps agree with the positive sense of the term "occupational". It's possible that with perplexity they accept an assertion like the following: that a certain Occupier could be called at the same time a liberator. In the Bulgarian military history nevertheless, there are cases in which the occupation troops were liberators, and this will be the problem of this contribution.

During five centuries the Bulgarian nation was under the rule of a foreign power – the Ottoman Empire. At the same time came the ecclesiastical assimilation: The Constantinople Patriarchate, which had remained from Byzantine ages, allowed the liturgies in the churches only in Greek language. But the processes of intellectual progress in Europe reached the Bulgarian nation too. Bulgarians didn't recognize the Greek language in the liturgies, expelled the Patriarchate's clergy, and created their own church – the so called Exarchate. The boundaries of the Exarchate were ordered by the Sultan, who had in mind the zones where the Bulgarian speaking Christians were prevailing. In such a way, the boundaries of the Exarchate included almost all of the territories from the river Danube to the Aegean Sea. This Sultan's Ferman is the first document to define the territories populated with a majority of Bulgarians.

When in 1876 the Bulgarian uprising took place, and in December the representatives of the Great Powers gathered in Constantinople, they took a decision that the Bulgarians should be granted autonomous rights. The boundaries of an Eastern and Western Bulgarian autonomous region were determined, which in some way were similar to those of the Sultan's Ferman.

The boundaries of the territories where Bulgarians prevailed were fixed for a third time, when after the War of 1877-1878 Russia and Turkey signed on 3rd March 1878 the preliminary San-Stephano Peace Treaty.

Nevertheless, further events did not confirm those boundaries. The Berlin Treaty (1878) of the Great Powers denied them roughly. The 1912-1918 wars led to the predatory Bucharest (1913) and Versailles (1919) Treaties. More than 1.5 million Bulgarians remained under foreign power, almost half of them in Vardar Macedonia. In the course of long years they felt themselves as part of the Bulgarian nation.

One must have in mind nevertheless, that at the same time the territories where Bulgarians lived were possessions of foreign states; so that when Bulgarian troops appeared during the wars, they couldn't be called anything else, but "occupational" in the sense of the international law.

The Bulgarian population from Vardar Macedonia participated en masse in the Bulgarian army in all the wars waged by the state in its new history. The culmination of their participation in the Bulgarian army was during the heaviest, the bloodiest, the most critical and the most decisive for the liberation and unification of the Bulgarian nation – WWI (1915-1918). It would be too difficult to give the exact amounts of the participants in the army. A lot of Bulgarians from Macedonia for example were on service not in the army, but in the police, in the war administration, teachers, clergymen, and so on. In the following table are represented the numbers of participants in the different units of the army in WWI.

The impressive figures of the participation of the Bulgarians from Macedonia in the Bulgarian army during the WWI is not the only feature of their participation. The number of participants – Bulgarians from Macedonia – mobilised in the Serbian and in the Greek armies were not small too: about 50 000 in the Serbian and about 20 000 in the Greek army. But it's very important to have in mind that their participation in those armies was accompanied with a hard resistance against the mobilization and with a great number of desertions of the mobilized. It is important to have in mind too, that Bulgarians from Macedonia not only escaped from the foreign armies, but with all their heart and soul tried to find their place in the Bulgarian army. And here was also the most important characteristic connected with the participation of the Bulgarians from Macedonia in the Bulgarian army during WWI. They were not simply mobilized in the Bulgarian army. In the process of the mobilization their attitude crystallized concerning each of the three armies. From the first two they escaped, deserted, risking their lives, but not to simply escape from serving in the army; they escaped in order to serve in the Bulgarian army. This shows that they felt this army as their native one, as an army waging a heavy war for their liberation from a foreign power.

Being a powerful organization, the Internal Macedono-Adrianople's Revolutionary Organization imposed its will that refugees from Macedonia be organized in a strong Macedono-Adrianople Division, called "The 11th Macedonian

N	UNITS	FROM THE VARDAR MACEDONIA	FROM THE AEGEAN MACEDONIA	FROM THE PIRIN REGION	TOTAL
1	2	3	4	5	6
1	11th Inf. Macedonian Division	27 000	3 000	3 000	33 000
2	7th Inf. Rila Division			11 000	11 000
3	Mountain Division	6 000	1 000		7 000
4	National Militia	25 000			25 000
5	2nd Occupational Brigade				
6	The Depot Regiment	25 000	237		25 237
7	13th Volunteer Regiment	3 000			3 000
8	Mobilisation	25 000			25 000
9	Border Units			3 000	3 000
10	Partisan Detachment				550
11	Mountain Battalion				300
12	Lefterov's Company				750
13	In the other Divisions				18 445
	TOTAL	122 000	4 237	17 000	133 837

Division". This was the most powerful of the Macedonian units. It appeared to be an ordinary division of the Bulgarian army. The other Macedonian units were smaller. Nevertheless, they were composed mainly with Bulgarians, born in Macedonia, and had to fulfil different missions. And here comes another qualitative difference from the participation in the Serbian and in the Greek army. In those armies it was impossible to create whole units with Bulgarians from Macedonia. In such units Bulgarians felt themselves strong, and mutinied. Serbian command dispersed them among different units. But the Bulgarian political and military leadership had great confidence in those soldiers.

The liberation of Vardar Macedonia imposed the organization of a new, Bulgarian power. It was necessary to create the institutions for the normal economic life, for preserving the life and the property of the population, for creating order and security. To say it shortly – it was necessary to organize the administrative rule of the occupied territories, as well as to secure the rear of the Bulgarian troops of the South Front – the manoeuvre, the supply, the communications, the connection between the armies at the front and the High Command. The Bulgarian political and military leadership solved the problem for the administrative rule in Macedonia leaving it in the hands of Bulgarians, born in the region.

From the very first moment the Bulgarian troops entered the district, the Commander of 3rd Brigade 11th Macedonian Infantry Division and at the same time chief of the Partisan Detachment Colonel Alexander Protogerov – a prominent Macedono-Adrianople civil servant began appointing in the towns and villages administrative rulers mainly from the Division. Former chetkniks and civil servants of IMARO became policemen, chairmen of commissions, secretaries, and took other administrative tasks. In the bigger inhabited localities Protogerov left for garrisons whole units – platoons, companies and even battalions from the Brigade. In a short time the whole administration, police and occupational troops were composed from Bulgarians from Macedonia. For example, the first commandant of Tetovo, Major Cholakov organized in the town the administrative rule out of local citizens on the first day of his arrival in the town. Several days after the seizure of Prilep and the surroundings by the Bulgarian troops, the Commandant of the town Major Tsanev, together with the leader Milan Gjurloukow from Prilep, gathered the most prominent citizens and appointed a temporary commission, which consisted of 7 persons "to conduct the work of the municipality": Panché Hadjizdravev was elected as chairman. Ten counsellors in this commission were elected among prominent citizens. This administrative body ruled up to the end of November, when it was replaced by a commission which consisted of three members, subordinate to the Ministry of Foreign Affairs. Such three-member commissions were organized in all the settlements of Vardar Macedonia, and all included Bulgarians from Macedonia. Up to the end of the war with Serbia, many soldiers born in Macedonia were appointed different administrative positions. Thus in May 1918 from the Depot Regiment in Prizren were sent 32 soldiers to act as policemen – fugitives from Aegean Macedonia.

In the process of the organization of the administrative authorities in Vardar Macedonia the Bulgarian politicians consulted with the Macedono-Bulgarian revolutionary workers and took under consideration their opinions and ideas. In a conversation with the Prime Minister Vassil Radoslavov the prominent workers of IMARO Hristo Matov and Dr Dimiter Tochkkov agreed with the position that in the occupied territories governors would not be appointed. The Organization proposed a list of personalities, born in Macedonia, to be appointed as administrative rulers and clerks in the new territories. This list was taken under consideration by the government. The district, populated with Macedonian Bulgarians, was to be ruled by people, who were born in this district, and not by others, who had come from other places. Such was the idea of the official Bulgarian powers, and it was just.

On 17th November 1915, the Macedonian Military Inspection was organized, with a center in Skopje. Lieutenant-General Racho Petrov, was appointed chief and his deputy – the prominent Macedono-Adrianople revolutionary leader – Colonel Alexander Protogerov.

The Bulgarian military-political leadership solved the power problem in Macedonia during WWI appointing a ruling personnel mainly from Bulgarians from Macedonia. This is a just solution. It doesn't happen often that an army, which has seized new territory, appoints natives to administrative positions from the very beginning. Such a thing could happen only when this territory is populated with a faithful population. Nothing of the kind had happened with any other army in Macedonia. And the thing that is most important and most natural, the population accepted this rule as its own, because it was exercised by men who came out of its ranks.

During WWI the Bulgarian spirit in Macedonia was strong. The attitude of the people towards the Bulgarians was like towards an army-liberator. This situation, as well as the losses suffered by Bulgaria in the wars of 1912-1913, led to the idea of mobilizing the other men from Vardar Macedonia. It was in 1915, when the Shtip district ruler Ephrem Chouchkov – a prominent leader of IMARO asked the Army Staff for permission to send to the Depot Regiment in Sofia all the Bulgarians from Macedonia, aged between 25 and 48, who had not been included up to that moment in the army. Interesting was the answer that was received from the Chief of the 11th Macedonian Division Colonel Krystuy Zlatarev: that it was impossible, because if all of them were gathered, a whole army could be formed. This shows that if the Bulgarian military and political leadership had at its disposal the necessary material and technical base, it could organize two and more divisions from Macedonian Bulgarians in 1915.

So that after the organization of 11th Macedonian Division and of the Depot Regiment, there still remained a great number of Bulgarians in Macedonia with a high spirit, who had the readiness to fight for the unification of the Bulgarian territories. They were namely to be mobilized. The Bulgarian military and political leadership decided to give them the opportunity to participate under their colours to defend their native lands.

The purpose of the mobilization was described as follows:

a. To organize units to insure order in the district and to guarantee the fulfilment of the orders and instructions of the chief of the Macedonian Military Inspection as well as the laws of the country; creating possibilities for the troops, who were left temporarily for garrisons in the district, to join again the army;

b. To increase the number of Bulgarian soldiers. In order to fulfil those purposes two recruitments were called: 41 – for the men 20 to 30 years of age, and 42 – from 31 to 40 years of age. The mobilized Bulgarians from Macedonia served with dignity. There is not any information for desertions from their ranks.

The constant flow of fugitives from Macedonia and the men freed by the Austro-Hungarian army soldiers[1] created the possibility to complete the 11th Macedonian Division in September 1915. That is why the Bulgarian military and political leadership took a decision to form a unit, in which the soldiers could be trained after completing the 11th Macedonian Division. This unit was called "The Depot Macedonian Regiment". In the course of the war, the Regiment was transformed into a brigade. When following the order of organizing and completing the Regiment and the Brigade, the changing of the personnel, the missions fulfilled by those units, as well as of the dislocation, the conclusion could be drawn that the security of the rear of the Army in Vardar Macedonia and of the demarcation line, was entrusted to local citizens.

The Regiment started as a Depot Battalion of the Cadre Division, headed by Lieutenant-General Kliment Krstev. At the beginning in the Battalion were sent the tormented in the Serbian Army and in Austro-Hungarian captured soldiers. Very soon their number appeared to be too high. That is why, on 11th September 1915 the Battalion was transformed into a Depot Macedonian Regiment. The order of battle was as follows:

N	WHERE DID THEY COME FROM	1915	1916	1917
1	Deserters from the Serbian and captives from the Austro-Hungarian Army	7,193	2,405	27
2	Deserters from the Greek Army	123	114	-
3	Deserters from the Romanian Army	160	135	-
4	Transferred from 11th Macedonian Division	4,075	1,307	55
5	Transferred from different commandants' offices	604	796	1,967
6	Turks and Albanians from Macedonia	-	9,761	8,318
7	Former Soldiers in the Serbian Army	-	-	4231
8	Men who had not served as soldiers at all	-	-	2063
	TOTAL	12,155	14,518	16,661

The missions of the Regiment at the time of its stay in Knyazhevo, was to complete its cadre and to train. The leaders of IMARO asked the Supreme Commander Major-General Nikola Ahekov and the Chief of the Army Staff, Major-General Zhostov, not to allow soldiers from the Depot Regiment to be taken for completing other units, but they didn't agree. Greater number of soldiers had been sent to the 11th Macedonian Division, to the 3rd Balkan Division, to the Mountain Division, and for the formation of 13th Volunteer Regiment.

Till 6 March 1916 the Regiment was located in Knyazhevo (Sofia). On this date the Regiment was ordered to start for Skopje. Here they were lodged in a camp near Skopje. The Bulgarian military and political leadership, as well as IMARO functionaries thought that the best use of the Depot Regiment, being composed mainly out of Bulgarians from Macedonia, was to be appointed for garrison and guard services in the new territories. This was the main reason that the Regiment was sent to Skopje. And there was one more reason for that: the officers and the soldiers from the Regiment were eager to be included in any activity, and thus to contribute for the common cause – the liberation and unification of the Bulgarian territories. They thought that, when the whole Bulgarian army was engaged in "a gigantic struggle" for their liberation, it was "inconvenient for them to stay in Sofia". A just decision was carried – to organize occupational troops in Macedonia with Bulgarians, born in those lands.

On 17th July 1916, 2nd Battalion from the Regiment – one staff officer, three junior officers and 518 soldiers, divided among three companies – 5th, 6th and 8th, started for Prizren, where they were sent for guard and garrison. A little later in Prishtina was sent the 1st Battalion. Those Battalions replaced the garrisons in Prizren and Prishtina – the Battalions from 3rd Brigade of 3rd Inf. Division. In Skopje, only 9th and 10th companies from 3rd Battalion remained for guard.

The increased necessity for troops in the South Front imposed that the Mountain Division be sent to the front line, and that its place be occupied by a new unit. This new unit, organized for the case was the so-called 2nd Occupational Brigade. The purpose of organizing this Brigade was for garrison service in the Macedonian Military Inspection and to guard the demarcation line with Austro-Hungary against an eventual crossing the frontier by bands. Thus the Brigade had to ensure the rear of the armies at the South Front, their supply with materiel, as well as the security of the population.

By an army order dated 6 May 1917, the Depot Macedonian Regiment formed three battalions from its two. At the same time, the two Home Guard Battalions, which were created in January 1917 and were subordinate to the Chief Depot Regiment, were organized into a new – 13th Infantry Regiment. From the 87th Infantry Regiment was taken a Home Guard Battalion and the rest was given to the 13th Infantry Regiment. The two regiments – the Depot and the 13th formed the 2nd Occupational Brigade.

From the mobilized men in August-September 1917 and the enlisted ones in the Depot Macedonian Regiment, were gathered 2673 Bulgarians from Macedonia, 30 to 40 years of age. After a short training, 2170 passed to the 13th Home Guard Regiment. In such a manner the number of men in the 13th Home

Guard Regiment increased significantly. The recruits made much difficulties to the Regiment commander, who remembered: "The young soldiers came at a time when the Regiment lacked clothes. The soldiers, being robed by the regimes – Turkish and Serbian, — were poor, and arrived in the Regiment with torn clothes and shoes". Although there were many difficulties, the soldiers – Bulgarians from Macedonia fulfilled with dignity and honour the mission they were engaged with – guarding and protecting the district.

On 31st May 1917, 2nd Occupational Brigade received an order from the Chief of the Macedonian Military Inspection to replace the units of the Mountain Division, which up to this moment had functioned as occupation troops in Macedonia. The order of the Brigade commander from 2nd June 1917 defined the garrisons and the missions of the units of the Brigade. According to this order, the staff of the Depot Regiment together with 1st Battalion remained in Skopje for garrison service. Second Battalion was placed in protection of the demarcation line with Austro-Hungary, North from the railway Prishtina-Mitrovitsa up to the former Serbo-Turkish frontier; small units were left in Prizren, Oryahovets and Ferizovo. In mid-June, the Battalions were at their assigned points. The units of the Mountain Division began to concentrate in the region of Tetovo-Gostivar.

The missions of 2nd and 3rd Battalion from the Depot Macedonian Regiment, were: to preserve order in the regions of Prizren and Prishtina, to do guard and garrison service, as well as to protect the demarcation line. The Albanian population in Prizren and Prishtina was in friendly relations with the Bulgarian Army and especially with the units, compiled out of Bulgarians from Macedonia. They didn't feel them occupiers, but liberators, and were ready to fight shoulder to shoulder with them.

With the 2nd Occupational Brigade's order from 2nd June 1917, the missions of the 13th Home Guard Regiment were defined, as well as the garrisons, which it had to occupy. The Regiment was granted the guarding of the demarcation line between Tetovo and Debar. The Regiment staff was left in Skopje. First Battalion from the Regiment was left in Skopje at the beginning too, but on 1st July 1917, was sent to guard the demarcation line in the above mentioned region. The three companies were sent into the three small settlements – Debar, Mavrovo and Gyonovitsa. The staffs of the companies remained in those places, when at the same time the important points – roads, passes, etc. were occupied with guards. When the companies of the Regiment arrived, the units of the Mountain Division were freed for participation in the defence activities of the South Front. Second and 3rd Battalions from the Regiment were granted the mission to occupy with one company the following garrisons:

2nd Battalion – Koumanovo, Preshovo, Boyanovo, Stratsin, with the staff in Koumanovo;

3rd Battalion – Veles, Shtip, Kotchani, Kliseli (Saint Nikola) with the staff in Kliseli.

Thus the units of the 2nd Occupation Brigade occupied the Northern, the Northwestern and the Western departments of the Macedonian Military Inspection. The whole military-administrative activity of the 2nd Occupation

Brigade cannot be described. Let us only mention that the culmination in the development of the Occupational Brigade happened to be in May 1918, when the order of the Chief of the Macedonian Military Inspection declared the creating of the "Occupational Troops" headed by the chief of the 2nd Occupation Brigade, Colonel Petrov.

At the very beginning of the war a problem arose: to create people's militia (Home Guard) in Macedonia, which would have the mission to support the military administrative authorities. This problem was first discussed by a small number of revolutionaries from Macedonia: Hristo Matov – the military theoretician of the Organization, Todor Alexandrov, and two more persons, whose names were not mentioned in the document. Their idea was "to create there, as far as it could be possible, a militia for home service, so that the units of the 11th Macedonian Division should be able to be engaged for war purposes, while the hard war activities were going on". So that the idea for the activity of creating the people's militia arose from the necessity to take away a part of the functions of supporting the internal order and security in Macedonia from 11th Macedonian Infantry Division, which was intended to fulfil mainly such missions. Later on, the heavy situation at the South Front imposed an active engagement of the Division in the military activities till the very end of the war. This imposed that mass armament of the Bulgarian population in Macedonia should be realized.

The tasks that were set to the people's militia, were: garrison service and preserving the order in cases when there was not enough police or troops; convoy of prisoners and transports; following highwaymen or enemy bands; guarding railways and communications, etc.

The idea of creating people's militia, i.e. to arm all the men, did not arise out of nothing. This was an idea that had been realized in the course of the armed struggles of IMARO against the Ottoman domination, and that had undergone development in the course of the prolonged struggle against the different oppressors. Up to the liberation of Macedonia in 1915 by the Bulgarian troops, the population had already long been organized in most of the Bulgarian villages in the so called "Militia Village Bands". The only thing that had to be done was to turn this illegal militia, in the mind of the foreign regimes system, into a legal one onto the newly liberated territories of Vardar Macedonia; and of course – the most important – to improve the discipline, to create a strong and reliable militia, which had to be the stronghold for the administrative authorities in their struggle with the remnants of the defeated Serbian Army and against groups of Serbian chetniks and against Albanian brigands.

In November 1916, a Statute of the Militia was written, and after being approved, it turned into an instruction for the organization of the militia. According to this document all the men of 30 to 46 were included in the People's Militia. The militia men had to ensure clothes on their own; they were given only the armament and food; they didn't get any salary. According to the Statute a militia man who gets ill or suffers some misfortune during the service, was granted "all the rights of a soldier". During the service all the militia men wore on their left hand a ribbon with three colours of the Bulgarian flag – the white, the green and the red. Groups of 50 to 100 militia men were gathered to be trained for not more of a week. According to the instruction the order of the training had to be of a kind that should not stand in the way of the normal economic life in the district. That is why instructions were given that people from different professions be summoned up at one and the same time.

If a comparison between the instructions of IMARO and the Instruction for the Militia would be made, it easily could be noticed that there are similarities. For example the training of the revolutionaries of IMARO was to be done in 5-6 days. Similarities of that kind show that the authors of the Instruction for the Militia were former revolutionaries. And something more – there was succession in organizing the People's Militia in Macedonia during WWI.

The organization of the People's Militia out of a population that was well-organized up to that moment from IMARO increased the possibilities of the army and the police in ensuring internal order and security in the Macedonian Military Inspection. Granting armament to the population in Vardar Macedonia showed the high confidence that the Bulgarian powers had in the Bulgarian population in the district. This confidence was determined from the coincidence of the purposes and missions of the population and its revolutionary organization - IMARO. According to its founding documents and to its realization, the People's Militia in Varda Macedonia during WWI appeared to be a continuation of the National Revolutionary traditions of IMARO from the pre-war period.

Thus we could declare that the Bulgarian occupation troops in Macedonia during WWI were at the same time troops of liberation. They were organized from Bulgarians born in this district. The active participation of the Bulgarians from Macedonia in the Bulgarian army during WWI created pre-positions for organizing great troop units, which represented the so called "Occupational Troops". The latter were successful in fulfilling the mission of preserving the property, the life and the dignity of the Macedonian Bulgarian population. And something more – in their greater part, the administrative authorities came out of Bulgarians, born in these territories. And that was the most important proof for the attitude of the official Bulgarian power towards this population.

Notes

1. Bulgarians from Macedonia were mobilized in the Serbian army by force. With the beginning of WWI, they gave themselves up en masse to the Austro-Hungarian army. The friendly relations of Bulgaria with the Central Powers helped freeing those captives.

INTERPOSITIONS FRANÇAISES DANS LE CADRE DES TRAITÉS DE PAIX EN HONGRIE, HAUTE-SILÉSIE ET TURQUIE DE 1918 À 1923

Olivier Forcade
Écoles Militaires de Saint-Cyr-Coëtquidan et
Institut d'Études Politiques de Paris.

Trois missions d'interposition sont accomplies par les armées françaises dans l'après-guerre. Ces cas d'interposition[1] répondent à notre grille d'interprétation.

- La mission française d'interposition dans le Banat de Temesvar (Timisoara) en Hongrie se situe en 1918-1919 et met aux prises Hongrois, Roumains et Serbes.
- Le Corps d'occupation de Constantinople en 1920-1923 exécute une mission de surveillance et de maintien de l'ordre dans les détroits (Egée et Bosphore) qui le conduit à assurer une interposition entre les armées grecque et turque en Thrace orientale en juillet-août 1922.
- Une troisième mission d'interposition entre Polonais et Allemands en Haute-Silésie, sur le cours de l'Oder, se déroule de février 1920 à mai 1922 avec une force militaire franco-italienne, renforcée d'éléments anglais en mai 1922.

L'interposition est-elle une mission inédite en 1918-1923 ? C'est l'indétermination et la métamorphose qui caractérisent le mieux ces "interpositions", la réalité ayant préexisté au concept et au mot. Indétermination car il n'y a pas alors de doctrine d'interposition, encore moins de règles tactiques définies à exécuter en opération. Métamorphose car les aspects opérationnels d'une interposition démontrent une constante adaptation à la spécificité de la mission : maintien de l'ordre, police internationale, prépositionnement préventif d'unités opérationnelles entre des armées, action sanitaire ou "humanitaire" s'enchevêtrent dans des combinaisons souvent aléatoires. Au total, la définition se déroberait. Le contexte historique de ces interpositions en précise néanmoins les contours.

Il y a unité de temps : c'est une après-guerre. Ces missions sont exécutées en attente du règlement d'un conflit et l'application effective des clauses d'un armistice ou d'un traité. Elles se déroulent dans des régions frontières entre États de puissance nouvelle ou réévaluée, voire dans des zones contacts entre civilisations. Elles mettent en scène des minorités ethniques, linguistiques et culturelles.

En premier lieu, un exposé bref des 3 cas met l'accent sur les aspects diplomatiques et stratégiques. En second lieu, l'analyse compare les contraites générales et les aspects opérationnels originaux de ces interpositions.

A. TROIS MISSIONS D'INTERPOSITION FRANÇAISES ET ALLIÉES EN 1918-1923

1. *Interposition dans le Banat de Temesvar (Timisoara) en 1918-1919*

Plaine coupée par des ondulations du relief, le Banat de Temesvar (Timisoara) en Hongrie est limité au sud par le Danube, par les Alpes de Transylvanie à l'est, par les fleuves Maros au nord et Tisza (Theiss) à l'ouest. C'est une province-frontière convoitée qui correspond aux seconds confins militaires de l'empire Habsbourg au début du XVIIIe siècle, assurant la défense méridionale de l'empire face à la menace ottomane. En 1918, le territoire est revendiqué par les Hongrois, qui veulent naturellement le garder malgré l'effondrement de l'empire, par les Serbes et les Roumains qui désirent l'annexer à leurs États naissants dans un contexte de proclamations d'indépendance.

- Les Hongrois veulent garder le Banat malgré l'effondrement de l'empire. Ils l'ont néanmoins évacué en application de la convention d'armistice de Belgrade du 13 novembre 1918. Les troupes hongroises se sont retirées au-delà du Maros tandis que les Alliés occupent les territoires dégagés en attente des décisions de la conférence de la paix de Paris qui ne s'ouvrit que le 18 janvier 1919.
- Les Roumains veulent l'annexer car la population y est en majorité roumaine. Ils veulent créer une grande Roumanie après la promesse alliée, à l'issue du traité d'alliance entre Roumanie et Alliés du 17 août 1916, d'annexer la Transylvanie, la Bukovine et la Banat de Temesvar (Timisoara). Les armées roumaines sont toutefois exclues de l'occupation militaire du Banat.
- Les Serbes rêvent de donner réalité à l'union des territoires croates et slovènes avec les royaumes de Serbie et de Monténégro (congrès de Zagreb le 23 novembre 1918), après la proclamation de l'indépendance tchécoslovaque à Prague le 28 octobre 1918, puis la sécession des Croates, Slovènes et Serbes de l'empire Habsbourg. Ils contestent, en outre, les revendications roumaines après les défaites roumaines de 1916-1917 et la signature d'une paix séparée. Or, les armées serbes ont franchi le Danube le 1er novembre 1918 afin de bloquer la voie ferrée Arad-Temesvar et couper la retraite de l'armée allemande Mackensen. Les Serbes occupent donc, de fait, des points stratégiques qu'ils refusent initialement d'évacuer. L'occupation militaire et l'administration terrritoriale, d'abord partagée avec les Hongrois qui démantèlent rapidement leurs infrastructures, conduisent les Serbes à des réquisitions et prélèvements sur le pays qui s'apparentent au pillage.

C'est donc un cas de figure où trois divisions françaises de l'Armée française d'Orient[2], appartenant aux armées alliées d'Orient commandées par le général Franchet d'Esperey (rebaptisée armée française de Hongrie le 1er mars 1919) sont interposées entre armées roumaine, hongroise et serbe dans une zone comptant de nombreuses minorités. De novembre 1918 à avril 1919, la mission passe par trois phases qui montrent l'évolution vers une interposition jamais définie.

À compter du 19 novembre 1918, l'armée française d'Orient, diminuée du corps expéditionnaire italien et de trois divisions helléniques, exécute une mission de couverture de la Serbie au nord du Danube afin d'occuper des points stratégiques hongrois. L'installation d'administrations serbe dans le Banat et roumaine en Transylvanie, en violation de la convention d'armistice, et le pillage des Hongrois, exacerbent la compétition entre Serbes et Roumains. Le président du Conseil Clémenceau décide le 23 décembre 1918 la création d'une zone tampon française confiée à l'Armée française d'Orient pour appliquer l'armistice avec la Hongrie.

Après avoir voulu, en vain, contraindre les Serbes à évacuer le Banat en janvier 1919, le commandement des Armées alliées d'Orient décide de limiter le retrait des troupes serbes à une ligne à 10 km à l'ouest d'une voie ferrée Temesvar-Bazias. Cette zone, difficilement évacuée, est occupée fin janvier 1919 par une division coloniale et une brigade de cavalerie françaises. Depuis janvier 1919, le Banat est mis en "coupe réglée" par les Serbes. Réquisitions et prélèvements d'indemnités de guerre serbes provoquent agitations anti-serbes et une grève générale, vite réprimée par les Serbes, fin février 1919. L'interposition est rendue de plus en plus difficile.

Dans une troisième phase, la conférence de Paris préconise, en prenant progressivement la direction politique de l'opération, le maintien de l'ordre au nord du Banat et du Maros. En effet, les incidents entre Roumains et Serbes sur la ligne de contact au nord du Maros rendent très difficile l'interposition française. Aussi la conférence de Paris a-t-elle décidé dans sa séance du 26 février 1919 de "créer entre Roumains et Hongrois une zone libre de troupes roumaines et hongroises dont les points seront occupés par une troupe interalliée[3]." Ces décisions, parvenues le 5 mars 1919 par télégramme au commandant de l'armée de Hongrie, définissent des directives d'exécution, et non un mandat général, et envisagent l'institution d'une commission interalliée assurant le contrôle administratif des territoires alors aux mains des Hongrois si nécessaire. Il s'agit d'étendre la zone neutre française au nord du Maros et du Banat dès mars 1919, au risque d'une confrontation avec les Hongrois, car le gouvernement Karolyi s'est effondré et la révolution communiste de Bela Kun a triomphé. De la mi-mars à la mi-avril 1919, les provocations et entraves contre les troupes françaises se multiplient. L'éclatement de la guerre roumano-hongroise le 15 avril 1919[4] met fin, de facto, à ce second volet de l'interposition française dans le Banat. L'échec de la mission est clair. La situation militaire dégradée, après les offensives serbes et tchèques d'une part, la guerre roumano-hongroise d'autre part, ne trouve d'issue que lors de la signature des traité de Saint-Germain-en-Laye le 10 septembre 1919 et de Trianon le 4 juin 1920. La Hongrie est démembrée et perd le Banat de Temesvar (Timisoara).

2. *Surveillance des détroits, assistance humanitaire et interposition du COC entre Grecs et Turcs en Thrace orientale 1921-1923*

En application du traité de Sèvres du 10 août 1920 entre les Alliés et la Turquie, l'Armée française d'Orient prend l'appellation de Corps d'occupation de Constantinople[5], constitué de 12 000 hommes, pour assurer une mission d'occupation et de surveillance de la zone démilitarisée des détroits, en mer Noire et en Egée. L'un des trois régiments du COC, le 12ᵉ Régiment de tirailleurs sénégalais, est créé en octobre 1920 en Turquie, installé dans la presqu'île de Gallipoli et à Constantinople. Il occupe une zone démilitarisée et neutralisée de quelques centaines de km² interdite aux troupes grecques et turques. La guerre gréco-turque déchire les deux jeunes États sur fond de contestation du tracé des frontières par les traités internationaux. Elle provoque la migration de populations réfugiées. Mais une situation inédite complique la mission militaire des Alliés. L'évacuation des derniers éléments de l'armée russe blanche du général Wrangel de Russie méridionale, défaite par les forces bolcheviques en novembre 1920, fait évoluer sa mission initiale. L'embarquement d'environ 150 000 combattants, femmes, enfants et blessés est réalisé en novembre 1920 dans une mission d'évacuation de Sébastopol (Crimée) vers Constantinople, malgré le refus britannique d'aide sous prétexte de neutralité et de préservation des intérêts commerciaux. Plusieurs camps militaires, des camps civils, une dizaine d'hôpitaux sont aménagés pour héberger, soigner, alimenter 167 000 réfugiés avec l'aide de comités nationaux de la Croix-Rouge (russe, américain, belge, français, anglais) et d'organisations caritatives occidentales (soulignons l'action des Dames françaises et des Soeurs de Charité françaises). Dans le domaine du ravitaillement alimentaire, relayé à Constantinople par la Croix-Rouge américaine (17 000 rations/jour de février à octobre 1921), le gouvernement français décide à la fin de l'année 1920 la distribution de 80 000 rations quotidiennes aux réfugiés pris sur les stocks français[6]. Le 12ᵉ RTS travaille en liaison avec le "Relief Fund Comittee" fondé en octobre 1921 par la Société des Nations et un haut-commissaire de la SDN auprès des réfugiés russes. La mission dure jusqu'au printemps 1921. Elle se traduit par l'accueil, l'installation, l'aide alimentaire et sanitaire jusqu'au départ des réfugiés russes dans des pays d'accueil des Balkans dès 1921 (Serbie surtout, Bulgarie, Roumanie et Grèce) ou d'Europe. En outre, les opérations de police entre les populations grecques et turques se multiplient sur la presqu'île de Gallipoli dès mars 1921. Il s'agit alors de protéger les populations contre les violences et pillages des gendarmes grecs (incidents de Yalova de mars 1921) ou de bandes turques.

La guerre gréco-turque conduit à l'exécution d'une deuxième mission. À partir de juillet 1922, la menace d'offensive d'une armée de 75 000 Grecs sur Constantinople conduit à l'interposition de troupes du COC en Thrace orientale. Une zone neutralisée de 5 km de part et d'autre de la ligne de front gréco-turque est mise en place au nord de Constantinople en juillet 1922 avec un prépositionnement militaire inédit. L'idée est de retarder l'avance des forces héllènes pour permettre à l'action diplomatique de contraindre le gouvernement grec à renoncer à ses intentions. Pour appuyer cette action, le plan prévoit de se replier sur la ville de Constantinople en combattant, de la défendre au besoin par du combat urbain et d'exécuter une "gesticulation" navale en mer de Marmara, en mer Noire et devant Athènes. La neutralité anglaise théorique masque en fait un soutien accordé aux Grecs. Le gouvernement grec renonce à son offensive en août 1922. Les forces kémalistes attaquent alors en Anatolie. Du 26 août au 20 septembre, les Grecs sont vaincus et chassés d'Asie mineure. La menace turque sur les détroits provoque l'inquiétude anglaise et une intense activité diplomatique. À l'armistice de Moudania du 11 octobre 1922, la Thrace orientale et l'administration de Gallipoli sont remises à la Turquie. De l'occupation d'une zone démilitarisée dans les détroits à l'interposition préventive avec prépositionnement militaire entre les armées des jeunes États, le COC veille ensuite à l'application de l'armistice tandis que commencent les négociations de Lausanne. Le traité de Lausanne du 24 juillet 1923 délimite finalement les frontières de la Grèce et de la Turquie. En octobre 1923, les troupes alliées et le COC quittent définitivement la Turquie.

3. Interposition franco-anglo-italienne en Haute-Silésie de février 1920 à mai 1922

La délimitation des frontières germano-polonaises en 1920-1922 présente un troisième cas de figure particulièrement intéressant. Le rattachement de la Haute-Silésie à la Pologne en application de l'article 88 du traité de Versailles se déroule dans le contexte de la guerre polono-soviétique et sur fond de menace bolchevique en Europe centrale. Deux États imposent leurs vues. La France, favorable par sentiment, intérêts militaires et diplomatiques, à une alliance de revers tournée contre l'Allemagne, défend l'idée d'une Pologne reconstruite dans ses frontières d'avant 1772. Elle propose de lui rattacher la Haute-Silésie, pourtant de fort peuplement allemand[7]. La Grande-Bretagne veut, quant à elle, éviter un démantèlement du triangle industriel Sarre-Ruhr-Silésie qui hypothèquerait le relèvement de l'Allemagne et donc le paiement des réparations[8]. Le sous-sol de la Haute-Silésie est riche en charbon et en zinc. En 1914, sa production de charbon est de 46 millions de tonnes/an, soit le quart de la production allemande et les 4/5 de celle de la France. Propriétés foncières et minières sont concentrées entre les mains des Allemands. La Grande-Bretagne est, en outre, hostile au système d'alliance de revers que la France dessine en Europe centrale, manifesté par la présence d'une mission militaire française en Pologne et la signature d'une convention militaire secrète en 1921.

En raison des tensions entre les populations allemandes et polonaises en Haute-Silésie, les Alliés estiment nécessaire de mettre en place une force d'interposition interalliée destinée à permettre l'organisation et la tenue du plébiscite décidant de l'avenir du pays. Une commission interalliée de gouvernement et de plébiscite, jouissant de tous les pouvoirs sauf en matière de législation et d'impôts, présidée par le général français Le Rond, s'installe à Opole (Oppeln), en Haute-Silésie, le 11 février 1920. Il est assisté de deux commissaires anglais et italien, Sir Percival et le général de Marinis, plutôt favorables aux Allemands. Son objectif est de prendre en charge les territoires contestés en Haute-Silésie par les deux États. Dès février 1920 sont stationnées des troupes alliées[9] dans des garnisons et des postes évacués par 29 000 hommes de la Reichswehr. Les troupes françaises sont dans les secteurs à majorité allemande et celles italiennes dans ceux à majorité polonaise. Dix mille Français et 2 000 Italiens s'interposent entre les Allemands et les Polonais sur le cours de l'Oder dans un premier temps. La mission des troupes alliées est d'assurer le gouvernement et l'ordre dans la région jusqu'à la tenue du plébiscite, malgré des manifestations d'accueil hostiles des Allemands (à Gleiwitz par exemple, Opole et Ratibor). Les Polonais, conduits par un leader nationaliste, Korfanty, parient sur l'insurrection pour faire triompher leurs intérêts.

Une première insurrection polonaise, traduite par une grève générale des ouvriers et mineurs polonais, a déjà éclaté en août 1919. Elle a été réprimée par les Allemands. Une insurrection des populations allemandes, inquiètes de l'évolution et des options diplomatiques françaises, lui fait pendant en août 1920 à la suite des défaites polonaises en Ukraine et en Biélorussie. Les incidents se multiplient entre Allemands et soldats alliés en août 1920 : manifestations, grèves, arrêts des trains destinés à la 46ᵉ DI française, incidents violents contre les soldats français, émeutes à Kattowitz où le 12ᵉ Hussards charge les émeutiers. Le 21 août, l'annonce de la victoire polonaise à Varsovie contre les Russes déclenche une insurrection générale polonaise. Fin août, la situation se calme tout en révélant les dissensions entre Alliés sur les sympathies aux Allemands ou aux Polonais. La préparation du plébiscite est accélérée à l'automne sur fond de campagnes de presse anglaise et allemande favorables à un rattachement à l'Allemagne.

Dans un second temps, les résultats du plébiscite de mars 1921 donnent la majorité aux populations de souche allemande. Sur 1 176 122 votants, 704 599 voix contre 471 523 voix optent pour le rattachement à l'Allemagne. Ce résultat provoque une troisième insurrection polonaise du 3 mai au 9 juillet 1921. Dès le 8 mai, les généraux Hoefer et von Hülsen préparent l'action de corps francs. Quarante mille corps francs repoussent les insurgés polonais vers l'est en reprenant 28 villages. Le général Gratier a pour ordre "d'empêcher tout contact entre insurgés en évitant toute espèce de combat"[10]. Une ligne de démarcation est imposée aux insurgés dès le 12 juin 1921, mais des infiltrations polonaises et allemandes se multiplient rapidement. Trois bataillons anglais (soit 4 500 hommes) prennent position à partir du 3 juin 1921. Les Allemands ont souhaité des troupes anglaises pour limiter les incidents avec des Polonais clairement soutenus par la France. La force interalliée compte alors 18 000 hommes environ disséminés sur plusieurs km². La commission et les troupes interalliées sont quasiment impuissantes. Elles imposent finalement la création d'une zone neutre fin juin et l'arrêt des hostilités le 1ᵉʳ juillet 1921 malgré l'insuffisance de leurs effffectifs. La Société des Nations décide finalement le 21 octobre 1921, au grand soulagement des Alliés, d'attribuer 3 240 km² du sud-est de la Haute-Silésie et de rattacher un million d'habitants dont 260 000 Allemands à la Pologne, malgré les résultats du plébiscite. Cela provoque la résistance de la population allemande. En mai 1922, la ratification de la décision de la Société des Nations par le Reichstag, à contrecoeur, marque le règlement définitif de la question au profit de la Pologne.

B. CARACTÈRES COMMUNS DES TROIS MISSIONS ET CONTRAINTES OPÉRATIONNELLES DES MISSIONS D'INTERPOSITION

1. Caractères généraux et diplomatiques

En premier lieu, ces trois missions d'interposition s'inscrivent dans les règlements d'après-guerre d'un conflit mondial. Elles sont exécutés en application d'armistice (cas de Temesvar) ou de traités de paix signés, fussent-ils avec contrainte ou remis en question (Sèvres pour la Turquie et Versailles pour la Haute-Silésie). L'envoi d'une force internationale en découle, et non des simples intérêts diplomatiques nationaux. Le droit public international, la SDN et un certain nombre de principes moraux ou juridiques, reconnus ou débattus, tels les "quatorze points" de Wilson, créent un contexte favorable à l'apparition de missions d'interposition en défendant les droits des minorités nationales ou des nationalités à disposer d'elles-mêmes. Le cas est patent pour la Haute-Silésie, la Turquie et le Banat de Temesvar. Encore doit-on suivre de très près les directives ou décisions de la conférence de la paix à Paris en 1919 ou des commissions interalliées de règlements des conflits pour comprendre l'évolution de ces interpositions. L'interposition serait-elle un outil militaro-diplomatique ? Autrement dit, et à l'instar des cas de Haute-Silésie et de Turquie, les aspects militaires proprement opérationnels et les aspects diplomatiques s'enchevêtrent totalement. Dans la mission d'interposition en Thrace orientale à l'été 1922, les aspects opérationnels évoluent au gré des négociations diplomatiques sans répondre à des considérations proprement tactiques. Les solutions diplomatiques passent par un règlement international qui concilie, ménage à tout le moins, les intérêts diplomatiques et politiques nationaux en fonction des rapports de force de l'heure. Le règlement de la question hongroise démontre en 1919 ces calculs diplomatiques de la France confrontées aux exigences de ses alliés roumain et serbe. Il en va de même avec la question silésienne en 1921-1922.

Le deuxième caractère tient dans l'indétermination de la mission. On pourrait alléguer que le caractère novateur des interpositions est, en lui-même, une justification. La définition relative de la durée, du lieu, de la nature et les conditions d'exécution de la mission ne sont pas précisées et seule l'incertitude semble prévaloir. Le mandat ou la mission sont confiés à une force internationale stationnée pour une durée théoriquement limitée. À Constantinople, la mission dure presque 3 ans (novembre 1920-octobre 1923). En Haute-Silésie, vingt-six mois d'action sont nécessaires après prolongation d'une mission initiale de 18 mois. En Hongrie, l'Armée française d'Orient est en posture de couverture puis d'interposition de novembre 1918 à avril 1919. Encore les pays annonçant leur contribution en troupes n'envoient-ils pas systématiquement ces forces. On n'oubliera pas les réticences diplomatiques et les calculs subtils de diplomaties armées qui savent attendre leur heure ou "torpiller" la résolution d'un allié. Ainsi en va-t-il en Turquie à l'été 1922 où la France et la Grande-Bretagne refusent successivement de s'interposer pour stopper les avancées grecques vers Constantinople en juillet, puis turques sur la rive asiatique du Bosphore en août 1922. Il en va de même en Haute-Silésie où les Anglais n'interviennent qu'en mai 1921. Le prolongement des missions aggrave cette situation.

Un troisième caractère se distingue avec les volets humanitaires des missions d'interposition. C'est le cas en Turquie, encore qu'interposition et assistance humanitaire soient deux missions distinctes exécutées successivement par le COC. À un moindre degré, le ravitaillement en céréales des populations polonaises de Haute-Silésie a été permis au début de l'année 1922 par l'interposition alliée. L'action humanitaire naît par la force des circonstances et sur décision unilatérale d'une ou plusieurs puissances intervenantes. Car ces missions sont

Commission canadienne d'histoire militaire

conçues et exécutées en vertu d'un rapport de force qui impose de l'extérieur, à deux protagonistes, une médiation internationale. L'intervention humanitaire a deux figures. Elle marque l'émergence d'une humanité souffrante comme solidaire elle est porteuse d'un ordre imposé. L'intervention a lieu, en définitive, par la force d'une décision internationale et (ou) d'un recours à la pression armée, sans respect nécessaire de la souveraineté d'un État vaincu, faible, en déliquescence ou à reconstruire.

Il y a, enfin, des freins à l'exécution de la mission. La complexité du processus de décision de politique étrangère doit être soulignée. La Haute-Silésie, archétype des missions d'interposition, illustre bien la complexité de l'exécution d'une mission internationale, car il y a multiplication des centres de décision et d'(inter)action. La prise de décision est ralentie, voire paralysée, par des instances nationales et internationales qui interfèrent dans la conduite de l'intervention. L'exécution de la mission est gênée sur le terrain par des ordres contradictoires, car le principe est celui d'une décision concertée et partagée entre plusieurs cercles de décision. Les États européens, aux intérêts divergents, définissent les principes généraux et l'objectif de l'intervention. En second lieu, des instances de règlement de paix ou des institutions internationales interviennent. Dans le cas silésien, le Comité interallié de Versailles veille au respect des principes et à l'application du traité de Versailles. La conférence des ambassadeurs à Paris (représentant les pays victorieux : Grande-Bretagne, Italie, États-Unis, Japon, France, Belgique) transmet des instructions à la commission de gouvernement et de plébiscite. Enfin, la Société des Nations, par sa commission germano-polonaise, attribue en dernier ressort les territoires revendiqués. En outre, trois échelons d'exécution se distinguent en Haute-Silésie. La commission interalliée de gouvernement et de plébiscite d'Opole est sous le commandement du général Le Rond, assisté de deux commissaires anglais et italien qui défendent d'abord le point de vue de leur pays. Le général Le Rond transmet ses instructions au commandement supérieur des forces interalliées assuré par le général français Gratier. Celui-ci donne des ordres directs aux commandements de chaque contingent national. On imagine aisément les difficultés et les inerties d'exécution de ces missions d'interposition. Sur ces cercles de décision et d'exécution, notons l'influence variable de forces profondes que Pierre Renouvin et Jean-Baptiste Duroselle ont définies : intérêts économiques et financiers, sentiments nationaux des opinions publiques[11]... L'importance des différends historiques entre la Pologne et l'Allemagne est, par exemple, bien connue. Dans ce processus de décision et d'exécution, le grand nombre d'échelons retarde l'accomplissement de la mission. L'interposition en Hongrie présente un scénario différent. A partir de janvier 1919, les décisions prises par la conférence de la paix à Paris sont directement transmises au général de Lobit, commandant l'Armée française d'Orient (puis de Hongrie) sans que l'autorité du général Franchet d'Esperey, commandant les armées alliées d'Orient ne soit engagée. Le général de Lobit traite directement avec le gouvernement hongrois à Budapest en mars 1919 au travers d'une mission diplomatique confiée à des officiers supérieurs alliés. Les négociations placent directement le commandement de l'armée de Hongrie à l'échelon politique.

2. Les contraintes opérationnelles

Cinq contraintes, commodément qualifiées d'opérationnelles, apparaissent dans nos trois cas d'études.

Un premier caractère réside dans l'évolution de la définition de la mission initiale au cours de son exécution. L'interposition serait donc une mission polymorphe. Successivement ou simultanément, interposition, occupation, action de police avec perquisition, ravitaillement et évacuation, assistance médicale brouillent la nature de la mission. La liberté d'action disparaît. L'action proprement militaire est alors interdite. L'adaptation à la spécificité de la mission et la souplesse d'exécution doivent primer. À Constantinople et à Gallipoli, l'occupation et la surveillance d'une zone démilitarisée et neutralisée se double de l'évacuation et de l'assistance à une population civile et militaire réfugiée. S'y greffe ensuite une mission, tout à fait inédite dans l'histoire militaire, d'interposition préventive avec prépositionnement militaire entre Grecs et Turcs. En Haute-Silésie, l'interposition, le désarmement de populations germano-polonaises dans une zone démilitarisée, contribue ensuite au ravitaillement alimentaire de populations civiles. Dans le Banat de Temesvar, une mission classique de couverture et d'occupation de territoires contestés en attendant un règlement juridique débouche sur une interposition. Dans les trois cas, les missions sont liées successivement ou simultanément.

La seconde contrainte est sans conteste la difficulté d'une coopération opérationnelle de plusieurs contingents nationaux et les problèmes de la neutralité vis-à-vis de la population. La notion d'interopérabilité n'est pas, on le voit, inédite. Le général Gratier cite, dans un ordre général du 5 juin 1921, la nécessité "d'entreposer entre insurgés polonais et groupes paramilitaires allemands des éléments mixtes franco-anglais qui observeront la plus stricte neutralité"[12]. Il y a donc plutôt juxtaposition de contingents interalliés sur le terrain avec des missions complémentaires. Or, le cas de la Haute-Silésie démontre la difficulté d'une neutralité totale sur le théâtre d'intervention : les Polonais tirent sur les Anglais; les Allemands prennent pour cible les Français. La rotation et les nombreuses relèves n'y font rien. Dans le cas hongrois, la difficulté réside dans l'interposition entre les deux alliés de la France et les Hongrois. La recherche de la liberté d'action incite Clémenceau en décembre 1919 à utiliser l'Armée française d'Orient plutôt que l'armée française du Danube de Berthelot, stationnée en Roumanie. La sympathie du général Berthelot pour les Roumains apparaît alors comme une hypothèque à la neutralité de la mission.

La troisième contrainte est la difficulté à désarmer les populations civiles et les groupes paramilitaires dans les cas d'interposition. L'instauration de l'état de siège en Haute-Silésie n'apporte pas de solution aux difficultés d'armée ou d'unités régulières (12e Hussards en août 1920) dans le maintien de l'ordre ou de la paix. C'est aussi bien la situation en Turquie qu'en Hongrie. L'absence de front bien défini et la confusion entre unités régulières, paramilitaires, troupes clandestines et bandes compliquent, voire rendent impossible, l'exécution de la mission.

La quatrième contrainte porte sur les conditions d'engagement des forces françaises. En Hongrie, l'occupation des points stratégiques dans le Banat par les forces françaises (11e DIC et brigade de cavalerie du général Farret) se heurte aux réticences des forces serbes dès janvier 1919. En outre, le contexte d'après-guerre est celui de la démobilisation. Les effectifs sont bientôt insuffisants. La troupe est progressivement remplacée par des volontaires et des soldats d'active dont les conditions sanitaires et alimentaires sont soignées. À la suite de rapatriements et de démobilisation, l'armée de Hongrie doit être ramenée à deux divisions d'infanterie par dissolution de la 11e DIC en mars 1919. La mesure est rapportée, mais l'interposition au nord du Maros se fait en situation de sous-effectif. La situation est identique en Haute-Silésie en mai-juillet 1921. Le général Gratier se plaint de l'insuffisance de ses effectifs pour assurer sa mission. Il signale les effets de l'inaction, du refus du recours à la force armée sur le moral des forces d'intervention. Les archives de l'intervention en Haute-Silésie démontrent le "refus du combat" et de la riposte par le feu. Certes, la Grande Guerre et ses cortèges de morts hantent les esprits pour expliquer le refus des pertes[13], avec la volonté du commandement de préserver la vie des hommes. Mais c'est surtout la recherche de la neutralité et la volonté d'éviter de répondre aux provocations qui justifient le refus d'ouvrir le feu. Une cinquième contrainte souligne la confusion née de l'immixtion de fonctionnaires civils dans l'intervention de Haute-Silésie. C'est dans l'entourage du commandement britannique qu'ils se signalent. Ces fonctionnaires civils présentent des objections au commandement français supérieur des forces alliées. En revanche, la présence de haut-commissaires de la SDN en Turquie et l'action d'organisations caritatives posent, dans l'urgence de l'accomplissement de la mission, moins de problèmes. L'évolution démontre le passage de missions exclusivement militaires à des interventions complexes qui associent militaires et diplomates.

Ces missions d'interposition et de maintien de la paix sont inédites pour la France dans les années 1918-1923. Elles surgissent précisément dans un après-guerre qui crée un nouvel ordre international. Ce nouvel ordre international se traduit par des rapports de force et des équilibres nouveaux par réévaluation de la puissance des États. L'interposition s'inscrit bien dans une temporalité historique définie. Il y a sans conteste, dans un tableau comparatif des après-guerres du XXe siècle, des parallèles à conduire : l'après-1918, l'après-1945 et l'après-1989.

En second lieu, ces missions n'innovent pas fondamentalement dans l'art de la guerre ni ne débouchent véritablement sur une nouvelle doctrine d'emploi des armées françaises. Elles incarnent plutôt une métamorphose des missions du soldat. L'étude de l'Instruction provisoire sur l'emploi tactique des grandes unités d'octobre 1921 le démontrerait.

En définitive, ces interpositions se soldent par des échecs à court terme en Turquie et en Hongrie, à long terme en Haute-Silésie, puisque l'Allemagne ne reconnut pas le tracé de ses frontières orientales avec la Pologne dans l'Entre-deux-guerres.

Notes

1. Nous utilisons les trois communications parues dans le numéro spécial de la Revue internationale d'histoire militaire consacré aux opérations de maintien de paix sous la direction du général Delmas pour présenter cette synthèse : Lieutenant-Colonel Allain BERNEDE, Les Troupes françaises "en mission d'interposition" en Hongrie en 1918-1919. Lieutenant-Colonel Michel GEFFROY, Mission d'interposition en Turquie (1921-1923). Le Corps d'Occupation de Constantinople et la guerre gréco-turque. Jean NOUZILLE (Colonel. Er), La Force d'interposition alliée en Haute-Silésie 1920-1922. Les archives utilisées par le Lt-Cl BERNEDE relèvent de la série C du SHAT : 26 N-68,88 et 89 ; 20 N-216, 217, 221, 222, 268, 549 et 556. On se reportera aux contributions du Lt-Cl GEFFROY et de Jean NOUZILLE pour l'analyse de leurs sources d'archives. Nous avons dépouillé les archives du SHAT concernant les interpositions de : -Haute-Silésie : 4 N-79, 80, 81, 82, 83, 94, 100, 101, 102 et 7 N 2331, 2349, 2350, 2655, 2656, 2657. -Turquie : 20 N 1143, 1148, 1154, 1155, 1190 et 1250. On se reportera enfin à notre contribution au colloque **"Métamorphose des missions ? Le soldat et les armées dans les nouveaux contextes d'intervention"**, Paris, École Militaire, du 14 au 16 juin 1994, intitulée Les nouvelles missions sont-elles aussi nouvelles qu'on le dit ?, à paraître à l'automne 1995 sous la direction du Contrôleur Général des armées Gérard HOFFMANN.

2. L'Armée française d'Orient est constituée de la 11ᵉ DIC, de la 17ᵉ DIC et de la 76ᵉ DI, renforcées d'éléments de cavalerie, de génie, d'artillerie et des services, soit une dizaine de régiments. L'Armée française du Danube commandée par le général Berthelot, qui avait assumé la mission française en Roumanie dès l'été 1916, est écartée de cette mission car Berthelot est jugé trop favorable à Bucarest.

3. On se reportera à l'article du Lt-Cl Allain BERNEDE paru dans le numéro spécial de La Revue internationale d'histoire militaire à paraître en septembre 1995.

4. Dumitru PREDA, Vasile ALEXANDRESCU, Costică PRODAN, La Roumanie et sa guerre pour l'unité nationale. Campagne de 1918-1919, Bucarest, Editions Encyclopédiques, 1995, 460 pages et illustrations.

5. Il est constitué de 3 régiments : le 66ᵉ RI (1 610 hommes), le 35ᵉ RTT (1 630 hommes) et le 12ᵉ RTS (2 010 hommes dont 1 550 tirailleurs sénégalais), renforcés de 3 200 hommes (artillerie, cavalerie, génie, aéronautique et services).

6. SHAT 20N 1155, Discours du 4 janvier 1922 au banquet mensuel de l'University Club à Constantinople de M. Ilïne retraçant l'histoire de l'évacuation des Russes blancs de Crimée et de leur accueil.

7. Longtemps disputé entre la Pologne et la Bohême, le duché de Silésie est rattaché à la Bohême au XIVᵉ siècle, puis aux possessions des Habsbourg en 1526. Lors de la guerre de Succession d'Autriche , Frédéric II le fait occuper et en annexe la majeure partie à la Prusse en 1742, ne laissant que 5 000 km² aux Habsbourg. En 1918, la Silésie prussienne est divisée en deux régences : la Basse-Silésie, dont le chef-lieu est Breslau (Wroclaw), avec 26 000 km² et 3 millions d'habitants, et la Haute-Silésie, dont le chef-lieu est Opole (Oppeln), avec 13 000 km² et 1 300 000 habitants.

8. Sur les aspects des buts de guerre économique et du règlement des dettes de guerre interalliées, deux thèses magistrales déploient les analyses de fond : -Denise Artaud, La question des dettes interalliées et la reconstruction de l'Europe (1917-1929), 2 tomes, 999 pages, Atelier reproduction des thèses, Université de Lille III, 1978. Voir surtout le chapitre IV p. 326-490. Georges-Henri SOUTOU, L'Or et le Sang. Les buts de la guerre économique de la Première Guerre mondiale, Paris, Fayard, 1989.

9. L'Italie fournit 4 bataillons d'infanterie (2 000 hommes) puis 1 600 supplémentaires en juin 1921. La France envoie la 46ᵉ DI composée de 2 brigades d'infanterie, un régiment de cavalerie (12ᵉ Hussards), le 218ᵉ RA. Une division anglaise (4 300 hommes) arrive début juin 1921. À la date du 30 juin 1921, les effectifs alliés s'élèvent à 739 officiers et 17 560 hommes.

10. SHAT 4N 101, Archives de la commission interalliée de contrôle. Note de service du général Gratier, commandant supérieur des forces alliées en Haute-Silésie, à Opole le premier juin 1921.

11. Pierre Renouvin, Jean-Baptiste Duroselle, Introduction à l'histoire des relations internationales, Paris, Colin, 1991.

12. SHAT, 4N 80.

13. SHAT, 4N 80, Lettre du colonel Salvioni au général Gratier du 7 juin 1921. Le colonel italien Salvioni ordonne des replis sans répondre aux tirs des Allemands par refus de subir des pertes dans l'accomplissement de la mission. Dans tous ses ordres généraux, le général Gratier insiste sur la nécessité de ne pas engager le combat en juin-juillet 1921.

OPERACIONES NAVALES HUMANITARIAS ARGENTINAS EN LA GUERRA CIVIL ESPAÑOLA

Capitán de Navío (RE) Guillermo J. Montenegro

Este trabajo es una síntesis de la actuación de la Armada Argentina en aguas españolas en 1936-37.

El comienzo de lo que se convertiría en la Guerra Civil Española en julio de 1936 sorprendió a una importante cantidad de argentinos residentes en la Madre Patria. A la angustiosa situación que debían sobrellevar estos compatriotas se sumó el difícil trance en que se encontró el entonces Embajador Argentino ante el Gobierno de la República, Daniel García Mansilla. El diplomático, que se hallaba en su residencia de verano en Zarauz, sobre el Golfo de Vizcaya, había brindado refugio a varios ciudadanos españoles. Esta acción lo había llevado a un enfrentamiento con las autoridades locales, que si bien autorizaban la salida del Embajador y su personal, no permitían que los refugiados pudieran acompañarlo.

Ante estos hechos, el 5 de agosto de 1936 el Gobierno Argentino decidió destacar al crucero ARA 25 de Mayo al Golfo de Vizcaya.

Las "Instrucciones para el Comandante del Crucero 25 de Mayo"[1] establecían como misión "Velar por el respeto de los derechos argentinos en la zona española convulsionada por el movimiento revolucionario actual".

Dichas "Instrucciones" ponían de manifiesto la intención del Gobierno Argentino de hacer valer el derecho de asilo, si bien se admitía que tal derecho" no es una norma internacional entre las naciones europeas, incluyendo a España..."[2] Asimismo se insistía que "... ha de constituir preocupación constante del señor Comandante, el sostenimiento de este principio (de asilo) en todos los casos en que quede librado a su actuación hacerlo así"[3].

A continuación las "Instrucciones" definían la acción a emprender en los siguientes términos: "El propósito inmediato de su llegada debe ser embarcar al Señor Embajador y a todo el personal de la Embajada y asilados en la misma que se encuentra en la población de Zarauz, próxima al puerto de Guetaria"[4].

En un "Memorándum Complementario"[5] a las "Instrucciones" se trataba el caso que refugiados españoles se presentaran en el buque argentino.

Al respecto se expresaba: "Dejándose siempre un margen en la apreciación circunstancial del Comandante, en un principio, dichos refugiados deben ser recibidos a bordo y esperar instrucciones del Embajador"[6]. El "Memorándum Complementario" también describía la evacuación de ciudadanos argentinos desde Gijón a bordo del crucero alemán <u>Koeln</u> y desde Barcelona en buques mercantes italianos[7].

Asimismo consignaba que "El gobierno argentino solicitó y obtuvo oportunamente de los gobiernos de Gran Bretaña, Francia, Alemania y Estados Unidos de América la cooperación de sus buques de guerra para la evacuación de los ciudadanos argentinos amenazados por la situación española"[8].

El crucero <u>25 de Mayo</u> era una unidad moderna construida en Italia como parte del programa naval de 1926. Sus características principales eran: desplazamiento <u>6800</u> tons., eslora <u>171</u> m; armamento 6 cañones de 190 mm, 12 de 102 mm, 6 tubos lanzatorpedos; velocidad 32 nudos; dotación 600 hombres. Su comandante era el Capitán de Navío Miguel A. Ferreyra.

El <u>25 de Mayo</u> zarpó de Buenos Aires el 8 de agosto de 1936. Ese mismo día, la cancillería argentina informaba al Embajador García Mansilla que se había solicitado al embajador alemán "que el torpedero <u>Albatros</u> vuelva a Guetaria"[9] e instruía al embajador que aceptara el procedimiento que considerara "más seguro y eficaz para retirarse siempre con sus asilados"[10].

El 14 de agosto de 1936 se concretó la salida del Embajador García Mansilla por vía terrestre con destino a Francia. La familia del Embajador, así como la de otros funcionarios de la embajada argentina y los asilados españoles fueron trasladados por el torpedero alemán <u>Albatross</u> hasta el puerto francés de San Juan de Luz[11].

Este cambio en la situación motivó la modificación del lugar de destino del <u>25 de Mayo</u>, quien debería dirigirse ahora a Alicante, en la costa del Mediterráneo, donde arribó el 22 de agosto de 1936.

El Ministerio de Relaciones Exteriores cursó las nuevas instrucciones al Ministerio de Marina el 15 de agosto, a pedido del encargado de negocios argentino en Madrid, Edgardo Pérez Quesada, quien había quedado a cargo de la Embajada ante la ausencia de su titular[12]. Pérez Quesada desarrolló una activa y eficaz gestión para desplazar a los residentes argentinos hasta Alicante y otros puertos españoles del Mediterráneo para concretar luego su evacuación por mar. Amén de la protección de los residentes argentinos, Pérez Quesada acogió en la embajada a un número considerable de españoles, cuya subsistencia por un período prolongado representó un logro no desdeñable. Asimismo, el ministro argentino, tras largas y pacientes gestiones, obtendría de las autoridades de la República la autorización para la salida de los refugiados españoles a bordo del <u>Tucumán</u>, que recién se pudo materializar entre enero y febrero de 1937.

Es de hacer notar que hubo una adecuada coordinación entre los representantes diplomáticos y consulares argentinos y el Comando del crucero. Esto incluía no sólo a los acreditados en territorio español, sino al embajador en Francia, al representante diplomático en Lisboa y a los cónsules en Génova y Marsella.

Los grupos de refugiados comenzaron a llegar a Alicante a fines de agosto, iniciándose el primer viaje del <u>25 de Mayo</u> el 27 de ese mes.

El crucero adoptó la modalidad de fondear alejado de los muelles, para evitar el peligro de los bombardeos que sufría la zona portuaria y disminuir la posibilidad de irrupción de fugitivos desde los muelles o a nado.

En la práctica, parte de los refugiados llegó al 25 de Mayo luego de pasar por los controles de las autoridades locales. Otros lo hicieron clandestinamente, alquilando embarcaciones que les permitían llegar al crucero de noche. También hubo quienes recibieron ayuda del consulado argentino en Alicante y en algunos casos se facilitó el escape de ciudadanos españoles disfrazándolos con uniformes de marineros argentinos.

Además de desarrollar tareas humanitarias, el crucero (y luego su sucesor, el destructor ARA Tucumán) brindó un amplio apoyo de comunicaciones a las autoridades diplomáticas y consulares argentinas en España, sin posibilidades de un enlace seguro y discreto con la cancillería argentina.

Otra tarea fue el abastecimiento de víveres a la embajada argentina y otras embajadas en Madrid. En algunas oportunidades, parte de los alimentos fueron entregados a los hospitales madrileños. Asimismo en el segundo viaje del 25 de Mayo (12 de Setiembre; Alicante – Lisboa) se transportaron los archivos de la embajada.

Las responsabilidades del ministro Pérez Quesada sufrieron un significado recargo a partir del 22 de setiembre de 1936, a raíz de la ruptura de relaciones entre el Uruguay y la república española. El gobierno argentino asumió la custodia de los asuntos uruguayos en España, que incluía un numeroso grupo de refugiados en la representación uruguaya en Madrid. Estos refugiados, también tras intensas gestiones de la representación argentina ante el gobierno de la República terminarían de abandonar la embajada uruguaya en octubre de 1937, si bien los españoles en edad militar debieron permanecer en el local de la legación hasta la finalización del conflicto.

A principios de octubre de 1936 el gobierno argentino dispuso el envío a aguas españolas del destructor ARA Tucumán como eventual reemplazo del 25 de Mayo. Posteriormente, se modificaron las directivas y el destructor se sumó a la tarea humanitaria del crucero.

La prolongación de la misión del crucero fue requerida por el encargado de negocios argentino en Madrid, Pérez Quesada, quien requirió a la cancillería que ambos buques "continúen en España a órdenes de la Embajada"[13]. Aludiendo a las dificultades en las comunicaciones con la cancillería argentina se expresa "..que la presencia de un buque de guerra argentino en Alicante sea indispensable..... puesto que al faltar de este puerto, ya se perdería toda comunicación entre la Embajada y ese Departamento"[14].

El 25 de Mayo vivió un episodio curioso en la madrugada del 5 de noviembre de 1936. Ante un ataque aéreo de la aviación nacionalista sobre el puerto de Alicante, el peligro de ser alcanzado obligó al crucero a levar anclas y comenzar a navegar en emergencia para alejarse.

El forzamiento de las calderas hizo que la chimenea lanzara abundante humo negro y chispas. Los observadores de la costa creyeron ver que el 25 de Mayo se había sumado al fuego antiaéreo, lo que hizo que en los días subsiguientes los marinos argentinos gozaran de una gran estima entre la población local.

El Tucumán también era parte del programa naval de 1926. Había sido construido en Gran Bretaña, según los lineamientos de la clase británica Scott. Sus características básicas eran: desplazamiento 1570 tons., eslora 102 m;

5 cañones de 120mm, 1 de 76 mm, 6 tubos lanzatorpedos; velocidad 36 nudos; dotación 160 hombres. Su comandante era el Capitán de Fragata Mario Casari. Si bien en esa época la Armada Argentina lo clasificaba como explorador, en este trabajo nos referimos al Tucumán como destructor, por ser el término más conocido y aceptado.

El Tucumán zarpó de Buenos Aires en las últimas horas del 17 de octubre de 1936 y arribó a Alicante en la mañana del 5 de Noviembre, es decir, poco después de la singular experiencia del 25 de Mayo en el bombardeo aéreo. El destructor inició su primera misión humanitaria el 20 de noviembre (ver cuadro en apéndice) que tenía por destino final el puerto de Marsella. En ese viaje el Tucumán debió soportar un fuerte temporal que lo obligó a efectuar algunas reparaciones menores en Marsella.

El 25 de Mayo permaneció en aguas españolas hasta el 15 de diciembre de 1936 en que zarpó desde Alicante con destino a Buenos Aires. Había realizado cinco viajes con refugiados, transportando un total de 451 personas, de las que la mayor proporción correspondió a los argentinos, seguidos por los españoles[15]. (ver cuadro en apéndice). El canciller argentino, en telegrama cursado al encargado de negocios en Madrid el 5 de diciembre de 1936, expresa: "...El Ministerio de Marina teniendo en cuenta los viajes y el número de asilados transportados por el 25 de Mayo resuelve el retorno de éste y su sustitución por el Tucumán en atención también al enorme costo que representa"[16].

El primer viaje del Tucumán se inició el 20 de noviembre de 1936. Su permanencia en aguas españolas continuó hasta junio de 1937. Realizó un total de doce viajes, en los que transportó 1489 refugiados. En el caso del destructor, la gran mayoría fueron los españoles (1032), seguidos por los argentinos (282)[17].

Como se dijo anteriormente, el Tucumán continuó las tareas adicionales iniciadas por el 25 de Mayo, es decir, el apoyo de comunicaciones a las autoridades diplomáticas y consulares argentinas y la provisión de víveres a la embajada argentina en España.

Las modalidades de acceso de los refugiados descritas previamente se mantuvieron en el caso del Tucumán. En particular, el ingreso clandestino de personas exigió un especial despliegue de astucia; tacto y audacia por parte del vicecónsul argentino en Alicante y del Comando del destructor.

Los asilados en la embajada argentina en Madrid pudieron ser evacuados entre enero y febrero de 1937, como se expresó más arriba. El éxito en el logro de la autorización para la salida de los refugiados corresponde al tacto y celo puestos de manifiesto por el ministro Pérez Quesada y los representantes argentinos en París y Lisboa, que lograron de parte de las autoridades republicanas lo que normalmente no estaban dispuestos a conceder: la salida de la embajada de españoles en edad militar. Esta autorización fue concedida como resultado de gestiones ante el gobierno francés y ante las autoridades de la España Nacional. En el primer caso, el gobierno francés dio seguridades que los asilados en la embajada argentina se abstendrían de actividades políticas en su territorio[18]. En el segundo, la representación argentina en Lisboa, obtuvo de las autoridades de la España Nacional el compromiso de no autorizar "el paso a la zona nacionalista de los ciudadanos españoles evacuados de la embajada en

Madrid". Finalmente, el gobierno de la República exigió de la representación argentina la promesa de no admitir nuevos asilados, requerimiento que Pérez Quesada debió satisfacer[19].

En Marzo de 1937 el Tucumán condujo desde Marsella a Alicante al nuevo encargado de negocios interino en España doctor Félix Chiappe, designado para reemplazar a Pérez Quesada por haber sido ascendido este último a embajador plenipotenciario.

A mediados de marzo de 1937 se había dispuesto el regreso del destructor a la Argentina, pero fue un pedido del gobierno de Chile el que generó su postergación.

La embajada de Chile en Madrid albergaba un grupo importante de refugiados, y hasta ese momento no habían tenido éxito las tratativas para su evacuación.

El gobierno chileno ofreció reemplazar al Tucumán por el destructor Riquelme, de características similares. Finalmente, el viaje del Riquelme a España no se concretó. La partida de dos contingentes importantes asilados en la Embajada de Chile se cumplió a fines de abril de 1937 a bordo del Tucumán.

A mediados de mayo se efectuó el embarque de los refugiados en la embajada de Bolivia. En este caso los españoles en edad militar debieron permanecer en la sede diplomática hasta el fin de la guerra.

El 20 de mayo el Tucumán condujo a Valencia al designado encargado de negocios argentino, Guillermo de Achával quien asumiría las funciones desempeñadas interinamente por el Dr. Chiappe, quien se alejaría de España poco días después a bordo del destructor para reintegrarse a sus funciones en Italia.

A fines de mayo de 1937, se dispuso el regreso del Tucumán a la Argentina. El 7 de junio de 1937 zarpó por última vez de Alicante, conduciendo un último contingente de 57 refugiados con destino a Lisboa para continuar la navegación a Buenos Aires, donde arribó el 30 de junio, tras una breve escala en las Islas de Cabo Verde.

La misión humanitaria de los ARA 25 de Mayo y Tucumán sostenida durante algo más de nueve meses en aguas españolas permitió el rescate de mil novecientas cuarenta personas, en su mayoría españoles (1142).

La labor de rescate de las unidades argentinas se sumó a esfuerzos similares realizados por las potencias europeas, que en muchos casos facilitaron la partida de funcionarios y refugiados argentinos.

Gracias a una adecuada coordinación entre los Ministros de Relaciones Exteriores y de Marina argentinos, así como un buen entendimiento entre los funcionarios diplomáticos y autoridades navales en los lugares de los hechos pudo concretarse con éxito una tarea difícil y plena de riesgos.

A pesar de haber transcurrido más de medio siglo de estos sucesos, la Nación Argentina todavía recuerda con orgullo esta acción humanitaria de sus diplomáticos y marinos, cumplida en medio de un conflicto que desangraba a la Madre Patria.

RESUMEN DE LA ACTIVIDAD DE LAS UNIDADES
DE LA ARMADA ARGENTINA EN AGUAS ESPAÑOLAS – 1936-37
REFUGIADOS TRANSPORTADOS

ARA 25 DE MAYO

Argentinos	289
Alemanes	7
Austriacos	3
Belgas	4
Británicos	1
Cubanos	15
Españoles	110
Estadounidenses	1
Franceses	8
Italianos	11
Peruanos	1
Portorriqueños	1
Total	**451**

Viajes

1.	27 de agosto de 1936, Alicante-Barcelona-Génova	119
2.	12 de setiembre de 1936, Alicante-Lisboa	75
3.	15 de octubre de 1936, Alicante-Marsella	63
4.	11 de noviembre de 1936, Alicante-Marsella	80
5.	7 de diciembre de 1936, Alicante-Valencia-Marsella	114

Fuente: "Informe del Viaje" ARA 25 de Mayo

Nota:
   El "Informe del viaje" del ARA 25 de Mayo consigna que en el segundo viaje se embarcaron con destino a Lisboa (además de los refugiados) el Agregado Naval a la embajada de Italia en Madrid, Capitán de Navío Balmo y el Agregado Civil a la embajada argentina en Madrid Dr. López Lacarre (este último retornó a España en el viaje de regreso del crucero).
   Asimismo en el tercer viaje se dirigieron a Marsella a bordo del crucero el Ministro peruano en Madrid, Juan de Osma; el Ministro de El Salvador, Raúl Contreras y el Secretario de la embajada de Guatemala Ricardo Castañeda.

ARA TUCUMÁN

Argentinos	282
Alemanes	6
Austriacos	2
Brasileños	4
Bolivianos	15
Belgas	4
Chilenos	33
Checoslovacos	3
Cubanos	29
Españoles	1032
Franceses	3
Italianos	2
Mejicanos	14
Portugueses	26
Peruanos	3
Suizos	2
Uruguayos	26
Venezolanos	3
Total	**1489**

Viajes

1. 20 de noviembre de 1936, Alicante-Gibraltar-Alicante-Almería- Valencia-Marsella — 34
2. 21 de diciembre de 1936, Alicante-Valencia-Marsella. — 127
3. 5 de enero de 1937, Alicante-Almería-Alicante-Marsella — 77
4. 23 de enero de 1937, Alicante-Marsella — 137
5. 14 de febrero de 1937, Alicante-Marsella — 196
6. 28 de febrero de 1937, Valencia-Marsella — 52
7. 16 de marzo de 1937, Alicante-Valencia-Marsella — 218
8. 14 de abril de 1937, Alicante-Valencia-Marsella — 128
9. 24 de abril de 1937, Alicante-Valencia-Marsella — 198
10. 11 de mayo de 1937, Valencia-Alicante-Valencia-Marsella — 157
11. 24 de mayo de 1937, Valencia-Alicante-Valencia-Marsella — 93
12. 7 de junio de 1937, Alicante-Lisboa — 75

Fuente: Libro Historial ARA Tucumán.

TOTAL GENERAL DE REFUGIADOS EVACUADOS: 1940

Bibliografía

Campoamor, Clara y Fernández Castillejo, Federico Heroísmo criollo. La Marina Argentina en el drama español. Buenos Aires: Instituto de Publicaciones Navales, 1983.

Figallo, Beatriz J. "La Argentina ante la Guerra Civil Española". Tesis de Licenciatura en Historia. Rosario: Universidad Católica Argentina, Facultad de Derecho y Ciencias Sociales, Instituto de Historia, 1984.

Figallo, Beatriz J. "Participación de la Armada Argentina durante la Guerra Civil Española". Revista de Publicaciones Navales 647 (4° trimestre) 1988 (431-447).

Irurzun, Ricardo E. Crucero 25 de Mayo Proa al Mediterráneo. Agosto 1936. Buenos Aires: Ediciones Theoría, 1994.

Libro Historial ARA Tucumán, Departamento Estudios Históricos Navales, Buenos Aires.

Notas

1. Irurzun "Documentación Reproducida". Ítem 104.

2. Ídem.

3. Ídem.

4. Ídem.

5. Ídem.

6. Ídem.

7. Ídem. En realidad parte de los refugiados argentinos fueron conducidos por el destructor británico HMS Comet (Figallo, Tesis pág. 11). El HMS Comet sería transferido al Canadá y tomaría el nombre de HMCS Restigouche.

8. Ídem.

9. Telegrama cifrado N° 575, reproducido en Irurzun "Documentación", Ítem 5. Figura Albatros y no Albatross en el texto del telegrama.

10. Irurzun. "Documentación". Ítem 5.

11. Irurzun. "Documentación". Ítem 6.

12. Atine.

13. Irurzun. "Documentación". Ítem 67.

14. Irurzun. "Documentación". Ítem 86.

15. "Informe de Viaje". Irurzun "Documentación". Ítem 121.

16. Telegrama cifrado 849, reproducido en Irurzun "Documentación". *Ítem 117.

17. Figallo, Tesis, pág. 168.

18. Telegrama de Saavedra Lamas (Ministro de RR.EE. argentino) a Pérez Quesada, 10 de febrero de 1937; citado por Figallo, Tesis, pág. 169.

19. Figallo, Tesis, pág. 171.

INTERNATIONAL EFFORTS AT SEA TO CONTAIN THE SPANISH CIVIL WAR 1936-1939

Willard C. Frank, Jr.

The Spanish Civil War of 1936-39 occurred in the midst of the great international crisis that culminated in the onset of the Second World War. Spain became an arena of peacekeeping of a most vital sort, for across Europe the contending parties in the European power struggle soon were focused on Spain and the opportunities and dangers it presented. While Germany and Italy employed Spanish troubles toward overturning the European order, France and Britain endeavored to maintain it. Among the democracies emerged two basic approaches to pacifying the region: for peacekeepers to strive for consensus with peacebreakers, or to unite and confront them. The first was tried through most of the war with counterproductive results, the second only for a brief moment but with stunning if transitory success[1].

In July 1936, the warring factions in Spain found themselves evenly matched in a bitter and prolonged contest, the decision of which depended on the influx of foreign aid, mostly by sea. Nazi Germany and Fascist Italy quickly came to the support of the rebel Nationalists under General Francisco Franco, while the Soviet Union and allied leftist elements responded to bolster the foundering Popular Front government of the Spanish Republic.

Nazi Germany, by far the most dangerous threat to the status quo, early intervened with military aid in the expectation of a quick Nationalist victory that would undermine French security to the south. Adolf Hitler in late 1936 saw a more valuable function in prolonging the conflict with sufficient aid to Franco to keep the war going and the Mediterranean boiling but short of weakening German rearmament. Thus, he sought to divert French and British attention both from his rearmament efforts during the danger zone of 1936-38, when Germany would still be too weak militarily to counter an assertive challenge from alert neighboring powers, and away from his target zone in central Europe. German-Italian solidarity in Spain would do the same. Finally, a Mediterranean in flames might coerce Britain to come to terms[2].

Fascist Italy's extensive military intervention in Spain aimed at helping Franco win his war as cheaply and quickly as possible, in the expectation that a Nationalist Spain would become an agent, willingly or not, for Italian imperial expansion. Benito Mussolini frequently boasted that Italy would one day break out of its Mediterranean prison. With Morocco and Spain in his hands, he could burst as a major player into the Atlantic world. When for the Spanish war Italian

184

agents built the island of Mallorca into a formidable air and naval base, poised to cut vital French lines of communication with North Africa, Mussolini foresaw retaining permanent base rights, the first stage of future Italian penetration of Spain and its possessions[3].

The Rome-Berlin Axis of 1936 thus served disparate ends. Hitler needed Mussolini in the short run to help keep the Mediterranean boiling to divert attention from rearmament and central Europe. Mussolini needed Hitler in the long run as an ally to destroy the French and British barriers to his dream of empire. Each was confident of being able to manipulate the other toward his ends. The Spanish war was the vehicle.

The intervention of the dictators in Spain became yet another prod for France and Britain to combine forces. Neither was powerful enough to stand up to German, let alone Axis, expansion alone. Despite their many differences, each was inextricably tied to the other so long as the German threat loomed over Europe.

Early in the Civil War, Premier Léon Blum of France began to send aid to the beleaguered Spanish Republic, despite British disapproval. Then, when the alarming news arrived of German and Italian military intervention, Blum sent Vice Admiral Jean Darlan to London to feel the British out on concerted Anglo-French action to defend their mutual interests in the Western Mediterranean. Darlan returned completely rebuffed. Meanwhile, news of the first French arms shipments sharply divided domestic opinion. Without support from his necessary ally, Britain, and with a split nation at home, Blum retreated from a military response and sought other ways to avoid calamity to the south[4].

British Prime Minister Stanley Baldwin, preoccupied with domestic matters, left Spanish policy up to Foreign Secretary Anthony Eden. To Eden, although British interests would not be threatened by whichever faction claimed victory in Spain, Italian and German intervention sounded an ominous note. Eden was one of the few British leaders to realize that the dictators would take advantage of any perceived weakness, and yet he, like the government he served, was cautious and hopeful that agreement with Hitler and Mussolini might be reached. Eden did extract from Italian Foreign Minister Galeazzo Ciano a pledge that Italy would not alter the status quo in the Mediterranean. Yet Italian assertions that the defense of the Balearic Islands would remain exclusively in Italian hands led him to became deeply suspicious. Britain, like France, faced the dilemma of either to engage with determination in the Mediterranean to defend interests and squeeze off Axis rampages but risk both driving Mussolini deeper into German arms and prompting German action in central Europe, or to avoid conflict and suffer a weakened position in the Mediterranean but which might create conditions for splitting Hitler and Mussolini and avoid giving Hitler unnecessary opportunities in central Europe. Eden's instincts were to engage, and those of Neville Chamberlain, the new Prime Minister in April 1937, to avoid[5].

Josef Stalin of the Soviet Union, afraid for his security, allied with the Spanish Republic. He hoped to save the Spanish bastion against fascism, strengthen the position of the democracies through a cautious policy of engagement, and to buy time. Stalin progressively staged demonstrations, then sent food ships, and finally dispatched extensive military support to match that sent by Italy and Germany to the other side.

By early August 1936, a pattern began to emerge. The three European dictators had embarked, each for his own reasons, on direct involvement in the Spanish civil strife which, in the eyes of the two democracies, threatened to draw the contending nations into the horrors of another European war. On Franco-British initiative, the twenty-seven nations of Europe acceded to a so-called Non-Intervention Agreement [NIA] by promising to prohibit the transfer of arms to Spain, and formed an informal Non-Intervention Committee [NIC] of diplomats in London to handle problems that might arise[6]. The moribund League of Nations was too clumsy to be of much use. Interventionist states joined to mask their activities and in hopes that only the other side would be affected. Despite their signatures and promises, the Italian, German, and Soviet governments poured a steady stream of military aid into Spain from thinly-disguised merchant ships. Major violations of the NIA became indisputable, and even the French government, longing for a Republican victory even as it sought non-intervention, was complicitous in dispatching arms shipments[7]. Then in November Italy and Germany expanded their military intervention into the sea through clandestine submarine warfare against Republican and Soviet ships. Cautionary rules of engagement for fear of mistakes allowed few successes, and no Soviet ship was sunk[8]. At the end of December, Italy vastly expanded its intervention. Britain had induced Italy to sign a "Gentleman's Agreement" on 2 January 1937 guaranteeing the status quo in the Mediterranean. Yet simultaneously came news of a massive Italian troop deployment to Spain, troopships brazenly sailing under the nose of British observers in Gibraltar to Nationalist ports[9]. The NIC seemed increasingly like an intervention committee playing a game of charades.

Eden, angry at yet another example of Italian deception, on 8 January drafted a memorandum in which he argued that if one wanted to deter Germany in central Europe tomorrow, one must be decisive in stopping violations to the NIA in Spain today. He proposed that the NIC states and the Spanish parties allow Royal Navy ships, each with an observer from another NIC state embarked, to search merchant ships bound for Spain or Portugal, detaining those found carrying arms or volunteers destined for Spain and turning them over to their governments for appropriate action. France would be invited to allow a similar control of its frontier with Spain. Eden hoped such a scheme might impress upon the dictators that Britain was alert, resourceful, and ready for action, a stance that would help deter Hitler in central Europe. However, the ministers, wary of forceful action, called for a more moderate approach to control. In any case, not all NIC members would agree to bestow such authority on the Royal Navy as Eden proposed. Yet Eden had evaluated the psychology of the challenge presented by the dictators correctly, and his mind sought ways to bring to bear that one element of power where Britain was still supreme, the Royal Navy[10].

Following British initiative, and while intervention mounted in the early months of 1937, the NIC states concentrated enormous political and technical

186

energy developing a control plan that would not be too intrusive or encroach on sovereignty, or require the Spanish parties to give their consent, or have any collective enforcement mechanism, but would, the democracies hoped, stop much of the arms traffic. The result was the Observation Scheme.

Approved on 8 March 1937, the scheme had three parts: (1) Land Observation, with agents on all frontiers monitoring passage into Spain; (2) Sea Observation, with 360 merchant marine Observing Officers recruited from seventeen countries boarding merchant ships of NIC states bound for Spain at designated ports on the shipping routes toward Spain and observing the unloading of the cargo in Spain to verify that no contraband was delivered; and (3) the Naval Patrol, comprised of naval vessels of Britain, France, Germany, and Italy, each navy patrolling assigned sectors of the Spanish coast. The British and French assumed individual sectors of the Nationalist coast, and the German and Italian fleets of the Republican coast. The Soviet Union at first demanded parity in such patrols, but Soviet warships were not capable of extended operations far from friendly bases, and after some hesitation the Soviets dropped the idea[11].

Warships were to station themselves ten miles from the coast off ports in their zones, remain outside the three-mile territorial limit, report all ships approaching Spain, close on and identify ships belonging to NIC states, board them if necessary to examine ships papers and to ascertain if an Observing Officer was aboard, remind the master of any observed violations of the NIA or the national legislation for the fulfillment of obligations under the Observation Scheme, and report each sighting to a Non-Intervention Board [NIB] set up by the NIC in London. National governments were to deal with violations in unspecified appropriate ways. States issued implementing regulations. The scheme went into effect on 20 April 1937[12].

From the beginning of the Spanish war, the major states had been providing naval presence in Spanish waters, seventy or more warships in May. Now ships were taken off other duties, such as evacuating refugees, to go on NIC observation patrol. Warships, mostly destroyers but including more powerful vessels, wore special stripes in their national colors on their turrets as an aircraft warning, and when on patrol flew a special pennant. Squadrons of seaplanes helped with reconnaissance. The British and French assigned about 20 ships each to patrol duty, and the Italians and Germans about 10 each. Of these about half, or about 30 in total, were on patrol at any one time. It was long, boring, and frustrating duty for all the crews involved. Steaming back and forth for days on end ten miles off shore in their narrow patrol zones and in all kinds of weather, warships watched merchant ship after merchant ship come into view. Most masters accepted interrogation. However, haze, fog, and night accounted for many reports of ships never identified and uncounted others never seen. Those wishing to avoid interrogation needed only to display no flag or visible identity and never to respond to interrogation signals, and so remained immune from interference by patrolling warships. Those hugging the coast within the three-mile limit were also immune from interrogation. Thus, verified violations of the NIA were nil, yet war goods and personnel kept pouring into Spain. Politics demanded the Observation Scheme and Axis navies used it as cover for intelligence gathering, but naval officers of all nations were virtually unanimous that, in terms of its announced intention, it was but a farce[13].

This was closer to the truth than many of them realized. Interventionist members of the NIC had worried that control might actually become effective, and had taken precautions before the implementation of the Observation Scheme. Italian arms and troops arrived in arms ships redesignated as naval auxiliaries and escorted by Italian warships, making them immune from observation. Italy also pressed into service Spanish vessels then temporarily under the cover of the Italian flag. Such ships flew the Italian flag during the first portion of the voyage when Republican raiders might be about, and the immune Spanish flag during the last portion of the voyage when patrolling British or French NIC warships were present. Italian ships sailing alone and without Observing Officers aboard approached Spanish destinations from within territorial waters. In any case, there was to be no visible military cargo, and men in troopships were told to keep out of sight when in view of other ships. Seven voyages a month was average. Such ships steamed under the nose of Gibraltar on their way to Cádiz or Seville, giving the British excellent intelligence opportunities, yet all escaped being reported as violating the NIA[14].

Germany had an easier time avoiding the Observation Scheme. Arms ships were assigned to a shipping firm, Aschpurwis & Veltjens, registered in Panama, a non-NIC state. Once in the open ocean, "Panama" steamers changed call signs and name boards, pretending to be ships actually in other parts of the world, until they could sneak into such as the remote Spanish port of Vigo at night under escort by Nationalist or German warships. From April 1937 until the end of the war three or four a month made the voyage without difficulty, slipping past the French warships on NIC patrol. How German arms got to Spain remained a mystery to the NIB until the end[15].

Soviet arms largely arrived in large Soviet, and later Spanish, merchant ships sailing independently from the Black Sea through the Mediterranean to rendezvous with Republican naval escorts off the Algerian coast. This long route, under the probing eyes of enemy intelligence agents at the Turkish Straits and through waters patrolled by the Italian Navy, required the utmost ingenuity in deception. Ships changed flag, name, and even configuration and paint in the Aegean to throw observers off track. In any case, on the last leg of their journey to Republican ports, these ships showed no flag or mark of identity when, under heavy Republican naval escort, they sailed past patrolling German NIC patrol ships and into port. In May 1937 alone, over twelve such convoys were organized[16].

Military aid to the Republic from or through France crossed into Spain, if not by land behind the back of the inadequate number of Land Observation officers, by sea mostly in small vessels that remained in territorial waters and showed no identification, and thus immune from Italian Sea Observation patrols[17].

After only six weeks of operation, the Observation Scheme was thrown into disarray by a new international crisis. On separate occasions in late May, an Italian auxiliary cruiser and the German pocket battleship *Deutschland* were bombed by Soviet aircraft when at rest from NIC duty in Nationalist harbors.

There was loss of life in both ships. Following his diversionary policy, Hitler heated the waters to a boil. While the *Admiral Scheer* bombarded Almería in retaliation, Hitler in passionate anger withdrew from the NIC and its Observation Scheme, and cancelled the planned visit of Foreign Minister Konstantin von Neurath to London. To maintain the intimidating effect of Axis solidarity, Mussolini also left the NIC. The democracies worked feverishly to restore the non-intervention system, only to have Germany react fiercely in June to a supposed submarine attack on the German cruiser *Leipzig*. This time, the Axis powers remained in the NIC to continue to pursue their policy aims to frustrate that body, but, when Britain and France did not agree to immediate action against the Spanish Republic without proof that a Republican submarine was responsible, withdrew permanently from the naval patrols. Portugal then suspended land observation, prompting France to do the same. The abandonment of German and Italian naval patrols left Britain and France alone to continue naval observation within their zones. They proposed extending their jurisdiction to include the German and Italian zones with neutral observers embarked in patrolling warships. The Axis states rejected the proposal, demanding equal status even as they refused participation. By design there was no way out of the impasse, and Anglo-French negotiators remained completely thwarted. Ribbentrop proclaimed warship surveillance "over for good." Non-Intervention was in shambles[18].

During their five months of operation, the naval patrols were notoriously ineffective. During 20 April-31 May 1937, the period when the Observation Scheme was supposedly in full operation (the Sea Observation scheme only coming into full play on 3 May, and Italy practically abandoning naval patrol reports after 13 May and Germany after 26 May), the NIB's Shipping Intelligence Division tracked 439 ships belonging to NIC states that headed to Spain. Of these, 24 did not comply with NIC regulations. The naval patrols only discovered 2 ships of NIC states that were not already reported by the Shipping Intelligence Division. During this same period, naval patrols reported only 323 ships of NIC countries having entered Spain, but also 105 Spanish, 5 non-European, and 79 unknown ships. Many more were exempt or otherwise unaccounted for. During June and July, when only Britain and France maintained naval patrols, the Shipping Intelligence Division tracked 508 ships of NIC states, 18 of which did not comply. The truncated naval patrols, as in the earlier period, discovered only 2 ships not already tracked by other means. British and French warships did report 237 ships of NIC states heading for Spain, along with 121 Spanish, 3 non-European, and 27 unknown ships. Finally, it is clear that the naval patrols, like the NIB intelligence system, missed, or allowed to pass as exempt, all German, Italian, and Soviet arms ships to Spain[19].

Britain labored on behalf of the NIC to find a way to compensate for the failure of the naval patrols, to restore frontier control, and to reduce the influx of "volunteers" to Spain, but no formula acceptable to all could be found. Observing Officers continued to board merchant ships en route to Spain and the Shipping Intelligence Division kept compiling data and making reports, while war supplies and troops kept pouring into Spain unreported. The carefully maintained non-accusatory demeanor of the democracies in the NIC, the constant flow of diplomatic messages that achieved no result, the exhausting and pointless efforts to break deadlock, the bland statements to parliaments to avoid incurring the wrath of the dictators, all spoke of an unreal world. The British government convinced itself that the non-intervention system, despite its failings, had "turned what was a rushing river into a comparatively small stream." Eden, against his better judgment but to keep the lines to Berlin and Rome open, replied to evidence presented in the House of Commons that the Axis states had broken their NIA pledges with a standard response: "It is not for us to assess other Governments' responsibilities; we can only answer for our own and our hands are clean." France, seeing German, Italian, and Nationalist military forces blanketing more and more of the Spanish landscape, was not convinced, but could not respond alone and was dependent on Britain as its only ally, and so saw no alternative but to continue the fiction of non-intervention. Meanwhile the noise of the NIC served the needs of Axis agendas. With every British avoidance of placing responsibility, with every British acceptance in good faith of Axis lies, and with every British act of self-satisfaction when achieving some empty consensus, Hitler's and Mussolini's respect for Imperial Britain declined one more notch until it was hardly higher than the heavy disdain accorded the French[20]. This experience soon prompted Mussolini to believe he could escalate the conflict in the Mediterranean with impunity.

In July Mussolini and Chamberlain exchanged personal letters that made Chamberlain think that an understanding with the Fascist dictator was within reach. Within days, however, Italian military action again threw the Mediterranean into deep crisis. Nationalist Spain had received intelligence that a major convoy of Soviet ships loaded with vast quantities of arms was passing the Turkish straits on the way to Republican Spain. Franco pleaded with Mussolini to employ the Italian navy in cooperation with his own to destroy all Soviet and Republican Spanish arms traffic in the Mediterranean once and for all. Ciano correctly suspected the report to be exaggerated, but to Mussolini an opportunity to gather more chips for an eventual payoff with Spain, the chance that bold measures would speed Franco's victory and end the debilitating drain on Italian military strength by the prolonged war in Spain, and the expectation from NIC experience that Britain would not react, were sufficient inducements[21].

Mussolini now took his most brazen steps. He had been cautious. In April he had sent against Republican shipping restrained and unproductive submarine war patrols, and had ordered the secret transfer of two submarines to the Nationalists camouflaged as defected Republican boats. Now he felt safe to cast his earlier caution aside. Submarines, surface warships and air forces fanned out from their bases in search of prey. Legitimate targets would be all Republican warships, all Republican or Soviet merchant ships, all merchant ships of any flag underway at night without navigational lights within three miles of the Spanish coast, all merchant ships under escort of Republican warships, and all darkened warships at night. To maintain secrecy, surface ships, unlike stealthy submarines, would have to wait until dark to attack. Ships flying the British flag, however, were singled out for more cautious treatment, and were not to be torpedoed unless it were certain that they contained contraband[22].

From 5 August on, 43 destroyers and other surface warships, 52 submarines, and squadrons of patrol bombers combed the busy sea lanes of the Aegean Sea, the Sicilian channel, and the Western Mediterranean for likely targets. The first attack came on 6 August, and with increasing effectiveness attacks mounted in steady succession into September and from the Aegean to the Spanish coast, for a total of thirty-eight attacks carried through by 1 September. Brazen destroyers and submarines often made their Italian silhouettes plainly visible to the victims just before attacks, and inexperienced crews broached their submarines upon launching torpedoes. Torpedo tracks close aboard merchant vessels and even foreign warships were all too common. Submarines alone stalked 435 merchant ships and carried out 23 torpedo attacks. By 1 September, destroyers and submarines had sunk 4 ships each and aircraft 1 (4 Spanish, 2 Soviet, 1 each British, Danish, and Panamanian). Others were damaged. Italian naval vessels masquerading as Nationalist Spanish captured a British merchantman. Both airmen and submariners attacked without being certain of the identity of their targets, and Italian and British destroyers and freighters were attacked by mistake. Probably less than half of the merchant vessels attacked actually carried war supplies for Spain[23].

Much to Hitler's delight, this rash of Mediterranean "piracy" grabbed the world's headlines for weeks. When Mussolini solicited German collaboration for this clandestine naval war, Hitler politely declined[24]. It was common belief everywhere that the culprits were Italian. Exact descriptions by survivors of the attacks of perpetrator warships and aircraft showing them clearly as Italian were secretly corroborated by the British Operational Intelligence Centre, which decrypted Italian naval messages sufficiently to predict the attacks. Britain could not give warning for fear of compromising the fact that British radio intelligence had penetrated the Italian naval code[25].

Britain reacted with uncharacteristic resolve to curb these outrages with force. Chamberlain's priority lay with smoothing the way toward Anglo-Italian talks, but he was absent from London on 17 August when Eden, focusing on the language of power his instinct told him Mussolini would understand, led the ministers in deciding to counterattack Italian submarines that attack British ships, but without directly accusing the Italian government. Thus he could exercise forceful resolve without necessarily burning his bridges to Rome, the strengthening of which Chamberlain's policy required. With relief, the Royal Navy's Mediterranean Fleet turned its attention from barren NIC patrols to assertive protection of British merchant traffic. The Admiralty ordered warships to try to force any submarine detected near a British ship that had been attacked to the surface and be identified. Failing that, the submarine was to be "hunted and sunk." The French navy issued similar orders. Both navies established intense naval patrols of areas of greatest danger, public opinion in both countries supporting such action. Both states made veiled representations to Italy, but the attacks continued until by the end of August it became clear to Italy that this time the British and French were acting with resolve. Italy had overstepped itself[26].

The democracies went further with an even stronger measure. On French suggestion, they developed plans for an international conference of Mediterranean powers to take even more potent collective naval action to bring a halt to the submarine rampage against any flag. This time the Mediterranean crisis was not to be buried in the NIC[27]. Chamberlain accepted Eden's initiative, but to the dismay of French Foreign Minister Yvon Delbos insisted that the Italians themselves be invited. To maintain Anglo-French unity, invitations went out to all the major powers. The conference could have turned into a repeat of the ineffective NIC, but the Soviet Union came to the rescue with a strongly worded note accurately accusing Italy of sinking two Soviet merchant ships and demanding compensation, whereupon Italy, and in turn Germany, declined the invitation. By default, the potential effectiveness of the conference remained in the hands of those with the means and will to take action. Charles Corbin, the French Ambassador to London, correctly assessed this crisis as a unique opportunity of the highest importance for the democratic powers to restore their reputation and prestige by effective and resolutely executed measures[28]. Although France deferred to Britain in agreeing to refrain from confronting Italy politically, the two democracies remained united in their determination to challenge depredations by "unknown" submarines at sea.

On 10-14 September, and without the perpetrator present, the antisubmarine conference met at the picturesque Swiss lakeside town of Nyon, not far from Geneva. The British and French naval staffs had already worked out the details, which, except for the plan to invite Soviet warships to patrol the Aegean, the delegates readily approved. Merchant traffic in the Mediterranean was asked to follow prescribed routes, which the British and French fleets would patrol in their respective zones from Gibraltar to the Dardanelles. All submerged submarines detected near these routes would be attacked and if possible sunk. A supplemental agreement a few days later provided similar responses to surface and air attacks. The two naval staffs cooperated in close harmony, unprecedented in peacetime, and far more than in the Ethiopian crisis two years earlier. The French naval commitment particularly impressed their British colleagues[29].

The unexpected unity and determination on the part of the democracies knocked the wind out of Italian cockiness. Although Franco conveyed to Ciano his satisfaction over the clandestine naval campaign and the "panic" it caused and predicted that another month of the same intensity would bring "decisive" results, the Italian Minister decided that he had to retreat to "calm the international commotion." Despite Franco's pleas to continue the campaign, on 3 September Ciano abruptly terminated the clandestine naval war[30].

To Chamberlain, resolute naval action had to operate in tandem with his policy of enticing Mussolini to make a settlement with Britain and perhaps wooing Italy away from Germany. France had to follow the British lead. On 14 September the democracies granted the Italian demand to be accorded parity of status in the Nyon Arrangement. The Italian navy on 30 September accepted from the Nyon powers a section of the Sicilian Channel and of the Aegean to patrol, just where Italian "pirate" submarines and destroyers had recently been active. "It is a fine victory," Ciano gloated. "From suspected pirates to policemen of the Mediterranean—and the Russians, whose ships we were sinking, excluded!" Italian brashness had returned, but this time all ships sailing through the Italian patrol sectors did so in safety[31]. The Soviet Union, however, abandoned the Mediterranean arms supply route in favor of a safer but longer northern route to French ports and thence overland to Spain.

Meanwhile, on 17 September Ciano acceded to Franco's pleas to renew the clandestine naval campaign and began to deploy submarines for commerce war again. This time, however, four "Legionary submarines" masqueraded as Spanish and with quite restricted rules of engagement, much as a year earlier. The submarines operated away from Nyon routes and were cautious lest they make attacks on British ships. The result was no more Italian torpedoings for the rest of the war. Spanish Republican submarines under Soviet command operated under similar restrictions, and also with an eye to the Nyon patrols and, wary of attacking British ships, obtained the same negative results[32]. Meanwhile, British, French, and, after 10 November, Italian warships patrolled Nyon routes for months to come. There were occasional alarms, but away from Spanish waters shipping flowed without impediment, and no "pirate" submarine had to be sunk.

The fiction of non-intervention ran its bleak course to the end, where NIC dialogue was no match for the will of the dictators. NIC efforts in fact had a counterproductive effect, encouraging Hitler and Mussolini, and Stalin, to conclude that the democracies had lost their way in the jungle of power politics and that their day had passed. Mussolini's naval campaign of August-September 1937 was an early result. Yet from late-August 1937 on, when the British and French became tight allies acting with strength and resolve in the Mediterranean, Mussolini backed down and became wary of tangling with Anglo-French naval might. Even the Germans were caught off guard and found that their enemies had seized the initiative. This was the only occasion during the whole dreary downslide of Europe into the Second World War when the democracies took the initiative with power, unity, and determination—and forced a retreat on the part of a strutting dictator. In the interests of smoothing relations with Italy, however, Chamberlain's Britain turned even the Nyon patrols into another version of the NIC with its carefully maintained fiction that the peacebreakers were partners in peacemaking. In addition, throughout the rest of the Spanish war, Italian and German air forces continued to hammer neutral shipping found in Spanish territorial waters, the British flag especially receiving blow after blow without any significant reaction. Axis respect for the democracies, after briefly rising with Nyon, sagged even further.

The Non-Intervention Committee's Control Scheme and the Nyon Arrangement were both designed with the same aims—to deter intervention in and to prevent the widening of the Spanish Civil War. They achieved opposite results, the first encouraging the dictators to pursue their ambitions and the second to give them pause and to put a brake on Italian willfulness. The success of Nyon lay in the combination of political will, military means, allied unity, a resolute plan of action carried out, and a coalition structure that excluded the troublemakers. The enormous difference in the effectiveness of Nyon over the Non-Intervention policy that surrounded it lay in the fact that the dictators acted out of the politics of intimidation, not those of consensus, a vital fact that Chamberlain and many other peacemakers missed. The distinction made all the difference.

Notes

1. No existing study pulls the threads of this story together. Nor is there a synthesis of international efforts to contain the war or of the maritime participation of the powers to support or oppose these efforts. The one study of the Non-Intervention Committee, J. Boyer Bell, "The Non-Intervention Committee and the Spanish Civil War, 1936-1939" (unpub. Ph.D. diss., Duke Univ., 1958), had limited access to sources but provides insights and judgments that remain sound. Existing national naval accounts are valuable, especially René Sabatier de Lachadenede, *La Marine française et la Guerre Civile d'Espagne* (Vincennes: Service historique de la Marine, 1993), and Franco Bargoni, *L'impegno navale italiano durante la Guerra Civile Spagnola (1936-1939)* (Rome: Ufficio Storico della Marina Militare, 1992), but all lack the context of the others and of the larger issues that drove efforts at sea.

2. On Hitler's aims in Spain, see Erwin Jaenecke, "Erinnerungen aus dem spanischen Bürgerkrieg," 2 April 1956, German Air Force Monograph Project G/I/1b, USAF Historical Research Center, Maxwell AFB, pp. 3-4; and Walter Warlimont, testimony 17 Sept. 1945, Special Interrogating Mission, State Department (M679), U. S. National Archives and Records Administration, Washington. On the need to lull other powers into inactivity during the danger zone, see the speeches of Hitler and Josef Goebbels in *Documents on German Foreign Policy* [hereafter DGFP], ser. C, vol. 1 (Washington: GPO, 1957), 37; and Hans-Adolf Jacobsen, *Der Zweite Weltkrieg: Grundzüge der Politik und Strategie in Dokumenten* (Frankfurt: Fischer, 1965), 180-181. On the coercion of Britain, see Hitler-Ciano talks, 24 Oct. 1936, in Galeazzo Ciano, *Ciano's Diplomatic Papers* (London: Odhams, 1948), 58. These elements culminate in Hitler's conference of 5 Nov. 1937. See DGFP, D, 1:29-39.

3. For Italian aims, see Galeazzo Ciano, *Ciano's Hidden Diary, 1937-1938* (New York: Dutton, 1953), 32, 34, 46-47, 52, 175, 201; *Ciano's Diplomatic Papers*, 249-251; Giuseppe Bottai, *Diario, 1935-1944* (Milan: Rizzoli, 1982), 113-115, 120, 143,-145, 364. On the Balearics and the Italian use of Spain, see Mussolini-Ribbentrop conversation, 6 Nov. 1937, *Ciano's Diplomatic Papers*, 144-145; Mussolini-Goering conversation, 16 April 1939, DGFP, D, 6:261; Jaenecke, "Erinnerungen," 3-4; report of Captain Giovanni Ferretti, Dec. 1938, cartella 2930, Ufficio Storico della Marina Militare, Rome [hereafter USMM]; Dino Grandi, *Il mio paese: Ricordi autobiografici* (Bologna: Mulino, 1985), 421-426.

4. Blum testimony in Assemblée Nationale, *Les Événements survenus en France de 1933 à 1945* (Paris: Assemblée Nationale, 1951), 1:215-219; "Entretiens franco-britanniques du 5 août 1936 à l'Amirauté britannique," *Documents diplomatiques français, 1932-1939* [hereafter DDF], 2d ser., vol. 3 (Paris: Imprimerie nationale, 1966), 130-133.

5. *Documents on British Foreign Policy*, 2d ser., vol. 17 (London: HMSO, 1979) [hereafter DBFP], 136-139, 151-158, 211-212, 259, 518-519, 667-684; Eden speech to the House of Commons, 5 Nov. 1936, *Parliamentary Debates* (Commons), 5th ser. [hereafter PD], vol. 317, cols. 282-283.

6. DDF, 2d, 3:43, 97-100, 126-127, 221-223; DBFP, 2d, 17:49, 56-57, 67-68; *Événements*, 1:219. National documents comprising the NIA system are compiled in Norman J. Padelford, *International Law and Diplomacy in the Spanish Civil Strife* (New York: Macmillan, 1939), 205-230, 233-310. For NIC records, see FO 849, Public Record Office, Kew [hereafter PRO]. For Italian and German motives for joining the NIC, see 168/132307, and 606/385995, Politisches Archiv des Auswärtigen Amts, Bonn and microfilm [hereafter AA].

7. For summaries of aid shipments, for Italy, see buste 9-10, 129-131, "Relazione finale sull'Attività dell'Ufficio Spagna," "Spagna, Fondo di Guerra," Ufficio Spagna, Archivio Storico-Diplomatico, Ministerio degli Affari Esteri, Rome [hereafter MAE-US]; for Germany, "Tätigkeitsbericht der Schiffahrtsabteilung (OKM A VI) im Dienste des Sonderstabes W während des Spanienkrieges," Anlage 5, RM 20/1437, Bundesarchiv-Militärarchiv, Freiburg im. Br. [hereafter BA-MA]; and for the Soviet Union, data from the newly opened military and foreign ministry archives and reported by M. Monakov and Yu. Rybalkin in "V respublikanskoi Ispanii," *Morskoi sbornik*, 1993, no. 9 (Sept.): 92-93; and "Los marinos de la flota soviética y la asistencia a la España republicana (1936-1939)," *Revista de Historia Naval*, no. 41 (1993): 67-68. For French complicity, see *Événements*, 1:219.

8. For Italian action, see "Relazione sul contributo dei sommergibili alle O.M.S.," 11 May 1937, USMM; and for German, my "German Clandestine Submarine Warfare in the Spanish Civil War, 1936," in *New Interpretations in Naval History: Selected Papers from the Ninth Naval History Symposium*, ed. William R. Roberts and Jack Sweetman (Annapolis: Naval Institute Press, 1991), 107-123.

9. DBFP, 2d, 17:754-756; Allegati 4, 6, 14, 15, "Relazione finale sull'Attività dell'Ufficio Spagna," MAE-US.

10. DBFP, 2d, 18:36-51; DDF, 2d, 4:451-454; Anthony Eden, Earl of Avon, *Memoirs: Facing the Dictators* (Boston: Houghton Mifflin, 1962), 471-492.

11. See in particular the questionnaire the NIC sent to all participating states, 28 Jan. 1937, and the Third Report of the Technical Sub-Committee No. 3, 19 Feb. 1937, DBFP, 2d, 18:164-166, 262-267. The text of the scheme is reprinted in Padelford, *International Law and Diplomacy*, 369-385. On Soviet naval readiness, see I. A. Ananin, *Korabli nashei yunosti* (Leningrad: Lenizdat, 1968), 114-116.

12. Padelford, *International Law and Diplomacy*, 79-92, 369-509.

13. This picture derives from the messages and reports of British, French, Italian, and German warships on NIC duty deposited in their respective archives. Shipping Reports of the Shipping Intelligence Division of the NIB are gathered in FO 849/18 et seq., a summary in FO 849/16, and an evaluation and conclusions in the "Joint Report by Vice-Admiral van Dulm and Mr. Francis Hemming . . . on the Operation of the Observation Scheme," 25 Aug. 1937, N.I.S. (36) 643, FO 849/11, PRO. Published accounts include Sabatier de Lachadenede *La Marine française*, 105-119; and Bargoni, *L'impegno navale italiano*, 243-253. On Axis intelligence gathering, see "Riunione con Ammiragli tedeschi," 14 May 1937, c. 2963, USMM.

14. B. 11, f. 4, MAE-US.

15. "Tätigkeitsbericht der Schiffahrtsabteilung," 16-25; Dieter Jung, "Der Einsatz der deutschen Handelsschiffahrt während des Spanienkrieges, 1936-1939," *Marine-Rundschau* 76, 5 (May 1979): 324-326.

16. V. A. Alafuzov, "Vyvody po deistviyam na kommunikatsiyakh," 21 Jan. 1938, fond r-1529, opis 1, delo 115, listy 184-227, Rossiiskii Gosudarstvennyi Arkhiv Voenno-Morskogo Flota, St. Petersburg [hereafter RGAVMF].

17. *Da Mosto* report, 27 April 1937, c. 2841, USMM.

18. See my "Misperception and Incidents at Sea: The *Deutschland* and *Leipzig* Crises, 1937," *Naval War College Review* 43 (Spring 1990): 31-46. For Axis wrecking of naval control, see Attolico-Mackensen conversations, 25 June 1937, and Ribbentrop to Hitler and Neurath, 1 July 1937, 424/217529-30, 217533, 217588, and Henderson-Neurath correspondence, 26-30 June 1937, 3358/E009447-50, E009475-76, AA.

19. N.I.S. (36) 643, FO 849/11, PRO.

20. Lord Plymouth, chair of the NIC, to a Conservative Party conference, 7 Oct. 1937, The Times (London), 8 Oct. 1937; PD, 14 July 1937, vol. 326, col. 1222; Delbos to Bullitt, 15 July 1937, *Foreign Relations of the United States*, 1937 (Washington: GPO, 1954), 1:360-361; Corbin to Roberts, W14873/7/41, FO 371/21343, PRO.

21. Franco to Mussolini, 3 Aug. 1937, "Processo Verbale (Reunione a Palazzo Venezia - 5 Agosto XV)," b. 10, Allegato 27; Spanish Ambassador to Ciano, 4 Aug. 1937, b. 95, f. 2; MAE-US; DGFP, D, 432-433; Nationalist Government to Nationalist ambassador in Rome, 7 Aug. 1937, R1459/9, Archivo General y Biblioteca, Ministerio de Asuntos Exteriores, Madrid [hereafter AGB-MAE].

22. Italian-Spanish naval staff talks, 7 Aug. 1937; Spanish Embassy to Ciano, 11 Aug. 37, b. 10, Allegato 29, MAE-US.

23. Intelligence reports on Soviet and Republican supply ships in c. 2876, ship deployment summaries in c. 3068, 3069, 3098, operational orders and reports in c. 2826, 2832, 2841, 2845, 2868, 2875-76, 2888, USMM; results in b. 10, Allegato 41, MAE-US.

24. C. 3070, USMM; RM 20/1246-48, BA-MA.

25. Information on decryptions from Vice Admiral Sir Peter Gretton, 1971-74, and Vice Admiral Sir Norman Denning and Patrick Beesly, 1977.

26. DBFP, 2d, 19:180-183; Eden, *Facing the Dictators*, 515-517; Commander-in-Chief Mediterranean to Mediterranean Station, 17 Aug. 1937, ADM 116/3522, PRO; "Preoccupazione inglese e francesi per attacchi a navi mercantili nel Mediterraneo," b. 93, f. 3, MAE-US.

27. DDF, 2d, 6:647; DBFP, 2d, 19:211-218. A useful summary is Peter Gretton, "The Nyon Conference—The Naval Aspect," *The English Historical Review* 90, 354 (Jan. 1975): 103-112.

28. DDF, 2d, 6:723; Corbin to Mounsey, 9 Sept. 1937, W17052/16618/41, FO 371/21405, PRO.

29. Nyon minutes and British naval instructions, 17 Sept. 1937, in ADM 116/3523, 3529, PRO; French instructions in "Dispositif Spécial en Méditerranée," 18 Sept. 1937, 1 BB2 204, Service Historique de la Marine, Vincennes.

30. Messages between the Secretary General of Franco and the Nationalist ambassador in Rome, 3-4 Sept. 1937, R1458/2, AGB-MAE; *Ciano's Hidden Diary*, 9.

31. *Ciano's Hidden Diary*, 15; tripartite naval accord, 30 Sept. 1937, ADM 116/3528, PRO.

32. Nationalist ambassador in Rome to Sec. Gen. of Franco, 5 Sept. 1937, R1458/2, AGB-MAE; Reports of Legionary submarines, c. 2874, USMM. For the effect of Nyon warnings and patrols on Republican submarine operations, see the reports of V. Yegorov and S. Sapozhnikov, Nov.-Dec. 1938, f. r-1529, op. 1, d. 118, ll. 2-14, RGAVMF.

PEACEKEEPING IN NORTHERN ADRIATIC AFTER WWI: THE ALLIED OCCUPATION OF FIUME, 1918

Tiberio F. MORO

When people talk about Fiume, remembering immediately D'Annunzio and the months of his occupation of the town is usual, not only for the great public. Today the event still maintains a great emotional and passionate impact, because it is literarily picturesque, meaningful from the point of view of the custom history and atypical among national politico-military events. Most of all, the episode is characterized by the personality of its protagonist, who has been always in the limelight, in different and alternate cultural terms.

But Fiume is not only D'Annunzio. The ten months preceding D'Annunzio's coup de main, from November 1918 to September 1919, represent a period full of interesting events for their development and for the connected political and military implications. However this first period is generally less known because the second one was preferred by the historiography as more spectacular and certainly more accessible in terms of documental and testimonial sources. (...)

The complexity of this period is due to the interlacing of multiform and composite international events, which need some preliminary remarks to be understood correctly. So, a short summary of Fiume's issue, how it took shape at the end of the war against the Central Empires, is necessary for the less informed reading public[1]."

1. The Pact of London

The text the Italian Foreign Minister Sonnino sent to the Italian ambassador in London, Imperiali, in order to explain the conditions for the signing of the Pact, read in part:

"... taking part in the war we will be allied to people of the most respectable from several points of view, but with interests and political ideals different and sometime opposite to ours. Right from now, we have to consider, the general terms of an agreement setting the minimum of concessions that we can obtain, in order to satisfy other people's demands too. Once war ends with the favourable results we expect, these concessions have to guarantee us that our hopes will not remain frustrated and disappointed by our same allies and companions in arms. Above all this is necessary in regard to the satisfaction of our old national aspirations and to the absolute necessity of security of our military situation in the Adriatic.(...)"[2].

198

There was an implicit reference to the Serb government. Beyond this, it may be observed how the evaluations of the Italian foreign policy concerning the Balkan situation were no more in conformity with reality. It was too late when we became aware of the deep changes which occurred among the different nations inside the Hapsburg monarchy, it was too late when we understood that the birth of national movements was caused not only by self-government requests but also by ethnic-religious differences[3].

The London Pact was the result of an error of judgement and it showed the ignorance of Italian politicians and the differences between the latter and military commanders. If the political outlook failed based on "national" terms (as minority problems, ethnic group situations, religious issues); the military one simply underlined the strategic weight of the Dalmatian coasts, without even unanimous consent with the war and navy ministries[4].

The concessions to Italy did not clash with the interests of the Entente Powers, but harmed those of Serbia. So there should be no amazament if W. Steed could write in these terms to the "Times" correspondent in Italy:

"... for Italy it would be wiser not to occupy the regions assigned to her, but to look for an agreement with Serbia and with the leaders of the Yugoslavian movement to neutralize Dalmatian coasts and ports in which Italy is interested. In this way it would be possible to ascertain through plebiscites the wishes of the populations involved. Maybe it would be possible to reach a gentlemen's agreement too. Otherwise I foresee that there will be a lot of troubles[5]."

After the London Pact some events not incompletely overlapped the Italian demands, and in the end they had an impact also on the Fiume issue. These events are:

- the Russian revolution;

- the US intervention and Wilson's stubborn policy;

- the fall of the Austrian monarchy;

- the birth of new states, such as Yugoslavia;

- the domestic tension in Italy, after the end of the war;

However, the Fiume matters were marked by Wilson's posture. He did not agree to the outcomes of secret pacts, even if Fiume was mentioned openly in the Pact[6], but at the same time he did not consent to the application of points 9 and 10 of his program as pronounced on the 8th of January 1918[7]. In this program he had requested:

- (9) Readjustment of Italy's frontiers along a clearly recognizable line of nationality;

- (10) Autonomy for the various nationalities of the Austro Hungarian Empire.

For these reasons, during the Peace Conference in Paris, the Italian Prime Minister Orlando replied to the US President:

"I believed moreover, that he who can proudly claim that he who stated to the world the free right of self determination of nations, is the very person who must recognize this right for Fiume, ancient Italian city, which proclaimed its Italianness even before the Italian ships were near to Fiume, admirable example of a national consciousness perpetuated throughout the centuries. To deny it this right for the sole reason that it has to do only with a small community, would be to admit that the criterion of justice toward nations varies according to their territorial expansion (...)"[8].

2. The Armistice

On the 5th of October 1918, from Paris, the President of the Cabinet, Orlando, informed General Diaz that a possibility of an armistice with Austria actually existed[9].

In expectation of such an event, at both inter-allied and national level documents of the general outlines of armistitial clauses were being prepared[10]. At the Versailles meeting it was agreed that Austrian troops should evacuate Istria "without occupation by the Allies".

As is well-known, Austrian emissaries appeared on the Italian line in the morning of the 29th of October in order to start negotiations while military operations were still in progress.

On the 2nd of November President Orlando expressed from Paris his perplexities to General Diaz about freedom of action and the extent of the Austrian emissaries' mandate so that,

"...in such an expectation you are requested to do as much as possible in order to operate some landing on the Istrian shore so as to have *a fait accompli*"[11].

The armistice was signed at 3 p.m. on the 3rd of November and the end of hostilities was agreed for the same time on the following day. General Diaz, with the armistice already signed, received a further message from President Orlando who was asked to

"insert a clause for an immediate occupation from the sea of all the positions of maritime access. It is not the case to explain to Y.E. the utmost importance of this last clause on which we must insist in future"[12].

The politicians' worries were caused by information coming from Austrian territories, particularly from the cities of Trieste and Fiume and from the Pola naval base. As a matter of fact General Diaz had informed the President of the Council, in two telegrams on the 1st of November[13], that intercepted Austrian communications made it known that

- a difficult situation existed in Trieste where the Jugoslavian Committee of Public Safety had asked for a meeting with the commander of the Navy in Venice;

- an order issued by the Command of the fleet in Pola had been interpreted to mean that the Austrian Government would have transferred some vessels to a Yugoslavian committee;

- in Fiume the Navy Command had given orders to raise the Yugoslavian flag;
- a call to the President Wilson had come from Pola to let an American unit arrive in the harbour[14].

General Diaz, with regard to Orlando's request of the 18th to occupy some major spot, answered that an armistice line had been drawn according to

"not only the needs of an effective defence but also in view of a possible reprise of hostilities (...) it is nothing but the watershed between the Italian and the Austrian region"[15].

In the provisions for armistice with Austria, laid down in Paris, the line was limited, in its final part

"from the Scheeberg it goes down towards the coast in such a way as to include Castua, Mattuglie and Volosca, in the evacuated territories (...) All territories thus evacuated will be occupied by the troops of the Allies and of the United States of America"[16].

These requirements were a literal translation in English of a note to article 4 of the Pact, originally issued in French.

Some reservations on articles 3 and 4 of the Pact (strategic points and line on the Adriatic Sea) had been expressed by the Serb representative, Vesnic, while conditions for the Armistice were being discussed, in the meeting of the 31st of October. However the intervention of Clemenceau had cleared the requirements to be established: " (...) Territories now evacuated will be occupied in common by the allies (...)"[17].

3. Fiume

It is not the case to write a story of the town, its multiethnic composition and its status of "corpus separatum" attached to the Hungarian Crown[18].

Even though the Italian element never reached an overwhelming majority and censuses were taken with different modalities at times, before the conflict Italians made up about 50% of the population; this situation caused a wider diffusion of newspaper and books in Italian than those in other languages; the middle class was of Italian culture[19].

Before the armistice there had been already many interventions by some representatives of Fiume in order to express their will of self-determination and union with Italy. The most evident expression of this desire came on the 18th of October from the representative of the town at the Hungarian Parliament, Andrea Ossoinak. Regarding the principle of self-determination supported by Wilson, Ossoinak made clear that "I consider my duty to protest solemnly here at the House, in front of the whole world against anyone who wants to give Fiume to the Croats, because Fiume not only has never been Croatian, but, on the contrary was Italian in the past and it will remain in the future. For this reason but also for the position of public law of Fiume, for it is today a "corpus separatum", such an arbitrary solution for Fiume would be in the most open contrast with the rights of peoples to self-determination. Therefore I take the liberty to submit this declaration, as representative of Fiume unanimously elected and with reference to the principles expressed hereby: as Austria Hungary in its offer for peace has accepted as a foundation the right of peoples to self-determination declared by Wilson, even Fiume, as a "corpus separatum", claims this right for itself. Accordingly it wishes to exercise freely and without any limitation its right to decide its own destiny.

I wanted to express this plain and precise point of view before this House. Fiume, therefore, lies on the foundation of the right of self-determination of peoples."

At the same time in Zagreb the National Croat Council was established which declared to take on the representation of all the Croats, Serbs and Slovenians in the Monarchy "with Fiume". It appointed a political commissary for the town (Constantin Rojcevic, who took charge on the 30th of October) and at the same moment, on the 31st, the Ban appointed lawyer Richard Lenac as "Supreme Count of the Town of Fiume".

In Fiume, on the 29th of October, after the Hungarian governor had left its charge and given full powers to the podestà, the National Italian Council was established; by the proclamations of the 29th and the 30th it announced, firstly to place itself under the protection of Italy and America, and secondly that "Fiume is united to its motherland, Italy"[20].

In the morning of the 30th the Croat commissary and the members of the Croatian Committee took over government offices and gave the population notice that they had taken over the political administration of the town[21]. That was undoubtedly made easier by the support of the troops in town, mainly Croats and some disbanded Hungarian units.

Because of the presence of two adversarial national-political entities, one supported by local troops, the other one comprising only civilians, many demonstrations were held by both sides. The Croats, a minority in town, were supported by people coming from Sussak, near Fiume, which had always belonged to Croatia.

On the 1st of November, some elements of the Italian Committee went to Trieste and after to Venice, in order to present the town's situation and ask for the intervention of Italian armed forces in order to occupy Fiume.

4. Fiume occupation

The arrival of the Italian soldiers in Fiume is described in a more or less detailed form by numerous works, even official, but never in a proper way despite there being so many documents available. We cannot forget, for example, the errors of the American Ambassador in Rome, of the Minister in Switzerland, Mr. Stovall, and of the diplomatic agent Dodge who in 1943 at the peak of war brought the Davidonis report to wrong conclusions, so did later J. Lederer and others, both Italians and foreigners[22].

In the '30s the Italian Navy published in two volumes[23] the official report but without entering into details; the Army Historical Office has recently published the last volume of the official report on the First World War with many documents and cartography[24].

In order to command the Italian ships destined to occupy the coastal towns assigned to Italy by the terms of London Pact, ViceAdmiral Cagni was called to Venice from La Spezia where he commanded the Maritime Department. Invited with his naval force in Pola, he operated with enterprise and in accordance with the French and British officers when they were present[25].

The Italian naval forces arrived in Pola on November 5th and troops landed in the afternoon of the same day. Immediately talks with the Yugoslav military autorities (Admiral Koch), who had "inherited" the Austrian fleet, were begun for its peaceful occupation.

On the other hand, the situation in Fiume was different.

After having listened to the Fiume delegate's report, and having realized that the town was outside the occupation area assigned by the armistice and that he could not act out the London Pact clauses, the Chief of Staff, Admiral Revel, could do nothing but address the President of the Cabinet, Orlando, who, from Paris, gave positive orders[26].

Vice-Admiral Marzolo, commander of the city of Venice, ordered Rear Admiral Rainer, the local arsenal Commandant, to board the Battleship E. Filiberto which, with four torpedo-boat destroyers, was headed for Fiume[27]. The navigation instructions were detailed but Rainer was given neither "political" orders nor instructions to put troops ashore. Indeed orders were vague:

"Arrived at the entrance of the port, preceded by destroyers, you will come in and say to the local authorities that you were ordered to reach Fiume in order to defend the Italian interests after having received news about disturbances breaking out in the town and its outskirts. You will make the same declaration if required by other authorities"[28].

The units left Venice on November 3rd at 7 a.m. and arrived at Fiume on the following day at 11:30 a.m. Admiral Rainer did not make his sailors land[29], but got in touch with the mayor and with the Italian Committee President and tried to solve any disagreements with the Croatian exponents.

After the formal meeting with the Italian and Croatian authorities he informed the Venice Headquarters about the situation in Fiume pointing out, among other things,

- the presence of Italian prisoners being evacuated towards Pola and Trieste;

- the lack of supplies in town;

- the presence of the navy;[30]

- the public offices occupied by Croats;

- the presence of Hungarian government employees asking for Italian protection;

- the presence of Rear Admiral Prika, sent by the Zagreb Committee and Captain Teslic, as garrison commander;

- the arrival of disbanded troops coming from the South which were concentrated, together with the arms, in Sussak;

- the departure of the Italian Committee's delegation for Rome in order to "represent the real problems concerning Fiume"[31].

On November 9th Dr. Antoni, appointed to represent the city of Fiume with the Italian Government, informed the mayor of his contacts with the Italian President of the Council of Ministers for "a protection which is considered necessary in this period of transition in order to give a more effective safeguard of its constitutions and of its national law"[32].

News came to the Secretary of State through Ambassador Page:

"2324. Doctor Antoni, calling himself plenipotentiary delegate of the city of Fiume, after an interview with the Prime Minister, has addressed through Prime Minister to Allied Governments stating immediately after freeing itself from Austrian-Hungarian yoke, city of Fiume with territory constituted from ancient times upon statutory basis corpus separatum of Crown of Saint Stephen, proclaimed its autonomy and independence through its legal representatives, mayoralty and national council; that pursuing Wilsonian principles of rights of people to self-decision, city has resolved annex itself to Italy and asks Italian Government to extend necessary protection during transition period"[33].

If the people of Fiume lived in a state of uncertainty waiting for the decisions that politicians would make in Paris, the Yugoslav committees abroad tried to lobby the press and government institutions[34].

In order to support the Italian cause and the town's autonomy, a Fiume delegate, Riccardo Zanella, also went to Paris trying to contact the Italian representatives who, as suggested by the Italian Ministry of Foreign Affairs, were not available[35].

At the same time the "Revel case" broke out, contributing to muck up the little clear water of the Adriatic matters and of the Austrian fleet, which is outside the scope of this paper. On November 9th President Orlando received from the French Government a strong complaint because Admiral Revel, Chief of the Fleet, had blocked the French ships to be sent to the Italian controlled area of the Adriatic.

Cancelling any previous instructions, Orlando made a request to the Admiral "in order to have me informed in advance about those decisions which can determine international consequences especially if they might raise objections with our allies in matters of great importance and seriousness"[36].

This incident with France was the first of a long dispute which in Fiume became larger for political and logistical reasons.

But the crucial days in Fiume began on November 14th. On the same day many communications interlaced, in military and civil environment, among the town, the Headquarters, the President of Cabinet, the Ministry of Foreign Affairs and the Navy authorities.

The Italian Minister of Foreign Affairs received from Berne a communication concerning the declaration signed by Korosec, Pasic and Trumbic on the union of Serbs, Croats and Slovenes in one State[37].

On the same day the Navy General Staff received a worrying message from Admiral Rainer:

"The arrival of two Serb battalions is announced"[38].

The Italian Supreme Command and the 3rd Army Command were informed of the situation in the town by the intelligence service and by politicians:

"4797 (November 14th)

We were in Fiume and Abbazia. Government in Fiume is Yugoslav; prefecture, court of justice, postal and telegraph services and railway are under Yugoslav control. On the top of the captaincy there is a Yugoslav flag. The town guards are constituted by Serb and Croat sokolist ex-prisoners. In the northern part of the town Croats are building trenches and are placing two 105 mm artillery pieces. Many Croats, as Zagreb suggested, came down to the town from the neighbourhood. Croatian guards patrol the streets of the town and after 8 p.m. they ask all passers-by for their identity cards. Croatian guns and machine-guns have worked this night in different points of the town. The town hall is under Italian control. Councillor Stringhetti has shown his fear for a conflict between Italian and Slav peoples. As suggested, he will produce a memorandum report to the Italian Government. The Mayor has left for Rome in order to explain the situation. Fiume, according to the National Council constituted on the people's self-determination right, has been declared united to its motherland by a declaration issued on October 30th. The Admiral is on the "Filiberto" in the port. The A.H. ex fleet ships fly Yugoslav flags. The town is lacking goods and Yugoslavs do not want to provide for their victualling. Yugoslavs gave French ships in Fiume enthusiastic proof of their gratitude and they want to welcome the American Commission with greater benevolence"[39].

On the same day General Diaz informed the President of Council about some information he received from another source:

"15118 G.M. November 14, 1918

Leader of the English Labour Party, Fisher, just arrived from Fiume, describes the very serious conditions of Italians in that town, so that they require an immediate intervention to avoid a slaughter. I therefore consider it necessary to occupy that town with an infantry brigade and an American battalion. I will wait for your instructions in regard to an immediate occupation"[40].

Orlando answered on the same day with two telegrams:

"I answer to telegram 15118 just received. I absolutely agree on the need to occupy immediately the town of Fiume. Our troops should be supported by Americans and possibly by an English and French contingent. It is also desirable, if possible, to have a written document on Mr. Fisher's report[41]."

The first telegram showed Orlando's agreement with the supreme military Chief, whereas the second one aimed at justifying the decision before international public opinion:

"Following on my first message in reply to your telegram 15118, I think it necessary to add that any public announcement of our occupation of Fiume should underline these three facts:

- the occupation has taken place because of serious reasons of public order;

- the occupation has been decided on not only to answer to the repeated requests of Italians who live in Fiume, but also because it was urged by foreign leaders who have directly and personally verified the urgency of such a decision;

- the occupation has been carried out jointly by our troops and allied forces[42]."

It was evident that the Italian President of Council did not want to remain isolated because of criticism from allied leaders, in particular President Wilson.

The operating instructions for the movement of the troops were communicated on the morning of November 15: they asked for the participation of the Italian Navy for the maritime transport and of allied forces. In fact Diaz wrote:

"I asked French and British commands to participate with at least a battalion..."[43]

On the afternoon of the same day, having been informed by his Minister about the communications received by Admiral Rainer and having intercepted a message coming from Admiral Cagni in Pola suggesting to get in touch with the Serb Commander in Fiume, Colonel Maximovic, Admiral Revel ordered the sailors to land[44].

At the same time General Diaz ordered the 3rd Army to send to Fiume the grenadier brigade because it was nearer than the previously assigned "Arezzo" brigade:

"...This command must send the brigade to Fiume immediately, so that it can occupy the town before November 17th in order to precede the Serbs, who are reported to be moving towards Fiume...The garrison in Fiume will have the task of maintaining public order...It is likely that, in order to precede the Serbs, our Navy will land some units of sailors[45]."

On the morning of November 16th the Minister of the Navy informed Admiral Revel that the landing had been approved by the Government, which had also decided to protest with the Serbs[46].

These communications between the various personalities on November the 16th – also considering radio transmission and message code problems – show a maze of the overlappings, uncertainties, reservations and postures which makes us unable to explain the situation and its development, especially in regard to the navy, as Rainer was dealing with the Serb military commander.

Admiral Cagni informed Admiral Revel that, on the morning of the 16th, he went, together with Condorcet's Commander to Admiral Prika to tell him about the landing. He also sent to Fiume a Yugoslav officer together with the destroyer Rossarol, to avoid clashes and because of communications difficulties[47].

However, in the same day Cagni sent a message to Revel in which he protested against the arrival in Fiume of a Serb regiment and maintained to have prepared the sailors' landing and

"to be intentioned to remain in Fiume until the departure of the Serbs"[48].

Admiral Cagni, who stayed in Pola, had resentful words for Rainer, who faced a local situation that was not well known to the former[49].

Cagni had ordered to send Allied troops to Fiume: a battalion of the Arezzo brigade was embarked on the "S. Marco", 2 officers and 57 infantrymen of the US 332nd regiment were embarked on destroyer Audace[50].

However, the troops did not land, even after their arrival in Fiume, because negotiations between Admiral Rainer and local military commands still continued, in order to send Serbs out of the town and avoid bloody clashes if the landing were opposed.

The proceedings can be reconstructed thanks to the declarations of the witnesses who afterwards intervened during the enquiry on Admiral Rainer[51].

After the arrival of S. Marco and Audace, the landing was planned at 5 p.m. on the same day (16th), but a counterorder postponed it to the day after.

At 8 a.m. on 17th the US contingent embarked on Audace was transferred onto Filiberto, where it received the American flag. In Fiume there were two French Destroyers.

At about 10 a.m. the landing was set for 3 p.m.

On the Filiberto another discussion took place among Admiral Rainer, the Serb Colonel Maximovic, Captain Teslic, two English officers, a Yugoslav Lt Cdr and a civilian interpreter[52]. The dispute lasted a long time, the Serb being supported by the Yugoslav and the Italian by the English officers. The former group said the Serbs were in town to prevent the Italians from disembarking and to establish a base for the Eastern Army under instruction of General Franchet D'Esperey; the latter group said that the allied powers of the Entente plus the United States and not Italy occupied the town; therefore, the Serb soldiers should not thwart the implementation of the plan; on the contrary, they had to go away from there.

On the naval units, the troops were being prepared to land. Meanwhile, General San Marzano was approaching the town by land.

While these operations were occuring in a tense atmosphere, a misunderstanding was taking place about the delay in the arrival of the Italian troops. This delay had been requested by Colonel Maximovic for consultations with the government and it would have been accepted by Admiral Rainer, who did not know in detail the instructions of the Italian Army. Waiting for the Serbs' departure from town, an attempt to stop the approaching Italian troops did not succeed because the Italian general had instructions to occupy the town by 3 p.m.

A last request from Colonel Maximovic to Rainer could not be accepted because Rainer had to answer that he could not stop the columns en route.

After deferring the landing for an hour, at 4 p.m. Rainer ordered the troops on the Filiberto to land; together with the sailors a platoon of "carabinieri" and the American detachment also landed. No resistance was encountered.

The French military command, authorized by its government, agreed to participate in the occupation with a battalion, which arrived in Fiume on November, 24; the American battalion had arrived on November, 20.

The English soldiers reached Fiume, warning the allies that their troops had been sent to keep order and to state the interallied feature of the occupation; in any case they could not be used for offensive operations against the Yugoslavs.

While the French battalion sent to Fiume was diverted towards Cattaro, General Tranié arrived in town with a colonial infantry battalion and an Engineers company, both coming from Zagreb, where Tranié commanded the 11th division. The main aim was the establishment of a logistics base for the Eastern Army, led by General D'Esperey, but another not secondary purpose was supporting the Yugoslavian Serbs.

On November, 28th, General Grazioli replaced General San Marzano at the command of the Italian troops in Fiume[53]; he immediately started a constant and provoking confrontation with the French general, who considered Fiume within the operating area of the Eastern Army:

"Le territoire de Fiume fait partie des territoires qui ont appartenu à l'État hongrois. À ce titre, jusqu'à la paix, il est considéré par les alliés comme territoire ennemi occupé et le droit de réquisition à été ouvert par la convention d'armistice passée avec la Hongrie"[54].

The confrontation with the French, and at a minor level with the Americans and English, was the subject of communications also with the naval authorities, which kept the naval units and the higher naval command in the port.

Already on November 19, the commander of the Third Army pointed out that the Serbs had the intention of coming back to the town[55]; the action had been decided at a governmental level. But immediately afterwards the reports from Fiume to the military and political authorities underlined the French insistence on having new concessions[56]. The communication made by Admiral Cagni was particularly violent; he thought that the French behaviour could sooner or later lead to

"bloody encounters and, in the meanwhile, spread the violent Italian anger against France."

On December, 1st, the uncertain situation in the town led to further communications from the commander of the Third Army; he wrote:

"Allied troops never came in contact in such an hostile way (...) without considering whether Italy has any right on Fiume or not"[57].

On the same day General Grazioli reported that General Tranié had formally declared that the French forces in Fiume belonged to the French-Serb Army and not to the interallied garrison. Furthermore, there was the intention of publishing a French newspaper. At the same time, the commanding officer of the naval detachment claimed the right to requisition ships in the port[58].

The confrontation with the French officers lasted throughout the interallied occupation, despite the establishment of the Council of Admirals, and led to clashes during the summer of 1919. These engagements also involved the population, that already from November 27 considered the French troops (and particularly the colonial detachments) not an Italian ally but a supporter of the Slavs, who were the enemies a little while ago, although recent political events had brought them nearer to the Serbs.

It is known that the allied occupation lasted up to the arrival of D'Annunzio on September 12, 1919, while the problem of the city and its territory was being discussed in Paris without finding any solution. As Steed had easily foreseen, a direct agreement between Italy and Yugoslavia was needed to find a definitive solution, first in November, 1920, and then in 1924.

It is exactly in the Parisian irresoluteness that the causes must be sought of the turmoil which brought about July clashes and the Inquiring Commission with its military decisions (downsizing of the Italian troops and of the naval units); those were in turn the cause of the rebellion of the Army detachments, which found in D'Annunzio a focal point.

5. Conclusions

The period from the Allied occupation of the city to the following occupation by D'Annunzio and his "legionaries" has been examined by historians of different schools. It is not worthwhile getting deeper into the analysis of the so called "Adriatic question" but it is worth considering only that it got great importance at an international level, within the Peace Conference, with effects on Italian internal affairs and within the armed forces that were being demobilized.

With regard to the occupation of the city, it can be noted that the Italian officers complied with the requirements of the London Pact to the extent that they stayed two weeks with the troops on the ships, without putting any pressure on the civilian institutions, even when they could have done so. The warrant to action could only have been politically motivated, so that in Fiume the representatives of the allied armies and of the associated one were present. Everyone had undoubtedly its own interests to safeguard. For the others these interests were primarily economic[59], while for the Italians there were also nationalistic issues, related to a population that, for the most part (we refer to the city and not to the whole territory which had a Croatian majority), wanted to join Italy.

Unfortunately on that circumstance a direct confrontation started, with a clear political value, between Italian and French, which lasted subsequently and, after Fascism came to power, was one of the main issues of Mussolini's foreign policy.

That event influenced considerably the commanders of the Navy, who worked out an operative plan (building ships and coastal defences) having an anti-French goal in mind[60].

Regarding domestic affairs, the problem of Fiume was discussed at the opening of the Parliament, on November, 20, 1918, together with the issues which characterised the contrast between socialists and nationalists about the post-war problems: redevelopment, demobilization, economic crisis, union demands, the Catholics and the Popular Party and the Fascist Party which was a good rallying point for veterans.

The difficult question of Fiume, which is similar to situations existing today in some places in the world, leads us again to Wilson; as has been shown by the clear speech of L.Y. Sherman at the Senate of the United States, on August, 4, 1919, the policy of intentions could not be carried out without a clear vision of reality[61].

Notes

Except for some contemporary events, this paper analyses how, after having signed the armistice with Austria, Entente troops, particularly Italian, occupied Fiume, previously a "corpus separatum" of the Hungarian Crown.

The paper summarizes a wider research, still unfinished, that concerns the activity of the Italian Navy in the Northern Adriatic from 1918 to 1924.

At the moment French and US military documents, have not been consulted yet.

The sources used for the present work, in addition to those indicated in the notes, are:

DDI –   Documenti Diplomatici Italiani; V° serie, 3.8.1914-3. 11.

          1918 (11 volumes published). VI° serie, 4.11.1918-30. 10.

          1922 (2 volumes published that cover the period until 23.3.1919).

EIGG –   L'Esercito Italiano nella Grande Guerra (1915-1918), vol. V:

          The operations of 1918. Official Report of the Army Historical Office.

AMM –   Archivio storico della Marina Militare Italiana.

FRUSPPC – Foreign Relations of the United States. The Paris Peace Conference.

1. L.E. Longo, Francesco Saverio Grazioli, Ufficio Storico SME, Roma, 1989, pp. 221-222.

2. DDI, V, 2°, doc. 816. London was chosen as the seat because it was considered safe enough for secret negotiations.

3. See Leo Valiani, La dissoluzione de l'Austria-Ungheria, Il Saggiatore, Milano, 1966; in particular Chap. I (I movimenti nazionali centrifughi dal 1905 al 1914) and IV (L'indipendentismo jugoslavo, cecoslovacco e ungherese: 1915-1916).

4. On May 11th 1915 Admiral Thaon di Revel did not know yet, in detail, the terms of the Pact of London! (DDI, V, 3°, doc. 656). Regarding strategic and political myopia, see the opinions of Muriel Curry and Lord Balfour as quoted by M. Toscano (Il Patto di Londra, Zanichelli, Bologna, 1934, pg. 8 n. 1) and the opinions of the British Ambassador in Rome, Rodd (ibid. p. 98, n. 1). Nitti was also critical: "In Italy, the Pact of London was a mystery to everybody because its text was known solely by the Presidents of the Council and the Minister of Foreign Affairs of the War Cabinet. After all, the Pact of London was submitted to four or five persons only and was kept as a jealous secret; in spite of that we cannot believe that it responded either to the ideals of the nation or to the trends of public opinion and perhaps, not even to an intelligent view of the needs and the future of Italy". F.S. Nitti, L'Europa senza pace, Bemporad, Firenze, 1921, p. 77.

5. W. Steed, Trent'anni di storia europea 1892-1922, Edizioni di comunità, 1962, p. 409. (Or. ed.: Through Thirty Years). Also see Valiani, pp. 202-203, concerning the activity of Seton-Watson with the correspondent of the Morning Post, in particular of Supilo.

6. A short explanation of the reasons of such exclusion can be found in Salandra, L'intervento, Mondadori, 1930, p. 195. See also Toscano, p. 116.

7. See <u>Encyclopedia of American Foreign Policy</u> Alexander De Conde Editor: Daniel M. Smith, The Fourteen Points (pp. 380-386); Betty Miller Unterberger, National Self-determination, (pp. 635-650).

8. Roy Stannard Baker, <u>Woodrow Wilson and World Settlement</u>, vol. III, Doubleday, Page & Co, 1927; pp. 291-295; doc. 39; Orlando's reply to President Wilson, April 24th, 1919.

9. EIGG, doc. 457.

10. EIGG doc. 458, 459. In Versailles: meetings on October 6th and 8th. Regarding Italy, there are "lines of armistice", instructions of the Operation Office of the Supreme Headquarters, on October the 14th (EIGG doc. 460).

   Regarding the clauses signed by Italy and Austria on November 3rd and not recognized by other powers and substituted on the following 5th by the Interallied Council, see DDI, VI, 1°, doc; 525, from the Ambassador in London to Minister Sonnino on December 11th 1918.

11. EIGG, doc. 465; DDI, V, 11°, doc. 809.

12. EIGG, doc. 466; DDI, V, 11°, doc. 813.

13. EIGG, doc. 469-470; see also DDI, VI, 1°, doc. 69.

14. This call to Wilson and the transfer of the Austrian ships to the Yugoslav Navy is discussed during the second meeting of the 8th session of the Supreme Council of War (Minutes SWC 350) on November the 1st 1918 at three o'clock p.m. DDI, V, 11°, doc. 797; the speeches by Clemenceau, Sonnino, Lloyd George, Vesnic and Orlando.

15. EIGG, doc. 462.

16. For the definition of the line from which to evacuate the Austrian troops, see the Supreme Council of War, 8th session, minutes SWC 349; Versailles October 31, 3:00 p.m.: Conditions of a Military clause; point 3. (DDI, 11°, doc. 791). It has to be remarked that an informal meeting with an American representative at the Italian Headquarters dealing with the frontier's settlement didn't reach an agreement on the limits of Quarnero (EI GG, doc. 456).

17. Aldovrandi Marescotti, <u>Guerra Diplomatica</u>, Mondadori, 1936, p. 196.

18. The Croatian rule over the town lasted nineteen years, from 1848 to 1867. At that time, the proclamation specified "the use of Your Italian language will be preserved". The position as "corpus separatus" and autonomy was settled by paragraph 66 of the law of 1868. A new Statute was promulgated in 1872 and paragraph 127 stated that the statute could be changed only by people's consent and that Hungarian law can be enforced exclusively through municipal concourse.

   See FRUSPPC, I, p. 65, Fiume: its commercial hinterland and relation to the Yugoslav question. The legal position from the American point of view can be found in FRUS, PPC, I, p. 44.

19. For an examination of the ethnic groups and the languages spoken, see Carlo Schiffrer, <u>La questione etnica ai confini orientali d'Italia</u>, anthology edited by F. Verani, Edizioni Italo Svevo, Trieste, 1990, pp. 66-75.

20. Regarding Fiume events of the second half of October, see Attilio Depoli, "XXX Ottobre 1918" (pg. 143-214) and Luigi Peteani, "Il valore giuridico del proclama del 30 ottobre 1918 e il principio di autodeterminazione dei popoli" (pp. 215-244) in Fiume prima e dopo Vittorio Veneto, Roma, 1968.

21. The Offices of the Governor and the Port Captain, the railway station and the post offices.

22. FRUS, PPC, II, p. 291, Stovall to the Secretary of State, 763.72119/2610: Telegram. Berne 13.11.1918 5 p.m. p. 298, n. 5267 Berne Nov. 18 (Copy of communication by doctor Korosec, President of the National Council of Zagreb, dated Nov. 11.19.1918 with incorrect information about Fiume). FRUSS, PPC, I, p. 447; Page to the Secretary of State, 763.72119/2624 1/2. Rome, Nov. 15.1918 ("At present the town is held by the Croatians, while the harbour is held by an Italian squadron under Admiral Rainer and both the Italian and the Yugoslav flags are flying in the town"). FRUS, PPC, II, p. 294; Dodge to Secretary of State, 763.72/12256: Telegrams, Corfù, Nov. 14, 1918, p. 290. Page to the Secretary of State, 763.72/12287, Rome, Nov. 18, 1918, 11 p.m. ("Occupation of Fiume by Italian forces was made November 9th") (!)

Dr. A.C. Davidonis, The American Naval Mission in the Adriatic 1918-1921, Office of Records Administration, Administrative Office, Navy Department, September 1943.

23. La Marina Italiana nella Grande Guerra (hereafter MIGG), Vol. VIII, La vittoria mutilata in Adriatico. Dal luglio 1918 alla Conferenza della Pace - gennaio 1919. Vallecchi editore, Firenze, 1935. Ufficio Storico della Marina, Le occupazioni adriatiche (hereafter OA), Roma, 1932.

24. Ufficio Storico SME, L'Esercito italiano nella grande guerra (1915-1918) Vol. V. Le operazioni del 1918. Tomo 2°, La conclusione del conflitto: Narrazione; Tomo 2° bis: Documenti; Tomo 2° ter: Carte, Roma 19~8.

25. OA, pg. 142-203. See also B. Benussi, Le sette giornate di Pola, Parenzo, Tip. Coana, 1920.

26. Admiral Revel's demand of November 2 in OA, pg. 87. The answer was not found, but Aldovrandi Marescotti says, about it, (cit. p. 207): "After some consideration, as this occupation was not foreseen during the talks with his colleagues, Orlando gave positive orders on the matter".

27. The group was made up by the "Filiberto" and destroyers "Orsini", "Acerbi", "Stocco" and "Sirtori".

28. AMM, b. 1162. Prot. 3970 RRP dated 2.11.1918.

29. The "Filiberto" carried a landing-party.

30. The U40 submarine and the Destroyer Panthera were visited.

31. On the same day of the arrival Rainer makes the point of the situation in a message; on the 9th he sent a more detailed report including some news about cargoes.

32. OA p. 93. On November 13th, Ambassador Page informed the Secretary of State that Mr. Antoni has communicated the autonomy and the independence of the "corpus separatus"; FRUS, PPC, II, pag. 291; 865.01/2, Telegram, Rome, Nov. 15, 1918, 5 p.m.

33. See previous note.

34. DDI, VI, I°, doc. 19. As regards the action towards the State Department; doc. 23 for the action in Great Britain; doc. 24 that reports about the articles published by the Times. The French Minister of Foreign Affairs, Pinchon, advised to send American troops to the most dangerous points (doc. 29).

35. DDI, VI, doc 41 and 70, respectively of November 7th and 9th. The action of Zanella and the autonomist policy have a prominent place in the Fiume question, particularly during D'Annunzio's occupation; but they are not dealt with here.

36. DDI, VI, 1°, doc. 71. The cause was to be found in a telegram sent by Revel to British Admiral Wemyss; the accident would be discussed for several days by high political personalities of international level with unfavourable remarks.

37. DDI, VI, 1°, doc. 157.

38. Message from "Filiberto" on November, 14, 1918, h. 11.50 a.m. OA; p° 95.

39. EIGG, doc. 584.

40. EIGG, doc. 585.

41. EIGG, doc. 586.

42. EIGG, doc. 545.

43. OA, pag. 95-96.

44. OA, p. 96. Telegram of November 15th, h. 4 p.m.

45. EIGG, doc. 554.

46. OA, p. 98; telegram of November 16th, h. 11 a.m.

47. OA, p. 98. The Destroyer Rossarol would never arrive in Fiume because it sank from the impact against a mine.

48. OA, p. 97.

49. Afterwards, Cagni would behave in a very violent way, proposing the immediate substitution of Rainer, judging him irresolute and hesitant. His request would be granted on November 23rd; Rainer would be the subject of a brutal inquiry about things that had nothing to do with the landing.

50. San Marco left Pola at 9.20 a.m. of the 16th and arrived in Fiume at 1.30 p.m. The destroyer "Audace" left Pola at 5.50 a.m. on the same day and arrived in Fiume at 1.20 p.m.

51. AMM. b. 1445 Rainer.

52. According to the papers referred to in the previous note, the party was: Major Talbot, with a Captain who spoke Italian (Stevens?), Commander Durand-Viel, the Commander of the French destroyer Touareg, Lieutenant Foster, the Commander of the British destroyer, Martin; Serb Lieutenant-Colonel Maximovic, Commander of the Fiume Battalion; Yugoslav Lieutenant-Colonel Teslic; Yugoslav Lieutenant Commander Dworsky; Yugoslav Lieutenant, interpeter.

53. EEIG, doc 593.

54. Longo, pag. 232 n. 12.

55. EIGG, doc. 588, 589, 590, 591, 592.

56. EIGG, doc. 597; subject: the situation in Fiume on 30 November 1918 with enclosed General Grazioli's summary "Rapporto con Ufficiali di terra e di mare dell'Esercito francese". Annex 2, comunication from Admiral Cagni.

57. EIGG, doc. 598; subject: situation in Fiume 1 December 1918.

58. EIGG, doc. 599; subject: Contegno di Comandi e di truppe francesi in Fiume.

On November 30th "Novostie", the newspaper of the Jugoslav Committee in Zagabria, published a note concerning the imminent publishing of the newspaper "Echo de l'Adriatique": "The Editor will be French and he will support our Yugoslav interests". See Longo, cit. pag. 235-236.

59. In his article, "Fiume and its vital importance for Italy" of 17 June 1919, the Delegate to the National Council of Fiume, Lionello Lenaz, writes that "... by now it is known that some of the most powerful American Banks already have a project for developing the port of Fiume".

In Fiume, the British are interested in the Port and the industrial plants. The speech by Senator Sherman points out the words of Senator Moses: "In Fiume where the big steamship Company, Cunard, has long got a footing, and where it is probable that, if the town fall in the hands of the Italians, who are born sailors, it is possible it will find a first class naval rival. On the contrary, should Fiume remain (as now is suggested) in the hands of a new nation, small and feeble, the Cunard Line, waving the British flag, will remain undisturbed in the Port of Fiume".

As for the Italian Navy, it had subsidized the workers of the Danubius Shipyard and of the Whitehead Torpedo-factoy, with 230 and 90 thousand crowns each, in order to avoid dismissals. The plants drew the attention of the Italian financiers.

As for France, the question was beyond the economic horizon, because the point was to substitute Russia in penetrating into the new Balkan world.

60. See AMM, b. 2406: Relazione sommaria sull'opera svolta dal 4.12. 1919 all'1. 2. 1921; Promemoria circa l'assetto militare marittimo dell'Italia (giugno 1921); Studio sulla dislocazione delle forze navali in caso di mobilitazione generale (dicembre 1921); Studio di programma navale (dicembre 1921).

61. "England and France got the greatest benefit of German allowances. Italy was excluded. No reply can be given to its humble requests, strenghtened by the desire of the people of Fiume to be returned to its brothers. It is not a prize to say that Fiume will become a city under League of Nations mandate or of whatever important power. As for Shantung, the delay is equivalent to a denial. If it is not granted immediately to Italy, if ingratitude is shown till now, the consequences will be that, at the end of a certain period open hostilities will arise when Italy, on the basis of the principle of the people's self-determination and of its right, will claim Fiume annexation". From Sherman's speech in U.S. Senate. A.A. Bernardy-V. Falorsi, La questione adriatica vista oltre Atlantico Bologna Zanichelli, 1923, pp. 226-245.

SWISS MERCHANDISE TRAINS OF 1919

Jurg Stussi-Lauterburg

Switzerland may, militarily speaking, leave the impression of being the most reticent of nations. Since 1815 we have, indeed, never been anybody's allies and never anybody's foes. Our armed neutrality, first developed pragmatically over more than 250 years, then shattered by the invading French in 1798, was, at the end of the Napoleonic wars, completely restored. In a series of moves, regiments of Swiss volunteers were formally barred from serving in foreign armies. By 1870, only the Papal Swiss Guard remained as the proud, lone survivor of a tradition dating back to the Middle Ages, a tradition whose mementos circle the globe. In Winnipeg, for instance, you will find the Meurons, a Swiss regiment in English pay, immortalized on the town map. The Meurons took part in the war of 1812. The regiment was then disbanded in Canada. True enough, Swiss individuals continued to serve abroad, the most famous being Emil Frey (1838-1922) who became a major in the US Army, was taken prisoner at Gettysburg, returned after the Civil War, went on to become head of our Military Department in 1891, and President of Switzerland in 1894. Frey was very much an exception. More typical of the minor Swiss presence on the battlefields of the world were representatives of Henry Dunant's magnificent International Red Cross and, to a lesser extent, officer observers, sent out to learn about developments in all fields military.

The return of the Swiss *soldier* to foreign parts was a direct consequence of the First World War and the ensuing chaos in eastern Europe. Just as the war retaught even the proudest of navies the worth of maritime convoys, the ugly aftermath of the Great War retaught continental merchants the use of armed escorts in international commerce.

That great achievement of the 19th century, a smooth-running system of railway-based commercial exchange directed by telegraphic instructions and financially anchored in the gold standard, was a thing of the past. Rudyard Kipling says it all: "Comfort, content, delight, The ages' slow-bought train, They shrivelled in a night."

Modern technology survived the war; security and confidence did not. For Swiss exporters a perverse dilemma ensued: Demand existed in Warsaw, Bucharest and elsewhere in Eastern Europe, the goods to satisfy that demand existed in Swiss warehouses, but to send merchandise in a pre-war way would have led to the disappearance of both railway carriages and contents. Not ready to accept such a situation lying down, Swiss exporters knocked, from March 1919 on, at the doors of various government offices and military commanders to obtain armed escorts[1].

Extraordinary circumstances require extraordinary measures. The Economic Department's Division for Industrial War Economy sent out a circular dated 7 April 1919 to "industrialists, exporters and conveyors" to inform them of the Military Department's readiness to offer "military guard detachments" as escorts for merchandise trains to eastern Europe[2].

The only problem was that in the whole Military Department nobody knew about this readiness save Colonel Bodmer, head of the Transport and Quarantine Division, a forceful adherent of the doctrine of fait accompli. The ensuing storm in the bureaucratic tea cup produced first a formal ban on escorts, then Bodmer's resignation, then in a typically Swiss way, a consensus-seeking *ad hoc* conference of bureaucrats and officers. Two civil departments (the Political and the Economic) helped Bodmer to obtain, on 8 May 1919, his own Department's agreements in principle to the creation of a Swiss Commercial Escort. The Federal Council, composed then as now of the seven departmental heads, agreed and by 12 May Bodmer's printed Rules for Swiss Foreign Railway Commercial Escorts lay on the table of everyone interested in the question.

Volunteers only, the Rules declare, can serve in an escort. Officers receive a pay supplement of 30.-, NCOs and soldiers of 20.- Swiss Francs a day. These quite remarkable supplements are counterbalanced by the clear prohibition on trade on one's own account and on publication of anything without proper authority.

The escorts were a big success. Train after train, eastbound Swiss exports rolled toward Warsaw and Bucharest. By August 1919, merchandise of a value of around 140 Million Francs had hit those newly emerging markets. Everybody was proud. Well, almost everybody!

The Acting Chief of Staff vented his anger in a letter of 21 August, directed to the Military Department. He proposes to "investigate as soon as possible whether the military guard of those trains should not be abolished immediately before ... a big scandal ... erupts" Information from Warsaw, he continued, indicated growing distrust against "Sleazy Swiss Trains". The economic arguments advanced to justify the trains were not valid, as the goods could only be sold for Polish Marks and those were exclusively used in Poland. The trains were often returning almost empty. The escort commanders had to see the train through by distributions of cigars, chocolate and money among the station masters. What was more, the guards were engaged in smuggling. "A really nice occupation for an official representative of the Swiss Army." The escorts, the Acting Chief of Staffs concluded, "are not compatible with Army dignity. They do not help the respect of our Army abroad. We are sitting on a gunpowder barrel. A very serious incident may happen any time."

A bureaucratic royal battle resulted from this diatribe. Bodmer defended both the escort system's utility and necessity. Money was "by now" only distributed by civil representatives of the trading companies and the distribution of chocolate or cigarettes was nothing to be ashamed of. Never, Bodmer continued, were relations between escorts and local population and officaldom anything but excellent. "We think we are justified in concluding that experience up to now affords no reason to let the light of this young project be extinguished for a lack of military protection."

Bodmer's statement of 23 August was immediately countered by the Acting Chief of Staff. The return of No. IV Warsaw Train seemed to offer a good opportunity. On 7 September he complained about huge importations of goods including weapons and ammunition by escort members into Switzerland, and illegal exportation of some of those goods out of Austria. Bodmer replied on 9 September: a single revolver had to be confiscated, for everything else customs had been paid in full. The Political Department, scared by Austrian complaints of illegal exportation, was inclined now to abandon the escort cause, but the Economic Department continued to point out that no railway company would offer rolling stock in the east without the assurance of a military guard, not to mention the suppliers of the carriages'content. These arguments prevailed until basic public security was restored in eastern Europe to the satisfaction of the Federal Council. Only on 1 October 1920 did the Council duly abolish military escorts, and replace them with civil guards.

While bureaucratic battles raged in Berne the soldiers doing their duty far from home were confronted with difficulties and dangers of another sort. Let us follow in some detail the adventures of one of them, No. IV Warsaw Train.

Monday, 14 July 1919, 10 o'clock, First Lieutenant Bernhard Lauterburg, escort commander, and 43 men of assorted arms, entered service at Marktgasse 32, Berne, seat of Bodmer's Transport and Quarantine Division. Arms and uniform being, according to Swiss militia tradition, entrusted to every soldier, only ammunition, steel helmets and some additional material were distributed. Members were required to undergo various inoculations before the escort formally took leave of Bodmer and spent a night in the Burgerspital, a former and present old gentlefolks' home. The escort travelled as passengers to Buchs on the Austrian border, while the merchandise train was readied at St. Gall.

Departure date is 16 July, time 21.17 hours. Difficulties begin immediately. The Feldkirch station chief is only ready to offer traction for one half of the train to Bludenz. There, on 17 July, 01.00 hours, Lauterburg is informed that the train's first half is still too heavy for the Arlberg mountain. Nine wagons are attached to an earlier train. The 44 carriage composition is now divided in three. Each part-train is both drawn and pushed by a locomotive. Descending through Italian-occupied Tyrol the train is put together again at Landeck. At midnight Lauterburg obtains the Innsbruck Italian station commander's agreement to proceed, drawn by two and pushed by one locomotive. Apart from a rather reckless lieutenant, trying to jump from one carriage roof to the next and falling down to receive injuries which precluded his further participation in the escort, things move smoothly enough.

Sunday 20 July the escort commander, who personally has seen to his irresponsible deputy's lodgement in the Missionshaus St. Rupert, Bischofshofen, finds his train at Vienna Nordbahnhof railway station. Only, it cannot move any further because, apparently, a lack of monetary payments has kept the freight bills at Saalfelden.

So Monday is whiled away with cleaning tasks and visits to the city, which is completely calm despite a general strike. As the freight bills do not arrive even on Tuesday, provisional papers are somehow organized, the routine telegram is sent to Berne and off goes the train, heavily guarded by twenty men because slow motion makes exit from the Vienna area very theft-prone.

Austrian and Czechoslovak formalities are quickly dealt with. Wednesday 23 July 1919, 13.06 hours, the Polish border is crossed and an adventurous journey begins. The Petrowice station commander asks for free transport of a spy and his execution detail to Dziedice, where first no locomotive is available and then ... no driver! Carriage No. 2 boasts a double guard, Carriages No. 12, 28, 39 each a single guard, instantly reinforced whenever the train stops. At Granica, once again, the locomotive is not strong enough to pull the heavy train, a second is sent for and finally linked in improvised fashion to the first by a chain. A change of locomotives at Czestochowa makes for smoother travelling.

The effects of war become very visible in a landscape marked by long trenches, plundered woods and fresh crosses.

Many short stops delay the train which nevertheless reaches Post No. 6 on the outskirts of Warsaw by 18.15 hours. Local officials announce their readiness to let the train proceed to Warsaw main railway station for the next day. Lauterburg and a civil representative of the merchandise-owners stop an uncoupled locomotive, procure a ride to Post No. 5 and proceed on foot and by tram to the Hotel Bristol, the meeting point indicated by the owners. They find nobody, send telegrams to Switzerland and walk back to the train, which is constantly guarded by five men one to the front and two pairs for the left and right flanks. After many manoeuvres during the night and in the early morning of 25 July the train duly arrives in front of the customs shed by 09.00 hours. The merchants have by now also arrived at the Hotel Bristol where the actual sale of the contents is now organized. Off-duty soldiers are given leave to visit the town, but, due to frequent shooting, in groups only.

Life becomes difficult, the physician looking, at first anyhow in vain for buckets, to put under the train lavatories and for an opportunity to take a bath. A manure-loaded train on the neighbouring track draws swarms of flies.

After some lobbying the necessary official of the Polish Ministry of Supply appears, 11.00 hours, Monday, 28 July. Some of the goods are unloaded. The escort is asked to clean the train but a mutinous spirit manifests itself. After some lecturing by the escort commander the task is accomplished. A Polish style evening meal for the whole escort minus the permanent guard restores spirits.

At 03.45 hours on 29 July shots of Fusilier Zbinden stop a private initiative by members of the Polish station guard to help themselves to some of the goods aboard Carriage No. 25. An hour later Captain Fred Bieri's V. Warsaw Train arrives. Bieri admits to Lauterburg his earlier intention to overtake the IV. Warsaw Train. Now No. V has to wait until No. IV is completely unloaded and has cleared customs, i.e. until 3 August.

The Swiss merchant adventurers had some problems finding suitable Polish export goods. Bristles and paraffin arrive, but only in small quantities. For the escort, however, life become, easier: more empty carriages mean less guard duty and small repairs become possible as everybody learns the Warsaw ropes, i.e. recharging batteries at the Tramways Company power station. On the Swiss national holiday, 1 August, the escort of No. V temporarily takes over so the whole escort of No. IV can be photographed together with the Swiss merchants, their Polish partners and their children in the Saxon Gardens.

By 19.00 hours fifes and drums accompanied some two scores of Swiss briskly marching through the streets of Warsaw to the Hotel Bristol, where the founding day of the Swiss Confederation was duly fêted together with the local Swiss Colony. And for the first time Swiss soldiers sang what was then our anthem, "Rufst du mein Vaterland", on the banks of the Vistula. Everybody had to leave at 23.00 hours at the latest, for a strict curfew was enforced after midnight.

Alfred Matyczyk, a young Polish artillery lieutenant, having become acquainted with Bernhard Lauterburg, organized the escort's privileged places for the Polish National Day parade on 12 August. So the Swiss saw Marshall Pilsudski and his army: the very men who, exactly one year later, were destined to save Poland from the Red Army onslaught. Coming events cast their shadow. The escort commander's diary for 13 August says: "This night machine gun and hand grenades engaged in anti-Bolshevik fighting in Praga [Warsaw suburb on the Vistula's right bank]."

The tedium of a long wait at Warsaw is relieved by Vistula bathing, excursions in the vicinity (once as far as Brest-Litovsk), opportunities to fly, and by the arrival of English and French merchandise trains, which too were under military guard. Finally the patience of Colonel Bodmer snaps. On 28 August he orders the escort's return. The merchants buy 52'000 silver Roubles to make up for the lack of paraffin. Specie export being prohibited, the coins are sequestered by Polish officials but, although details are not recorded, somehow or other the merchants got payment for the goods delivered.

Eggs and bristles were on the train when it left Warsaw in the very first minutes of 28 August. The paraffin had been loaded, unloaded, loaded again and finally unloaded because Polish officials changed their appreciation of the applicable export laws.

During the return journey the three permanent sentinels were increased to six whenever the train ground to a halt. 24 Polish carriages transporting artillery were joined to the Swiss component.

At Czstochowa a locomotive crew decided to pull the Swiss train to Szczakowa, where the official on duty first pretended not to have a locomotive, then wanted to prohibit the passage of the ten loaded carriages because the required rectangular stamp of the Ministry of Supply was sadly lacking on the freight bills, although special export permits of the same ministry were duly signed and stamped. Monetary donations by a civil merchant's representative procured, by 04.35 hours, permission for the whole train to proceed. Customs officials at Petrowice were not at all like the Szczakowa station officer and the train passed the border without the least hiccup.

The Bohumin church tower boasted by now a Czechoslovak machine gun, as people here expected a Polish attack.

Of three derailed carriages – long years of war and crises began to show in track quality – two had to be left at Vienna; at Werfen, the physician of

Lauterburg's injured deputy and Brother Sebastian of St. Rupert were duly paid. The deputy himself was by now already back home.

Shortly before 10.00 hours on Tuesday, 2 September 1919, the escort crossed over into Switzerland, shouting "Hurra" out of a flower decked train. They did not return home as heroes in a conventional sense, but they had helped keep up commerce and by so doing defend civilized society under rather strained circumstances. 28 Swiss trains rolled eastbound in this difficult century's difficult year of 1919: 5 to Warsaw, 5 to Belgrade, 14 to Bucharest, one each to Mürzzuschlag, Vienna, Cheb and Berlin, transporting goods to a total value of about 250,000,000 Swiss Francs.

What also was achieved? Traders and industrialists of many nationalities were enabled to pursue their legitimate business interests and therefore to contribute in their own small way to human well-being and happiness. Militarily, some Swiss at least were exposed to the reality of modern war or at least to highly unsettled conditions. This valuable experience was like a tonic for an army becoming ever poorer in first-hand knowledge of war. Officers, NCOs and men of 1919 served to a great extent in the Swiss Army of 1939 to 1945 which helped to keep the mountain bastion of freedom of which Sir Winston Churchill said in 1944:

"Of all the neutrals Switzerland has the greatest right to distinction. She has been the sole international force linking the hideously sundered nations and ourselves. What does it matter whether she has been able to give us the commercial advantages we desire or has given too many to the Germans, to keep herself alive? She has been a democratic State, standing for freedom in self defence among her mountains, and in thought, in spite of race, largely on our side."[3]

Finally we had some people ready to answer the call when in 1953 the Swiss were invited together with the Swedes, the Poles and, as they then still were, the Czechoslovaks, to form the Neutral Nations Supervisory Commission. More than forty years on, the NNSC is still doing its job at Panmunjom. The Swiss participation is by now a long established tradition. When it all started back in 1953 the driving force on a practical level was none other than the veteran of No. V Warsaw Train, Major F. Bieri. You will find one of Bieri's German-language reports and a sketch map in the congress acts when published. It would be nice to tell a fuller story of the NNSC another day, when the time is ripe. Anyhow, you will have seen that, although reserved about sending our soldiers abroad, we have always done so when we believed we were needed and wanted. This is the spirit behind the official Swiss doctrine of 1 October 1990:

"The security policy mission of our army includes promotion of peace, prevention of war, defense and assistance, all elements generally safeguarding our means of existence."[4]

Our ancestors had a Latin motto for the very same idea. You will find it on very many early modern Swiss, or more especially Bernese, guns. It runs:

"SPES PACIS IN ARMIS"

Accept my kindest thanks for your attention!

Notes

1. In 1985, Mr. Fritz Hoefflin, of the Basel company Natural AG, still clearly remembered his various past requests in this domain.

2. Federal Archives, Berne, files E 27/6587, E27/14041, E 27/14043.
   Federal Military Library, Berne, personal files Fred Bieri.
   Personal files Bernhard Lauterburg, private property, Berne.
   Thanks are extended to Richard Munday, Eduard Tschabold, Dominic Pedrazzini, Alain Berlincourt and Sepp Inauen for their very helpful advice.

3. Winston S. Churchill, The Second World War, Vol VI, Toronto etc.: Cassell, 1954, page 616.

4. Swiss Security Policy in Times of Change, Report 90 of the Federal Council to the Federal Assembly, Berne: EMD, 1990, page 38.

U.S. NAVY AS A PEACEKEEPING FORCE

Kenneth J. Hagan

T
he term "low intensity conflict" (or LIC) is currently much in vogue within the American military. It can prove useful as a description of the kind of encounter historically involving the U.S. Navy when the national goal has been to maintain or alter a particular foreign status quo without fighting a large-scale conventional or nuclear war, that is, when the intention has been to use military and naval force while formally or technically keeping the peace.

A document issued by the White House in 1990 states that "low intensity conflict involves the struggle of competing principles and ideologies below the level of conventional war[1]." However, as the presidential paper notes, "LIC is a relative term. Conflicts that are low-intensity from [the] U.S. perspective may be mid- or high-intensity to U.S. opponents and/or partners[2]." This is surely the case in the war-devastated former country of Yugoslavia. It was also true for the North African state of Tripoli, which the United States Navy assaulted from 1801 to 1805 in an effort to free a group of hostages, insure unimpeded transit of the Mediterranean for American merchant vessels, and depose the ruling pasha at the point of a bayonet.

From 1801 until the present, the U.S. Navy and its subordinate sister service, the Marine Corps, have been the principal agents of American "peacekeeping," although in the 19th century the term used would have been "showing the flag," or "gunboat diplomacy." The 19th-century episodes of U.S. naval intervention were far too numerous to list here, but a few examples stand out above the others: the punitive raids on the Sumatran Island of Kuala Batu (Quallah Battoo) in 1832 and 1839 mounted to insure safe treatment for shipwrecked merchant sailors; the punitive Rodgers-Low naval expedition to Korea in 1871, undertaken in retaliation for the massacre of the crew of an American merchantman; and the 1885 intervention in the province of Panama, the purpose of which was to thwart a revolution against Colombia that otherwise would have succeeded.

With a spectacular burst of muscle-flexing in the final decade of the last century, the United States Navy challenged Germany and Great Britain for sovereignty over Samoa (1889), intervened in a revolution in Chile (1891-92), helped white revolutionaries dethrone a native ruler in Hawaii (1893), and took sides in a Brazilian revolution (1894). As a capstone to this display of maritime vigor, the U.S. Navy defeated two enemy fleets in the Spanish-American War (1898) and the nation acquired an overseas empire in the Pacific and Caribbean.

The war with Spain convinced the navy that a Mahanian strategy of battleships and fleet engagements was the American wave of the future, but this strategic orientation by no means precluded the limited use of American naval force in areas outside of Europe. Thus a continuum exists between the pre-Spanish-American War era of "American gunboat diplomacy" and the 20th-century era of limited wars or LICs.

• • • • • •

The concise book America's Small Wars lists 60 "foremost" LICs that have occurred since 1899, that is, since the emergence of the U.S. as a "great" or "major" world power[3]. The majority of these 20th-century LICs were undertaken by the United States without reference to any global body, and this autonomous American behavior did not change significantly after the creation of the United Nations.

In the 50 years since the end of World War II there have been at least 24 discrete instances of overseas American intervention with combat troops: (1) USSR (1945-89), (2) Korea (1950-53), (3) North Korea (1953-95), (4) China (1953-79), (5) Vietnam (1954-73), (6) Lebanon (1958), (7) Dominican Republic (1960-62), (8) Cuba (1961-95), (9) Brazil (1961-64), (10) Dominican Republic (1965-66), (11) Jordan (1970), (12) Cambodia (the Mavaguez incident) (1975), (13) Iran (1979-81), (14) Libya (1981, 1986), (15) Lebanon (1982-84), (16) Grenada (1983), (17) "Narco Conflict" (war against drug traffic) (1986-95), (18) Panama (1987-90), (19) Persian Gulf (Iran-Iraq War) (1987-88), (20) Persian Gulf War ("Desert Shield and Storm") (1990-91), (21) Cambodia (1991-1993), (22) Somalia (1991-94), (23) Bosnia (1991-95), and (24) Haiti (1994-95).

This long list of post-World War II conflicts omits the many instances between 1945 and 1950 wherein the U.S. military was deeply involved in planning for overseas operations and in advising foreign clients, such as Greece and Turkey at the time of the proclamation of the "Truman Doctrine" (1947-48). In the judgment of the author of America's Small Wars, these affairs do not fall under the category of LIC's.

• • • • • •

Having established a definitional and chronological framework for LICs, the remainder of this paper will analyze the post-World War II interventions in which the United States Navy played a significant role. In conclusion it will itemize which of those episodes or events fell under the purview of the United Nations.

USSR (1945-89) Soviet-American relations defined the Cold War and can be said to have constituted an extended LIC. The U.S. Navy was involved in innumerable encounters with Soviet forces. For example, during most of the Cold War the Sixth Fleet ships in the Mediterranean were regularly trailed by small Soviet ships loaded with electronics gear. Conversely, U.S. Navy aircraft routinely flew top-secret reconnaissance missions from Japan over Soviet territory in the Far East.

During the dramatic and potentially apocalyptic Cuban missile crisis of late 1962, the U.S. Navy established a "quarantine" of Cuba to prohibit the entry of Soviet offensive weapons into the communist island-nation. Older aircraft carriers, heavy cruisers, destroyers, and submarines enforced the quarantine, while the nuclear-powered carrier <u>Enterprise</u> stood ready to launch reprisal attacks if Fidel Castro's troops attacked the American naval base at Guantanamo Bay, Cuba. Astute, semi-public diplomatic maneuvering defused the Cold War's closest brush with nuclear holocaust. The UN could not take action on either side because both the U.S. and the U.S.S.R. possessed the right of veto in the Security Council.

Korea (1950-53) The Korean conflict involved a very large commitment of U.S. naval power. Essex-class carriers that had fought so gallantly in the Pacific during World War II conducted interdiction and close-air support raids throughout the war; the amphibious vessels of the navy gained fame by successfully implementing army General Douglas MacArthur's landing at Inchon on 15 September 1950; and the U.S. Marine Corps fought valiantly all along the Korean peninsula.

President Harry S. Truman (1945-53) authorized the commitment of U.S. combat troops and gained approval from the United Nations Security Council to conduct the war under UN sponsorship. The anomaly that made this authorization possible was the absence of the Soviet Union from the Security Council; otherwise the Soviet delegate certainly would have vetoed the authorization. While the UN did authorize the war, it is important to note that the U.S. Navy and the armed services of all the nations participating served under an American commander. It is hard to escape the conclusion that this was an American war in all but name.

North Korea (1953-95) The United States and North Korea have been locked in an LIC ever since the armistice of July 1953 ending the Korean War. The U.S. has maintained a large army contingent in South Korea to deter a North Korean attack across the 38th parallel, a function in which the U.S. Navy plays at best a marginal role. The army's presence is sanctioned by a mutual security pact between the U.S. and South Korea.

In the administration of President Bill Clinton a very real possibility of combat between the U.S. and North Korea emerged because the North rejected certain UN-approved terms for inspection of its nuclear arms production capability. Whether the U.S. would act unilaterally or with Security Council approval depended to a large extent on the attitude of China.

China (1953-79) For well over two decades the U.S. and the People's Republic of China (PRC) were at loggerheads over the continued existence and sovereignty of the Republic of China on Taiwan, where the Kuomintang had fled in 1949. The policy of President Harry S. Truman and his successors, especially Dwight D. Eisenhower (1953-61), was to use the U.S. Seventh Fleet, the strongest naval combat force in the Pacific Ocean, to shield the Republic of China from invasion and to contain it from launching attacks on the mainland. In mid-1954 a particularly ugly series of events took the form of a PRC threat to "liberate" Taiwan, followed by shelling of the offshore islands of Quemoy and Matsu, but neither side escalated the contest. The face-off lasted until 1979, when the U.S. and the PRC initiated normal diplomatic relations. The protracted use of U.S. naval force to keep the two Chinas separated was not sanctioned by the UN.

Vietnam (1954-73) The United States provided military advice and assistance to South Vietnam following the Geneva agreements of 1954 and the formation of the Southeast Asia Treaty Organization (SEATO) the same year, but the principal instrument of support was the U.S. Army. Following the "Gulf of Tonkin Incident" in August 1964, when the U.S. destroyers Maddox and Turner Joy were apparently attacked by North Vietnamese patrol craft, U.S. involvement escalated rapidly into a full-scale war lasting until 1973.

The U.S. Navy was deeply involved. Carrier strikes against targets in both North and South Vietnam were an almost daily operation, one result of which was the loss of a huge number of aviators killed, missing and taken prisoner. Riverine operations by small boats took place on a scale not seen since the U.S Civil War (1861-65) a century earlier. The navy also oversaw the massive transpacific flow of materiel from home to the theater of operations. This was an American war for American purposes (which were never totally convincing to the American people), and the United Nations did not sanction it.

Lebanon (1958) In May 1958 President Dwight D. Eisenhower decided to intervene in the Lebanese civil war which pitted pro-West Christians against non-aligned or pan-Arab Muslims. The Mediterranean's formidable U.S. Sixth Fleet sent three marine battalion landing teams ashore on **15 July**, while the carriers Essex, Saratoga and Wasp cruised offshore. U.S. Air Force and Navy planes threatened to launch bombing raids at any moment. The threat was sufficient, and a diplomatic settlement was reached by September. This flexing of American naval muscle was not endorsed by the United Nations.

Dominican Republic (1960-62) After thirty years of tolerating an extreme right-wing dictator in the Dominican Republic, the United States joined with other nations of the Organization of American States (OAS) in facilitating his assassination by underground agents in 1961. Following a period of extreme instability, general elections led to a government acceptable to the United States. The U.S. Second Fleet, home-ported in Norfolk, Virginia, maintained an offshore presence throughout the imbroglio. In this instance, U.S. cooperation with the OAS could be construed as a regional police action consistent with the objectives of the UN Charter, but at no time did the U.S. fleet operate other than under the command of American admirals.

Cuba (1961-95) From the breaking of Cuban-U.S. relations in January 1961 to the present, relations between the two countries can be characterized as one continuous LIC. For most of its deplorable life, the face-off was a corollary to the interminable Cold War, but U.S. antagonism toward the regime of Fidel Castro has not abated demonstrably since 1989.

The closest approach to armed hostilities came in January 1961, when the U.S. sponsored the "Bay of Pigs" invasion, a fiasco involving 1,400 American-trained Cuban exiles. Virtually the entire exile brigade was killed or captured. American naval units were standing offshore, but President John F. Kennedy (1961-63) decided not to intervene directly with U.S. forces.

Brazil (1961-64) The United States briefly interested itself in the overthrow of a left-wing Brazilian president, an accomplishment achieved bloodlessly by Brazilian conspirators. Anticipating hostilities, the U.S. Navy dispatched a carrier task force and tankers to Brazilian waters, but the coup was over before they arrived. Latin American opinion was indifferent, and the United States did not need to seek international approval because the affair ended so abruptly.

Dominican Republic (1965-66) On 28 April 1965, at the order of President Lyndon B. Johnson (1963-69), the U.S. intervened in the Dominican Republic once again, ostensibly to protect U.S. citizens but also to obviate the possibility of a "Castro-style" revolution. By the next day, 1,600 U.S. Marines had been airlifted into Santo Domingo, the capital. By 9 May there were 23,000 U.S. troops ashore, with reinforcements poised in ships offshore. The Organization of American States attempted to interpose itself diplomatically between the U.S. and its perceived antagonists in the Dominican Republic, but President Johnson took the occasion to proclaim the "Johnson Doctrine." Henceforth, he decreed, the United States would unilaterally prevent a communist government from taking office anywhere in the Western Hemisphere. The UN quite obviously was not welcome to participate.

Jordan (1970) In September 1970 King Hussein of Jordan used his army to crack down on Palestinian radicals who were employing his country as a base for international terrorism, including attempts to assassinate the king himself. Clients of the U.S. and the Soviet Union lined up on opposite sides, and superpower intervention seemed a distinct possibility until delicate diplomacy by Henry Kissinger helped dissipate the war cloud. The U.S. Navy may have helped by its show of carrier and amphibious strength in the Eastern Mediterranean. There was only a slight international reaction, and again the U.S. acted without serious consultation with the UN.

Cambodia (The Mayaguez Incident (1975) On 12 May 1975 Cambodian Khmer Rouge forces commandeered the Mayaguez, a U.S.-flagged commercial cargo ship en route from Hong Kong to Thailand. Smarting from the recent loss of both Vietnam and Cambodia to communists, President Gerald F. Ford (1974-77) ordered the U.S. Pacific Command to recapture the ship and rescue its crew. The expedition was massive: navy aircraft from the carrier Coral Sea struck Cambodian targets, a marine boarding party clambered aboard the deserted Mayaquez, and other marines attacked a Cambodian stronghold ashore. The Cambodians released the crew and ship, which continued on its voyage, leaving behind 15 dead, 3 missing, and 50 wounded American servicemen. This was a remarkably swift unilateral U.S. response to piracy on the high seas.

Iran (1979-81) As part of a campaign of transnational terrorism, Islamic fundamentalists on 4 November 1979 seized the U.S. Embassy in Tehran and took 52 American hostages, holding them for 444 days. With authorization from President Jimmy Carter (1977-81), "Operation Blue Light" was launched on 24 April 1980. Without warning, six U.S. Air Force C-130 transports flying from Egypt and eight navy RH-53D helicopters from the nuclear-powered carrier Nimitz rendezvoused in the desert 200 miles south of Tehran in preparation for a joint services commando raid to rescue the hostages. Three of the helicopters broke down and a transport collided with a helicopter on the ground. The unilateral U.S. action was an unmitigated disaster that did nothing positive for the hostages or for Iranian-American relations.

Libya (1981, 1986) Relations between the United States and the government of Mu'ammar al-Qadhafi have been highly contentious since the "Revolutionary Leader" assumed power in 1969. In 1981 and 1986 the United States took matters into its own hands with punitive raids. On 19 August 1981 two F-14 Tomcats from the carrier <u>Nimitz</u>, which was challenging Libya's claim to sovereignty over the Gulf of Sidra, shot down two SU-22 Fitter fighters some 60 miles off the Libyan coast.

In March 1986 the U.S. Navy continued to penetrate Qadhafi's "Line of Death" (32 degrees, 30 minutes north latitude) in navigational exercises called "Attain Document III." They drew out Libyan aircraft and patrol boats and responded with aircraft and missiles. Then, on 15 April, the U.S. mounted an assassination raid against Qadhafi, "Operation Eldorado Canyon." Air Force F-111s flying non-stop from England and navy aircraft from Mediterranean carriers <u>America</u> and <u>Coral</u> Sea struck several targets in Libya in the early morning dark. Qadhafi survived, but his daughter was apparently killed. Since the raid, in one analyst's opinion, "Qadhafi has been quiescent....[4]"

Lebanon (1982-84) Following an Israeli invasion of Lebanon in June 1982 which trapped Palestinian and Syrian troops in West Beirut, the American marines joined with French and Italian units in a Multinational Force (MNF) that evacuated the trapped soldiers and then tried to restore order in Beirut. Britain joined the peacekeeping effort, but it failed. On 23 October 1983, a massive explosion obliterated the U.S. Marine Corps barracks in Beirut, leaving 241 Americans dead. The marines withdrew from Lebanon completely on 26 February 1984, and the U.S. Sixth Fleet disengaged itself by 30 March.

The international combinations of force, of which the United States was a part, have been described as "Multinational Forces in Beirut 1982-44." They were sent "at the request of the Lebanese government." Each national contingent "was autonomous in its command and logistically self-supporting[5]."

Grenada (1983) On 25 October 1983, with the sole support of the English-speaking members of the Organization of Eastern Caribbean States, the U.S. set in motion "Operation Urgent Fury." Intended to contain communism and ensure a friendly government on the island of Grenada, the expedition was commanded by Vice Admiral Joseph Metcalf III, USN. The insertion of Navy SEAL teams preceded a helicopter-borne landing of marines, which was followed by army ranger parachutists and then by more marines from the amphibious assault ship <u>Guam</u>. Resistance by Cuban troops on the island was stiff, but by 27 October Admiral Wesley McDonald, commander of the U.S. Atlantic Fleet, announced that all major military objectives on the island had been secured. The Americans had lost 18 killed and 166 wounded, the corresponding Cuban figures were 24 and 116; 45 Grenadan soldiers were also killed. This was a sideshow for U.S. forces that could be "justified" under the Monroe or Johnson doctrines with scant reference to the UN.

"Narco Conflict" (war against drug traffic), (1986-95) U.S. drug control policies and programs increasingly seek to disrupt illegal processing, shipment, and sales by major drug trafficking organizations. Action to eradicate coca, opium, and marijuana crops in 14 countries is a favored part of that endeavor because it reduces drug supplies at the source. Land, sea or air forces of the United States continually attempt to interdict illegal drug traffic before it enters the United States as a complementary measure. The U.S. Navy and the Coast Guard regularly patrol maritime routes used by the drug transporters.

Public Law 100-456, dated September 29, 1989, prescribes and delimits participation by the U.S. armed services. Bilateral and multilateral collaboration is obligatory, with particular attention to intelligence sharing. The United States in 1990 was helping more than 70 Third World countries plan and implement law enforcement programs designed to disrupt drug cartels.

Panama (1987-90) General Manuel Noriega became chief of state in Panama in 1983. He soon exhibited unmistakable dictatorial inclinations and by the late 1980s had tightened his ties with Cuba, Nicaragua and Libya. The disillusioned United States, which had once employed Noriega as a CIA stringer, attempted to overthrow him covertly. In December 1989, Noriega declared the existence of a state of war between Panama and the United States and began to harass Americans living in Panama. One U.S. Marine was killed and another wounded in an incident at a roadblock in Panama City.

That was too much for President George Bush (1989-93). He authorized "Operation Just Cause," which began on 20 December 1989 and ended on 3 January 1990. Directed by U.S. Army General Maxwell Thurman, this invasion was primarily an army and air force exercise using C-130 and C-141 transports to fly in 7,000 troops of the legendary 82nd Airborne Brigade. Navy SEALs did attempt to disable aircraft and helicopters at the airport in Panama City prior to the landing, and a handful of U.S. Marines also participated. The chairman of the Joint Chiefs of Staff (JCS), General Colin Powell, declared the intervention a success by 10:00 a.m. on the 20th, the morning it began. Noriega was not found and routed from the Vatican Embassy until 3 January, when he walked out into the hands of U.S. troops to be flown to Florida for trial as a drug-trafficker. The entire circus was condemned by the UN and the OAS.

Persian Gulf (Iran-Iraq War) (1987-88) War between Iran and Iraq erupted in September 1980, and Iraq started to attack petroleum tankers in the Persian Gulf. Iran soon retaliated by striking ships, deploying missiles, and laying mines. The war escalated sharply in 1987, and in Washington the fear grew that the Soviet Union might somehow exploit the unstable conditions along the Persian Gulf. The administration of President Ronald Reagan (1981-89) re-registered several Kuwaiti tankers so that the U.S. Navy could protect them as American-flag vessels. Beginning in July and for a period of 18 months the U.S. Navy escorted 270 merchant ships through the Gulf. Britain, France and Italy provided similar services to their merchantmen. Minesweeping was also an allied activity, and friendly Persian Gulf states furnished some facilities to simplify the U.S. logistics problems.

The U.S. Navy saw a significant amount of action during this escort campaign. On 14 April 1988 the guided-missile frigate <u>Samuel B. Roberts</u> hit a contact mine and was severely damaged, although no lives were lost. The navy struck back four days later, 18 April 1988, in "Operation Praying Mantis," which historian Jack Sweetman describes as the "largest purely naval action fought by the U.S. Navy since World War II[6]." The intended targets were two armed oil platforms used for command and control in Iranian attacks on merchant shipping and an Iranian navy frigate. In a day of highly intense action, the U.S. Navy threw everything it had at the Iranians in the Gulf, from marines who boarded an oil platform to air sorties from the nuclear powered carrier Enterprise, the latter strikes personally authorized by President Reagan. The Iranians lost the two platforms and a frigate, with another frigate badly crippled.

The naval action of 14 April unfortunately did not mark the end of the loss of life or terminate the Iran-Iraq War. On 3 July, the Aegis-cruiser Vincennes electronically interrogated an unidentified aircraft seven times without response. The Vincennes then launched two SAMs which struck Iran Air Flight 655, a commercial A300 airbus with 290 persons aboard. Everyone died in this sixth-worst disaster in aviation history. Slightly over a month later, the UN finally mediated a ceasefire between Iran and Iraq, and in December the U.S. Navy discontinued its convoy escorts.

Persian Gulf War ("Desert Shield, and Storm.") (1990-91) On 2 August 1990 Iraq invaded Kuwait, setting in train a diplomatic-military reaction spearheaded by the United States in close cooperation with the permanent members of the UN Security Council, America's NATO allies, and the Soviet Union. On 3 August the United States proposed to the Security Council extensive economic and military sanctions against the aggressor, and on 7 August President Bush decided to commence what would become by far the largest overseas deployment of American forces since the Vietnam War.

The so-called "Desert Shield" evolution began the next day, and on 12 August the President announced a U.S. naval quarantine of Iraq to enforce the UN-approved economic embargo. On the 25th American diplomacy achieved a historic first when the UN Security Council voted 13-0, with 2 abstentions, to approve the use of "minimal force" to uphold the embargo of Iraq. This modest but unprecedented authorization was broadened on 29 November by a Security Council vote condoning the use of "all necessary means" to expel Iraq from Kuwait. China alone among the permanent members abstained. With this international endorsement, President Bush ordered the liberation of Kuwait by military means, "Operation Desert Storm," on 16 January 1991.

The massive international military-naval war against Iraq was directed by U.S. Army General Norman H. Schwarzkopf, who personally conducted truce talks to achieve terms approved by a UN Security Council resolution of 2 March. The U.S. Navy was heavily committed with carriers, surface ships, submarines, amphibious forces and logistical infrastructures throughout the war.

"Desert Storm" was **fought under the** UN banner, but it was also fought exclusively under the command of a U.S. Army officer. The parallel with Korea is striking, and whether it will set a precedent—as Korea obviously did not—is a question to be answered only with the passage of time. However, it is clear that both Korea and "Desert Storm" were aberrations from the historical norm in which the United States military and naval forces intervened with scant regard for international endorsement.

Cambodia (1991-1993) In November 1991 the United Nations sent peace-keeping forces into Cambodia to maintain peace between factions of the Khmer Rouge long enough to permit free elections and establish a democratic government. Thirty-four countries contributed 22,000 military and civilian personnel to the effort that concluded in September 1993, after nation-wide elections the previous May. Obscured by the international media attention devoted to Bosnia and Somalia, this operation mushroomed into the largest UN peacekeeping initiative up to that date.

The U.S. military's role was limited to 48 officers, one of whom was a navy officer who commanded the UN Airfield in Pochentong. He was responsible for logistical support, medical evacuation, and storage facilities for all UN personnel in the country. Although quite satisfied with the outcome of his mission, Commander Frank Buerger was daunted by the complexity of working in a truly multicultural environment without the familiar U.S. support infrastructure. He concluded that the American military can best contribute to peacekeeping operations through its unparalleled logistical network. But when it comes to combat, Buerger cautioned, "I don't think we have the mindset to do the traditional peacekeeping." UN contingents "are lightly armed troops, taught to be nonaggressive and to not get involved with local hostilities[7]."

Somalia (1991-94) The official U.S. interpretation is that beginning in August 1992, there have been three stages of American involvement in Somalia. However, in January 1991 U.S Marine Corps helicopters launched from two amphibious ships, the Guam and the Trenton, evacuated about 200 American and foreign citizens from the capital of Mogadishu when their lives were threatened during a civil war.

In any event, by official reckoning the first stage of intervention began in August 1992 Focused on providing food, it lasted until December of that year. The second stage stretched from December 1992 until May 1993. In the words of former Secretary of Defense Les Aspin, "The focus now was on providing security as well as food." Washington offered to lead a military effort to provide sufficient security to deal with the famine, and on 3 December 1992 the United Nations accepted the proposal in Security Council Resolution 794. Eventually the United States sent 26,000 troops to Somalia in this second phase, dubbed "Operation Restore Hope." According to Secretary Aspin, "Those forces, along with 13,000 troops from twenty-one other countries, operated under the U.S.-led Unified Task Force, or UNITAF[8]."

In May 1993 a third phase began. It was characterized by a reduced level of UN sponsored intervention. The United States now provided about 3,000 logistics and other support personnel under the UN command. "In addition," according to a contemporary statement by President Bill Clinton, "1,100 U.S. troops remain in the area as a Quick Reaction Force (QRF), under the operational command of the Commander in Chief, U.S. Central Command, for use in emergency situations. The UNOSOM II deputy commander, a U.S. Army General who is the U.S. contingent commander, is authorized to send the QRF into action as may be necessary[9]."

This phase of involvement ended for the United States with the complete evacuation of all American forces in March 1994. President Clinton attempted to discount the withdrawal and put the best gloss possible on the American intervention by saying that it had given "the people of Somalia a chance not only to save lives, restore normalcy, end starvation but... to work out their own problems in a different way[10]." But an equally plausible explanation is that the U.S. determination to continue the intervention was broken by the totally unexpected loss of 18 army rangers in street combat in the capital of Mogadishu on 3 October 1993.

Haiti (1994-95) The United States historically has attempted to dictate the political complexion of governments in Haiti and has used military force to intervene, often under the terms of the Monroe Doctrine or the [Theodore] Roosevelt Corollary to that doctrine. From 1915 until 1934 the U.S. Marine Corps actually governed the island.

Beginning in 1986, when the U.S. helped topple the dictator Jean-Claude ("Baby Doc") Duvalier, Washington relentlessly applied economic, moral and diplomatic pressure to establish some kind of democracy. Concluding that these measures were inadequate, the Clinton administration in 1994 decided to intervene militarily with United Nations sanction.

Steaming off the Haitian coast early on the morning of 20 September 1994, the amphibious assault ship <u>Wasp</u>, the transport dock <u>Nashville</u> and the dock landing ship <u>Ashland</u> spewed forth an assortment of helicopters and other amphibious assault vehicles loaded with 1,900 combat-ready marines. Without bloodshed, they quickly secured the airport in Port-au-Prince and prepared the way for their own relief by army "troop packages[11]." The "packages" included numerous Bradley fighting vehicles rushed to Haiti to avoid a reprise of the debacle in Somalia, where the lack of armored vehicles contributed to the firefight that cost the army eighteen soldiers.

The army's 10th Mountain Division was conveyed from Norfolk, Virginia to the waters off Haiti aboard the USS <u>Eisenhower</u>, the first time in history that army troops and equipment were transported to the scene of action in an attack aircraft carrier. A correspondent aboard the <u>Eisenhower</u> succinctly captured the mood of the soldiers and sailors plowing toward Haiti: "While the service chiefs wage budget battles with each other in Washington, the spirit of jointness seemed alive and well here on the Ike[12]." It remained to be seen whether "jointness" at the tactical level or the perennial interservice rivalry over the defense budget would constitute the real hallmark of the American military in the future.

As for Haiti, by April 1995 "Operation Restore Democracy" had been turned over to the United Nations. About 2,400 U.S. troops, mostly army soldiers, were scheduled to remain on the island until March 1996 as part of a 6,000-member constabulary force.

Bosnia (1991-95) Beginning with UN Security Council Resolution 713 of 25 September 1991, the UN has actively addressed the civil and military crisis in the former Yugoslavia. In Resolution 781 the UN banned unauthorized military flights over Bosnia-Herzegovina. On 31 March 1993, the Security Council authorized member states acting through regional organizations to take all necessary measures to enforce compliance. With U.S. encouragement, NATO agreed to act as an enforcer, and beginning 12 April 1993 U.S. aircraft started flying enforcement sorties. Under these UN and NATO auspices, U.S. Air Force fighters twice shot down aircraft violating the no-fly zone.

U.S. Navy vessels have continually patrolled offshore in an alert status, but a U.S. aircraft carrier has not been regularly positioned near the former Yugoslavia. The absence of a carrier usually means the navy is not prepared to act immediately because American naval doctrine and practice dictate that an aircraft carrier must provide the backbone of any serious engagement or operation. Still, the sensational rescue in June 1995 of the downed U.S. Air Force pilot, Captain Scott F. O'Grady, by marine helicopters launched from the amphibious assault Ship Kearsarge shows that the U.S. Navy is composed of a potent mix of vessels useful in various ways during UN-sponsored peacekeeping actions. At the time of the O'Grady rescue, for example, the Kearsarge was standing offshore in case President Clinton ordered the navy to help evacuate UN peacekeeping troops from Bosnia.

This paper has shown that since 1945 the United States Navy has been a very active participant in low intensity conflicts (LICs) everywhere on the globe. The extent to which these operations fit into the category of "peacekeeping" is to some extent a matter of subjective judgment, national perspective, and definitional arbitrariness.

Without entering a semantic quagmire, the paper has demonstrated that in ordering the navy into action the United States in the great majority of instances has acted unilaterally or with minimal international coordination and approval. Only in the last four years has a discernible tendency emerged to seek UN approval before committing force to low intensity conflicts. But even in these recent episodes, the United States has consistently insured that its military forces-including the navy—must operate directly under the orders of an American commander.

This somewhat chauvinistic conclusion was publicly reinforced by President Clinton on 14 October 1993:

> U.S. forces are never going to be placed at the disposal of the UN to serve under foreign commanders. That is why in the case of Bosnia I have insisted on NATO. Because NATO is going to be commanded by an America who we'll [sic] keep in touch with the U.S. Chief of the General Staff [Army General John Shalikashvili] on a daily basis[13].

As has been the case throughout the history of the United States, the command and control of the military is a national prerogative that will not readily be surrendered to any international body. This means that the U. S. Navy will be a peacekeeping force in the future only if a particular operation coincides with Washington's definition of the current national interest.

Notes

1. <u>National Security Strategy of the United States</u> (Washington, D.C.: The White House, March 1990), p. 28.

2. John M. Collins, <u>America's Small Wars: Lessons for the Future</u> (Washington, D.C.: Brassey's (U.S.), Inc., 1991), p. 4, f.n.3.

3. Collins, <u>Small Wars</u>, pp. 14-15.

4. Collins, <u>Small Wars</u>, p. 164.

5. John Mackinlay, <u>The Peacekeepers</u> (London: Unwin Hyman, 1989), p. 22.

6. Jack Sweetman, <u>American Naval History: An Illustrated Chronology of the U.S. Navy and Marine Corps. 1775-Present</u> (Annapolis, MD: Naval Institute Press, 1991; 2nd.), p. 288.

7. Commander Buerger quoted in <u>Navy Times</u>, 14 March 1994.

8. Speech by Secretary of Defense Les Aspin, 27 August 1993, <u>Foreign Policy Bulletin</u>, November/December 1993, p. 17.

9. "President's Report to Congress, June 10, 1993 (Excerpt)," <u>Foreign Policy Bulletin</u>, July/August 1993, p. 26.

10. "President Clinton's Comments on Departure of U.S. Troops from Somalia, March 8, 1994," Foreign Policy <u>Bulletin</u>, May/June 1994, p. 37.

11. General John Shalikashvili, USA, Chairman of the Joint Chiefs of Staff, quoted in <u>Navy Times</u>, 3 October 1994, p. 12.

12. <u>Navy Times</u>, 3 October 1994, p. 4.

13. Quoted in Dennis J. Quinn, ed., <u>Peace Support Operations and the U.S. Military</u> (Washington, D.C.: National Defense University Press, 1994), p. 161.

SLOVAKIA AND SLOVAKS IN PEACEKEEPING ACTIONS FROM 1919 TO 1995

Jan Korcek - Miloslav Pucik
(Co-authors of this paper are : Dr. Marian Hronsky, Csc., Dr. Anna Kriva,
Csc, and Dr. Jan Stajgl, Csc)

The security environment in which the Slovak Republic (SR) after its establishment in 1993 came to its existence was characterized by the vanishing of the former security system of the bipolar-divided world. The confronting model was based on the unsettling ideological animosity between USSR and US and their allies and satellites. By the appearance of this factor, the potential threat of the total military conflict was removed. However, new security risks of different kinds have emerged that saw Europe as a whole unprepared and shocked. The new situation was not only important for Europe but for the world as well. Present powers have not acted quickly and have not managed to analyse properly the concrete historical situation, which has been frequently connected with the "speeding up of history" that makes a lot of analyses and evaluations become fast "out of date". The basic hypothesis of the development of the present era is based on the supposition of the exclusion of a global scale conflict between superpowers in Europe. It seems to be apparent that conflicts of a big and middle scale (of a global and local significance) adapt themselves as conflicts of low intensity in multilateral world relations.

International relations have stepped into a complicated and hardly modelled period. It has been and is being impossible to predict series of events, which extraordinary complicates the process of responding to them. There is a growing number of independent decision–making bodies influencing each other, which adds a character of unpredictability to the global international situation. This reality is of an extraordinary sensitivity for the region of central Europe and for the states of the "new democracy" (the former so-called East Block), which have been passing through the complicated period of radical social and economic reforms.

From the point of view of the SR, there is a need to recognize the reality that the SR, except for a short historic period during the Second World War, had not existed as an independent state. It was not a geopolitical factor with both its own politico-power interests and the possibility of the independent formulation of these interests. As of 1993 all its key geopolitical relations, either had to be established from the very beginning, or are being created by the revision of the former relations which were functioning in absolutely different conditions.

After the First World War, among other changes, there was a change of the European status quo. The former, fairly high, integrity of the geopolitical territory of Europe, with the centres in Austro-Hungary, Germany (partially in Russia), was over. The territory of central-east Europe, between Baltic and Adriatic, sharing its borders with the defeated Germany in the west and with the less powerful and exhausted (already) Soviet Russia in the east, was affected by the process of partition. As a consequence of this, there was the power disintegration since the leading role of the German factor had ended and the power vacuum was replaced assertively by victorious powers as guarantors of peace. The former Austro-Hungarian monarchy was not only suppressing the "Emperors' nations", including Slovaks, but was also the shield for their security. The end of October 1918 brought the collapse of the Austro-Hungarian Empire and establishment of the independent Czecho-Slovak state.

The separation of Slovakia from the former Hungary Kingdom followed a quite different course than the one regarding Bohemia and Moravia. Hungarian ruling circles had not wanted to give Slovakia up voluntarily and put all their efforts to preserve Hungarian integrity. Slovakia at the end of the First World War became a restless volcano of social tensions, a battlefield and the topic of urgent negotiations. Its factual inclusion into the new Czechoslovak Republic (CSR) was reached by means of almost 3 months of gradual military occupation of its territory by internal and external Czecho-Slovak troops (so called Legionnaires). During this fight for Slovakia between Prague and Budapest there was a principal "fait accompli" implemented and included into the peace negotiations. The determination of the southern borders of Slovakia was carried out not only in the field of diplomatic negotiations, but it involved armed battles between troops of Czechoslovak and Hungarian armed forces. These actions culminated in battles with the Hungarian Red Army (May - June 1919) having attempted to export the Bolshevik revolution of the Hungarian Republic of Soviets by taking over approximately one third of the Slovak territory and establishing the short-lived Slovak Republic of Soviets in Presov (town in eastern Slovakia). The diplomacy and military experts of the Allies provided effective help to the Czechoslovak troops. They understood the military conflict in the heart of Europe was threatening not only the self-existence and right for self-determination of the Slovak nation, but the whole new-born system of the European security and a still fragile peace. The fall of the two empires on the territory of the Central Europe created a good environment for establishing of the national successor states. Despite this fact, there was not any guarantee for this establishment. There appeared to be two other alternatives in Central Europe: the first of them, the Soviet's alternative, and the second, the totally not defeated alternative of "Greater-Germany".

From the very beginning of its existence, the CSR was supported by France through mutual treaties, including military agreements. During the period of the military conflict with Hungary, the French military mission started its activity in the Headquarters of the CS Armed Forces (CS AF), replacing the previous Italian mission. France persisted in its direct support of the successor states also at the peace conferences in Paris and Trianon.

In the 1920s and 1930s, having settled its border lines, the CSR stood before the first-rate task of establishing the basic principles of its existence, security and stability. In this context it needs to be stressed, that this small state was surrounded, with some few exceptions, by neighbors having territorial claims. The CSR was an inseparable part of the after-war Versailles system and it could find guarantees of its security only in the stability and firmness of this system. Making impossible a new war, defending the peaceful organization of Europe and resistance to any territorial changes – there were the questions at the base of the existence of the first CSR. At the same time, having made its effort to keep the territorial status quo, the CSR and its relatively small AF contributed to the stability of the system created by peace treaties.

In this connection, there is a need to put up the generally valid problem of the possibility for small states to influence the international development to the peace direction. Along with the indisputable reality approved by history that development firstly depends on the whole politico-international atmosphere and on the fact that the leading world powers provide a space for small countries for filling their peace mission, the determining factor is the concrete military strategy and the conception of the foreign policy of a concrete state. It is important, if such a state tends to help to stabilize a peace organization or if it prefers the expansionistic and chauvinistic aim which are leading to the escalation of aggressive acts. The analysis of the starting postulates of the Czechoslovak military strategy between the wars permits to conclude that neither the CSR nor its armed power had any aggressive aspirations. After the final settlement of the state borders, the main mission of the CS AF became the defence of its own state territory. The CS AF, which had a peace-time personal strength within 100,000 - 150,000 men, had the main role to defend the sovereignty of the state against any external threat. The important and essential preventive function, in this aspect, was to be played by the foreign policy based on the conviction that the CSR could not only rely on its own defence potential, but in every more serious military conflict it would be compelled for the support by one of the great powers or an alliance of the great powers.

Historical facts testify that the CSR saw the possibility of its defence in alliance with democratic powers, where it was seeking the support not only for its own security but for the stability of the central European region. In this connection it is worth noticing, that the main pillar of the Czechoslovak ally-system was France. To stress that, the French military mission was acting in the CSR for almost 20 years and influenced basically the building of the CS AF up. The Czechoslovak – French alliance, complemented in the mid-1930s by the USSR, was the foreign-political and military-defence basis in the relations to Germany, as a permanent vital problem for the CSR, with the aim of facing incidental German power claims. Czechoslovakia, as one of its founding nations, was very active in the League of Nations. By Edward Benes, the long-term Foreign Minister, Czechoslovakia submitted several initiative proposals demanding the principles of arbitration and disarmament in international relations. In 1930, the CSR supported the negotiations on the system of allied treaties based on the principle of collective security, the so called Eastern Pact. Its armed forces carried out a number of informal military exercises aimed at the cooperation with allied forces in the maneuver and battle activity during supposed peacekeeping operations. After crashing the idea of the Eastern Pact, caused by the unwillingness of the involved countries, one of the most significant Slovak politicians Milan Hodža, who became the Czechoslovak Prime Minister and for a short period also the Foreign Minister, proposed the plan for economic stabilisation of Central Europe. The "Hodža Plan" involved adopting the bilateral pacts based on mutual non-attacking and friendship between states of Central and South-East Europe. These pacts were intended to be a tool for the stability of the political relations of the Danube-countries and for establishing the new political factor between Central Europe and Germany which, after 1935, parallel to its growing military power, gradually forced the tactics of threats and political pressure.

In case of the Spanish Civil War in 1936-39, the Czechoslovak Government followed the pattern of its allies, France and the UK, and stood for non intervention. However, events in Spain caused in the wider Czech and Slovak community an extraordinary echo and strong disputes. While the conservative right came into agreement with the attitude of the Government, the left-hand part of the political spectrum, represented mainly by extreme political communist left, initiated help for the Republican Spanish Government under the claim "there is a fight for Prague near Madrid" and in the form of organizing the international brigades. In the Czechoslovak military units, which had started their formation in October 1936, acted approximately 600 Slovaks and tens of them died on the Spanish battlefields. From the point of view of the legal norms of the Czechoslovak state, the organizing of the international brigades was unlawful. The Act on Defence of the Republic of 1936 stated that everybody who, without the permission of the Government, hired or mediated hiring of Czechoslovak citizens for military service abroad was committing a crime.

Despite the fact that a number of the Czechoslovak peace initiatives, in the last resort, did not come into force and the European politics, for its pity, overruled the power policy conception of appeasement, most of the Czechoslovak initiatives had a progressive character and were in accordance with the peaceful and democratic European tendencies.

Possibilities for Slovakia and the Slovaks of influencing the military strategy of the CSR and direction of its foreign policy were limited by the place held by Slovakia in the political structures of the CSR. Slovakia was not only the economically less developed appendix of the more industrial powerful Czech part of the state, but by its geopolitical situation significantly enforced the international status of the Republic generally and in the Danube region especially. However, the Slovak political representation had no adequate influence to the forming of the Czechoslovak politico-military doctrine. Except for other factors, there were less than 4% Slovaks in the command structures of the CS AF. (In 1938, there was only Slovak, Rudolf Viest, among 130 active generals).

The reality, that in the CSR between the wars the status of SLOVAKIA was not codified by the state law, had its own foreign-political consequences. Not friendly orientated forces abroad concluded from the absence of the clear legal status of SLOVAKIA that it was not the organic and strong part of the state and with the help of some internal revisionistic and separatistic elements, they tried to change the borders on the account of Slovakia. Power ambitions towards Slovakia came from Poland, and more strongly from Hungary which was permanently refusing to accept the legitimate borders. The effort of Hungary to reestablish "Greater Hungary" was shown in the autumn of 1921 by repeated attempts to restore firstly the power of the Habsburg dynasty in Hungary, with a perspective of reestablishing the pre-war Austro-Hungarian Monarchy. On 24 October 1921, the Czechoslovak Government declared the partial mobilization, the development of which was very smooth and, together with the diplomatic interference of France, contributed to the removal of monarchistic tendencies. Mainly against the revisionistic activities of Hungary, the CSR initiated in 1920-21 the politico-military alliance consisting of the CSR, Yugoslavia and Rumania – the three countries which were the targets of the territorial claims of Hungary – well known as the Little Entente. In spite of the starting improvisation and non-coordination of its activity, the Little Entente with its military and human potential, contributed to the collapse of the plans of Hungary. However, in the interwar in Hungary, the idea of overruling Slovakia remained still alive. As the power – and military – weak Hungary was not able to reach the revision of borders by force, it was waiting for a favorable international situation and was preliminary pushing forward the problem of minorities, which would lead to the authorization of a territorial change.

The events at the end of 1930s, not only concerning Czechoslovakia, confirmed that the fate of a small country in many ways depends on a decision of the powerful states. On 29 September 1938, A. Hitler, B. Mussolini, N. Chamberlain and E. Daladier, without participation of the CSR in Munich, decided that the CSR had 10 days to give up to Germany its western region, the so called Sudentenland. One day later, the Czechoslovak Government accepted the ultimatum. According to the opinion of the participants of the Munich Conference, "the peace in Europe was saved by this acceptance". Most of the citizens of the CSR considered this capitulation in a quite different way. The conduct and development of the mobilization, declared on 21 September 1938, demonstrated the resoluteness of Czechs and Slovaks to stand up against the aggressor. The War-Czechoslovak Armed Forces had approximately 660,000 men, 2,300 artillery pieces, 1,300 anti-tank guns, more than 800 aircraft and other military equipment. According to the opinion of the present military specialists, Czechoslovakia could have faced the Germans approximately 10 days without help of allies. The opinion of that-time Czechoslovak military circles was not unambiguous. The President and Government decided to accept to surrender with the consent of the Armed Forces Headquarters. However, the Chief of Main Staff of the CS AF, General L. Krejči, was belonging to a group of supporters of the active defence.

About the question, whether the CSR should have defended itself by military means, there have been existing polemics among historians up to present days. In their disputes, prevailed on one hand the moral-ethical aspects and on the other the military-pragmatic viewpoints. The supporters of defence have been claiming, that a state which is unable to defend its sovereignty at least symbolically, has no right to exist. The supporters of the surrender have been reasoning, that to go to war against Germany – with regard to its military power and the political situation of an isolated CSR abandoned by its potential allies compelled accepting the Munich dictation – meant going ahead into a lost war and the danger of total national annihilation. The fact remains that the CS AF had no opportunity to show its preparedness and battle morale. The Munich surrender was a political one but not a military one. In the framework of its economic, political and military possibilities, the CSR was doing its best, not only for its defence, but to save the peace in Europe.

With the Munich dictate, when Hungary had not gained directly any territory from the CSR, the Hungarians considered the way for a change of borders as open. By the Vienna Arbitration of 2 November 1938, Hungary, with the help of Germany and Italy, succeeded in its intentions of occupying large areas of southern and eastern Slovakia. The Vienna Arbitration – the Shookian «Munich» – was an act of brute force accepted by the less-powered Czechoslovakia practically without any protest. The western powers and allies of Czechoslovakia had not been able to adopt, understandably in their policy of appeasement, any early and efficient "peacekeeping actions", which, perhaps, would have prevented its collapse.

Those, who had hoped that they had preserved peace with the policy of appeasement and by offering CSR, lost their illusions several months later, when Hitler on 14-15 March 1939 occupied Bohemia and Moravia and established the satellite state of Slovakia.

The Slovak Republic of 1939-45 period was included without any reservation with the fascist Axis and its armed forces were included in the operations on the German fronts. The occupation of the country at the end of August 1944 was demagogically presented as a preventive action. By means of this action Germany wanted to "reestablish quiet, order and peace" by suppressing the domestic movement against fascism and partisan actions. As a reaction against Germans, the Slovak National Uprising (SNU) broke out, which lasted from 29 August to 28 October 1944 and proved that the progressive Slovaks stood definitely and massively on the side of the Allies and the Anti-Hitler Coalition. One of the main aims of the insurgents was to make an early contact with the Red Army in order to defeat fascism and to speed up the end of the war in Europe and to establish peace.

After the liberation, in 1945, Slovakia became once more part of the reestablished Czechoslovakia. It is possible neither to specify nor extract the basic tendencies of the peace activity of Slovakia from the politico-military orientation of Czechoslovakia. For more than 40 years, in the period of 1945-1989, they were buried, Slovakia being in the power sphere of the USSR and with the east political block, organically expressed by the Warsaw Pact. It was dominated by the profaned policy of the USSR, the policy of the "eternal fight for peace, relieving international tension and worldwide disarmament".

The Czechoslovak Armed Forces and Czechoslovak territory fulfilled frequently a role in quasi-total opposition to "peacekeeping actions". They became an integral part of the mechanism that was prepared to carry out expansive aims of the Soviet policy. The concentration of troops near western borders of Czechoslovakia – in the area where East and West met – served to suppress centrifugal trends in the communist block (e.g. in the autumn 1956 the indirect participation in the armed intervention in Hungary and the direct political support to the Soviet military act; on the other hand, in 1968, Czechoslovakia became the target and prey of such "international help" during the intervention of 5 states of the Warsaw Pact against the "Prague Spring"). Czechoslovakia partially participated in rivalry of great powers on the influence and rule over countries in Asia, Africa, the Near East, etc. To the honour of the Slovak and Czech military, they managed not to be pulled into direct armed conflicts: their participation had exclusively medical-humanitarian character (e.g. activities of Czechoslovak medical officers in the rear areas of the North Korean troops in 1952 during the Korean War).

It was only after the fall of the "Iron Curtain" in 1989, that appeared the possibilities for Slovakia to participate actively in keeping peace in the world mainly under the auspices of the UN.

In the period of existence of the Czech and Slovak Federal Republic (CSFR), Slovaks serving with the Armed Forces of the CSFR actively took part in the following peace operations:

UNAVEM 1	–	Angola
UNTAG	–	Namibia and Angola
UNOSOM 1	–	Somalia
UNSCOM	–	Iraq
UNGCI	–	Iraq
ONUMOZ	–	Mozambique.

The Slovak Republic (SR), established in 1993, as a small state located in the geostrategic region of Central Europe, is not only seeking allies, security relations but it understands fully its part of responsibility for the future of freedom and democracy either in the Euro-continental or in the global dimension.

As a normal situation in relations among states, peace cooperation or, at least, coexistence is recognized. This strategic environment of peace need not be without conflicts. It may be accompanied by rising partial tensions in mutual relations. If such tensions are not stopped at the start they can end up in a crisis situation. In the strategic environment of a crisis, the tension in relations of states may be further increased and go on through phases of disputes, unarmed conflict or armed conflict, which may grow up to the strategic environment of war. The mentioned three kinds of environment can change mutually, smoothly, without clear edging.

In 1990s the SR, as part of the CSFR and later after the split of the CSFR as an independent state, has been existing in the strategic environment of peace. It presently maintains non-conflict relations with all its neighbors. The SR does consider any state as its enemy a priori. The SR has neither any territorial claims nor other demands towards any state and is prepared to solve any disputes primarily by peace means. There is actually no direct military threat and no perceived one in the near future. However, the SR has no external defence guarantees and is consequently very vulnerable. The geostrategic location of Slovakia determined the official circles of the SR to participate in establishing the system of the European security policy and stability.

One of the aims of the security policy of the SR is the active contribution to strengthening stability and peace with a focus on the Central European region. The activities of the SR directed to preserving peace have not been and are not determined regionally. They are limited by all abilities and possibilities that the SR, as a relatively small state, has for its disposal.

One of the contributions of the SR to the deepening and widening of world-wide peacemaking efforts is the implementation of disarmament treaties.

One of the most important treaties in Europe is the CFE Treaty, signed in 1990 and entered into force in 1992. This treaty is considered up to now as the "corner stone of European security". The SR is implementing this treaty on the basis of the mutual governmental agreement between the Czech Republic and Slovak Republic signed on 12 January 1993. According to the report, submitted to the January session of the Slovak Government, in the second reduction phase of conventional forces in Europe, the SR fully met its obligations (Obrana N° 2, 14 JAN 1995). The SR confirmed the importance of implementing the C.E. Treaty from the viewpoint of the security cooperation and military balance in Europe. Presently, the SR is aiming to reach its obligations in the destruction of conventional armaments and equipment by the middle of November 1995. By the same time, conditions will be created by reorganizing the troops for a maximum personnel strength of the Armed Forces of the SR (AF SR) of 46,667 men.

The SR is participating actively in the process of strengthening confidence, security and cooperation in Europe within the Conference on Security and Cooperation in Europe (or, nowadays, the Organization for Security and Cooperation in Europe - OSCE). In the military area, the SR respected the obligations of the politically binding document, the Vienna Document 1992 (recently amended and extended as the Vienna Document 1994), which presents measures for military transparency, confidence-building and cooperation in Europe. The SR has not only been fully implementing this document but supports its further development and enhancement of its security and confidence-building measures (e.g. at the Annual Implementation Meeting in March 1995 the SR extended its passive quota to 3 evaluation visits of military units annually instead of 1 evaluation visit set in accordance with the VD-94).

The SR is implementing the Register of Arms which helps the transparency in military transfers. Activities are being made in the field of preliminary implementation of the Treaty on Open Skies. Preparations are in progress for the entering into force of the Convention on the Prohibition of Chemical Weapons. The Slovak military and diplomats participate in preparing and developing of other documents in the field of disarmament.

Having accepted the UN mandate to deploy the engineer UNPROFOR battalion, the Slovak Government declared its will and preparedness to meet its obligations and participated actively in security operations of the international community. On 1 June 1993 the engineer battalion began its activity with 425 personnel (Armáda SR, annual 1994, page 43). By the end of 1993, members of this battalion built and renewed 90 m of bridges, regulated 100 km of roads and built up 300 accommodation and social cells for the other UNPROFOR troops. They checked about 50 ha of mined areas. One of the most important tasks of this unit was the establishing of crossings over the Neretva river, needed for the transportation of humanitarian convoys for the inhabitants of the besieged Mostar (Obrana, N° 2, 13 JAN 1994). As for the multitude of the planned tasks and to reach optimal functioning of every part of this unit, the National Council of the SR (the Slovak Parliament) agreed to the extension of this unit. According to the official sources, up to January 1995, were built 10 stables, 9 provisional bridges, 104 observing towers and 1500 cells for accommodation by Slovaks acting in the UNPROFOR, 281 km roads were repaired and a further 382 km of roads were de-mined. The most successful operations of the engineer battalion was the transportation of 85,371 trucks and cars over the Neretva river that helped primarily the hardly checked inhabitants of Sarajevo (Obrana n° 3, 21 JAN 1995). The qualities of the members of the Slovak engineer battalion were highly appreciated by the commander of the engineer troops of the UNPRO-FOR, the Canadian Colonel David Harries, in October 1993. As the first of the UNPROFOR troops, this unit was given the acknowledgment from the Commander of the UNPROFOR for their courage and fulfillment of tasks.

Hitherto, 5 other members of the AF SR have been acting in the ECMM in the countries of former Yugoslavia, observing, providing impartial and true information about situation in their sectors and guiding humanitarian transports.

Except for the peace activity in the former Yugoslavia, in the period 1993-94, Slovak military observers were taking part in the peacekeeping mission in Angola (UNAVEM). Their first mission was the observation of the withdrawal of Cuban troops from Angola (UNAVEM I). The second mission UNAVEM II was aimed at the observation of disarmament of the governmental and anti-governmental troops after the Cuban withdrawal and observing the free elections. "To the present day, 5 members of the AF SR have been conducting tasks of humanitarian help in Angola" (Obrana N° 2 , 3 APR 1993).

Having finished their tasks in monitoring the 180 km long parts of borders between Uganda and Rwanda, checking main roads and border-crossing points between these neighboring states, 5 members of the AF SR arrived home in November 1994.

A new kind of participation of the AF SR in the UN peace operations is an organization to train foreign units before their deployment as UN troops. In 1994, the Minister of Defence on behalf of the Slovak Government signed 2 documents with the UN Secretariat. On the basis of this document, for peace-keeping operations were trained 900 men of the Armed Forces of Pakistan and 291 men of the Armed Forces of Bangladesh in the Slovak military training area, with the help of German instructors.

Members of the AF SR, at the end of October 1994, took part in the military exercise "The Spirit of Cooperation" within the program "Partnership for Peace". "On the Dutch territory the unit from the 8 Mechanized Regiment has been training peacekeeping operations with members of other armies" (Obrana, N° 44, 5 NOV 1994).

From the second decade of February to the first half of March 1995 on the territory of the Kingdom of Norway, was held the exercise "Strong-Resolve 1995" aimed at checking the preparedness of the NATO multinational forces for peace operations. This exercise was visited and observed by the Minister of Defence of the SR Ján Sitek (Obrana N° 10, 11 MARCH 1995).

In addition to these activities and in accordance with the Presentation Document of the SR to the Partnership for Peace, the SR:

1. Will coordinate activities between the SR and NATO-appointed permanent diplomatic and military representatives to the NATO Headquarters and SHAPE;

2. Starting in 1996, after solving legislative questions, 1 Mechanized battalion will be assigned to missions of international peace forces and humanitarian help, which will be prepared for operation within 12 days of declaring provisional measures.

3. 1-2 units of Air Force (MIG 29) from the Air Base Sliac will be assigned for deployment within 10 days.

The Slovak Republic in the frame of peace activities and the Partnership for Peace provides military training areas Kezmarck for the training preparation of peace forces.

In the second half of 1995 a bill for the National Council of the SR is prepared proposing the legislative solution of the question of billeting members of foreign armies on Slovak territory, which is aimed at the fulfillment of tasks connected to the preparation for UN peace operations and to the Partnership for Peace.

The Slovak Republic of the present day, according to its possibilities, takes actively part in important actions to keep peace in the world. In the future, it would like to act accordingly, if necessary.

THE MECHANISM OF COMMAND AND CONTROL OF THE JOINT ARMED FORCES OF THE WARSAW TREATY ORGANIZATION MEMBER-STATES
(Reflections on some lessons)

Major-General Vladimir A. Zolatarev

Introduction:

- When and why the Warsaw Treaty Organization (WTO) was established.
- The organizational structure of the WTO highest control bodies.
- The Political Consultative Committee.
- The Commander-in-Chief of the Joint Armed Forces and his staff.
- The Technical Committee.
- Military-scientific work in the Joint Armed Forces.

Introduction

The second half of the 20th century was marked by lots of great, just unique events in international relations. One of them is the foundation, development and break-up of the Warsaw Treaty Organization. It has existed for more than 30 years, not very much as far as History is concerned. Nonetheless, the Organization has accumulated great experience in concentrating social-political, economic and military-strategic efforts of many countries aimed at counteracting the most powerful military-political organization at that time – the North Atlantic Treaty Organization.

We are not going to give a detailed analysis of the positive and negative aspects of the WTO activities in regard to the peoples of Europe and the whole world: researchers representing different social sciences will have to explore this problem. But it is important to stress that there was one vital achievement: no matter how unstable was the international balance of military forces throughout those years, peace in Europe was secured. And WTO played a significant role in this.

In this paper we'd like to concentrate on the analysis of the experience in creating the mechanism of command and control of the WTO Joint Armed Forces as well as its functioning. The paper is based on documents from various archives of the former USSR and personal experience of the author who happened to work for some time in the Staff of the WTO Joint Armed Forces.

When and why the Warsaw Treaty Organization was established

To answer this question we will have to return to the events that took place about half a century ago. It is of common knowledge, that soon after the Second World War there appeared rather a clear trend to divide the members of the international community according to their membership in one of the two opposing military camps. In Europe this division line ("the iron curtain" according to W. Churchill's metaphorical expression) was drawn between the Soviet occupation forces and the British-French-American occupation forces. On the geographical map of 1945 the boundary line between "the red" (the East) and "the blue" (the West) cut Germany into two parts in the North, crossed Austria and ran up to the Mediterranean Sea near Trieste. Later on it was changed a little with state borders between the German Federal Republic and the German Democratic Republic (the notorious Berlin Wall in Berlin), between the GFR and Czechoslovakia, Hungary and Austria, Yugoslavia and Italy.

At this very time the two main adversaries had already appeared: the USSR – to the east of this boundary line and the USA – to the west. The leaders of mighty America had taken under their wing Western Europe, Latin America and Canada. The Soviet leaders in their turn intended to consolidate and strengthen the USSR's posture in Central and Eastern Europe and in the Far East.

Hardly had the Allies' guns fallen silent in the war against Nazi Germany, when the fire of the cold war flamed up. The world community found itself in an awkward situation: it was as if peace had set in on the planet, but factually the priority in the winner-states' policy was given to fear, hate and sabre-rattling. In the development of international relations there appeared two tendencies. In Western Europe the striving for setting up alliances became dominant:

- On March 17, 1948 Great Britain, France, Belgium, the Netherlands and Luxemburg signed the Pact on the foundation of the Western Alliance.

- In April 1949, 12 countries (USA, Great Britain, France, Italy, Canada, Iceland, Norway, Danemark, the Netherlands, Belgium, Luxemburg, Portugal) signed the document on the formation of the North Atlantic Treaty Organization (NATO).

- Later on, Greece, Turkey, the GFR joined NATO (so did Spain in 1982)

In Eastern Europe the process was developing some other way. The USSR, the head country of the socialist camp that had come into existence by that time, was forming a system of bilateral treaties on friendship, cooperation and mutual assistance with Central and Eastern European countries. The USSR assisted Poland, Czechoslovakia, Hungary, Romania, Bulgaria, Yugoslavia, Albania and then the GDR in forming their national armed forces and in strengthening new political regimes in these countries as a whole.

In due time it became clear that the collective defense system – NATO had some advantages as compared to the Eastern European system of bilateral treaties, in particular that of the existence in NATO of a single centralized body (the staff) of the Joint Armed Forces' strategic command.

Meanwhile in Moscow the idea of establishing a military alliance comprising a number of socialist states was ripening. The signing of the Paris Agreement in 1954 stimulated the realization of this idea. The Agreement gave the GFR the green light to join NATO, as well as the right to restore its war industry and to form its armed forces. Obviously, these actions of the west could be interpreted in Moscow in no other way but as another step on the path of preparing a war against the USSR and other socialist countries.

Six years after NATO's foundation one more military alliance emerged in Europe. On May 14 1955 in Warsaw the heads of the governments of Albania, Bulgaria, Hungary, the GDR, Poland, Romania, the USSR and Czechoslovakia signed the Treaty on Friendship, Cooperation and Mutual Assistance.

The signatories of this collective Treaty alleged, that they had united in an alliance to coordinate their efforts aimed at maintaining their security and that they had established a military-political organization capable of providing for the reliable defense of each member-state as well as of all the states from the external threat. Clearly, they meant the threat coming from NATO. It was openly and definitely stated in the official documents of WTO.

Thus, the Warsaw Treaty Organization had come into existence only after the foundation of NATO; it was a forced adequate answer of the East to the threat from the West. In the declaration on the Warsaw Treaty Organization the member-states pledged that this military alliance was intended for exclusively defensive purposes; it had nothing in common with threatening anybody. However, it didn't mean that the newly-born organization was to be on "the passive defense", observing silently NATO's active military preparations.

In 1955, mankind witnessed the birth of a healthy military alliance full of strength and energy and possessing an immense potential for building up military muscles to measure its strength with NATO. At that time someone ran down the new military alliance, some underestimated it, some, perhaps, overestimated it. But the fact is that WTO forced the NATO leaders to reckon with the will, prestige and military might of the USSR and other socialist countries. Such was the reality, and nobody in Washington and other capitals of the NATO member-states could deny it.

In the history of the Soviet state, the period in question is connected with the activities of three General Secretaries of the CPSU Central Committee. The formation of the Warsaw Treaty Organization took place in "the epoch of Nikita Khrushchev". Its prime coincided with "the epoch of Leonid Brezhnev". The crisis of WTO and its collapse "are attributed to Michael Gorbachov".

These leaders' roles in the history of the Soviet state are far from being adequate. Only one thing is indisputable – no matter who might become the political leader of the USSR in the 80s, he would surely have had to reckon with the inexorable onward march of the world community, the majority of which had rejected the Soviet idea of communization.

Certainly, it would be wrong to look upon the emergence and development of the Warsaw Treaty Organization as a linear, painless, easy process without any compromises for Moscow and other capitals of the then socialist countries. We know, that already in the very official registration of the Organization as an alliance of sovereign states there were laid "dangerous mines" capable of blowing up this political building. Let's take, for example, the fact of the Soviet dictatorship: the main organizer, inspirer and sponsor (as it is put nowadays in Russia) was only one subject – the USSR, to be exact – the Soviet government, to be still more precise – the Politbureau CPSU Central Committee. The ideals, plans and ambitions of these people differed by far from the longings of other socialist countries' leaders.

Our aim is to analyse the activities of the highest control organs of the Warsaw Treaty Organization.

The organizational structure of the highest control bodies of WTO

It was being perfected throughout the whole period of this international organization's existence. Both internal factors (within the geographic frames of the WTO's functioning) and external ones influenced its development. This problem needs special research. Generally speaking, there are sufficient grounds to claim that from the organizational and technical points of view the WTO structure proved to be quite efficient in regard to its purposes and the epoch it was set up in.

From the very beginning within WTO there was founded rather a well-composed system of the main control bodies, the Political Consultative Committee being its highest one.

The member states made the decision to form the Joint Armed Forces (JAF), each member nation attaching its Army, Air Forces and Navy contingents to the JAF. A Joint Command was also established consisting of the JAF Commander-in-Chief, Deputy Commanders-in-Chief (Defense Ministers or other military leaders), Chief of the JAF staff, Deputy Chief of the JAF staff.

In consent with the governments of the member states representatives of the Commander-in-Chief were accredited in the allied armies.

In Budapest at the meeting of the Political Consultative Committee it was decided to set up the following bodies:

- The Committee of Defense Ministers of the WTO member states (CDM);

- The Military Council of the Joint Armed Forces of the WTO member states (MC);

- The Technical Committee of the WTO member states (TC).

The Political Consultative Committee

It was the highest control body of the Warsaw Treaty Organization consisting of the heads of the member states' governments. Its meetings were regularly held (every 2-3 years) in one of the member states' capitals. At these meetings questions of further improvements of WTO were discussed, programmes of the military building and training of the Joint Armed Forces were coordinated, decisions on joint actions in the sphere of politics and defense were taken. Here are some facts about the most significant PCC meetings.

The first meeting of the Political Consultative Committee took place in Prague in January 1956. The regulations of the Joint Command were discussed and approved; the organizational questions concerning the Joint Armed Forces' activities were also settled. There was accepted the proposal of the GDR delegation that after the creation of the GDR National People's Army its armed contingents should be included in the JAF.

The second meeting of the PCC was held in May 1958. In addition to the previous considerable reduction of their armed forces the WTO member states decided to continue unilaterally this process (the forthcoming reduction was planned to be of 419 000 men).

At the PCC meeting in 1960 the Soviet delegation announced, that the USSR had taken the unilateral decision of reducing its armed forces to 1200 thousand men.

In 1961 the PCC meeting emphasized that in the interests of peace it was vital to conclude a peace treaty with the two German states and to turn West Berlin into a free demilitarized city.

In 1965 the WTO member states came out against the delivery of nuclear weapons in the German Federal Republic in any possible way – either directly or indirectly through third countries.

At the PCC meeting in 1966 "Regulations on the Joint Armed Forces of the Warsaw Treaty Member States" and the proposals on the organizational structure of the JAF staff were discussed and approved.

In 1968 the PCC approved the project of establishing the JAF staff of the WTO member states and the Military Council of the WTO Joint Command.

Important innovations were approved at the PCC meeting in March 1969. Regulations were adopted concerning the Committee of Defense Ministers of the WTO member states, the JAF and the Joint Command, the common anti-aircraft system of the WTO member states. It was decided to set up the Staff and Technical Committee of the JAF in a new organization with the aim of subsequent development of the structure and control bodies of the Warsaw Treaty Organization. The Appeal to all the European countries regarding the preparation and conduct of the All-European Meeting on Security and Cooperation in Europe was also adopted.

At the end of this very year the first meeting of the JAF Military Council was held. The following questions were discussed: the results of the combat and operational training of the JAF throughout 1969 and new goals in this field for 1970; the project of "Regulations on the service of officers, general and admirals of the WTO member states' armed forces in the JAF Staff and Technical Committee".

The first meeting of the Committee of Defense Ministers was also held at which the issues concerning strengthening the defence potential of the member states were discussed.

In January 1975, the seventh meeting of the Committee of Defense Ministers took place, in the course of which the following questions were discussed: the coordination of mutual efforts in the sphere of the WTO countries' civil defense system; the further development of methods of training staff and troop personnel; the present posture and further development of the NATO armed forces and the preparation of the theatre of war.

In November 1976 at the PCC it was decided to create the Committee of Ministers of Foreign Affairs and the Joint Secretariat as subordinate bodies to the PCC.

In May 1987 the twenty-first PCC meeting was held at which the document on the military doctrine of the WTO countries was adopted.

In February 1991 a special meeting of the PCC was conducted in which Ministers of Foreign Affairs and Defense Ministers took part. At the meeting the proposals on the liquidation of the military structures and the bodies for military cooperation within WTO were discussed. The Protocol on cancelling all the military agreements within WTO and abolishing its military structures beginning on 31 March 1991 was signed.

Commander-in-Chief of the JAF and his Staff

The Warsaw Treaty Organization was an international body for coordinating policies of the WTO countries. In other words, taking political decisions was the prerogative of the PCC, which conducted periodically its meetings in one of the capitals of the member states. The highest military official was the Commander-in-Chief of the JAF. He was responsible for strategic command and control. The residence of the Commander-in-Chief and his Staff was in Moscow.

It is necessary to stress that throughout the whole period of the WTO Joint Armed Forces' existence only Soviet military leaders occupied the post of Commander-in-Chief. They were experienced generals, well-known since the Second World War. So, in July 1960 Marshal of the Soviet Union A.A. Grechko (in 1967 he became Defense Minister of the USSR) was appointed to this post. In 1967 Marshal of the Soviet Union I.I. Yakubovski was appointed Commander-in-Chief. Since 1977 this post was occupied by General of the Army (later on Marshal of the Soviet Union) V.G. Kulikov, who was also Chief of the General staff of the Soviet Armed Forces at that time.

Soviet generals also occupied the post of Chief of Staff of the JAF. For instance, in October 1962 the famous Soviet military leader General of the Army Batov headed the Staff. In 1965 he was superseded by General of the Army M.I.Kazakov. In August 1968 the Staff was headed by General of the Army, the former Chief of the General Staff of the Soviet Armed Forces S.M. Shtemenko. In October 1976 Colonel-General A.I. Bribkov was appointed Chief of the JAF Staff.

Naturally, these professionals of the Soviet military school decisively implemented ideas and directions of the Soviet political leadership, realizing theoretical propositions of the Soviet military doctrine. They contributed greatly to the improvement of the WTO infrastructure, JAF's combat efficiency and combat readiness. The regularly conducted staff and field exercises always testified to the very high level of the JAF's preparedness for combat actions under specific conditions of the European theatre of war. This fact was repeatedly pointed out in the NATO headquarters.

It is necessary to emphasize an especially significant role of the JAF Staff. In 1969 the following quotas in the JAF Staff composition were accepted: from the People's Republic of Bulgaria – 7%; from the Hungarian People's Republic and the German Democratic Republic – 6%; from the Polish People's Republic – 13.5%; from the Socialist Republic of Romania – 10%; from the USSR – 44.5%; from the Czechoslovak Socialist Republic – 13%. Thus, highly qualified military professionals from many countries took part in the work of the JAF Staff, Soviet generals playing the leading role.

On January 21, 1970 the new regulations on the departments and offices of the JAF Staff was adopted by the Chief of Staff. So the stable foundation was laid down for effective functioning of this operational body of the Commander-in-Chief.

In 1969-1974 thanks to the specialists allotted by each country some new structural units for settling the problems of the automatization of the troop control, for preparing and organizing the theatre of war, transport and the operational rear, as well as in the radio-frequency service and the radio-electronic counteraction service were formed and the previously existing ones were greatly improved.

On December 2, 1977 at the 10th meeting of the Committee of Defense Ministers it was decided to approve a new organizational structure of the JAF Staff and an increase in the control bodies' personnel of 60 servicemen and 50 civilian officers proposed by the JAF Commander-in-Chief. In this connection he adopted new quotas for the number of personnel in the JAF Staff, Departments and Offices of the Commander-in-Chief; he also approved the document entitled "The Main Functions of the Staff and Other Command and Control Bodies of the Joint Armed Forces of the WTO Member-States".

During the period 1978-1991 some changes were made in the tables or organization of the JAF command and control organs as well as in the names of some structural units and posts. These measures were taken within the limits of the defined number of personnel and without radical changes of the organizational structure. According to the decision of the PCC of June 7, 1990 all the military structures of WTO were liquidated by December 31, 1991.

The Technical Committee

It is necessary to characterize such a specific body as the Technical Committee of the JAF of the WTO member states. It was set up in Moscow and used Soviet funds according to the decision of the PPC of March 17, 1969. There were adopted "Regulations on the Joint Armed Forces and Joint Command of the Warsaw Treaty Member States" for peacetime.

In accordance with the "Regulations", the main functions of the Technical Committee were the following: to work out recommendations on the weapon systems of the WTO memberstates; to study the present condition and perspectives of these countries' weapons and military equipment development; to take measures on the coordination of research and experimental work.

In conformity with the decision of the PCC of November 26, 1976 the range of the TC's functions was broadened. In addition to its previous responsibilities it was to register the providing of the allied armies with weapons, armament and military equipment; to study the course of realization of the agreements on mutual deliveries and to take measures for their fulfillment; to analyze proposals and work out its own on the unification and standardization of weapons and military equipment, on creating better conditions for their exploitation, repairmen and technical service; to study the posture of the defense industry in allied countries; to elaborate long-termed prognoses on the armament and military equipment development (taking into account the achievements of potential enemies in this field); to prepare proposals on the prospective of their development (including ones on the unification and standardization, research and experimental design work, modernization and also on new training devices); to work out current and five-year joint plans on developing and modernizing weapons and military equipment.

In carrying out its functions the WTO TC worked closely with the General Staff of the USSR Armed Forces, departments of the USSR Deputy Defense Minister on Armaments, the USSR Gosplan (State Planning Department) and the USSR Ministry of Foreign Economic Relations, Ministries for defense industry branches, with the main and central departments of the Ministry of Defense.

Military-scientific work in the Joint Armed Forces

People will feel varied short and long termed consequences to the functioning of the once powerful military-political alliance – the Warsaw Treaty Organization. One would like to point out the development of military-scientific work with the JAF as one of the features of the 20th century. This experience in the field of fundamental and applied sciences has not received an objective evaluation. But in that field groups of authors with great potential have been active for more than thirty years.

Although a complete list of all the military theoretical research works has not been compiled yet, today we can name some scientific works, considered as classics of the 20th century. These are: "Offensive Operations of the Coalition Front" (1983), "Causes of the Second World War: Documents and Commentaries" (1987), "Military Science" (1988).

Here are some facts. In the WTO Joint Armed Forces the plan of the military-scientific work was being constantly corrected. The main attention was devoted to researching the methods of preparing and conducting initial strategic operations with the JAF in the European theatre of war. Besides, different versions for each WTO member country were being elaborated. For instance, the Polish Army studied the problems of preparing and conducting sea-borne and air-borne landing operations under high-precision used by the enemy (1989). In the Hungarian Army the basic principles of organizing and conducting operations for a corps of a brigade's organization (1987) were worked out. In the National People's Army of the GDR much attention was devoted to the study of methods and forms of fighting against new types of armament used in the NATO

Armed Forces – the so-called systems of high-precision weapon. Naturally, much scientific research was done in the field of studying weapons of mass destruction, after-effects of the use of nuclear missiles. For instance, in 1987 a considerable number of specialists studied the character and consequences of the Chernobyl atomic power station catastrophe.

The problems of improving the WTO military doctrine were being constantly studied too. In the last twenty years of the JAF's existence more than 150 monographs, large magazine and newspaper publications, speeches and interviews of the Commander-in-Chief and the Chief of Staff of the JAF were prepared. Among them we can name such books as "the Doctrine of Protecting Peace and Socialism" (1988), "The Warsaw Treaty: History and the Present" (1990); articles such as "The Warsaw Treaty Military Doctrine", "On the Military-Strategic Parity and Sufficiency", "The European Security in Europe", "35 years of the Warsaw Treaty Organization", "Policy, Doctrine, Strategy" and other materials published in the USSR and other WTO member states.

As a direct participant in the scientific work of the JAF Staff, I can inform you that in Moscow we prepared and distributed in the allied armies more than 185 information and theoretical booklets, which were widely used in the operational training of troops and staff.

A great number of urgent problems concerning the theory and practice of military art were discussed at military-scientific conferences held from 1968-1990. In total there were 38 such conferences in which generals, admirals, staff officers, representatives of the Technical Committee and departments of the Commander-in-Chief took an active part.

Thanks to common efforts of the staffs of the allied armies there were studied and analyzed the experience of solving more than 300 problems regarding the preparedness of the allied troops and naval forces for war. On the basis of the analysis of this experience the JAF Staff worked out more than 150 recommendations for the allied armies to be used in combat and operational training.

Few people know that the JAF Staff issued "The Information Bulletin" in which in the period 1970-1990, 2 255 articles were published; 80 per cent of them were devoted to studying problems of experience exchange in the spheres of the allied forces training, the intensification of the training process, the time reduction in mastering modern types of weaponry and military equipment, the introduction of new methods of their operation, the creation of modern training bases.

All of these numerous scientific works, experimental data, theoretical conclusions and recommendations are still actual at the end of the 20th and the beginning of the 21st centuries. One may estimate quite differently the results of research activities of that enormous in number and scientific potential scientific research establishment of the JAF. But we, the participants and eye-witnesses of the history of that period, confirm, that the existence of the Warsaw Treaty Organization has not been completely washed away by fierce waves of the stormy social-political ocean at the end of the 20th century; coming generations will apply the scientific practice of this unique international organization.

The two greatest social-economic collapses occurred in the 20th century. In 1917 the Romanovs' Russian Empire crashed down on the debris of which the Bolsheviks created the more powerful Soviet Empire (USSR). It is well known what has come out of it. In 1991 the Soviet Union collapsed. What will come out of this event – so far nobody can predict.

But it is absolutely obvious that the experience of the creation of the first socialist state in Russia as well as the foundation of the Warsaw Treaty Organization represents vast historical material for researchers. It is impossible to go forward until the experience of the past has opened our eyes on the character and tendencies of the development of the world community.

LE MAINTIEN DE LA PAIX DANS LA PÉNINSULE IBÉRIQUE AU COURS DE LA DEUXIÈME GUERRE MONDIALE

Col. Carlos Bessa

En 1983 s'est tenu à Neuchâtel et à Berne un Colloque international très réussi sur les États neutres européens et la Seconde Guerre mondiale, ayant comme président notre cher collègue et ami le prof. Louis-Édouard Roulet. Celui-ci a laissé dans les actes quelques judicieux commentaires, que je trouve utile de citer.

Les entorses aux obligations imposées par le droit international public ont été nombreuses et de variété très différenciée. Sur ce sujet il présente quelques exemples :

L'Espagne a réussi à concilier une non-belligérance officielle avec l'envoi d'une division sur le front de l'Est et le Portugal *n'a cessé de proclamer sa neutralité en maintenant une alliance politique de vieille date avec une des grandes puissances engagées dans le conflit et bien que son régime intérieur fût de nature différente à celui de son allié.*

Finalement, les grandes puissances se sont rarement montrées conciliantes, voire généreuses, tentées de juger les neutres en fonction de leurs seuls intérêts[1].

J'estime que l'on peut affirmer que l'appui du gouvernement portugais aux nationalistes espagnols et son influence sur le dénouement de la guerre civile d'Espagne ont été des facteurs décisifs pour le maintien de la neutralité de la péninsule Ibérique pendant la II⁻ Guerre mondiale et que cet objectif a constitué un puissant motif dans sa prise de position.

Les violences qui s'étaient produites après la montée au pouvoir du front populaire en Espagne, résultant des élections du 16 février 1936, et le soutien donné aux opposants au gouvernement portugais qui s'y étaient réfugiés, y compris par le fournissement d'armements, ont amené ce dernier à conclure que la menace existait non seulement pour le régime, mais aussi pour l'indépendance nationale elle-même, car l'existence de courants engagés à absorber le Portugal dans une fédération de républiques soviétiques ibériques était notoire[2].

En outre, le chef du gouvernement portugais avait déjà affirmé en 1935 qu'en cas d'un éventuel conflit européen la neutralité de la péninsule ne serait possible que si les gouvernements des deux pays maintenaient entre eux des relations d'amitié et de bon voisinage[3].

Il convient de rappeler quelques autres lignes directrices de la pensée de cet homme d'état, parce qu'elles expliquent d'une certaine façon les orientations suivies pendant le conflit.

Pour le président Salazar, l'Europe ne pouvait résoudre aucun problème par la guerre et il craignait qu'elle ne sache même pas organiser la paix. Ce qui serait tragique pour le monde. Il redoutait même que ce soit elle qui sème les principes de ruine et de mort. Il incluait parmi ceux-ci l'erreur criante, démentie par les faits, qui consistait à considérer l'existence de régimes politiques, les uns essentiellement agressifs et d'autres doués d'une mansuétude évangélique, idée qui rendrait inévitable la création artificielle de blocs idéologiques générateurs de conflits avec des caractéristiques de guerres religieuses[4].

Il ne croyait pas que ce serait une nation comme la Russie, qui avait renié les principes européens de la civilisation latine et chrétienne, qui viendrait aider à les rétablir en Europe[5].

Les démocraties parlementaires européennes, dont les régimes n'avaient pas l'accord des deux pays péninsulaires, devraient savoir que la guerre de Franco n'était pas menée contre elles, mais contre le communisme, et qu'il conviendrait, ainsi, qu'elles s'opposent aux effets de la politique agressive et interventionniste des États communistes ou de ceux placés sous leur domination[6].

Il souhaitait, si possible, que le Portugal ne s'engage pas dans les désordres européens, comme il le faisait par tradition[7]. Et pour conserver son intégrité territoriale et développer le pouvoir maritime portugais, il était important de maintenir son alliance avec l'Angleterre[8].

Il lui semblait que l'Espagne sortie de la guerre civile, serait le pays de l'Europe auquel la neutralité dans un futur conflit grave conviendrait le mieux et, pour cela, il a cherché à aplanir les difficultés afin de la rapprocher de l'Angleterre et de la France, avant même la fin de la guerre civile, car il entendait que cela pourrait être également utile à ces dernières[9].

L'Espagne, à son tour, en septembre 1938, donc avant la fin de la guerre civile, a proposé au gouvernement portugais un traité d'amitié et de non agression, car il n'existait aucune entrave au maintien de sa neutralité en raison de ses engagements envers l'Allemagne ou l'Italie. En sauvegardant ses propres engagements envers l'Angleterre, le Portugal donnait son accord et le traité, qui a été signé à Lisbonne le 17 mars 1939, consacrait le respect mutuel des frontières et des territoires des deux pays[10]. Le gouvernement britannique a manifesté sa satisfaction, voyant en lui le rétablissement de la paix et de la stabilité dans la péninsule Ibérique[11].

Pour le Portugal, c'était d'autant plus important, car il cesserait de se trouver exclusivement confiné aux conséquences de l'alliance avec l'Angleterre, inclinée à défendre, avant ou même contre eux, les intérêts portugais[12].

Les liens d'amitié s'étaient renforcés avec l'Allemagne et l'Italie et les relations avec le Brésil étaient excellentes et les plus amicales[13].

Ainsi, il a été créé, dans la péninsule, un équilibre bénéfique avec l'Espagne servant de rempart aux éventuelles menaces de l'Axe contre le Portugal et celui-ci jouant pour l'Espagne un rôle identique envers l'Angleterre.

La guerre déclarée, le Portugal et l'Espagne ont immédiatement affirmé leur neutralité. La déclaration portugaise, dès le 1er septembre 1939, confirmait les obligations de l'alliance avec l'Angleterre qui, toutefois, ne l'engageaient pas à changer d'attitude, affirmant espérer que ni les intérêts du pays, ni sa dignité, ni ses obligations ne le forceraient à la compromettre[14].

Dans sa violence initiale, l'Allemagne imposait l'armistice à la France le 22 juin 1940, ce qui a donné lieu à l'exode d'une multitude de personnes prises de panique et déroutées. Un grand nombre s'est dirigé vers la péninsule Ibérique. L'accueil en Espagne n'a pas été cordial, celle-ci étant blessée de l'appui donné par la France aux Républicains et craignant que les Allemands, par ce prétexte, en viennent à attaquer Gibraltar[15]. Les autorités espagnoles invoquaient même l'éventualité de ne pas reconnaître les visas portugais[16]. Mais l'ambassadeur portugais est intervenu et des milliers de personnes sont arrivées au Portugal, parmi lesquelles se trouvaient des hommes d'état, des financiers, des personnalités célèbres et anonymes. Pour illustrer la dimension du drame, nous avons l'exemple du baron de Rothschild, millionaire qui est arrivé à la frontière sans aucun argent dans sa poche[17]. La zone de paix dans la péninsule commençait ainsi à démontrer son utilité alors que se déroulaient au Portugal les commémorations des centenaires de la fondation de la nationalité et de sa restauration. Saint-Exupéry a été l'un de ces réfugiés et il en fait un récit tout à fait remarquable. Il voit Lisbonne comme un paradis lumineux et triste, en raison du fait que l'on ne parle que d'une invasion imminente. Dans l'exposition, la plus éblouissante jamais réalisée dans le monde, à défaut de canons, le Portugal dressait contre le déluge de fer de l'envahisseur toutes ses sentinelles de pierre – les poètes, les explorateurs, les conquérants, tout son passé[18].

En plus d'un lieu d'accueil, le Portugal devenait un centre privilégié de contacts politiques et commerciaux, une plate-forme préférentielle dans les relations entre l'Europe et l'Amérique, ayant Lisbonne comme port de l'Europe, aux dires de Roosevelt, où s'y installaient les services secrets alliés ainsi que ceux de l'Axe. Un grand nombre de gens en sont repartis pour reprendre le combat[19].

Le gouvernement espagnol, convaincu que l'Allemagne sortirait vainqueur, a procédé à une entorse de sa neutralité en déclarant sa non belligérance, le 22 juin, et en s'engageant, en secret, à entrer en guerre à côté de l'Axe , mais uniquement quand la victoire serait en vue[20].

À cette époque, le rôle joué par les ambassadeurs du Portugal et de la Grande-Bretagne à Madrid, agissant en étroite collaboration et maintenant des contacts entre eux presque quotidiens, a été très important[21].

Certains secteurs politiques espagnols persistaient dans l'idée de persuader le Portugal à se libérer de l'alliance anglaise[22].

L'ambassadeur portugais s'est rendu à Lisbonne pour étudier la situation avec le président du conseil et le secrétaire général du ministère des Affaires étrangères. Rentré à Madrid, il a négocié avec Beigbeder, ministre des Affaires étrangères, dans le secret le plus absolu, dont le ministre de la Governacion, Serrano Suñer, n'en a même pas eu connaissance, un protocole additionnel au traité d'amitié déjà existant, pour renforcer ce dernier, les deux gouvernements s'obligeant à une concertation entre eux quant aux moyens les plus appropriés pour sauvegarder, dans la mesure du possible, leurs intérêts mutuels. Signé à Lisbonne, le 29 juillet 1940, et ce dans un délai extraordinairement bref[23], une fois de plus le gouvernement britannique a loué cette initiative. Paradoxalement l'Italie et l'Allemagne s'en sont également réjouies, car elles l'ont considéré comme la fin de l'alliance luso-britannique[24].

Salazar, considéré par beaucoup comme le ministre des Affaires étrangères de la péninsule, a proposé à lord Halifax une sorte d'accord commercial de l'Angleterre avec l'Espagne et le Portugal afin de renforcer l'influence anglaise dans le pays voisin[25].

Hitler, à la fin octobre, a voulu obtenir de Franco, Pétain et Mussolini des appuis qui lui permettraient de se lancer à la conquête de Gibraltar. Toutes les rencontres lui ont été défavorables. Franco lui a présenté une liste très importante de ses besoins et Mussolini lui réservera la plus grande déception, en raison de sa décision d'envahir la Grèce sans l'avoir averti au préalable, puisque Hitler avait occupé la Roumanie en agissant de même[26]. En dépit d'être conscient que les italiens avaient détruit ses plans, il n'a pas abandonné son idée d'envahir la péninsule et de s'emparer de Gibraltar, des Açores et du Cap-Vert et a élaboré, à cet effet, la directive n° 18, du 12 novembre[27] avec le nom de code *Félix*.

Raisonnant comme citoyen d'une grande puissance, à peine en fonction des intérêts de cette dernière, le correspondant du *Times* à Washington défendait, le 28 octobre, qu'il était plus sûr d'empêcher, en raison de leur grande importance stratégique, que les îles atlantiques ne tombent aux mains des agresseurs et d'en subir les conséquences le jour où elles seraient dejà tombées[28]. Les chefs d'état-major alliés, à leur tour, préparaient des opérations en vue de leur occupation : Accordion, et plus tard Brisk pour les Açores, Sackburst, et plus tard Shrapnell pour le Cap-Vert, lesquelles n'ont pas eu lieu sur ordre de Churchill, en raison de l'opposition de lord Halifax et de l'ambassadeur en Espagne, sir Samuel Hoare[29].

Le Portugal a proposé alors à l'Angleterre le début de conversations d'état-major qui ont été acceptées et la première mission est partie à Londres, en avion, le 20 février 1941[30].

Dans le même esprit de la nouvelle du *Times*, le sénateur Pepper et Roosevelt lui-même ont fait deux discours les 6 et 27 mai de cette année-là. Le gouvernement portugais a protesté. Il avait commencé depuis octobre 1940 à envoyer des troupes pour renforcer la défense des Îles, de l'Angola et du Mozambique[31], et les états-majors américains, au courant de ce fait, ont informé Roosevelt que le débarquement ne pourrait pas avoir lieu sans courir le risque de pertes sévères[32].

À défaut d'une réponse satisfaisante de la part du président Roosevelt, le président Salazar a informé le Foreign Office que, du fait qu'il n'y avait pas d'engagements envers les États-Unis, en cas d'agression de leur part, il résisterait et ne manquerait pas d'invoquer les obligations de l'Angleterre envers le Portugal[33]. Churchill a alors convaincu Roosevelt de tenir les États-Unis à l'écart des négociations sur les Açores et le Cap-Vert[34].

Le 30 mai 1941, le Foreign Office avait fait savoir au Portugal qu'il ne pourrait pas lui fournir l'équipement militaire nécessaire pour assurer sa défense, ni lui prêter un appui armé en temps utile et d'un niveau suffisant[35]. Face à une menace contre la souveraineté portugaise, son gouvernement devrait s'installer immédiatement aux Açores et n'offrir sur le continent qu'une résistance symbolique. Le 1er juillet, la réponse a été donnée sous forme de mémorandum par le gouvernement portugais. Elle exprimait un profond regret pour l'insuffisance de ses forces militaires, responsabilisant l'Angleterre par ce fait, étant donné que, depuis 1936, le Portugal avait cherché à s'équiper d'un matériel de guerre moderne, avec de réelles possibilités de l'obtenir, par exemple, auprès de l'Allemagne et de l'Italie. Néanmoins, l'Angleterre avoua avoir, par rapport à ce réarmement, un intérêt "commercial et politique", même si elle l'a toujours retardé et présenté des objections systématiques et pressantes à ce qu'il soit fabriqué dans les pays qui lui étaient hostiles. Donc en était-on arrivé à une situation délicate qui conduisait le gouvernement à opter pour son installation provisoire aux Açores en cas d'attaque[36]?

Le 22 juillet, l'Allemagne a envahi la Russie et ce n'est qu'à la suite de cette invasion que le président Roosevelt a donné des explications satisfaisantes à Salazar, dans une lettre personnelle datée du 8 juillet[37]. Les menaces envers le Portugal devinrent moins fortes, à partir de là, tant de la part de l'Allemagne, surtout après le débarquement allié en Afrique du Nord, le 7 novembre 1942, que de la part de l'Espagne, dès que le ministre des Affaires étrangères Serrano Suñer a été remplacé par le comte Jordana, le 3 septembre, de cette même année. Mais son rapprochement des Alliés n'a pas empêché toutefois l'Espagne de faire de nouveau quelques entorses à sa neutralité, voire à sa non belligérance, notamment, en envoyant la Division bleue à combattre le communisme soviétique à côté de l'Axe[38].

Churchill, sans même avoir entendu son cabinet de guerre, s'est allié à la Russie pour attaquer l'Allemagne jusqu'à sa reddition inconditionnelle. Et c'est pourquoi, une possibilité de paix a été perdue avant que l'Europe ne soit ruinée et que s'est défait l'équilibre européen, support de l'Empire britannique qui serait perdu plus tard par l'Angleterre, obligée de céder sa place de première puissance maritime occidentale aux États-Unis[39].

L'année 1941 ne s'achèverait pas sans un autre grave attentat à la souveraineté et à la neutralité portugaises. Après Pearl Harbor et l'entrée en guerre des États-Unis et du Japon, l'avancée japonaise vertigineuse en direction de l'Australie a conduit cette dernière ainsi que les Hollandais à envahir Timor, le 18 décembre. Déjà, avant le début de la guerre dans le Pacifique, des conversations avaient été entreprises entre Lisbonne et Londres, que les envahisseurs ont ignorées et n'ont pas respectées[40]. Le Portugal a protesté et l'Angleterre a reconnu "qu'il était parfaitement justifiable de protester"[41], acceptant de retirer le détachement allié dès que les troupes portugaises arriveraient pour le remplacer[42]. Un contingent portugais est parti, à cet effet, de Lourenço Marquès avec publicité[43]. C'est alors le tour du Japon d'attenter à la souveraineté portugaise, en anticipant le débarquement à Timor portugais de ses troupes, le 19 février 1942, sans rencontrer aucune résistance de la part des Alliés. Il s'est justifié en affirmant son devoir et son droit de légitime défense et ne considérant pas en action comme attaque contre les Portugais, mais contre les troupes d'occupation, ennemies du Japon. Il agissait à titre temporaire, *puisqu'il était disposé à retirer ses forces aussitôt que son but de défense légitime soit attteint*[44]. En effet, les forces australiennes n'ont pas abandonné Timor, quittant Dili pour aller dans les montagnes où elles ont commencé la guérilla, plus tard appuyées par des autorités et des populations européennes et timoraises. Une fois de plus, le président du Conseil portugais s'est rendu à l'Assemblée nationale exposer la situation[45]. Les Japonais ont coupé les communications télégraphiques de Dili avec Macao et Lisbonne et exercé ensuite des violences incroyables sur les habitants du territoire occupé. Le gouvernement n'a pas pu en avoir connaissance, étant donné que les communications radio avec le gouverneur avaient été coupées. C'est peut-être un peu pour cette raison que le drame a été vécu jusqu'à la fin sans que la neutralité du Portugal ait été perdue[46].

Après l'opération *Torch*, à l'atténuation des préoccupations portugaises du côté de l'Allemagne et de l'Espagne a correspondu, en pleine bataille de l'Atlantique, un augmentation de celles-ci, du côté des États-Unis et de l'Angleterre, en vertu des prétentions de ces derniers quant aux Açores et Cap-Vert pour défendre leur marine marchande, réduire les pertes provoquées par les sous-marins allemands et faciliter les communications aériennes[47].

Avec l'appui du Portugal, l'Espagne s'est rapprochée des Alliés et de la neutralité, en annonçant, en juillet 1943, le retour de la Division bleue[48].

En mai de cette année-là, au cours du sommet *Trident*, Roosevelt, Churchill, ainsi que les chefs militaires respectifs ont décidé d'occuper les Açores par force, après présentation d'une demande au Portugal, sans garanties et dans un court délai. C'était l'opération *Lifebelt*[49]. Le Foreign Office s'y est opposé, appuyé sur l'avis de son ambassadeur à Lisbonne, Ronald Campbell, favorable à une démarche diplomatique immédiate auprès du gouvernement portugais[50]. Il est curieux de noter que l'un des arguments de poids en faveur de cette ligne est dû au fait que les Anglais avaient besoin des fournitures de wolfram et des crédits substantiels obtenus de la part du Portugal, son modeste allié[51].

À la suite de la promesse d'une fourniture massive d'armement, le président du Conseil portugais n'a pas rejeté la demande faite le 18 juin par l'ambassadeur Campbell de la concession de facilités aux Açores, en invoquant l'alliance, invocation dont l'Angleterre avait déjà essayé de se décharger auparavant. Le 23, Salazar a donné sa réponse positive de principe, quoique prétendant des négociations politiques, militaires et économiques, qu'il prévoyait difficiles et des garanties par rapport aux possessions d'outre-mer de la part de l'Angleterre, des États-Unis, de l'Afrique du Sud et de l'Australie[52].

Le 17 août, c'était au tour du Portugal de faire une entorse à sa neutralité, en signant un traité secret qui accordait les facilités en question. Une telle neutralité passait du stade de bienveillante à collaborante, en raison d'une des conditions prévues dès le départ, celle de l'observance des obligations de l'alliance, qu'une fois invoquées pourraient venir à la modifier. S'il n'agissait pas ainsi, le Portugal aurait perdu toutes ses possessions d'outre-mer[53].

Le 8 octobre, les débarquements anglais aux Açores ont commencé et, à partir du 5, un corps d'armée portugais, composé de 3 divisions, avait été mobilisé pour des manoeuvres visant la défense de Lisbonne[54]. Le président du Conseil lui-même est entré en contact avec le ministre espagnol, le comte Jordana, qui s'est montré très réceptif et désireux de collaborer et disposé à agir politiquement auprès du gouvernement du Reich. L'Allemagne, absorbée par la campagne de Russie, n'avait pas la capacité d'étendre ses lignes de communication jusqu'à la péninsule, avait besoin de continuer à recevoir le wolfram portugais, qu'elle payait, contrairement à la Grande-Bretagne qui le recevait à crédit, et de maintenir des contacts avec l'Amérique du Sud et même avec les Alliés, n'ayant d'autre voie que le Portugal. S'il en était autrement, elle porterait également préjudice à ses services d'espionnage et risquerait que toute attaque en territoire portugais conduise à la concession sur lui de bases navales, et principalement aériennes, aux Alliés[55]. Churchill, en exprimant sa satisfaction à l'ambassadeur du Portugal à Londres, avait ajouté que l'on devrait continuer à fournir du wolfram aux Allemands pour *"qu'ils se tiennent tranquilles"*[56].

Il est à signaler, quant à cette question, le fait que le Portugal envahi d'espions de toutes les appartenances ait été capable d'effectuer le débarquement dans le secret le plus absolu. On a considéré qu'il s'agissait d'une des plus remarquables opérations de sécurité de l'histoire. L'un des artifices utilisés fut la circulation de rumeurs que le Portugal allait déclarer la guerre au Japon le 20 octobre et envoyer deux divisions en Australie afin de reprendre Timor[57].

À partir de février 1944, les Anglais et les Américains ont exercé de fortes pressions afin de faire annuler la vente de wolfram aux Allemands. Les relations avec Lisbonne devenaient très tendues et, le 29 mai, l'ambassadeur Campbell a fait un appel solennel et pressant au président du Conseil portugais, invoquant l'alliance, en vue de la cessation de toute nouvelle exportation en Allemagne et d'autres ennemis de Sa Majesté[58]. Le 5 juillet, Salazar a fait connaître sa décision : toutes les mines seraient fermées et toute exportation de wolfram serait suspendue. C'était une manière de maintenir une neutralité sérieuse et digne par rapport à une Allemagne sur le point d'être vaincue[59]. Quelques heures après, à l'aube du 6, sans que le Portugal en soit le moindrement averti, avait lieu le débarquement en Normandie. Le 7, Eden à la Chambre des communes faisait connaître cette décision, en mettant l'accent sur le fait qu'elle avait été prise le 5 et qu'elle aurait une importance stratégique comparable aux facilités accordées aux Açores[60].

Les Américains, du fait qu'il n'existait aucun engagement envers le Portugal, n'ont pas pu tirer parti de ces avantages. Les pressions ont été nombreuses. Après beaucoup d'insistances, de menaces et même de quelques incidents, le gouvernement portugais a trouvé une formule, qui lui permettait de les accorder tout en maintenant sa neutralité. Une fois que le Japon occupait le territoire de Timor que le Portugal prétendait libérer, comme ce dernier s'était rendu compte qu'il ne pouvait pas y parvenir par la voie diplomatique, il participerait aux opérations du Pacifique d'une façon directe, en employant des troupes portugaises pour chasser les japonais de Timor et, d'une façon indirecte, par la concession de facilités aux États-Unis en vue du déplacement des troupes entre son territoire et le théâtre des opérations du Pacifique. Un accord secret entre les deux parties et l'Angleterre a été signé à Lisbonne, le 28 novembre 1944, non sans qu'auparavant le ministre des Affaires étrangères, le 8 septembre, reçoive le ministre du Japon à Lisbonne pour lui faire savoir que ce dernier, lui ayant parlé de la nécessité d'établir des conditions pour le retrait des troupes de son pays, cela avait été compris comme s'il s'agissait des circonstances ou d'un *modus faciendi* de l'opération. Le ministre a dit qu'il comprenait que le maintien des troupes japonaises à Timor pourrait conduire à un changement de l'attitude de la part du Portugal. Il rendrait compte de ses conversations à Tokyo. Le ministre des Affaires étrangères a invoqué le danger d'un retard dans la réponse, car il arriverait un temps où il se verrait dans l'obligation de prendre une décision en vue de la défense des intérêts du Portugal qui conduirait à une demande d'aide extérieure pour tenter de reprendre l'île[61].

La question de reprendre Timor étant résolue, l'Australie se montrait peu favorable à permettre la présence de troupes portugaises sur son territoire à cet effet et le gouvernement portugais était conscient que l'accord avec les États-Unis ne présenterait pas lui-même une garantie suffisante. Après Hiroshima et Nagasaki, le ministre du Japon à Lisbonne a été appelé au ministère des Affaires étrangères en vue de trouver une solution pacifique. Le 20 août 1945, l'accord était confirmé et, le 25 septembre, le commandant japonais se rendait à Dili, au gouverneur de Timor[62]. Mais l'Australie a encore voulu y débarquer ses troupes pour rendre effective la reddition des troupes nipponnes[63]. Le gouvernement portugais s'y est opposé avec l'appui du gouvernement américain et du Foreign Office[64] et les réduites autorités portugaises très affaiblies qui se trouvaient sur place ont rapidement rétabli l'administration dans le territoire, et ce même avant que les troupes envoyées de Lourenço Marquès y aient débarqué le 27 septembre[65].

Face à cette mer d'ennuis, la péninsule Ibérique a maintenu jusqu'à la fin de la guerre sa neutralité et conservé son statut de zone de paix. Sans doute *"presque miraculeusement"*. Mais sans doute aussi que la Providence dans ses desseins a également eu besoin d'aide. Et elle en eut une considérable, par la conception aiguë et la préparation de la neutralité de la péninsule, mise en pratique bien à l'avance et ayant pour fondement l'indivisibilité et la convergence de l'action du Portugal et de l'Espagne, quoique souvent avec des attitudes très différenciées.

Un autre facteur décisif a été la défense permanente de l'alliance luso-anglaise, maintenue avec ténacité et fermeté inébranlable, face à ceux qui, surtout du côté de l'Espagne, ont essayé d'en dissuader le Portugal, aux bons et aux mauvais moments vécus par le Royaume-Uni pendant la guerre.

Ainsi, la péninsule, de façon consciente et délibérée, a été immunisée contre tous les effets pervers et maléfiques de l'alignement avec les blocs idéologiques en présence.

Comme prévu, l'Europe n'a résolu aucun de ses problèmes par la guerre et elle en a tout de même créé beaucoup d'autres, sans savoir organiser sa propre paix.

La guerre, il faut le dire, n'est pas parvenue à prendre fin. Elle s'est uniquement refroidie et l'équilibre interne européen perdu, pour des raisons beaucoup plus idéologiques que stratégiques, a fait de l'Europe la grande perdante.

Une fois la guerre froide terminée, elle cherche encore, dans les difficultés et les doutes, des voies de son rétablissement et renaissance, mais sans avoir réussi à extirper les racines de ruine et de mort, desséchées par des concepts d'un matérialisme débilitant et létal et ne croyant plus aux valeurs spirituelles qui l'ont imposée et en ont fait le centre du monde.

Commission canadienne d'histoire militaire

Si elle ne tire pas les leçons de son passé récent, il sera assurément difficile de lui augurer un nouvel avenir prometteur.

Notes

1. Roulet, Louis-Édouard, *Les États neutres européens et la Seconde Guerre mondiale*, Actes du Colloque international de Neuchâtel et de Berne, Le Passé Présent, Éd. de la Baconnière, Neuchâtel, 1985, p. 9 à 14.

2. *Dez Anos de Poítica Externa (DAPE)*, Ministère des Affaires Étrangères, Imprensa Nacional - *Casa da Moeda, Lisboa 1964 vol. III, (doc. n° III) p. 88 à 93.*

Dans le compte rendu de l'entretien entre le ministre des Affaires étrangères, Armindo Monteiro et le chargé d'affaires d'Angleterre à Lisbonne et la réponse donnée par le gouvernement portugais à la proposition anglo-française de l'établissement d'un accord de non-intervention dans la guerre civile espagnole, on peut lire: nous avons à considérer que, dans les territoires soumis à ce qu'on appelle le gouvernement de Madrid, dominent en fait les hommes des partis communiste et anarcho-syndicaliste. Sa victoire serait en fait la victoire des gens qui obéissent aux ordres de Moscou. Pour le Portugal cela signifiera la guerre, tout de suite après sa victoire ou à court terme après celle-ci... Nous mettons ainsi en jeu notre liberté, l'ordre social portugais, notre indépendance.

Il est naturel que le gouvernement portugais veuille maintenir une politique extérieure dans le même esprit que le gouvernement de Londres. Mais, dans les heures difficiles que nous traversons, il faut savoir, avant de prendre une résolution, si le gouvernement anglais garantit dans les 24 heures qui suivront une attaque venant d'Espagne et dirigée contre nous, ou bien un soulèvement provoqué dans notre pays par les extrémistes espagnols, que l'escadre anglaise se trouvera ici en train de défendre nos ports, l'armée anglaise en train de combattre à nos côtés, la flotte britannique en train de repousser les attaques dont nous pourrions être victimes. C'est pour nous l'essentiel de la question.

Franco Nogueira, Salazar, vol. III, Atlântida, Coimbra, 1978, p. 13 et 14; quelques historiens mettent en doute la réalité de cette menace (voir Iva Delgado, *Portugal e a Guerra Civil Espanhola*, Pub. Europa-América, Lisbonne p. 40 et 41), alors que d'autres présentent de nombreuses données qui la confirment et sont catégoriques (voir Diaz de Villegas, *La Guerra Revolucionaria*, Ediciones Estampa, Madrid, 1959, p. 169 à 194); certains affirment que l'accusation était considérée comme sûre par tous les officiers avec lesquels ils s'étaient entretenus et faisait partie de la plupart des récits nationalistes (voir Gabriel Jackson, *La Republica españóla y la guerra civil 1931-1939*, Ed. Critica, Barcelone, 1976, p. 442 à 447), certains affirment que Mussolini aurait dit à sa femme que l'*Italie n'était pas disposée à admettre l'instauration d'un état communiste en Espagne* (voir Hugh Thomas, *A Guerra Civil de Espanha*); entre autres, voir aussi César de Oliveira, *Salazar e a Guerra Civil de Espanha*, O Jornal, Lisboa, 1987, p. 37 à 53 et Carlos Bessa, *Le Portugal et la guerre d'Espagne. Vue historique à l'égard d'une position singulière*, XIX International Colloquium of Military History (17-24 July 1993) - Acta, Istanbul, p. 660 à 667; de toute façon, dans ce cas, ce qu'il importe de souligner historiquement, c'est qu'un tel point de vue du gouvernement portugais ne représentait pas un expédient, mais une conviction tenue comme la plus vraisemblable et qui lui a servi de base à planifier son action.

3. Oliveira Salazar, *Discursos e Notas Poííticas*, vol. II, Coimbra Editora, Coimbra, 1946, p. 191 à 206.

4. Id., vol. III, p. 144 et 145.

5. Id., p. 185.

6. Id., p. 216.

7. Id., vol. II, p. 78 à 81.

8. Id., p. 207 à 217.

9. Id., p. 195 à 197; Franco Nogueira, op. cit. p. 175 à 188; César de Oliveira, *Cem Anos nas relações luso-espanholas*, Cosmos, Lisbonne, p. 54 et 55.

10. Fernando Rosas, *O Salazarismo e a Aliança Luso-Britânica*, Fragmentos, Lisboa, 1988, p. 107 à 114, Pedro Theotónio Pereira, *Memórias*, volume II, Verbos, Lisboa, 1973, p. 161 à 173, *Correspondência de Pedro Theotónio Pereira a Oliveira Salazar*, vol. I (1931-1939), Commission du Livre Noir sur le régime fasciste, Lisbonne, 1987, p. 145, 146, 158, 162, 163 et (Annexe 3) p. 232 et 233.

11. DAPE, vol. V, (doc. 1985, 1986, 1988 et 1990), p. 232 et 233. Par lettre à l'ambassadeur du Portugal à Londres du 18 mars 1939, Cadogan, au nom du gouvernement britannique, déclarait comme preuve *bien accueillir (welcome) le désir des gouvernements portugais et espagnol, d'établir leurs futures relations sur une base solide et contribuer ainsi au rétablissement des conditions pacifiques et à la stabilité de la péninsule Ibérique.*

12. Oliveira Salazar, op. cit., vol. II, p. 312 et 313.

13. Id., op. cit., vol. III, p. 137 à 155.

14. DAPE II vol. (doc. 897, 900 et 901 et 917) p. 523 à 526 et 539); voir Franco Nogueira, op. cit., p. 226 à 228.

15. *Correspondência...*, op. cit.; vol. II (1940-1941), (doc. 16), p. 48 et 49.

16. Pedro Theotónio Pereira, op. cit., p. 219 et 220.

17. Marcello Caetano, *Minhas Memórias de Salazar*, Verbo, Lisbonne, 1977, p. 92; un témoin vivant de certaines vicissitudes constatées avec l'arrivée des réfugiés nous a raconté ce qui était arrivé au baron Edmond de Rothschild : à la frontière, ses premiers contacts furent deux gardiens et un sergent qui ne savaient pas parler français et qui, par conséquent, ne le comprenaient pas; ensuite un lieutenant l'a mis en contact avec l'administrateur délégué des chemins de fer, qui, à son tour, est entré en contact avec les deux banquiers dont les noms lui avaient été donnés par le baron et avec le secrétaire général des chemins de fer. Cette nuit-là, le baron a pu déjà dîner dans le luxueux Hôtel de Buçaco avec les personnes qu'il avait fait contacter en son nom et il y est resté installé; Franco Nogueira, op. cit., p. 277 à 282.

18. Saint-Exupéry, *Carta a um refém*, Grifo, Lisbonne, 1995, p. 7 à 20, Franco Nogueira, op.cit., p. 300 à 302.

19. António Telo, op.cit., p. 223 à 226.

20. Pedro Theotónio Pereira, op. cit., p. 214 et 215; Franco Nogueira, op. cit., p. 282 à 286, César de Oliveira op. cit., p. 65 à 67, le gouvernement portugais s'est efforcé de rassurer le Foreign Office, en lui faisant connaître la déclaration de l'ambassadeur

d'Espagne à Lisbonne, affirmant qu'il n'y avait pas la plus petite entorse à la ligne de conduite de la plus parfaite neutralité; c'était simplement une question d'adopter une formule moins rigide et d'éviter une indifférence apparente par rapport aux amis qui avaient aidé l'Espagne (voir DAPE op. cit., vol. II (doc. 849 et 850), p. 128 et 130.

21. *Correspondencia...*, op. cit., vol II (1940 à 1941), (doc. 28) p. 29.

22. Pedro Theodónio Pereira, op.cit., p. 227 à 229.

23. Id., p. 229 à 234, DAPE, op. cit., (doc. 972), p. 216 à 219, (doc. 1003), p. 247 à 249, (doc. 1005), p. 250 à 252, (doc. 1028), p. 274, (doc. 1030), p. 276, (doc. 1047), p. 294 à 297, (doc. 1053) p. 301 à 303 et (doc. 1066) p. 323 à 325.

24. Id., (doc. 1072) p. 333 et 334, (doc. 1075), p. 335 et 336 (doc. 1076), p. 336 à 339, (doc. 1083) p. 345 et 346; Franco Nogueira, op. cit., p. 286; Glyn Stone, The Oldest Ally, The Boydell Press, Suffolk, Rochester, 1994, p. 133 à 135.

25. DAPE op. cit. (doc. 983) p. 227 et 228 et (doc. 1048) p. 297 et 298.

26. Raymond Cartier, *La Seconde Guerre mondiale*, Paris, 1965, p. 176 à 179; John Tollan, *Adolf Hitler*, New York, 1976, p. 634 à 636; Katharine Duff, *The War and the Neutrals*, Londres/New York/Toronto, 1956, p. 325 et 326.

27. Trevor Roper, Hugh R. *Hitler's War directives, 1939-1945*, Londres, 1964, p. 39 à 44; Juan Priego Lopez, *La estratégia alemana en la Segunda Guerra Mundial*, Revue d'histoire militaire n° 9, Servicio Historico Militar, Madrid, p. 145 à 185.

28. DAPE, op. cit. (doc. 1256), p. 539 et 540 (Communiqué de l'ambassadeur du Portugal à Londres au ministre des Affaires étrangères).

29. Glyn Stone, op. cit., p. 157 à 181; FO 371/24490 c/74/379/36; PREM 3/361/1; FO 371/24515 C7429/1113/41; FO 371/24494 C10637/4066/36 CAB 69/1 D (40); PREM/361, 6A.

30. DAPE, op. cit., (doc. 1365) p. 671, (doc. 1371) p. 674, (doc. 1376) p. 677 à 685; op. cit., vol. VIII, (doc. 1462) p. 66 et 67, (doc. 1473) p. 79 et 80, (doc. 1525) p. 123, (doc. 1535) p. 134 à 137; Glyn Stone, op. cit., p. 167 à 170; António Telo, op. cit., p. 325 à 329; Carlos Bessa, *No Centenário do General Barros Rodrigues – o Oficial e o Chefe do Estado-Maior do Exército*, Separata da *Revista Militar*, Lisboa, 1991, p. 15 à 32; et Franco Nogueira, op. cit. p. 308 à 314.

31. Manuel Sousa Meneses, *A Defesa dos Açores durante a II Guerra Mundial (1939-1945)*, Lisboa, 1988; e Carlos Bessa, *Um exemplo histórico recente da importância estratégica da região Santarém- Lisboa-Alcácer do Sal: as manobras de 1943*, tiré à part de *Nação e Defesa*, Instituto da Defesa Nacional, Lisboa, 1988.

32. Augusto de Castro, *Subsídios para a História da Política Externa Portuguesa durante a Guerra*, Librairie Bertrand, Lisboa, s/d. p. 23 à 32.

33. DAPE, op. cit., (doc. 1853) p. 457 et 458, (doc. 1860, 1861, 1863, 1864, 1865, 1866) p. 467 à 481.

34. Franco Nogueira, op. cit., p. 327 et 328; Glyn Stone, op. cit., p. 175; FO 371/26794 C 4727/41/36; 371/26848 C5883/3519/36; 371/26848 C5883/3519/36, C5052/C 6701/115/36; 371/26848 C 5883/3519/36.

35. DAPE, op. cit., (doc. 1830) p. 422, (doc. 1865, 1866 e 1867) p. 475 à 485.

36. Id., op. cit., vol. IX, (doc. 2017), p. 11 à 16.

37. Id., (doc. 2040) p. 37 à 41.

38. Non satisfait, Franco a prononcé deux discours d'une extrême violence contre l'Angleterre et les États-Unis et Serrano Suñer a appuyé une violente manifestation à Madrid contre l'ambassade britannique (voir *Correspondencia...*, vol II (doc. 96, 99, 101 et 102) p. 375 à 404.

39. Le 24 juin, l'ambassadeur du Portugal à Londres a envoyé au ministre des Affaires étrangères portugais un long rapport sur l'attitude de l'Angleterre par rapport à la Russie et dont on cite ici l'extrait suivant : *La Russie était à la merci de l'Angleterre: mais le gouvernement de Londres n'a même pas attendu que Staline sollicite son aide : il s'est immédiatement lancé dans ses bras. Il est difficile de concevoir une plus grande ingénuité. De cette façon, Moscou allait recueillir tous les avantages de l'association avec l'Angleterre, sans être lié par aucune obligation* (DAPE, op. cit., vol VIII, (doc. 1995) p. 610 à 617. Le Ministre dans sa réponse affirmait : *Si l'Angleterre est, comme on le dit, en train de faire face au dilemme d'avoir à choisir entre la victoire allemande et la victoire américaine (sa victoire sera la victoire des États-Unis), tout indique qu'elle devrait s'efforcer d'éviter l'une ou l'autre de ces contingences, en échafaudant une troisième hypothèse qui serait la paix sans victoire, du moins sans victoire contre l'Angleterre... Suite à ces idées, le discours de Churchill doit être considéré comme précipité et malheureux... si la Russie gagnait et prétendait, comme il était naturel, maintenir son acquis depuis 1939, l'Angleterre, son associée, ferait face à l'impossibilité de respecter ses engagements envers les Alliés (c'est ce qui s'est produit de façon scandaleuse, surtout par rapport à la Pologne)... Notre attitude en cette matière n'a pas été modifiée par les circonstances actuelles et prône toujours notre anticommunisme... Du point de vue de l'Europe, en général, on prend pour acquis ce que serait la victoire de l'Allemagne, mais l'alternative de la victoire américaine ne garantira rien que peu de plus que la première. Une guerre très longue peut conduire à la ruine totale et au déclin de l'Europe dans le Monde.* (DAPE, op. cit., (doc. 2007) p. 626 à 628.

40. Carlos Bessa, *A Libertação de Timor na II Guerra Mundial; Importância dos Açores para os interesses dos Estados Unidos*, Académie Portugaise d'Histoire, Lisbonne 1992, p. 77 à 81 et *Le Timor portugais dans la Deuxième Guerre mondiale. Martyres et luttes en territoire neutre*, in revue *Guerres mondiales et conflits contemporains*, PUF, Paris, n° 178, Avril 1995, p. 43 à 62.

Les négociations ont commencé le 4 novembre 1941 entre le gouvernement britannique et le gouvernement portugais (voir DAPE, op. cit., vol X, (doc. 2516) p. 18.

41. Le 19 décembre 1941, le président du Conseil portugais a fait une déclaration à l'Assemblée nationale sur "Le cas de Timor" (DAPE op. cit., (doc. 2854) p. 321 à 327). Avant même que cette déclaration ait été lue, l'ambassadeur de Sa Majesté britannique à Lisbonne a présenté la déclaration de son gouvernement qui, le regrettant profondément, à couvert d'exigences stratégiques, sa conduite à l'égard de laquelle il reconnaissait que le gouvernement portugais était parfaitement dans son droit de protester (DAPE op. cit., (doc. 2825) p. 341 à 349). La protestation a été présentée le 22 décembre. (DAPE op. cit., (doc. 2882) p. 361 à 363.

42. Franco Nogueira, op. cit., p. 371 et 372; António Telo, *Portugal na Segunda Guerra (1941-1945)*, vol. I, Vega, Lisbonne, 1991. L'engagement du retrait n'était pas suffisamment garanti, parce qu'il existe de grandes résistances, notamment de

l'Australie. La question est bien documentée dans ce dernier ouvrage, et les documents les plus importants portent les références, FO 371 27800, F14377, FO 371 27800, FI4402, CAB 58/52F82, FO 371 31729 F745, FO 371 31729 F608.

43. DAPE, op. cit., (doc. 2902) p. 382 à 383. Le vice-chargé d'affaires du Japon exprime au ministre du Portugal à Tokyo, le 20 décembre, le grand désir de maintenir à l'avenir les relations de bonne amitié déjà existantes depuis longtemps entre les deux pays. Toutefois, si l'occupation de Timor par les troupes australiennes et hollandaises se poursuivait, il était naturel que la marine japonaise se voit forcée d'adopter des mesures que le cas imposait. À cet effet, il serait bon que le gouvernement portugais prenne des mesures afin d'ordonner le retrait des envahisseurs de Timor. La déclaration de la présidence du Conseil, en rendant public, le 23 janvier 1942, le départ des troupes portugaises du Mozambique à destination de Timor, figure dans le document 3024 du DAPE, op. cit., p. 482. L'état-major naval japonais a demandé, de plus, des renseignements sur les dates de départ des troupes afin de leur prêter une éventuelle protection (DAPE, op. cit., (doc. 3045) p. 497.

44. DAPE, op. cit., vol. XI, (doc. 1 et 2) p. 15 à 19.

45. DAPE, op. cit., vol. X, (doc. 3170) p. 588 à 591.

46. Voir le *Relatório dos acontecimentos de Timor do Governador*, Imprensa Nacional, Lisbonne, 1947.

47. Winston Churchill, *Mémoires sur la Deuxième Guerre mondiale*, vol. IV, 2ᵉ partie, Plon, Paris 1951, p. 406; António Telo, op. cit., p. 137 à 144.

48. Id., p. 127 à 130.

49. Id., p. 144 à 148, Augusto de Castro, op. cit., p. 81 à 91; Franco Nogueira, op. cit., p. 430 à 434; Katharine Duff, op. cit., p. 336; Carlos Bessa. *Um exemplo historico recente...*, op. cit., p. 22.

50. Franco Nogueira, op. cit., p. 435.

51. António Telo, op. cit., p. 147; FO 371 34626 C63 25.

52. DAPE, op. cit., vol. XII, (doc. 82, 83, 84, 85, 86, 87, 8) p. 117 à 137.

53. Id., (doc. 142, 143, 144 et 145) p. 275 à 285.

54. Les difficultés pour fixer la date du débarquement des troupes anglaises ont été nombreuses, car Churchill a exercé de fortes pressions pour qu'il ait lieu beaucoup plus tôt. Mais il était nécessaire au préalable de recevoir l'armement et de former le personnel, même de façon rudimentaire, à son maniement. Voir, entre autres, Carlos Bessa, *Um exemplo historico...* op. cit., p. 23 et 24; Franco Nogueira, op. cit., p. 437 à 442 et 454 à 462; António Telo, op. cit., p. 169 à 186; R.E.Vintras, *História Secreta da Base dos Açores (The Portuguese connection)*, Ulisseia, 1975; et Augusto de Castro, op. cit., p. 33 à 38. Voir encore DAPE, op. cit., (doc. 172, 200) p. 326 à 373.

55. *Correspondência...*, op. cit., vol. IV (1934-1944), (doc. 39, 40, 41 et 42) p. 279 à 296; António Telo, op. cit., p. 167 et 168; Franco Nogueira, op. cit., p. 470 à 475; Marcello Caetano, op. cit., p. 167 à 169; Carlos Bessa, *La neutralité portugaise dans la Seconde Guerre mondiale, in Les États neutres européens et la Seconde Guerre mondiale*, op. cit., p. 144 à 146.

56. DAPE, op. cit., (doc. 208) p. 378.

57. Vintras, op. cit., p. 73.

58. *Correspondência...* op. cit., (doc. 52) p. 337 à 344, (doc. 63) p. 391 et 392, (doc. 64) p. 396 à 398, (doc. 65) p. 408 à 413, (doc. 67) p. 416 à 421, (doc. 68) p. 422 et 430, (doc. 69) p. 431 à 437 (doc. 70) p. 438 à 440, (doc. 71) p. 441 à 450, (doc. 72) p. 451 à 454, (doc. 73) p. 455 à 457, (doc. 74) p. 458 et 459, (doc. 75) p. 461 à 465, (doc. 76) p. 466 à 471, (doc. 77) p. 472 à 478, (doc. 80) p. 493 à 497, (doc. 84) p. 518 à 524 et (doc. 85) p. 525 à 529. Ces documents de l'ambasadeur Theotónio Pereira renseignent sur l'évolution et les affrontements très durs qui avaient eu lieu en Espagne, déclenchés entre Anglais et Américains sur l'embargo total du fournissement de wolfram à l'Allemagne.

59. DAPE, op. cit., Vol. XV, (doc. 388) p. 524 à 526 et (doc. 389) p. 526 à 529. Ces deux documents contiennent les notes de l'entretien du président du Conseil et du ministre des Affaires étrangères du Portugal avec l'ambassadeur britannique et le ministre d'Allemagne, respectivement. C'est le résultat obtenu par le gouvernant portugais, après une lutte extrêmement dure à l'extérieur et même à l'intérieur, y compris cette dernière, qui en est presque arrivée à mettre en péril les bonnes relations avec le président de la République du Portugal lui-même. Le doc. 392, p. 531, contient une note officieuse de la présidence du Conseil qui rendait publique la position prise à la fin des négociations.

60. Id., (doc. 393) p. 532.

61. Le document 258 (DAFE, op. cit., vol. XI, p. 319 à 322) contient une note de l'entretien du ministre des Affaires étrangères avec le ministre du Japon à Lisbonne. Les documents 272 et 273, id., p. 331 et 334, contiennent les termes de l'accord avec le Royaume-Uni et les États-Unis, respectivement, sur la participation du Portugal aux opérations dans le Pacifique.

62. Id., (doc. 334) p. 389 à 391 (proposition d'une solution pacifique) et (doc. 362) p. 419 (confirmation de l'accord du gouvernement de Tokyo sur la demande portugaise et remerciement pour son attitude de neutralité pendant la guerre).

63. Id., (doc. 400) p. 453 et 454 (déclaration du conseiller de la légation au chef de la Division politique du ministère des Affaires étrangères au sujet des efforts de son gouvernement pour rétablir les communications radio entre Dili, Lisbonne et Macao).

64. Analyse plus en détail de la reprise de Timor, notamment concernant les notes 62 et 63 dans l'oeuvre citée *A Libertação de Timor.*

On y souligne le rôle joué par le chargé d'affaires des États-Unis à Lisbonne et on y raconte les motifs pour lesquels il a décidé de donner des garanties au gouvernement portugais au sujet de l'intégrité territoriale de ses possessions d'outre-mer, en contrariant ainsi les instructions de son gouvernement et les négociations difficiles dont l'attitude de l'Australie en rapport avec cette note ont donné lieu.

On mentionne encore une bibliographie intéressante sur la question. George Kennan, Memoirs 1925-1950. An Atlantic Monthly Press Book, Little Brown and Company, Toronto 1967, p. 142 à 163; *Relatório sobre os acontecimentos de Timor,* op. cit.; Franco Nogueira, op. cit.; Marcello Mathias, *Correspondência Marcello*

Mathias/Salazar 1947) / 1968, Difel, Lisbonne, 1968, p. 663 (Annexe XIX - *Foreign Relations of United States, Diplomatic Papers 1945*, vol. V, Europe, Washington doc. 1924 et 8075, p. 663 et 664; *Le cas de Timor*, Archives du ministère des Affaires étrangères (AMNE), Pº 3427 3ᵉ étage, armoire 10; il existe encore, avec le même titre, le document dactylographié et inédit du diplomate Carlos Teixeira da Mota, dans lequel se trouve colligée et comparée à la documentation portugaise, celle du Foreign Office relative à Timor, ainsi que le *Relatório do Consul de Portugal em Sydney, Álvaro Brilhante Laborinho 1943* (AMNE); António Telo, *Portugal na Segunda Guerra (1941-1945)*, op. cit., vol. II, p. 209 à 221; DAPE, op. cit., d'une riche documentation, en plusieurs volumes; et quant à l'attitude de l'Australie, vol. XI, (doc. 420, 421, 425, 426, 444, 448, 449, 454) p. 422 à 474 et 475, 478 et 479 à 481, 496, 497, 499 à 501, 504 à 510.

65. *Relatório dos acontecimento de Timor*, op. cit., p. 423 à 479.

FORGET NOT LESSONS OF WWII

by Liu Lu-min
(Chairman of Chinese Commission of Military History)

I'm a veteran of the Chinese People's Liberation Army. I joined the army in 1937 when the Japanese army waged its invasion war of China in full swing, and thus became a fighter in the world anti-fascist war. As an old soldier and a witness of the last war I experienced the sufferings of the long-term war and also shared the joy of victory. On the occasion of the 50th anniversary of the victory of WWII, all sorts of feelings well up in my mind. I find it hard to express myself. In a word, both the victors and losers should not forget lessons of WWII, which we got at great cost. More than 2 billion people of 61 countries were involved in the war, and over 10 million soldiers and civilians bled and sacrificed, many towns and villages fell into ruin. In short, we paid a great deal of material and mental fortune for the lessons.

Then, what are the significant lessons and experience? Macroscopically, at least we have the following ones:

In the first place, from political and moral points of view, the allies won the war because they were the invaded prey and their resistance was a just cause. Sharing a bitter hatred of the enemy, burning with righteous indignation and ready to die a martyr's death, their troops fought to protect the interests of their countries and people to save their countries and nations from being conquered. Therefore, they enjoyed abundant support from people of the allied countries. On the contrary, the Axis were invaders who vainly attempted to seek hegemony and enslave people of the invaded countries and regions by means of war. Their troops committed various outrages propped with arrogant fascism and imperial bushido and were doomed to meet with violent resistance by people of the invaded countries. Meanwhile, due to the unbearable burden of the long-term war, people of the Axis became tired of it and eventually rebelled too. These were the political and moral factors that brought victory to the allies and defeat to the Axis just as the Chinese old sayings go: a just cause enjoys abundant support while an unjust cause finds little; an army burning with righteous indignation is bound to win while an army puffed up with pride is bound to lose.

In the second place, the allies had preponderance over the Axis from material prerequisite and geographical points of view. With the strategy of befriending distant countries while attaching those nearby and striking first to gain the initiative, the Axis thought themselves clever to get the upper hand for a time. However, neither their manpower nor material resources could last a protracted war in spite that they later expanded the war to north Africa and southeast Asia in an attempt to seek strategic resources to support the protracted war which met with the Allies' counterattack and failed. Taking all economic strength manpower, and material resources into consideration, the Allies were far stronger than the Axis. In addition, the Allies also had geographic advantage over the Axis. To be specific, since its native land (continental United States) was a long way from the battlefields, the U.S. was able to make a concentrated effort to produce at top speed and in a comparatively safe environment military equipment and articles of daily use that were sufficient not only to meet the needs of its own soldiers and civilians but also to lend and support the other Allied countries. Although during the strategic defense period, both China and the USSR lost vast pieces of land, they had plenty of room left for manoeuvres of mobile operations and great rear to depend on due to their vast territories. As to the British Isles, it was an "unsinkable aircraft carrier" and a good base for the allies to open a second theatre. All these manpower, material resources and geographical conditions are important factors for the Allies to win the war.

In the third place, from a military strategic point of view, both sides had their own advantages and disadvantages. The biggest success of the Axis was their blitz (lightning war), and the biggest fault was their own overrated conceit and the fact that they thought themselves strong enough to topple a giant tree regardless of the fact that they lacked the basis of manpower and material resources to sustain a long-term war. As far as the Allies are concerned, their biggest success was their alliance despite their different social systems so that they avoided the danger of being conquered respectively, which were owed to F.D. Roosevelt, W.L.S. Churchill and Joseph Stalin who chose to set the general interest of fighting against the common enemy above everything else. Next, the Allies followed the strategy of a protracted war to gain mastery gradually and prevail at last making the most of their superiority of great military latent potentialities. The third, the Allies adopted the strategy to destroy the enemy one after another. They concentrated superior troops to wipe out the fascist forces in Europe first, then focused their efforts on those in East Asia. The fourth, with the superiority that they enjoyed abundant support as theirs was a just cause, the Allies launched widespread guerrilla warfare so that the Axis' supply transportation was destroyed and their troops were pinned down as well. The biggest fault the Allies committed was that they neglected to take preventive measures for the impending war. Chamberlain and Daladier's policy of appeasement whetted the ambitions of the Axis aggressors. Stalin underestimated the impact of Hitler blitzkrieg failing to realize his strategic intention to "attack for attack". Following a policy of non-resistance toward the Japanese aggression, China's then leader Ching Kai-shek did not resist the Japanese aggressors until his dictatorship regime was threatened. Though Roosevelt held that they should take part in the war, he was opposed by the American isolationists. It was the Japanese surprise attack on Pearl Harbor that shattered the isolationists' dream of watching in safety and then reaping third party profit justifying Roosevelt' stand which objectively helped him.

The last, as far as military equipment is concerned, tech weapons should not be overlooked. On the other hand, however advanced a weapon is, it is handled by man, organized by man and commanded by man. After all, it is man not materiel that plays the decisive role in a war.

Since the disintegration of the Warsaw Pact, and the USSR, heated partial wars are taking place time and again here and there although the full-scale cold war is over. If those concerned in the conflicts of the hot points fail to take an attitude that conflicts be settled "on just grounds, to our advantage, and with restraint", or should the countries concerned that take part in mediating to maintain peace ever show any partiality to either side for their own interests, the flames of the conflicts will be fuelled, the hot points would become even hotter.

Nowadays, all the poor countries all over the world seeking development to be lifted out from poverty want peace, for, no peace, no development, and without development it will be hard to maintain internal stability. Rich countries also want peace as they have their own political, economic and social problems that need to be solved in development. Furthermore, modern war means great attrition and destruction which even a rich country will find hard to bear. All in all, no matter how poor or rich a country is, it should develop in peace and maintain its internal stability in development theoretically or practically.

The post-war history has proved it right to follow the path of peace and development. The restoration and development of the post-war economy of Great Britain, France, Germany, Japan and Italy came from peace. So did the development of Korea, Hong Kong, Taiwan and other countries and regions. Partial wars anywhere in the world brought to the countries concerned no peace but catastrophe. Let alone heated war, the Cold War brought no development but disintegration to one superpower and weakness to the other. Now there are some people who dare say "no" to the super power's hegemony. But in the boundless universe, not everyone looks history in the face or shows respect to science. For example, someone has gone so far as to say the irrefutable "Nanking massacre" was "an invented story"; and described the obvious invasion as "advance" to liberate the people under colonialism.

History is a branch of science providing us with lessons and warnings for the future. Our purpose of studying the history of WWII is to draw lessons and warnings as a guide for the future to prevent and stop war to ensure that we follow the path of peace and development to benefit the whole human society. It's also our purpose to tell and remind those who try to deny, conceal or reverse the history of aggression that history cannot be denied. It's no use trying to deny, conceal or reverse history. The more one tries to hide, the more he is exposed. Such perverse acts are sure to stir the wrath of people of the invaded countries and make people with breadth of vision and peace-loving people all over the world averse and disgusted. What's more important, those who are unable to take lessons from failure are bound to repeat it. Hitler was a good example. It was because he failed to take lessons from Germany's defeat of WWI that the German people were plunged into the disaster of war for the second time. We are happy to see that the present German government and statesmen adopt a wise attitude towards WWII and we are concerned that the attitude of some Japanese statesmen is not so wise.

SOVIET MILITARY PERSONNEL IN CREATION AND DEVELOPMENT OF THE ARMED FORCES OF POLAND

Captain Igor A. Amosov (ret.)

After the refusal to fiqht on the Soviet-German Front the Polish Army under command of General Anders, which was formed in the Soviet Union in 1941-42, left the USSR. By 1 September, 1942 about 80 000 servicemen and more than 37 000 family members were evacuated to Iran. In the spring of 1943 the Union of Polish Patriots delivered to Stalin a request to allow the formation of the Polish Infantry Division named after Tadeush Kosciushko in the USSR. The process of its formation began on 14 May. In order to render practical help in combat training officers and specialists of the Red Army were attached to divisional units as instructors. By 15 July the divisions received 325 Soviet officers and specialists. At the same time more than 1000 Polish cadets began to study in six officers schools. In 1944 in Ryazan the Polish Advanced Officers School and the Polish Combined Arms Military School were organized, followed by the formation of the Artillery and Aviation Schools. 1710 officers were sent to military academies and courses of the Red Army.

The Soviet officers and generals sent to Polish units and staffs were appointed to many responsible posts. Altogether during the war about 20 000 Soviet officers and specialists served in the Polish Army. But meantime the training of Polish officers was conducted with an intensified rate. In the second half of 1943 about 3000 Polish cadets and officers studied in Soviet academies and military schools. In total during the war years 18 000 Polish officers were prepared with Soviet help. A great role belonged to Soviet officers in organizing Polish military schools and later on military academies.

But an acute shortage of commanding personnel at the medium and high level was felt when the formation of the 1st Army Corps and later of the two Polish Armies bagan. To fill the gap in the period of May 1943 – July 1944 the Soviet command took from the active Red Army troops and sent to serve in Polish units 11 generals, 80 colonels, 175 lieutenant-colonels, 300 majors and more than 1000 captains. With common efforts by the end of the war the strength of officers corps in the Polish Armed Forces reached 40 859 men, of which 16 436 were Soviet officers on a mission in the Polish Army. After the end of the war there began the reduction in their number and at the end of 1946, 3304 officers and generals remained; out of 2141 posts of responsibility – 717 were occupied by Soviet officers.

Especially acute was the shortage of professional personnel in special branches – armoured, communications and Air Force. The Air Force of the Polish army was born in 1943 with the formation of a fighter squadron; then followed the formation of air regiments and by the end of the war of the Combined Air Corps. The situation in the aviation was such, that 97% of pilots and commanders were Soviet officers, there were also 3128 sergeants and 4491 soldiers. After the war the process of sending Soviet officers back to the Soviet Union and discharging of sergeants and soldiers was conducted on a high rate.

Approximately the same situation existed in tank and mechanized units of the Polish Army, which began their development in May 1943, when the 1st Tank Regiment of the 1st Division started its combat path. The preparation of Officers and specialists-sergeants had to be organized from zero. In the division, there was not one officer-specialist in armour. Soviet officers of Polish nationality without experience were appointed as commanders of tanks or platoons. Therefore Soviet officers-tankists represented the main part of the regiment's officers, then of the 1st Tank Brigade and then of the 1st Tank Corps. The majority of those officers had already a great experience of combat. Soviet officers were also instructors of Polish officers and specialists. All in all in the period of May 1943 – June 1944, 424 Soviet tank officers were received in Polish tank and mechanized units.

At the same time Polish officers and specialists started to be prepared in Tank Officers Schools. The first 20 Polish tank officers graduated from the Military School in Rybinsk in October 1943. In 1944, 283 Polish officers studied at Soviet Tank Schools. In order to prepare commanders of tanks and tank crews, special courses for sergeants were organized in the 1st regiment, then in the 1st Brigade. In such a way it became possible by 1945 to achieve a situation whereby 80% of the personnel of the 1st Brigade named after the Heroes of Westerplatte were Poles.

The self-propelled artillery was formed mainly in the same way as the aviation – simply transferring whole units and detachments with combat experience from the Red Army to the Polish Army. For example, in such a manner the self-propelled artillery of infantry divisions was formed by transferring divisions of self-propelled guns SU-75 and a regiment of SU-85 to the 1st Polish Army. In February 1945 the 2nd Polish Army received from the Red Army the 16th Brigade of medium tanks (48 tanks, 556 men) decorated with the Order of the Red Banner, but the mechanized battalion of that brigade they managed to staff with men of Polish nationality.

In January 1945 in tank and motorized units of the Polish Army there were 2763 officers or six times more than in the pre-war armoured troops of the Polish Army. The main centers of the preparation of Polish tank officers and specialists were Soviet tank schools, the Central School of Polish Warrant Officers in Ryazan, and since January 1945 the Polish Officers Tank School, to that school the 11th Guard Tank Brigade decorated with the Orders of Suvorov and the Red Banner was attached.

Without Soviet highly professional officers with combat experience it was impossible to create modern armoured troops with excellent armament. In October 1944 out of 2763 tank officers 1639 (or 66%) were Soviet officers serving in Polish units and 300 of them were killed in action.

Rather an important role belongs to the Soviet help in forming tank and mechanized troops of the Polish Army – the 1st Tank Corps, two regiments of heavy tanks, one brigade of medium tanks, one regiment of self-propelled artillery, divisions of self-propelled artillery in infantry divisions. The Soviet Union delivered to the Polish Armed Forces all armour vehicles, armament and supplies.

The Soviet assistance was decisive in supplying and training the Polish personnel without which it would have been impossible to organize such a modern branch of troops.

Not less considerable was the role of Soviet assistance in organizing units of communication and engineering troops, logistics and medical services. So, in the middle of 1944 the Polish army received one battalion of wire communication, one battalion of radio communications two field hospitals, one evacuation hospital, and also several detachments of logistical support.

The only positions filled exclusively with Poles were those of military chaplains in the headquarters of the army and in tactical units. The selection of chaplains was the responsibiliry of the Dean of the army Chaplain-Lieutenant-Colonel F. Kupsh.

Rank and file personnel for the Polish Armed Forces in the USSR filled the units in two ways: by accepting volunteers and by the system of mobilization of persons of Polish nationality. After the liberation of the territory of Poland the organization of draft for military service became the responsibility of the mobilization organs of the new Polish administration. They mobilized Polish citizens of the draft age and ex-members of underground military organizations. But if infantry units were replenished nearly completely with Polish sergeants and privates, special branches and services needed specialists of high qualification. In that case assistance of the Red Army was important. In the beginning of 1945 there were 2658 Soviet sergeants and privates serving in the Polish army. They mostly served in tank and mechanized units, in detachments of artillery, aviation and communications.

Thus, generals, officers and specialists of the Red Army, serving in the Polish army as instructors in military schools and training centers made a considerable contribution into the creation of the Polish Armed Forces, which by the end of the war numbered 400 000 men, about 3000 artillery pieces and mortars, up to 500 tanks and self-propelled guns, more than 300 planes in 18 infantry, 1 cavalry, 5 artillery, 4 air divisions and a tank corps.

During the first years after the end of the war the number of Soviet oficers in the Polish army was rapidly decreasing and by 1949 only 700 of them remained in Polish service of 5% of the whole officers corps. But Soviet generals and officers still occupied up to 50% of middle and high posts in troops, staffs, central institutions and in centres of military education. In the late 40-ies the atmosphere of the Cold War was getting more and more severe: the proclamation of the FGR and the GDR; the foundation of NATO and WTO; the war in Korea; the blockade of Berlin, etc. The Polish leadership began the reorganization and reinforcement of the Armed Forces according to new principles of strategy and operational art under the conditions of employing modern combat means and devices including nuclear weapons. This process demanded more experienced and professionally trained commanding and staff officers. The situation was complicated by the fact that under the pressure of Soviet leaders in Poland, as well as in other countries of the Soviet block, a campaign began "to get rid of the right-nationalistic elements" and therefore, a lot of officers of the pre-war time or of the underground resistance or returned from the West were discharged from service.

In November 1949 serious changes occured in higher echelons of the Ministry of National Defense. The minister Marshal Rola-Zhimerski was sent to retirement and he was substituted by the invited from the Soviet Union Marshal of the Soviet Union K.Rokossovski, a Pole by birth. He was given the rank of Marshal of Poland. In this period the Polish President D.Bierut sent Stalin a request to assign experienced generals and senior staff officers to fill the vacancies in the Polish Armed Forces. Thus, by the end of 1952 there were in the Polish Armed Forces 25 generals and 221 senior officers arrived after 1949 and besides 16 Soviet generals and 447 officers sent in the Polish army during the war continued to serve in Poland. Altogether the Soviet officers and generals represented in 1952 2% of the whole officers corps. Among them there were 9 division commanders out of 14 (but only chiefs of staff of divisions) and 5 regiment commanders out of 42. But much more Soviet officers were in higher military hierarchy.

By the end of l952 in Polish service there were 44 Soviet generals or 78% of all the generals. Among them there were: Marshal of the two states K.Rokossovski; Chief of the General Staff Colonel-General V. Korczic; his successor in that post Colonel-General Yu.Bordzilovski; 1st Deputy of the Minister Colonel-General S.Poplavski; Commanders of the Air Force and Air Defense and Navy ; four Commanders of military districts; three chiefs of staff of military districts; Chiefs of the Academy of the General Staff, the Military-Technical Academy and three Officers Schools, Commanders of artillery, armoured troops, Aviation, AAD, communication troops and others responsible for command and staff posts.

In 1953 it was decided to begin the process of returning Soviet officers back to the Soviet Union. By 1955 about 600 men left Poland. A considerable number of Soviet officers from the rank of colonel and down and of specialists, mainly of Polish nationality, applied for and received Polish citizenship – about 900 men. Out of them 10 colonels soon received the rank of general. But only 10% of those who received Polish citizenship continued active service after 1956 – about 100 men.

Thus, at the beginning of 1955 in the Polish Armed Forces (including the Ministry of Foreign Affairs and KGB) there remained 33 generals and 170 officers, generally in posts of responsibility. Out of the 50 higher positions – from the Minister of Defense to a commander of a corps – 32 ones (64%.) were occupied by Soviet generals (16) and officers. There were no Soviet officers as commanders of divisions. To characterize the level of the professional training of higher Polish officers it is interesting to note that in 1955 at the Academy of the

General Staff there were left only three Soviet officers – the Chief of the Academy and two chiefs of departments, but at the Military-Technical Academy besides the Chief of the Academy there remained 5 chiefs of departments (out of 7) and 19 chiefs of chairs (out of 9).

In spite of the fact, that since 1953 a system of appointment of Soviet military advisers to young Polish commanders and chiefs without sufficient experience was being gradually introduced (this process allowed to send back to the Soviet Union Soviet generals and officers), in a great number of cases superior chiefs requested to prolong the service of Soviet officers giving as the main reasons for this their high professional qualities and knowledge of the Polish language. In 1955 the Polish Prime-Minister asked his Soviet counterpart to prolong service in the Polish Armed Forces for 24 generals and 56 officers (the Soviet side agreed on the proposed number of generals and 48 officers). Between 1 January, 1955 and 1 May, 1956 the number of Soviet officers on posts in the Polish Armed Forces decreased from 240 (including 33 generals) to 76 (including 28 generals). Among the remained there were the following: the Minister of Defense, his 1st Deputy, the Chief of the General Staff, three Deputies of the Chief of the General Staff, eleven chiefs of departments and sections of the General Staff, six commanders of branches of troops and chiefs of services, three commanders of military districts, two chiefs of military academies.

After the memorable events of October 1956 in Poland and the change of the leadership of the state and of the Communist Party 56 generals and officers returned to the Soviet Union, including Marshal K. Rokossovski and Generals C. Poplavski and V. Korczic. Only in four leading posts remained Soviet generals: the Chief of the General Staff, Chief of the Main Department of Combat Training, Chief of Communication Troops and Chief of the Military-Technical Academy. But soon one by one they also left Poland.

It is of common knowledge that the Polish Armed Forces during the post-war period turned into a strong, well-trained army. There are not many countries where the military are treated with such respect and pride.

The important role in creating the Polish Armed Forces was, no doubt, played by Soviet officers and specialists who served in Poland with a double sense of responsibility: the sense of a soldier's duty and the sense which was called internationalism. They tried to do their best to strengthen the Polish army.

In the conclusion we can quote the words spoken in 1983 by the General of the Army V. Jaruzelski who followed with honour his life path from a deportation settlement in Siberia to the fronts of the Second World War, who served in the army on all the posts from a platoon leader to the Minister of Defense, who became the President of Poland in hard times for his country, the man who still enjoys the respect of the majority of the Polish people:

"Nowadays our past is heing smeared. Insult of the past undermines our future...

The blood of Soviet and Polish soldiers was spilled for the borders favourable for Poland. One has to be very stupid and very mean to bite the hand stretched to us in friendship".

TURKISH PARTICIPATION IN THE KOREAN WAR

Professor Dr. Hasan Köni

Introduction

Participation in the Korean War was in the national interest of Turkey. To understand the real meaning of this phrase one should observe the historical facts and the perception of the national rulers that are derived from these facts. As one author argued, the United States' participation in the Korean War was explained from a moral point of view[1]. For Turkey, participation in the Korean War was mostly based on its acceptance into the western defense perimeter.

Since the foundation of the Turkish Republic in 1923, the aim of its founders was to adhere Turkey to the western world. Westernization programs and secularization that followed the reforms were aimed at joining the western world. This argument could be seen as a moral point of view for the Turkish participation in the Far East war. On the other hand, Turkish participation was based on more strategic and political realities. To understand these realities one has to look at the political developments between Turkey and the Soviet Union, the Turkish attitude during the World War II, the British and American attitudes and their aims for the Middle East after the war period.

During the 2nd World War, Turkey had pursued a policy of neutrality. In August 1944, Turkey finally broke off relations with Germany largely because of British pressure on Ankara to fulfill the terms of its earlier treaty of alliance. With the German surrender in May 1945, Turkey found itself in a greatly weakened and isolated position. This was mostly due to the Western stance towards the Soviet Union after the war. Turkish diplomacy experienced hard times when explaining to the Western Powers the strategic aims of the Soviets. While the West was living a short-term honeymoon with Stalin, Turkey was pressured by the Soviets. In March 1945, Moscow announced its intent to renounce its 1925 Treaty of Friendship with Turkey. As relayed to Turkish ambassador to the USSR Selim Sarper, the preconditions for a renewal of the Treaty were that:

- Turkey must cede the frontier Kars-Ardahan district to the Soviet Union.

- The Montreux Convention governing the Turkish Straits must be revised to allow the USSR to participate in a joint defence of this waterway and establish bases in the area during war time.

In addition, the Soviets wanted Turkey to break their ties with the United Kingdom and to sign a treaty similar to those the Soviet Union was concluding with nations of Eastern and Southeastern Europe[2]. In 1946, the Soviets issued two memorandums on the unfair use of passage rights in the Turkish straits and accused Turkey of permitting the passage of some German and Italian war vessels through the Straits. In March 1946, the Soviet Union launched its first major postwar thrust against Iran. Its objective was the annexation of the Iranian province of Azerbaijan. Deeply concerned, the U.S. on 6 March issued a strong protest to the Soviet government on the basis of the US-UK-Soviet Tripartie Treaty of 1942. The message expressed hope for the withdrawal of Soviet troops, the presence of which the US could not ignore. After these events Turkey firmly decided that the only way to influence Soviet policy was through a firm and unified Western World. The visit of the battleship Missouri to the Turkish straits ended the isolation policy towards Turkey. This visit was followed, within a year, with President Truman's speech to Congress on 12 March that introduced to history, the Truman Doctrine. The US thus decided to assist Greece and Turkey. The Truman Doctrine was a turning point for the US policy. The Truman doctrine made that departure by declaring that wherever aggression -direct or indirect- threatened peace, US security would be involved. The US policy was to support free peoples who were resisting attempted subjugation by outside pressures[3]. As is noticed above, the same argument was used publicly before the initiation of the Korean war towards the American people. In Truman's ideology, Americans had no choice but to throw their weight behind the preservation of freedom against communist totalitarianism. According to one author, the responsive note he struck in America public opinion would carry the country into the Korean War[4].

Four months later with his speech at Harvard, Marshall proposed a new type of aid program that would become known as the Marshall Plan. The Marshall Plan was followed by the establishment of the North Atlantic Treaty Organization. Economically and strategically, Turkey was in urgent need to join both enterprises. In 1948, Turkey had been spending more than 50 per cent of its annual ordinary government revenues on national defense. The need to maintain a large standing force, due to threat perception created serious financial and manpower problems. By late 1947, Turkey had been forced to borrow 40 million dollars from the United States to compensate for the drop in its export surplus and foreign exchange reserves. Turkey, after hard efforts to become part of the Marshall Plan, that was mainly proposed for the European recovery program, successfully joined the Marshall aid program. But concerning Turkey's adherence to NATO, harsh criticism came from the European allies of NATO. However, after some deliberation, Turkey had become a member of the European Council. Still, objections to its NATO membership were strong. For example, the aim of Britain was to establish the Middle East Defense Organization that would be tied to the British Middle East Command. For the British, Turkey was going to occupy the main place within this new defence structure. That's why Turkish adherence to NATO was at the moment useless. On the other hand, Turkish participation was going to disturb Soviets who had long borders with Turkey on the Caucasus[5]. Denmark, Norway and Belgium together with France were among rejectionists of Greece and Turkey's participation in NATO on the basis that the Southern Mediterranean countries participation could be engulfing the European countries in a war in this part of the World. Enlargement of NATO was unwelcomed by most of the European countries, except Italy.

I - The Korean War and the Turkish Participation in NATO

In the early 1950's, Turkish perception by European countries, despite US efforts, such as aid through the Truman Doctrine, was quite different from that of Washington. It was believed that US interests had focused only on Western Europe and that Turkey was being abandoned. Turkey's stance had worries about the foundation of the Middle East Defence Organization among the Allies. Because of the problems between Britain and Egypt, with the Turkish participation, foundation of the Middle East Defence Organization was considered unfeasible. Turkey, concluding that it was time for action, applied for admission to NATO in May 1950. In June 1950, the Korean War started. The United Nations Security Council on June 27th adopted a draft resolution recommending that the members of the United Nations furnish assistance to the Republic of Korea to repel the armed attack and to restore international peace and security in that area.

It should be noted that the Council did not order Members to contribute forces, as it could in principle do under the Charter. Through a cablegram, dated 29th June from the Minister of Foreign Affairs of Turkey addressed to the Secretary General, Turkey had indicated its position concerning the Security Council Resolution as follows:

"With reference to your telegram number 8755 of 28 June I have the honour to inform you that the Government of the Turkish Republic regards the steps taken by the U.N. Council with a view to putting an end to the tragic situation existing in Korea as the proper expression of a salutary decision to restore peace and to safeguard the sovereign rights of a State which has been the object of an unprovoked attack. Such a decision, constituting the most certain guarantee of indepence for the peaceful nations, will certainly have the effect of strengthening the confidence of anxious people in world security. It is with conviction that, in reply to the recommendation you communicated to it on behalf of the Council, my Government declares that it is ready to execute loyally and in complete uniformity with the provision of the Charter the undertakings which Turkey assumed as a member of the United Nations"[6].

On July 7, the Security Council adopted a draft resolution recommending that all assistance should be made to the Unified Command under the United States and authorized the Unified Command at its discretion to use the United Nations flag in the course of operations against North Korean forces concurrently with the flags of the various nations participating. The measures taken by Turkey were expressed in the following cablegram to the Secretary General:

"...As a result of this consideration, and realizing, in the present world conditions and in the interest of general peace, the necessity and the importance of effective implementation of the aforementioned decisions. The Government of the Republic has decided to place at the disposal of the United Nations a Turkish combat force of 4,500 men to serve in Korea...[7]

June resolutions of the Security Council were the first occasions in history when an international organization as such used force to stop aggression. The prompt action of the Council and of certain Members of the U.N., which included Turkey, acting in accordance with the Council's recommendations, not only serve to throw back the armed attack but, in addition, greatly enhanced the security of all people living under the fear of aggression that the assistance would be forthcoming when needed. Turkey, taking advantage of the situation had applied for the second time for NATO admission. It is believed that the Turkish participation in the Korean War was paving its way to NATO membership.

On the other hand, according to one Turkish author, the United States had realized that there could be another Soviet interference in the South European scene. A possible target for the Soviet interference was former Yugoslavia. To protect the Southern Flank, one has to strengthen the NATO Southern Flank. This new approach in NATO headquarters was creating new hopes for Turkey's admission to NATO[8]. Unfortunately, Turkey and Greece application for admission was refused in September 1950 by NATO Council of Ministers. Instead of admission, both countries were advised to join to the Mediterranean Security Organization that was still on the paper.

By October 1950 it appeared that the conflict in Korea had come to an end and soon international peace and security would be restored in the area. On October 7, 1950 the General Assembly of the U.N. adopted a draft resolution in order to unify the Koreas. Turkey supported this resolution. The Assembly created a seven-member (including Turkey) United Nations Commission for the Unification and the Rehabilitation of Korea. In early November, the United Nations Commander was in a position to report that the struggle in Korea had virtually come to an end. It was a bad setback to the gains, however, when the Chinese Republic forces in December invaded Korea with such overwhelming force as to push the United Nations forces rapidly. This endangered the U.N. hold on Korea and put before it a difficult decision as to the course of conduct which it should follow. On February 1951 a draft resolution that was prepared jointly by the Asian and Arab delegates was adopted by the Assembly. According to this resolution China was seen as an aggressor and a special committee was formed to consider additional measures to meet the aggression under the auspices of the Collective Measures Committee. Turkey supported this resolution. The Additional Measures Committee elected the representative of Turkey, Mr. Selim Sarper, as Chairman. On May 3, it decided that priority be given to the consideration of economic measures against the People's Republic of China[9]. The Resolution recommended that every state, including non-members, apply an embargo on the shipment to the People's Republic of China and of the North Korean Authorities of arms, ammunition and implements of war.

A - Factors that influenced the Western perception on the Turkish Admission

One of the factors that influenced NATO countries to NATO perception of Turkey was the quick armaments of the Eastern European countries on the Southern flank of the NATO countries. On the other hand, according to the United States, Air Force specialists were enhancing the role of air bases in containing the Soviets and East European powers. Another important factor that enhanced Turkey's importance was its commitment and its fighting ability during the Korean War. The first Turkish brigade was sent to Korea in October 1950. The next month due to a misunderstanding and lack of communication, the Turkish brigade and the 2nd Division of US were outflanked at the Kunuri and Suchon straits. For the first time at this battle, the Turkish brigade opened the bottleneck shaped straits with a bayonet attack. The commander of 8th Army, General Walker later described the battle: "...The Turkish Brigade, together with the 2nd Division, secured the necessary time to avert the complete encirclement of the whole 8th army"[10]. This was the turning point for Turkish admission to NATO. The Turkish Army's heroic stance had become renowned throughout America. The Turkish public image had changed quite positively[11].

On 27 January 1951, in a show of good faith, the Turkish government dispatched fresh troops to replace those who had been fighting under the United Nations' command in Korea. The Turkish brigade in Korea was replaced three times. Turkish troops suffered the most casualties of the Korean War after South Korea and United States, with 721 killed and 2111 wounded, 168 missing and 219 taken prisoner[12].

According to one author, the prompt Turkish contribution toward winning the Korean War gave the Menderes Government of 1950 a new and stronger basis for gaining entry into NATO[13]. In August 1951, the Foreign Office renewed its request to the US, British and French ambassadors in Ankara and issued a public statement through the New York Times that stressed NATO entry as a proof of the US interest in Turkey and Turkish security. No other security arrangements was acceptable. Turkey had earned British support by stating publicly its willingness to take part in Middle East security, which was then being pursued through the Middle East Command concept.

B - Armistice Negotiations

When the 7th Assembly met in October 1952, it faced an entirely different situation from that in the previous sessions. During its 6th session, the armistice negotiations were in active progress and Turkey, with the other participants in the Korean War, had favored postponing consideration of the question. The conclusion of the armistice had passed a resolution submitted by the United States Secretary of State Acheson, sponsored jointly, to agree to an armistice which recognized the rights of all prisoners of war to be repatriated and to avoid the use of force in their repatriation[14]. After the solution of the prisoners of war problem, in a letter dated 26 July 1953, the US delegate informed the Secretary General that, on July 27, an Armistice Agreement had been signed between the Unified Command and the Commanders of the Korean People's Army and the Chinese Volunteers and the "Chinese People's Volunteers".

II - Lessons Learned from the Korean War

A - Domestic Issues

Turkish participation in the Korean War affected the Turkish public opinion. Extreme leftist groups headed by ex-university lecturer Behice Boran strongly opposed this participation. Centre-of-the-left opposition People's Republican party took a pro-NATO stance and admitted the Turkish participation in the Korean War. The only point they had objected was that the decision to participate in the Korean War was not debated in the Turkish General Assembly. At least, they asked for information. On the other hand, in order to put pressure on Turkey, Bulgaria had decided to deport 250,000 Bulgarian Turks living in Bulgaria. According to the Bulgarian claims, the Turks in Bulgaria had been determined to emigrate to Turkey because of Ankara's anti-Bulgarian propaganda. At the end of September 1950, 250,000 Turkish immigrants were dispatched to Turkey. This was a sort of mass deportation. This put another burden on the Turkish economy[15].

B - Results for the Turkish Military

The Turkish Army during the Korean War was burdened by heavy Soviet propaganda. For example, after the Kunuri battle, Radio Moscow had reported the destruction of the Turkish brigade, calling it "a so-called volunteer corps". Peking radio had declared that North Korean forces "annihilated five regiments and 15 battalions from 25 November to 1 December 1950, inflicting 23,700 casualties and had reported the complete destruction of the 2nd and 25th Divisions of the "American Aggression Army", as well as the Turkish brigade and the South Korean "bandit army's 6th, 7th and 8th divisions"[16]. As it can be seen from this propaganda, the Korean war was instigated by two poles that emerged after the II World War. The Turkish Army learned how to cope with propaganda matters during this war. Another lesson for the Turkish Army was the training matters of Turkish soldiers. During the 1950's, the Turkish army had to clash with enemy forces within two days after its arrival in Korea. Necessary equipment and war materials were handled at the front and training most of the time was realized during the clashes. The 2nd and 3rd Turkish Brigades after these experiences were trained more than 45 days before their arrival in Korea. Recognition of the various bombs and their use, knowledge about the categories of the mines, cooperation with the armored vehicles during the battle, proved to be important for the Turkish brigade. The Turkish brigade also learned the importance of defensive battle techniques after its heavy losses in the Battles of Kunuri and Sunchon[17]. The Korean War was a first experience of the Turkish army on foreign soil. New weaponry, new tactics, communication provided new experience for the army.

Conclusion

The Turkish participation in the Korean War had created new opportunities for Turkey. First of all, after the II World War, Turkey for the first time played an important role during the debates in United Nations General Assembly and in other created United Nations bodies. With its participation in the Korean War, Turkey had realized its old dream of being a part of the Western world, and satisfied its security problems. The Korean experience has shown, however, that collective measures can be taken under the authority of the United Nations and that, as the result of such measures, the aggressor can be made to pay such a high price as to force it to end hostilities on terms acceptable to the United Nations.

Turkey had met its responsibilities promptly and firmly when the Korean War occurred. It, with sixteen other member states, put forth a major effort to stop the aggressor. As far as the United Nations was concerned, it was obvious that a failure to face the issue would have meant the failure of the whole collective security principle.

Notes

1. John Carter Vincent – one-time director of the State Department's Office of Far Eastern Affairs, argued that "Our reaction to the aggression can be explained, it appears, only in moral and ethical terms. Truman and Acheson assumed a moral leadership and received the support of the American people because we felt that there was a moral commitment to defend South Korea. Surely there were intermediate considerations such as conflict of interest among big powers of the time, founded in bitter strategic and political realities". See Matthew J. Connely Papers, Notes on Cabinet Meetings Series, folder for January 6-December 29, 1950.

2. Turkey's policy of neutrality was seen as an act of "evasive neutrality", Russians believed that most of the lives lost in the Caucasus were largely due to the Turkish non-participation in the war in this area. See: Frank G. Weber The Evasive Neutral: Germany, Britain and the Quest for a Turkish Alliance in The Second World War, University of Missouri Press, Columbia, 1979, pp. 218-219; also, Edward Wesitland, Turkish Foreign Policy, 1943-1945; Small State Diplomacy and Great Power Politics, Princeton, 1973; A.C. Edwards, "The Impact of the War on Turkey", International Affairs, 22 July 1946, pp. 389-400; Selim Deringil, A Game of Balance, Turkish Foreign Policy During the Second World War, Istanbul, 1994; Türkkaya Atady, Turkish Foreign Policy 1939-1945, Siyasal Bilgiler Fakültesi Yayinlari, Ankara University, 1965.

3. Harry S. Truman, Memories, Years of Trial and Hope, Vol. 2, New York, 1955, pp. 105- 106.

4. George McGhee, The US-Turkish-NATO Middle East Connection: How the Truman Doctrine Contained the Soviets in the Middle East, St Martin's Press, New York, 1990, p. 27.

5. Mehmet Gönliboe et al, Contemporary Turkish Foreign Policy, Suyasai Bilgiler Fakültesi Yayim, Vol. 1, 11, 196, p. 231.

6. Security Council, Mimeographed Documents, S/1529, Turkey: Cablegram from the Minister of Foreign Affairs to the Secretary General... Korean Question, 30 June 1950.

7. Security Council, Mimeographed Documents, S/1630, Turkey, Cablegram from the Minister of Foreign Affairs to the Secretary-General... Korean Question, 26th July 1950.

8. Haluk Ulman, "Tirk Dis Politijasua Yon Veren Etkenier 1923-1968 Sivasal Bilgiler Fakültesi Deregisi, CXXIII, No. 3, 1968, p. 261.

9. General Assembly, Mimeographed Documents, A/1841, Turkey Report... Additional Measures to be Employed in Korea, May 1951.

10. Ali Denizli, Turkish Brigades at the Korean War, General Staff Press, Ankara, 1994, s.108.

11. In his article published in American International News Service Turkish Foreign Minister Fuat Köprülü had stated that US have fully understood the importance of Turkey for the Middle East Peace after the Korean War: History of the Month, No. 205, December 1950, p. 92.

12. From the beginning up to the armistice 14,936 Turkish soldiers had fought in the Korean War. Ali Denizli, op. cit. p. 184.

13. McGhee, op. cit., p. 78.

14. Russian delegate had maintained that there were no prisoners of war who did not wish to be returned: General Assembly, O.R. Seventh Session, First Committee, pp. 31ff.

15. Bilai N. Simsir, The Turks of Bulgaria: 1878-1985, The University Press, Oxford, 1988, p. 174.

16. General Staff Historical Archives, Dolap 134, Dossier No. 21, Archives No. 6/12. Chinese and Russian propaganda, Doc. 3027.

17. General Staff Historical Archives, Interviews with the Officers who fought in the Korean War, Dolap 134, Dossier No. 5, Archives No 1-5, 6th October 1953.

BOUNDARIES AND PRIORITIES: DUTCH POLICY FOR THE DEPLOYMENT OF MILITARY PERSONNEL BEYOND THE NATIONAL BORDERS, 1815-1995

Piet Kamphuis

Nowadays, anyone mentioning the words 'Defence Priorities Review' in defence circles can be assured of his listeners' undivided attention. This is understandable; the term Defence Priorities Review refers to the policy document presented to Parliament by the then Minister of Defence of the Netherlands, Relus ter Beek, in early 1993[1]. The document contained the basic principles of the government for the post-Cold War period. These principles are far-reaching, forming the basis for the largest process of reorganisation of the Dutch armed forces since 1945.

I shall enter into further detail on the new-style Dutch defence policy later on in my briefing. However, before continuing I should still like to read out a passage from the Defence Priorities Review. It gives, in plain prose, an impression of the radical nature of the current reorganisation of the Dutch defence organisation in general, and of the Royal Netherlands Army in particular. The passage reads as follows: 'The reduction of the army's peacetime strength is to be brought up to 54 percent (instead of 35 percent, as assumed in the Defence White Paper 1991)'[2] .These are sobering figures: the Royal Netherlands Army is to be reduced to half its former size.

The huge reductions in personnel alone justify the conclusion that we have reached a turning point in Dutch military history. More precisely: not only is the army to undergo a considerable reduction in size, but, after one and a half centuries, it is to be given an entirely new structure, geared towards a new range of tasks.

It is, therefore, perfectly justifiable to make a historical audit at this juncture. In doing so – particularly in the light of the theme of this congress – I shall concentrate on the deployment of Dutch troops across the border. Our country has had plenty of experience in such deployments over the last one and a half centuries, both in our colonies – regarded by many contemporaries as a form of peacekeeping avant la lettre – and in the context of international peace operations. To date, some 20,000 Dutch military personnel have served under the UN flag.

In order to trace the roots of Dutch deployment policy, we need to go even further than a century and a half into the past. In 1813 our country regained its independence from the French. From the very beginning the monarch and parliament wrestled for political power in the new kingdom. The control of the army – the 'sword power of the state' – was naturally a crucial element in this struggle. King William I (1813-1840) wanted the army to be restored to its eighteenth century structure – it was to consist of regular soldiers. As before, recruitment was also to take place abroad. This vast, regular standing army was to form a buttress for William's active domestic and foreign policy. In addition, the king established a National Militia, which was to consist entirely of conscripts.

This army structure, with two separate organisations for different tasks, was not a huge success. Firstly, parliament was unwilling for the monarch to have so much unbridled military power in his hands. The liberals in particular were more in favour of a conscript army as, on the strength of conscription legislation, parliament was able to exert influence on the actual deployment of the armed forces. Secondly, the strength of the standing army had been set at over 34,000 men – far too ambitious an objective when viewed against the backdrop of the limited demographic potential of a small country such as the Netherlands, and the drop in supply on the international mercenaries market.

The result was a compromise in the form of a regular and conscript army[3]. The rules for the deployment abroad of this army, which consisted largely of conscripts, were extremely clear-cut. Conscripts could only be deployed against their will in what were known as 'exceptional circumstances' (in other words war). In all other cases the express consent of parliament was obligatory[4]. No matter what the circumstances, the deployment of conscripts in overseas territories – our country had a considerable number of colonial possessions: the Dutch East Indies, the Netherlands Antilles and Surinam – was prohibited after 1830. Consequently, a separate regular colonial force was set up for what was by far the largest colony, namely the Dutch East Indies, known as the Royal Netherlands Indies Army, abbreviated to KNIL in Dutch. This force was to ensure the pacification and security of the Dutch East Indies[5].

Thus, the main factors influencing the development of Dutch deployment policy over the years were the watchfulness of parliament; the rigid restrictions on the deployment of conscripts; and finally the establishment of a separate regular colonial army. The issue was not forced any further until the Second World War. The strictly neutral country of the Netherlands was able to keep out of the conflicts of the great European powers, and concentrated on developing the colonial realm. The issue of deployment abroad resolved itself, as it were[6].

The postwar period

The Second World War constituted a rude awakening from the relative calm. The German invasion on 10 May 1940 put an end to the traditional policy of impartiality and neutrality. Only a few days after the beginning of the attack, the fully mobilised 250,000-strong Dutch army was virtually obliterated. The troops, the majority of whom were conscripts and reserve personnel, were no match for the enemy in terms of training and equipment.

The shock of the rapid defeat was immense. An about-turn was imperative in the line of thought on our national security, as well as that on the force structure and the deployment of conscripts abroad. The results of this rethink were visible even during the war; the Dutch government in exile determined that under the prevailing 'exceptional circumstances' all available conscripts could be deployed anywhere, in other words in the colonies too.

This special legislation survived the end of the war, with developments in the Dutch East Indies being the first to suffer as a result. The re-establishment of authority in this colony at the end of 1945 was more difficult than anticipated. On 17 August, fifty years ago, the leaders of the Indonesian nationalists, Soekarno and Mohammad Hatta, declared Indonesian independence.

Both government and parliament agreed in the majority to meet the Indonesian nationalists head-on, using arms if necessary. The deployment of vast numbers of conscripts was deemed essential in this respect. Until December 1946 deployment abroad took place by virtue of wartime legislation; this was of course primarily intended for the battle against Japan. However, the government defended itself by saying that the Japanese still had a clear influence in the Dutch East Indies; indeed, the Indonesian leaders were depicted as being former Japanese collaborators.

From December 1946 onward the deployment *en masse* of conscripts abroad was made possible as a result of special enabling acts. A force totalling some 200,000 men was mobilised, demanding a considerable effort from the Netherlands, impoverished as it was by the war[7]. The mass troop deployments were unable to prevent the declaration of Indonesian independence: in December 1949 the Netherlands transferred sovereignty to the new Republic of Indonesia[8].

After the Second World War, Dutch deployment policy was no longer confined to the colonies. As mentioned earlier, the Netherlands had renounced its prewar neutrality. Two choices now determined foreign and defence policy, namely membership of the United Nations and participation in the Atlantic alliance.

The membership of NATO was particularly influential in determining the force structure and deployment abroad. After all, NATO's defence concept was geared towards the collective defence of the entire NATO treaty area against a single adversary from the East, deemed superior at least from a conventional point of view. In concrete terms, NATO membership had two consequences. Firstly, the establishment of a relatively large standing army of conscripts – this was the only way to meet NATO's requirements. Secondly, the Netherlands was obviously unable to continue with the vigorous defence of its national territory. The concept of collective defence simply did not permit such constraints to be placed on the deployment of conscripts. Moreover, the Dutch defence effort quickly became concentrated in Germany, where units of 1(NL) Corps were stationed on a permanent basis.

NATO membership, together with the loss of the Dutch East Indies, quickly led to the abolition of what were by now largely superfluous restrictions imposed by the Constitution on the deployment of conscripts abroad. The amendment took place in 1956. Three years later the National Service Act was also amended: conscripts could now be deployed anywhere in the world if the government deemed it necessary.

288

Incidentally, the aforementioned amendment to the legislation was implemented rather hastily. The Netherlands was at loggerheads with Indonesia again; this time the conflict concerned New Guinea, a territory not covered by the transfer of authority to Indonesia in 1949. Indonesia was claiming that New Guinea was part of its territory, and in response the Netherlands sent units such as infantry battalions and air defence artillery regiments, as well as marines. More than half of this expeditionary force was made up of conscripts. Fortunately, a large-scale military confrontation was avoided and the Netherlands transferred the territory to the United Nations in 1962.

Emphasis on the UN

The transfer of sovereignty over New Guinea in 1962 as good as consigned the Dutch colonial history to the past. The enforced deployment of conscripts to overseas territories was no longer an item on the political agenda. To an increasing extent, the UN was becoming a pillar of foreign policy.

The government justified this active position as follows. The concept of collective defence and upholding of the international rule of law had always been important aspects of Dutch foreign policy. The Constitution of the Netherlands expressly mentions the promotion of the international rule of law and of human rights as a primary task for the government. Moreover, the UN – even then – was faced with severe political and financial problems; the survival of this international organisation was at stake. Furthermore, crises in hotbeds all over the world had to be resolved as quickly as possible. After all, minor crises could rapidly escalate into devastating nuclear conflicts. Finally, there was also a practical argument. By adhering diligently to the UN policy, the Netherlands would be able to improve its image in the Third World, an image flawed by its colonial past. For all of these reasons, the government regarded membership of the UN and the continued existence of the organisation as being 'vital to the state', thus justifying the deployment abroad of conscripts in all circumstances.

In keeping with this stance the government repeatedly – and somewhat emphatically – offered military units to the UN between 1963 and 1966, the backbone of which was made up of an armoured infantry battalion and six hundred marines[9]. The UN Secretary-General, U Thant, accepted the Dutch offer with thanks. However, this is all he was willing to do for the time being: 'I have been in no position to do much more than this', was his message. The fact that the Netherlands was not requested to take part in the peace mission in Cyprus (UNFICYP) was significant. With effect from 1964 UNFICYP formed a buffer between the Turkish and Greek communities on the island. The Secretary-General never gave an explicit reason for his lukewarm response; he may have feared that a Dutch contribution to a peace operation would be welcomed less than enthusiastically by the Third World nations with their recent colonial history. Moreover, our membership of NATO meant that we were a party to the Cold War. Whatever the reason, our country did not participate in a major UN operation until the end of the seventies: UNIFIL in the Lebanon.

UNIFIL once again raised the question of the involuntary deployment of conscripts. For all other UN operations or humanitarian missions our country had been able to make do with sending volunteers. This even applied to the peace enforcement mission in Korea from 1950 to 1954 during which the Netherlands provided an infantry battalion and a warship. Incidentally, the government had great difficulty in amassing a total of four thousand volunteers. The battalion in Korea never reached the required strength; motivation among potential volunteers decreased even further once reports of casualties (the battalion lost 122 men in total) filtered through. The only way to keep the battalion manned to some extent was to lower the entrance requirements.

The manning of units for other international missions by volunteers was a great deal less problematic after 1945 until 1990. These operations involved smaller numbers of observers and military specialists for humanitarian operations. Regular personnel were deployed in these missions, in addition to which a sufficient number of volunteers were found from among the conscripts. As mentioned earlier, UNIFIL was the one exception. In January 1979 the Dutch government gave its consent regarding participation in the UNIFIL peace mission in Lebanon[10].

This was a particularly troublesome peacekeeping operation. The cumbersome conscription system in particular undermined the requirements of military efficiency, resulting in problems trying to find a total of over eight thousand troops. As I mentioned earlier, in the mid-sixties the Netherlands had designated an armoured infantry battalion for UN tasks. However, in reality only a single company from the battalion was actually trained; this was a result of the manning system of that time. One company from the battalion was combat-ready, one in training and the third on short-term leave. NATO also raised objections; after all, the Dutch UNIFIL battalion had been withdrawn from the NATO task in Germany years ago. NATO's military leaders made it quite clear that they were not best pleased with the allied defence being weakened in this way.

In addition, the fact that the government had opted for participation in UNIFIL caused the usual social commotion. A significant number of conscripts had signed up for the UN battalion in question so that they would be stationed close to home. Most of them had not counted on actually being deployed. A number of parents aired their concern in public and organised themselves into committees. The association for conscript military personnel denounced the legal foundations for deployment by bringing a case before the Supreme Court, the highest appeal body.

Parliament backed government policy. However, members of parliament did ask themselves why they had been informed of the UNIFIL participation at such a late stage. A motion was also passed in which the government was called upon to strive for deployment on a voluntary basis wherever possible. 120 conscripts were ultimately deployed against their will.

In 1985 the Netherlands withdrew from the UNIFIL operation. However, the discussion evoked by the deployment in the Lebanon was by no means over. After 1985 the government adhered to what has become known as the 'aircraft steps clause': the conscripts who had reported for voluntary UN service had until the last minute, when they were on the aircraft steps so to speak, to change their minds.

The Lebanon therefore brought the problem of large-scale Dutch participation in peace operations very much to the fore. Deployment in peace operations was still a subsidiary task for the active units. This was the core problem. The government emphasised the fact that there was no alternative to conscription or to NATO's primacy.

Defence White Paper and Defence Priorities Review: 'The era of papers'

The point of view described above was recently completely re-evaluated. A large-scale conflict is no longer deemed likely, a point of view to which the Dutch government also adheres. The new-style Royal Netherlands Army is expected to be deployed mainly for crisis management and peace operations; the Defence Priorities Review states that, in principle, all active units must be available to that end. The statistics speak for themselves: over the last four years our country has been involved in some twenty crisis management and peace operations. This easily outnumbers the total of the preceding 45 years! An average of two thousand military personnel now serve abroad every year. Incidentally this is still a complementary deployment, in other words it forms part of a coalition led by larger allies[11].

The choice for the primacy of crisis management has of course had a huge effect on the force structure and deployment policy. In 1993 the government opted for much smaller armed forces, which are to consist solely of volunteers. The 'regular and conscript' army introduced in our country 175 years ago is to disappear; the obligation to enlist is to be abolished[12].

The speed at which this volte-face took place is remarkable. After all, the 1991 Defence White Paper stated that 'The government has decided to continue conscription for the time being; in its opinion the abolition of conscription is neither desirable nor feasible during the next few years[13]. Moreover, the party of Defence Minister Ter Beek, the social democratic labour party, had in principle always been in favour of maintaining conscription.

What were the reasons for this rejection of a tried and tested manning system? The prevailing political and social pressure undoubtedly played a significant role. After all, from 1990 onwards the discussion on deployment policy was being re-lived in diverse domestic fora, such as television, the press, military, unions and parliament. The Gulf War and the crisis in the former Yugoslavia in particular stirred up the debate again. Should our country participate in operations such as these, operations which were by no means risk-free? If our country truly wanted to contribute, the 'aircraft steps clause' would probably turn out to be untenable. The deployment debate soon also acquired an emotional tone. Parents, all manner of pressure groups and politicians all asked the direct question: will our (conscript) boys be sent abroad against their will to a distant country in order to die for a vague ideal? In short, this was Lebanon revisited.

As mentioned earlier, the government's answer to all these questions was a small, flexible regular army. Incidentally, from a historical and ideal point of view, this was a huge step. After all, a significant argument in favour of maintaining conscription was always that conscription would guarantee a close relationship between society and the armed forces. Moreover, for a century and a half the Netherlands had had no experience in the large-scale domestic recruitment of soldiers. The armed forces now had to be launched onto the (restricted) labour market as an attractive employer. The phenomenon of 'job shops' has since been introduced[14].

Five years have been reserved for making the transition to all-volunteer forces: the last conscripts will have left by 1 January 1998. The conscription period has since been reduced from 12 to nine months (with effect from 1 January 1994). Approximately 15,000 conscripts will be called up between now and 1998. At present, with the single exception of the logistics battalion in the former Yugoslavia, regular personnel only are deployed abroad.

Conclusion

The armed forces of the Netherlands are currently undergoing a period of radical changes. The reductions, reorganisation and the abolition of the obligation to enlist will continue to dominate the scene over the next few years. The transition to all-volunteer forces has, incidentally, invoked remarkably little response in the political and public fora; attention seems to be focused more on the deployment in peace operations itself, and in particular on its legitimacy and feasibility. As for the question of when and for how long the Netherlands should supply troops, the predictably heated debate is currently taking place in parliament and at the public level. (Former) service personnel are also making an active contribution to the debate.

The transition to all-volunteer forces has done little to quell the discussion. The argument that 'military personnel make their own decisions' is apparently as flimsy as that in favour of deploying conscript volunteers. The deployment in the former Yugoslavia, which has already cost five Dutch soldiers their lives, naturally served as a great catalyst in the discussions on feasibility. The subsequent repercussions on the image of the armed forces in general, and recruitment in particular, remain to be seen[15].

Notes

1. *Prioriteitennota 'Een andere wereld, een andere defensie'* [Defence Priorities Review: a different world, new armed forces] (The Hague, 1993).

2. *Ibidem,* 37.

3. For the composition of the Dutch army after 1814, see: H. Amersfoort, *Koning en kanton. De Nederlandse staat en het einde van de Zwitserse krijgsdienst hier te lande 1814-1829* [King and canton; the Dutch state and the end of Swiss enlistment in this country, 1814-1829] (The Hague, 1988).

4. For practical reasons, conscripts serving in the navy were all deployable. However, this never involved more than a thousand men.

5. However, from 1918 onwards Dutch citizens could also be called up for national service in the Dutch East Indies. For problems regarding recruitment and force generation in the KNIL, see: M. Bossenbroek, *Volk voor Indië. De werving van Europese militairen voor de Nederlandse koloniale dienst 1814-1909* [People for the Indies. The recruitment of European military personnel for the Dutch colonial service, 1814-1909] (Amsterdam, 1992).

6. The foundations of Dutch defence policy can be found in: H. Amersfoort, P.H. Kamphuis (eds.), *Je maintiendrai. A concise history of the Dutch army 1568-1940* (The Hague, 1985); W. Bevaart, *Nederlandse defensie 1839-1874* [Dutch defence 1839-1874], (The Hague, 1993); W. Klinkert, *Het vaderland verdedigd. Plannen en opvattingen over de verdediging van Nederland 1874-1914* [The fatherland defended. Plans and views on the defence of the Netherlands 1874-1914], (The Hague 1992).

7. The force in the Dutch East Indies included some 70,000 KNIL soldiers and around 95,000 conscripts. See: J. Hoffenaar and B. Schoenmaker, *Met de blik naar het oosten. De Koninklijke landmacht 1945-1990* [Looking East. The Royal Netherlands Army 1945-1990], (The Hague 1994) 30-40.

8. See P.M.H. Groen, *Marsroutes en dwaalsporen. Het militair-strategisch beleid in Indonesië 1945-1950 [Lines of march and false scents. Military-strategic policy in Indonesia 1945-1950] (The Hague 1991).*

9. In addition to the armoured infantry battalion and the six hundred marines, the total package consisted of: a medical unit, a Royal Marechaussee (MP) detachment, a number of warships and several fixed-wing aircraft and helicopters.

10. The UNIFIL contribution was reduced from battalion to company strength as early as 1982 (*Dutchbat and Dutchcoy* respectively).

11. The *Defence Priorities Review* lists four deployment options: a) individual military personnel (particularly observers) or small operations (for instance in humanitarian emergencies); b) simultaneous participation in peacekeeping operations with battalion-sized units (or equivalent units, such as a fighter aircraft squadron or two frigates) for a maximum of three years; c) a brigade-sized combat unit (or three squadrons, a maritime task group or the Marines Operational Units Group) for a once-only peace enforcement operation; d) allied defence with a preparation time of six months.

12. Incidentally, the abolition goes against the advice published in 1991 by the conscription Commission installed by the government (also called the 'Meijer Commission' after its chairman). The Commission regarded a regular army as an impossible objective, mainly for financial reasons, and advocated maintaining conscription. See: report *Naar dienstplicht nieuwe stijl* [towards new-style conscription], (The Hague 1992).

13. Defence White Paper, 6.

14. Annual recruitment involves some six thousand regular personnel on fixed-term contracts, usually two-year contracts.

15. A recent survey held by the Foundation on Armed Forces and Society (4 July 1995) indicates a decline in public support of the Dutch contribution in the former Yugoslavia: in 1993 68 percent of the Dutch population supported the mission, as opposed to only 41 percent now.

THE AUSTRIAN PARTICIPATION IN THE PEACE-KEEPING OPERATIONS IN CYPRUS 1964-1994

Wolfgang Etschmann

S omeone may believe after reading the Lawrence Durrell report from Cyprus in the late fifties, "Bitter lemons", that the Island of Cyprus is stranger than before to him[1]. Without doubt, it is a land of a very beautiful, romantic landscape with immense historic importance for European culture but also with an additional function – to say it with Barbara Tuchman "like a distant mirror" – to peace and war from the bronze age to the late twentieth century[2].

It has also to be noted that the tensions in the Republic of Cyprus soon proved the origin of a crisis inside NATO and also a problem for European security in the Eastern Mediterranean. From 1955 to 1960 a savage guerilla war had been waged by the radical Greek insurgent group "EOKA-B" under the command of Georgios Grivas und Nikos Sampson against the British rule[3]. Archbishop Makarios, who was taken into custody soon and deported in the early stage of the conflict by the British security forces, became clearly the undebated leader of the Greek community and a national hero for them.

After the end of this "brush-fire war", the British withdrawal from the island (except the Sovereign Base Aeras Dhekelia near Larnaca and Akrotiri near Limmasol) and the declaration of independence in August 1960, Cyprus became also a member of the United Nations. But the problems for the new state were far from over. Tensions between the Greek and the Turk community were centuries old and had far-reaching historic background in the Eastern Mediterranean and also – or especially after 1945 – on the island of Cyprus[4]. In spite of two treaties signed in London by Greece, Turkey, Cyprus and Great Britain (Treaty of Guarantee and Treaty of Alliance) to guarantee a just ethnic composition in the government and administration of Cyprus, the political propaganda and violent actions from radical Greek and Turkish groups for "Enosis" (unification with Greece) and "Taksim" (separation of the two communities) respectively, led to a climate of distrust and hate in the subsequent years. President Archbishop Makarios, who was now far more aloof for too close relations with Greece, had no success in holding back these developments.

On 22 December 1963 bloody riots broke out and murders began, which brought the new republic on the brink of a civil war. But since the early sixties, it must be considered that the strategic role of the island had changed radically. The Cold War between the Soviet Union with their allies in the Warsaw Pact and the United States and their NATO partners also had its important sideshow in the Eastern Mediterranean, where the Soviet influence in the Middle East grew stronger every year and the US foreign policy tried not to lose too much influence in this highly sensible region of the world[5].

As the negotiations at the London Conference in January 1964 between Great Britain, Greece and Turkey failed, the United States suggested the deployment of units of US-Forces on the island. Immediate protests from the Soviet Union against "this new case of aggression and a new example of imperialism" followed immediately. After a few weeks of tension resolution 186 of the UN – Security Council (March 4, 1964) was the birth hour for the creation of a new peace-keeping force – the UNFICYP. The personal representative and observer of the Secretary General of the UN, the Indian Lieutenant General P.S. Gyani, who had taken up his work in January, was now appointed Commander of UNFICYP. On March 13 the Contingent consisted only of a British and a Canadian battalion, but in April a Swedish, Finnish and also an Irish contingent had arrived. The Danish Contingent arrived in May as well as the main body of the Austrian field hospital. By June 8, the Force had already reached a strength of 6,411 men. But let us have a look now on the Austrian Field hospital. The deployment to Cyprus was not the first peace-keeping operation, in which Austria, a small neutral country in Central Europe, took part with its soldiers of the Bundesheer, the Federal Army.

When Austria became a member of the United Nations in December 1955, the question of the participation of Austrian soldiers and policemen in peace-keeping operations arose.

The explosion of violence after the hasty declaration of independence of the Belgian Congo in 1960 led to the creation of the ONUC to stop the political troubles, tribal violence and separatism, especially in the Katanga province. Part of the force was a small Austrian medical unit, which arrived in December 1960 with little experience, but optimism and enthusiasm. The first group was captured and threatened after its arrival by local authorities and Congolese paramilitary units, but was saved and liberated by a Nigerian company of UN-troops. This led surely to a severe shock in the first days and also clearly showed the dangers of being a member of peacekeeping forces in a civil war, but like many other soldiers in Congo, often in a hostile environment, this group and the later ones served with distinction in the medical treatment for the soldiers of ONUC and also made a well-noted contibution for the survival of thousands of sick and wounded civilians. Not to be forgotten, the 164 men and two women, who served in five contingents between November 1960 and September 1963 brought home some very important experiences for medical service in tropic and subtropic regions and in the service of multinational forces of the United Nations.

On 17 March 1964, the Austrian federal government responded to the request of the Secretary General U Thant to send a UN infantry battalion to Cyprus for service with UNFICYP. It was made clear that there was no immediate possibility for such a unit, but the deployment of a small medical unit, very similar in size and tasks to the one which had served with ONUC, was considered to begin in a few weeks[6].

Ironically, this was already the second participation of Austrian military personnel on a mission with UN peacekeeping forces without any legal backing from the constitutional laws of Austria. More than a year later, on 30 June 1965, the bill for the deployment of Austrian military units to foreign countries at the request of international organisations passed the Austrian parliament as an important part of the constitutional law[7]. An advance party, consisting of an Austrian diplomat and two officers, had already arrived in Cyprus in the second week of March and after some difficult investigations, decided to propose the deserted and partly desolate former British detention camp at Kokkini Trimithia as garrison site for the Austrian Field hospital. The first commander of the contingent of 55 men, who arrived on May 16, Dr. Wech, was already experienced in peacekeeping: he had served as commander of the last medical contingent in Congo. After solving the initial problems, work in the field hospital proceeded with incredible success. The cheap and friendly treatment brought many soldiers (especially from the British contingent) as patients as well as members of the Greek or Turkish Cypriot communities. As new fighting broke out between radical groups of the two ethnic communities in November 1964, the members of the Austrian field hospital got a new task: the supply of some Turkish villages south of the Kyrenia Pass, which were under blockade from units of the Greek – Cypriot National Guard and the guerilla fighters of Nikos Sampson´s EOKA-B. with food and medical help.

Summing up the performance of the Austrian Field Hospital, which existed until 19 October 1973, more than 65,000 medical treatments, including numerous immediate emergency treatments of Cypriots of both ethnic groups, could be made. For another thirty months, until 10 April 1976, the UMC (UNFICYP Medical Center), sited at Headquarters UNFICYP at Nicosia, existed and was manned by a small Austrian medical staff, which consisted of 14 members. Especially created for the medical treatment of UNFICYP personnel and their dependants. The UMC sucessfully ended up with nearly 15,000 medical treatments.

It also must not be forgotten, that 276 Austrian Civil policemen (some of them more than one time) served on Cyprus. From 14 April 1964 on, Austrian Civil Police took up their work and soon established a good relation to the (Greek) Cypriot Police and to the Turkish Cypriot Police Element, which enabled – in accordance with other Civil Police contingents from Australia, New Zealand, Denmark and Sweden – the humanitarian help for the civil population, especially for refugees, and the increase of security in some parts of the island. Beginning their service in the district of Omorphita in Nicosia, they also manned nine substations like Kyrenia in the North and Larnaca in the South of the island. At the end of the mision on 27 July 1977, a total of 639 assignments (as already stated, some 276 Austrian policemen served) were made to AUSCIVPOL[8].

After solving the legislative problems for the participation of Austrian personnel in May 1965, the Austrian Minister for Defence ordered the activation of an infantry battalion for rapid assignments for a mission with UN Peacekeeping Forces on September 1st, 1965. But the possibilities for this unit with a strength of 600 men to take part in another mission were limited indeed: not only the exchange of a battalion was by no means in sight, but also the reluctance of high ranking Austrian officers for a mission seemed to be a problem. It has to be explained that in the early sixties the lack of professional personnel in the Austrian Federal Army created severe problems and led to the disbandment of many small units. Since the Austrian UN Battalion would consist of nearly 400 regular soldiers, the drain of personnel could have severe consequences in the fulfillment of the task of defending Austria.

Although the problems of the Austrian Federal Army with military personnel remained critical in the early seventies (not only with regulars but also with conscripts), a new participation in the peace keeping mission on Cyprus became more and more probable.

The announcement of the Republic of Ireland to withdraw three-thirds of its UN- battalion led to the inquiry of the Secretary General of the UN, Kurt Waldheim, to the Austrian mission to the UN in New York for the deployment of an Austrian UN batallion to UNFICYP . The Austrian government responded positively to the first informal request, and two weeks after the formal request the Austrian Federal Army had already created the staff for the formation of the battalion with a strength of 283 soldiers, including an advance party.

The battalion under the command of Lt Col Alfons Kloss arrived after a sea transport from Rijeka to Limmasol on 29 April 1972 and took over – in accordance with HQ UNFICYP – the responsibility for the district of Paphos on 3 May. The camp of the Austrian battalion was soon christened "Camp Duke Leopold V", named after the Babenberg duke who played an important role in the times of the crusades.

Patrolling and controlling the checkpoints of the two infantry companies and providing good offices for the two communities began immediately and the following 15 months meant a calm service for the Austrian[9].

After the crisis of 1967, the total manpower force of UNFICYP was brought down to 3150. But the high tides of war and peace (or the duration of more or less kept cease–fires) in the Middle East brought an alarming situation also for the Austrian UN battalion on Cyprus. After the preliminary armistice at the end of the Yom Kippur War, mediated by US Secretary of State Henry Kissinger on 25 October 1973, a UN- Force, named "UNEF II", was formed in a matter of hours to supervise the cease-fire and the redeployment of the Israeli and Egyptian forces in the Suez Canal Zone. Quite as the name of this UN Force said, the rapid deployment was accomplished in an incredibly short time. On October 26, 205 volunteers from the Austrian UN batallion on Cyprus were flown to Egypt, together with Swedish and Irish soldiers, to form the advance units of UNEF II.

An urgent replacement of the Austrian soldiers on Cyprus took place, as well as the changing of the control area.

On December 3, 1973, the Austrian battalion took over the district of Larnaca from the already departed Irish contingent. War and terror returned to the island sooner than anyone expected. On July 15, 1974, a coup d'état was staged by the Greek Cypriot National Guard against the government of President Archbishop Makarios. Terrorist groups of the still existent EOKA - B committed severe atrocities against the Turkish community. Five days later, Turkish forces launched an extensive military amphibian and airborne operation against Cyprus[10], in which they soon gained a secure bridgehead in Kyrenia and a narrow corridor to the airport of Nicosia. The best UNFICYP Forces could do was to establish observation posts near the fighting lines and to protect the civil population as well as possible. Peace talks in Geneva brought no immediate solution and on 14 August 1974 heavy fighting broke out again. In a matter of days Turkish Forces occupied 40% of the island and stopped on a west-east demarcation line, which divides the island until our days[11]. Tragedy had struck also the Austrians on 14 August at Goshi, north of Larnaca. When the UN patrol vehicle with four Austrian soldiers was attacked by a Turkish fighter bomber, whose pilot dropped two napalm containers the Austrian peace keepers but one died instantly. Only seven weeks before, four other Austrian soldiers had been killed on the Golan Heights, where also an Austrian battalion served as a part of UNDOF, when their patrol vehicle had struck a mine. Truly, 1974 had been a black year for the Austrian peace keepers.

The de facto partition of the island brought immense problems for the two communities. The world and the UN were confronted with a new refugee problem (nearly 200,000 members of the Greek community had fled in the southern part under Greek Cypriot control, also tens of thousands of Turkish refugees were displaced and had also to fight for economic survival). The new cease–fire line extends (until today) from Kato Pyrgos on the west coast to the east coast at Dherinia and has a length of 180 kilometers. Both sides have – also till our days – expressed concern about the personal and material strength of the military forces on the other side. Both sides, the National Guard and the Turkish Forces, are very well equipped and well trained and sometimes emotions and tensions go to a high level.

But let us return to the service of the Austrian contingent in the last twenty years. As the Finnish battalion was withdrawn in autumn 1977, the Austrian battalion changed its sector with that of the Swedish batallion and on 18 October 1977 moved its headquarters to the norhern outskirts of Famagusta, which is under firm Turkish control. The Athna and the Dherinia line were controlled by the two infantry companies, but also forward liaison points were established at Rizokarpasso and Leonarisso in the panhandle, the most northeastern part of the island. Here a new task fell to the Austrians, to ensure the humanitarian support and care for the Greek minority in that part of the island, a task which could be handled in a satisfactory manner. A high honour went to the Austrians on Cyprus when the very experienced Austrian Major General Günther Greindl in the problems of peacekeeping was appointed Commander of UNFICYP in March 1981, a commission he held until April 1989[12].

Another change took place when the Swedish battalion was withdrawn without replacement in autumn 1987. So the former Swedish – controlled sector between Atheniou and Athna was divided between the Canadian and the Austrian battalion on 8 October 1987. Before this could happen, it had been necessary to raise the strength of the Austrian battalion to nearly 400 men to insure the effective deployment of the now three infantry companies[13, 14].

Generally, it can be said that the situation on the island in the last ten years has remained calm. Apart from the cyclic tension between the two communities (in 1983 the Republic of Northern Cyprus had been established by the Turkish community under the leadership of Rauf Denktash) and the tensions between Greece and Turkey, which also have without doubt their effects on Cyprus, the economic situation on the island has improved, especially in the southern part of the island, in a very satisfactory manner. The recent quarrel about the extension of the exclusion zone of territorial waters by Greece in the Aegean Sea and subsequent naval manoeuvres of the Turkish navy during the spring of 1995 have led to new tensions. Moreover the Secretary General of the United Nations Boutros Boutros Ghali has expressed his deep concern about the notable intensive rearmament of the Turkish forces in the Northern part of the island and the Cypriot National Guard in the recent years.

Today, after the withdrawal of the Danish battalion in 1992 and the Canadian battalion in 1993,[15] only three larger contingents (from the United Kingdom, Austria and Argentina) remain on the island. The personal strength of UNFICYP has been reduced to 1323 men and women in October 1993. Plans to reduce the UNFICYP further and to supplant this force with a Military Observer Mission have been discussed for years, but these plans and their realisation will depend on the development of the political and military situation in the Eastern Mediterranean.

It may be of general interest to know that on 10 May 1995 the Hungarian Minister of Defence, Istvan Keleti, and the Austrian Minister of Defence, Werner Fasslabend, in a common press conference announced the deployment of a platoon of 40 specially trained Hungarian UN soldiers to Cyprus, which will strengthen the Austrian contingent. This surely should be no nostalgic revival of the old Austro-Hungarian Forces before 1918, but it could be a sign of the obvious political changes that have occured in Central Europe since 1989, a change from pure coexistence to a new and lively cooperation between countries with former essential ideological and economical differences.

The Secretary of the Social Democratic Party of Germany, Günther Verheugen also stated in an interview, in February 1995, that the peacekeeping units of the German Bundeswehr should intensify their training in a deployment on Cyprus, where they could learn from the other contingents in a relatively quiet environment. There is already some cooperation and mutual interest existing between the Austrian Armed Forces and the German Bundeswehr for solving the problems of peacekeeping in the future[16].

Trying to draw some conclusions on the participation of Austrian Blue Berets in Cyprus and regarding the bloody muddle in Bosnia today, where international peacekeepers in April and May 1995 are held as hostages and sometimes have to provide themselves as targets for bored "leisure snipers", the Austrian participation in UNFICYP may be a good example for thirty-one years of successful Peace-keeping on Cyprus.

Surely it cannot be said that there were no mistakes, frictions and misgivings[17] on the side of the 15,000 Austrian soldiers, who have served until today in the last 31 years under the flag of the United Nations on Cyprus, but most of them did their best "in the service of peace"[18]. For instance, the son of the first commanding officer of the Austrian UN battalion on Cyprus, Andreas Kloss, was appointed commanding officer of the battalion in the summer of 1994. This also may be a sign of a meanwhile steady existing tradition of peacekeeping inside the Austrian Army and the good offices, which were employed in favour of the two communities on Cyprus.

In regard of a very important poet one might say: "They also serve who stand and wait" (Shakespeare, Henry V), and as in Shakespeare`s "Othello" the hopeful greeting in a peaceful future on the island for all with good will should be: "Welcome here to Cyprus...."

Notes

1. Lawrence Durrell, Bittere Limonen. Erlebtes Zypern. Reinbek bei Hamburg 1988.

2. Aphrodites Schwestern und christliches Zypern. 9000 Jahre Kultur Zyperns. Überseemuseum Bremen, Frankfurt a.M.1987; Willy Klawe, Zypern. Ein politisches Reisebuch, Hamburg 1988; Stavros Panteli, A new history of Cyprus, London 1984.

3. Georgios Grivas-Dighenis, Partisanenkrieg heute. Lehren aus dem Freiheitskampf Zyperns. Mit einer Einführung von Eugen Weyde, Franfurt a. M 1964; Michael Dewar, Brush Fire Wars. London 1984; Pimlott, British Military Operations 1945-1984, London 1985.

4. Sir William Jackson, Withdrawal from Empire, London 1985; Brian Lapping, End of Empire, London 1989.

5. Niels Kadritzke, Der fingierte Bürgerkrieg. Cypern im Schnittpunkt fremder Interessen, in: Friedensanalysen für Theorie und Praxis. Schwerpunkt: Kriege und Bürgerkriege der Gegenwart. Frankfurt a.Main 1978, 37-63; The Blue Helmets. A Review of United Nations Peace-keeping. New York 1990.

6. Erwin Schmidl, Für Südtirol in den Kongo?, unpublished manuscript, Vienna 1993. E. Schmidls research on the Austrian participation in ONUC has been published in 1995 with the title "Blue Berets - Red Cross." For a concise account of the ONUC see Georges Abi Saab, The United Nations Operation in the Congo 1960 - 1964. International Crises and the Role of Law, Oxford 1978.

7. Rudolf Agstner, Friedenserhaltende Operationen der Vereinten Nationen. Die Rechtsgrundlagen der Beteiligung Österreichs, in: Österreichische Militärische Zeitschrift, Heft 4/ 1989, 286-299; Ivo G. Caytas, Internationale kollektive Friedenssicherung. Zwanzig Jahre österreichischer Praxis. Eine juristische politische und militärische Studie aktiver Neutralität im Rahmen der Vereinten Nationen. Schriften des Europäischen Arbeitskreises für Internationales Recht in Berlin, 1982.

8. 30 Jahre Polizeikontingente im UN - Einsatz. Festschrift, hrsg. vom Bundesministerium für Inneres, Wien 1994.

9. Hermann J. Prem, Möglichkeiten einer Friedensstreitmacht der Organisation der Vereinten Nationen - zum Einsatz des österreichischen UN- Bataillons auf Zypern. Dipl. thesis, University of Graz 1990; Sabine Jacqueline Machly, Die Vereinten Nationen auf Zypern unter Berücksichtigung des Einsatzes österreichischer UN -

Truppen von den Anfängen bis 1977, Dipl. thesis, University of Vienna 1990; Manfred Gänsdorfer, Die friedenserhaltenden Operationen der Vereinten Nationen unter besonderer Berücksichtigung des österreichischen Beitrages, Dipl. thesis, University of Vienna, 1987.

10. The operation launched did not proceed without losses : for instance, the Turkish destroyer "Kocatepe" was sunk by fighter - bombers of the Turkish Air Force because it was mistaken and was of the same ("Gearing") class as the Greek destroyers, which were given to the NATO partners by the United States.

11. Major Patrick L. Townsend USMC, Airborne Operations and Amphibious Warfare, Cyprus 1974, in: Assault from the Sea. Essays on the History of Amphibious Warfare, Annapolis 1983, 372-374; Victor Flintham, Air Wars and Aircraft. A detailed record of air combat 1945 to the present, London 1989, 14-18; Crisis on Cyprus. A Report prepared for the Subcommittee to investigate Problems connected with Refugees and Escapees for the Committee on the Judiciary of the United States Senate. Washington D.C. 1975 (?). J.C. Papalekas, Unterbelichtete Aspekte des Zypern Konfliktes, Herford 1976.

12. Later, MajGen Greindl served as first commander of UNIKOM in 1991 and is now Head of the Group for Foreign Propositions in the Austrian Ministry of Defence.

13. A.J. Venter, Blue helmets and the Green line. The UN peacekeeping forces in Cyprus, in: International Defence Review 11/1988, 1431-1433.

14. According to the World Defence Almanac 1994, Military Technology 1/ 1995 and the Military Balance 1994/1995, published by the IISS, London, the Cyprus National Guard has a Strength of 10,000 (30,000 on mobilization) and is equipped with 54 modern French battle tanks (AMX 30 B2, 100 more of this type will be delivered from French and Greek stocks - The National Guard of Cyprus will therefore have more battle tanks than the Austrian Army !), 186 APC (French and Greek origin) and 160 Armoured Cars (Cascavel and Urutu type-Brasilian origin). There are more than 100 artillery pieces and mortars, as well as many AAA pieces and hand held SAM.

The Turkish Cypriot Security Forces comprise 4,500 soldiers in seven infantry batallions, while the Turkish Army maintains about 29,000 soldiers (Corps HQ with 2 divisions) with more than 250 battle tanks (US origin), 100 APC and numerous artillery pieces and AAA on the island.

15 On May 25 1992 the Canadian Prime Minister Mulroney informed the Secretary General Boutros Ghali that Canada would withdraw its UN batallion from Cyprus as soon as possible. The deployment of Canadian UN troops to Bosnia Herzegovina was to take place in the near future. For the situation in 1994 Alfred Lugert, UNFI-CYP. Einsatz der United Nations Force in Cyprus in einem strategisch wichtigen Raum, in: Der Offizier. Zeitschrift der Offiziersgesellschaft, Wien 2/1994, 17-21.

16 Interview with Günter Verheugen, Kohls gefährlicher Sonderweg. SPD Bundesgeschäftsführer (SPD, author´s note) Günter Verheugen fordert Umdenken in der Außenpolitik und friedenserhaltende UN-Einsätze der Deutschen weltweit, in: Focus 9/1995, 24-25. Oskar Hoffmann, Deutsche Blauhelme bei UN - Missionen. Politische Hintergründe und rechtliche Aspekte, Bonn 1993; Die Blauhelme. Im Einsatz für den Frieden. Ed. Ernst Koch. Frankfurt a.Main -Bonn 1991.

17. On 21th of May 1988, the Turkish farmer Huseyn Kafa was shot dead in the DMZ by an Austrian officer after attacking him with an axe and wounding him with a pistol shot. On the next day, an Austrian soldier was wounded by members of the Turkish farmer´s family. This is an untypical example of unsuccessful intervention of Austrian UN soldiers on Cyprus.

18. A note on sources:

The Command diaries of the Austrian units, which served in Cyprus are stored in the research section of the Austrian Army Museum/Institute of Military history in Vienna. Additional sources from the Austrian Ministry of Foreign Affairs can be found in the Austrian State Archive/Archive of the Republic in Vienna. For an insight of the political background of the decisions in the United Nations Security Council it is necessary to do some research in the Archive of the United Nations in New York and in the papers of Dr. Kurt Waldheim, which are in the Austrian National Bibliothek.

L'ENVOI DE DEUX DÉLÉGATIONS SUISSES EN CORÉE, 1953

Laurent Wehrli

Introduction

Le 27 juillet 1953, les parties belligérantes du conflit de Corée signaient un accord d'armistice, après trente-sept mois de guerre et vingt-quatre autres de négociations. Cet armistice est toujours en vigueur aujourd'hui, moyennant quelques adaptations du texte adopté à cette occasion. Il n'a en effet jamais été suivi d'un traité de paix. La ligne de cessez-le-feu, dont le tracé se situe, dans sa plus grande partie, sensiblement au nord du 38e parallèle, est ainsi devenue la frontière *de facto* des deux Corées.

Après ces mois de conflits meurtriers[1], une paix relative règne sur la péninsule coréenne sans pour autant donc que la question de fond d'une éventuelle réconciliation voire réunification ne soit réglée. Malgré plusieurs incidents, certains même particulièrement graves, le conflit entre les parties belligérantes n'a pas repris. Une commission composée de quatre États neutres a d'ailleurs été chargée de surveiller l'application de cet accord d'armistice. Ces derniers ont également contribué à la libération des prisonniers de guerre, en jouant le rôle de garantie en particulier dans la question du rapatriement ou non de ceux qui s'y opposaient.

La Suisse est un État qui a pour politique générale la neutralité permanente, et qui, à ce titre, ne participe que rarement à des missions de maintien de la paix[2]. Cette étude, dans les limites qui sont les siennes, a pour but de s'arrêter sur les raisons qui ont convaincu les autorités helvétiques d'envoyer deux délégations en Corée en 1953. Après une brève présentation de la situation que connaissait la péninsule coréenne à cette période, les évolutions de la position suisse seront abordées jusqu'à la mise en place du premier contingent[3]. Aujourd'hui encore, la délégation suisse dans la commission de surveillance existe toujours. Six personnes y travaillent.

La Corée : 1945-1950

Le 15 août 1945, jour de la libération inconditionnelle du Japon aux Alliés, la Corée était libérée après trente-cinq années de domination nippone. Les Coréens apprirent cependant en même temps que leur pays serait divisé en deux zones d'occupation, en vertu d'un accord conclu antérieurement entre les USA et l'URSS. Ce dernier chargeait ces deux pays, l'un au sud et l'autre au nord du 38e degré de latitude nord, de désarmer et d'évacuer les troupes japonaises. En décembre 1945, à la conférence de Moscou, les trois ministres des Affaires étrangères des USA, de la Grande-Bretagne et d'URSS décidèrent de soumettre la Corée à cinq ans de tutelle; au bout de ce laps de temps, elle bénéficierait d'un gouvernement unique et démocratique[4].

Suite à l'évolution de la situation dans la péninsule coréenne, les USA décidèrent de présenter la question de la réunification de la Corée devant l'Assemblée de l'ONU, déjà en septembre 1947. Cette dernière adopta, par 48 voix contre 6 et une abstention, une solution selon laquelle il fallait organiser, sur l'ensemble du territoire coréen, des élections générales pour former une Assemblée constituante en vue d'un gouvernement unique et commun aux deux parties de la Corée. La Corée du Nord ayant refusé que ces élections se déroulent sur son territoire, elle ne purent être organisées que dans le Sud. Ce fut le 10 mai 1948. Il naquit ainsi une assemblée nationale qui forma le 15 août 1948 le gouvernement de la République de Corée. Seul ce gouvernement est légalement reconnu et devient membre de l'ONU en septembre 1948. Le 8 septembre de cette année, la Corée du Nord réagit en formant un gouvernement de la République populaire de Corée, qui adoptera deux ans plus tard le nom de République populaire démocratique de Corée.

L'hostilité des deux gouvernements, établis respectivement à Séoul, pour le Sud, et Pyôngyang, pour le Nord, s'aggrava très rapidement, d'autant qu'il semblait comme assuré que seule une intervention militaire pouvait permettre l'unification des deux Corées. Malgré cela, mais conformément à leurs engagements et aux accents de leur politique extérieure, les USA retirèrent en 1949 leurs troupes encore présentes en République de Corée. En janvier 1950, le secrétaire d'État américain Dean Acheson déclare même que la Corée est hors du périmètre de défense des USA.

La Guerre de Corée : 1950-1953

À la menace du président de la République de Corée de réunifier la péninsule, au besoin par un coup de force, le Nord répondit le dimanche 25 juin 1953 par l'invasion du territoire du Sud avec 100 chars, près de 200 avions, 10 divisions d'infanterie et 5 autres brigades chargées du contrôle du territoire occupé[5]. La surprise fut totale, selon l'expression même du Département d'État américain[6]. Séoul est envahie deux jours après le début des hostilités. Réuni d'urgence sur demande des USA, le Conseil de sécurité de l'ONU demanda[7] l'assistance des Nations unies en faveur de la Corée du Sud et l'envoi d'un contingent, tout en condamnant la Corée du Nord, qualifiée d'agresseur[8]. Le président américain Truman répondit à cet appel et décida le 27 juin 1953 l'intervention des forces américaines. Divers contingents internationaux[9] furent également envoyés en Corée et placés sous le commandement du général américain MacArthur. Au cours des mois qui suivirent, le front s'est déplacé du Sud[10] à l'extrême Nord[11] de la péninsule coréenne, avant de revenir au Sud et enfin de se stabiliser le long du 38e parallèle, la frontière antérieure.

Vu cette situation, le 23 juin 1951, l'ambassadeur Malik, représentant de l'URSS à l'ONU, suggéra des négociations de paix en vue d'arriver à un armistice. Ces dernières débutèrent le 10 juillet 1951 à Keasong. Deux ans de pourparlers, durant lesquels les combats ne cessèrent jamais, furent nécessaires pour aboutir au cessez-le-feu sur la ligne du 38ᵉ parallèle. Le principal obstacle lors de ces 24 mois de négociations fut le sort des prisonniers de guerre. Le Nord voulait un échange total, alors que le Sud et les Nations unies désiraient laisser le choix à chaque prisonnier de rester là où il avait été capturé ou de rentrer dans son pays. Après la mort de Staline, le 5 mars 1953, les exigences communistes diminuèrent. Cela permit de débloquer les négociations qui virent la proposition des Nations unies retenue[12].

L'accord d'armistice

Un accord d'armistice – et non pas un traité de paix – est donc signé le lundi 27 juillet 1953. Il prévoyait : le cessez-le-feu, la création de la zone démilitarisée et de la ligne de démarcation, l'interdiction d'augmenter le potentiel militaire et une conférence diplomatique dans les trois mois. Cette dernière recommandation n'a cependant jamais abouti à des résultats substantiels, vu l'évolution connue au Vietnam. Trois commissions furent mises sur pied afin de contrôler la mise en oeuvre et l'application de l'accord d'armistice. La Commission militaire d'armistice comprend les représentants des deux camps : au Nord, les Nord-Coréens et les Chinois; au Sud, les Américains, les Sud-Coréens, les Britanniques et, à tour de rôle, quatre des membres des 15 pays de la coalition des Nations unies[13]. La mission de cette commission est de maintenir l'application de l'accord d'armistice, de prévenir et de régler les violations de cet accord. La Commission des Nations neutres est chargée de la surveillance de l'accord d'armistice avec la Commission chargée du rapatriement des prisonniers de guerre. C'est dans ces deux dernières instances que la Suisse est engagée depuis 1953[14].

La Commission de surveillance

Le samedi 1ᵉʳ août 1953, se réunissait, pour la première fois, la Commission des Nations neutres chargée de la surveillance de l'accord d'armistice (NNSC[15]). Le dimanche 2 août, les chefs des quatre délégations se rencontrèrent à nouveau pour résoudre les premières questions d'identification, de mesures de sécurité et de transmission d'informations[16].

Composée des représentants de quatre nations neutres[17], cette commission a pour fonction "la supervision, l'observation, l'inspection et l'investigation dans les domaines de l'article 13 c) et 13 d)"[18] de l'accord. C'est-à-dire que cette commission doit contrôler que les belligérants ne renforcent pas leurs effectifs en personnel militaire et n'introduisent pas en Corée de nouveaux matériels et équipements militaires. Elle doit régulièrement rendre rapport de ses résultats dans ces domaines à la Commission militaire d'armistice. Cette dernière, ou le responsable de chaque partie, peut également demander à la NNSC de conduire des observations et des inspections spéciales en cas d'annonce de violations de l'accord d'armistice[19].

Pour mener à bien la mission de la NNSC, l'accord d'armistice prévoyait la mise sur pied d'équipes d'inspection[20]. Elles furent au nombre de vingt[21], soit dix fixes[22] et dix mobiles. Ces dernières constituaient la réserve de la NNSC; au plus cinq d'entre elles pouvaient en même temps être engagées sur demande du responsable de chaque partie au sein de la Commission militaire. Conformément à l'article 40 de l'accord d'armistice, le support logistique des quatre délégations est à la charge des parties qui les ont choisies. L'équipement et les salaires sont eux à la charge des pays d'origine[23]. "Sans être mirifique", ce support a généralement été conforme aux engagements pris par les deux parties[24].

La Commission de rapatriement

Cette seconde Commission, appelée NNRC[25], a eu pour tâche de s'occuper du rapatriement des prisonniers de guerre et, plus particulièrement, de contribuer à résoudre les problèmes posés par ceux qui refusaient de rentrer dans leur pays. Sa tâche précise a été définie dans l'accord sur le rapatriement des prisonniers de guerre, conclu le 8 juin 1953 et entré en vigueur en même temps que l'accord d'armistice dont il fait partie intégrante[26].

Selon les termes de cet accord, les prisonniers disposés à rentrer dans leur pays seraient rapatriés immédiatement après la signature. Quant aux autres, opposés à leur rapatriement, chacune des parties devait les remettre à la NNRC. Au moment de l'armistice, ils étaient près de 23 000 dans cette situation[27]. Composée des délégations des quatre États neutres désignés pour la NNSC et placées sous la présidence permanente de l'Inde, cette Commission a commencé son activité le 9 septembre 1953.

Les membres de la NNRC ont eu alors pour mission de procéder aux enquêtes approfondies portant sur les cas des prisonniers opposés à leur rapatriement. Pour cela, des groupes composés de représentants des cinq nations neutres de la NNRC ont été visiter les camps et assister aux exposés présentés aux prisonniers par des porte-parole ou des propagandistes des deux parties. Cette présence neutre devait limiter les propos menaçants et autres formes de chantage[28] qui pouvaient s'exercer sur ces prisonniers refusant leur retour. Elle permettait de prendre note de la décision du prisonnier, décision irrévocable. Soit ce dernier exprimait en définitive sa volonté de rentrer dans son pays et, alors, son rapatriement était immédiat, soit il maintenait son refus et était alors confié aux soins des organisations de garde indiennes[29].

Ces entretiens devaient être menés entre le 25 septembre et le 23 décembre 1953[30]. Des retards dus tant à des problèmes techniques – comme la construction des installations[31] – que politiques firent que ceux-ci ne débutèrent que le 15 octobre. C'est ainsi que des 22 602 prisonniers sino-coréens et des 359 provenant d'États de la coalition des Nations unies[32], seuls 3 452 purent assister à un entretien.

Il demeure que chaque prisonnier pouvait en tout temps s'adresser au personnel indien de garde et demander son rapatriement. D'ailleurs sur les 638 prisonniers qui ont été rapatriés dans leur pays, seuls 137 l'ont fait après un entretien, les 501 autres l'ayant demandé spontanément: "À en croire l'opinion générale des prisonniers, ceux qui se sont annoncés pour le rapatriement alors qu'ils se trouvaient sous la protection de la commission neutre étaient pour la plupart des agents qui ne s'étaient ralliés au groupe des prisonniers réfractaires que pour accomplir une mission pour le compte du service de renseignements du commandement sino-coréen"[33].

Enfin, 88 prisonniers ont demandé à être transférés dans un État neutre. Ils ont alors été emmenés provisoirement par le contingent indien lors de son repli, en janvier 1954[34]. C'est en effet à ce moment que la Commission arrêta sa mission, selon l'accord qui l'obligeait de libérer à la date du 22 janvier les prisonniers encore sous sa garde. Ces derniers ont été confiés, au Nord, aux Croix-Rouge chinoise et nord-coréenne et, au Sud, au commandement des Nations unies[35]. C'est ainsi que la NNRC se déclara dissoute le 21 février 1954, après avoir liquidé ses dernières tâches et alors que ses effectifs avaient déjà été réduits dès la fin des entretiens[36].

La participation de la Suisse

Le 13 décembre 1951, le ministre de Suisse à Washington fut informé par le Département d'État américain que le commandement des Nations unies avait l'intention de proposer, dans le cadre des négociations d'armistice en cours, que des représentants de quatre ou six États réputés impartiaux fussent chargés de contrôler cet accord, chacune des parties belligérantes étant appelée à désigner la moitié de ces États[37].

Au cas où sa proposition serait acceptée, le commandement des Nations unies envisageait la Suisse comme l'un de ces États. Cette communication des autorités américaines se voulait une simple information donnée au gouvernement suisse et n'avait donc le caractère ni d'une demande ni d'une proposition. Toutefois des informations furent publiées dans la presse et le Conseil fédéral publia le 17 décembre 1951 le communiqué suivant : "Le Conseil fédéral a examiné la question de l'envoi d'inspecteurs suisses en Corée en vue de contrôler l'observation des conditions d'armistice, pour le cas où une demande lui serait adressée dans ce sens, (...). Le Conseil fédéral serait disposé à donner une réponse de principe affirmative à une telle demande"[38].

Les autorités suisses suivirent ensuite de près ce dossier. Ainsi, en février 1952, la création d'une commission d'armistice, composée de représentants des deux parties belligérantes, et d'une commission de contrôle, composée elle de représentants de nations dites neutres, fit pour la première fois l'objet d'un accord de principe entre les deux camps. Au cours des mois d'avril et de mai qui suivirent, une entente intervint sur la composition de cette commission, qui devait être formée de deux pays désignés par le camp sino-coréen : la Pologne et la Tchécoslovaquie, et deux par la coalition des Nations unies : la Suède et la Suisse.

Au mois de mai 1952, le premier collaborateur du ministre et l'attaché militaire de la légation de Suisse à Washington reçurent des renseignements détaillés sur les conditions dans lesquelles la commission neutre de contrôle aurait éventuellement à remplir sa mission, d'après un projet de convention d'armistice daté du 28 avril 1952. En été de cette année, les autorités suisses ont pu prendre connaissance des dispositions du projet d'armistice se rapportant au rôle imparti aux pays neutres[39].

L'impossibilité de se mettre d'accord sur le rapatriement des prisonniers de guerre provoqua une suspension des pourparlers d'armistice du mois d'octobre 1952 au mois d'avril 1953, durant laquelle les combats se poursuivirent. Le

11 avril 1953, un accord intervint sur l'échange des prisonniers blessés et malades. Cet accord – pour l'application duquel les États neutres n'étaient pas sollicités – fut exécuté entre le 20 avril et le 3 mai 1953. Enfin, une entente intervint, comme vu ci-dessus, le 8 juin, sur la question des prisonniers de guerre. Au cours de ces semaines qui virent la question de l'armistice en Corée s'accélérer et un accord pouvant être envisagé à plus ou moins brève échéance, la Suisse estima nécessaire d'exposer son point de vue de manière plus complète. Le Conseil fédéral le fit par un aide-mémoire daté du 14 avril et adressé au Département d'État américain[40]. Ce document fait état de "points essentiels qui devraient être encore résolus et qui portent sur l'activité, la procédure et le statut de la commission"[41].

Ainsi, le Conseil fédéral estimait trop court le délai de 10 jours après la signature de l'accord d'armistice, proposé de manière officieuse par les USA, pour que les délégations des nations neutres choisies par le commandement des Nations unies soient actives sur place. Les Suisses demandaient par ce document trois semaines pour l'entrée en fonction de cette dernière. Implicitement, ils proposaient également que l'accord d'armistice, alors encore à l'état de projet, précise que les sorties de troupes qui peuvent quitter la Corée se fassent dans les lieux autorisés pour les entrées, à savoir les dix points définis à raison de cinq au Nord et cinq au Sud[42].

En clair, les Suisses considéraient que le projet d'accord ne permettait pas aux membres de la NNSC de remplir l'entier de leur mission de contrôle. À ce titre, leur rôle était de surveiller que les parties belligérantes n'augmentent pas leur potentiel en hommes et en matériel. Il apparaissait ainsi au gouvernement helvétique que, sans un contrôle des forces sortant de Corée, il était difficile, voire impossible de mener à bien la mission assignée; d'où l'idée que ces sorties éventuelles ne se fassent que par les points d'entrée désignés dans le projet d'accord.

De plus, les Suisses demandaient aux Américains de prévoir le règlement des situations qui verraient les membres de la NNSC, au nombre pair, ne pas être d'accord sur l'envoi d'un rapport à la Commission militaire d'armistice. Cette autorité de décision n'était en effet autorisée à intervenir qu'uniquement sur la base d'un rapport de la NNSC établissant la violation de l'accord par l'une ou l'autre des parties belligérantes. Pour éviter tout enlisement du processus de contrôle, les Suisses proposaient qu'à défaut d'unanimité deux rapports – l'un de majorité, l'autre de minorité – puissent être adressés à la Commission militaire d'armistice[43].

Enfin, les autorités suisses soulevaient les questions d'autonomie et d'indépendance de la NNSC, en particulier dans les domaines du matériel, des transports, des communications et des transmissions. À ce propos, elles estimaient que le quartier général de la NNSC devait être placé sous le régime de l'extra-territorialité et que les membres des délégations bénéficient "du statut diplomatique et des prérogatives qui en découlent"[44].

Le 20 mai 1953, le Département d'État américain répondait au Conseil fédéral. Concernant le délai de dix jours prévu, l'explication était claire, mais ferme : ce serait dix jours bien qu'en pratique une période plus longue soit possible entre l'annonce d'un accord et le moment de son entrée en vigueur. Concernant les sorties éventuelles d'hommes et de matériel, les Américains précisaient dans ce document que "l'interprétation suisse est littéralement correcte"[45]. Ils signalaient, en conséquence, que le commandement des Nations unies proposerait une modification des articles 13 c) et 13 d) du projet d'accord afin que les points d'entrée cités à l'article 43 servent également comme points de sortie. Ils rappelaient cependant la présence des équipes d'inspection mobiles de la NNSC, afin de contrôler les entrées et sorties non autorisées en d'autres lieux que ces points.

Le gouvernement américain n'entrait en revanche que peu en matière sur les demandes suisses concernant la procédure. Tout en reconnaissant "qu'il est possible que la commission de surveillance des nations neutres soit conduite dans des impasses", il ne pensait pas "recommandable de résoudre cette question dans les séances plénières des négociations d'armistice". Il signalait cependant aux autorités suisses que l'article 49 du projet d'accord contenait "une disposition qui permet à la commission d'adresser des recommandations à la commission militaire d'armistice au sujet d'amendements ou d'adjonctions qui pourraient paraître opportuns"[46].

Quant aux autres remarques, il était précisé que le commandement des Nations unies était disposé à fournir les moyens de transport aérien nécessaires et qu'il allait intervenir afin que les membres de la NNSC puissent bénéficier du statut diplomatique.

Les précisions ainsi demandées sont à mettre à l'actif de la politique de neutralité menée depuis des siècles par la Suisse, tout comme de son expérience des missions de bons offices. Face à l'imminence prévue d'une signature d'un accord d'armistice et "pour prévenir toute équivoque", le gouvernement suisse a préféré demander ces clarifications au commandement des Nations unies, qui avait choisi ce pays pour la NNSC. Il s'agissait également de préciser le sens et la portée que le Conseil fédéral voulait donner à cette mission en Corée[47].

L'attitude suisse ne peut donc être comprise comme une forme de défilement par rapport à la mission au sein de la NNSC, dont le Conseil fédéral avait déjà approuvé le principe en décembre 1951. D'ailleurs, les préparatifs de la délégation se poursuivaient. Une partie des personnes retenues depuis l'automne 1952 étaient ainsi convoquées le 2 avril 1953 à Berne pour une séance d'information et devaient ensuite être vaccinées[48].

Par ailleurs et sans pour autant que l'entier du résultat soit à mettre au compte de l'intervention suisse, la formulation définitive de l'accord adopté le 27 juillet 1953 prend en compte un certain nombre des "points essentiels" soulevés par le Conseil fédéral dans son aide-mémoire du 14 avril 1953. Ainsi, l'article 13 c) oblige les parties belligérantes à produire des rapports pour chaque mouvement de troupes qui "indiqueront les lieux d'arrivée et de départ, (...) le nombre de personnes arrivées ou parties". L'article 13 d), lui, implique que, pour justifier les demandes d'admission de matériel, un rapport devra préciser "l'usage qui aura été fait du matériel ainsi remplacé" et que ce dernier "ne pourra être expédié de Corée qu'aux points d'entrée énumérés à l'article 43". Ces précisions permettaient ainsi – du moins en principe – l'accomplissement de sa mission par la NNSC, au moyen de ses équipes d'inspection fixes aux points d'entrée et celles mobiles; ces dernières pouvant par exemple être dépêchées aux lieux de départ signalés dans les rapports concernant les troupes.

Quant aux questions liées à la procédure, l'accord ne reprend pas la demande suisse concernant un ou deux rapports de la NNSC à la Commission militaire d'armistice. En revanche, l'article 50 prévoit que tout membre de la NNSC "sera autorisé à entrer en rapport avec l'un quelconque des membres de la Commission militaire d'armistice". Enfin, l'accord établit que la NNSC et ses membres jouissent "des libertés et facilités nécessaires à son bon fonctionnement, notamment des privilèges et immunités diplomatiques"[49].

La protection des prisonniers

Parallèlement aux discussions sur le rôle de la délégation suisse à la NNSC, s'ouvrit dès le 30 mars 1953 la question du rôle de la Suisse dans le rapatriement des prisonniers de guerre. Ce jour-là en effet, le premier ministre et ministre des Affaires étrangères de la République populaire de Chine Chou En-Lai proposait, au nom du camp sino-coréen pour surmonter les derniers obstacles à la conclusion d'un accord d'armistice, que les prisonniers disposés à rentrer dans leur pays fussent rapatriés immédiatement après le cessez-le-feu, les autres, opposés à leur rapatriement, étant confiés à un État neutre.

Le 11 avril, la légation suisse à Washington informait le Conseil fédéral que le gouvernement américain envisageait de proposer la Suisse comme cet État neutre[50]. Les USA demandaient ainsi à la Suisse "d'envoyer en Corée une équipe d'observateurs suffisamment nombreux pour assurer, éventuellement dans une île au large de la péninsule coréenne, la garde des prisonniers qui refusent d'être rapatriés. Ces observateurs suisses rendraient compte au bout de quelques mois aux parties adverses du résultat de leur enquête, après avoir procédé à l'examen du dossier de chaque prisonnier"[51].

La création d'une "Suisse provisoire", c'est-à-dire d'un territoire neutralisé réservé aux prisonniers, sous le contrôle de la Suisse, en Corée, n'a pas été accueillie avec beaucoup d'empressement. La Corée du Sud s'est ainsi opposée à tout transfert de prisonniers coréens non communistes vers un État neutre. La délégation communiste aux négociations d'armistice, elle, a réagi, selon les indications données à la presse, en déclarant "inadmissible l'idée de libérer des prisonniers en Corée même". La Grande-Bretagne a alors déclaré que "s'il était décidé de transporter les prisonniers de guerre en territoire neutre, l'Inde ou le Pakistan seraient les pays appropriés pour des raisons géographiques. Mais s'il était décidé que le pays neutre devrait exercer sa juridiction sur les prisonniers de guerre en question [en Corée], la Suisse serait sans autre le pays convenable, car elle possède le personnel pour exercer de telles fonctions"[52].

Le 27 avril, lors de la reprise des négociations d'armistice, le représentant des forces des Nations unies, le général Harisson, fit néanmoins une proposition dans le sens des informations transmises par les USA à la Suisse, en relevant que la partie sino-coréenne n'avait pas indiqué à quel État neutre elle pensait elle-même. Il signala également que "le choix de la Suisse s'imposait de toute évidence, étant donné qu'aux yeux du monde entier elle avait acquis un statut de neutralité que ne surpassait celui d'aucun autre État neutre". La délégation sino-coréenne, par la voix de son chef le général Nam II, refusa cependant cette proposition, objectant que "la Suisse ne peut être choisie car elle se trouve être l'un des deux États neutres proposés par les délégués américains (sic) pour faire partie" de la NNSC[53]. Le général Harisson précisa même que "les communistes ont fait quelques remarques hostiles sur la neutralité suisse"[54]. Le Conseil fédéral réagit à cette controverse en publiant un communiqué, en date du 28 avril 1953, cherchant ainsi "à prévenir tout malentendu et toute équivoque"[55]. Il y rappelle alors le caractère particulier de la neutralité helvétique et les conditions qui auraient été nécessaires pour que la Suisse puisse accepter une telle mission : que le mandat lui ait été donné conjointement par les deux parties belligérantes et que des garanties du point de vue matériel et technique lui aient été fournies par les deux parties.

Après plusieurs séances et interrogations quant à la puissance "neutre"[56] à qui seraient confiés les prisonniers de guerre, le 8 juin 1953, un accord fut finalement conclu. Il prévoyait que l'Inde serait la puissance protectrice, accompagnée par les quatre États neutres de la NNSC. Le gouvernement suisse a été régulièrement informé des diverses évolutions de cette négociation, par le biais des USA et de la légation suisse à Washington, comme du ministère chinois des Affaires étrangères et de la légation à Pékin.

Le 9 juin, le Conseil fédéral produisit un aide-mémoire sur son éventuelle participation à la NNRC. Adressé aux USA et à la Chine, ce document précisait que la Suisse, "dans l'intérêt de la paix en général et pour le rétablissement de la paix en Corée, (...) était en principe d'accord d'accepter le mandat proposé avec les réserves découlant du statut de neutralité perpétuelle"[57]. Celles-ci impliquaient que la Suisse ne pourrait se considérer comme le mandataire d'une seule partie. La question de l'arbitrage confié à l'Inde n'apparaissait, elle, pas nécessaire, vu que l'Accord prévoyait que les décisions se prendraient à la majorité des membres de la NNRC[58]. Mais surtout, la version de cet aide-mémoire remise au gouvernement américain contenait un paragraphe supplémentaire à celle transmise à la Chine. Ce texte en plus indiquait la volonté du Conseil fédéral de soumettre l'envoi d'une délégation suisse qu'à la condition expresse que toutes les parties – y compris la Corée du Sud – soient d'accord avec cet accord sur les prisonniers et son application.

Le Conseil fédéral avait ainsi jugé nécessaire de subordonner son acceptation à cette condition. En effet, des difficultés s'étaient élevées entre le gouvernement de la Corée du Sud d'une part et les Nations unies et leur commandement militaire d'autre part. Le gouvernement suisse ne voulait pas s'exposer au risque que le mandat qu'il acceptait fût contesté par un des pays pour le compte desquels celui-ci devait s'exercer.

L'énoncé de cette condition et le moment choisi par le Conseil fédéral pour la produire provoqua de vives réactions[59]. Le gouvernement américain réagit très rapidement, puisque le 10 juin, le département d'État informait la légation suisse à Washington[60] que "les prisonniers de guerre en Corée du Sud se trouvaient entre les mains et sous la juridiction du commandement des Nations unies, et non d'un commandement militaire coréen, et que, par ailleurs, les troupes de la Corée du Sud restaient placées sous le commandement des Nations unies, si bien que ce dernier était seul compétent pour conclure un armistice et un accord sur les prisonniers de guerre"[61].

Le gouvernement américain prit également la peine de répondre très précisément à chacune des remarques suisses. Ainsi, il précise qu'il s'attend bien "que la Suisse agira comme un agent impartial, neutre, remplissant fidèlement la tâche (...) assumée" et que les USA "n'estiment pas que l'Inde doive être un arbitre entre les autres membres de la commission de rapatriement"[62]. Quant au gouvernement chinois, il ne répondit pas formellement, mais n'émit aucune objection au point de vue exprimé par la Suisse sur son rôle au sein de la NNRC. Cette attitude fut considérée comme une acceptation tacite[63].

Fort de ces précisions, Max Petitpierre, conseiller fédéral en charge du Département politique, explique alors, toujours ce même 10 juin 1953, aux membres de la Commission des affaires étrangères du Conseil national que, dans ces conditions, "le Conseil fédéral pourrait être amené, pour éviter tout risque de retard dans la conclusion de l'armistice et dans l'exécution de l'accord sur les prisonniers de guerre, à admettre la participation de la Suisse (...) à la seule demande du commandement des Nations unies, d'une part, et du commandement des forces populaires coréennes et des volontaires chinois, d'autre part"[64]. La Commission en prit acte.

Dans sa séance du samedi 13 juin 1953, le Conseil fédéral pouvait ainsi prendre la décision d'accepter l'envoi d'une deuxième délégation suisse en Corée, aux côtés de celle prévue pour la NNSC, afin de participer aux travaux de la commission de rapatriement des prisonniers de guerre[65]. Le 16 juin, le recrutement était lancé[66] et le 18 juin, le conseiller fédéral Max Petitpierre exposait au Conseil des États les raisons qui avaient incité le Conseil fédéral à engager deux délégations en Corée[67]. Ce discours repris largement dans la presse fut considéré comme une mise au point, nécessaire puisque l'attitude du gouvernement suisse, en particulier lors de la production de l'aide-mémoire du 9 juin, n'avait pas toujours été parfaitement comprise à l'étranger, voire en Suisse même. À ce titre, les commentateurs politiques relevaient "combien l'attitude du Conseil fédéral était sage"[68], tout particulièrement à la lumière des événements du 18 juin[69].

Le 25 juin, une première équipe de la délégation de la NNSC, soit 20 hommes dont le colonel divisionnaire Friedrich Rihner, chef de cette délégation, quittèrent ainsi la Suisse à bord d'avions américains. Ils seront rejoints le 23 juillet par les 64 autres personnes composant cette délégation. Quant au ministre Armin Daeniker, chef de la délégation de la NNRC, il quitta la Suisse le 31 août 1953, avec son adjoint. Les 48 autres membres suisses de la NNRC s'envolèrent le 12 septembre[70].

Ainsi, la Suisse remplissait les exigences que lui confiaient les mandats liés à la surveillance de l'accord d'armistice et à la mission de contrôle du rapatriement des prisonniers de guerre. Les autres nations désignées pour la NNSC et la

NNRC avaient également répondu à l'appel du commandement des Nations unies et du camp sino-coréen. L'armistice pouvait être signé le 27 juillet, la paix s'installer dans la péninsule coréenne et les prisonniers de guerre choisir où ils désiraient demeurer. Il convient bien entendu de relativiser l'optimiste qui existait naturellement à ce moment-là en Corée[71]. Mais il faut aussi se souvenir que cette région sortait de trois ans de guerre, que le monde était passé près de l'ouverture d'une troisième guerre mondiale encore plus terrifiante que les précédentes[72], et que la guerre froide s'installait.

La participation de la Suisse et la neutralité

Dans ce contexte, mais également d'une manière plus générale, la décision du Conseil fédéral d'envoyer deux délégations militaires en Corée fut à l'évidence un événement majeur de la politique étrangère suisse, si l'on tient compte en particulier de l'aversion de la population de cette période, comme à d'autres moments de l'histoire de la Suisse, face à tout engagement politique – et donc d'autant plus militaire – concernant l'étranger[73]. L'idée de la neutralité permanente, concept de base de la politique étrangère helvétique, s'est en effet fortement renforcé chaque fois que la Suisse a craint les répercussions intérieures de ses positions extérieures[74].

La période somme toute assez longue qui a précédé la signature de l'accord d'armistice a permis aux autorités helvétiques de bien préciser à la population les enjeux et les conditions de ce mandat. L'intitulé – Commission des États neutres – a également contribué à une prise de position favorable des milieux suisses quant à l'envoi de délégations en Corée : pour beaucoup la Suisse est un État neutre par excellence; elle peut donc participer aux travaux d'une commission d'États neutres.

Au cours des nombreux contacts qui existèrent entre les parties belligérantes et la Suisse, le Conseil fédéral a, comme on l'a vu, régulièrement rappelé les principes de la neutralité helvétique, dont en particulier l'impartialité[75]. À ce titre, il a également soulevé la question de la réalisation pratique du mandat confié aux deux commissions neutres. Comme l'explique Bernard Sandoz[76], "dans la pratique quotidienne, dès le début, être "neutre" ne fut pas facile pour la NNSC, et surtout pour les Suisses, car il s'agissait alors d'un concept totalement étranger à la mentalité de la majorité des pays parties à l'accord d'armistice. Comment expliquer en effet que l'on n'est pas forcément "contre" un camp lorsqu'on s'abstient de prendre position "pour" lui. Et c'est encore plus difficile si l'on partage l'avis de l'autre, surtout si cet "autre" est l'adversaire !"[77].

Fort de son expérience dans des missions de bons offices ou de mandat de représentation des intérêts d'un pays en désaccord diplomatique grave avec un autre, le Conseil fédéral s'interrogeait également sur le risque de rupture d'équilibre au sein de la NNSC: les uns parmi les États neutres[78] se comportant en représentants d'une partie, les autres agissant comme les mandataires communs des deux belligérants. La situation n'était pas tout à fait la même pour la NNRC, dont les cinq membres étaient désignés d'un commun accord par les deux camps. De plus, celle-ci, de par son mode de décision à la majorité, sa composition impaire et sa mission au calendrier fixé précisément, n'avait pas les mêmes difficultés de fonctionnement interne que la NNSC, qui ne comprenait que quatre États. Enfin, les chefs de délégation ne possèdent pas tous la même liberté d'action par rapport à leur gouvernement national. Ainsi, le représentant suisse jouit d'une relative plus grande marge de manoeuvre. Il est néanmoins tenu d'agir en accord avec les principes de la neutralité permanente, mais sous sa propre responsabilité et sans engager le Conseil fédéral. En outre, il doit informer et, s'il le juge nécessaire, solliciter des instructions du gouvernement suisse qui, lui, se réserve évidemment le droit d'émettre des directives[79].

Mais malgré toutes les difficultés recensées dans les positions prises par le Conseil fédéral et les objections qu'il a pu émettre, ce dernier a toujours proclamé que la politique de neutralité devait engager la Suisse "à assumer de tels mandats et qu'un refus eût été une erreur"[80]. L'idée de la neutralité, et particulièrement de la position de la Suisse neutre, était souvent contestée à cette période encore proche de la Seconde Guerre mondiale. Plusieurs avançaient que ce choix politique avait perdu toute signification et toute justification dans le monde de la guerre froide. Le Conseil fédéral, emmené en cela par Max Petitpierre, a considéré que la mission en Corée donnait l'occasion à la Suisse de démontrer que son choix en faveur de la neutralité permanente pouvait être mis au service de la paix, qu'il était donc toujours justifié[81].

En effet, jamais depuis 1939-1945, le statut de neutralité n'avait été aussi bien compris et mieux défini par des puissances étrangères. Comme vu préalablement, la situation de la Suisse est même mise en valeur par les Nations unies, lors de la proposition comme nation protectrice des prisonniers de guerre. Le gouvernement des USA écrit ainsi, non sans diplomatie[82], que "c'est certainement à cause de cette politique [de neutralité] bien connue que la Suisse figure parmi les cinq pays" de la NNSC et de la NNRC[83]. Plus loin, il mentionne même qu'il "s'attend que la Suisse agira librement, selon ce que lui dictera son propre jugement" et qu'il ne s'attend pas "que la Suisse agira en tant que représentant d'un parti ou d'un point de vue quelconque, mais comme un agent impartial, neutre, remplissant fidèlement la tâche qu'il a assumée".

Les commentateurs suisses de l'époque relèvent cette position si satisfaisante pour la Suisse. Ils notent que c'est la première fois que les USA, et avec eux les autres puissances liées à la situation de la péninsule coréenne – tout spécialement la Chine et l'URSS – "reconnaissent implicitement la neutralité suisse et reconnaissent explicitement sa valeur positive sur le plan international"[84].

Conclusion

Le Conseil fédéral, dans son Rapport au Parlement helvétique de 1955, tira un premier bilan de sa décision de 1953 d'envoyer deux délégations en Corée. Il constatait alors que les mandats confiés aux deux commissions neutres n'avaient pas pu être exécutés d'une manière "entièrement satisfaisante". En effet, sans entrer dans tous les détails vu le cadre limité de cette étude, le rapatriement des prisonniers de guerre et leur libération avaient bien eu lieu, mais pas selon la procédure et les modalités prévues dans l'accord d'armistice. Quant à la commission de surveillance (NNSC), elle n'avait fréquemment pas pu prendre de décisions vu sa composition et les limites que lui imposaient les termes même de l'accord.

Ainsi, comme l'ont d'ailleurs reconnu les parties belligérantes[85], certaines dispositions présentaient des lacunes et le système de contrôle apparaissait d'emblée comme trop insuffisant pour être efficace. Le Conseil fédéral, comme on l'a vu ci-dessus, est ainsi régulièrement intervenu tant auprès des États de la coalition des Nations unies que du camp sino-coréen afin de demander des éclaircissements et précisions à ce propos[86].

Malgré toutes les difficultés, la Suisse répondit néanmoins favorablement à la demande du commandement des Nations unies. Comme le gouvernement suisse l'explique lui-même[87], il était en effet convaincu que la politique de neutralité suivie par la Suisse devait engager ce pays à assumer ces mandats. "En nous dérobant, nous nous serions peut-être épargnés les difficultés que nos délégués ont eu (sic) à surmonter, mais nous aurions couru le risque d'affaiblir notre position d'État neutre en justifiant par notre attitude négative certaines critiques généralement émises, d'ailleurs à tort, contre le principe de la neutralité dans le monde actuel"[88].

À ce titre, les autorités helvétiques pouvaient se féliciter : "Voici qu'enfin la valeur internationale de [la] neutralité est reconnue"[89]! Les parties belligérantes se devaient en effet de reconnaître le statut des États neutres dont elles avaient besoin pour l'application de l'accord d'armistice. Mais, pour la Suisse, telle n'était pas seulement la nature première du mandat[90]. À la NNSC, c'était la fin rapide des hostilités et le maintien de ce cessez-le-feu en attendant que la paix soit signée. À la NNRC, il s'agissait de résoudre l'épineux problème des prisonniers – surtout de ceux opposés à leur rapatriement – conformément aux principes d'humanité et de liberté personnelle auxquels la Suisse est également attachée.

Les commissions mises sur pied en été 1953 ont rempli – remplissent toujours en ce qui concerne la NNSC – ces mandats, malgré des difficultés internes et externes, malgré un refus des parties de respecter l'entier des exigences imposées par l'accord d'armistice et malgré un contexte international qui a fortement évolué au cours des quarante dernières années.

Ainsi, la Commission des États neutres, par son existence, peut-être plus que par son activité proprement dite, a assuré l'état de paix de fait créé par l'armistice. Sa présence a constitué une garantie contre une reprise des hostilités. C'est un élément positif qui ne doit pas être sous-estimé. Car qui sait ce qui se serait passé sans la présence des délégations neutres sur le terrain, malgré leurs faibles moyens de contrôle et les limites qui leur étaient imposées? N'est-ce pas là la question fondamentale de toute action de maintien de la paix?

Notes

1. 38 500 morts des Nations unies (Américains compris), 70 000 Coréens du Sud, environ 2 millions de Coréens du Nord et de Chinois, plus de 3 millions de civils tués par les bombardements, les épidémies, etc. Ces chiffres varient selon les sources.

2. Pris ici dans sa formulation large, sans distinction de "peace enforcement" ou "peace keeping". La Suisse s'est en revanche très régulièrement investie dans des tâches de bons offices et de représentations d'États, voir à ce propos RUSCONI Guiseppe, *Les bons Offices de la Suisse, une noble tradition*, in The Swiss Delegation to the neutral Nations supervisory Commission in Panmunjom (Korea), 1953-1993, Seoul, Kyung Hee University, (1993), pp. 305-309, et THALMANN Anton, *Les actions de maintien de la paix et le rôle de la Suisse*, in ibidem, pp. 313-334.

3. Il n'est pas le lieu ici bien entendu de prétendre présenter une histoire de la guerre de Corée, de ses implications internationales dans le contexte de début de guerre froide et de risque de conflit nucléaire généralisé. De même, nous n'aborderons pas les questions pratiques que rencontrèrent les premiers délégués suisses, comme le choix des uniformes - ceux prévus par l'intendance militaire helvétique n'étant guère utilisables sous les latitudes coréennes -, l'installation du camp, les contacts et le travail quotidien. D'autres que nous ont bien mieux décrit ces éléments; voir entre autres à ce propos la bibliographie citée dans la note 14.

4. Pris dans le sens élu après des élections démocratiques.

5. D'autres sources citent les chiffres de 4 divisions d'infanterie, 3 brigades, 70 chars; voir GUNTHER John, The Riddle of MacArthur, New York, Harper and Brothers, 1951, p. 166. Relevons à ce propos que l'absence de sources d'archives - elles ne sont pas encore consultables dans leur très grande majorité - et la nature du régime nord-coréen empêche encore aujourd'hui de connaître avec certitude les forces engagées. La République de Corée, elle, ne disposait que d'une dizaine d'avions militaires d'entraînement, mais d'aucun char, sauf 26 démodés, ni d'avion de combat.

6. United States Policy in the Korean Crisis, Departement of State Publication 3922, Far Eastern Series 34, July 20, 1950, p. iii (State Departement White Paper on Korea). Certains auteurs mettent en doute cette version officielle, estimant que les USA connaissaient certainement les préparatifs indispensables à l'attaque générale lancée par les forces nord-coréennes le 25 juin; voir à ce propos STONE Isidore F., The Hidden History of the Korean War, 1950-1951, Boston, Toronto; Little, Brown and Company; 1988 (1952), pp. 1-6.

7. Résolution S/1501 UNSC.

8. Une telle résolution fut prise sans l'URSS, volontairement absente du Conseil de sécurité depuis janvier 1953, par "solidarité prolétarienne" à la suite de la situation au Vietnam. Pour mémoire, à cette époque, seul Taïwan représente la Chine à l'Assemblée générale de l'ONU.

9. La coalition des Nations unies fut composée de troupes provenant de 15 pays : Australie, Belgique, Canada, Colombie, Éthiopie, France, Grèce, Luxembourg, Hollande, Nouvelle-Zélande, Philippines, Royaume-Uni, Thaïlande, Turquie, USA. L'Union de l'Afrique du Sud, le Panama, le Danemark, l'Inde, l'Italie, la Norvège et la Suède ont fourni également quelques moyens, en nombre très limité et essentiellement dans le domaine médical. Pour une description plus complète, en particulier

chiffrée, voir HASTINGS Max, The Korean War, New York and al., Simon and Schuster, (1987), pp. 365-368. Voir également ROMMETVEIT Karl, "The Korean War 1950-1953 : the problems of limited war" in Actes du XVIIᵉ Congrès international de la Commission internationale d'histoire militaire, Madrid, (Ministère de la Défense), 1990, tome I, pp. 273-287.

10. À la fin de juillet 1953, les forces du Nord était à une centaine de kilomètres de Pusan, l'un des derniers points stratégiques du Sud.

11. À la frontière chinoise, le long des rivières Yalu, puis Tumen.

12. L'URSS a semble-t-il exercé des pressions afin que ses partenaires chinois et coréens du Nord assouplissent leurs positions dans cette période d'incertitudes importantes au sommet de la hiérarchie soviétique, d'émeutes en Allemagne de l'Est et au vu, également, de l'évolution géopolitique et géostratégique des relations Est-Ouest dans le reste du monde, au Vietnam par exemple.

13. Voir note 9.

14. Voir à ce propos les ouvrages suivants :

The Swiss Delegation to the neutral Nations supervisory Commission in Panmunjom (Korea), 1953-1993, Seoul, Kyung Hee University, (1993), 448 p. - (The Center for Asia-Pacific Studies).

URNER, Klaus, dir., 30 Jahre Schweizerische Korea-Mission, Zürich, Institut für Geschichte ETHZ, 1983 - 151 p. (Archiv für Zeitgeschichte).

DUFT, Peter, Das Mandat der neutralen Ueberwachungskommission in Korea, Zürich, Polygraphischer Verlag, 1969, XXI + 125 p., (Dissertation, Zürcher Studien zum internationalen Recht, Bd. 45).

SCHMID, Georg, Die rechtliche Stellung vom Mitgliedern der Schweizer Delegation in einer neutralen Waffenstillstandskommission, Zürich, Juris Druck und Verlag, 1974, 119 p. - (Dissertation, Universität Zürich).

SANDOZ Bernard, La délégation suisse à la Commission neutre de surveillance (Panmunjom, Corée), in Revue militaire suisse, 1992, N° 1, pp. 15-22 et N° 2, pp. 10-15.

15. Neutral Nations Supervisory Commission.

16. Gazette de Lausanne, lundi 3 août 1953, p. 6.

17. Selon les termes des négociations, deux furent choisies par la partie Nord, à savoir la Pologne et la Tchécoslovaquie, et deux par la partie Sud, soit la Suède et la Suisse. Précisons d'emblée que, selon l'article 37 de l'accord d'armistice, la notion de neutralité retenue a été définie comme le fait de n'avoir pas participé avec des forces combattantes aux hostilités en Corée; rappelons à ce propos que la Suède a fourni une unité médicale à la coalition des Nations unies. La Suisse a toujours précisé qu'elle ne se considérait pas comme un "neutre du Sud" mais comme neutre, dans le sens de la politique de neutralité qu'elle suit depuis plusieurs siècles.

18. Selon l'article 41 de l'accord d'armistice.

19. Selon l'article 28 de l'accord.

20. Selon les articles 40, 42 et 43 de l'accord.

21. Suite à divers événements, le Sud décida en 1956 d'expulser ces équipes d'inspection; le Nord en fit de même peu après. Pour un suivi de la NNSC de 1953 à nos jours, se reporter aux ouvrages cités dans la note 14, ci-dessus, en particulier The Swiss Delegation to the neutral Nations supervisory Commission in Panmunjom (Korea), 1953-1993, op. cit.

22. À raison de cinq sites situés au Nord et cinq au Sud, selon l'article 43 de l'accord. Ces sites étaient, au Nord, Sinuiju, Chongjin, Hungnam, Manpo et Sinanju, et au Sud, Inchon, Taegu, Pusan, Kangnung et Kunsan.

23. Pour une description plus complète, voir SCHMID Georg, Die rechtliche Stellung vom Mitgliedern der Schweizer Delegation in einer neutralen Waffenstillstandskommission, op. cit., pp. 69-ss. Pour les deux premières années de cet engagement, le coût de la délégation suisse à la NNSC a été de 4 934 millions de francs suisses. La délégation à la Commission de rapatriement, elle, a représenté un montant de 506 900 francs suisses, pour la durée de son engagement entre septembre 1953 et février 1954.

24. L'expression est de Bernard Sandoz, consul général, chef de la délégation suisse au sein de la NNSC de 1990 à 1993, in SANDOZ Bernard, *La délégation suisse dans la NNSC et son environnement géopolitique*, in The Swiss Delegation to the neutral Nations supervisory Commission in Panmunjom (Korea), 1953-1993, op. cit., p. 215.

25. Neutral Nations Repatriation Commission.

26. Sous forme de l'Annexe 1.

27. Selon SEITZ Jean, "Le rôle des commissions suisses en Corée. Quelques précisions indispensables", in Gazette de Lausanne, 29/30 août 1953, p. 1.

28. En particulier concernant la famille. Je remercie ici vivement M. Jacques Pélichet, volontaire suisse en Corée entre 1953 et 1954, d'abord au sein de la NNRC puis de la NNSC, pour m'avoir communiqué ses souvenirs et transmis les informations qu'il a conservées.

29. Selon l'article 2 de l'accord sur le rapatriement des prisonniers, la garde des prisonniers et une fonction arbitrale étaient confiées à l'Inde.

30. Selon l'article 8 de l'accord sur le rapatriement des prisonniers.

31. Selon l'article 18 de l'accord sur le rapatriement des prisonniers, chaque partie belligérante était tenue de fournir toute l'assistance logistique nécessaire à la NNRC.

32. Chiffres du *Rapport du Conseil fédéral à l'Assemblée fédérale sur la participation de délégués suisses à l'exécution de la Convention d'armistice conclue en Corée le 27 juillet 1953, du 26 avril 1955* in Feuille fédérale, n° 18, 5 mai 1955, p. 727 (ci-après intitulé *Rapport du Conseil fédéral*).

33. Avis cité dans le Rapport du 2 juin 1954 du ministre Armin Däniker, chef de la délégation suisse à la NNRC, sur l'activité de cette dernière, cité in *Rapport du Conseil fédéral*, op. cit., pp. 727-728.

34. L'article 11 de l'accord sur le rapatriement des prisonniers donnait en effet cette possibilité aux prisonniers qui le désiraient. Ils étaient alors confiés aux bons soins de la Croix-Rouge indienne.

35. Cette solution, adoptée après nombre de tergiversations au sein de la NNRC, contrevenait quelque peu à l'article 11 de l'accord sur le rapatriement des prisonniers qui prévoyait que ceux-ci passeraient du statut de prisonnier de guerre à celui de civil. Il s'avère cependant que, tant au Nord qu'au Sud, ceux-ci obtinrent peu après leur nouveau statut civil.

36. Selon l'article 2 de l'accord sur le rapatriement des prisonniers, chaque délégation était formée du même nombre de personnes mais au maximum 50, chiffre qui a été retenu jusqu'en décembre 1953. Le contingent indien était lui composé en plus de 4 000 hommes, chargés de la garde des camps.

37. *Rapport du Conseil fédéral*, op. cit., p. 688.

38. Ibidem, p. 689.

39. Selon le communiqué de presse du Conseil fédéral du 28 avril 1953, cité in *Rapport du Conseil fédéral*, op. cit., p. 693 et repris in extenso par exemple dans <u>Gazette de Lausanne</u>, 29 avril 1953, p. 6.

40. Depuis le moment en été 1952 où les autorités suisses avaient pu prendre connaissance du projet d'accord d'armistice, le Conseil fédéral était déjà intervenu verbalement pour préciser "les conditions dans lesquelles la Suisse accepterait un tel mandat", selon le communiqué de presse du Conseil fédéral du 28 avril 1953, ibidem.

41. "Aide-mémoire du Conseil fédéral du 14 avril 1953", cité in *Rapport du Conseil fédéral*, op. cit., p. 690.

42. Voir note 22 ci-dessus.

43. Un ou deux rapports en cas d'égalité des voix (*Rapport du Conseil fédéral*, op. cit., p. 690).

44. "Aide-mémoire du Conseil fédéral du 14 avril 1953", cité in ibidem, pp. 690-691.

45. "Aide-mémoire du Département d'État du 20 mai 1953", cité in ibidem, p. 691.

46. Idem, p. 692.

47. "Aide-mémoire du Conseil fédéral du 14 avril 1953", cité in ibidem, p. 689.

48. *Une Commission suisse d'armistice pour la Corée se prépare déjà à un éventuel départ*, in <u>Gazette de Lausanne</u>, 2 avril 1953, p. 5.

49. *Rapport du Conseil fédéral*, op. cit., pp. 700-701.

50. Le Conseil fédéral signalait à la presse suisse, encore le 15 avril, que les autorités suisses n'avaient reçu aucune demande à ce sujet, ni des USA, ni de l'ONU. Le vendredi 17 avril, lors de la séance hebdomadaire du Conseil fédéral, Max Petitpierre, alors chef du Département des affaires étrangères - intitulé Département politique à l'époque -, annonçait cependant à ses collègues et ensuite à la presse qu'il venait de recevoir de Washington l'avis que "la discussion est maintenant en cours entre les intéressés à la conclusion de l'armistice coréen sur le rôle qui pourrait être dévolu à la Suisse dans l'exécution des conventions d'échange de prisonniers". Il précisait néanmoins que "le Conseil fédéral ne pourra évidemment prendre une résolution ferme en la matière que lorsqu'il sera officiellement saisi d'une demande en bonne et due forme émanant des deux parties". Voir à ce propos, <u>Gazette de Lausanne</u>, 16 avril 1953, p. 6 et 18/19 avril 1953, p. 6.

51. Cité in ibidem, 16 avril 1953, p. 6, suite à des publications dans la presse américaine.

52. Cité in ibidem, 18/19 avril 1953, p. 6.

53. Cet argument sera repris par Radio-Pékin et la presse du monde communiste.

54. Il déclara ainsi à la presse que "l'argument contre la Suisse est proprement ridicule. Les Suisses sont neutres depuis des centaines d'années. Ils ne sont pas sujets à des pressions. Ils n'appartiennent pas aux Nations unies. Ils n'ont aucun intérêt dans cette région (coréenne). Et ils ne sont les alliés d'aucune des nations impliquées dans cette affaire. Je doute qu'on puisse trouver une nation qui remplisse plus complètement les exigences d'une nation neutre", cité entre autres in <u>Gazette de Lausanne</u>, 27 avril 1953, p. 8.

55. *Rapport du Conseil fédéral*, op. cit., p. 693.

56. Rappelons que la notion de neutre signifie uniquement ici "absent des combats de la guerre de Corée". Les États de la Birmanie, de l'Indonésie, du Pakistan et de l'Inde furent les plus cités dans cette phase, bien qu'au départ le commandement des Nations unies trouvait ces pays, asiatiques, trop proches du théâtre de conflit et donc pas forcément suffisamment "neutres".

57. Pour des raisons de calendrier, ce document sera remis à la Chine le 10 juin. Le Conseil fédéral émettra également le 9 juin un communiqué de presse à ce sujet. Voir *Rapport du Conseil fédéral*, op. cit., pp. 694-695 et la presse suisse du 10 juin 1953.

58. La désignation de l'Inde comme arbitre au sens de l'article 132 de la Convention de Genève sur le traitement des prisonniers de guerre, du 12 août 1949, était une proposition des communistes. Tout comme celle de la composition de la NNRC. Une composition que le commandement des Nations unies n'a acceptée qu'à condition que l'Inde exerce les fonctions de président de la commission et fournisse le personnel et les troupes demandés. Selon l'aide-mémoire du gouvernement américain du 10 juin 1953, cité in *Rapport du Conseil fédéral*, op. cit., p. 696.

59. D'autant plus que la décision suisse incita l'Inde à réclamer la même condition. Relatant les réactions le 11 juin 1953, la presse suisse cite les mots "déception" et "inquiétude", en particulier aux USA; voir entre autres <u>Gazette de Lausanne</u>, 11 juin 1953, p. 6.

60. Le même jour, la légation des USA à Berne remettait un aide-mémoire identique au Département politique suisse.

61. Cité in *Rapport du Conseil fédéral*, op. cit., pp. 695-696.

62. Selon l'aide-mémoire du gouvernement américain du 10 juin 1953, cité in ibidem., p. 697. Le gouvernement américain précise encore en ce qui concerne le rôle d'arbitre de l'Inde qu'il ne pense pas que "cette disposition modifie d'une façon quelconque le concept fondamental de la commission composée de cinq membres égaux et impartiaux et décidant par un vote pris à la majorité".

63. Voir FREYMOND Jacques, *La Suisse face aux conflits*, in PETITPIERRE Max, <u>Seize ans de neutralité active. Aspects de la politique étrangère de la Suisse (1945-1961)</u>, Contributions, dicsours et notes d'entretien publiés par Louis-Edouard Roulet, Neuchâtel, Éditions de La Baconnière, (1980), p. 147 (Le Passé présent. Études et documents d'Histoire).

64. Selon le communiqué publié à l'issue de cette séance, cité in *Rapport du Conseil fédéral*, op. cit., pp. 696-697 et repris par la presse suisse.

65. "Cette décision est prise en tenant compte de la situation de droit actuelle, des renseignements complémentaires reçus, ainsi que des assurances qui ont été données au Conseil fédéral quant à la nature et à la portée du mandat confié à la Suisse et aux conditions dans lesquelles il pourra être rempli", selon le texte du communiqué de presse du 13 juin 1953, cité in *Rapport du Conseil fédéral*, op. cit., p. 698. Le 7 juillet 1953, le Conseil fédéral autorisait le Département militaire fédéral à prendre toutes les dispositions nécessaires pour l'envoi des délégations en Corée (instruction, équipement, matériel, etc.).

66. Comme pour la NNSC, "peuvent s'inscrire volontairement des militaires suisses possédant la langue anglaise. Il faut avant tout des officiers supérieurs, des capitaines et quelques officiers subalternes, des mécaniciens sur automobiles, des cuisiniers et des radiotélégraphistes, ainsi que des interprètes possédant la langue chinoise ou coréenne. Il n'est pas nécessaire que ces derniers soient des militaires", in <u>Gazette de Lausanne</u>, 16 juin 1953, p. 1.

67. Voir le texte de ce discours in PETITPIERRE Max, <u>Seize ans de neutralité active (...)</u>, op. cit., pp. 280-287.

68. Voir synthèse des articles parus dans la presse suisse suite à ce discours, in <u>Gazette de Lausanne</u>, 24 juin 1953, p. 3.

69. Le gouvernement sud-coréen, se révoltant ouvertement contre l'autorité des Nations unies, a libéré ce jour-là près de 25 000 prisonniers de guerre nord-coréens anti-communistes placés sous la garde de troupes sud-coréennes relevant du commandement des Nations unies dans quatre camps situés en Corée du Sud. Cet événement aurait pu compromettre la signature de l'armistice. Les événements de Berlin-Est et la lutte de pouvoir qui perdurait au Kremlin, suite à la mort de Staline le 5 mars 1953, incitèrent cependant le camp sino-coréen à ne pas remettre en cause les accords longuement négociés. La décision sud-coréenne a sans aucun doute néanmoins retardé le processus de signature et "justifié" de nouvelles attaques sur l'entier du front jusqu'au 27 juillet, date de l'armistice.

70. Rappelons que la NNRC a terminé sa mission le 21 février 1954. La délégation suisse à la NNSC a vu ses effectifs diminuer au cours des années, selon les évolutions qu'a connues sa mission. En 1956, il ne resta plus que 14 délégués, puis 9 en 1960, enfin 6 depuis 1978. Les délégations des autres pays membres de la NNSC diminuèrent également du même ordre. De plus, depuis le 10 avril 1993, il n'y a plus de délégation tchèque suite à la séparation de la Tchéquie et de la Slovaquie. Pour l'histoire de la NNSC de 1953 à nos jours, ainsi que de la participation suisse à celle-ci, voir surtout URNER Klaus, dir., <u>30 Jahre Schweizerische Korea-Mission</u>, op. cit. et <u>The Swiss Delegation to the neutral Nations supervisory Commission in Panmunjom (Korea), 1953-1993</u>, op. cit.

71. Les événements qui survinrent au cours des quarante dernières années le prouvent.

72. Par la présence de forces nucléaires tant aux USA qu'en URSS.

73. Le conseiller fédéral Max Petitpierre se sentait ainsi obligé de préciser : "À propos de la participation de la Suisse aux commissions neutres de Corée, on a évoqué Nicolas de Flue et les paroles pleines de sagesse et toujours actuelles qu'il adressait aux

Confédérés avant la Diète de Stans: *Ne vous mêlez pas de querelles entre étrangers.* Je ne pense pas qu'il y ait un rapport quelconque entre les événements qui avaient inspiré à l'ermite du Ranft ces paroles et la manière dont la Suisse a répondu à l'appel qui lui était adressé par les deux parties belligérantes pour qu'elle contribue à faciliter le rétablissement de la paix après une guerre cruelle. C'est par amour de la paix que Nicolas de Flue s'exprimait. C'est dans le désir et avec la conviction de servir la paix que nous avons accepté la tâche difficile qui nous était proposée.", tiré du *Discours prononcé à l'occasion de l'"Ustertag" sur l'affaire de Corée, à Uster le 22 novembre 1953* in PETITPIERRE Max, Seize ans de neutralité active (...), op. cit., p. 297.

74. La Suisse est un État fédéral composé de plusieurs cantons aux compétences larges; sa population relève de plusieurs cultures et quatre langues officielles y sont parlées: allemand, français, italien et romanche. La crainte vient donc que des événements extérieurs et les positions prises par le gouvernement peuvent être perçues de manière fort différentes entre les diverses communautés suisses, ce qui implique des réactions qui peuvent ainsi parfois s'opposer même avec violence.

75. Pour un aperçu de ces principes, voir RUBIN Mark & WEHRLI Laurent, *Switzerland*, in Europe's neutral and Nonaligned States, between NATO and the Warsaw Pact, Wilmington, SR Books, (1989), pp. 43-70.

76. Voir note 24.

77. In SANDOZ Bernard, *La délégation suisse dans la NNSC et son environnement géopolitique*, in The Swiss Delegation to the neutral Nations supervisory Commission in Panmunjom (Korea), 1953-1993, op. cit., p. 223.

78. Voir note 17.

79. Voir encore SANDOZ Bernard, *La délégation suisse dans la NNSC et son environnement géopolitique*, in The Swiss Delegation to the neutral Nations supervisory Commission in Panmunjom (Korea), 1953-1993, op. cit., p. 224.

80. In *Rapport du Conseil fédéral*, op. cit., p. 755.

81. Voir à ce propos la partie "Les mandats acceptés par la Suisse en Corée et la politique de neutralité", in ibidem, pp. 749-757.

82. Les USA avaient en effet tout intérêt à faciliter une décision rapide de la Suisse afin que la signature de l'accord d'armistice et donc le cessez-le-feu interviennent au plus vite.

83. In "Aide-mémoire du gouvernement des USA du 10 juin 1953", cité in *Rapport du Conseil fédéral*, op. cit., p. 697.

84. Gazette de Lausanne, 24 juin 1953, p. 3.

85. Comme, par exemple, dans l'aide-mémoire du gouvernement américain au Conseil fédéral suisse du 20 mai 1953, cité in *Rapport du Conseil fédéral*, op. cit., pp. 691-692.

86. Le Conseil fédéral a cependant renoncé à une idée émise par quelques milieux que la Suisse, appelée à appliquer le système de l'accord d'armistice, devrait demander à pouvoir participer directement aux négociations de cet accord. Il trouvait en effet que celles-ci étaient déjà suffisamment compliquées "pour qu'on ne veuille pas étendre encore le nombre des interlocuteurs et des solutions proposées et risquer peut-être de les faire échouer", cité in *Rapport du Conseil fédéral*, op. cit., p. 755.

87. In ibidem, p. 755.

88. "Depuis la fin de la guerre, si souvent, on nous a accusés de demeurer agrippés, par pur égoïsme, à une neutralité anachronique", in <u>Gazette de Lausanne</u>, 24 juin 1953, p. 3.

89. Selon un article paru déjà in ibidem, 24 juin 1953, p. 3. Non sans une certaine fierté, explicable en partie par la situation de la Suisse au cours de la décennie précédente, l'auteur conclut par "C'est là un beau succès".

90. "En répondant à l'appel qui nous a été adressé, nous devons avoir conscience que nous servons les intérêts de la paix et qu'en même temps nous défendons la position de notre pays dans le monde d'aujourd'hui", tiré du *Discours du Conseiller fédéral Max Petitpierre, prononcé à l'occasion de l'"Ustertag" sur l'affaire de Corée, à Uster le 22 novembre 1953* in PETITPIERRE Max, <u>Seize ans de neutralité active (...)</u>, op. cit., p. 298.

PEACEKEEPING UND INNERE FÜHRUNG

Anmerkung zur Entstehung, Entwicklung und Bewährung einer modernen Konzeption für deutsche Streitkräfte

Helmuth Schubert

Vorbemerkung

U m gleich zu Beginn Mißverständnissen vorzubeugen: Innere Führung hat nichts mit "äußerer Führung" oder mit militärischer Führung im klassischen Sinne zu tun. Innere Führung kennzeichnet vielmehr die geistig-politisch-moralische Verfassung, in der sich die Bundeswehr[1] befindet. So wie das Grundgesetz der Bundesrepublik Deutschland Antwort auf deutsche Geschichte der ersten Hälfte des 20. Jahrhunderts ist, so ist Innere Führung eine Antwort auf die Geschichte deutschen Militärs vor 1945. Innere Führung und Peacekeeping stehen daher in einem sehr engen inneren Verhältnis zueinander. Dies möchte ich im Folgenden näher erläutern.

Wie ist der Begriff Peacekeeping gedanklich und historisch einzuordnen?

Der Generalsekretär der Vereinten Nationen hat in seinem Bericht "Agenda für den Frieden" vom 6. Juni 1992 ein umfassendes Handlungskonzept für die weltweite Friedenssicherung entworfen: Vorbeugende Diplomatie soll Streitigkeiten zwischen einzelnen Parteien verhüten oder eindämmen. Der Einsatz von Streitkräften kann dabei konfliktdämmend wirken. *Friedensschaffung* (Peace-Making) soll den Konflikt zwischen verfeindeten Parteien mit friedlichen Mitteln beilegen. Zur *Friedenserhaltung* (Peace-Keeping) ist die Präsenz der Vereinten Nationen vor Ort mit Zivilpersonal, Polizeikräften und/oder Streitkräften vorgesehen. *Friedenserzwingung* (Peace-Enforcement) soll den Frieden auch gegen den Willen verfeindeter Parteien, notfalls unter Einsatz von Gewalt, mit militärischen Mittel durchsetzen, wenn alle anderen Maßnahmen keinen Erfolg haben. Friedenserhaltende, –schaffende und –erzwingende Maßnahmen müssen, um langfristig erfolgreich zu sein, durch Maßnahmen ergänzt werden, die den Frieden konsolidieren, Vertrauen pflegen und die Grundlagen für ein geregeltes staatliches. Leben schaffen (Friedenskonsolidierung – Peace-Building). Zur Durchsetzung dieser Bestrebungen fordert die "Agenda für den Frieden" auch die verstärkte Einbindung regionaler Abmachungen, wie z.B. bei der KSZE[2].

Der für unseren Kongreß leitgebende Begriff Peace-Keeping, aber auch die mit ihm zusammenhängenden Begriffe wie Peace-Making, Peace-Enforcement,

Peace-Building, werden in der Agenda für die Gegenwart und für zukünftiges Handeln der **Vereinten Nationen** definiert, sie haben daher für Gegenwart und Zukunft programmatische und international verbindliche Bedeutung. Dennoch eignen sich diese Begriffe schon allein wegen ihrer konkreten, fast zeitlosen Inhalte auch für die Untersuchung von Vorgängen in der Vergangenheit, also für eine wissenschaftliche Historiographie.

Die größte und wohl auch erfolgreichste Friedensmission in der Geschichte der Menschheit war der Krieg der "Vereinten Nationen"[3] gegen die Friedensbrecher der dreißiger Jahre unseres Jahrhunderts, vor allem gegen Deutschland. Der endgültigen Vernichtung der Nazi-Gewaltherrschaft sowie der Abrüstung der Angreifer sollte ein Frieden in sicheren Grenzen für alle folgen – dies visierten Roosevelt und Churchill 1941 in der Atlantik-Charta an, wobei ihnen klar war, daß ein dauerhafter Friede auch des effektiven Schutzes bedürfte.

Die allgemeinen politischen Vorbedingungen für die Entstehung der Konzeption der Inneren Führung

Nachdem die vier Alliierten im Mai 1945 ihr Kriegsziel auf europäischem Boden, die unbedingte Kapitulation des Großdeutschen Reiches, erreicht hatten, begannen sie unverzüglich, die in den Kriegskonferenzen gefaßten Beschlüsse zu verwirklichen: Abtrennung Ostpreußens, Schlesiens, Pommerns und Danzigs vom Reich sowie die endgültige Vertreibung der dort lebenden Deutschen und die Aufteilung Rest-Deutschlands in vier Besatzungszonen. Analog dazu wurde die alte Reichshauptstadt in vier Sektoren aufgeteilt. Besiegt, besetzt, geteilt – totale Desouveränisierung einer Kulturnation, die sich vor aller Welt disqualifiziert hatte.

Dies erforderte aus der Sicht der Sieger die Auflösung der Wehrmacht, die Übernahme der staatlichen Gewalt in Deutschland durch die Errichtung einer gemeinsamen Militärregierung für ganz Deutschland (Kontrollrat) und "Reeducation" mit dem Ziel, "daß die nazistischen und militaristischen Lehren völlig entfernt werden und eine erfolgreiche Entwicklung der demokratischen Ideen möglich gemacht wird" (Potsdamer Abkommen).

Ab 1933 hatte die verbrecherische Gewaltherrschaft der Nationalsozialistischen Deutschen Arbeiterpartei den demokratischen Staat vollständig usurpiert und diktatorisch umgestaltet. Die Ziele der Nationalsozialisten wurden zu Staatszielen. Die Energie der gewaltsam geeinten Nation richtete der "Führer" nach Vernichtung des inneren Feindes nach außen. Die Gewinnung von Lebensraum in Osteuropa und dessen rücksichtslose Germanisierung erwies sich bald als das Hauptziel. Die innenpolitischen Kampfmittel bot die SS mit den Konzentrationslagern, als Schwert für den Kampf nach außen nutzte Hitler zunächst die Wehrmacht, später trat ihr die Waffen-SS zur Seite. *Die relative Stabilität des Systems und die Gefolgschaft, die es bis weit in den Zweiten Weltkrieg hinein fand, beruhten darauf, daß es dem Nationalsozialismus gelang, sich Zustimmung aus allen sozialen Schichten zu sichern:* "Führer befiehl, wir folgen!"

In keiner Epoche der deutschen Geschichte geriet das Militär so brutal unter den Primat, besser: unter das Diktat, der Politik wie zu Zeiten des

Nationalsozialismus. Die von der Reichswehr bzw. Wehrmachtsführung veranlaßte Vereidigung der Soldaten auf die Person Hitlers kettete den Soldaten bedingungslos an den Führer, Reichskanzler und Obersten Befehlshaber. Somit degradierte sich die Wehrmacht fast zum konditionierbaren Instrument des Diktators und dessen aggressive Expansionspolitik. Nachdem der erste ernsthafte Versuch der Militärs, Widerstand zu leisten und den erkannten Verbrecher zu beseitigen, 1938 mißlang (Münchner Abkommen), führten sie die Befehle zum Angriff auf die europäischen Nachbarn exakt aus. Damit trat eine Armee, die in der Welt viel bewundert wurde, aber auch immensen Abscheu hervorgerufen hat, zugleich ihren Weg in den Untergang an.

Das Attentat vom 20. Juli 1944 sollte die Schande der vielerorts mörderischen Kriegführung beenden und die Ehre des Soldaten, ja Deutschlands, wiederherstellen. Doch das hinderte die siegreichen Alliierten nach dem Kriege nicht, den Hauptkriegsverbrechern in Nürnberg den Prozeß zu machen. Schon die Lektüre dieser Prozeßakten macht allen, die sich der historischen Wirklichkeit widersetzen, deutlich, auf welch schreckliche Weise sich das Verkommen einer Kulturnation vollzog.

Die politischen und moralischen Gemeinsamkeiten der Alliierten, die dieses Deutschland niedergezwungen hatten, schwanden schnell dahin. Die Anti-Hitler-Koalition zerbrach, der eiserne Vorhang spaltete nicht nur Deutschland, sondern Europa. Die demokratischen Mächte des Westens gingen in ihren Besatzungszonen bald andere Wege als die diktatorische Sowjetunion in Mitteldeutschland. Die Westalliierten verfolgten die Absicht, in dem von ihnen verwalteten Teil Deutschlands das zu verwirklichen, was in ihren Ländern seit Generationen das Zusammenleben der Menschen bestimmte: Recht, Freiheit und Demokratie. Niemals sollten die Deutschen wieder einen "Sonderweg" gehen, der von dieser historischen Trias abwich.

Im Sommer 1948 trugen deshalb die Westalliierten dem Ministerpräsidenten der in ihren Zonen neugebildeten deutschen Länder in den "Frankfurter Dokumenten" auf, über eine konstitutionelle Neuordnung der drei Westzonen zu beraten. Die Militärgouverneure autorisierten ihre Ministerpräsidenten, bis zum 1. September 1948 eine verfassunggebende Versammlung einzuberufen. Durch sie sollte nach dem Willen der Besatzer eine Verfassung ausgearbeitet werden, die eine föderalistische Regierungsform vorsah, die mit einer angemessenen Zentralregierung die Rechte der beteiligten westdeutschen Länder schützte und die Garantien der individuellen Rechte und Freiheiten enthielt. Die differenziertere Ausgestaltung des neuen Staates sollte Sache der Deutschen selbst sein, aber freilich der schließlichen **Genehmigung der Alliierten** unterliegen.

Unter dem aus den traumatischen Erfahrungen der vergangenen 15 Jahre gewonnenen Menschenbild entstand nach intensiven Vorarbeiten des Herrenchiemseer Konvents im Parlamentarischen Rat zu Bonn (65 Delegierte aus 11 westdeutschen Länderparlamenten) die konkrete Vorstellung von einem neuen Bürger in einer freien und demokratischen, von friedlicher Gesinnung durchdrungenen Staatsordnung, von einem rundum berechteten Bürger, wie ihn weder das Kaiserreich noch die Weimarer Republik kannten, völlig zu schweigen vom Dritten Reich mit seinem untertänigen und unterdrückten Volksgenossen.

Über fast alle Fragen staatlicher Gewalt und der Freiheit des Einzelnen beriet und befand der Parlamentarische Rat, nur über eine nicht: über die Frage der Sicherheit des westdeutschen Territoriums und seiner Bevölkerung. Sie lag nach damaliger Auffassung aller Beteiligten auf unabsehbare Zeit in den Händen der Besatzungsmächte, die ihre Peacekeeping-Aufgabe überaus ernst nahmen. Zwar diskutierte der Rat wiederholt das Thema "Sicherung nach außen", doch in der Urfassung des Grundgesetzes von 1949 finden wir nichts darüber. Auch war die Stimmung in der völlig verarmten und familiär zerrissenen Bevölkerung nicht dazu angetan, öffentlich darüber zu reden, ob und wie sich die Deutschen angesichts der überall gegenwärtigen Besatzungstruppen selber schützen sollten.

Nur an drei Stellen äußert sich das Ur-Grundgesetz zu Fragen, die im weitesten Sinne als sicherheitspolitisch zu verstehen sind. Im Artikel 26 verbietet der Parlamentarische Rat der zukünftigen Bundesrepublik die Vorbereitung und Durchführung eines Angriffskrieges, im Artikel 24 gestattet er dem Bund, sich zur Wahrung des Friedens "einem System kollektiver Sicherheit einzuordnen" und im Artikel 4 bestimmt er, daß niemand "gegen sein Gewissen zum Kriegsdienst mit der Waffe gezwungen werden darf", von der damaligen Intention her eine Schutzbestimmung für alle Deutschen, damit sie nicht gegen ihren Willen von den Alliierten zu militärischen Zwecken rekrutiert werden konnten.

Mehr ist zur Frage der Sicherheit des Bundes im Ur-Grundgesetz nicht zu ..nden, ganz zu schweigen von einer Armee und deren Verhältnis zum zukünftigen Staat. Das Grundcharakteristikum unserer Verfassung von 1949 ist also durchaus **militärneutral** wenn nicht sogar **antimilitaristisch**. An Hinweisen auf die Pflicht zur Friedenswahrung und -bewahrung im Grundgesetz mangelt es nicht, sodaß man auch von einem unmißverständlichen **Friedensgebot der Verfassung** spricht

Diesem Grundcharakteristikum entspricht auch die Haltung des ersten Bundeskanzlers der Bundesrepublik Deutschland, Dr. Konrad Adenauer, zur Frage einer westdeutschen Bewaffnung, die im Ausland bereits seit 1948 immer reger diskutiert wird. Ganz im Einklang mit der öffentlichen Meinung ("Ohne mich!") lehnt er im November 1949 die Aufstellung einer "deutschen Wehrmacht" (d.h. einer nationalen Armee) ab. Er will auch nicht zulassen, daß Deutsche als Söldner in fremde Armeen einträten. Nur im äußersten Falle sei er bereit, die Frage eines deutschen Kontingents im Rahmen der Armee einer europäischen Föderation zu überlegen.

Die weltpolitischen Veränderungen und die Expansion des sowjetischen Herrschaftsbereichs bis zum Ausbruch des Korea-Krieges machen den "äußersten Fall" aber immer wahrscheinlicher. Noch ist der Kriegszustand mit den Westalliierten nicht beendet, als Adenauer die politisch brisante Entscheidung trifft, die Frage eines westdeutschen Wehrbeitrages doch zu "überlegen".

Um die Überlegungen zu konkretisieren, beruft er im Oktober 1950 eine Expertenkommission ehemaliger deutscher Offiziere in das Eifel-Kloster Himmerod. Das Ergebnis dieser geheimen Zusammenkunft ehemaliger Wehrmachtsoffiziere unter der Obhut der ehrwürdigen Zisterziensermönche ist in der "Denkschrift über die Aufstellung eines deutschen Kontingents im Rahmen einer internationalen Streitmacht zur Verteidigung Europas", der sogenannten "Himmeroder Denkschrift" zusammengefaßt.

Die historischen Vorbedingungen für die Entstehung der Konzeption der Inneren Führung

Streng genommen war die Teilnahme an der Himmeroder Tagung nicht nur verfassungswidrig, sondern sie konnte auch nach alliiertem Recht mit lebenslangem Freiheitsentzug bestraft werden. (Letzteres brachten die beteiligten Offiziere auch deutlich zum Ausdruck.) Es gab seinerzeit keinen verfassungsrechtlichen Ansatzpunkt, Streitkräfte in die bereits bestehende Grundordnung der Bundesrepublik Deutschland einzufügen. Darüber hinaus hatten die Experten vermutlich auch keine klare Vorstellung davon, wie Demokratie – zumal eine "grundgesetzliche", eben wie die freiheitliche demokratische Grundordnung – und Militär miteinander zu vereinbaren waren. Das stand für sie gar nicht so sehr im Vordergrund ihrer Überlegungen. Auch war die Bereitschaft der Militärs, sich gänzlich einer zivilen, politischen, parlamentarischen Kontrolle zu unterwerfen, noch nicht gereift. Die Grundsätze des politischen Aufbaus der gerade ein Jahr alten Bundesrepublik konnten wohl noch nicht in die Vorstellungen von neuen militärischen Verhältnissen eingedrungen sein, wenigstens nicht nach heutigen Begriffen. Die ehemaligen Soldaten nutzten vielmehr ihre Erfahrungen, um die vor allem spezifisch militärischen Probleme, so das der militärischen Spitzengliederung, aber auch das der Gliederung und Ausrüstung zukünftiger Streitkräfte unter den gegebenen Umständen, zu erörtern.

Immerhin stellen die Himmeroder aber übereinstimmend fest, daß die Ausbildung zukünftiger Soldaten ebenso wichtig sei, wie deren Charakterbildung und Erziehung. Damit komme dem Inneren Gefüge der neuen deutschen Truppe große Bedeutung zu. Die Voraussetzungen für den Neuaufbau seien von denen der Vergangenheit so verschieden, "daß ohne Anlehnung an die Formen der alten Wehrmacht heute *grundlegend Neues* zu schaffen ist". Dazu gehöre, daß das Ganze wie der Einzelne aus innerer Überzeugung die demokratische Staats- und Lebensform zu bejahen habe. Sie fordern die Selbstreinigung des Offizierkorps, denn eine Überprüfung des persönlichen Verhaltens in der Vergangenheit sei dann erforderlich, "wenn ... Anwürfe erhoben werden". "Eine solche 'Selbstreinigung' erscheint aus psychologischen Gründen der Öffentlichkeit des In- und Auslandes gegenüber wie im Interesse des inneren Zusammenhalts der Truppe notwendig." Diese später im Personalgutachterausschuß praktizierte Selbstreinigung hat die Bundeswehr zeit ihrer Existenz davor bewahrt, durch in der Vergangenheit belastete Personen diskreditiert zu werden.

Der Erziehung des Soldaten im politischen und ethischen Sinne ... sei von vorneherein größte Beachtung zu schenken, heißt es in der Denkschrift. "Sie hat sich nicht auf das rein Militärische zu beschränken. Durch Schaffung eines europäischen Geschichtsbildes und Einführung in die politischen, sozialen und wirtschaftlichen Fragen der Zeit kann von der Truppe aus über den Rahmen des Wehrdienstes hinaus ein entscheidender Beitrag für die Entwicklung zum überzeugten Staatsbürger und europäischen Soldaten geleistet werden." Hier klingt wohl zum ersten Mal das an, was später *Staatsbürger in Uniform* genannt und gelebt wird. Die Himmeroder stießen damit im Jahre 1950 unter dem bereits in der Wehrmacht bekannten Begriff des "Inneren Gefüges" Türen zu einem neuen Selbstverständnis des Soldaten auf. Konkrete Konzepte fehlten naturgemäß noch.

Historische Vorbedingungen der Inneren Führung liegen auch in den geschichtlichen Erfahrungen derer, die von Anfang an auf die Gestaltung der Binnenstruktur der neuen Streitkräfte besonderen Einfluß hatten. Ebensowenig wie das Grundgesetz von den Biographien der Beteiligten im Parlamentarischen Rat getrennt werden kann, ebensowenig ist die geistig-politische Grundlegung westdeutscher Streitkräfte von ihren militärischen Schöpfern zu trennen. Zu diesen zählen natürlich die "Himmeroder". Sie durchlebten wie fast alle Deutschen 1918/1919 eine schwere Identitätskrise. Die Revolution von 1918, der kampflose Abtritt der Landesherren, wischte gewachsene kulturelle Traditionen und Konventionen, Sitten und Gebräuche von heute auf morgen hinweg. Der eigentliche Traditionsbruch der deutschen Militärgeschichte erfolgte in diesen Jahren. Er hatte auf Jahrzehnte hindurch tiefgreifende Veränderungen verursacht, die nun neue Orientierungen erzwangen.

Die Entstehung der Konzeption der Inneren Führung als "Antwort auf die deutsche Militärgeschichte"

Unmittelbar nach der Tagung in Himmerod ernannte Adenauer Theodor Blank zum "Beauftragten des Bundeskanzlers für die mit der Vermehrung der alliierten Truppen zusammenhängenden Fragen" (Sicherheitsbeauftragter). In dem nach ihm benannten Amt wurden fortan alle sicherheitspolitischen Planungen er- und bearbeitet, die dann 1955 zur Gründung der Bundeswehr führten. Ende 1953 wurde im Amt Blank die Unterabteilung Innere Führung eingerichtet. Dort entstand bereits in der Phase der Planungen für eine Europäische Verteidigungsgemeinschaft die Überzeugung, daß die neue Wehrform nicht nur mit den Armeen der EVG-Partner harmonieren sondern auch mit der neuen westdeutschen Staatsform übereinstimmen mußte.

In welcher Form, in welcher internationalen Einbindung auch immer neue deutsche Streitkräfte entstehen sollten, Hauptaufgabe war konsequenterweise, das Recht in der zukünftigen militärischen Organisation so massiv einzubauen, daß es nicht mehr gebeugt werden konnte. Dazu liegen frühe, richtungweisende Arbeitsergebnisse aus dem Amt Blank vor, die später das Wehrrecht, den normativen Teil der Inneren Führung, entscheidend bestimmten. Objektiv ging es darum, den Soldaten und seine Pflicht zum Gehorsam davor zu schützen, vom Staat, von einer Obrigkeit, je wieder bedrängt und mißbraucht zu werden. Dazu zählte auch die Neugestaltung des Verhältnisses zwischen Vorgesetztem und Untergebenem. Nach außen mußte die Rechtsstellung dafür sorgen, daß der Soldat gleichberechtigter Bürger bleibt. Subjektiv sollte die Wiederherstellung des Rechts aber auch die Rehabilitierung des Soldaten der Wehrmacht bringen und damit dessen andauernde Diffamierung beenden. Diejenigen, die verantwortlich an der Planung der Wiederbewaffnung mitarbeiteten, weigerten sich übrigens, ohne Entlassung der Kriegsgefangenen und der sog. Kriegsverbrecher je wieder Soldat zu werden. Die 1951 von Präsident Eisenhower und 1952 von Adenauer abgegebenen "Ehrenerklärungen" entspannten die Atmosphäre ein wenig.

In den dreieinhalbjährigen Beratungen über den Pleven-Plan, also über die "Europäische Verteidigungsgemeinschaft" (EVG) und damit über das deutsche Kontingent in einer europäischen, supranationalen Armee, ging es deutscherseits darum, das Innere Gefüge dieses Kontingents nach rechtsstaatlichen Prinzipien zu gestalten. Über die Art, wie der westdeutsche Militärbeitrag in das vorgegebene Verfassungsgebäude der Bundesrepublik Deutschland eingefügt werden sollte, wurde allerdings noch nicht öffentlich nachgedacht. Die erste, noch sehr allgemein gehaltene Grundgesetz-Änderung, die Wehrhoheit des Bundes betreffend, wurde erst im Fühjahr 1954 vom Bundestag beschlossen. So bestand in diesen Jahren der Planung die Gefahr, eine extrakonstitutionelle Armee zu schaffen, die sich mehr an den europäischen Brüdern orientierte als an den geistig-politischen Intentionen des Grundgesetzes, möglicherweise also sogar eine Armee außerhalb des Staates. Damit wäre man bei aller Modernität der Planungen - freilich unter dem Zwang des herrschenden Zeitgeistes - weit hinter Weimar mit seinem "Staat im Staate" zurückgefallen. Es läßt sich nur schwer ausmalen, wie sich dieses Kontingent unter dem Einfluß der kriegserprobten und damals (in ihren Kolonien) kriegführenden europäischen Partnern im Vergleich zu den Intentionen des Grundgesetzes entwickelt hätte.

Unter dieser in der Rückschau besorgniserregenden Sicht darf es als Glücksfall bewertet werden, daß sich im August 1954 die französische Nationalversammlung, freilich mehr aus nationalem Interesse, weigerte, den EVG-Plan weiter zu behandeln. Da unter dem Druck der weltpolitischen Entwicklungen die militärischen Planungen aber auf einen westdeutschen Verteidigungsbeitrag konzentriert waren und auf diesen nicht mehr verzichtet werden konnte, sah sich Adenauer gezwungen, zu tun, was er bislang konsequent abgelehnt hatte: die Aufstellung einer "Wehrmacht", also einer nationalen Armee, und dies mit Soldaten, die ihre Qualität als Bürger des Grundgesetzes am Kasernentor nicht einbüßen durften. **Hier liegt die Geburtsstunde der Inneren Führung.**

Die Anstrengungen aller politisch Verantwortlichen in Parteien, Gewerkschaften, Kirchen und Verbänden aller Art mußten nun darauf gerichtet werden, die bereits konzipierten Streitkräfte in die seit fünf Jahren bestehende Verfassungswirklichkeit der Bundesrepublik Deutschland einzufügen und die "Forderung nach Einbürgerung des Soldaten" (Baudissin, 1953) zu verwirklichen. Im damals oft mißverstandenen Begriff "Integration" – sowohl nach innen in die Gesellschaft als auch nach außen in das Bündnis gesehen – und in der Unfähigkeit vieler, zu erkennen, daß Innere Führung im Prinzip eine grundgesetzliche *conditio* ist, liegen die vielen Mißverständnisse und persönlichen Rangeleien begründet, die in den nun folgenden Jahren in den manchmal erbittert geführten Diskussionen um die Innere Führung sichtbar wurden.

Neben dieser mehr innenpolitischen Komponente mußte die außenpolitische stets im Auge behalten werden, die aus der Sicht der Westalliierten auf die Formel gebracht werden kann: **Sicherheit mit den Deutschen vor den**

Deutschen. Diese Formel konnte unter den damaligen Bedingungen nicht anders verwirklicht werden als: Zuerst politische Einbindung der Bundesrepublik Deutschland in die Westeuropäische Union und NATO, dann Aufstellung nationaler Streitkräfte und deren sofortige Zuordnung zu NATO-Kommandobehörden.

Die historisch zu erklärende Natur unserer Streitkräfte stellt uns – neben dem ebenso zu erklärenden Sicherheitsbedürfnis unserer Verbündeten mit und vor den Deutschen – immer wieder vor die Aufgabe der politischen, sozialen, rechtlichen und ethischen Einordnung von Bündnisstreitkräften in die freiheitliche demokratische Grundordnung der bereits bestehenden Bundesrepublik Deutschland. Auch unter diesem Aspekt können wir mit Recht die Geburtsstunde der Inneren Führung im Herbst des Jahres 1954 sehen, wenn wir die Konzeption auch als aktuelles Programm oder ständiges Bemühen verstehen, Streitkräfte und Grundgesetz, Soldat und Bürger, kompatibel zu machen – sozusagen im Außenbereich. Im Binnenbereich der Streitkräfte, im Truppenalltag, muß dies sichtbar werden durch die Wahrung und Förderung des Menschenbildes und der Werteordnung des Grundgesetzes insgesamt. Für dieses Programm kennen wir kein Vorbild in der deutschen Geschichte, auch nicht in den vielzitierten preußischen Reformen zu Beginn des 19. Jahrhunderts. Zwar können wir mit Theodor Blank die Scharhorstschen Ansätze als Initialzündungen für das Denken der Militärreformer des 20. Jahrhunderts anerkennen, auch der Gedanke Gneisenaus: Jeder Bürger eines Staates sei der geborene Verteidiger desselben – im Gegensatz zu "Volk an's Gewehr!" –, floß in die Reformüberlegungen der fünfziger Jahre mit ein, doch nach der Zerrüttung aller Werte in der jüngsten Vergangenheit reichten diese Vorstellungen für den Neuaufbau einer Armee in einer Demokratie nicht hin.

"Alle Staatsgewalt geht vom Volke aus. Sie wird vom Volke ... und durch besondere Organe ausgeübt", so heißt es im Artikel 20 unseres Grundgesetzes. Der Wille des Volkes manifestiert sich periodisch im Bundestag, aus dem die "besonderen Organe" entstehen, so auch die Bundeswehr, die vom Parlament und damit vom Volkswillen geschaffen und am 12. November 1955, dem 200. Geburtstag Scharnhorsts, durch Aushändigung der ersten Urkunden an Freiwillige, gegründet wurde. Dieses Datum wurde gewählt, um "Geist und Tradition" des neuen Anfangs deutlich zu machen. Blank, der erste Verteidigungsminister, sagte in seiner Ansprache an die Soldaten, die versprochene Reform müsse nun in die Tat umgesetzt werden. In jeder Hinsicht würden jetzt die Planungen für den deutschen **Friedensbeitrag** auf die Probe gestellt – in Verantwortung gegenüber den künftig anvertrauten jungen Staatsbürgern, gegenüber dem ganzen deutschen Volk und gegenüber den verbündeten Völkern, die "uns in ihre Gemeinschaft aufgenommen haben". Beim Aufbau der neuen Streitkräfte werde es in entscheidendem Maße auf die in ihnen dienenden Menschen und auf den Geist innerhalb der künftigen Truppen ankommen, der lebendiger Ausdruck der freiheitlichen Lebensordnung sein müsse. Die in seinem Amt entwickelten Vorstellungen vom Inneren Gefüge der neuen Armee müßten "mit aller Entschiedenheit" verwirklicht werden. Dies sei eine Aufgabe, die in der Praxis des Dienstes jeden Tag von neuem gestellt werde. Wenn sich zwischen

Vorgesetzten und Untergebenen gegenseitiges Vertrauen entwickeln werde, dann "kann aus den Trümmern des Alten wirklich etwas Neues wachsen, das unserer veränderten sozialen, politischen und geistigen Situation gerecht wird".

Nach diesem mehr programmatischen Teil kommt Blank in seiner Ansprache auch zur historischen Position der neuen westdeutschen Verteidigungskräfte: Zur jüngsten soldatischen Vergangenheit müsse man nüchtern und vorurteilslos stehen, weder einseitiges Verherrlichen noch eiferndes Verdammen helfe weiter. Scharnhorst, zu dessen Gedenken man sich ja ganz absichtlich versammelt habe, habe versucht, die inneren Vorgänge seiner Zeit zu untersuchen und sei zu der Forderung gelangt, Armee und Nation inniger zu vereinen. So wie er damals müsse man sich heute bemühen, die Zeichen der Gegenwart zu verstehen. Scharnhorst liefere dazu natürlich keine aktuellen Handlungsanweisungen.

Zwischen Scharnhorst und der Gegenwart liegen eben Abgründe. An anderer Stelle deutet Blank an, daß es nach einem "Volk an's Gewehr" und "Führer, befiehl, wir folgen!" nicht mehr so schnell oder überhaupt nicht mehr zu einer innigen Verschmelzung von Armee und Volk kommen könne. Damit hat er bis auf den heutigen Tag recht behalten. Warnend weist Blank allerdings darauf hin, daß die Scharnhorstschen Reformen nach dem Wiener Kongreß erhebliche Rückschläge erlitten hätten, und zwar durch Kräfte, die sich vom Gestern nicht haben lösen können. Diese Entwicklung mahne die Heutigen, sich nicht durch Gestrige von dem eingeschlagenen Weg der Reformen abbringen zu lassen.

Am Schluß seiner Rede betont Blank, daß der künftige militärische Führer seinen Soldaten nur dann Beispiel eines Staatsbürgers in Uniform sein könne, wenn er mehr als ein militärischer Fachmann sei. Er habe sich – wie die Angehörigen anderer staatlicher Institutionen – der politischen Führung unterzuordnen, die wiederum dem Soldaten mit wachsendem Vertrauen begegnen müsse, damit sich die Streitkräfte nicht isolierten oder in die Isolation gedrängt würden. Auf der Basis des Vertrauens der "staatlichen Gemeinschaft" werde die Armee die Kraft haben, ihren Auftrag zu erfüllen: "nämlich durch Erhöhung der Verteidigungsbereitschaft zur **Sicherung des Friedens** beizutragen. **Nur hierin kann der Sinn soldatischer Existenz gesehen werden."**

In der verspätet ausgestellten Geburtsurkunde der Bundeswehr, dem Soldatengesetz (März 1956), wird bescheinigt, daß der Soldat dieser "Parlamentsarmee" die gleichen staatsbürgerlichen Rechte wie jeder andere Staatsbürger besitzt. Seine Rechte dürfen nur im Rahmen der Erfordernisse des militärischen Dienstes durch seine gesetzlich begründeten Pflichten beschränkt werden. Der neue, westdeutsche Soldatentypus und mit ihm das Leitbild vom Staatsbürger in Uniform ist damit formell aus der Taufe gehoben, die auch von den preußischen Reformern gewollte **Emanzipierung des Soldaten zum Bürger** hat damit formal gesehen ihren erfolgreichen Abschluß gefunden.

Das **Leitbild vom Staatsbürger in Uniform** meinte damals und meint heute nichts anderes, als daß sich der Bürger der Bundesrepublik Deutschland der Antinomie zwischen freiheitlicher demokratischer Grundordnung einerseits und Befehl und Gehorsam andererseits bewußt ist. Er muß sie "sinnvoll machen" (Baudissin). Dies immer wieder zu verdeutlichen, war und ist die eigentliche Aufgabe der Inneren Führung, wenn wir sie als ständiges Bemühen verstehen,

Streitkräfte und die ursprünglich militärneutrale bis antimilitaristische, freiheitliche demokratische Grundordnung der Bundesrepublik Deutschland politisch und für jeden nachvollziehbar zur Einheit zu verschmelzen. Das geschieht nach innen unter dem Leitbild vom Staatsbürger in Uniform auf den Wirkungsfeldern oder mit den "Mitteln"

- der Menschenführung auch und gerade unter den Belastungen des Einsatzes,

- der sinnvollen, fordernden Ausbildung,

- der Betreuung und Fürsorge,

- der politischen Bildung, sowie

- der soldatischen Ordnung und des Wehrrechts.

Der Deutsche Bundestag hat nie ein eigenes Gesetz über oder für die Innere Führung verabschiedet. Vielmehr hat die Konzeption der Inneren Führung, die sich sowohl Regierung als auch Parlament, vor allem dessen Sicherheitsausschuß, früh zueigen machten, eine Reihe von Gesetzen und "Ordnungen" mitbestimmt, die wir in der Summe als Wehrverfassung bezeichnen. Zu diesen Gesetzen zählen: Gesetz zur Ergänzung des Grundgesetzes, die Wehrhoheit des Bundes wird begründet (1954) und die zweite Wehrergänzung des Grundgesetzes (den Ausschuß für Verteidigung und den Wehrbeauftragten betreffend) (März 1956), das Soldatengesetz (März 1956), das Wehrstrafgesetz (März 1956), das Gesetz über den Wehrbeauftragten des Deutschen Bundestages (Juni 1956), das Wehrpflichtgesetz (Juli 1956), die Wehrbeschwerdeordnung (Dezember 1956), die Wehrdisziplinarordnung (März 1957), das Gesetz über die Wahl der Vertrauensmänner der Soldaten (Juli 1956). Diese *Wehrverfassung beschreibt die in der Konzeption Innere Führung geforderte Integration der Streitkräfte und seiner Soldaten in den demokratischen Rechtsstaat und bildet zugleich die verfassungsrechtliche Grundlage für die einzelnen Wehrgesetze* (Innere Führung von A - Z). Die Gesetzgebung symbolisierte einen politischen Sieg für die Reformen, die jedoch inhaltslos bleiben mußten, wenn die neuen Offiziere und Unteroffiziere sie nicht mit Leben erfüllen konnten. In einem Zustandsbericht über die Innere Führung vom 10. November 1956 beklagt Baudissin genau diesen Umstand und fordert u.a. den raschen Aufbau der Schule für Innere Führung. Sie wurde zwar zum 1. Oktober 1956 als zentrale Lehr- und Forschungsstätte der Bundeswehr auf dem Gebiet der Inneren Führung aufgestellt, doch an einen geregelten Lehrbetrieb war noch nicht zu denken, weil ein geeignetes Schulgebäude fehlte. Es wurden lediglich "Außenlehrgänge" durchgeführt, so in Rheinbach, Neustadt/Holstein, Flensburg-Mürwik, in Sonthofen und auch in Rhöndorf. Im November 1956 besuchte Kanzler Adenauer einen solchen Außenlehrgang in der "Wolkenburg", einem Hotel in Rhöndorf. Die Diskussionen der Offiziere bewertete er positiv, fragte aber humorvoll, ob das Diskutieren nicht die Disziplin lockere. Seine wirkliche Sorge galt jedoch den organisatorischen Unzulänglichkeiten, unter denen die Schule zu leiden hatte. "Also, Sie treiben jewissermaßen ambulantes Jewerbe" stellte er fest und sagte umgehend Hilfe zu. Bereits im Februar 1957 konnte die Schule jenes Gebäude auf der Pfaffendorfer Höhe beziehen, das noch heute Sitz des *Zentrum Innere Führung* ist. Hier konnte nun die Lehrgangsplanung für längere Zeiträume vorbereitet und die Schule personell aufgebaut werden. Und hier leistet die zentrale Einrichtung der Streitkräfte für die Verwirklichung und Weiterentwicklung der Konzeption der Inneren Führung seit nahezu vierzig Jahren erfolgreich seine Arbeit.

Sind die Soldaten in der Praxis den Forderungen der Konzeption Innere Führung gerecht geworden? Auf diese Frage gibt jährlich der Wehrbeauftragte des Deutschen Bundestages Antwort. Ihm ist durch Gesetz die Pflicht auferlegt, als Hilfsorgan des Parlaments die Grundrechte in den Streitkräften zu schützen und die Kontrolle der Volksvertretung über die Bundeswehr auszuüben. Bei erkannten Verletzungen der Grundrechte und der Grundsätze der Inneren Führung muß er tätig werden. Aus den Berichten der Wehrbeauftragten wird deutlich, daß zu keiner Zeit in der Geschichte der Bundeswehr weder der militärischen noch der politischen Führung der Vorwurf gemacht werden konnte, sie hätten der Verletzung von Grundrechten tatenlos zugesehen oder ihr gar zugestimmt, oder sie hätten gegen die Grundsätze der Inneren Führung verstoßen. Dennoch mußte der Wehrbeauftragte wiederholt Grundrechtsverletzungen im Einzelfall feststellen. Doch sie galten eben nur als Einzelfälle, die nicht zu verallgemeinern waren.

Die Innere Führung im soldatischen Alltag der Bundeswehr

Nach Einführung der allgemeinen Wehrpflicht am 1. Juli 1957 kann man drei Gruppen von Bundeswehrangehörigen voneinander unterscheiden: Zur einen gehörten all diejenigen, die bis 1928 geboren worden waren und am Krieg teilgenommen hatten. Zur nächsten sind die sog. Weißen Jahrgänge (1929-1937) zu zählen. Die dritte Gruppe bildeten diejenigen, die nach dem 1. Juli 1937 geboren wurden. Die Angehörigen der ersten Gruppe waren also 1958, von diesem Jahr ist in den folgenden Betrachtungen auszugehen, 30 Jahre und älter, die der zweiten zwischen 20 und 30 und die der dritten unter 20 Jahre alt. An diese Gruppen wandte sich die Konzeption der Inneren Führung in differenzierter Weise, nicht nur wegen des unterschiedlichen Lebensalters, sondern vor allem wegen den unterschiedlichen Bewußtseinslagen, die diese Gruppen charakterisierten.

Für die erste Gruppe mag die Konzeption als eine Art "Umerziehungsprogramm" erschienen sein. Demokratie und Militär, Freiheit des Einzelnen und Befehl und Gehorsam in einer demokratischen Umwelt – das waren für sie als alte Soldaten der Armeen im Kaiserlichen Deutschland, in der Reichswehr und in der Wehrmacht neue Dimensionen. Was sie vor allem im Krieg erfahren hatten, Gehorsam, Unterwerfung unter den Willen des militärischen Führers, Duchhaltewillen und Tapferkeit auch in aussichtsloser Situation, feste Kameradschaft zum Nebenmann wie nach unten und oben, Eigeninitiative wo Handlungsanweisungen fehlten, Überwindung des Feindes und der eigenen Schwächen, Ertragen unerhörter Härten im Krieg und später in der Gefangenschaft, dies und vieles mehr waren für sie die typischen Merkmale des Soldatenberufes. Diese für sie auch existentiellen Merkmale brachten sie in die neugegründete Bundeswehr mit, in dem Bewußtsein, daß diese Tugenden das

Selbstbewußtsein und Selbstwertgefühl des Wehrmachtssoldaten in Sieg und Niederlage konstituiert und die selbst in einer feindlich gesonnenen Welt Anerkennung gefunden hatten. Sorge für den Untergebenen war für sie tägliche Selbstverständlichkeit, auch wenn in dieser Hinsicht manchmal Korrekturen notwendig waren. (Vgl. OKH vom 22. Mai 1942, betr.: Inneres Gefüge der Truppe). Ihr Bild vom Untergebenen allerdings war das eines unmündigen Menschen, und auch der "Landser" hatte keine Alternative zu dieser Position kennengelernt. Der Untergebene mußte hart ausgebildet werden, damit er die Lasten des Kampfes lebend überstand, und dazu gehörte nach ihrer Auffassung der Schliff und das Brechen des Willens. Die "08/15 - Story" legt dafür anschauliches Zeugnis ab. Die Brutalität des NS-Systems legitimierte diese oft menschenverachtenden Methoden. Viele von ihnen meinten, die Konzeption der Inneren Führung wende sich - als Ausdruck des Mißtrauens - in erster Linie gegen dieses Berufs- und Selbstverständnis. Das führte dann auch zu erheblichen Widerständen in dieser Gruppe, die damals das gesamte Führerkorps der Bundeswehr vom Zugführer an aufwärts bildete.

Die zweite Gruppe brachte gänzlich andere Lebenserfahrungen mit in die Streitkräfte. Die Älteren von ihnen "dienten" noch in der Hitlerjugend und wurden dort von den Maximen der Kinder- und Jugenderziehung ihrer Zeit geprägt. In jungen Jahren litten auch sie unter dem Bombenterror, mußten Flucht und Vertreibung überstehen, durchlebten die allgemeinen Not- und Hungerjahre der ersten Nachkriegszeit und wuchsen vielfach vaterlos auf. Ende der vierziger, Anfang der fünfziger Jahre begannen sie ihre Berufsausbildung und starteten in der Regel eine erfolgversprechende, vom allgemeinen Wiederaufbau- und Wirtschaftsboom begünstigte Berufskarriere. Zu ihnen sind auch jene zu rechnen, die nach ihrer Schulausbildung in den Bundesgrenzschutz eintraten und später den Grundstock für das "Jüngere Führerkorps" der Bundeswehr bildeten. Ihr Selbstbewußtsein speiste sich aus gänzlich anderen Quellen als das der ersten Gruppe. An sie gewandt wollte die Konzeption der Inneren Führung die frischen Ansätze ihres demokratischen Verhaltens fördern, ihre mitverantwortliche politische Sensibilität stabilisieren, mit ihnen wollte sie von Anfang an die im Amt Blank erarbeiteten Grundsätze realisieren im Sinne der Gestaltung zeitgemäßer Menschenführung und soldatischer Ordnung im demokratischen Staat.

Die dritte Gruppe wird im Rahmen dieser Betrachtung erst dann bedeutsam, als ihre Angehörigen die Schulausbildung abgeschlossen hatten und als Wehrpflichtige oder Freiwillige etwa ab 1958 zur Bundeswehr kamen. Sie waren Absolventen eines demokratisch reformierten Schulsystems, politisch durchaus gebildet. Der Korea-Krieg, der Aufstand am 17. Juni 1953 in der DDR hatte sie genau so bewegt wie die Volkserhebung in Ungarn im Oktober 1956. Sie wuchsen in dem Bewußtsein auf, daß frisch gewonnene Freiheit und Demokratie unmittelbar bedroht waren und aktiv verteidigt werden mußten. So war es keine Seltenheit, daß sich Abiturienten des Jahrgangs 1958 vorzeitig freiwillig zur Ableistung der Wehrpflicht bei den Kreiswehrersatzämtern meldeten oder sich als Zeitsoldaten zum Offizier ausbilden lassen wollten. Viele von denen, die sich für die Offizierlaufbahn entschieden hatten, kamen ebenfalls aus vaterlosen, oft kinder-reichen, durch Flucht und Vertreibung verarmte Familien, deren Mütter, auf sich allein gestellt, froh waren, ihren Söhnen eine angemessene Ausbildung zu ermöglichen. Ihnen galt insbesondere die Konzeption der Inneren Führung, vor allem auf den Gebieten der Wahrung des Rechts in der Truppe, der Betreuung und Fürsorge sowie der politischen Bildung. Die Ausbilder dieser jungen Menschen waren natürlich fast ausnahmslos wehrmachtgediente Soldaten, die Unterführer stammten oft aus dem Bundesgrenzschutz. Die harte Ausbildung wurde von den Jungen mehr oder weniger klaglos hingenommen, weil sie schnell erkannten, daß diese erfahreneren und nicht selten hochdekorierten Vorgesetzten (darunter etliche Tapferkeitsoffiziere) ihnen das Rüstzeug mitgaben, mit dem sie den seinerzeit gar nicht mal unwahrscheinlichen Fall kriegerischer Auseinandersetzungen be- und überstehen konnten. Die Unterrichte im Rahmen der "geistigen Rüstung" über Themen wie "Wofür dienen wir?" ergänzten die praktische Ausbildung und charakterisierten in fast wissenschaftlicher Form den Kommunismus als expansive Bedrohung von Freiheit und Demokratie, ohne ein Feindbild zu stiften oder gar zum Haß zu erziehen, wie es umgekehrt in der DDR der Fall war. Sowohl die praktischen als auch die theoretischen Ausbildungsmethoden wären heute allerdings nicht mehr denkbar.

Die Ausbildung zum Unteroffizier war wesentlich härter als die der Wehrpflichtigen. Im Vordergrund stand die Befähigung zur Führung einer Gruppe im Gefecht unter dem Leitwort "Führen durch Vorbild". Oftmals lagen die Ausbildungsmethoden an der Grenze menschenwürdiger Behandlung, manchmal wurde die Grenze überschritten. Die in der Truppe zum Unterführer auszubildenden Offizieranwärter wurden gelegentlich noch härteren Bedingungen unterworfen. Nach oben, gar zum Wehrbeauftragten, drang davon nichts. Warum auch? Die Zeichen der Zeit standen auf Bedrohung und damit auf Überleben im Krieg.

Bereits im Sommer 1958 stellte die Heeresführung die junge Bundeswehr in der sog. Lehr- und Versuchsübung (LV 58) auf eine harte Probe. Nach dem schweren Iller-Unglück im Jahre 1957, bei dem 15 Soldaten während einer Übung ertranken, wurden die Sicherheitsbestimmungen für Übungen verschärft, sodaß sich die Unglücksfälle während dieses Manövers in Grenzen hielten. Dennoch hatte die Truppe äußerst "kriegsnahe" Situationen zu überstehen. Fragen der Menschenführung sowie der Betreuung und Fürsorge traten dementsprechend in den Hintergrund. Dafür wurden die an dem Manöver beteiligten Einheiten und Verbände bei der Rückkehr in ihre Garnisonen in den Kasernen wie siegreiche Truppen empfangen. Mag sich die neue Brigadegliederung vor den Augen der militärischen Führung bewährt haben, von den Zielsetzungen der Inneren Führung war während diesen entbehrungsreichen Wochen für den Soldaten "an der Front" wenig zu spüren. Für die Verantwortlichen war das zunächst auch gar nicht wichtig, denn es galt, dem Bündnis möglichst rasch eine schlagkräftige und verläßliche Truppe zur Verfügung zu stellen. Unter den obwaltenden politischen Bedingungen jener Zeit war das jedem, ob jung oder alt, einsichtig. Das Berlin-Ultimatum der Sowjets (Dezember 1958) bewirkte, daß die Verfechter einer harten Gangart oberhand behielten. Ausbildungsmethoden und Grundsätze der Inneren Führung (wenn sie denn überhaupt in der Truppe bekannt waren) konnten damals offensichtlich auf keinen gemeinsamen Nenner gebracht werden. Im übrigen machte die Truppe ja mit. Weitere Großübungen, wie z.B. "Hold fast" und längere Truppenübungsplatz-Aufenthalte bestätigten in der ersten Hälfte der 60er Jahre die These, daß eine harte Ausbildung vor allem unter den Bedingungen des atomaren Gefechts zum erwünschten Erfolg führte. Die Truppe gewann an Ansehen in der Bevölkerung. Das notwendige Übel Bundeswehr überzeugte, das bewiesen die Reaktionen der Öffentlichkeit auf den Mauerbau 1961 in Berlin, auf die Hilfseinsätze der Soldaten bei der Flutkatastrophe 1962 sowie auf die Haltung der Truppe während der Kubakrise im gleichen Jahr. Die Bedrohungsvorstellungen in der Bevölkerung glichen weitgehend denen in der Truppe, die sich nun überwiegend aus Wehrpflichtigen rekrutierte.

Als aber nach dem Einmarsch des Warschauer Pakts in die Tschechoslowakei 1968 dann zu Beginn der siebziger Jahre die Entspannungspolitik erste Erfolge erzielte, ließ die außengesteuerte Motivation der Truppe schnell nach. Das hatte natürlich seine Gründe.

Erste Anzeichen für die Notwendigkeit einer inneren Neuorientierung machten sich schon früh bemerkbar. Solange noch kriegsgediente Offiziere Kompanien führten, wurden Menschenführung und Ausbildung von ihren Kriegserlebnissen bestimmt. In den Offizierheimen nahmen die Erzählungen aus der Kriegszeit, meist von der Ostfront, oft kein Ende. Das führte nach und nach zu einer kritischeren Haltung der Jüngeren den Älteren gegenüber und auch, trotz allen Respekts, gelegentlich zu harten Auseinandersetzungen zwischen den Generationen. Die Älteren machten keinen Hehl aus ihrer Abneigung den Reformbestrebungen gegenüber, sie hielten eben nichts von dem Inneren Gewürge, das Disziplin und Effektivität nur lähmten. Für sie waren Innere Führung, die sie nach wie vor als unerwünschtes Umerziehungsprogramm ansahen, und Ansprüche des Kampfalltages unvereinbar. Oder: Professionalität und Grundsätze der Inneren Führung standen für sie im naturgegebenen Widerstreit.

Erst als Angehörige der zweiten Gruppe (also der nach 1929/30 Geborenen) Anfang der 60er Jahre vereinzelt in Kompaniechefstellen nachrückten, wurde selbst in einem so kleinen Rahmen wie einem Bataillon vergleichsweise deutlich, daß auch auf anderen Wegen zum gleichen Erfolg zu kommen war. Sie gingen in ihrem täglichen Dienst von einem anderen Bild vom Untergebenen aus als die Älteren. Für sie war der junge Soldat bereits der Staatsbürger, der wie sie selbst unveräußerliche Qualitäten besaß. Vielleicht hat sich dieser oder jener irgendwann einmal in die Lektüre der Schrift "Vom künftigen deutschen Soldaten" aus dem Amt Blank vertieft, in der gefordert wurde, den Willen des Soldaten nicht zu brechen, sondern zu festigen. Erziehung des Soldaten dürfe ihn nicht klein machen, sondern Erziehen heiße Mutmachen.

Dazu gehöre, daß die menschliche Würde des jungen Mannes geachtet, seiner Mitverantwortung Raum gegeben und sein Denken nicht uniformiert werde. Obwohl der gesetzlich vorgeschriebene "staatsbürgerliche Unterricht" (später politische Bildung genannt) nur am Rande eines Dienstplans aufzufinden war, deckte sich die Auffassung dieser Offiziere von staatsbürgerlicher Bildung offensichtlich mit den Gedanken, wie sie leitgebend in der Schrift vom künftigen Soldaten niedergelegt worden waren: Die staatsbürgerliche Bildung in der Truppe solle das politische Verständnis des Soldaten vertiefen, seine Bereitschaft zur politischen Mitverantwortung heben und jenes Maß an sachlichem Wissen vermitteln, das jeder Staatsbürger braucht, um seinen Pflichten und Rechten in der staatlichen Ordnung nachkommen zu können. Voraussetzung solcher staatsbürgerlichen Bildung sei ein menschlich sauberer, gerechter und disziplinierter Dienst, bei dem der junge Soldat merkt, daß Staat und Truppe es mit ihren sittlichen Forderungen ernst nehmen. Das bilde mehr als jeder Unterricht, mag er auch noch so gut gehalten sein. "Geist und Haltung lassen sich nicht unterrichten. Lehren formen den Menschen nicht und bleiben wirkungslos, wenn sie nicht im täglichen Dienst, in der freien Zeit am Beispiel der Vorgesetzten, Kameraden und Mitbürger erlebt werden." Das wiederum setze gemeinsame Grundauffassung über Werte und Ordnungsprinzipien des freiheitlichen demokratischen Staates voraus. "Staatsbürgerliche Bildung ist kein Zusatz, sondern gehört zum Dienst."

Es gab Anfang der sechziger Jahre junge Offiziere, die in einem Bataillon als erste nicht kriegsgediente Kompaniechefs ihren kriegserfahrenen Chefkollegen bewiesen, daß diese Leitgedanken mit großem Erfolg für Ausbildung und Erziehung in die Tat umgesetzt werden konnten. Das erleichterte es auch, die immer intensiver gestellten Fragen der noch Jüngeren nach dem Sinn soldatischen Tuns mit Erfolg zu diskutieren. Vorbilder aus der Vergangenheit, so oft sie von der älteren Generation auch hervorgezogen wurden, halfen unter den aktuellen Bedingungen und unter dem damals schon bekannten Aspekt, daß die Wehrmacht – wie fast alle großen Institutionen des Dritten Reiches – nicht unbeschädigt aus dem Zweiten Weltkrieg heimgekehrt war, nicht weiter. Konnte man sich mit einem Beruf identifizieren, der unter einer ungeheuren Last seiner eigenen Vergangenheit litt?

Über die Art, wie z.B. der 20. Juli zu würdigen sei, hatte sich die kriegsgediente Gruppe tief zerstritten. So wurden denn auch die Gedenkfeiern, die jeweils im Umfeld dieses Datums begangen wurden, meist von den jüngeren Offizieren gestaltet. Damit wird beispielhaft deutlich, daß die kriegsgediente Generation in der Truppe mit ihrer Kriegsgeschichte oft nicht fertig wurde und auch außerstande war, traditionsbildende, sinnstiftende Elemente aus dieser Geschichte in die Gegenwart zu transportieren. Auch der noch weitere Rückgriff auf Reichswehr oder auf die Armeen im kaiserlichen Deutschland, ja auf den alten Fritz, konnte neuen Sinn nicht stiften. Viele geschichtsbewußte ältere Offiziere wollten das aber so nicht sehen und begannen, eigene Formen der Geschichtsbetrachtung zu entwickeln. Dem hielt bereits 1958 der Generalinspekteur Heusinger entgegen: Die Übernahme von Einzeltraditionen ehemaliger Truppenteile der Wehrmacht nach 1933 durch Verbände der Bundeswehr könne heute nicht in Betracht kommen.

Im Blick auf die Würdigung des 20. Juli 1944 betonte er in einem Tagesbefehl 1959 – ganz und gar an die erste Gruppe gerichtet – "Wir Soldaten der Bundeswehr stehen in Ehrfurcht vor den Opfern jener Männer, deren Gewissen durch ihr Wissen aufgerufen war. ... Ihr Geist und ihre Haltung sind uns Vorbild."

Auch der Beirat für Fragen der Inneren Führung betonte seinerzeit, man müsse das Gedächtnis an jene große Soldaten wachhalten, die "den Aufruf ihres verletzten Gewissens höher stellten als den Gehorsam gegenüber einer unwürdigen Obrigkeit". Ein Prüfstein dafür, ob die Bundeswehr aus sich selber eine echte Tradition entwickeln könne, liege in ihrer Fähigkeit, das Ereignis des 20. Juli geistig zu bewältigen und zu würdigen. Diese Fähigkeit bewies "die Bundeswehr" vorerst nicht. Statt dessen entwickelte sich ein Wildwuchs in Sachen Tradition, vor allem auf der Ebene der Bataillone, deren Kommandeure zur kriegsgedienten Generation gehörten. Sie entwarfen eigene Bataillonsfahnen und schmückten Kasernenflure mit Bildern von Wehrmachtssoldaten, vornehmlich der eigenen Truppengattung, ließen Reliefkarten der ehemaligen deutschen Ostgebiete anbringen, alles Zeugnisse, die auf eine unreflektierte, einseitige Geschichtsbetrachtung schließen lassen konnten, wenn nicht sogar auf Revanchismus. Dem mußte Einhalt geboten werden. Doch daß dies nicht durch "Erlaß" mit Erfolg bewerkstelligt werden konnte, wurde bald deutlich. Solange die geistigen Inhalte der Inneren Führung in den Köpfen der Führung noch nicht Einzug gehalten hatten, konnte sich eine Wende nicht durchsetzen. Im Gegenteil: Mit Namen aus der Heeresführung lassen sich ernsthafte, ja gefährliche Versuche verbinden, die Innere Führung in der zweiten Hälfte der sechziger Jahre abzuwürgen.

Ohne weiter auf Einzelheiten einzugehen: In der ersten Dekade des Bestehens der Bundeswehr und darüber hinaus galt die Konzeption der Inneren Führung vornehmlich der kriegsgedienten Generation und den Bemühungen, dieser Generation deutlich zu machen, daß Innere Führung zunächst und vor allem die Verwirklichung der Wertsetzungen des Grundgesetzes in den Streitkräften und nicht kritikloses Anknüpfen an frühere Zeiten bedeutete. Daß sich diese Auffassung nach vielen Anfeindungen dann doch durchsetzte und öffentliche Anerkennung fand, zeigt die Verleihung des Freiherr-vom-Stein-Preises an die Generale Graf Baudissin, Graf Kielmansegg und de Maiziere.

Die Früchte dieses geistigen Kampfes ernteten die Angehörigen der zweiten und dritten Gruppe von Bundeswehrangehörigen, die sich unter dem "Schutz" der Konzeption der Inneren Führung zum anvisierten Staatsbürger in Uniform entfalten und mithelfen konnten, Strategien für die siebziger und achtziger Jahre zu entwickeln, die sich grob mit den Begriffen Motivation, Partizipation und Legitimation beschreiben lassen. Sie galten und gelten einer vierten Gruppe von Bundeswehrangehörigen, die inzwischen bereits in mittlere und obere Führungsebenen aufgestiegen sind. Sie wurden in der zweiten Hälfte der vierziger Jahren und danach geboren und haben sich u.a. als "Hauptleute von Unna" oder als "Leutnante 70" bereits früh einen Namen gemacht. Zu ihnen zählen aber besonders jene Soldaten, die im Rahmen der Bildungsreformen innerhalb der Streitkräfte zum neuen Typus eines modernen, international offenen, akademisch gebildeten Soldaten und Bürgers geformt wurden.

Nach dem Ausscheiden der ersten Generation, der ersten Gruppe von Bundeswehrangehörigen, aus dem aktiven Dienst, erlahmten die Kräfte, die die Konzeption der Inneren Führung weiterentwickelten, nicht von ungefähr. Man kann sogar von einem Niedergang der Inneren Führung in den siebziger Jahren sprechen. Hinzu kam, daß die Frage nach dem Warum von Streitkräften in der Öffentlichkeit, aber auch in der Bundeswehr selbst, immer hartnäckiger gestellt wurde ("Legitimation von Streitkräften"), daß die Zahlen der Kriegsdienstverweigerer stetig stieg und die Gesellschaft, mit ihr die politische Führung, die Bundeswehr immer kritischer unter die Lupe nahmen. Die Bundeswehr mußte sich nun einerseits intensiver den Problemen der Ausgestaltung des Inneren Gefüges der Streitkräften in der freiheitlichen demokratischen Umwelt stellen, andererseits hatte sie sich – wie in den fünfziger Jahren – selbst zu rechtfertigen und zu begründen.

Für die jüngste Generation waren die frühen Intentionen der Inneren Führung eigentlich nur noch aus der Geschichte, vor allem aus der Militärgeschichte, zu verstehen. Doch mit dem allgemeinen Verschwinden der historischen Bildung an fast allen Ausbildungseinrichtungen unseres Landes, auch der Streitkräfte, gerieten die Uransätze der Inneren Führung, vor allem im nichtrechtlichen, d.h. nichtkodifizierten Bereich, weitgehend in Vergessenheit. Die in der zweiten Hälfte der siebziger Jahre entfachte Legitimationsdebatte regte zu neuen Überlegungen an und ermunterte die Ausbilder an den Offzierschulen, Themen der Inneren Führung mit Themen der neueren und neusten deutschen Geschichte zu koppeln. Ad fontes! Das führte dazu, daß die üblich gewordene Reduktion von Innerer Führung auf "Wahrung des Rechts in den Streitkräften" aufgebrochen und die ganzheitliche Betrachtungsweise, so wie sie im Amt Blank entwickelt wurde, wieder in den Vordergrund trat. Dies hatte u.a. auch die Umstrukturierung der Schule für Innere Führung zur Folge. Sie wurde ab 1981 in Zentrum Innere Führung umbenannt und neu gegliedert. In ihrer neuen Struktur brachte sie nicht nur die Verwobenheit der Wirkungsfelder der Inneren Führung zum Ausdruck, sondern sie ermöglichte auch innerhalb des Hauses die notwendige interdisziplinäre Lehr- und Grundlagenarbeit. Die aus dieser Neuorientierung entstandenen Ausbildungshilfen sowie die Gestaltung der in Koblenz durchgeführten Lehrgänge vermitteln auf wirksame Weise das "Eigentliche" der Inneren Führung: Die "Inkarnation" der Demokratie und insbesondere der Werte des Grundgesetzes in der Welt des Befehls und Gehorsams, zugleich der geistig-moralisch-politische Überbau über die Streitkräfte der Bundesrepublik Deutschland.

Die *Legitimation* der Streitkräfte leitet sich direkt aus dem Grundgesetz ab. Es beginnt mit dem Satz: "Die Würde des Menschen ist unantastbar. Sie zu schützen ist Aufgabe aller staatlichen Gewalt." Zu diesem Schutz trägt die Bundeswehr als "Parlamentsarmee" unmittelbar bei. Dieser Schutz ist der Hauptauftrag an die Streitkräfte, der keiner geographischen Beschränkung unterliegt. Er ist also, besonders in Verbindung mit dem Artikel 24 GG, umfassender als der Artikel ... "Der Bund stellt Streitkräfte zur Verteidigung auf."

Diese Verfassungsbestimmungen begründen nach der Legitimation von Streitkräften die *Motivation* soldatischen Handelns. Dies immer wieder, nach innen und außen, zu vermitteln, ist eine der vornehmsten Aufgaben der Inneren Führung. (Wer in den Streitkräften dient, der steht nicht nur auf der Seite der Parlamentsmehrheit und damit des Volkes, sondern auch auf der des Rechts.) Die *Partizipation* des Soldaten auf wesentlichen Feldern seiner Welt ist das wichtigste Mittel, dies zu erfahren. Sie erhebt den kooperativen Führungsstil zur Pflicht und soll den "Alleinherrscher" vertreiben, ohne dabei den militärischen Führer von seiner letzten Verantwortung zu entbinden. Auch dies ist eine Antwort auf "Führer befiehl, wir folgen!" und ein attraktives Programm für andere Armeen, so der mittel- und osteuropäischen Staaten, die die Konzeption der Inneren Führung an der Koblenzer Schule und in der Truppe selbst intensiv studieren.

Besonders erfolgreich wirkten sich die Grundsätze der Inneren Führung bei der Wiedervereinigung ab 1990 aus. Galt es doch, die Nationale Volksarmee der DDR als Organisation zügig aufzulösen, die Bundeswehr in den neuen Bundesländern aufzubauen und dabei Offiziere und Unteroffiziere von sich überaus feindlich gegenüberstehenden Armeen in diesem komplexen Prozeß zusammenzuführen. Bereits im Mai 1991 stellte der Bundespräsident fest, daß die Rolle der Bundeswehr in diesem Zusammenhang nicht hoch genug eingeschätzt werden könne. Die relativ früh gewonnene innere Einheit der gesamtdeutschen Truppe sei ein Erfolg der Inneren Führung und fördere die Einheit der Deutschen. Mit ihrem Inneren Gefüge wirkten die Streitkräfte (der Bundesrepublik) weit über den eigenen Bereich hinaus und trügen damit auch zur Festigung des Bewußtseins freiheitlicher und demokratischer Erfahrungen im gesellschaftlichen Umfeld der neuen Bundesländer bei. Damit würden Sinn und Auftrag der deutschen Streitkräfte erneut deutlich: "Der Soldat der Bundeswehr dient dem Recht und dem Ethos unseres Verfassungsbildes. Er braucht kein Feindbild, und ein klassenkämpferischer Antrieb zum Haß ist ihm völlig fremd. Sein Dienst ist allein auf die Verteidigung der Grundlagen und Ziele unserer Verfassung und des Völkerrechts ausgerichtet. Das sind Grundsätze, die ihren einzigen Sinn im Menschen selbst haben." Die Streitkräfte seien alles andere als ein Fremdkörper in der deutschen Gesellschaft.

Manche Bürger sehen dies allerdings etwas anders als der Bundespräsident. In seinem Jahresbericht für 1994 weist z.B. der Wehrbeauftragte des Deutschen Bundestages auf die weiter wachsende Zahl von Wehrdienstverweigerern hin. Diese könne ein Zeichen dafür sein, daß die Integration auch nach vierzig Jahren noch nicht gelungen sei. Doch der Wehrbeauftragte meint auch, die 126.000 Verweigerer ließen sich eher von pragmatischen, denn von Gewissensgründen leiten. Der Zivildienst sei attraktiver als der Wehrdienst. Hinzu komme das Urteil des Bundesverfassungsgerichtes, das einen Aufkleber mit der Aufschrift, Soldaten seien Mörder, durch das Grundrecht auf freie Meinungsäußerung gedeckt sehe. Dies fördere nicht gerade das Ansehen der Bundeswehr unter jungen Menschen. Andererseits habe sich bei vielen Soldaten das Gefühl verstärkt, die Gesellschaft entziehe ihnen den Rückhalt, weil die Bundeswehr immer mehr von ihrem klassischen Verteidigungsauftrag abweiche und für weltweite Auslandseinsätze vorbereitet werde. Die Ausrichtung der Bundeswehr auf diese internationalen Einsätze "außerhalb des Verteidigungsauftrages" beginne sich bereits negativ auf die Grundsätze der Inneren Führung und das Leitbild vom Staatsbürger in Uniform auszuwirken. Der Wehrbeauftragte äußerte darüber hinaus seine Befürchtung, daß die zunehmende Härte und Disziplin in der Ausbildung für diese Einsätze als Freibrief für "unangemessene, beleidigende bis menschenverachtende Umgangsformen" verstanden werden könne.

Dagegen betont der Bundesminister der Verteidigung in seinem Weißbuch 1994 die neue Situation, in der sich Deutschland seit einigen Jahren befinde. Die gewachsene internationale Verantwortung habe Auswirkungen auf Rolle, Auftrag, Struktur und Ausrüstung, aber auch auf die Stellung der Streitkräfte in Staat und Gesellschaft sowie das berufliche Selbstverständnis des Soldaten. Sie beeinflusse auch das Verhältnis der Bevölkerung zur Bundeswehr sowie das Ansehen und die Attraktivität der Streitkräfte. Dennoch bleibe die Bundeswehr eine Armee in der Demokratie. Die Konzeption der Inneren Führung bringe auch weiterhin die Freiheitsprinzipien des demokratischen Rechtsstaates mit dem Ordnungs- und Funktionsprinzip der Streitkräfte zur Erfüllung ihres Verteidigungsauftrages miteinander in Einklang. Doch der Bundesminster der Verteidiung räumt ein, daß die über den reinen Verteidigungsauftrag auf deutschem Boden hinausgehenden Einsätze auch über NATO-Gebiet hinaus das traditionelle Selbstverständnis des Soldaten, das jetzt eine "positive Erweiterung" erfahre, veränderten. Zur ausschließlichen Kriegsverhinderung trete nun die aktive Friedensgestaltung, wobei die Grenzen zwischen der **Erhaltung und der Durchsetzung des Friedens** oftmals nicht exakt zu ziehen seien.

Die Aufträge an die Bundeswehr bestimmen naturgemäß die Art der Ausbildung der Soldaten. Dazu meint der Minister, Ziel sei die Bildung der Persönlichkeit und Professionalität der Soldaten, die sie befähigten, ihre jeweiligen Aufgaben in den Streitkräften in Deutschland, in den Bündnissen und in der internationalen Zusammenarbeit zu erfüllen. Darüber hinaus erfordere das erweiterte Aufgabenspektrum, vor allem der Einsatz im Rahmen der Friedensmissionen der UN, eine neuartige Ausbildung. Diese Einsätze stellten größte Anforderungen an die körperliche Belastbarkeit, an die geistig-seelische Durchhaltefähigkeit in extremen Situationen und an die "diplomatisch-sozialen Fähigkeiten" der Soldaten. Die Ausbildung in der Bundeswehr würde diesen neuen Herausforderungen Rechnung tragen.

Professionalität / Internationalität contra Innere Führung?

Als die Bundeswehr dreißig Jahre alt wurde, betonte General de Maiziere, die Innere Führung sei ein dynamisches Konzept, das ständiger Überprüfung bedürfe, weil es von den Entwicklungen in Staat und Gesellschaft, Politik und Technik nicht unbeeinflußt bleiben könne. Innere Führung werde daher immer Gegenstand der Diskussion bleiben, zwar nicht in ihren unverzichtbaren Grundlagen, "wohl aber in den der Weiterentwicklung und Anpassung an die der Zeit unterworfenen Einzelregelungen".

Wie weit werden in Zukunft neue Aufträge an die Bundeswehr diese Einzelregelungen bestimmen? Wie weit können und dürfen Entwicklungen in Staat und Gesellschaft gehen, ohne die Grundsätze der Inneren Führung zu beschädigen? Ähnliche Fragen wurden in den vergangenen vierzig Jahren wiederholt gestellt, weil bei vielen die Phantasie nicht ausreichte, sich vorzustellen, wie und wohin sich unsere freiheitliche Demokratie auf dem festen Boden unseres bewährten Grundgesetzes weiterentwickeln kann. Deshalb: Was die Verfassung erlaubt, das ist auch der Konzeption Innere Führung "zuzumuten".

Resümee

Im Gedankengebäude der Inneren Führung ist neben den "Wirkungsfeldern" auch die Tradition zuhause. Das "Problem" Tradition wurde der Bundeswehr wiederholt aufgeredet; dabei diente es jenen, die es zur Sprache brachten, als Indikator dafür, wie intensiv demokratische Gesinnung in den Streitkräften verwurzelt war. Die öffentliche Diskussion über Traditionsverständnis und Traditionspflege in den Streitkräften sollte den Grad der Realisierung der Grundsätze der Inneren Führung offenlegen und die Frage klären, ob die Bundeswehr wirklich zu einer Antwort auf Wehrmacht, Reichswehr und auf die Armeen im Kaiserlichen Deutschland geworden ist.

Der Begriff Tradition stammt nicht aus dem Wortschatz des Soldaten; vielmehr beschreibt er bis in unser Jahrhundert hinein primär die Überlieferung christlich-katholischen Glaubensgutes. Daher ist er in der älteren Militärliteratur auch nicht zu finden. In der Folge der historischen Identitätskrisis nach dem Ersten Weltkrieg wurde der Begriff Ende der zwanziger Jahre, besonders aber im nationalsozialistischen Dritten Reich, säkularisiert, profanisiert und gewann sozialpädagogische Bedeutung. "Tradition" diente seitdem der Stärkung nationalen Selbstbewußtseins und der historischen Legitimation nationalsozialistischer "Werte". Sie stiftete darüber hinaus energiereiche Motivation in allen Bevölkerungsschichten, vor allem aber in der Wehrmacht, deren Kampfgeist vornehmlich dieser Identifikation entsprang. Dem Niedergang des Dritten Reiches folgten naturgemäß totaler Identitätsverlust und radikaler Abbruch aller Traditionen. Der "Reeducation" bedurfte es dazu nicht.

In einer heute nicht mehr gültigen Fassung der Zentralen Dienstvorschrift der Streitkräfte (ZDV)10/1, weitgehend verfaßt von der ersten Gruppe, hieß es dazu seinerzeit: Alle bislang gültigen Werte seien erschüttert, deshalb müsse man umdenken, besser noch von der "bisherigen Geschichte Abschied" nehmen. Die "Gnade des Nullpunkts" sei zu nutzen, als ob vorher nichts geschehen sei, was die Gegenwart belaste – oder gerade deshalb? An anderer Stelle der gleichen Vorschrift ist in einem Vergleich die Rede davon, "tote Äste abzuschlagen", "altes Laub zu verbrennen", damit wir am "Neubeginn vom Punkt Null" ..."Steine heraussuchen, die sich als haltbar erwiesen haben". Historische Verdrängung erster Ordnung oder Prävention?

Tradition setzt Traditionsträger voraus. Den sich wandelnden gesellschaftlichen Bedingungen entsprechend greifen diese aus der Geschichte ihnen wertvoll erscheinende Ereignisse oder Handlungen mit der Absicht heraus, sie – mit ihren Bewertungen versehen – an nachfolgende Generationen weiterzugeben. Solange die Traditionsträger der ersten Gruppe, also der Kriegsgeneration, angehörten, sollte Tradition deren Leit- wie Vorbilder unter veränderten Umständen bewahren und begründen (siehe erster Traditionserlaß aus dem Jahr 1965). Das mußte zu Konflikten führen; sie wurden Ende der 70er, Anfang der 80er Jahre auf vielen Ebenen diskutiert und schließlich in den "Richtlinien zum Traditionsverständnis und zur Traditionspflege in der Bundeswehr" (1982) mehr oder weniger, auch als Folge eines biologischen Prozesses, beigelegt. Der Kernsatz dieser Richtlinien – zugleich Kern des Traditionsverständnisses der Bundeswehr – lautet: **"Das Grundgesetz ist Antwort auf die deutsche**

Geschichte." Diese Erkenntnis fordere, "den Gesamtbestand der deutschen Geschichte in die Betrachtung einzubeziehen und nichts auszuklammern". Die Konsequenz dieser Gedanken, mit denen sich bereits Theodor Blank eins wußte, mündet also in die Verpflichtung, sich intensiv mit der deutschen Geschichte, vor allem mit der des 20. Jahrhunderts, auseinanderzusetzen. Man kann schließlich nur auf das antworten, was man zur Kenntnis genommen hat.

Die Angehörigen der eingangs erwähnten ersten, zweiten und dritten Gruppe haben heute die Streitkräfte mehr oder weniger verlassen. Wenn, dann sind sie am vierzigsten Geburtstag der Bundeswehr nur noch in den höchsten Führungsebenen zu finden. Die vierte Gruppe, durchweg akademisch ausgebildet, bestimmt heute das Aussehen der Armee. Sie ist das Ergebnis der Ausbildung und Erziehung unter dem "Markenzeichen Innere Führung". Daß sie als geborene Bundesrepublikaner die Grundsätze der Inneren Führung internalisiert haben, läßt sich an der Art und Weise erkennen, wie sie ihren Dienst versehen. Zum 30. Geburtstag hat ihnen Bundespräsident v. Weizsäcker damals den Weg gewiesen: sie sollten "gelassen, aber nicht lässig, beharrlich, aber nicht stur, tatkräftig, aber nicht gewalttätig" arbeiten. Diesen Weg sind sie gegangen, im theoretischen Anspruch wie in der Praxis, im Dienst wie im Privatleben, zu Hause und im Bündnis, sie haben im Sinne Baudissins die Antinomie von Freiheit einerseits und Befehl und Gehorsam andererseits bewußt angenommen und setzen sie in einer neuen Qualität, die im gelebten Staatsbürger in Uniform deutlich wird, völlig selbstverständlich um. Sie sind glaubwürdige, überzeugende Antwort auf deutsche Geschichte, vor allem Militärgeschichte. Sie wollen dem Frieden dienen, daheim und, wenn nötig, in der Welt, als freie, selbständig denkende Bürger eines freiheitlichen demokratischen Staates in einem gleichgesinnten Bündnis. Sie wissen, daß der Grundtenor der neuen Zeit – mit Blick auf Sicherheit und Verteidigung – sein muß, alle politischen, diplomatischen, ökonomischen pp., aber eben auch erforderliche militärische Mittel einzusetzen bzw. Maßnahmen zu treffen, mit dem Ziel, daß wir – Deutsche oder Mitglieder unseres Bündnisses – niemals wieder zur Landesverteidigung, d.h. zum Krieg auf eigenem Territorium gezwungen werden. Deshalb: Frieden gestalten, Konflikte/Krisen vermeiden/entschärfen, zu mindest aber diese "auf Distanz halten" (Klaus Olshausen).

Den Weg und die Mittel dazu hat der Deutsche Bundestag dadurch freigegeben, indem er am 30. Juni 1995, fünfzig Jahre nach der totalen Entmilitarisierung des Friedensbrechers Deutschland, in einer historischen Sitzung mit großer Mehrheit zum ersten Mal beschloß, eigene Truppen im Rahmen der Friedensarbeit und im Auftrag der Vereinten Nationen in ein Kampfgebiet, in das ehemalige Jugoslawien, zu entsenden. So sind die Deutschen nicht mehr Objekt einer Peacekeeping-Politik, sondern sie gestalten den Frieden mit. Der Boden, auf dem diese Fähigkeit gedeihen konnte, war und ist die Konzeption der Inneren Führung.

Literatur

Abenheim, Donald, Reforging the Iron Cross. The Search for Tradition in the West German Armed Forces, Princeton 1988, deutsch: Bundeswehr und Tradition. Die Suche nach dem gültigen Erbe des deutschen Soldaten. München 1989.

Anfänge westdeutscher Sicherheitspolitik 1945-1956. Hrsg. vom Militärgeschichtlichen Forschungsamt, 3 Bde., München, Wien 1982 ff.

Baudissin, Graf von, Innere Führung in der Bundeswehr. In: Information für die Truppe, hrsg. vom Bundesministerium der Verteidigung Fü S I 4, Heft 12/1980, S. 9 - 29.

Die parlamentarischen Väter der Bundeswehr. Schriftenreihe Innere Führung, Beiheft 1/85 zur Information für die Truppe, hrsg. vom Bundesministerium der Verteidigung Fü S I 3, 1985.

Reeb, Hans-Joachim und Peter Többicke, Innere Führung von A - Z. Lexikon für militärische Führer, Regensburg 1991.

Többicke, Peter, Streitkräfte in der Demokratie. Eine Auswahlbibliographie (1945-1991) zur historisch-politischen Bildung in der Bundeswehr, Bonn 1994.

Von Himmerod bis Andernach. Dokumente zur Entstehungsgeschichte der Bundeswehr. Hrsg. vom Bundesministerium der Verteidigung Fü S I 3, 1985.

Wullich, Peter, Die Konzeption der Inneren Führung der Bundeswehr als Grundlage einer Allgemeinen Wehrpädagogik, Regensburg 1981.

Anmerkungen

1. Bundeswehr ist die Bezeichnung für die Streitkräfte der Bundesrepublik Deutschland, also für die Gesamtheit von Heer, Luftwaffe und Marine.

2. vgl. Weißbuch zur Sicherheit der Bundesrepublik Deutschland und zur Lage und Zukunft der Bundeswehr, hrsg. vom Bundesministerium der Verteidigung, Köln 1994. S. 67 ff.

3. 25 Staaten treten am 1.1.1942 der am 18.8.1941 beschlossenen Atlantik-Charta bei und bezeichnen sich als "Vereinte Nationen".

THE SWEDISH ARMY ON CYPRUS.
SWEDBAT AND UNFICYP
1964, 1974 AND 1987

(Original 1991 in Swedish)

Sune Persson

UNFICYP: An Evaluation

The tasks for the UNFICYP on Cyprus in 1964 were defined as – "to prevent a recurrence of fighting"; – "to contribute to the maintenance and restoration of law and order" and to – "return to normal conditions".

It can be stated that UNFICYP failed to prevent the fighting of 1974. The "law and order" and the "normal conditions" prevailing, no doubt, on Cyprus in 1991, are based on the conditions of two <u>de facto</u> existing states, wholly in contradiction to the constitution of the Republic of Cyprus from 1960. The restoration of the <u>status quo ante</u> the fighting of 1964 and 1974 is another failure for the UNFICYP. The burden for these failures, however, cannot be laid on either UNFICYP or SWEDBAT. The solution of the political problems on Cyprus has been the task for the UN Mediator, nowadays the Special Representative of the UN Secretary General on Cyprus, and, on the first hand, the task for the two warring parties on the island.

Instead, it can be maintained that UNFICYP, within the framework of its narrow mandate of 1964, and with scarce resources, has been a very successful force. When Cyprus today looks like a fairly peaceful and stable island, UNFICYP might seem superfluous. That being the case, UNFICYP, like NATO, has become a victim of its own success. What kind of situation we would have had on Cyprus today <u>without</u> an UNFICYP presence is a contra-factual question with no answer. Numerous assessments by various UN bodies have, over the years, stated that a withdrawal of UNFICYP, or a sharp reduction of its force, would imply unacceptable risks for a recurrence of fighting on Cyprus. I will state that these assessments are no longer self-evident.

The opinions of the two parties are clear. For the Turkish Cypriots, today within the borders of the Turkish Republic of Northern Cyprus (TRNC), the UNFICYP is superfluous. They are today protected by the Turkish motherland Army. On the other hand, the Greek Cypriots, and then by definition also the Government of the Republic of Cyprus, regard continued UNFICYP presence on the island as a necessary, though not sufficient, protection against continued Turkish aggression.

We must keep the mentioned observations in mind when trying to evaluate the UNFICYP, and its Swedish Battalion, from various angles. Moreover, a number of other limitations in my pilot study should be underlined.

My pilot study has been focused upon <u>Sweden</u> and is based almost exclusively on <u>Swedish sources</u>. Comments on actions by the Great Powers and on the Cyprus actors will be made but then clearly on very shaky foundations.

My study has been concentrated on the <u>years of 1964, 1974 and 1987</u>. This is not only a limitation but also results in a skewed picture. <u>War acts</u> in 1964 and in 1974 are given a predominant role. That means that UNFICYP, and SWEDBAT, are not presented in their most favourable light: they were not intended for or equipped for warfare. The life of a normal Swedish battalion (in 1974, before the war, called the "cocktail battalion") is not given a fair presentation. The peaceful, down-to-earth, activities in the humanitarian and practical fields are not given the space that matches their importance for UNFICYP and for SWEDBAT. On the other hand, it is a fair statement that these practical tasks for the UNFICYP need not necessarily be carried out by <u>military</u> units. The Swedish Civil Police (SWEDCIVPOL), still stationed on Cyprus, to me seems more suitable for certain tasks than the military units. It is scarcely a coincidence that the payment of pensions, and so on, to Greek Cypriots on the Karpas peninsula, and within the Austrian military zone of responsibility, still is carried out by <u>Swedish Civil Police</u>.

The comments later on should be seen as <u>preliminary conclusions</u>. That is, for sure, the very intention off a pilot study. A <u>pilot</u> study can, and must, result in continued research that is broader and deeper.

The analysis will be carried out on three levels: 1. The <u>global</u> level (Great Powers and the UN), 2. <u>Cyprus</u> (UNFICYP Headquarters, the two parties to the conflict) and 3. <u>Sweden</u> (SWEDBAT, Foreign Office, Parliament and Government).

The Great Power perspective

The Cyprus fighting of 1964 and 1974 took place during periods of détente in the East-West conflict. This is not wholly unimportant. USA and the Soviet Union had no reason to see the climate of détente infected by having Cyprus as a new area of Cold War rivalry and, thus, left the two crises to UN handling. UNFICYP was established, and maintained, as a mechanism to keep the whole Cyprus question out of the East-West confrontation. To the Russians, UNFICYP in 1964 became a better alternative than a pure NATO force. To the Americans, UNFICYP was probably seen as a second-best solution.

An analysis of the <u>composition of the UNFICYP forces</u> shows the NATO contribution at 60 per cent in 1964 and the non-aligned percentage at 40. In 1987, the NATO share had been increased to 69.5 per cent, while the non-aligned percentage was down to 30.5 after the withdrawal of the Irish and Finnish battalions. No Socialist (and no Islamic) states ever took part in UNFICYP. In 1974, USA expressed its explicit opposition to troop contributions from the East, directly to Swedish Foreign Minister Andersson. When Sweden in 1987 had announced its decision to withdraw from Cyprus, "deep concern" was pronounced in the US House of Representatives. "The Swedes and the Norwegians have done, in different parts of the world, some very important things for us in peacekeeping forces" (Mr. Berenter). Rozanne Ridgway, American Under-Secretary of State, could not even try to imagine "under what circumstances the Swedish UN forces on Cyprus, in an acceptable way, could be replaced by a Polish battalion"[1]. The consequence of the Swedish withdrawal became exactly the opposite: an even larger NATO share of the UNFICYP.

Regarding the financing of the UNFICYP, the NATO dominance is even more pronounced:

Table 1. The ten most important contributors to UNFICYP. USD millions and percentage, March 27, 1964 - November 30, 1990.

Country	USD millions	Share, %
1. USA:	203,758 -	47.54%
2. UK:	85,505 -	9.95%
3. Germany:	31,819 -	7.42%
4. Greece:	25,320 -	5.90%
5. Switzerland:	12,508 -	2.92%
6. Norway:	12,273 -	2.86%
7. Italy:	10,497 -	2.45%
8. Cyprus:	8,756 -	2.04%
9. Japan:	7,240 -	1.69%
10. Sweden:	6,520 -	1.52%

In total: 428.602

Source: Report of the Secretariat Review Team on the United Nations Peace-Keeping Force in Cyprus. S/21982, pp. 19ff.

As to its financing, UNFICYP is a 2/3 Anglo-American affair. If to these ten most important contributing countries we add remaining relevant NATO states (Belgium, the Netherlands, Turkey – but not France), the total NATO share will be 89.49 per cent. If also Japan and Australia are included, Western allied states cover 91.95% of the UNFICYP financing! The non-aligned countries (Switzerland, Cyprus, Sweden, Austria and Finland) have covered 7.47% of total UNFICYP costs, channeled via UN. (To these sums should be added money from the troop contributing countries, like Sweden, Austria and Finland, channelled directly into the UNFICYP).

It is remarkable that Greece and Cyprus together have furnished 24 million US dollars into UNFICYP, while Turkey has paid 1,829 million US dollars only and TRNC not one cent. These allocations are probably good indications of the interest in the continued life of UNFICYP among the two parties on Cyprus.

Warsaw Pact Treaty countries up till 1990 had paid not one kopek to the UNFICYP. The only Socialist contributors were Cambodia, Vietnam and Laos, together paying 6,100 US dollars over the years...

Without any doubt, the United Kingdom has been the most important contributing country. Quantitative figures, given earlier, for sure are no good indication of the real British influence within the UNFICYP. The financial contribution, approximated at 20 per cent for the years 1964-90, does not reflect the massive direct British allocations to the UNFICYP (and to the British Sovereign Base Areas on Cyprus). Likewise for the British share of troops within the UNFICYP, given at 42.8 percent in 1964 and at 31.9 per cent in 1987. UNFICYP headquarters are the old British headquarters in Nicosia with its totally British atmosphere unchanged. UNFICYP staff was built on British foundations and British staff routines are still the rule, at least partly. UNFICYP air forces and logistics are still in British hands. UNFICYP intelligence/"information" services in 1964 were established on wholly British "intelligence". The Head of UNFICYP intelligence, Head of Ops Info, has always been a Briton or a Canadian[2].

The border line between the British UNFICYP forces and the British troops inside the British Sovereign Base Areas is presumably not always easy to maintain. According to McDonald, British forces reinforced the UNFICYP contingent at Nicosia airport in 1974. "Residual/British controls were retained over Nicosia airport pending consolidation of flight services within the base areas. The UK has continued to be sensitive about the airport area and moved forces there under UN colours during the Turkish advance in 1974" /my emphasis; SP/[3].

My conclusion is that the British, after the independence of Cyprus in 1960, retained control over what was considered directly important from a military strategic point of view, while the British via the UNFICYP kept a certain insight into the rest of Cypriot domestic affairs.

Against this background, Swedish lack of interest in the British role in the UNFICYP is conspicuous. In 1964, several internal Foreign Office documents pointed out that the British participation in the UNFICYP would become a departure from established UN principles, and especially Hammarskjöld principles, of keeping the Great Powers out of the UN forces. According to my sources, after 1964 that kind of discussion has completely disappeared. Is Great Britain not seen as a real "Great Power", like in 1964? Or is it the assessment that the British contribution to the UNFICYP probably was the key to the efficiency and success of the UNFICYP?

Or is what we see a continuous Swedish accommodation to the insight that efficient UN operations need Great Power contributions, under the mandate of UN resolutions, pointing towards the 1991 war by American, British and French forces against Iraq? Or did the Swedish decision-makers change their own attitudes from strict neutrality of 1960s vintage into the accommodation to a Western European defence cooperation of the 21st century?

Finally, a few words about the UN Secretariat. Judgments made by Swedish battalion commanders are negative (Waern, p. 35; Kristenson, p. 57). How representative these judgments are is outside my competence. For such an evaluation, a very different kind of research, in the first hand work at the UN Headquarters in New York, is needed.

The Cyprus perspective

The UNFICYP Headquarters at Nicosia seem to have been functioning well. Its Force Commander has been judged in different ways: Gyani in 1964 was considered "weak", but Thimayya as "excellent" (Waern, p. 35), Prem Chand "pale" (by Wiberg but contradicted by Kristenson) and delegating the decisions. To delegate decisions could be seen both ways: as a positive attribute – giving the local commanders the possibility to make their own decisions based on their own knowledge of local conditions – and as negative: an indication of weak leadership. This ambivalence is manifest in the sincere examination by Col. Kristenson (SwedCon Commander in 1974): "I never learned to understand the staff routines of HQ. I sometimes wished more directions but, on the other hand, I was often satisfied to be able to act in my own way"[4].

An aspect of the UNFICYP HQ activities already dealt with is its intelligence/information service. The importance of a well working intelligence service, also in a UN context, has been underlined in two articles by two of the first Swedish battalion commanders on Cyprus[5]. My impression is that UNFICYP intelligence service has been remarkably efficient, especially seen against the background of the official negative UN attitude to such activities.

As for the parties on the island, Greek and Turkish Cypriots, my absolute impression is that they, especially so the Greek Cypriots, take the UNFICYP presence as a given fact. UNFICYP thus has become a shock absorber and more or less relieving the two parties from incitements to tackle their problems and to solve the Cyprus problem by themselves. UNFICYP unwillingly, as time goes by, contributed to "a cementation of the status quo", to quote the Swedish Under-Secretary of State, Pierre Schori[6]. Besides that, the Cypriots have made a lot of money from the UNFICYP presence. McDonald in 1988 estimated the total outlays of UNFICYP at 2 billion dollars or 3,000 dollars per inhabitant on Cyprus[7].

Against a background of the assessments given above, the continued existence of UNFICYP on the island is not a self-evident conclusion. When it was established in 1964, UNFICYP was, after all, intended to be an emergency solution with a mandate of only three months. A gradual and preannounced reconstruction of UNFICYP, let us say over two years, into a small (and less expensive) observation force would put increasing pressure on the two conflicting parties on the island. At each occasion of rotation, twice a year, one out of four of the present-day battalions could be withdrawn. This could be started by a Danish, already announced, withdrawal by autumn 1991. Even the Canadian Cyprus battalion's presence is questioned and might be shifted over to Western Sahara, according to the present, Canadian, UNFICYP Force Commander[8].

The Swedish perspective

The Swedish Cyprus battalions, judging from my sources, have regularly received the highest marks. The main exception is the Kokkina smuggling incident in 1964. Glafkos Clerides, Acting President of Cyprus in 1974, and since 1964 a leading politician among the Greek Cypriots, said in Nicosia in June 1991: "The Swedish Contingent was always looked upon with great respect, well-disciplined, efficient and impeccably neutral. When I was a first-hand decision-maker, I never saw one complaint against the Swedes"[9]. Equally positive reactions are given by Turkish Cypriot Government representatives in Northern Nicosia. Özer Koray, Under-Secretary in the Foreign and Defence Ministry of the TRNC and in 1965-69 Turkish Liaison Officer with the UNFICYP, on the SWEDBAT: "They have always been very helpful to the Turkish population in humanitarian matters, even now. The Swedes in 1964 realized who the culprits were and they were really trying to reduce tension and by that trying to save some Turkish lives"[10].

In questionnaires made by Col. Bror Johan Geijer I found that the Swedish Commanders in 1964 and 1974 were in agreement. The rank and file receive high marks. Jonas Waern, Commander Bat. 24C and 26C: "The spirit, the discipline and the military appearance among the Swedish personnel was good – with the exception of those involved in the smuggling... The Swedes came out well in comparison with other contingents."

Svante Kristenson, commander Bat. 53C: "I compared the UNFICYP nations and made the following ranking: 1. Sweden. 2. Finland. 3. Nothing. 4. Nothing. 5. Denmark. 6. All the others". Sten Wiberg, Chief-of-Staff Bat. 53C: "In some way the Swedish Contingent elevated their behaviour. All good qualities among democratically conscripted troops came out. The 'mark-missers' were remarkably few, if any".

There is also, however, a remarkable unanimity on lower marks for the officers below the Commanders of the battalions: Waern 1964: "When the embezzling mate, appointed as Force Commander UNFICYP aide-de-camp, had been exposed and sent back to Sweden for trial and imprisonment, he was replaced by a Captain (Res.). This man broke down after a few days and the Force Commander had to feed him with tea and scones, while the Captain, crying, confessed his sins in black-market currency exchanges during his earlier UN duties." (On Bat. 26C): "Due to his bad linguistic capacity and his weak judgment a Chief-of-Staff had to be replaced. A lieutenant with a Nazi background was recruited and later on exposed as a smuggler. A notorious fixer was sent out and later on started to organize the smuggling".

Wiberg 1974: "The soldiers and the officers/were put/on trial – and passed it; the rank and file to 100 percent, the corporals and the conscripted quartermaster sergeants and sergeants up to 95 per cent and the remaining officers to a large extent"/my emphasis SP/.

Four unanimous interviewees paint a Swedish Deputy Battalion commander as "incompetent".

The judgment given above, although assessed from three battalions only, is food for due consideration. The rank and file and the non-commissioned officers for Swedish UNFICYP service were recruited in hard competition and they were a selected elite. The Battalion Commander was handpicked, at least in the beginning, to hold up Swedish troops in competition with other contingents. But in the interval, from Sergeant up to Col.-Lieut. (by UN ranks) clearly a handful of officers, not at all suitable for UN service, were recruited. The responsibility for that is laid on the Army Staff, heavily criticised by, among others, Col. Waern.

The Swedish Foreign Office comes out from this evaluation with the highest marks. The groundwork for decisions made by the Foreign Office is thoroughly of high quality and amazingly foresighted. As early as in 1964, the Foreign Office forecast all those problems that the Swedish Cyprus battalions were to meet:

- the political deadlock between the two populations on the island;

- the unsatisfactory arrangements for financing;

- "strict limitation in time of the undertaking", three months, at the most.

The Head of the UN Desk in 1964, Wilhelm Wachtmeister, says that he announced "strong reservations" against the Swedish participation in UNFICYP, "also due to the expected long duration of the undertaking"[11].The first Swedish Battalion Commander, Jonas Waern, states that Sweden should have stressed the point that the Cyprus undertaking was not for ever. "When the situation is so calm that UN personnel bring their families to the area, the situation does not motivate a UN operation"[12]. The question raised from the foresightedness of the Foreign Office and of Col. Waern is rather why the Swedish Cyprus battalion was not withdrawn at a much earlier time. Ireland withdrew in 1973, Finland in 1977, Sweden as late as in 1987. But the answer to that question must be sought at higher levels in Sweden, among the political decision-makers in Parliament and in the Government.

The Parliament, judging from my findings in the war years of 1964 and 1974 as well as in 1987, has been immensely passive on Cyprus. The non-mentioning of Cyprus in the existing political memoirs gives the same picture: a total lack of interest in Cyprus. The explanation for this is probably that the Swedish engagement on Cyprus never was a politicized question in Sweden. The four major political parties by all evidence supported the Swedish, Social Democratic, Government and the Swedish Cyprus battalion. The very few critical voices in Parliament came from the Left-Socialist wing.

The Government consequently had large freedom of manoeuvre in the Cyprus question. But its deliberations are kept in the dark. Protocol from its meetings, as well as from the Foreign Affairs Council (Utrikesnämnden), are not public. Many decisions are probably not put on paper, as was the case with the formal decision to bring home the Cyprus battalion (p. 73). Questions on the actual motives for the Government's decisions in 1964, 1974 and in 1986-87 cannot get exact answers. Available sources indicate, however, that the Swedish Government did not want to take part in the UN Cyprus force in 1964, nor did it want to participate in the Lebanon force in 1986. But by delivering polite replies to underhand soundings from the UN, containing many conditions implying a real no, Sweden left openings that the experienced UN HQ diplomats exploited by treating the Swedish answers as a cautious yes. Having Social Democratic Governments, that publicly, in Sweden and within the UN, always had declared their support for the UN, it became an impossibility for the Swedish Government to maintain its polite refusal. It also became difficult to dismantle a UN engagement that, after all, had given Sweden a distinctly positive profile internationally. The way out in 1986-87 turned out to be the withdrawal of the Swedish battalion from Cyprus, while instead moving a logistical battalion into Lebanon.

It is interesting that, as it seems, the decisive argument in favour of the withdrawal in 1987 was a <u>financial</u> one. The Swedish UN forces are financed from a special entry in the State's budget (and not from the regular defence budget), that is to say in reality by an increase in the deficit of the budget[13]. In the year of 1987, and still less in 1991, the Kingdom of Sweden could not afford to finance more than <u>one</u> UN Battalion. This is a rather embarrassing fact, since Sweden in a law from 1974, on a UN stand-by force, mentions <u>two</u> battalions plus special units of, at most, <u>one more</u> battalion, or altogether a force of 3.000 men, at most[14].

Notes

1. Mr. Berenter acc. to telefax from Embassy, Washington 1987-07-01, after a transcript from House of Representatives, Foreign Affairs Committee, Sub-Committee for Europe and Middle East, 29 June; Ridgway acc. to Swedish Broadcasting, Washington 1987-06-30; <u>Foreign Office Archives</u>.

2. Col. Edward de Broë-Ferguson, Deputy Chief of Staff, UNFICYP, interview, Nicosia 1991-06-14.

3. McDonald, pp. 65, 93.

4. Kristenson, letter to Brig. Gen. C.E. Beattie 1980-01-07.

5. I <u>Kungl. Krigsvetenskapsakademiens Handlingar och Tidskrift</u>/Royal Academy of War Sciences Review; in Swedish/by Col. Jonas Waern, "Some Reflections on the Training in Intelligence Service, Based upon Experiences from UN Service on Cyprus", No. 1/1966; and by Col. Bertil Stjernfelt, "UN 25 Years, Peace-Keeping Operations - Cyprus", No. 8/1970.

6. The Under-Secretary of State, Promemoria 1987-02-09; also the assessment by Per Saland in Promemoria 1987-01-29 on UN Peace-Keeping Operations - Points for discussion with Nordic Heads of UN Desk meeting in Oslo 2 February; both in <u>Foreign Office Archives</u>.

7. McDonald, p. 74.

8. Clive Milner, UNFICYP Force Commander, interview, Nicosia 1991-06-14.

9. Glafkos Clerides, interview, Nicosia 1991-06-17.

10. Özer Koray, interview, Nicosia/Lefkosa 1991-06-18.

11. W. Wachtmeister, letter, Knislinge July 1991.

12. J. Waern, answer to questionnaire 1987.

13. Maj.Gen B. Wallroth, notes 1991-10-03; Sune Lindh, Secr. Dept of Defence, interview, Stockholm 1991-10-03.

14. Örn, T., "Sweden and the UN Peace-Keeping Operations". <u>UD informerar</u> (Stockholm 1991:1./In Swedish/, p. 17.

THE PARTICIPATION OF
THE POLISH ARMY IN THE UNITED
NATIONS OPERATIONS AFTER
WORLD WAR II

Andrzej Ajnenkiel, Prof.Dr.

The first peace mission of the Polish Army took place when the armistice in Korea was signed on 27th July 1953. There is no need for a detailed presentation of the circumstances in which the Korean war was taking place. We can only point to the fact that when in Europe at Stalin's order the actions, which balanced on the verge of the Cold War and the Hot War, were undertaken in Berlin in 1948, two years later North Korea started a sudden armed attack. Its aim was at least to seize the whole peninsula. It could cause an armed conflict at a scale which cannot be precisely assessed. It resulted in the growth of tension in international relations and in an intensification of a propaganda against "American criminals and their puppets", which spread at an unusual rate. On our side of the iron curtain the year of 1950 meant the development of the Stalinist system and the intensification of the system of repressions. The economic situation worsened due to a sudden shift of consumers' means, intended until now for the public, to those serving the military needs. This was accomplished by the use of various economic and administrative actions.

Especially the army was put to the process of sovietization. From the beginning of the People's Republic it was under the ideological pressure of the Party, which controlled and regulated the employment of professional staff, aiming to incorporate into its ranks practically all the officers. Internal invigilation was systematically developed. In 1952 the ratio of enlisted informers, who were very often forced to enlist, to the number of soldiers was one to eighteen. Among the officers this percentage grew to reach the ratio of one secret cooperant in a kind of a secret military political police to five officers in active service[1]. It should be reminded that in 1945 53% of officers' posts in Polish army were taken by Soviet citizens whose dependence on Soviet disponents was obvious. After the war this percentage rapidly decreased. Nevertheless, the dependence mechanism remained. A new phase of dependence of the Polish Army upon Moscow was started when in 1949 the post of the Minister of National Defense was taken by a Soviet citizen and Marshal of the Soviet Army, Konstanty Rokossowski, incidentally of Polish origin, and the return of Soviet generals to main posts in the Army[2].

356

From the beginning of the Polish People's Army there were repressions organized and directed from Moscow. Even in the time of war people who were or could be regarded as enemies of a new regime were isolated and eliminated, sometimes by being sent to USSR and put to death. At the same time the army included a significant group of officers of the pre-war period. Some of them returned from P.O.W. camps in Germany, some of them from the Polish Armed Forces in the West. They presented a loyal standpoint towards a new regime. In 1947 when the Polish Army was directed to follow the Soviet military model there occurred new repressions in the army, mainly in the provinces. About one hundred officers were arrested. Some of them were shot. A new wave of purges occurred when Rokossowski became the Minister of National Defense. Now some officers, even those who were loyal to new authorities, were subject to various repressions, including death. The aim of these repressions was to threaten the rest of people and make them completely submissive. The criterion, although not always a sufficient one, against this type of Stalinist purges became the loyalty towards the Soviet Union[3].

This in short was the attitude of the people responsible for the decisions influencing the status and activities of the army at the beginning of the 1950's. The death of Stalin had not changed it.

The armistice signed in Panmunjom was to secure "a complete withdrawal of armed activities and attacks in Korea until the moment of a final peace settlement of Korean matters". The most important resolutions included among other things:

- the assignation of the demarcation line and a demilitarized one along the present front line, i.e. the 38th parallel;

- the definition of concrete dispositions ending all military activities in Korea;

- the ban of the reinforcement of armed forces and potentials by a defined exchange of personnel, armament and equipment;

- solving the problems concerning the withdrawal of foreign armies, peaceful unification of both Koreas and final settlement of the Korean question[4].

In order to secure the stability of the armistice the Armistice Agreement provided for the creation of special controlling apparatus. It was the Military Armistice Commission consisting of representatives of contending armies, i.e. the United Nations Armed Forces including South Korean Forces, on one part, and the army of People's – Democratic Republic of Korea, i.e. North Korean and Chinese Volunteer Army, on the other. Apart from this commission, the Neutral Nations Supervisory Armistice Commission was created. It consisted of representatives of four countries: Czechoslovakia, Poland, Switzerland and Sweden. The Commission comprised two capitalist countries and two socialist ones. Sweden and Switzerland belonged to sovereign countries with democratic systems of government. Their good-will for the action, intensified in Korea by the United States, resulted from a possible threat of the Soviet aggression in Europe. At the same time both countries accepted the after-war status of countries in Europe, together with the isolation of middle-east part of the continent by the iron curtain, as an undisputed condition. The end of the Korean war meant the mitigation of international conflicts which also served the reinforcement of security for these countries and the stabilization of the after-war status quo.

The situation of the other two members of the Commission, Czechoslovakia and Poland, was completely different. Both countries were under Soviet domination, which became visibly intensive. Both countries have been changed according to the Soviet model. In both of them there was no freedom of speech and opinions different from the standpoint imposed officially. This standpoint was also expressed by the authorities of North Korea and the Chinese People's Republic.

Thus, we can accept the fact that the very structure of the Commission which was a specific compromise achieved in Panmunjom created a particular situation. The socialist part of the Commission had to impose its standpoint on the other two countries which despite their visible ideological sympathies underwent the strong pressure of the anti-American propaganda. Its instrument was to some extent the Peace Movement. Apart from the Supervisory Commission, the same countries and India participated in the Repatriation Commission of Neutral Countries. Its task was to see to the sound exchange of the prisoners of war.

The Polish armed mission reached Korea in the summer of 1953. It consisted of ca. 300 people including over 100 officers and ca. 150 non-commissioned officers. The mission and the way it acted was to represent the political attitude and the existing situation in Polish army. At the top of the mission there were officers of high posts in a party structure whose loyalty towards the official line was undoubted. A kind of a symbol of the mission and its political orientation was the meeting of its management held with the commander-in-chief of the Korean People's Army, Marshal Kim Jr Sen. It is known that "at this meeting the basic problems of the international situation and the aims of the Supervisory Commission were discussed"...[5].

One of the aims of the peace mission was to solve the problem of the prisoners of war. The Korean-Chinese side sent 355 prisoners of war whereas the commanding staff of the United Nations had 22,604 prisoners. The disproportion was enormous. The United Nations had serious doubts about the fate of the prisoners of war who were in captivity. The threat whether they had been killed caused, as we know, the creation in the American Congress of a special investigating commission to unravel the fate of Polish prisoners of war taken to captivity by the Red Army and then murdered by the NKVD in Katyn. The debates of this Commission unequivocally proved that the investigation of the Polish question may cast light upon the fate of the P.O.W.s of the United Nations, mainly Americans held in Korea[6].

It is generally known that the majority of the Chinese and Koreans who were kept in captivity by U.N. forces rejected the possibility of going back to their countries. It is difficult to believe that in the existing situation the forces of peace missions from the socialist countries did not try to convince the P.O.W.s to return to the Northern part of the 38th parallel. The achievements of the Commission may be proved by the fact that during the first year of activity the investigating groups controlled at the Southern part of the armistice line 16,141 war planes,

2,429 armored fighting vehicles, and 448 thousand of various weapons. In the North there was not even one plane controlled. Only 245 armored fighting vehicles were controlled, i.e. 10% of those controlled in the South, 145 thousand pieces of weapons, i.e. 1/3 of the number controlled in the South[7]. The works performed by the Commission in its first stage of activity were conducted in a nervous atmosphere. Both sides accused each other of espionage, the delegations had different claims to the other party, etc. It may be assumed that the socialist part identified itself with North Korea and the People's Republic of China.

Such conditions which then existed in Korea have never occurred again. Their change was influenced by the decrease of international tension which was expressed in the provisions stated at the Conference in Geneva in July 1955. Gradually the scope of activity of the Commission was reduced. Its present aims and character cannot be compared to those existing at the beginning.

The change of the situation was also influenced to some extent by internal changes undergone in Poland after the so-called Polish October of 1956. As a result, the process of sovietization of the Polish Almy greatly stopped[8].

Peace operations, although extremely reduced, still take place in Korea until now. Poland still participates in them despite the problems encountered from the Northern part of the 38th parallel. The peace missions in Korea comprised in total ca. 800 soldiers, which is less than 4% of all Polish soldiers taking part in peace missions of the United Nations[9].

Another Polish peace mission took place in Vietnam. It started in 1954, i.e. in the period when the mission in Korea was in its preliminary and most conflicting phase. There is no need to remind the circumstances of the conflict in Vietnam. It should only be reminded that it caused the division of American society, which was not the fact when the Korean war started. This split considerably influenced the final outcome of the Vietnamese war. The representatives of Poland participated in three International Supervisory and Control Commissions for Laos, Cambodia, and Vietnam. In these commissions, working under the leadership of India, almost one thousand Polish soldiers participated within a period of twenty years. It can be stated that Poland was the only country participating in all international peace commissions in the Far East. A significant symbol of our activity in IndoChina was the fact that our mission was the last to leave Vietnam in February 1976.

Polish mission was greatly appreciated. Its activity was particularly influenced by the changes undergone in the Army. Since 1953 Poland participated in 29 peace operations in the world. It included the participation in international control and supervisory commissions created to observe the settlements stated in armistice agreements. It included further participation in various kinds of peace operations of the United Nations. For example, the Second United Nations Emergency Force active during the period 1972-1979 in the Middle East. This operation involved the greatest number of Polish soldiers, namely ca. twenty thousand. Another Polish mission active in this region was included in the United Nations Disengagement Observer Forces on the Golan Heights. From the beginning until 1994 over four thousand Polish soldiers took part in this mission.

A Pole commanded this operation lately. They also participate, since 1992, in activities conducted by the United Nations Interim Force in Lebanon.

Within greater actions which are already finished we can also name the United Nations Transitional Authority in Cambodia, the aim of which was a disarmament of the conflicting parties, the organization of the return of refugees, and the cooperation and supervision of elections. In this action, which lasted nearly two years, Polish forces constituted ca. 8% of all soldiers used there, 1,253 men.

The participation in the activities described above generally meant the maintenance of peace. The theorists of these operations define them by the term of peace operations of the first generation[10].

In the last few years a new notion was introduced, the term peace operations of the second generation[11]. The purpose of these operations is, by the use of some kind of force, to achieve peace with the help of the resolutions issued by the Security Council of the United Nations. This kind of operation includes the successful operation in Cambodia described above. However, the success of such operations is very often uncertain. This was the case in Somalia, in which Poland did not participate. Another example of such operations may be the activities of the United Nations Protection Force in Yugoslavia where we took part sending one battalion there. Since 1992 almost 1,500 Polish soldiers participated in these forces. The total number of Poles participating in peace missions equals 24.5 thousand people until the end of 1994. This constitutes about 4% of the total number of participants.

It is very difficult, without having conducted detailed examinations, to evaluate the activity of the Polish missions in the period described. However, they were really appreciated. After 1989, nineteen missions were started, three of which began earlier and continued after 1989. This way a great majority, i.e. ca. 85% of all our missions took place in the period in which Poland had recovered its sovereignty and gained the freedom of activity in particular spheres. The present mission in the former Yugoslavian may be the example of how difficult it is to impose peace and bring about a just solution to this great and bloody drama, in which human rights are broken. This, however, is a different subject and cannot be dealt with in my presentation. Let me add one more point. Imposing peace in a way which could be described as justified and humane does not only need determination. It requires political will and the readiness to offer specific sacrifices. The international community which does not have such a readiness has to consider the fact that an unsettled conflict may result in unpredictable consequences, in the deterioration of the rules underlining our civilization based on observing particular moral norms and a system of values.

This, however, as Rudyard Kipling said, "is quite another story".

Notes

1. Z. Palski, *Agentura informacji wojskowej w latach 1945-1956 [Agents of the Military Information in the Years 1945-1956]*. Warszawa, Inst.Stud.Polit. PAN, 1993, p. 38.

2. In detail E.J. Nalepa writes about it in: *Oficerowie Armii Radzieckiej w Wojsku Polskim 1943-1968 [The Soviet Army Officers in the Polish Army, 1943-1968]*. Warszawa, Bellona, 1995. See also A.A. Michta, Red Eagle. *The Army in Polish Politics*, 1944-1988. Stanford, Hoover Inst.P. 1990, p. 44 and the next pages.

3. J. Poksinski, *TUN, Tatar-Utnik-Nowicki*. Warszawa, Bellona 1992, p. 38 and the next pages.

4. Quoted after J. Markowski, *Polska w operacjach pokojowych. Operacje pokojowe ONZ [Poland in the Peace Operations. The United Nations Operations]*. Warszawa, Biuro Prasy i Informacji MON, 1994, p. 15.

5. L. Grot, T. Konecki, E.J. Nalepa, *Pokojowe dzieje Wojska Polskiego [The Peace History of the Polish Army]*, Warszawa, Wojs.Inst.Hist., 1988, p. 302.

6. *Committee on House Administration United States of Representatives. Reprinting of House Report No. 2505 82nd Congress Concerning The Katyn Forest Massacre*. Washington: U.S. Government Print. Off., 1988, p. 2.

7. L. Grot, T. Konecki, E.J. Nalepa, op. cit. p. 305.

8. A.A. Michta, op. cit. p. 50-51; E.J. Nalepa, op. cit. p. 134.

9. All numerical data are from J. Markowski, op. cit.

10. P. Hazdra, *Militärische Einsätze im Rahmen der Vereinten Nationen: praktische Aspekte von Vorbereitung und Durchführung*. Österr.Milit.Z., 1995 N° 4, p. 366.

11. Ibidem, p. 366 and the next pages. See also the article of Erwin A. Schmidl, *In the Service of Peace...: 35 Jahre österreichische Teilnahme an UN- Friedensoperationen*. Österr. Milit.Z. 1995 N° 2, p. 126.

PEACEMAKING/PEACEKEEPING
SOUTHEAST ASIA 1945-46

Professor Peter Dennis

Australian Commission of Military History

The end of the war against Japan in August 1945 did not bring immediate peace to parts of southeast Asia, for the Japanese successes of late 1941 and early 1942 had unleashed political forces that were not quelled by the Japanese surrender. Allied troops who returned to southeast Asia under the command of the Supreme Allied Commander, Admiral Lord Louis Mountbatten, had first to be peace-makers before they could be peace-keepers. It was a role for which they were ill prepared, and the difficulties they faced illustrate the problems in any peace-keeping operation. Plans for the final thrusts against Japan had given little thought to the postwar situation, except for Japan itself: its outlying conquests were not regarded as posing particularly intense problems, yet, as it transpired, these were the areas of greatest postwar upheaval, whereas metropolitan Japan accepted American rule with astonishing meekness.

The difficulties faced by Mountbatten's forces arose from a number of factors, both long-and short-term, political and military. In the long term it is clear now, even if it was not clear to everyone at the time, that Japan's crushing defeats of the colonial powers of Britain, France and the Netherlands had spelled the beginning of the end for European imperial rule in southeast Asia. At the very least, empire had promised security to native peoples: that promise had been shown to be utterly hollow by the military collapse of the British in Malaya and the Dutch in the East Indies, and by the hardly less ignominious concessions which the French made to the Japanese in Indochina. No credence need be given to Japanese claims – claims which unfortunately continue to be made – that Japanese policy was motivated by the desire to free Asian peoples from the colonialist yoke, for the Japanese proved to be by far the most brutal rulers that any of the countries of southeast Asia had endured, but it is clear that the demise of European control gave an enormous fillip to the indigenous nationalist forces. A large degree of ignorance of the changed circumstances in southeast Asia, circumstances which the war had magnified, combined with a lack of military means on the part of the United Kingdom, created a situation which the British, and the other European colonial powers, were ill-equipped to face.

Britain was exhausted after six years of war, its financial reserves completely wiped out, its industrial base staggering through a difficult conversion to peacetime production, and its manpower allocation still markedly distorted by excessive numbers in its military forces. Most important, however, its political objectives were not clear, even to its own leaders: was its aim the restoration of the *status quo ante bellum* in southeast Asia, that is the restoration of the various European colonial empires; or was it to move towards a new political structure in its own empire in terms of the relationship between the rulers and ruled, and if so on what basis and at what speed? For the United Kingdom, and indeed for the other main colonial powers, France and the Netherlands, the colonial question was inextricably bound up with what they perceived to be their future in Europe, for they believed that it was the very existence of their colonial possessions that helped define their status within Europe.

We need to remember that the end of the war in southeast Asia had come about with deceptive ease. There had been prolonged fighting against the Japanese in Burma by British and Indian forces; American troops had stormed some of the Japanese island fortresses, and Australian forces had engaged the Japanese in bitter fighting in Borneo, New Guinea and some of the outer islands of the Netherlands East Indies. When the end came, however, it was as a result of the dropping of the atomic bomb rather than through the defeat on the battlefield of the Japanese. The return of the allies to southeast Asia, therefore, was not the concluding stage of a triumphant battlefield campaign against the Japanese, but the filling of a vacuum created by distant events. Mountbatten had been planning for some months an opposed landing in Malaya to recapture the heart of the British colonial possessions in the region, but the sudden Japanese surrender made that unnecessary in terms of winning the war. In terms of controlling the peace, however, the pressures on British forces were immensely increased by the decision of the Combined Chiefs of Staff to enlarge the area of South East Asia Command to include Indochina, Java, Borneo and West New Guinea, i.e. all the areas that had been bypassed by MacArthur on his push to the Philippines and which were of rapidly decreasing interest to the United States, whose attention in Asia was fixed on Japan, China and the Philippines. The decision to enlarge SEAC's area was a unilateral one, not discussed at all with Mountbatten, who was appalled when finally told of his new responsibilities at the Potsdam conference in July 1945. With virtually no warning, and certainly with no additional resources, South East Asia Command was plunged into a difficult military operation made even more so by the confused and complex political situation.

The problems facing Mountbatten were numerous. First, although the central Japanese command in Tokyo had ordered all forces to surrender, it was by no means clear that troops in the outlying areas of southeast Asia would comply, for the Japanese commander, Field Marshal Count Terauchi, exercised considerable freedom of action and was thought to be pushing his own political and military strategy, if necessary in opposition to direction from Tokyo. The fact that the Japanese were intent on imposing new political forms on parts of southeast Asia, even when the military situation seemed for them beyond recovery, was evidenced by the coup that the Japanese launched in March 1945 against the Vichy administration in French Indochina. In the Netherlands East Indies the Japanese encouraged Indonesian nationalist forces to proclaim the independence of the Indonesian Republic in August 1945. The nationalist leaders, Sukarno and Mohammed Hatta, however, advanced the declaration a week from the Japanese-designated day since they did not wish it to be seen that Indonesian independence had been granted by any outside power, giving lie, in this instance at least, to the continuing Japanese justification for their aggressive policies in Asia, namely that it was all designed to free Asian peoples from the yoke of European colonialism. By the time of the formal surrender ceremony in Singapore, there seemed to be ample evidence to show that the Japanese were determined to cause as much postwar trouble as they could, by handing over large quantities of weapons to the local population and by encouraging them to resist the return of the colonial powers. Even had Japanese intentions been benign, the simple fact was that there were more than three quarters of a million Japanese troops scattered throughout southeast Asia who had to be repatriated to Japan if the area was to return to any degree of normalcy. (The longer it took for shipping to be made available for this purpose, the more the British and Dutch suspected that MacArthur was deliberately delaying the repatriation, not wanting to increase his own problems in Japan with the return of hundreds of thousands of possibly embittered Japanese veterans.)

The second problem confronting Mountbatten was the large number of allied prisoners of war and internees within the area of South East Asia Command. Their condition was poor, and in many cases critical, and a speedy relief of their plight was essential for humanitarian purposes. The difficulty was that many of them were in areas under the control of emerging nationalist forces, and inevitably they became pawns in the anti-colonial struggles.

The third problem was that the forces available to Mountbatten were limited, and were daily shrinking. There was growing pressure within the United Kingdom and India (whose nationals made up the bulk of Mountbatten's forces) to bring the troops home, just as there was in the country closest to hand, Australia. The two other colonial powers with direct stakes in the shaping of the postwar settlement in southeast Asia, France and the Netherlands, had limited forces available, but these were thought to be undesirable because they were regarded as uncontrollable.

The fourth problem was that the plans for the political future of the various colonial empires in the region were ill-defined and unadventurous. No one could deny that the Japanese successes in southeast Asia in late 1941 and early 1942, culminating in the fall of Singapore, had been a shattering blow to imperial reputations. Under prodding from the United States, the Dutch had agreed, through a broadcast speech in December 1942 by Queen Wilhelmina, to consider a new "partnership" for the constituent elements of the Kingdom of the Netherlands, but the proposals had been vague in the extreme, and when the former Lieutenant-Governor (and now Minister for Colonies), Dr Hubertus van Mook, had tried to flesh out some of the details, he had been promptly disavowed by his own government. The few pronouncements that had emanated from Paris about the future of Indochina stressed the need to restore France to its prewar position rather than acknowledge the dramatically changed circumstances in Indochina. In the process of coming to terms with its own traumatic experience in Europe, France had no capacity to recognise that its performance in Indochina had been less than glorious: the very fact that a Vichy administration had existed there until several months before the end of the war was reason enough for de Gaulle to insist on a full and unqualified restoration of French colonial rule.

The fifth problem was the United Kingdom. It was both an imperial power and the leading allied partner in South East Asia Command. Britain's dismal performance in the Malayan campaign, culminating in the greatest humiliation to British arms since Cornwallis' surrender at Yorktown, namely the fall of Singapore, made it essential for the United Kingdom to reassert its imperial presence in southeast Asia. In the immediate post-surrender period, the new Labour government that succeeded Churchill's wartime coalition was just as determined to restore Britain's imperial presence as any of its conservative predecessors. The pressing economic and financial circumstances facing Britain made that reassertion of empire particularly pressing. With its dollar reserves exhausted, and with sterling facing a mounting crisis, Malaya became of vital importance to Britain's recovery. It alone produced a commodity-rubber-that was worth millions of dollars in the US market, and hence a healthy rubber industry was essential to the British balance of payments against its dollar debts.

On this level there was a natural affinity between the British and the Dutch and the French. Just as Malaya was vital to the recovery of the United Kingdom, the East Indies, the Dutch argued, was vital to the well-being of the Netherlands. Dutch forces had fought bravely and stubbornly against the Japanese (rather more so, the Dutch constantly reminded the British, than British forces), and had risked everything in the common cause. There was some sympathy in British circles with the Dutch position, but rather less with the French who had done virtually nothing to resist the Japanese; indeed, by granting the Japanese the right of passage through Indochina, the French had significantly reduced the natural barrier that the British and Dutch had always relied upon to protect their own imperial possessions. French insistence on French prestige merely aggravated the British, but did not cause a decisive break. The reason for the continued British support of both the Dutch and the French was that, apart from a common imperial involvement, the United Kingdom wanted their support in Europe, and was reluctant to risk that support by undermining their respective positions in southeast Asia.

The sixth problem was the United States. Roosevelt's anti-colonial stance had been most marked against France, but by early 1945 it had showed signs of weakening, especially after the coup mounted by the Japanese against the Vichy administration in Indochina. Roosevelt then ordered that US air forces in China assist the French resistance movement in Indochina if this could be done without adverse impact on US operations against Japan; in return for a US acceptance of French postwar control of Indochina, the French merely had to affirm that their long-term aim was the independence of their colony. Like Roosevelt , Truman intensely disliked de Gaulle and his imperious manner – he remarked that de Gaulle was "something of a pinhead" – but Truman's approach to de Gaulle was far more shaped by postwar circumstances than by any judgments about the performance of French troops in the war against the axis powers. Roosevelt's hostility to colonialism had been tempered in the case of the Netherlands by his Dutch ancestry, and although he tried to insist that the US would not countenance the restoration of the prewar colonial situation, he was remarkably tolerant of Dutch intransigence, accepting the December 1942 speech as adequate commitment to postwar reform. Truman had none of Roosevelt's sentimental ties to the Dutch cause, but neither did he have any particular interest in southeast Asia. He was not alone in this in administration circles. By the end of the war against Japan, US interests and attention had shifted away from southeast Asia to northeast Asia, and more importantly to Europe, where the struggle with the Soviet Union was already taking shape. This lack of American interest in southeast Asia might have worked to the colonial allies' benefit had it not been for the fact that they were dependent on the United States for the critical item of shipping, to get Japanese troops back to Japan, to bring in their own forces, and to transport increasingly urgent food supplies as the devastation wrought upon the agrarian infrastructure by the Japanese occupation began to have serious effects on the size of rice harvests. All allied shipping had been placed in the allied shipping pool for the duration of the war, and the United States had made it clear that it would veto the diversion of shipping to what it saw as peripheral tasks in southeast Asia, just as in May 1945 Truman had suspended Lend-Lease for the European theatre, which had the effect of preventing French and Dutch forces preparing equipment there for redeployment in Indochina and the East Indies.

The immediate difficulties confronting Mountbatten can be attributed to two main causes: the so called "interregnum" between the Japanese surrender and the arrival of allied forces, and the inadequate size of those forces. The delay in re-establishing an allied presence, if not allied control, in south east Asia, especially in the heartland of the East Indies, Java, meant that the challenge to imperial control posed by nationalist forces went virtually unchallenged for a short time. Thus, when the imperial powers did return, it was not to reclaim their colonial inheritance back from a humbled enemy but to face the threat of new political forces. The fact that they were largely ignorant of these political forces only made their task all more difficult. Dutch attempts, for example, to maintain intelligence links to mount anti-Japanese strikes in the NEI during the war had been almost completely unsuccessful. The few agents who had been landed from US submarines, which had been made available reluctantly by MacArthur, had been quickly rounded up and executed by the Japanese, while those members of the East Indies administration who had been evacuated to Australia and who had intimate knowledge of pre-war political developments were dismissed as unreliable and overly sympathetic to the Indonesian political cause. One such man was Charles van der Plas, who was head of the NEI Mission in Melbourne, Australia. He had warned in February 1944 that the Japanese might suddenly recognise an independent Indonesia and install a puppet government of collaborators, but having married a Javanese woman and converted to Islam, Van der Plas was thought to have "gone native" and his warnings were ignored. Mountbatten had been uneasy when saddled with the expanded boundaries of SEAC and had insisted that he be provided with full intelligence on the situation in the new areas. That intelligence was promised, but was never delivered. The result was that allied forces entered the East Indies and Indochina with completely wrong expectations. The Dutch in all honesty expected to be welcomed back, as did, if to somewhat lesser extent, the French, and it was on the basis of an unopposed return that Mountbatten made his plans.

His directive was clear enough: he was to disarm the Japanese, locate prisoners of war and civilian internees and return them to safety, and establish the conditions for the return of the appropriate colonial power. That was much more easily stated than done. When British and Indian troops arrived in Batavia, for example, they were greeted by a nationalist government that had at least some control over parts of the country, especially in Java. Many of those parts included the areas where POWs and internees were concentrated. The nationalists in Java were well armed, mainly from weapons that had been handed over by the Japanese, and they were not about to surrender them. The nationalists had expected that the allied return would be affected by American troops, and had painted appropriate welcoming slogans from the Declaration of Independence and the speeches of Abraham Lincoln, sentiments which struck a worrying chord in the Indian component of Mountbatten's forces. Mountbatten's commander in Java, General Sir Philip Christison, had been ordered to have nothing to do with the nationalists, whose leaders were regarded (with some justification) as collaborators by the Dutch, but Christison quickly appreciated that this was completely unrealistic: like them or not, the nationalists were in a measure of control, and simply could not be ignored. Mountbatten came reluctantly to agree, and thereafter backed Christison in his attempts to open a dialogue with Sukarno. This brought furious protests from the Dutch, not least because at home the Dutch government was facing the problem of bringing to trial some 80,000 men and women who had collaborated with the Germans; how could they proceed against them and at the same time negotiate with similar collaborators with the Japanese. Instead the Dutch pressed for their own forces to be sent to the Indies where, no doubt, it was felt they would be more firm with the nationalists. That was precisely what Mountbatten feared. Those Dutch forces who were available proved incapable of any restraint against the nationalists who, it must be admitted, were extremely provocative. As both sides dug in their heels, the POWs and internees became pawns in the bargaining process, but also targets, and the increasing attacks on POW camps by nationalist forces merely inflamed passions among the Dutch hardliners. The Dutch pressed for shipping to be made available for the Dutch Marine Brigade, then training in the United States, to be deployed in the Indies, but the US administration was unwilling to do anything that could be seen as backing the return of the colonial power and in any case argued that the shipping required was more urgently needed elsewhere.

The longer the impasse continued, with Mountbatten unable to control the nationalists and the local Dutch forces, and forbidden to enter into political negotiations with the nationalists, the more untenable his position became and the more complex a situation developed. Attempts to concentrate POWs and internees in areas under allied control proved difficult and costly, as convoys were regularly attacked by the nationalists. Matters came to a head in November in

Surabaya at the eastern end of Java. British forces had entered the city in late October and had arrived at an agreement with the nationalist government in control there to enable the rescue of POWs and internees and for the gradual disarming of the more unruly elements in the city. Unfortunately, the main British command in Batavia, which was unaware of this satisfactory agreement, arranged for the dropping of thousands of leaflets ordering the surrender of all arms and the acknowledgment of the control of the British Military Administration. This was too much for the extreme elements in the nationalist camp: the British brigade commander in Surabaya was murdered, and heavily armed mobs began attacking outlying POW camps and the British force itself. Eventually the nationalists were beaten back, but not before the British had been forced to call in air strikes and naval artillery fire, and had destroyed large parts of the city, which was not finally captured until late November.

A more bizarre case occurred in mid January in Semarang on the central north coast of Java. Semerang became increasingly important as the embarkation point for POWs and internees as they were located in the interior, brought to Semerang and sent to onward destinations. Once the area around Batavia had been cleared by mid December 1945, Mountbatten determined that Semerang was the next important priority target. Assistance came from an unexpected quarter. At the end of the war against Japan, a strong Japanese battalion in the area had, against allied orders, turned its weapons over to the local nationalists and interned itself in the local gaol awaiting the arrival of the allies. When this took longer than expected, the nationalists vented their pent-up wartime frustrations against the Japanese by taking them out singly, subjecting them to appalling torture and then killing them. This became too much for the Japanese, they rebelled and though armed only with sticks and stones, overcame their guards and recaptured their weapons. As they broke out of the prison, battling the nationalists, and moved north through the city, they eventually ran into the Parachute Brigade that had just landed. A skirmish ensued, until both sides realised that they were, in effect, fighting the wrong enemy. Thereafter, Japanese forces served under British command and were subsequently commended for their "sterling work". Within a month, however, firm orders came from London forbidding such use of Japanese troops, for the potential for political embarrassment was obvious and it laid the British open to the charge that far from fulfilling their obligation to disarm and repatriate the Japanese, they were using them to reimpose colonial control. (Much the same happened in Indochina, when after French troops rioted against the local population, the British commander was forced to use Japanese troops to maintain law and order, man traffic control points, and generally act as an arm of the British administration. This produced some highly damaging photographs in the world press).

The Dutch and French governments were immoveable. Hardly more helpful was the United States which did virtually nothing until December 1945 when it called on both sides in the East Indies to negotiate and compromise. This statement has been described as a diplomatic "triumph" by one American historian. Far from being a triumph, it was merely a reiteration of the blindingly obvious, and hardly an advance on the position that Mountbatten and his subordinate military commanders had been urging for months, sometimes against the wishes of their own government and always in the face of furious denunciations from the French and Dutch.

By February 1946 the situation facing Mountbatten had reached a critical stage. Only 47,000 Japanese troops had been repatriated to Japan; many POWs and internees were still effectively in the control of the nationalists, and the numbers of civilians seeking the protection of the allies had swollen by scores of thousands as many locals, opposed to the nationalists' push for a complete break with the Netherlands, crowded into areas under British control. This group (designated IFTUs, or "Inhabitants Friendly To Us") posed a particularly difficult dilemma for Mountbatten, for how could he reject their plea for security and turn them over to the nationalists, who in turn regarded them as traitors and dealt with them accordingly? The more the British sought to extricate themselves from the deteriorating situation, the more they became entrapped. When in March 1946, for example, Mountbatten sought clear guidance from the British Chiefs of Staff on the extent of his responsibilities in the East Indies, he was told that he had to provide for the security of POWs and internees already under British control, but that he was not responsible for those unfortunates who were in the hands of the nationalists. Clearly, given Mountbatten's original directive from the Combined Chiefs of Staff, this was not the case, but the British COS were desperate not to allow Mountbatten to be dragged any further into a long-term commitment to the East Indies. In particular they feared that if the wider interpretation was applied, the nationalists would not hesitate to use the POWs to prolong a British presence so as to put pressure on the Dutch to accede to their demands. On the other hand, the Foreign Office, concerned about Britain's relations with the Dutch in Europe as well as with their own imperial position in Malaya and Singapore, were concerned that anything less than complete support for the Dutch against the nationalists would have dire political consequences. The danger there was that once it became known that they could rely on British support, the Dutch would in turn become even more intransigent.

There was, in fact, no easy answer. British forces, and British political prestige, were caught in the crossfire between the forces of the old order and the emerging nationalism of the new. The war against Japan had settled, at least on one level, the Japanese question, but few had appreciated that the situation was far more complex than simply the question of defeating Japan. In the course of that struggle the political landscape in southeast Asia had changed irrevocably; and in the short term the military circumstances surrounding the Japanese surrender had stripped the allies of what should have been their overwhelming military advantage. When Mountbatten left southeast Asia in May 1946, nine months after the end of the war against Japan, there were still many thousands of POWs and internees awaiting repatriation, as there were Japanese soldiers. No settlement had been reached between the Dutch government and the Indonesian Republic, while in Indochina the restoration of French rule was not accepted as a legitimate political outcome.

The end of the war in southeast Asia, and the problems of restoring peace, illustrates many of the difficulties faced in peace-keeping operations. Where there is no clear political aim, or where the parties involved have diametrically, even violently, opposed political programs, the restoration of peace is a difficult, if not impossible, task. Where also there is a lack of military means to impose even a temporary settlement, and the political will to support such military action, there may be little incentive for any of the protagonists to compromise, or to accept that negotiation may be preferable to armed confrontation. Where great powers refuse or feel unable to intervene, the very notion of peace is held to ransom by those who value it least. The parallels with a number of situations in the contemporary world are striking.

Notes

This paper draws on the research for my book, Troubled Days of Peace: Mountbatten and South East Asia Command, 1945-46 (Manchester: Manchester University Press/New York: St Martin's Press, 1987), where detailed references can be found. See also Andrew J. Rotter, The Path to Vietnam: Origins of the American Commitment to Southeast Asia (Ithaca, NY: Cornell University Press, 1987), and David Marr, Vietnam 1945: The Quest for Power (Berkeley, Ca: University of California Press, 1995).

THE FAILURE OF PEACEKEEPING – THE UNEF, MAY 1967

M. Mayzel (Tel-Aviv University)

Whatever different reasons may be given by historians (or collective memory, for that matter) for the outbreak of war in the Middle East on June 5th, 1967, there is a generally accepted version as to the course of events immediately before the war, from May 13th and on. It is generally agreed that the withdrawal of the UN Emergency Force from the Sinai peninsula was one step in the crisis that eventually led to the war between Israel and her neighbors. There is no dispute on the factual accuracy of this version, for the event has been researched and is well known. The problem is with its interpretation of events, the connections it makes between them, and some implicit assumptions concerning their causal relationship. It is not just a question of where the blame lies, or who is to be held responsible for unwelcome results. On this there is quite a great body of literature – scholarly literature and memoirs, historical, legal, diplomatic, military – which attempts to explain the events and to argue from one point of view or another. Neither is the factual validity of the accepted version diminished by the relative dearth of documentary material (in contrast to other types). True, this entire body of literature is of limited value because of the archival policy of the states and international organizations involved in the 1967 crisis. The states involved in the 1967 Middle East crisis did not open their archives; therefore the greater part of the documentary material, on which our historical knowledge and collective memory are based, is supplied by the UN. This is both because of UN policy and because this organization has a very limited ability to hide its operations. On the contrary – it derives part of its power from the fact that its operations are conducted in the open. Thus, in this paper I shall rely on the available literature, using mostly known but also some unpublished sources. I shall attempt to look at the accepted interpretation of events from another angle, and perhaps to question some of the accepted ideas on peacekeeping and the outbreak of wars.

There is another conceptual problem here. Contrary to the conventional wisdom of political and military historians, the withdrawal of UNEF, by itself, should not have automatically led to war. Withdrawal of a peacekeeping force can cause a number of results, and war is only one of them. It is the perceptions of the potentially warring sides that lead them to war: their policies, intentions and understanding of intentions of their rivals, that result in war. This is what indeed happened between Israel and Egypt in 1967. It would be a tautology to say that the onset of war is the ultimate proof of the failure of the peacekeeping measures. Yet in this case the order of events was reversed, as the failure of the peacekeeping mechanism, in its military component, resulted in war.

Every war in the Middle East resulted in a new mechanism for peacekeeping, usually created by the international community, i. e. the UN. This was the case in November 1956, after the Suez War (which for Israel was the Sinai War), as the UN created a new peacekeeping mechanism, intended to prevent another eruption of this sort. There were two key components of the new arrangement. One was the demilitarization, *de-facto* if not *de-jure*, of the Sinai peninsula, which spread between the Suez Canal and the Israeli border. In this way a large area, mostly uninhabited, was designated to separate the armies of the two countries. This meant that Egypt undertook not to deploy its military forces in an area which indisputably was (as it is now) under Egyptian sovereignty. The other component was the creation of a military force, composed of military units contributed by a number of states (members of the UN). This force – named the United Nations Emergency Force (UNEF) – was not intended to fight (as was the task of the UN forces in the Korean War), neither was it intended to function as a force of observers (the task assigned to its predecessor, UNTSO). UNEF's *raison d'être* was to be stationed along the border and at the Tiran straits, thus supplying Egypt with a military force on its border with Israel, without presenting any threat to Israel. The political arrangement arrived at after the Suez war, then, was established on two pillars – territorial and military. It entailed an active use of the military, but without any sort of violence, neither was it a force of power-ful arbitration. It was an arrangement in which the very presence of an external military force, however small, was deemed to be imperative for the preservation of peace.

In the creation of the UNEF, some rules were to be observed. First, that the parties to the conflict would not participate in the emergency force. This excluded not only Israel and Egypt but, contrary to the initial intentions of the architect of the force, also Britain and France. The two superpowers, USA and USSR, whose cooperation was the political basis of the arrangement, were also not to partici-pate in the force. Thus only smaller powers, preferably countries not involved in international conflicts, could contribute units to the UNEF. The consent of the host country was required for the very stationing of the UNEF on its territory, and then for its presence there. Whether this also meant that cancellation of consent automatically would bring the withdrawal of UNEF became a point of dispute in mid-May 1967. It was also agreed in establishing the UNEF that the host country would have a veto power over the composition of the force. The UNEF had its own logistics, and the military units which comprised the force were contributed by their countries on an ad-hoc basis. They were homogenous, battalion-size units, lightly armed, and not intended for actual fighting. The aim was not to *enforce* implementation of the UN resolution but to *secure* it.

From the point of view of Israel and the UN, the crisis that led to the Six Days War started in early May 1967. It was preceded by a relatively long period of tension and violent clashes between Israel and Syria, in which Lebanon and Jordan were also involved. This tense period started in late 1964, less than a year after the completion of Israel's National Water Project. In November 1964 Syria began work on her part of the combined Arab attempts to divert the river Jordan, on which the whole Israeli project was based. Israeli-Syrian relations turned into a series of violent clashes, which gradually intensified. These clashes culminated in a major Israeli raid against Jordan (November 1966) and a number of clashes involving artillery and air-battles in which Syria suffered heavy loses (January and April 1967). But this series of intense exchanges did not develop into a full-scale war, not even after the introduction of air power, an act which in previous years signified an intention to start a war. In contrast the Israeli-Egyptian border, where the UNEF was deployed, was quiet. According to Israeli assessments, there was no danger of war, since without the participation of Egypt, no single Arab country, nor any combination of them, was capable of making war. The Egyptian President, Nasser, in contrast to his belligerent rhetoric in the name of Arab solidarity, opposed any attempt to start a war against Israel, particularly as the bulk of the Egyptian army was committed in Yemen. In response to accusations from other Arab quarters that he was hiding behind the UNEF shield, he argued that war is a matter of careful and long preparation, both military and political. The decision to go to war is a matter of timing, he argued, hence to start a war in response to Israeli actions would be to surrender this prerogative to the enemy. At the same time, he argued that the strength of the Egyptian army was the best deterrent against Israel. This was not an empty phrase, because Nasser had on his side the experience of 1960, when the Egyptian army moved into the Sinai toward the Israeli border, and for some time (albeit short) Israel was caught unprepared and exposed. It was a traumatic experience for Israel, not to be forgotten in the future.

There were some differences, however, between the case of 1960 and May 1967. First – the background and motives for the Egyptian move; second – the status of the UN and its Emergency Force; third – Israeli preparedness. In 1960 Egypt did not ask the UN to withdraw the Emergency Force from its stations, while in 1967 the case developed into a major crisis precisely because of such a demand.

Seen through Israeli eyes, in February 1960 Egyptian military moves in the Sinai came in the wake of an Israeli raid on the border with Syria. That reprisal raid, coming after a long period of quiet, was the first one by Israel since the Sinai campaign of 1956. It could be interpreted, therefore, as starting a larger operation – as was the case in October 1956. There was also the issue of false intelligence, supplied to Egypt by the USSR, to the effect that Israel was preparing a large scale attack on Syria. Syria was then united with Egypt in the United Arab Republic; hence Nasser's move could be understood as defending the borders of his own country. The 1967 conflict arose against a very different background. Syria broke with Egypt already in 1961, and became Egypt's main Arab rival in the Arab world and within the non-aligned group. Nasser strongly refused to follow Syrian moves (diplomatic, political, ideological), as he considered Syrian policy as infringing on Egypt's leadership role in the Arab world (and in the non-aligned group). On the question of relations towards Israel he shied away from military involvement. In 1965, at the time of Israeli-Syrian armed clashes on the diversion of the Jordan River (in which Syria suffered losses), Nasser declared that he would not start a war because of "a tractor in the demilitarized zone or a border incident in the north." The armed clashes on the Israeli-Syrian border continued to 1966 and 1967, escalating and intensifying in magnitude and means, including the use of air power (a move the sides avoided since the early 1950s), but until May 1967 Egypt did not change her policy.

The question, then, concerns the reasons and timing of the Egyptian action – why did Nasser not move before, or, alternately, why did he not stick to his cautious policy of previous years. An Israeli assessment of that time assumed a change in Egyptian perceptions of Israeli policy. The causes of this change were the changing character of the armed clashes between Syria and Israel (the increasing use by Israel of her air power and Syrian losses), combined with Soviet warnings on Israeli preparations to attack Syria. This was similar to the 1960 incident, as in both cases erroneous intelligence and warnings were given to Egypt by the USSR. But then, in 1960, Nasser acted very cautiously, very differently from May 1967. There were also other considerations, not present in 1960 – the activities of the PLO, and strong, vociferous inter-Arab rivalry. PLO terrorist operations came to the attention of the UN, and produced a critical comment by Secretary General U Thant. In Israeli assessment , Syria feared this comment will encourage Israel to increase military activity (against Syria). Radical Arab pressure, under the changing circumstances, made Nasser's cautious policy no longer effective within the context of inter-Arab rivalry. Moreover, had Nasser wanted to make a military show of force as deterrent against Israel, he would have had to give credence to this demonstration. The removal of the UN forces on the border, then, became a necessity. The first step in the escalation of May 1967 was the Soviet warning, transmitted separately to Syria and Egypt, that Israel was concentrating troops on her northern border and was planning to attack Syria. Conventional knowledge has it that this warning weighed heavily in Nasser's considerations. As for the Soviet motives, the question has not been satisfactorily answered yet. By Israeli evaluation, perhaps it was intended to restrain Syria from heightening tension on the border, lest it will lead to war. From an Israeli point of view perhaps it was a case of miscalculation, a diplomatic maneuver gone wrong. Another possibility, not considered in Israel then, is that this warning was one item within a fractional struggle in the Soviet hierarchy, not a carefully thought out foreign policy move.

At the initial stage, on 13 May 1967, the events seemed to repeat the February 1960 pattern, except that Israel was not surprised. Israel was also militarily much stronger than before. This was the opinion of the then IDF Chief of Staff Yitzhak Rabin. There was another difference, perhaps not sufficiently appreciated by Mr. Rabin: the increased influence of the IDF in the decision-making process in Israel. Information and recommendations made by military intelligence in Israel carried more weight in 1967 than in the previous war of 1956. And because of the traumatic experience of 1960, the IDF tended to develop plans based on the worst case scenario, while stressing its own ability to defeat the enemy. This greatly influenced the considerations of the political leadership, particularly since Mr. Eshkol replaced Ben-Gurion as Prime Minister and Defense Minister. Prevalent in Israel at that time was the notion that internal weakness or a crisis situation of an Arab regime results (one could say – automatically) in external aggressiveness. This aggressive policy could result in increased military activity on the border with Israel, and even all-out war against Israel. Thus the stage was set for a very apprehensive approach by Israel.

The Egyptian Chief of Staff embarked on a visit to Damascus on 13 May, and this was noted by Israeli military intelligence. Yitzhak Rabin, then Chief of Staff of the Israeli army, received the first report on developments in Egypt on 14 May. A day later he was informed about Egyptian army units parading in Cairo and, more important, army units crossing the Suez canal into the Sinai. While intelligence assessment in Israel held that this was repetition of the 1960 move, operational preparations and policy decisions were very different. In its attempt to understand Nasser's plans, the IDF GHQ carefully followed Egyptian moves. The two key elements, acording to IDF intelligence assessment, were the movements of Egypt's armored forces – the 4th armored division – and the presence of the UN forces on the borders. For the IDF the introduction of the armored division into the Sinai would have fallen in the pattern of the 1960 case, but removal of UNEF units indicated an Egyptian decision to go to war.

At the beginning of the crisis, on 15 May, the IDF Chief of Staff had no reason to assume Egypt wanted war, but he took precautions and deployed some regular infantry units and the single regular armored brigade of the IDF on the Sinai border. On the following day, IDF intelligence assessment concluded that Egypt did not have offensive intentions. Rabin thought that Egypt's moves were based on the Soviet warning, and aimed only to deter Israel from attacking Syria. According to intelligence at hand, the Egyptian deployment was viewed as defensive. At the end of that day, however, the crisis deepened, and the Israeli military intelligence assessment changed. The reason was the continuing Egyptian military build up in the Sinai, to which a request for the evacuation of UNEF was added. This clearly indicated offensive intentions. Thus within the general Middle East crisis another crisis developed, between Egypt and the UN. At first, on the night of May 16 - 17, the Egyptian diplomatic contacts with the Secretary General were conducted discreetly. On 17 May, however, the crisis became public, when, in an official letter to the Secretary General, Egypt demanded that the UNEF evacuate its Observation Points on the Sinai line. Whether it will stay in Gaza and Sharem-a-Sheikh was not made clear. At that point Israel's evaluation was that Nasser still thought that Israel had military superiority and he wanted to avoid war, therefore he would deny Israel her _casus belli_ if he left UNEF in Gaza and Sharem-al-Sheikh. As late as May 18, IDF intelligence could not form an opinion whether the UNEF units would stay in Gaza and the Tiran straits. Only at midday, with the broadcast of Radio Cairo of the Egyptian letter to U Thant, did Israeli military intelligence change its assessment. Nasser, in response to the UN Secretary General's query, instructed not partial, but a complete withdrawal of UNEF from Egyptian territory. Egyptian soldiers took the UNEF Observation Points, and in Sharem-al-Sheikh entered into a scuffle with the

Yugoslav unit there. IDF intelligence assessment was that Nasser did not expect such a development, that it was forced on him by U Thant, yet he would not reconsider. At that point Israel started a limited mobilization of reserve forces.

A day later, 19 May, with the Egyptian build-up continuing, Israeli intelligence discussed the possibility of Egypt initiating a war. While the IDF was familiar with Egypt's defensive planning, they did not know what the Egyptian offensive plan was, or whether such plans existed at all. The deployment of the Egyptian forces in the Sinai was, according to military intelligence, flexible enough to go on the offensive. In response, more reserves were mobilized in Israel. Again, by intelligence evaluation, this was one of four options for Egypt, and Nasser could halt the escalating crisis. But expelling the UNEF from Sharem-al-Sheikh without blocking the Tiran straits to Israeli shipping would contradict the very logic of the whole move. The same was true as to the other option – halting the military build up in the Sinai. Israel saw no alternative but to mobilize. Thus under the constraints inherent in the Israeli reserves system, and given the Israeli military doctrine, it was imperative for Israel to bring the crisis to a quick resolution. This, combined with the continuing military build-up by Egypt, made a violent clash virtually unavoidable.

In the 1967 Middle East crisis, as far as we can judge today, the war was not expected nor planned by any of the warring sides. This is not to say the war was not a strategic possibility, as it certainly was, and the armies were prepared for such an eventuality. Yet when the crisis began, no one wanted a war and it could have, perhaps, been avoided. The dynamics of the situation, however, and the inattentiveness of the international community, exacerbated the crisis. It was not the war which pushed out the UN forces, but on the contrary, the very act of withdrawal of the UN forces made war possible.

U.N. PEACEKEEPING OPERATIONS IN THE MIDDLE EAST: A JORDANIAN PERSPECTIVE

Mohammad K Shiyyab

Introduction

The United Nations Charter incorporates the solemn declaration that the peoples of the United Nations are determined to live together in peace.

The U.N. Charter gives the Security Council the authority "to *maintain or restore international peace and security*" and to enforce the will of the Council on a state that has broken the peace. Twice in its history, the Security Council has authorized military enforcement measures. The first instance was in the Korean War in 1950; the second was in the Gulf War in 1990. More occasions are likely to follow.

Conflict-control measures known as peacekeeping operations have been authorized by the Security Council (or, exceptionally, by the General Assembly), normally with consent of the parties, in order to enable the United Nations to help bring about the cessation of hostilities, prevent their recurrence and normalize conditions. There have been two types of such operations: the United Nations *military observer missions and military force*, which has much more frequently been used by the U.N. for the purpose of peacekeeping, something not foreseen in the charter at all.

Military observer missions are composed of unarmed officers made available to the United Nations on the Secretary-General's request, by Member States. The mission's function is to observe and to report to the Secretary-General (who in turn informs the Security Council) on the maintenance of ceasefires, to investigate violations and to do what it can to improve the situation.

Peacekeeping forces are composed of contingents of armed troops made available by Member States. These forces typically assist in preventing the recurrence of fighting, in restoring and maintaining order and in promoting a return to normal conditions. To this end, peacekeeping forces are authorized as necessary to use *negotiation, persuasion, observation and fact-finding*. They run patrols or interpose themselves physically between the opposing parties. They must at all times maintain complete impartiality and avoid any action that might affect the claims or positions of the parties. While they are armed, they are permitted to use their weapons only in self-defense.

Aim of Study

In no other region in the world has there been such a varied, intensive and changing involvement of U.N. peacekeeping forces as in the Middle East. In response to hostilities which have broken out at various times in the course of four decades, it has established peacekeeping machinery and formulated principles for a peaceful settlement. Its efforts in peacekeeping in the region have been widely recognized by all parties.

The aim of this paper is to *discuss the United Nations forces' involvement and effectiveness in peacekeeping operations in the Middle East.* Analysis will focus on the United Nations forces' involvement in the Middle East from 1947 till present.

U.N. Involvement in Palestinian – Israeli Related Issues

During 1947-1949, the Middle East problem has its origin in the issue of the future of Palestine, which was brought before the United Nations early in 1947. At the time, Palestine was a Territory administered by the United Kingdom under a Mandate from the League of Nations. It had a population of about 2 million, two-thirds Arabs and one-third Jews.

On 29 November 1947, the General Assembly of the United Nations endorsed a plan, put before it by the United Nations Special Committee on Palestine, for the partition of the Territory, providing for the creation of an Arab and a Jewish State, with Jerusalem to be placed under international status. The plan was rejected by both the Palestinians as well as Arab States.

On 14 May 1948, United Nations General Assembly appointed Count Folke Bernadotte as a Mediator to promote a peaceful adjustment of the situation in Palestine. On the same day, the United Kingdom relinquished its Mandate over Palestine and the state of Israel was proclaimed. On the following day, hostilities between the Arabs and the Israelis started. The hostilities were halted through a truce called for by the Security Council and supervised by the United Nations Mediator, with the assistance of a group of military observers which came to be known as the United Nations Truce Supervision Organization (UNTSO).

When Count Bernadotte was assassinated on 17 September 1948, his assistant Ralph J. Bunche was appointed Acting Mediator. Under his auspices, armistice agreements were signed in 1949 by Israel and four Arab countries: Egypt, Jordan, Lebanon and Syria. UNTSO assisted the parties to the agreements, through Mixed Armistice Commissions, in supervising the applications and observance of the terms of the agreements.

U.N. Involvement in Jordanian – Israeli Related Issues

On 3 April 1949, the "United Nations Truce Supervision Organization" established an office in Amman to supervise the execution of the General Truce Agreement signed between Jordan and Israel, and continued to perform this supervisory role until June 1967. The "UNTSO's" most important tasks were to investigate: *"firing incidents on both sides of the cease-fire line between Jordan & Israel, illegal border crossings and cease-fire line trespassing incidents, air and territorial waters incursions, any other serious mishaps and incidents, and supervise the movement of the 1948 Palestinians into Jerusalem and back during festivals and other important religious occasions".*

This Truce Agreement was terminated by the Israeli side after the 1967 War. Since that time the United Nations role in Jordan was limited only to supervising the implementation of the Security Council decisions in monitoring the cease-fire line, attending the Yarmouk River talks, investigating the firing incidents and skirmishes between the two sides, repair and maintenance of the crossing points/bridges, and monitoring and checking the Jordanian side of the cease fire line.

The "*United Nations Liaison* Office Amman" continued to perform its liaison duties until the signing of the peace treaty between Jordan and Israel on the 26th of October, 1994.

On 31 July 1995, the Hashemite Kingdom of Jordan and the United Nations agreed upon the closure of the "Liaison Office Amman". However, the Peace Treaty between Jordan and Israel provides, inter alia, for a liaison mechanism between the Jordanian Military Office and the Israeli Defence Forces (IDF) Liaison Unit to tackle any issues concerning security arrangements and incidents along the international borders between both countries, which rules out the possibility of any role for U.N. forces.

The Egyptian – Israeli Front

In 1956, following Egypt's nationalization of the Suez Canal, Israel, France and the United Kingdom intervened militarily against Egypt. The U.N. General Assembly, meeting in an emergency special session, called for a cease-fire and withdrawal of those forces from Egyptian territories, and authorized the establishment of the United Nations Emergency Force (UNEF), *the first United Nations peacekeeping force in the Middle East (1956).*

UNEF supervised the troop withdrawal and was then deployed on Egyptian territory, with Egypt's consent, to act as a buffer between Egyptian and Israeli forces. It patrolled the Egypt Israel armistice line and international frontiers to the south of Gaza Strip and brought relative quiet to the area.

In May 1967, UNEF was withdrawn at the request of Egypt. On 5 June 1967, fighting broke out again between Israel and Egypt, Jordan and Syria. The Security Council convened and called for an immediate cease-fire. When hostilities ended six days later, Israel has occupied Sinai and the Gaza Strip, the West Bank of Jordan, including East Jerusalem, and part of the Syrian Golan Heights. The Secretary-General, acting on decision of the Security Council, stationed UNTSO observers in the Golan and the Suez Canal sectors to supervise the cease-fire.

On 22 November 1967, the Security Council unanimously adopted Resolution 242, which defined principles for a just and lasting peace in the Middle East. Despite efforts made by Mr. Gunar Jarring, U.N. Special Representative for the Middle East, to help achieve a peaceful and accepted settlement in accordance with the provisions of Resolution 242, no significant progress was made because of the differences on the basic issues.

On 6 October 1973, large-scale fighting broke out again when Egyptian forces in the Suez Canal sector and the Syrian forces on the Golan Heights attacked Israeli positions. The Security Council, in resolution 338 of 22 October 1973, called on the parties to cease fire and to start immediately thereafter the full implementation of resolution 242, and decided to set up immediately under its authority a new *United Nations Emergency Force (UNEF II)* of up to 700 men for an initial period of six months and was stationed in the Egypt-Israel sector.

On 21 December 1973, a peace conference on the Middle East was convened in Geneva under the United Nations auspices and the chairmanship of former Soviet Union and the United States with Egypt, Israel and Jordan attending. The discussions led to an *agreement between Egypt and Israel on the disengagement of their forces*. The agreement included provisions for partial Israeli withdrawal from occupied territory in the Sinai, establishment of a buffer zone controlled by UNEF and areas of limited forces and armaments on both sides of the zone. The disengagement was completed on 4 March 1974 with UNEF assistance. Israel and Egypt signed a *second disengagement agreement in September 1975, providing for further Israeli withdrawals. These were completed in February 1976 and a larger new buffer zone was set up under the UNEF control.*

UNEF's mandate was renewed periodically by the Security Council until July 1979, when it was not extended and therefore lapsed. UNTSO observers remained stationed in Egypt in accordance with existing decisions of the Security Council.

After the signing of the *"Camp David Accords"* between Egypt and Israel in March 26, 1979, it became clear in early 1981 that the United Nations would not be able to provide the peacekeeping force and observers required by the Treaty. Therefore the United States assisted in the negotiation of a protocol, signed on 3 August 1981 by Egypt and Israel and witnessed by the United States, which provided for the establishment of an MFO, and *thus creating a new framework outside the U.N.*

MFO was established as a non-U.N. international organization to recruit and install in the Sinai a Multinational Force and corps of civilian observers to monitor the security arrangements of the Egypt-Israel peace treaty (see Attachement "A").

United Nations Interim Force in Lebanon (UNIFIL)

Tension along the Israel-Lebanon border increased in 1972. Israel, acting in reprisal for raids carried out on its territories by Palestinian commandos, attacked Palestinian camps in Lebanon. *In April 1972*, at the request of Lebanon and in accordance with a Security Council decision, a cease-fire observation operation was set up by UNTSO in the Israel-Lebanon sector.

Another United Nations peacekeeping force was set up in March 1978 after Israeli forces invaded southern Lebanon following a Palestinian commando raid into Israel. The Security Council called on Israel to cease immediately its military action against Lebanon's territorial integrity, and it established UNIFIL to confirm the withdrawal of Israeli forces, restore international peace and security and help the Lebanese government re-establish its effective authority in the area.

When the Israelis completed their withdrawal from Lebanon on *13 June 1978*, they handed over their positions to the Christian South Lebanon Army (SLA) supported by them. The area remained tense due to the frequent exchanges of fire between the SLA and Israeli Defense Forces (IDF) on one hand, and armed elements (mainly of PLO and the Lebanese National Movement) to the north of UNIFIL area of deployment, on the other. In July 1981, a de facto cease-fire came into effect, *and the area remained relatively quiet until mid-1982.*

On 6 June 1982, after two days of intensive exchanges of fire in southern Lebanon and across the Lebanon-Israel border, Israeli forces moved into Lebanese territory in strength. *UNIFIL positions were overrun or bypassed, and the Israeli forces reached and surrounded Beirut.*

The Security Council authorized the Secretary-General to deploy U.N. military observers to monitor the situation in and around Beirut on 1 August 1982. An Observer Group Beirut (OGB) was set up. Later in August 1982, the United States, France and Italy entered into agreement with Lebanon for participation of their troops in a Multi-National Force to assist Lebanese Armed Forces in carrying out an orderly departure from Lebanon of Palestinian armed personnel in Beirut area. After evacuation of Palestinian armed elements and Arab Deterrent Force from Beirut area was completed on 1 September, the Multinational force was withdrawn on 13 September 1982.

However, tension greatly increased on 14 September 1982 when President-elect Bashir Gemayel and several others were killed in a bomb explosion. On the evening of 16 September, Kataeb (phalange) units entered the Sabra and Shatila Palestinian refugees camp and committed a massacre there. The Multinational Force of 1200 troops (American, Italian, and French) returned to Beirut, and later joined by a small British contingent.

In January 1985, Israel presented a plan for unilateral redeployment and withdrawal of its forces to be completed in Mid-1985. During that period, the IDF would deploy along the Israel-Lebanon border, while maintaining a *"security zone"* in southern Lebanon where the SLA would function with IDF backing. The Lebanese Government rejected the plan. The situation remained unsolved. Fighting between Lebanese resistance groups and Israeli Forces and the SLA increased which led to frequent and dangerous confrontations between those forces and UNIFIL personnel.

From the inception of UNIFIL, Israel perceived it as a force prematurely imposed by the United States Administration before even hearing Israel's case. In contrast to its experience with the MFO in the Sinai, Israel saw UNIFIL in southern Lebanon as a potential impediment to the existing security arrangements on its northern border. From Israel's point of view, UNIFIL was only marginally useful in deterring infiltration and shelling by the hostile elements. On the other hand, the United Nations disputed the Israeli perspective and stressed the fact that U.N. troops always intercepted and disarmed illegal infiltrators.

Nevertheless, most observers agree that UNIFIL was given an *impossible mission* because of the ambiguity of the mandate, the lack of specificity in the definition of objectives and territorial constraints on the force. UNIFIL's area of operation was inadequate for the task of preventing infiltration and shelling.

The Syrian – Israeli Front

In 1949, armistice agreements were signed, under the auspices of Ralph Bunche, by Israel and four Arab countries including Syria. UNTSO assisted the parties to the agreements through Mixed Armistice commissions, in supervising the application and observance of the terms of the agreements.

On 31 May 1974, an agreement on disengagement of the Israeli and Syrian forces was signed by both parties. The Security Council decided to set up under its authority the United Nations Disengagement Observer Force (UNDOF) of 1250 men for an initial six-month period, which was extended periodically.

The prospects of a final settlement between Syria and Israel are much better now than before. The peace talks between both parties are progressing steadily, but the main concern for Israel remains the security arrangements on the Syria - Israel borders.

If a peace treaty is reached between Syria and Israel, it most probably would involve, inter alia, Israeli withdrawal from the Golan Heights coupled with security arrangements in the vacated territory. This in turn would involve a demilitarized buffer, comparable to Zone C in the Sinai, with limited-forces zones on both Israeli and Syrian sides, to be monitored by peacekeeping forces, and an early-warning system. Given the successful experience of the MFO in the Sinai, it is reasonable to expect that the Syrians and Israelis would prefer a third-party MFO-type force involving U.S troops to assure aerial monitoring which would reinforce the verification of compliance to the provisions of any anticipated peace treaty between Syria and Israel.

The United Nations Peacekeeping Force in Cyprus (UNFICYP)

Cyprus became independent in 1960 with a constitution that was intended to balance the interests of the island's Greek Cypriot and the Turkish Cypriot communities. A treaty of August 1960 entered into effect by Cyprus, Greece, Turkey and the United Kingdom, guaranteed the basic provisions of the Constitution and the territorial integrity and sovereignty of Cyprus.

In December 1963, fighting broke out in the Island between the Greek Cypriots and the Turkish Cypriots. On 4 March 1964, the Security Council unanimously decided to set up a United Nations Peacekeeping Force in Cyprus (UNFICYP) with a mandate to prevent the recurrence of fighting, help maintain law and order, and to promote a return to normal conditions. Since 1964, the Council has periodically extended UNFICYP's mandate every six months.

A coup d'état in Cyprus on 15 July 1974 by Greek Cypriots with the support of some Greek elements was followed by military intervention by Turkey, whose troops subsequently established Turkish Cypriot control over the northern part of Cyprus.

Following the outbreak of hostilities, the Security Council called for a cease-fire and laid the basis for negotiations between Greece, Turkey and the United Kingdom. Despite all efforts made by the Secretary-General to negotiate a just and lasting solution to the problem, both sides have maintained their positions and an impasse remains until now.

In the meantime UNFICYP continues to carry out its daily task of supervising the cease-fire and maintaining close surveillance over the buffer area between the cease-fire lines seperating Greek and Turkish Cypriots in the island.

Possible Future U.N. Roles in the West Bank and Gaza

The Palestinian-Israeli dispute is at the core of the Arab-Israeli conflict and most complex. Israel's acute security concerns about the control of the West Bank areas may inhibit any third-party role as a serious factor in a settlement. Despite deep differences among the political parties on defense policy during the 1967-1973 period, a broad consensus emerged in Israel on the need for secure borders, particularly the need to secure the eastern front against surprise attack. An Israeli military presence at strategic points both in the Jordan valley and along the bridges and western slopes of the mountain ranges of the West Bank was judged so crucial for Israeli security that no Israeli govemment could afford to abandon them.

Nevertheless, with recent developments of the peace process, which started in Madrid, and the signing of Oslo agreement and the peace treaty between Jordan and Israel, peacekeepers, as in many previous cases, are likely to be summoned to the West Bank and Gaza for lack of acceptable alternative options.

If a peacekeeping mission is ultimately sent to the West Bank and Gaza it will be guided by precedents established by these recent forces, despite important differences in local circumstances. The Palestinians have been under Israeli military occupation since 1967, and have never experienced indigenous rule before. If Israel consents to fully withdraw its forces and transfer authority to the Palestinians, which certainly will be in phases, the latter would embark upon building their nation. Can a transition to Palestinian sovereignty be achieved in secure circumstances for all of the relevant parties, and if so, what role might peacekeepers play in the process?

It is therefore important to think creatively about a compromise solution that might meet the minimal requirements of the Palestinians and the Israelis. While there are many dimensions of Palestinian self-rule that need to be resolved, the issue most in need of clarification is who will be responsible for *assuring security in the transitional period and beyond*. At every stage, one must provide mechanisms to cope with likely challenges to peace and order by extremist elements among the Arab as well as Jewish communities. The demarcation of well-defined traditional stages should correspond to critical turning points for progressively broader Palestinian self-rule, culminating in sovereignty. For each of the contemplated stages, we may compare the positions advocated by both the Palestinians and Israelis, demonstrating where the introduction of peacekeepers might help bridge some of the gaps.

In sum, a variety of tasks may be envisaged for international peacekeepers at different stages in the transition toward Palestinian sovereignty. During this phase, however, Israel's main concern stems from one major type of threat associated with Palestinian sovereignty: the Palestinian authorities may be either unable or unwilling to prevent extremist attacks against Israel.

In order to fulfill its assigned functions, the peacekeeping force should be sufficiently large and well-equipped to deter and respond to any anticipated threats. The United States should be encouraged to be a conspicuous troop-contributor, and its forces could undertake those conditions considered sensitive to Israeli security, such as monitoring early warning stations and verifying compliance with demilitarization guidelines.

Summary

Throughout its history, the United Nation's aim has been to prevent a dangerous situation from escalating into war, to persuade opposing parties to solve their problems peacefully, to help restore peace or at least halt the fighting, more recently to render humanitarian aid and supervise elections. To achieve this, the United Nations has acted through peacekeeping forces, observer or fact-finding missions (dispatched by the Security Council or the General Assembly), good offices missions, mediators and special representatives.

Since no two peacekeeping operations are exactly the same, there can be no standard form or fixed rules governing their interpretation and implementation. Each operation requires to be planned and mounted in order to meet the circumstances of the dispute and the nature of the environment in which the force will be operating. Therefore, U.N. peacekeeping operations have been most successful in cases of *interstate* hostilities, where belligerents have consented to the deployment of international forces after achieving a diplomatic agreement. *Good examples of such forces are:* the United-Nations Emergency Force in the Sinai (UNEF I from 1956 to 1967 and UNEF II from 1973 to 1982) as well as the U.N. Disengagement Observer Force on the Golan Heights (from 1974 until the present). Similarly, the Multinational Force and Observers (MFO) deployed in the Sinai under American initiative since 1982 has followed the traditional U.N. model and performed its mission unchallenged.

More problematic are cases where peacekeeping forces are interposed in the midst of a *civil conflict*. In an environment of ongoing confrontation between civil actors, it becomes very difficult to adhere to norms of neutrality and restrictive rules of engagement. As a result, to fulfill their mandate, the U.N. peacekeeping forces may easily be drawn into enforcement actions. Such was the case in Beirut where hostilities intensified and the contingents of the Multi-National Force (American, French, Italian and British) became embroiled in the fighting from 1982 to 1984.

Another instance of UN ineffectiveness was in May 1967 when the then Secretary-General of U.N., Mr. U-Thant, hastened the advent of a deadly war by yielding to the pressure and threats by late President Gamal Abdul Nasser, and without consulting the *Security Council instructed the UNEF to evacuate the Sinai,* leaving the Egypt-Israel border exposed to two armies at the height of military preparedness and escalation. Had the U.N. Force been deployed on both sides of the Egyptian-Israeli Armistice Lines, it would have required more than the unilateral demand from Egypt to have brought about a UNEF withdrawal.

Conclusion

The use of military force by the U.N. for both *enforcement and peacekeeping is essential to a world order* in which international security is heavily dependent on the Security Council. Past and present experiences of the U.N. have helped the U.N. adopt a flexible approach which should be developed further to formulate an accurate definition of what peacekeeping functions may be. The original role of standing between hostile forces has been expanded to encompass, among other functions, the maintenance of security or stability within a given area (as in Egypt, South Lebanon), the monitoring of elections (Cambodia, Namibia, Haiti), the provision of humanitarian assistance (Cyprus) and the disarmament of insurgents (Nicaragua).

This *flexibility* greatly enhances the value of peacekeeping forces as an instrument of the Security Council in dealing with potential or existing conflicts. But the effectiveness of peacekeeping operations would be highly influenced by two main considerations/limitations; *first*, peacekeeping has to be undertaken without prejudice to the rights, claims or positions of the parties concerned; and, *second*, peacekeeping operations have been undertaken only with the consent of all the parties concerned.

Somalia, Rwanda, Bosnia are the latest examples of U.N. interventions in interstate and intrastate conflicts where peacekeeping forces were involved in humanitarian activities. But peacekeeping operations there were either seriously jeopardized or impeded and often forcibly obstructed and their dignity being abused, having weapons seized and held hostages. *How can peacekeeping forces operate effectively under such conditions?* It is, therefore, vital to the U.N's peacekeeping interests that the basic principles and perceptions of peacekeeping be reappraised and an urgent review be made of its mechanism, processes and procedures. This review should be initiated by the Secretary General and undertaken under the auspices of a Military Staff Committee or by a special commission set up by the Secretary General. Above all, the original concept of peacekeeping, that of peaceful and impartial intervention, should prevail.

Multinational Force and Observers (MFO) in Sinai

A ten-nation force of 2500 men was deployed in April 1982 as the Israelis relinquished their last holding in Sinai: Colombia, Fiji, and the United States provided infantry battalions; Australia, France, Italy, the Netherlands, New Zealand, the United Kingdom, and Uruguay contributed specialized units; and the United States also provided a logistical support unit and approximately forty personnel for the civilian observer unit.

The Mission of MFO is to monitor and verify the security arrangements in "Annex I" of the peace treaty, which established limitations on men and arms permitted within the four zones A, B, C, D.

Operationally, the peacekeepers were assigned four essential tasks:

Operating checkpoints, reconnaissance patrols, and observation posts within Zone C and along the international borders and line B.

Periodic verification, twice a month, of limitations on men and arms in the other three zones.

Additional verification within forty-eight hours after receiving a request from either party.

Ensuring freedom of navigation through the Straits of Tiran.

These operational functions could be considered as possible tasks to be executed by U.N. peacekeepers in similar future conflict situations; however, the fact that the use of a non-U.N. peacekeeping force, led by the United States, is considered a historic departure in various ways.

First, the United States assumed a commitment to organize the MFO and to keep it operative. Also, the United States assumed responsibility for sustaining the political consensus on the basis of which the other nine countries were persuaded to participate in the MFO.

Second, for the first time since the Korean war, American troops became the mainstay of a multinational presence in an area where trouble could break out. It was the first time such a commitment had been made under non-U.N. auspices.

Third, there was a need to invent an institutional structure. While the director-general of the MFO drew on peacekeeping experience of the United Nations, there existed neither a political structure comparable to the Security Council nor an established institutional machinery. Furthermore, operational procedures and a command structure had to be improvised; so far *the MFO has been successful as no serious violation to the peace treaty was reported.*

Bibliography

Basic Facts about the United Nations (Department of Public Information, United Nations, New York, 1987).

Nathan A. Pelcovits, *"Peacekeeping on Arab-Israeli Fronts"* (The Johns Hopkins Foreign Policy Institute, 1984).

Ariyeh Shlave, "The *West Bank: Line of Defence"* (Tel Aviv: Hakibbutz Hameuchad Publishing House, 1982).

Naomi Weinberger, *"Achieving Security in the West Bank and Gaza"*, (Columbia University, 1993).

Ze'ev Schiff, *Security for Peace: Israel's Minimal Security Requirements in Negotiations with the Palestinians* (The Washington Institute for Near East Policy, 1989).

Jerome Slater, "A *Palestinian State and Israeli Security"*, Political Science Quarterly (Fall 1991).

Susan Hattis Rolef, *"Political Dictionary of the State of Israel"*, 1987-1993.

Bruce Russet, James S. Sutterlin, *"The United Nations in a New World Order"*, Foreign Affairs (Spring 1991).

Michael Harbottle, *"Peacekeeping/Peacebuilding: Today's Dilemma"*, (Briefing Paper, Center for International Peacebuilding, London, July 1995).

THE ARMISTICE AGREEMENT BETWEEN SYRIA AND ISRAEL

Colonel (Res') Dr. Yigal Eyal

On November 16, 1948, the U.N. Security Council called upon the parties directly involved in the conflict in Palestine to establish an armistice between them. Syria accepted the call four months later, on March 17, 1949. At this point, an agreement with Egypt had already been signed, and armistice discussion with Lebanon and Jordan were well underway. The talks with Syria opened on April 5, 1949, and required three-and-a-half months until an agreement was signed on July 20.

It appears that there were two principal factors contributing to Syrian rigidity:

a. A lack of willingness to recognize Israel, with negotiations being considered recognition. When finally agreeing to negotiations, it was as if Syria accepted the intermediary's invitation on behalf of the United Nations, "...to begin negotiations with the Jews in order to sign an armistice agreement".

b. Syria saw the outcome of the war as a success, because its army was the only one which succeeded in capturing and holding territory which had been allotted to Israel in the Partition plan of November, 1947. It seems that; postponing the negotiations, which Israel and the U.N. were interested in, worked to Syria's advantage, allowing it to have a more favorable opening position. Delaying the talks also enabled Syria to see how the negotiations with the other Arab states were progressing and to plan the appropriate steps.

Nevertheless, Syria was finally forced to agree to negotiations, as pressure was exerted on it by the United States and by Dr Ralph Bunche, the acting U.N. Mediator for Palestine. He made it clear to Syria that its refusal was liable to lead to Israeli military action. This seems to be the point which convinced Syria to begin negotiations, because a renewal of the fighting was too dangerous a gamble to take, and the results were likely to wipe out its military achievements up to that point.

A number of problematic subjects came up at the beginning of the negotiations and even before the negotiations began:

a. In the armistice talks with Lebanon, Israel wanted to link the withdrawal of its forces from Lebanon with the withdrawal of the Syrians from Mishmar Hayarden. This position was unacceptable to the mediator, and Israel finally acquiesced and withdrew to the international border. In the negotiations with Syria, Israel intended to demand the withdrawal of Syrian forces to the international border, in accordance with the precedent of the Lebanese border. (In agreements with Egypt and Jordan, this principle of maintaining the line according to the international border was maintained.)

b. A few days before the opening of the negotiations, Husni al-Za'im staged a military coup in Syria, March 3, 1949, and seized power. Za'im announced his willingness to negotiate according to the same agreements that had been established by the previous government, and Israel had to decide if it would recognize the Za'im regime as a negotiating partner. Israel indicated its willingness.

c. Israel wanted the chairman of the discussions to be acting U.N mediator Dr. Ralph Bunche. Dr Bunche declined, and suggested that the discussions be directed by Henri Vigier, the political adviser to the U.N. Truce Supervision Organization (UNTSO), and Maj. Gen. William Riley, UNTSO chief-of-staff.

d. Before the opening of the negotiations, both armies took steps to improve thier positions along the truce lines. The subject was raised at the first meeting, and it was decided that this was a breach of the truce, and both sides were required to withdraw.

e. At the first meeting, a disagreement arose concerning the letters of authorization of both delegations. The Israeli letter, signed by the director-general of the Ministry of Foreign Affairs, authorized the delegation to represent the government of Israel. This resulted from the Israeli desire to give the negotiations political significance. The Syrian delegation, on the other hand, was appointed by the Syrian chief-of-staff, who signed its letter of authorization reflecting the Syrian desire to give the negotiations a military character, and have them deal with military matters only. The Israeli delegation questioned whether the Syrian delegation represented the government or the army. In the end it was agreed to begin the negotiations, but before signing the agreement, the Syrian delegation would be required to present an acknowledgement that it was authorized to sign on behalf of the Syrian government.

The essential stumbling block, which could not be compromised, was the location of the armistice line. Israel maintained that this line should be along the international border that was delineated between Great Britain and France after World War I. Israel was not willing to leave any territorial achievements in Syrian hands, because of the essential nature of this area to Israel, and because of its desire to give the agreement a political character. Israel based its expectations on the precedents of the armistice agreement with Egypt and Lebanon, when Israel agreed to withdraw its forces to the international border. Syria insisted that the line should be based on the outcome of the war, that is, the truce line. This position stemmed from the desire to keep the military achievements in their hands, and to limit the negotiations to the military sphere.

The Israeli delegation made clear that its position was final and was not subject to bargaining. Against this background, the talks reached an impasse, and at the end of April, Israel considered the possibility of military action in order to force a Syrian withdrawal. Compromise suggestions which were raised by the U.N. representatives were rejected by Israel on the grounds that it was not willing to accept any Syrian army presence on its territory. At the meeting on May 17, the talks came to a dead end and it was decided to suspend them.

At this stage the suggestion was renewed to hold a meeting between Israeli Prime Minister David Ben-Gurion and Syrian ruler al-Za'im. In April, Syrian suggestions for a peace agreement were presented to the Israeli Prime Minister, but the terms were not acceptable. At the beginning of May, the American ambassador in Damascus presented the Syrian proposal for a meeting of the two heads of state. The Syrian also suggested combining the armistice discussions with the U.N. Conciliation Commission talks in Lausanne, and to agree to an armistice on the basis of the truce lines, and then to a peace agreement on the basis of the international border as well as Syria's willingness to absorb 250,000 Palestinian refugees. Ben-Gurion feared a Syrian trap, and saw no reason for a meeting before Syria agreed to withdraw to the international border. The suggestions for meetings between the Israeli Foreign Minister and al-Za'im, and later for a meeting with the Syrian Foreign Minister, never materialized, and these ideas were abandoned.

A breakthrough was achieved when Dr. Bunche suggested a new proposal on June 8. The essentials of his proposal were:

a. Where the truce lines ran along the international border, the armistice demarcation line would follow the border.

b. Elsewhere, the armistice demarcation line would follow a line midway between the certified truce lines for Israeli and Syrian forces.

c. The territory between the armistice line and the international border would be demilitarized, and armed forces would not be permitted there. The demilitarized zone would include both Dardara and Ein Gev.

d. The purpose of the demilitarized zone was to separate the armies and to safeguard the territorial claims of both parties pending final territorial settlement. It was also to provide the gradual restoration of normal civilian life in the demilitarized zone.

On the basis of this suggestion, the discussions were resumed on June 16, 1949. Israel raised the question of the administrative body within the demilitarized zone. The intermediary clarified that the administration would be on a local basis: Israeli, for the Commission (MAC) would supervise the administration, but would have no administrative responsibility. The wording was intentionally vague because this was the only way to close the gap between the parties. As such, the question of sovereignty in the demilitarized zones was not raised, and Israel did not insist on adding this question in the interest of reaching an agreement.

The armistice agreement was signed at Khirbat Yarda on July 20, 1949

Once the agreement was signed, Syria removed its forces from the area Mishmar HaYarden in October 1949, and the area was demilitarized. However, Syria was not precise in upholding the agreement. The Syrians did very little to prevent people from penetrating into Israel. They also did little to prevent Syrian fishermen from fishing in the Rinneret. They had army and police personnel in the area of EL-HAMA, where they were not permitted, and they prevented Israelis from entering the area. Over the years, they fortified the border and maintained more army personnel and weapons than were agreed upon. Through the years, the Syrians also initiated numerous incidents, and opened fire on civilian settlements. All of these acts were clear violations of the agreement.

Demilitarized Zones

The problem of the demilitarized zones was the central problem of border relations between Israel and Syria since armistice discussions at the end of the War of Independence. The reasons were:

a. The intentionally cloudy phrasing of the armistice agreement.

b. The different interpretations which were given by each side to sections of the agreement:

c. The attempts by each side to establish facts in the demilitarized zone.

Struggle for Demilitarized Zones

The next essential dispute in the demilitarized zone centered around the diversion of the Jordan River, several months after the talks stopped. On September 2, 1953, Israel started working, and Syria, of course, objected. Unlike the controversy surrounding the Hula Drainage Project, in this case there was no deterioration into an armed conflict.

Obviously the Syrians kept the territory they had seized, and from time to time, they tried to expand it by taking herds to graze in the demilitarized zone. Later they expanded the area they were cultivating, in order to expand their territory. On the other hand, they zealously guarded the status quo, according to their understanding, and any Israeli development or agriculture cultivation drew Syrian fire, if it appeard to them to change the status quo. This was their reaction to the Hula Drainage activities in March 1958, with artillery and mortars being used against settlements on the foothills of the Golan Heights.

Israel tried to maintain a semblance of normal daily existence in the demilitarized zones. In some cases, the work was done with armored tractors. When the Syrians opened fire on the farmers, their fire was returned, usually from the same type of weapon as used by the Syrians in order not to escalate the incident. The most problematic area was the southern demilitarized zone, especially between HAON and Tel Kazir. Israel retaliated for the first time since the Sinai Campaign.

On the night of January 31 - February 1, 1960, the I.D.F. razed Lower Tawafiq, and destroyed the houses in the village, an operation which resulted in three Israeli casualties and 7 wounded. 10 Syrians were killed, and they suffered an unknown number of wounded.

At the end of 1962, the UNSTO headquarters presented Israel with a proposal to settle the issue of agricultural cultivation in the southern demilitarized zone, based on the status quo of 1961. Israel accepted the suggestion, and in January 1963, U.N. observers and Israeli surveyors began demarcating the eastern line. The Syrians did not accept this line, and fired on Israelis who cultivated land west of the line.

At the end of 1964, attention was drawn to the Arab project to divert the sources of the Jordan River, of which Syria was the prime mover. Israel was determined to prevent the completion of this project and exploited the incidents in the demilitarized zone in order to damage Syrian diversion equipment.

In 1966-1967, there were two more attempts by the United Nations to bring both sides to a settlement regarding agricultural cultivation in the demilitarized zones.

The Six Day War ended the problems in the demilitarized zones, and Israeli control over the Golan Heights insured uninterrupted normal life on the foothills of the Golan Heights since then.

PROPOSAL BY CANADA ON A PERMANENT UN STAND-BY FORCE AND FINNISH REACTION TO IT

Jarl Kronlund and Juha Valla (Hyvinkaa 1995)

At the beginning of the 1960s the UN had landed in a deep financial crisis as a consequence of the Congo crisis. At that time the Soviet Union continuously presented sharp criticism of the UN peace-keeping. However, talking about the development of peace-keeping did not cease. This also led to initiatives. One of the initiators was Canada, which in the spring of 1964 started its own campaign for the establishment of permanent UN stand-by forces. One of the reasons was very obviously the positive publicity the Nordic countries' stand-by forces had received, another was the new peace-keeping force established in March 1964 in Cyprus. The Cyprus operation made even the skeptics admit that the UN peace-keeping might have a future. But there were also other reasons.

The proposal by Canada can be held to be a direct continuation of the failure of NATO on Cyprus. The military alliance was seeking a way to meet the challenges in the future. Therefore the proposal has often been understood so that Canada was working as a mouthpiece for the United States. The Canadians had even before promoted the ideas of their southern neighbor. Now the situation was however different. Prime Minister Lester Pearson's proposal would before all seem to reflect the wish of Canadians to be distinguished from their "big brother", United States.

To understand the whole, one has to go back in history, and recall the atmosphere generated by the Suez peace-keeping operation, started in November 1956 and estimated then to be successful. It seemed to be a new solution. The US Secretary of State John Foster Dulles had proposed in 1958 that the peace-keeping forces of the United Nations could take care of the duties, which had formerly been on the shoulders of the western alliance. Secretary General Dag Hammarskjöld however rejected the thought of making the "ad hoc" peace-keeping organization permanent.

In addition to Hammarskjöld, Lester Pearson had played a central part in establishing the force for Suez, and strongly advocated the idea of a police force originally launched by the United States. Pearson had also been a member, with Major General Armas E. Martola from Finland, of the working group, which developed the principles of peacekeeping. Pearson later received the Nobel Peace Prize for these merits. Now in 1964 he once again took up the idea of more permanent troops for peace-keeping, which could be rapidly deployed.

The Canadian peace-keeping "offensive" started when the Canadian Foreign Minister Paul Martin wrote in April an extensive article, in the English International Affairs journal, which handled the development of peace-keeping. Martin pointed out as a shortcoming that the deployment of the peace-keeping forces had so far been of a one-time type, ad hoc-based. Martin thought the solution was not working, and he requested advance preparations, by which more time could be gained. The matter was also otherwise actual, because the Danish Minister of Foreign Affairs Paul Hagerrup also had written an article in the American Foreign Affairs periodical on the Nordic Stand-by forces. Canada wanted now to extend this practice to include more countries.

The actual starting shot was given by the Canadian Prime Minister Lester Pearson in his memorial speech for Dag Hammarskjøld at Carleton University on the 7th of May 1964. Pearson's interpretations were strong. According to him the Korean war had gained historical importance for peace-keeping, because the Soviet Union had boycotted the sessions of the Security Council. Pearson thought that the conflict could have led to nuclear war, if the superpowers had acted according to tradition. The UN now succeeded by collective intervention to limit the crisis to concern only the two Koreas.

However, the issue in Korea was not peace-keeping, which the UN Charter does not specify, but an act of war according to the Charter against a peace breaker, i.e. coercion to peace. This is not changed by the fact that the war became mainly a war of the United States.

Pearson thought that the next possibility after Korea to meet the basic duty of the UN was provided by the Suez crisis. According to him both the UN Suez and Congo operations had been hampered by the lack of advance planning. The Suez ideas could have been implemented in the Congo, as there was a report on them made in 1958. He was in this case on a different track from Hammarskjøld, who opposed the institutionalization of peace-keeping. Hammarskjøld emphasized that there was no single model, which could be copied from one case to another. Pearson was also worried in connection with the Cyprus crisis about the indifference shown by many countries. He thought that these different occurrences showed explicitly that the UN peace-keeping operations should be organized and planned better. In ideal conditions the UN would have a permanent international force for the peacekeeping purposes. As this was not possible, Pearson suggested as the next best option that a group of member countries would form troops in their armed forces, which would be "earmarked" for UN service. In addition the UN headquarters should have a military staff, which would coordinate the national preparations and improve the operational models of the organization.

This was a variation of the proposal for a stand-by force made by the United States in 1958, which however had been rejected by the Soviet Union. But Pearson also presented an option for his model: if the UN could not reach an agreement on the stand-by forces, those countries, which were ready for this, could organize the forces themselves on their own or collectively for the use by the UN. Pearson emphasized that even though the arrangements would be made outside the frame of the UN Charter, they would still be in the spirit of the

Charter. Each situation would be solved according to its own terms, and the forces would be established accordingly.

The proposal became a problem for the Finns, when the Canadian Ambassador in Helsinki John Cleveland gave on the 15th May 1964 Max Jakobson, the head of the political department of the Ministry of Foreign Affairs an invitation by his government to a peace-keeping meeting to be held in Ottawa in July 1964. Other countries invited were Norway, Sweden, Denmark and the Netherlands. The news that Canada wanted Finland to participate in establishing international forces for serving the UN reached the headlines of the Uusi Suomi newspaper already on the 9th of May 1964.

The invitation was carefully assessed by the Finnish Ministry of Foreign Affairs. Especially the 12-item agenda for the meeting landed under the magnifying glass. The agenda contained matters for the development of the personnel of the UN headquarters, the coordination of the national military planning and the financing and legal status of the forces. The proposal for the agenda however contained also certain questions, which could not any more be held technical; they had "considerable political implications". They were first of all the establishment of a military staff in the UN Secretariat and the coordination of national rapid deployment plans.

The Finns analyzed on the basis of the Pearson speech, the Martin article and the invitation, what security policy implications the participation in the meeting might have. For instance Pearson's speech was thoroughly read and the red marker was used profusely. Thus it was observed that the speech clearly contained views, which the Soviet Union, in the opinion of the Finns, could not accept. Jakobson thought it could very well lead to a situation where the participating governments would decide to coordinate their national readiness measures and agree on a certain distribution of responsibility for the organization of the permanent earmarked troops.

Political implications were further emphasized when the plan was examined in view of the speeches and writings by Pearson, who had underlined the inability of the UN to reach agreement on the forming of a permanent peace-keeping system because of political disputes. So the states, which had already started to increase their readiness on a national basis to participate in the UN peace-keeping project, could begin a collective preparation to make the operation more effective.

The framework was extremely sensitive to misunderstandings. Also Jakobson took a stand on this by stating that it would be risky in the case of Finland, if a conception arose that Finland was participating in the development of the peace-keeping system with the states which had received an invitation, more than what the UN had until then been able to accomplish. Finland could not participate in the proposed communications unless the purpose of the meeting was specified in a way, which would without question show that it would be limited to the exchange of technical data. It would, according to Jakobson, at this stage be especially beneficial to handle the different practical aspects of the Cyprus operation. Especially for the reason that the countries which had sent troops had expressed their dissatisfaction towards the varied practices prevailing. This should be brought into accord.

In Jakobson's view also, the meeting place should be switched to the UN headquarters in New York, where all the countries had their military experts present. His colleague, the head of the political department of the Swedish Ministry of Foreign Affairs Dick Bergstrom, who happened to be visiting Finland, was himself of the opinion that it might suffice to redetermine the purpose of the meeting. Misunderstandings could thus be avoided, especially if India and Yugoslavia were invited to participate as well.

A critical article, which referred to the Canadian proposal, was published in Izvestya, the principal organ for the Soviet government, at the beginning of June. According to the newspaper, Canadian Prime Minister Pearson had announced that the possiblities for confidential discussions between a few governments to create reserve troops to keep peace, were under consideration:

> "According to information in the press, UN Secretary General U. Thant discussed this issue during his recent visit to Ottawa. It was stated that discussions are to be held in Ottawa in July where representatives of Canada, Norway, Denmark, Holland, Sweden and Finland would participate and where the issue concerning the "peace-keeping force" would be examined from a practical point of view.

> So, of the six countries, whose representatives are to meet each other in Ottawa, four countries are members of the North Atlantic alliance. This fact alone gives a rather peculiar tone for the idea concerning the alleged peace-keeping forces."

Izvestya also pointed out a couple of new facts, which the Finnish analysis had not taken into account. Firstly, the Assistant US Secretary of State Harland Cleveland had in February made a statement according to which the permanent forces of the UN could undertake the duties of the international police, which otherwise would be the duties of the United States and certain other countries. The Izvestya reporter claimed that the leading western powers, which had lost their colonial empires and had at the same time been forced to give up their means to keep other nations under their control, were now forced to resort to collective measures. Izvestya saw that the peace-keeping forces sent to Cyprus confirmed that NATO tried to use the UN to advocate its own purposes. The plans concerning the creation of permanent international forces were adventurous policies comparable with the Congo events and had nothing in common with the regulations of the UN Charter. The reporter continued:

> "At the same time the published information shows that all the initiators of the plans for the creation of the so-called "international defence force" and its authors carefully bypass explicitly all the basic regulations in the Charter by presenting the issue so that the governments wishing this would supposedly organize these forces themselves, as the UN organization (bypassing the Security Council) would appoint their commanders and use its jurisdiction over them. This gross violation of the UN Charter can not be accepted by anyone, who is interested in the strengthening of peace and the United Nations organization itself."

The last sentence in the Izvestya article showed what an ogre the Soviet Union saw in the background:

"In one way or another the ruling politicians in the United States and their few block allies, especially England, try to legalize, by the excuse of 'UN forces', their operation, openly of the nature of police and penalty operations, which are aimed at countries and nations fighting for their freedom and independence. There can be no doubt but that this project should be nullified as hostile to the principles of the United Nations Charter and its goals".

Peace-keeping had become one of the tools of the hegemony dispute between the superpowers.

The article made an impact on the Finns, and Counsellor Bjorn Alholm was at the end of June given instructions by the Ministry of Foreign Affairs to visit the Soviet Deputy Minister of Foreign Affairs Alexandr Orlov. As a possible subject he was instructed to use the decision by the government to accept the request by the UN Secretary General to use the Finnish UN batallion in Cyprus for three more months. The Finnish foreign policy leaders wanted to explain why they were extending their term, although the Izvestya article had stated that the UN forces sent to Cyprus did not invalidate but confirmed that NATO aimed to use the UN forces for its own purposes.

In order to prevent misconceptions, Alholm was advised to refer to the speech made by Finland's President Urho Kekkonen at a dinner on the lst of June in honor of the Yugoslav President Josip Broz Tito, where the President of the Republic stated that a permanent peace-keeping force to be established in Finland would be available for the government to use – not the UN. President Kekkonen also commented that the Finnish participation in the peacekeeping operations required an extensive agreement in the UN circles.

Alholm was further advised to underline that the Finnish stand-by detachment would be on a purely national basis and Finland did not intend to participate in international arrangements outside the UN, which would go further than what had been reached within the UN.

In order to make the Soviet opinion crystal clear for the Finns, the Soviet Ambassador in Helsinki, Andrei Zaharov, submitted a memorandum by his government to Minister of Foreign Affairs Jaakko Hallama on the 7th of July on certain measures to increase the efficiency of the UN to secure international peace and security. This long "note" said that positive development had recently occurred in international relations. Measures affecting international peace should however be handled, e.g. at the UN, with considerable care so that they would not lead to opposite results. The following was also stated in the memorandum:

"Holding it essential that in order to avoid disputes and conflicts between the governments, peaceful non-military means required by the UN Charter are primarily used, the Soviet Union does however not ignore the possibility that there is no other way to prevent or avoid attacks and protect the sovereignty and territorial integrity of a state under attack than to resort to forceful measures according to the UN Charter, article 42. In this kind of exceptional cases it may prove to be appropriate to send UN military forces to the area in question.

Measures of this type can only be accepted as extreme measures, and carefully considering all the related facts, taking into account that using foreign troops, also UN troops to solve conflicts,even their presence alone in a foreign country may, as experience has shown, lead to just the opposite results: to interventions and the tightening of tension.

The unquestionable requirement for using an extreme measure such as the deployment of UN troops shall always and in all circumstances be to follow consciously all the regulations in the UN Charter, which concern the use of military power to keep international peace or to return it.

According to the UN Charter, the Security Council is the only body, which is entitled to take extreme measures in order to keep or return international peace and security. According to this, the jurisdiction of the Security Council also includes reaching an agreement on all the issues, which concern the forming of UN defence forces, their duties, composition and number, the command of the operations of their forces, the organization of their command, the staying of the troops in the zone of operations as well as the financing of the estimated costs. The UN Charter does not grant the right to any other UN body, including the General Assembly, to settle this issue".

Finland had foreseen the view of the Soviet Union and made its own conclusions already during May. The decision had also been influenced by the discussions between the UN Under-Secretary-General Ralph Bunche and Finland's UN Ambassador Ralph Enckell and the support from the Swedish side. The Swedish Ambassador to the UN Sverker Astrom namely stated that "Sweden did not have to participate either, if Finland would decline."

The attitude of Ralph Enckell towards the Canadian proposal was emphatically negative. He thought that to provide the "peace-keeping force" more substance by the proposal of an outsider seemed shilly-shallying, as it caused problems between the readiness countries and the UN and might compromise the latter. For support, Enckell marched in Bunche, who rather openly described the internal policy motives behind the Canadian proposal. Bunche considered the base dangerously narrow and saw that the Canadian effort might even have some damaging effects on peace-keeping. Bunche let it be clearly known that Secretary General UThant hoped that the plan would fail. Although Enckell thought that the statements made by Bunche may have been influenced by his personal attitude towards Pearson, one had to take his fear of compromising the UN into consideration. This might happen, if the meeting would show that the NATO countries held an interest in the peace-keeping activities, which was damaging to the UN.

There was no urge however to give a final answer before the other Nordic countries had been informed. The Ministries of Foreign Affairs in these countries thus received Finland's preliminary draft of the answer to the invitation. The factual content of the text was as follows:

1. The Finnish government would see it desirable to exchange opinions and information concerning the practical aspects of peace-keeping. The Finnish government agrees with the Canadian government that this kind of an exchange of opinions should be unofficial in its nature.

2. Concentrating on technical problems. It is therefore suggested that the items, which contain political implications should be left out.

3. The Canadian government is requested to pay attention so that their proposal on the meeting in July has received a large amount of publicity before it has been possible to agree with the convened countries on the suitable arrangements. The scope and purpose of the meeting has generally been presented to the public in a distorted manner.

4. Taking into consideration the misleading publicity it seems doubtful that, in case the proposed meeting could be held at the scheduled time, an unofficial and confidential nature of the meeting could be upheld.

5. Taking into consideration the above-mentioned issues the Government of Finland has come to the conclusion that the Canadian proposal, as the Finnish government understands, would best reach the desired goals, if in the current circumstances the idea proposed by Canada would be transferred to the permanent UN missions in New York. The experts already there could meet without rousing unnecessary publicity causing misunderstanding.

The Canadians tried a last-minute operation to save their idea. An aide-memoire delivered to the Finnish Ministry of Foreign Affairs on the 2nd of June stated that the items which contained political implementations were not important in view of the purpose of the meeting. The Canadians emphasized that they had no purpose to form any formal permanent organization. The aim of the conference was to exchange information between the national military organs. Finally the Canadians emphasized that they wanted to leave such political problems out of the agenda as the relative power of the Security Council and the responsibility for the financing of the peace-keeping operations.

The Finnish Ministry of Foreign Affairs had however made its decision and the Finnish Ambassador to Ottawa Karl Tikanvaara delivered on the 5th of June to the Canadian Ministry of External Affairs the final answer by the Finns including these matters, although diplomatically formulated. Especially item 2 shows how the Finnish diplomats formulated the difficult matter. In the answer given to the Canadians the most essential point was as follows:

In the Finnish view the proposed exchanges should concentrate on the practical and technical problems involved in the U.N. operations with a view to improving the ability of the countries concerned to prepare on a national basis for participation in such operations. It is proposed therefore that consideration of questions that have political implications be excluded. The Finnish answer was apparently unpleasant reading for the Canadians, as it watered down the Pearson proposal.

The answer drawn up by the Swedes was very similar to the Finnish one. When the Canadians realized that the Nordic countries had been in cooperation, they cancelled the meeting, and the Swedes did not have to submit their own answer.

It thus proved that Jakobson had been right when estimating that Sweden and Finland held the key positions, and that the Canadian proposal would dry up if these countries would not participate in the meeting. Only the NATO countries would be left, and that was not the idea. Denmark took a positive stand to the meeting in principle, but even it thought that the list of participants should be more general and include e.g. Afro-Asian and Latin-American countries.

The Finns had tried to turn down the Canadian proposal as politely as possible. Ambassador Cleveland and the Ministry of External Affairs in Ottawa were informed that the Finns were ready to exchange information. Though participation in a political meeting was not desirable, the Finns were however ready to talk about the instructions for the peace-keeping field routines and the duties for peace-keeping. The Canadians said they understood this attitude in Finland due to the relations with the East, but that they would be disappointed, if the meeting could not take place due to the opinion of Finland and Sweden.

The main reason for the Finnish action was the knowledge of the opposing Soviet opinion and that the Soviet Union had the same attitude towards the UN Charter as a fundamentalist has towards the Bible. In this situation the Finns saw that, due to their own security policy interests, their only chance was to knock down the Canadian idea of the conference. The article in Izvestya and the Soviet note in July 1964 showed that the Finns had been right in assessing the Soviet attitude.

However, Canada did not give in, but convened an advisory meeting for the 22nd of June in New York. Also the Finnish deputy chargé d'affaires in the UN, Aarno Karhilo received an invitation to participate. The Canadians presented their new plans at the meeting, leaving out the items referring to political factors.

The Finnish attitude towards the new peace-keeping conference was nevertheless still skeptical. The Ministry of Foreign Affairs drew up a memorandum contemplating what the use of the conference would be. Jakobson advised his subordinates to move slowly in preparation of the conference, but not be too negative so that the Finns could be accused of sabotaging the plan.

The Canadians continued the preparations for their watered down conference, but now in cooperation with the UN. They did not want another setback, neither did they want to invite anybody who would not participate. Also the number of participating countries had been increased. All the arguments presented by Finland had been taken into consideration in the new plan. When in addition to this all the other Nordic countries had agreed to participate, the Finns saw no reason to decline any more, but wanted to emphasize the technical, non-political nature of the conference.

Five to six representatives were requested to be sent to the meeting. At least three of these had to be officers, who had participated in the UN peace-keeping operations. Although the Canadians wanted officers of the rank of colonel, Jakobson suggested that the head of the UN office (a major), a military expert (a major) as well as a field expert returning from Cyprus and Counsellor Aarno Karhilo would be sent to the place. In the opinion of Jakobson the military rank of the Finnish participants would show clearly the technical, non-political nature of the meeting.

The Finnish government made its final decision to participate on the 10th of October 1964, after receiving the information that also Yugoslavia and India would take part. Participants Aarno Karhilo, Lauri Sutela, Uolevi Kettinen,

Armas Salin and Lauri Koho were appointed on the 20th of October. The Finnish Ministry of Foreign Affairs had averted the danger and did not even deem it necessary to give Karhilo new instructions.

There was an episode related to the Canadian initiative, which describes the attitude of the Ministry of Foreign Affairs. The Hufvudstadsbladet New York correspondent Sven Ahman published a well-informed piece on the issues in October 1964. It stated that the original plan of Canada was grounded because the Soviet Union opposed it and Finland gave in. The passing of the new proposal depended on how general the agenda would be. Reasons for this were political and one of the countries which had not yet answered, was Finland, which had influenced the changing of the agenda. The article did not satisfy the Ministry of Foreign Affairs and Jacobson gave an order to inform Ahman.

The eastern neighbor of Finland was still not satisfied. This was shown in a memorandum, which Ambassador Zaharov submitted to Prime Minister Virolainen on the 29th Of October. He asked the Finns to take into consideration the opinion of the Soviet Union and respond to the memorandum, which stated for example that

> In the light of all these facts, the clear conclusion is reached that whatever justifications were given to convene the conference to discuss the issue of the states providing military contingents for the UN operations, this kind of a trend lies in fact in the implementation of the measures, which are related to the UN activities to maintain international peace and security, can only lead to problems and hamper the UN in the implementation of this its most important duty.

> The solving of the issue concerning the increase of the UN efficiency as a guarantor of peace and security should not be sought by this, according to the deepest conviction of the Soviet Union, but in the way of applying the UN Charter precisely. As known, the Soviet Union government presented its own stand in the memorandum, dated 10.7.1964, towards certain measures to increase the UN efficiency to secure international peace and security, how this purpose could be practically reached namely on the basis of the provisions in the UN Charter. If certain states would show initiative in the implementation of this kind of measures to increase the UN importance as the guarantor of international peace and security according to the UN Charter, the Soviet Union government would without doubt have a positive attitude towards this kind of a proposal. The necessity to study and agree on the military/technological issues, which relate e.g. to Article 43 of the Charter on the agreements by the UN members and the Security Council in the issue of military contingents, would also show in a very different light. In this case these issues could, as the Soviet government also suggested in its memorandum of 10.7.1964, be handled by a special UN organ, the military staff committee, appointed for this purpose, in the work of which all those UN member states interested in the issue could be asked to participate".

Sweden received a similar memorandum on the 31st of October.

Minister of Foreign Affairs Johannes Virolainen gave Finland's answer to Ambassador Zaharov on the 2nd of November. It stated that "The Finnish government has emphasized to the organizers of the meeting that it will participate in the meeting only provided that namely no political issues are discussed in it. After getting acquainted with the agenda prepared for the meeting, the Finnish government has concluded that the items on the agenda are of a purely technical nature. The aim is to discuss practical issues on the basis of experience gained in the UN peacekeeping operations, which relate to the training, maintenance, equipment, etc. of the troops participating in these operations.

As for Finland participating in the UN peace-keeping operations, the law issued on the Finnish peace-keeping force states e.g. that putting the force into the use of the UN requires a decision of the government after the government has heard the opinion of the parliament's foreign affairs committee about the issue. When considering the possibility of putting the Finnish contingent to the use of the UN, the Finnish government will naturally act according to its standard policy of neutrality."

The Soviet Union did not change its negative opinion, but neither did it return to the subject. It had made its opinion clear. Finland had taken the views of its eastern neighbor into consideration and generally followed the hints it had received.

There were three working groups in the actual meeting in Ottawa. The first one handled the organizational issues and management relations on the basis of previous experiences. The second one studied the meteorological and other special conditions in the geographical areas and the third one handled matters concerning the personnel and public relations. The Finns thought that there was nothing essentially new presented, but that the exchange of experiences and the discussions, which were carried out in order to clarify the practical difficulties, had been useful.

The Canadians still tried to raise the status of the meeting, as the Prime Minister and the Minister of External Affairs were present. The meeting did not however correspond with its original purpose and so hardly brought any renewals into effect. On the other hand: Finland did not do anything to concretize its own claim that it had a fully equipped Stand-by Force until the end of the 1960s.

Sources

Archives: Archives of the Finnish Ministry of Foreign Affairs, Helsinki. Archives of the Finnish UN-office at Ministry of Defence, Helsinki. Archives of the United Nations, New York. Military Archives, Helsinki. National Archives of USA (NARA), Washington DC. Public Record Office (PRO) of Great Britain, London.

Interviews: Max Jakobson; 16 June 1994. Lauri Koho; 12 July 1995.
Press: Hufvudstadsbladet, October 1964. International Affairs, April 1964. Uusi Suomi, May 1964.

Research: Juha Valla: Finnish UN peace-keeping forces 1956-1985 as polishers of the image of neutrality, manuscript, Helsinki 1995.

Literature: Peter C. Dobell: Canada's Search for New Roles - Foreign Policy in the Trudeau Era, Toronto 1972. Max Jakobson: Veteen piirretty viiva - Havaintoja ja merkintoja vuosilta 1953 - 1965. Otava, Keuruu 1981. Brian Urquhart: Hammarskjold, London 1973.

LES SERVICES D'ORDRE DE L'ARMÉE SUISSE LORS DES CONFÉRENCES INTERNATIONALES DE GENÈVE

Claude Bonard

GENÈVE, VILLE INTERNATIONALE

Le nom de Genève évoque instinctivement le rôle de la cité internationale, siège de nombreuses organisations gouvernementales et non gouvernementales. Les grandes conférences politiques, économiques, sociales ou scientifiques qui se sont tenues à Genève ont en effet marqué les esprits.

Quelques mots tout d'abord pour préciser la position de Genève sur la carte : située à l'extrémité sud-ouest de la Confédération helvétique, Genève est la 3e ville de la Suisse, après Zurich et Bâle.

Le canton totalisait en 1993 391 176 habitants alors que sa surface comptait 284 kilomètres carrés, enclavés dans la Savoie et le Pays de Gex. Si le développement linéaire de ses frontières est de 107,5 kilomètres, dont 103 avec la France voisine, il n'est que de 4,5 kilomètres avec le canton de Vaud, son plus proche voisin confédéré.

Le professeur Paul GUICHONET, spécialiste de la "Regio Genevensis", décrit ainsi la situation de la République et Canton :

"Genève est un exemple unique en Europe, du destin historique et territorial d'une métropole d'importance internationale. Alors que les autres villes se développent selon un schéma classique : un site préhistorique puis celtique, l'accession au statut urbain à la période romaine, une fonction médiévale de capitale féodale ou religieuse et, à partir des temps modernes, le commandement d'un espace de plus en plus vaste, Genève ne présente que très partiellement ce profil.

À partir de la Réforme, en effet, la cité perd une prépondérance régionale qu'elle ne retrouvera jamais plus, en dépit de ses efforts et de ses tentatives, et elle voit, en même temps, son enveloppe territoriale se rétrécir pour se cristalliser, en 1815 - 1816, dans les limites de l'actuel Canton. Regardant au-delà des proches frontières, qui l'enserrent étroitement, c'est au loin que Genève trouvera un champ d'action, européen et mondial, dans les domaines économique et moral"[1].

Le comte SCLOPIS, président du Tribunal d'arbitrage international sur l'affaire du navire de guerre ALABAMA, qui eut Genève pour cadre, écrivait en septembre 1872 : "Il m'est arrivé de me demander pourquoi le Traité de Washington, auquel nous devons ce Tribunal d'arbitrage, a prévu que nous nous réunissions sur le sol suisse pour accomplir notre tâche. J'en ai vite compris la raison. Il fallait trouver à nos débats un climat aussi favorable que possible, où un esprit de liberté austère et serein s'allie au respect de l'ordre public, dans un pays où la tradition soit à la fois le critère de l'action présente et la sauvegarde de l'avenir ...”[2].

En quelque sorte, nous avons là une définition de cet *esprit de Genève* dont Pier Pasquale SPINELLI, ancien directeur de l'Office européen des Nations unies disait qu'il était synonyme de cet esprit de tolérance et de concessions réciproques qui semble être le plus sûr rempart contre le recours aux armes[3].

Depuis le 19e siècle, la vocation pacifique de Genève prend corps. En 1820, le comte Jean-Jacques de SELLON, philanthrope et apôtre de la paix et de la fraternité humaine, fonde une “Société de la paix” qui devait réunir tous les chefs d'État du monde civilisé[4].

Le 22 août 1864, la première Convention de Genève pour les secours aux blessés est signée. D'autres conférences internationales sur la Croix-Rouge suivent en 1869 et 1884.

En 1920, grâce à la constance du président américain Woodrow WILSON, Genève accueille le siège de la Société des Nations.

En cette année 1995, qui marque le 50e anniversaire de la signature de la Charte des Nations unies, est-il besoin de rappeler que c'est à Genève que siège, depuis 1946, l'Office européen des Nations unies, dans ce Palais des Nations édifié à l'époque de la splendeur de la défunte Société des Nations ?

Dès lors, la voie est tracée, les pays membres de la communauté internationale sont représentés à Genève auprès des Nations unies par leur mission permanente.

Genève devient l'un des centres de la politique internationale où se pratique en permanence ce qu'il est convenu d'appeler aujourd'hui la diplomatie multilatérale. Nous citons ici le professeur Jacques FREYMOND qui souligne dans un texte consacré à Genève et à la vie internationale que “sans être un centre de politique mondiale, (Genève) demeure, comme l'avait déjà dit César, un poste d'observation et, il faut l'espérer, un phare d'où rayonnent la compassion et l'oecuménisme”[5].

En 1993, année de référence de la présente étude, 26 organisations internationales gouvernementales, institutions spécialisées et autres organes du système des Nations unies ont leur siège à Genève, de même que 139 missions permanentes auprès de l'ONU. 30 000 fonctionnaires internationaux travaillent dans la cité de Calvin et 85 consulats renforcent la présence internationale en terre genevoise[6].

LE RECOURS A L'ARMÉE POUR ASSURER LE SERVICE D'ORDRE LORS DE GRANDS ÉVÉNEMENTS INTERNATIONAUX

Dès le début des années 1950, Genève accueille d'importantes conférences internationales et, l'on s'en doute, la présence dans la cité de chefs d'États, de nombreux diplomates et de nuées de représentants des médias nécessite la mise sur pied d'un important dispositif de sécurité.

Pour ne citer que quelques chiffres, à l'occasion de la rencontre entre Messieurs Ronald REAGAN et Mikhail GORBATCHEV les 19 et 20 novembre 1985, le centre de presse a procédé à 3 613 accréditations (délégués, attachés de presse, journalistes, techniciens, etc.) représentant 67 nationalités. 82,2 % des personnes enregistrées provenaient des pays occidentaux, 8,1 % de l'ancien "bloc de l'Est" et 5,7 % du reste du monde[7].

Afin d'assurer la sécurité et le maintien de l'ordre sur le territoire du canton à l'occasion des grandes rencontres internationales, le gouvernement genevois (Conseil d'État) dispose des forces de la police cantonale. Il découle en effet de l'article 3 de la Constitution fédérale que les cantons sont souverains en matière de police. Chaque canton dispose ainsi de sa propre police cantonale qui ne dépend pas d'un ministère fédéral.

À Genève, le corps de police compte 1 500 hommes et femmes, répartis notamment dans ses deux grandes subdivisions que sont la gendarmerie et la police de sûreté.

Pour renforcer le dispositif mis en place, les autorités cantonales peuvent faire appel à l'aide confédérale en vertu de différents concordats qui lient les cantons. L'une de ces dispositions traite spécifiquement du maintien de l'ordre.

La Confédération helvétique quant à elle, liée par les accords de siège signés avec l'Organisation des Nations unies, se doit de garantir la sécurité des délégations étrangères accueillies sur son territoire. En cas de nécessité, lorsque les moyens de la police cantonale ne suffisent plus, le Conseil fédéral peut mettre à la disposition du canton de Genève des troupes. Dans ce cas, l'engagement de l'armée est qualifié de "subsidiaire", s'agissant du maintien de l'ordre.

Au cours des 40 dernières années et plus particulièrement depuis 1983, la République et Canton de Genève a fait appel à l'aide confédérale à 8 reprises dont 7 avec le concours de l'armée :

- 1954 Conférence dite "asiatique" sur la question de l'Indochine réunissant MM. BIDAULT, DULLES, EDEN et MOLOTOV

- 1955 Conférence des chefs d'État dite "des quatre Grands" soit MM. FAURE, EISENHOWER, EDEN et BOULGANINE

- 1961 - 1962 Pourparlers sur la question algérienne

- 1983 Conférence de l'ONU sur la question palestinienne

- 1984 Pourparlers relatifs à la paix au Liban (appui de policiers confédérés seulement)

- 1985 Rencontre au sommet entre MM. REAGAN et GORBATCHEV

- 1988 Venue de M. ARAFAT à l'occasion d'une session extraordinaire de l'Assemblée générale des Nations unies

- 1994 Rencontre au sommet entre MM. CLINTON et ASSAD.

Afin de décrire et analyser **l'engagement tactique de l'armée** dans le cadre des mesures de protection et de maintien de l'ordre lors de grands événements internationaux, nous prendrons notamment comme exemple la venue de

M. Yasser ARAFAT, du 13 au 15 décembre 1988, en développant brièvement les points suivants :

- Le contexte politique
- Les troupes engagées et leur mission
- Les bases légales régissant l'engagement des dites troupes
- La collaboration entre l'armée et la police cantonale
- Les dispositions particulières de sécurité
- Les enseignements à tirer.

Le contexte politique

Coup de théâtre dans le ciel diplomatique de New York en cette fin de novembre 1988. Les États-Unis refusent d'accorder un visa d'entrée à M. Yasser ARAFAT, chef de l'Organisation de libération de la Palestine (OLP), qui ne peut, de ce fait, prendre la parole devant l'Assemblée générale de l'ONU. Cette décision est appréciée diversement par les milieux diplomatiques et progressivement l'idée de transférer à Genève l'Assemblée générale de l'ONU pour permettre le déroulement du débat sur la question palestinienne fait son chemin. Le vendredi 2 décembre 1988, par un vote sans appel de 154 voix contre deux et une abstention, l'Assemblée générale décide de transférer à Genève, au Palais des Nations, la session traitant du dossier palestinien. Les dates avancées sont celles du 13 au 15 décembre 1988.

Aussitôt la nouvelle connue, les autorités cantonales genevoises plaident pour la reconduction des mesures de sûreté adoptées aussi bien en 1983 lors de la conférence sur la Palestine qu'en 1985, à l'occasion de la rencontre au sommet entre MM. REAGAN et GORBATCHEV.

Le 5 décembre, le Conseil fédéral décide d'accéder à la demande genevoise de mettre à sa disposition des troupes ainsi que des contingents de policiers confédérés, permettant ainsi de soutenir le canton dans ses efforts visant à assurer la sécurité de la conférence.

Les autorités de la Confédération soulignent la disponibilité du pays et rappellent que la Suisse est tenue d'accueillir une assemblée de l'ONU en vertu des accords qui établissent à Genève le siège européen de l'organisation. Le conseiller fédéral René FELBER déclare devant le Conseil National –l'une des deux chambres du parlement– qu'une telle attitude "est conforme à la politique suisse de disponibilité"[8].

Les troupes engagées et leur mission

Comme il l'a fait en 1985 à l'occasion du sommet entre MM. REAGAN et GORBATCHEV, le Conseil fédéral désigne le colonel divisionnaire Henri BUTTY en tant que chef du service d'ordre.

La troupe est placée sous l'autorité du Conseil d'Etat genevois. L'effectif des militaires engagés ne doit pas dépasser 2 000 hommes et la durée du service ne doit pas excéder trois semaines.

En cas de dépassement de l'effectif ou de la durée du service, le Conseil fédéral est tenu de requérir l'approbation des Chambres fédérales[9].

Au niveau de la mission de la troupe, il s'agit de distinguer d'une part la mission générale, donnée par le Conseil fédéral au Chef du service d'ordre et, d'autre part, la mission spécifique d'engagement, qui est du ressort du gouvernement cantonal.

La mission générale précise la nature de la fonction et les conditions de subordination du Chef du service d'ordre. Elle détermine les effectifs et les moyens à disposition. Elle précise également que le Chef du service d'ordre représente le Conseil fédéral lors de la prestation de serment des troupes qui sont en **service actif**[10].

La mission spécifique d'engagement est, quant à elle, déterminée par l'article 7 de l'Ordonnance sur le recours à la troupe pour assurer le service d'ordre du 17 janvier 1979 (ci-après OSO) :

Le commandant des troupes reçoit sa mission du gouvernement cantonal auquel il est subordonné ou du Conseil fédéral lorsque les troupes ne sont pas mises à la disposition d'un canton.

Il est entendu au préalable au sujet de sa mission.

La mission est confirmée par écrit. En même temps qu'elles donnent la mission, les autorités civiles diffusent un appel à la population qui, notamment, la renseigne sur la tâche des troupes, précise que chacun est tenu d'obtempérer à leurs ordres et indique les conséquences qu'entraîne l'inobservation de ces ordres.

Les militaires ne peuvent recevoir des ordres que de leurs supérieurs.

Dans le cas de figure qui nous intéresse, la mission spécifique d'engagement englobe les domaines suivants : sécurité de l'aéroport international de Genève, surveillance des lieux de résidence et des bâtiments de l'ONU dont l'armée garde les pourtours. À la frontière, l'armée a pour mission d'assurer une présence afin de renforcer le Corps des Gardes-frontière.

En ce qui concerne les lieux de résidence, la troupe garde les périmètres extérieurs alors que la police cantonale renforcée assure la surveillance rapprochée.

Pour l'armée, les points essentiels à traiter au plan des préparatifs sont, de manière non exhaustive, les suivants :

" • reconnaissance des objectifs à garder ou à protéger;
 • reconnaissance des emplacements des PC; ·
 • évaluation des moyens de renforcement de terrain nécessaires;
 • estimation des moyens en véhicules, matériel d'éclairage, matériel de liaison et de transmission;
 • reconnaissance des cantonnements;
 • concept d'engagement de la défense antiaérienne (DCA) et estimation des moyens radars nécessaires"[11].

Les troupes appelées à être engagées à Genève sont principalement celles du régiment d'infanterie 15 (Berne), dont deux bataillons font mouvement sur Genève dès le 9 décembre, alors qu'un troisième est maintenu en réserve sur le lieu de son cours de répétition. En date du 6 décembre, les autorités prennent la décision de mettre sur pied le bataillon aéroport 1, unité interarmes composée d'hommes habitant la région genevoise et qui sont ainsi rapidement mobilisables.

Bases légales régissant l'engagement des troupes fédérales

Les militaires accomplissent à Genève un **service d'ordre subsidiaire** prévu par l'article 196 de la Loi fédérale sur l'organisation militaire. Ce service est considéré comme forme de service actif. Il est néanmoins imputé au temps d'instruction normal, comme un cours dit "de répétition".

Ce service d'ordre subsidiaire est effectué conformément aux dispositions de l'OSO, qui se réfère aux articles 16 et 102, chiffres 10 et 11 de la Constitution fédérale et à l'article 203 de l'Organisation militaire de la Confédération suisse.

La collaboration entre l'armée et la police cantonale

Comme l'a indiqué le colonel divisionnaire Henri BUTTY lors d'une conférence de presse, la mission de l'armée ne comporte que des tâches que la troupe est à même d'accomplir, avec les moyens et l'instruction qu'elle a reçus. Il s'agit en fait surtout de décharger les forces de police de tâches générales en faveur de tâches spécifiques pour lesquelles il faut des méthodes, une formation et des moyens particuliers.

Afin d'illustrer cette différenciation des rôles en matière de service d'ordre, je citerai cet extrait d'un éditorial du chroniqueur du *Journal de Genève* Jacques-Simon EGGLY, conseiller national, publié le 13 novembre 1986 alors que le parlement helvétique traitait du sujet délicat du recours à l'armée pour assurer l'ordre intérieur.

"Il s'agit, certes, de préciser les choses. La police et l'armée ont, en principe, des destins complètement différents. Face à une manifestation, la police doit maintenir un ordre minimal en modulant soigneusement son action afin de ne pas exercer une violence disproportionnée. La bonne action de police est celle qui rétablit le calme sans riposter au diapason des fauteurs de troubles. Il y faut un sang-froid, une formation que seuls les professionnels peuvent avoir...

... Dans toutes les situations où cela s'avère possible, seule la police doit donc être engagée pour les confrontations délicates. Mais alors, précisément, l'armée peut offrir un support logistique, de transport, de transmission, voire remplacer les policiers mobilisés temporairement : assurer la circulation automobile etc... Voilà pour des cas, maîtrisables ainsi."[12]

Les dispositions particulières de sécurité

Afin de préserver l'ordre public à Genève pendant la durée de la conférence, les autorités cantonales adoptent un certain nombre de mesures de restriction, notamment en ce qui concerne le passage de la frontière, le trafic routier, la navigation aérienne ainsi que les manifestions sur la voie publique. À propos de ces dernières, le Conseil d'État exprime sa volonté et publie le communiqué suivant :

"Genève est et doit rester un îlot de paix publique.

Traditionnellement, nos concitoyens ont le droit d'y organiser des manifestations pour exprimer leurs opinions, dans le respect de l'ordre public et en prenant en considération les nécessités du trafic. Il n'y aura aucune restriction en ce qui concerne les réunions à l'intérieur de locaux privés.

Pour les manifestations qui pourraient être organisées sur la voie publique, la sécurité de l'Assemblée générale de l'Organisation des Nations unies et des rencontres qui auront lieu dans ce cadre, le respect de la liberté d'action et de déplacement des délégués, la présence de l'armée nous ont fait l'obligation de prendre la décision d'interdire toute manifestation sur la voie publique sur la rive droite du lac et du Rhône, dès le 10 décembre 1988 jusqu'à la fin de l'Assemblée générale de ladite Organisation"[13].

Clin d'oeil à l'histoire, seul le cortège historique annuel de "l'Escalade", organisé par la vénérable "Compagnie de 1602", et qui rappelle l'anniversaire de la victoire des Genevois sur les troupes du duc Charles-Emmanuel de Savoie, en décembre 1602, est autorisé à franchir le Rhône le dimanche 11 décembre au soir. Pour les Genevois, la célébration de cet événement constitue, année après année, une véritable fête nationale, qui permet à toute la population de communier dans un même sentiment d'appartenance.

La venue à Genève de M. Yasser ARAFAT draine les médias du monde entier. Fort des expériences antérieures, réalisées lors des services d'ordre de 1983 et 1985 notamment, les contacts entre les journalistes et les militaires sont favorisés. Une cellule d'information de l'armée est installée au Centre international de conférences de Genève. Une visite guidée du dispositif de sécurité de l'armée et de la police est organisée le 12 décembre. Près de 120 journalistes participent à cette présentation alors que d'autres assistent aux cérémonies de prestation de serment de la troupe. Dix équipes de télévision filment ces manifestations solennelles[14].

Le mardi 13 décembre, s'adressant à l'Assemblée générale de l'ONU, M. ARAFAT lance son désormais célèbre "Appel à la paix en Palestine", dans un Palais des Nations archicomble, alors qu'à l'extérieur l'armée et les forces de police veillent conjointement à la sécurité des 1 500 délégués, représentant 159 États membres. 35 ministres des Affaires étrangères assistent à la session qui se déroule dans le calme.

Peu après, avec le départ des délégations, sonne l'heure de la reddition des drapeaux des troupes engagées.

Enseignements à tirer

Les dispositions de l'OSO permettent de faire face avec souplesse à la situation, en spécifiant la mission opérationnelle du commandant du Service d'ordre et en fournissant le cadre de référence aux préparatifs en vue de l'engagement conjoint des militaires et des forces de police.

En matière de commandement, la collaboration entre l'armée et la police doit pouvoir se dérouler parfaitement, les policiers ayant un interlocuteur unique au niveau militaire, en la personne du commandant du service d'ordre.

À cet égard, le chef d'état-major de la police genevoise, M. Raphaël REBORD écrivait ce qui suit dans les colonnes de la Revue Militaire Suisse du mois de mars 1994 :

"Un engagement combiné de grande envergure, impliquant des moyens civils et militaires, ne s'improvise pas. Il est indispensable que les chefs à tous les échelons soient rodés à la conduite et au travail d'état-major.

Le plan horaire est d'une importance primordiale et les subordonnés ne sauraient attendre les ordres de l'échelon supérieur, un dispositif de sécurité devant être opérationnel au plus tard vingt-quatre heures avant l'événement, le cas échéant l'arrivée des délégations qui précède l'événement, ceci afin de pouvoir être rodé et testé en situation réelle. L'armée est de plus confrontée dans de tels engagements à de nombreuses tâches nouvelles qu'il convient de traiter de manière adéquate, telles que l'usage de l'arme, le degré de préparation au tir, notamment pour la DCA, le comportement en cas d'intervention, sans oublier l'assermentation qui actuellement est encore en vigueur pour des troupes affectées à des tâches autres que des tâches d'instruction"[15].

Le chef du service d'ordre, évoquant précisément la notion de la prestation de serment, a souligné la très grande signification morale de la cérémonie d'assermentation de la troupe. Selon lui, le serment donne à la mission sa juste dimension et renforce la force morale de chaque soldat. À ses yeux, le sens profond du serment a permis de gagner la confiance des diplomates des différentes délégations, dans une opération aussi délicate que la garde armée des installations abritant les nombreuses personnalités présentes à Genève. En outre, au sein même de la troupe, le rapport de confiance entre les hommes et les cadres s'est trouvé renforcé[16].

Conclusion

À Genève, à 7 reprises depuis 1954, l'armée a été engagée pour servir la cause de la paix, permettant ainsi à "l'esprit de Genève" de faire son oeuvre.

Le 1er octobre 1990, le Conseil fédéral publiait un rapport destiné à l'Assemblée fédérale intitulé "La politique de sécurité de la Suisse dans un monde en mutation"[17].

Définissant sa stratégie en matière de politique de sécurité, le gouvernement se prononce notamment sur la promotion de la paix par la coopération et l'entraide. La Suisse entend développer ses traditionnels bons offices, par exemple en représentant les intérêts de pays tiers, en servant de médiateur dans des conflits ou **en accueillant des conférences internationales sur son territoire.**

Ce rapport stipule très clairement quelle doit être la mission de l'armée, en tant que **contribution à la promotion de la paix.**

La protection armée des conférences internationales qui se déroulent sur le territoire Hélvétique est ainsi ancrée dans les textes[18].

Au même titre que la prévention de la guerre et la sauvegarde des conditions d'existence du pays, la promotion de la paix symbolise ainsi la polyvalence de l'armée suisse d'aujourd'hui.

Par sa contribution active à la protection des conférences internationales de grande envergure qui se tiennent à Genève, l'armée renforce à n'en pas douter la crédibilité de la politique de sécurité de la Confédération helvétique, tant à l'intérieur du pays qu'envers l'étranger et ce n'est pas là le moindre de ses mérites.

Notes

1. GUICHONNET Paul : in Encyclopédie de Genève, tome 1, Le Pays de Genève, (Genève, Association de l'Encyclopédie de Genève), 1982, p. 70.

2. Genève et la vie internationale, (Genève, C.P.I.I.), 1962, p. 3. (citation).

3. SPINELLI, Pier Pasquale : in Genève et la vie internationale, op. cit., p. 5.

4. FAVEZ, Jean-Claude : in Encyclopédie de Genève, tome 8, Genève, ville internationale, (Genève, Association de l'Encyclopédie de Genève), 1990, pp. 162-163.

5. FREYMOND, Jacques : in Encyclopédie de Genève, tome 8, op. cit., pp. 194-195.

6. DOSSIERS PUBLICS N° 74, enquête : "Police genevoise, du pain sur la planche", (Genève, Promoédition), 1990, pp. 18-41. Chiffres actualisés selon Rapport de gestion du Conseil d'État 1993.

7. République et Canton de Genève, Protocole et information, rapport dactylographié sur le fonctionnement du Centre de presse mis sur pied à l'occasion de la rencontre Reagan-Gorbatchev, (Genève, CICG) 27 janvier 1986, p. 11.

8. In Journal "La Suisse", Genève, mardi 6 décembre 1988. Suite à la décision prise et annoncée la veille publiquement par le Conseil fédéral.

   cf. Accord sur les privilèges et immunités de l'Organisation des Nations unies conclu entre le Conseil fédéral suisse et le Secrétaire général de l'Organisation des Nations unies du 11 juin / 1er juillet 1946. In: Recueil officiel des lois fédérales, chiffre 0.192.120.1. Chancellerie fédérale, 1992, p. 326.

9. Entretien accordé à l'auteur par le colonel divisionnaire Henri BUTTY. Voir également l'Ordonnance sur le recours à la troupe pour assurer le service d'ordre (OSO) du 17 janvier 1979.

10. Idem.

11. REBORD, Raphaël : "Collaboration entre la police et l'armée" in : Revue Militaire Suisse N° 3-1994, (Lausanne, Porrentruy, Association de la Revue militaire suisse), 1994, pp. 9-15.

12. EGGLY, Jacques-Simon : "Au-delà des débats - Service d'ordre : L'armée à sa place", in Journal de Genève, Genève, édition du 13 septembre 1986.

13. Chancellerie d'État, dossier de presse de la conférence de presse du 6 décembre 1988.

14. BOLLINGER, Ernst, Chef de l'Information, Chancellerie d'État, revue de presse du 19 décembre 1988.

15. REBORD, Raphaël : op. cit., p. 15.

16. Entretien accordé à l'auteur.

17. LA POLITIQUE DE SÉCURITÉ DE LA SUISSE DANS LE MONDE EN MUTATION - Rapport 90 du Conseil fédéral à l'Assemblée fédérale sur la politique de sécurité de la Suisse du 1ᵉʳ octobre 1990 - Réf. 90.061, (Berne), 1990, pp. 30 ss.

18. Ibid., p. 41.

Sources

A) *Textes officiels*

- Ordonnance sur le recours à la troupe pour assurer le service d'ordre (OSO) du 17 janvier 1979.

- Organisation militaire de la Confédération suisse / 51.1 f Cote Bibliothèque militaire fédérale X I 72a frz.

- Rapport 90 du Conseil fédéral à l'Assemblée fédérale sur la politique de sécurité de la Suisse - "La politique de sécurité de la Suisse dans un monde en mutation", Berne. 1ᵉʳ octobre 1990,. réf. 90.061.

- Feuille d'Avis Officiel de la République et Canton de Genève du 26 août 1983 : Information à la population, Conférence des Nations unies sur la Palestine.

B) *Publications spécifiques*

POLICE, Supplément du journal de la, : "La Rencontre, ou une semaine à Genève, 15-21 novembre 1985", éditoriaux de J.-R. WARYNSKI, Chef de la police et H. BUTTY, Colonel divisionnaire, Chef du service d'ordre, (Genève, Service de presse de la police genevoise), février 1986.

POLICE, Supplément du journal de la, : "Genève, décembre 1988", La question palestinienne à l'assemblée générale de l'ONU, (Genève, Berne - édité par la police genevoise en collaboration avec le Département militaire fédéral), mai 1989.

POLICE, Supplément du journal de la, : janvier 1994, "La rencontre Clinton-Assad", (Genève, Service de presse de la police genevoise), juin 1994.

DOCUMENTA : "Paix et Sécurité" - Exposé de M. René FELBER, conseiller fédéral, chef du département des affaires étrangères, à l'occasion de la conférence de presse lors de la présentation du rapport sur la politique de paix et de sécurité, (Berne, publication de la Chancellerie fédérale, Office central fédéral des imprimés et du matériel), Nᵒ 3, 1988.

DOCUMENTA : op. cit., Nᵒ 4 1988. - "Sécurité en Europe, la contribution de la Suisse" - Discours de M. Arnold KOLLER, Conseiller fédéral, Chef du Département militaire, lors de l'ouverture des conférences de Genève 1988/1989 à l'Institut Universitaire de Hautes Études Internationales.

REVUE MILITAIRE SUISSE, (Lausanne, Porrentruy, Association de la Revue Militaire suisse), 1994, Nᵒ 3.

C) Documents officiels dactylographiés

Chancellerie d'État, République et Canton de Genève : Dossier de presse du 6 décembre 1988 - Mesures de sécurité à l'occasion de l'Assemblée générale de l'ONU à Genève. Divers doc.

Chancellerie d'État, République et Canton de Genève : Protocole et Information - Rapport final sur le fonctionnement du Centre de presse mis sur pied à l'occasion de la rencontre Reagan-Gorbatchev, (Genève, CICG), 27 janvier 1986, 36 p.

Département de justice et police - Genève - dossier de presse constitué à l'occasion de la rencontre des 19 et 20 novembre 1985 à Genève de Messieurs Reagan et Gorbatchev. Divers doc. (Genève, DJP), 11 novembre 1985, 15 p.

D) Ouvrages consultés

ENCYCLOPÉDIE DE GENÈVE, tomes 1, 4 et 8. (Genève, Association de L'Encyclopédie de Genève), 1982, 1985 et 1990.

ARBITRAGE DE L'ALABAMA, GENÈVE 1872 : (par) : Ladislas Mysyrowicz, Walter Zurbuchen, Clive Parry, Francis Stephen Ruddy, Patrice Enault, (Genève, Chancellerie d'État), 1991, nouvelle édition élargie, 95 p.

GENÈVE ET LA VIE INTERNATIONALE : Préface par Pier Pasquale SPINELLI, (Genève, C.P.I.I. avec la collaboration de l'Office européen des Nations unies), 1962, 124 p.

STUSSI-LAUTERBURG, Jürg, : TEXTE ZUR SCHWEIZER SICHERHEIT-SPOLITIK BAUR Pierre, 1960-1990, (Brugg, Verlag Effingerhof), 1991, 799 p.

GREECE'S PARTICIPATION IN PEACEKEEPING OPERATIONS SINCE 1950

Photios Mermigidis

The overall theme of the XXI Colloquium is "Peacekeeping 1815 to today". Within this theme my presentation will focus on the participation of my country in peacekeeping and humanitarian operations since 1950.

As 1995 marks the 50th anniversary of the United Nations we think of the Amphictyonies of Ancient Greece where these institutions were established as confederations of states around a religious shrine or center with the most prominent those at Delphi and Delos.

Peace-keeping was pioneered and developed by the Amphictyonies as one of the means for maintaining peace and security in exactly the same way that the UN is trying today to control conflicts and promote peace.

Following the same tradition, the leader of Pella, Alexander III, the Great, described at the city of Opis in Mesopotamia his international policy with these words:

"I wish that you live happily in peace, now that the wars are over. All mortals should, from now on, live like one people, in harmony, for the common prosperity. You should consider the universe as your own country, with common laws, where the best of men should rule, regardless of race. I do not discriminate men, as the narrow-minded do, into Greeks and Barbarians. I am not interested in the descent of citizens, nor in their native race. For me every good foreigner is Greek, and every bad Greek is worse than a Barbarian. If disputes ever turn up, you should not resort to arms but find a peaceful solution. If it is needed, I will act as your arbitrator. You should not think of God as an authoritarian governor, but as the common father of all men, so that your conduct resembles the life of brothers in a family. As far as I am concerned, I regard you all, white or dark,as equals and I would like you all to be not only subjects of my commonwealth, but participants and partners as well.

I will do everything in my power to see that the things I promise are accomplished. Keep the oath that we took by libation tonight as a contract of love."

In the overall activity of the UN Greece was from the beginning and continues to be one of the most active members, but Greece has no tradition of participation in peacekeeping forces as is the case in certain other small countries with notable records in UN operations, for example, Canada, the Scandinavian countries, Ireland and Austria.

THE GREEK EXPEDITIONARY FORCE IN KOREA

Task organization

During the Korean War, Greece technically fought under the United Nations flag.

In adherence to the Security Council resolution of 27 June 1950 which recommended that the members of the United Nations furnish such assistance to the Republic of Korea as was deemed necessary to repel the armed attack and restore international peace and security in the area, the Greek Government decided to marshal a special expeditionary force consisting of Army and Air Force personnel and commit it in Korea.

Originally, the dispatch of a Brigade approximately 3,500 men strong was decided and its marshalling began at Lamia, but after confirmation with the United Nations Command, the strength of the GEF was limited to 1,000 men.

Thus, the GEF Office of the Chief, Greek Liaison Group and Representative, Greek Government and the Infantry Battalion were organized. With regard to the Air Force, a Flight of DAKOTA C-47 Transport Aircraft was marshalled on October 13, 1950. It consisted of seven (7) aircraft, with sixty - seven (67) officers and soldiers as personnel.

Departure of the GEF from Greece – Arrival in Korea

The Greek Flight took-off on November 11, 1950 and finally landed on December 1 at the Itazuki Air Base, Japan. On December 4, it joined the 21st Squadron of the 403 American Wing.

The Greek Battalion was transferred to Athens on November 14, 1950. On the same day, the Greek National Colors were handed over in a formal ceremony at the Constitution Square.

On November 16, the GEF embarked on the American Troopship "GENERAL HAAN" at Piraeus. After 24 days of sailing, via Suez Canal – Indian Ocean and Yellow Sea, it disembarked at Pusan (S.Korea) on December 9, 1950.

The Battalion was sent to the United Nations Reception Center where it was married to its equipment and prepared to enter combat. While at the United Nations Reception Center, personnel were issued winter clothing and other clothing as necessary. Unit was issued additional equipment and weapons to bring it up to authorized allowances.

The Greek Battalion was thoroughly checked as to combat-readiness and was equipped prior to its commital in combat with the 1st Cavalry Division on 18th December 1950. Since that time, the battalion was operating as a fourth battalion of the 7th Cavalry Regiment, 1st Cavalry Division.

That was the time the Eighth Army had withdrawn below the 38th parallel and formed a defensive perimeter north and east of Seoul. There had been virtually no large-scale battles with the communists since the first of December, but an uneasy lull was hanging over the entire sector.

OPERATIONS OF THE GREEK BATTALION DURING 1951

The Entry of the Greek Battalion into Combat
(December 30, 1950 to January 23, 1951).

On December 30, 1950, the Greek Battalion, as well as the other Units of the 7th Cavalry Regiment, were tasked to defend on a line twenty (20) kilometres to the north of Seoul.

As the enemy intensified his attacks and began crossing the ice of the Han River both east and west of Seoul it became clear that the capital city bridgehead could not be held. On 3rd January 1951 the US Eighth Army ordered the withdrawal south to a line in the vicinity of the 37th parallel to the south of Seoul.

The Greek Battalion was to cover the withdrawal of the 7th Cavalry Regiment, along the axis Seoul - Suwon - Ichon - Chungju, a task that was carried out with exemplary order and discipline. From January 5 to 23, 1951, it remained at Chungju, engaged in building defensive positions in that area. On January 4, the Chinese recaptured Seoul and continued their advance southwards.

Reconnaissance in force of the Greek Battalion along the Chungju - Ichon - Kyongan-ni Axis (January 24 to March 1, 1951).

The advance of the Chinese Forces was blocked and lost its momentum in front of the defensive line of the UN Forces on the 37th Parallel. After that, the Eighth American Army ordered a general attack for the recapture of lost terrain and the repulsion of the Chinese beyond the 38th Parallel. On January 24, the Greek Battalion, as well as the rest of the Units of the 7th Cavalry Regiment, advanced along the main axis of the 1st Division, i.e. the Chungju - Ichon - Kyongan-ni axis. After hard and continuous fighting, they arrived, at the end of February 1951, to the south of the Han River. The aforementioned operations reached a climax during the battles conducted by the Greek Battalion on January 29, 1951 at the Kyongan-ni area (defensive battle the Hill 381) and from February 8 to 10, 1951 at Konjiam-ni (offensive battle for the capture of the group of Hills 402).

During the first battle, thanks to the soldiers' self-control, courage and self-sacrifice, the Battalion not only drove back the counter-attack conducted by two enemy Regiments, but annihilated them as well. During the second battle, thanks to the soldiers' bravery, offensive dash and faith in the justice of their fight, it managed, after a 3-day combat, to break through the enemy's fortified position, that was defended by two Regiments, and later on to capture this position through bayonet charges, after having killed 500 of the enemy's men and having captured the banner of one of its Regiments. For the two aforementioned battles, the Greek Battalion not only was admired, congratulated and cited by the entire UN Command, but was also praised by the free world press of the time.

Offensive operations of the Greek Battalion along the Yoju - Chunchon Axis
(March 2 to April 23, 1951).

From March 2, 1951, the Greek Battalion continued its advance northwards and, on March 14, reached the Hongchon Gang River (tributary of Han River). On the same day, Seoul was recaptured by the UN Forces.

416

On March 17, 1951, following a stormy attack, it crossed the Hongchon Gang River and in spite of the enemy's obstinate resistance established a bridgehead to the north of this river.

Afterwards, the Battalion, as well as the other Units of the 7th Cavalry Regiment, were held as reserve of the 1st Division to the east of Seoul and remained there until April 23, 1951, engaged in unit regrouping, training and the reconnaissance of the area.

Operations of the Greek Battalion along the Seoul - Uijongbu - Imjin River (38th Parallel) - Yonchon Axis (April 23 to August 3, 1951).

On April 23, 1951, the Chinese launched a general attack on the whole front of the Eighth American Army and met with significant success, particularly at the West Sector by the Imjin River (38th Parallel).

The Forces of the Eighth American Army succeeded in blocking the enemy's penetration into the West Sector, to the north of Seoul, and from May 4, undertook offensive operations towards Imjin River.

The Greek Battalion advanced along the Seoul - Uijongbu - Imjin River axis and, until May 28, 1951, it managed, after hard fighting, to reach the Imjin River, where it was entrusted with a defensive mission in close contact with the enemy. It remained at the aforementioned area until June 30, when it was relieved by another Unit and moved southwards to the Chorwon area. It remained there until August 3, 1951, engaged in unit regrouping, training and the defensive build-up of the "Kansas Line" (2nd defence line).

Defensive and Offensive Operations of the Greek Battalion at the Yonch'on - Tokmon Ni - Scotch Hill Area (August 4 to December 27, 1951).

On August 4, 1951, the Greek Battalion was deployed again on the first defense line, to the north of Yonch'on - Tokmon, and undertook a defensive mission, in close contact with the enemy.

Until October 2, 1951, its entire activity was limited to intense patrolling and the defensive build-up of its positions. On October 3, it was ordered by the 7th Cavalry Regiment to attack and capture the Scotch Hill, which was strongly organized and occupied by considerable enemy forces.

After three days of intense fighting, the Greek Battalion completed the capture of Scotch Hill and undertook a defensive mission on it. The Battalion remained at the aforementioned area until December 14, when it was relieved by another Unit and was transferred to the south of the front. It remained there as a reserve until December 27, 1951.

OPERATIONS OF THE GREEK BATTALION DURING 1952

Defensive Operations of the Greek Battalion at the Imjin River Area (January 1 to April 25, 1952).

From December 26, 1951 the Greek Battalion was attached to the 65th Infantry Regiment of the 3rd Division. On December 28, under orders from the Regiment, it was transferred to the Imjin River area. It established a defensive position and remained there until April 25, 1952, in close contact with the enemy.

The Greek Battalion as an Army and Corps Reserve at Sugian Ne
(April 26 to July 25, 1952).

On April 26, 1952 the Greek Battalion was transferred, along with the other units of the 65th Regiment. It moved to the second "Kansas" defense line, to the south of Seoul, with the mission to act as an Army Reserve. It remained at the aforementioned area until July 25, 1952, engaged in intensive training and reconnaissance along the Army's front.

Defensive and Offensive Operations of the Greek Battalion at the Imjin River
Area (July 26 to October 28, 1952).

On July 26, the Greek Battalion was moved from the second "Kansas" defence line northwards. From the morning of the 27th, it undertook a defensive mission along the first line, at the Imjin River area. The Greek Battalion remained at the aforementioned area until October 2, 1952. It participated in many battles of local interest, of which the most important was the one of September 17 and 18, when, for the improvement of the defense lines of the UN Forces, it boldly attacked and captured the Little and Big Nory Hills which were naturally fortified.

From October 3 to 28, it stayed as a Corps reserve at the "Wyoming" line.

Defensive Operations of the Greek Battalion at the Chorwon Area
(October 29 to December 31, 1952).

On October 29, 1952, the Greek Battalion moved under orders from the 15th Infantry Regiment and occupied specifically a sensitive point of that line that was called "Iron Triangle", to the north - east of the city of Chorwon.

It remained at the aforementioned area until December 19. There, it conducted many night operations into the enemy's positions, with very good results. From December 20, it stayed as a reserve of IX Corps at the Yonch'on area.

Defensive Operations of the Greek Battalion at the Area to the North
of Vankzemal on the Missouri Line (January 1 to July 27,1953).

On January 29, the Greek Battalion, as well as the other Units of the 15th Infantry Regiment, were moved from the Yonch'on area. They were deployed on the first defense line "Missouri" at the Vankzemal area. It remained at the aforementioned area until July 12, 1953 and conducted many defensive battles, of which the most important was the one of June 17 and 18, when it repulsed the strong attack of a reinforced Chinese Regiment and maintained its position (Harry Hill).

On July 13, 1953, the Greek Battalion, as well as the other Units of the 15th Infantry Regiment, were moved urgently to the east of the occupied territory, i.e. to the Kumsong area, in order to support the UN Forces which were compelled to withdraw at a depth of 10 kilometres, after the violent attack of three (3) Chinese Divisions. The Greek Battalion entered the combat on the next day.

After a continuous and hard fight, with the co-operation of the rest of the forces of the 15th Regiment, it managed, until the day the armistice was signed, i.e. July 27, 1953, not only to halt the further advance of the Chinese, but also to force them to withdraw, with heavy casualties, to their initial positions.

OPERATIONS OF THE AIR UNIT OF GEF DURING 1950-1953

During the year 1950.

From December 4 to December 31, 1950 the Greek Flight attached to the 21st Squadron of the 403 American Wing took part in the evacuation of the Hungnam beachhead by providing air evacuation for the battle and weather casualties of the encircled 21st US Marine Division. The sorties were continuous and were conducted under the most unfavorable weather conditions. Later the Greek Flight for the participation in the operation for the evacuation of Hungnam was cited for its meritorious services rendered.

During the year 1951.

During 1951, the Flight, always remaining under the command of the 21st Squadron, continued its war missions at the Korean front and achieved a record of 741 sorties.

During the years 1952 and 1953

From the beginning of January 1952, the Flight was relocated to Korea, at the Seoul airport, where it remained until December 19, 1954. The missions that were undertaken by the Greek Flight during the aforementioned time period, consisted in the transportation of materials and supplies of any kind to forward points of the front. They also included personnel transportation, airdrops of ammunition and supplies to forward or isolated UN elements, and sometimes the conduct of special missions in depth, inside the enemy territory.

The Greek pilots, because of their experience, obtained during the civil war in Greece, accomplished their mission in an exemplary manner and earned a great reputation among their colleagues.

At 1000 hours, 27 July 1953, Panmunjom, the armistice papers were signed.

In the autumn of 1953 the Greek Government accepted the proposal of the UNO to send another Infantry Battalion to cover the gap that was created because of the French Battalion's departure. The Battalion arrived in Korea on January 13, 1954 and the next day the marshalling of the Regiment took place. The Greek Regiment was attached to the 3rd US Division, as its 4th Regiment.

In May 1955 the Regiment was reduced to a Battalion and later on (July 1955) was limited to a Company size. Finally, the entire Company departed Korea in December, thus ending the participation of Greece, by means of the GEF, in the war that broke out between North Communist and the Republic of South KOREAS.

CASUALTIES OF THE GEF

The Casualties of the GEF

a. Army

	Dead	Wounded	Total
Officers	15	33	**48**
Soldiers	168	577	**745**
Total	**183**	**610**	**793**

b. Air Force

	Dead
Officers	6
Airmen	10

THE GREEK EXPERIENCE

In Korea the Greek soldier, confronted by the most arduous conditions fought with traditional bravery, met every test with honour and was generally accepted in the consciousness of the Allies. The appreciation of all of its superior Commanders was unlimited.

American Commanders commented on the quality of service rendered by the Greek Expeditionary Force in Korea with these words. I quote:

"The conduct of members of the Greek Battalion in combat is beyond reproach. The unit maintains strict discipline in combat and in rest areas at all times. There has been no known incident in which members of this battalion have brought discredit to the unit. Discipline and conduct both in combat and rest areas have been commendable."

"Leadership of both officers and men displayed this far is of highest caliber."

"As a Regimental Commander I am proud of my Greek Battalion, and I feel strength in the dedication of their purpose. My flank is anchored so strongly that I need have no fear."

"The Greeks are truly fierce soldiers. They are resolute and proud. Yet all their individual courage and resolution is best symbolized in their Commander, Lt Col ... He has personally supervised the placing of every individual fighting position, every machine gun emplacement, every tank position, and every mortar position. He has constructed for himself an outlook and a forward fighting Command Post, which is higher and nearer the enemy than any other post or senior commander in Korea."

"Colonel ... is my eagle. He goes to his battle position high above his soldiers each evening at dark. He and his men wait quietly and confidently for the enemy's attack. The Greeks will hold position or take other positions whatever their orders. Colonel ... , would welcome a communist attack. This I learned two evenings ago. The left of my regiment had been heavily shelled – some two thousand rounds in two hours – when I called Colonel ... to see how he was faring. He replied very disappointedly, that he had seen all of the shelling to his left, but he was sorry to say the enemy had forgotten his men. He told me that he hoped his position would be the one to be attacked."

"What better dedication to the preservation of freedom than this spirit of the Greek Battalion in Korea. What would better symbolize the determination of all Greek people on this 150th anniversary of Independence Day to remain free than the fighting spirit of her sons in Korea."

Unquote.

THE GREEK CONTINGENT IN SOMALIA

The Greek participation in the United Nations humanitarian operation in Somalia was path-breaking. For the first time, Greek armed forces were part of a United Nations humanitarian operation.

From March 5, 1993, until January 21, 1994, Greece was part of the United Nations Operation Somalia, or UNOSOM.

For military sociologists customarily looking at peacekeeping and humanitarian operations, the Greek experience may be illuminating. The Greek army has a long tradition of providing social services in the cases of natural disasters on the domestic scene. Greece is often afflicted by earthquakes, floods and forest fires, and the military has earned a good reputation in alleviating the resultant misery. But participation in a United Nations humanitarian mission was precedent-making.

One key motive in the Greek decision to participate in UNOSOM was the belief that such participation would enhance the continuation of the United Nations peacekeeping force in Cyprus, or UNFICYP. The United Nations force in Cyprus (UNFICYP) had been on the island since 1964 and its tenure there has come under increasing scrutiny for budgetary reasons. By taking part in UNOSOM, the Greek Foreign Ministry thought it would indirectly help the UNFICYP case.

Once the decision to take part in UNOSOM was made, the reaction in the armed forces was very favorable and, by and large, supported by the larger Greek society. In almost all cases, editorial coverage was supportive. An initial policy decision contributed to this general acceptance. Only volunteers would participate in UNOSOM: this in the context of Greece being a society with military conscription.

Another policy decision was that all the volunteers would come from the professional ranks, noncommissioned officers and higher.

The Greek contingent consisted of 112 soldiers, all told. A liaison officer was also dispatched to the United States Central Command Headquarters, MacDill Air Force Base, Florida. The Greek contingent also maintained direct contact with the Greek Ministry of Defense in Athens. In Somalia, the Greek force was stationed in the French sector. In the main, the Greek mission dealt with delivering basic medical care, security for transportation of humanitarian aid, and a limited amount of technical support for UNOSOM. One NCO was killed during an assigned mission.

Interviews with soldiers who had served in Somalia revealed the following motives for volunteering. The overriding reasons were a sense of adventure, a chance to travel to a strange country, and the possibility of having a military experience in a potentially hostile environment. The extra pay for UNOSOM service was also a frequently mentioned incentive.

The rules of engagement in UNOSOM were to initiate fire only in the case of self-defense.The soldiers reported that early on there were occasions when they came under sniper fire. But, as time went by, the attitudes of the Somalis improved. Indeed, the general consensus of the returnees was the Somalis thought well of "the good Greeks".

The generally positive response to the Somalia deployment on the part of the Greek soldiers is captured in the welcoming words of the Minister of Defense, upon the return of the Greek contingent. "Due to your continual efforts during an eleven-month period, under especially tough and unconventional living conditions, we brought about a remarkable increase of the Greek image with this participation in the United Nations. Your work has been remarkable. You must feel very proud because you carried the Greek flag, our national emblem, to a far distant land. Giving general help and more especially health care to the inhabitants of Somalia, you created the feeling of friendlines of Somalis toward the Greeks". Significantly the standard of success was increasing the international stature of Greece rather than the overt mission of humanitarian assistance.

CURRENT GREEK PEACEKEEPING ACTIVITIES

European Community Monitoring Mission (ECMM)

In mid-1991, the European Community and its Member States with the support of the States participating in the Conference on Security and Cooperation in Europe (CSCE) in their efforts to restore peace and dialogue in Yugoslavia decided to establish a multinational Monitoring Mission with the mandate:

- to help stabilize the cease-fire
- to monitor the suspension of the implementation of the declaration of independence and
- if and when required to monitor the release and return of prisoners in co-operation with the International Committee of the Red Cross.

During our Presidency of the European Union (Jan. 1 to Jul. 1, 1994) Greek observers participating in the ECMM reached the number of 92 officers – NCOs. Today there are 24 officers – NCOs and civilians deployed in different parts of the Former Yugoslavia.

United Nations Iraq – Kuwait Observation Mission (UNICOM)

In adherence to Security Council Resolution 687/91 which established an observation mission with the mandate:

- to monitor the Khawr Abd Allah waterway between Iraq and Kuwait and the demilitarized zone (DMZ).
- to deter violations of the boundary through its presence in and surveillance of the DMZ, and

- to observe any hostile action mounted from the territory of one State against the other, Greece contributed to this mission with seven (7) Army officers. Since May 94 the duties of the Commander of Northern Sector have been exercised by a Greek Lieutenant Colonel.

United Nations Guards Contingent in Iraq (UNGCI)

The mission has been established on a basis of a memorandum of understanding between the UN and the Iraqi government to protect humanitarian workers and to provide sense of security to Iraqi Kurdish and Shiite minorities. Greece contributed to this mission with ten (10) soldiers (Officers and NCOs)

United Nations Observer Mission in Georgia (UNOMIG)

Since September 1993 there are on active duty five military observer-officers of the Greek Armed Forces deployed in different parts of Georgia.

CONCLUSION

Concluding my presentation, I would like to stress the following:

From the begining of this century until the UN was founded, Greece had suffered from war situations, which had totally lasted for 19 years. Their consequences became noticeable in every aspect of public life: political, state, economic. Especially on the part of education, the future of every nation, their impact was enormous. It was therefore recognized that the reorganization and development of the country could only be successful in a safe and peaceful environment.

The preservation of international peace and security, the two basic principles of the UN, were in compliance with the Greek needs and they were always fully identified with her ideological background, which was consistently developed for freedom and cooperation amongst the peoples.

Greece, loyal to all these principles, adhered to the UN resolutions and participated in as many missions as was possible, although the circumstances didn't always allow it.

The participation in the Korean conflict took place in 1950, a period in which a five year destructive civil war was officially over. Nevertheless, she managed to set up and send an Expeditionary Force of a battalion strong, which had been later augmented to regiment, plus an Air Flight of seven transport A/C. Greece had paid her share, taking into consideration the financial situation of the country and the losses in human lives.

The participation in Somalia had a humanitarian nature. The reopening of the Hospital was disproportionate with the economic situation of the country. Despite the difficulties, her contribution was valuable, and proved her loyalty to the causes and activities of UN for the establishment of International Peace and Cooperation among the nations.

Nowadays Greece participates in several UN missions confident that peace-keeping is the only way to control conflicts and promote peace in the world.

LES OPÉRATIONS DE PAIX ET LES OPÉRATIONS HUMANITAIRES DE L'ARMÉE BELGE

Prof. Dr Luc De Vos
Luc Du Four
Richard Paulissen

Introduction

Du 11 novembre 1994 jusqu'au 18 mars 1995, un détachement de 30 policiers militaires (MP) belges se trouvait à Port de Paix sur l'île d'Haïti, dans le cadre de l'International Police Monitoring (IPM) au sein de la Multi National Force (MNF). Ces policiers supervisaient l'exécution de la mission de la police nationale d'Haïti. Situation impensable il y a 40 ans, à l'exception des pays qui avaient des colonies. Comment expliquer ce changement? Pourquoi des soldats d'une armée nationale – dans le cas qui nous occupe, l'armée belge – sont-ils appelés à intervenir dans un autre pays et pour défendre autre chose que le territoire national?

Après la Seconde Guerre mondiale se sont formés deux blocs qui étaient, à maints égards, rivaux, mais qui faisaient preuve de suffisamment de réalisme pour se rendre compte qu'une guerre – et surtout une guerre nucléaire – devait absolument être évitée. Cette situation paradoxale d'opposition et d'entente se définissait par le nom de "guerre froide".

La Belgique qui abrite aussi bien l'OTAN que son QG le plus important SHAPE (Supreme Headquarters Allied Powers in Europe) pouvait difficilement être considérée comme neutre. Outre la décolonisation du Congo et surtout la mort de Lumumba nous avaient donné mauvaise réputation. L'institut où séjournaient les étudiants africains à Moscou ne s'appelait-il pas Institut Patrice Lumumba? En conséquence, l'armée belge pouvait difficilement servir d'instrument neutre pour l'ONU.

Avec l'écroulement du bloc communiste, la fin de la "guerre froide" a profondément modifé le concept de sécurité internationale. La disparition d'une menace directe clairement identifiée a cédé la place à un grand nombre de risques accrus partout à travers le monde. Dans cet environnement nouveau, les États membres de l'Organisation des Nations unies (ONU) – dont fait partie la Belgique - sont de plus en plus souvent appelés à intervenir en tant qu'arbitres dans la gestion de crises. Comme la Belgique n'était intervenue que fort peu dans le passé et qu'elle avait une connaissance de l'Afrique, on était de plus en plus tenté de faire appel à elle.

Les différentes formes de gestion de crise

Le 31 janvier 1992, le Conseil de sécurité des Nations unies a réuni pour la première fois les chefs d'État et de gouvernement. Au cours de ce sommet, il a été demandé au Secrétaire général, Boutros Boutros-Ghali, de rédiger un rapport sur la paix et la sécurité. Ce document, intitulé *Un Agenda pour la Paix*, est paru le 17 juin 1992. Il ne traite pas seulement du rôle classique de l'ONU quant au maintien de la paix et de la sécurité internationale, mais il aborde également le rôle qu'elle peut jouer dans la gestion des crises.

Dans cet *Agenda pour la Paix* se trouve un nombre important de concepts qui définissent toutes les formes de gestion de crises. Le 14 mars 1994 plusieurs de ces définitions ont été modifiées ou complétées.

a. La diplomatie préventive

La diplomatie préventive vise surtout à éviter des différends entre parties, à prévenir que des différends existants se transforment en conflits, et à endiguer des conflits au moment où ils éclatent.

La diplomatie préventive doit reposer sur des mesures de confiance et doit pouvoir disposer d'un système d'alerte du type <u>early warning</u>, basé sur le recueil d'informations et sur l'examen, formel ou informel, des faits.

Comme source d'information de la situation effective, plusieurs moyens sont disponibles:

(1) l'examen des faits qui peut être exécuté par des commissions d'enquête spécialement établies à cette fin;

(2) des contacts avec les gouvernements qui peuvent procurer des informations concernant des questions inquiétantes;

(3) le déploiement d'observateurs ou d'équipes d'inspection.

Ces missions seront exécutées dans le cadre du chapitre VI de la Charte des Nations unies.

b. Le rétablissement de la paix (peacemaking)

Le rétablissement de la paix est basé sur les actions diplomatiques qui visent à amener les parties en conflit à négocier un accord par des moyens pacifiques. Ces moyens englobent les pourparlers, l'enquête, la médiation, des missions de bonne foi, l'arbitrage, la disposition juridique ainsi que tout autre moyen pacifique, y compris éventuellement des mesures de sanction et d'isolement diplomatique.

c. Le maintien de la paix (peacekeeping)

Le maintien de la paix comprend une présence des Nations unies sur le terrain (incluant normalement des effectifs militaires et civils), avec l'assentiment de toutes les parties concernées, en vue d'initier ou de superviser l'application d'accords relatifs à la mise sous contrôle et la résolution des conflits, et/ou de protéger l'acheminement ou la distribution de l'aide humanitaire.

Mais les actuelles opérations de maintien de la paix ont tendance à élargir l'interprétation de leur mandat. Par cette évolution, une distinction doit être faite entre les opérations de la première et de la deuxième génération.

(1) Première génération

Ces opérations de maintien de la paix peuvent être divisées en deux catégories: des missions d'observation et de monitoring et des missions de maintien de la paix <u>sensu stricto</u>. La première catégorie est exécutée par du personnel militaire non armé dans un environnement tolérant et a pour but de rechercher des informations pour faciliter le processus de négociations.

(2) Deuxième génération

Les opérations de la deuxième génération exécutent les mêmes tâches que celles de la première génération. Cependant elles élargissent leur domaine d'action à la protection d'appui humanitaire, la supervision et la protection des zones protégées, lignes de communications et zones sensibles et la surveillance d'armement.

d. L'imposition de la paix (peace enforcement)

L'imposition de la paix comprend des actions coercitives, inclus l'usage de la force armée, pour maintenir ou restaurer la paix et la sécurité internationale dans les situations où le Conseil de Sécurité des Nations unies a constaté l'existence d'une menace contre la paix, d'une rupture de la paix ou d'un acte d'agression.

Présenté dans l'*Agenda pour la Paix* comme un moyen destiné à aider le <u>peacemaking</u> au moment où les méthodes pacifiques ne donnent pas les résultats attendus, cela signifie que des opérations militaires sont mises sur pied pour appuyer des démarches politiques en vue d'imposer un règlement de paix.

Différentes attitudes peuvent être adoptées, aussi bien en dehors que sur le territoire belligérant: la présence dans une zone de conflit, le blocus, l'endiguement, l'intervention, etc...

Remarquons que l'embargo est une sanction économique et par conséquent un instrument du maintien de la paix.

e. La consolidation (peacebuilding)

La consolidation de la paix est une action après un conflit en vue de définir et d'étayer les structures propres à affermir et à consolider un règlement politique afin d'éviter un retour au conflit. Ce sont donc des mécanismes pour consolider la paix, qui développent un sentiment de confiance et de bien-être et qui soutiennent la reconstruction économique. Elle peut demander une participation tant militaire que civile.

Ces mesures peuvent être définies comme suit: le désarmement des anciens ennemis et le rétablissement de l'ordre, le rassemblement et la destruction d'armes, le rapatriement de réfugiés, l'appui consultatif et la formation de personnel de sécurité, la surveillance des élections, le soutien pour la protection des droits de l'homme, reformer ou renforcer les instances gouvernementales ou le développement des procédures formelles ou informelles de participation politique.

D'autres formes d'intervention sont encore possibles. Nous pensons aux missions humanitaires et à l'évacuation de civils d'une région en crise. Les missions humanitaires doivent d'abord soulager les besoins élémentaires les plus pressants d'une population. Elles visent également à créer des relations stables et à éviter l'éclatement de conflits. Grâce à leur équipement et à leur organisation, les unités militaires sont en effet extrêmement bien adaptées au transport massif d'aide humanitaire. Cette forme d'intervention se situe dans les trois domaines suivants: l'appui humanitaire élémentaire, l'appui aux réfugiés et l'appui en cas de sinistres.

Pour ce qui concerne l'évacuation de civils, cette opération requiert fréquemment l'emploi de moyens militaires importants. Une telle évacuation est souvent nécessaire, non seulement pour la sécurité des personnes en question, mais aussi pour ôter aux parties en conflit toute possibilité de prise d'otages et de chantage. Les opérations d'évacuation peuvent être classifiées selon leur cause: une catastrophe naturelle, une catastrophe causée par l'homme ou une situation politique.

Cette approche relativement théorique des possibilités de gestion de crise pose toutefois des problèmes quant à l'exécution. La pratique a en effet démontré qu'une situation ne reste pas stable et que, même pour des opérations humanitaires, il faut souvent utiliser la force. Aussi est-il clair que le mandat, qui est confié aux forces engagées, nécessite mûre réflexion.

Les conditions pour une opération de paix

a. Le cadre juridique

Les opérations de paix et les opérations humanitaires se déroulent souvent dans un cadre international. L'ONU et l'Organisation pour la sécurité et la coopération en Europe (OSCE) ont en effet le droit internationalement reconnu de confier un mandat. L'OTAN et l'UEO (l'Union de l'Europe occidentale) peuvent se voir demander d'appuyer les opérations.

Quant à l'aide humanitaire urgente et l'évacuation de ses ressortissants, un pays peut décider d'entreprendre une action, indépendamment de ces organisations. Ce fut le cas de la Belgique à de nombreuses reprises depuis la fin de la Seconde Guerre mondiale.

Les opérations de paix ne sont pas explicitement mentionnées dans la Charte des Nations unies, mais ce document en constitue cependant la base juridique. L'article I du premier chapitre rend en effet l'ONU responsable de la paix et de la sécurité internationale, le chapitre VI précise le cadre indispensable au règlement pacifique de conflits et le chapitre VII envisage quant à lui des mesures pour répondre à des menaces contre la paix ou à des violations de la paix ainsi qu'à des actes d'agression. Le Conseil de sécurité joue à cet égard un rôle crucial car il décide des mesures à prendre. Concrètement, cela signifie que toute participation ou tout appui à une opération de paix ne peut avoir lieu qu'avec un mandat de l'ONU et que ces opérations doivent donc être menées dans les limites fixées par une résolution du Conseil de sécurité.

En juillet 1992, un document émanant de la CSCE (Conférence pour la sécurité et la coopération en Europe; maintenant devenue une organisation) détermine les objectifs et le caractère des opérations de maintien de la paix. Le maintien de la paix y est considéré comme un élément opérationnel important de la capacité globale de la CSCE pour prévenir les conflits et gérer les crises; il complète le processus politique de résolution des différends. Une opération de l'OSCE comprend la participation de personnel civil et militaire et elle peut aller d'une opération limitée à une opération de grande envergure. Elle pourra être menée sous diverses formes, allant de missions d'observation et de contrôle à de plus larges déploiements de forces.

b. Critères politiques

Les critères politiques s'adressent à quatre niveaux. Les pouvoirs de décision devraient d'abord examiner l'existence d'une raison valable pour appuyer ou participer à une opération de paix. Ensuite ils doivent déterminer le niveau de support qu'ils peuvent espérer recevoir aussi bien sur le plan national qu'international. Troisièmement, ils doivent prendre en considération le niveau de support qu'ils veulent donner et finalement ils doivent déterminer les caractéristiques souhaitables de l'opération de paix à laquelle ils veulent participer.

c. Critères militaires

Du point de vue militaire, quatre conditions doivent être remplies:

(1) la mission doit être bien définie;

(2) une telle opération nécessite un commandement compétent;

(3) il faut des règles d'engagement souples;

(4) il faut les moyens nécessaires.

Après ces définitions et après avoir esquissé le cadre des opérations, nous allons nous pencher sur les opérations de paix auxquelles la Belgique a participé ces dernières années. En effet, l'armée belge a pris part à des engagements d'un type nouveau. Ces opérations, ainsi que leur nombre et la simultanéité avec laquelle elles se sont déroulées, étaient impensables à une époque où toute l'attention de la Belgique, et du bloc occidental dans lequel elle était insérée, était focalisée sur la menace représentée par le bloc communiste.

Les opérations de paix et humanitaires belges

Dans ce chapitre, nous examinerons les nombreuses missions de paix ou humanitaires auxquelles la Belgique a participé, missions qui se sont déroulées dans le cadre international.

a. Le conflit coréen

Le 25 juin 1950, soi-disant pour réagir contre une attaque sud-coréenne, l'armée nord-coréenne traversa la ligne de démarcation. La guerre froide entra localement dans une phase chaude. La politique absentéiste de l'Union soviétique permit au Conseil de Sécurité des Nations unies de condamner la Corée du Nord et de lui ordonner de se retirer de ses positions d'attaque.

La Belgique a participé à cette intervention ONU et a envoyé durant la période 31 janvier 1951 - 15 juin 1955 un bataillon d'infanterie composé de volontaires dont un peloton de Luxembourgeois. 3 587 militaires belges (89 Luxembourgeois inclus) ont acquis ou rafraîchi leur expérience de la guerre, mais 101 hommes y ont trouvé la mort.

b. La guerre du Golfe

Durant la crise du Golfe, en 1990 - 1991, la Belgique a contribué dans une large mesure aux efforts de la coalition internationale constituée contre l'Irak. Bien que les Britanniques nous aient – à juste titre je crois – reproché de n'avoir pas livré d'obus.

Dans le cadre de l'OTAN, l'armée belge a appuyé le déploiement de troupes américaines et britanniques stationnées en Europe vers la région du golfe Persique. La Belgique a ainsi apporté le soutien nécessaire aux troupes américaines traversant son territoire au départ de la RFA en direction des ports de la mer du Nord (opération Blue Thunder). D'autre part, une frégate belge a escorté cinq navires britanniques qui naviguaient vers le Golfe, notamment au large des côtes libyennes (octobre 1990 - mars 1991).

La force aérienne a dépêché 18 Mirages V et les éléments d'appui à Diyarbakir dans l'est de la Turquie afin de dissuader avec la force mobile du commandement allié (ACE Mobile Forces Air) une éventuelle agression irakienne contre ce pays membre de l'OTAN (6 janvier - 15 mars 1991). A cette occasion, les C 130 ont effectué 53 missions et les Mirages V 600. Les avions Hercules C 130 ont aussi exécuté 52 missions de transport au profit des forces britanniques et françaises pour permettre leur déploiement dans le golfe Persique (août 1990 - août 1991).

Simultanément, la Belgique prenait part aux opérations sous les auspices de l'UEO. La force navale belge contribuait à deux missions. D'une part, il s'agissait de déminer une zone du golfe Persique. Trois chasseurs de mines et un bâtiment de commandement et de soutien logistique ont participé à cette opération. Ce groupe de la guerre des mines a dégagé 280 mines, à savoir un quart du nombre total, ce qui est la preuve du professionnalisme et du savoir-faire des marins belges. D'autre part, deux frégates ont, à tour de rôle, participé au contrôle de l'embargo décrété par l'ONU contre l'Irak à la suite de l'invasion du Koweït (opération Southern Breeze). Elles ont contrôlé la navigation dans le détroit de Tiran, dans le détroit de Bab El-Mandeb et dans le golfe Persique (octobre 1990 - août 1991).

Durant la guerre du Golfe, environ 9 400 réfugiés ont été transportés par six avions C 130 et un Boeing 727 de Jordanie vers l'Égypte. Cette opération (Flying Carpet) s'est déroulée du 25 août au 4 octobre 1990.

À la fin de ce conflit, les forces armées ont fourni une assistance humanitaire et médicale dans le nord de l'Irak à des milliers de Kurdes qui s'y étaient rassemblés et y survivaient dans des conditions misérables. Six équipes de médecins et une équipe de chirurgiens y ont travaillé. Elles y ont presté environ 8 000 consultations, 65 opérations chirurgicales et 330 hospitalisations du 16 mai au 8 juillet 1991 (opération Blue Lodge).

Sous les auspices de la Communauté européenne, la Belgique a aussi fourni des tentes et une assistance médicale pour construire un camp au profit des réfugiés kurdes dans le nord de l'Iran. Ce camp accueillera 3 000 réfugiés et il sera remis aux responsables du Croissant-Rouge. Brown Shelter était le nom code de cette opération qui eut lieu du 21 avril au 8 mai 1991.

Enfin, un détachement du Service médical, fort de 50 personnes (médecins, infirmières et autres), a renforcé le personnel de l'hôpital militaire britannique établi à Akrotiri, sur l'île de Chypre (opération Green Splint, 22 janvier - 10 mars 1991).

c. Les opérations en ex-Yougoslavie

À partir du 17 juillet 1991, l'armée belge prend part à une série d'opérations principalement liées à l'évolution de la situation politico-militaire dans l'ancienne Yougoslavie. Ces opérations se déroulent dans le cadre de l'ONU et de l'Union européenne ainsi que de l'OTAN et de l'UEO.

Dans le cadre de l'ONU, depuis le mois de mars 1992, un bataillon d'infanterie renforcé par une unité du grand-duché de Luxembourg, a été déployé dans la Baranja, une région située en Croatie à la frontière avec la Serbie, le long de la frontière hongroise. Afin d'assurer l'appui médical, le bataillon a été renforcé d'une antenne chirurgicale d'intervention rapide. Ce bataillon a pour mission de surveiller le respect des accords de cessez-le-feu, de maintien de la paix (mission de peacekeeping) dans le cadre des résolutions de l'ONU. Les soldats engagés ont été baptisés United Nations Protection Force, en abrégé UNPROFOR. Avec un bataillon russe, le bataillon belge (BELBAT) constitue le "Secteur Est", qui est alternativement commandé par un Belge ou un Russe.

Du personnel belge est également présent dans les quartiers généraux à Zagreb et en Bosnie-Herzégovine. Le général belge Francis Briquemont a ainsi commandé à partir de juillet 1993 jusqu'à janvier 1994 plus de 8 500 Casques bleus des Forces des Nations unies en Bosnie-Herzégovine.

En février 1994, une compagnie de BELBAT était chargée de veiller au respect de l'accord entre Croates et Musulmans dans la zone de séparation près de Vitez (en Bosnie-Herzégovine). Cette mission (BELBOS) a pris fin en octobre 1994.

Dans le cadre de l'Union européenne, la Belgique participe également à une mission d'observation. Dix-huit officiers remplirent la fonction d'observateurs de l'Union européenne sur l'ensemble du territoire des républiques issues de l'ex-Yougoslavie ainsi que dans certains pays voisins. La Belgique a, par ailleurs, suite à la présidence belge de l'Union, dirigé cette mission dans la seconde moitié de 1993. Quarante-cinq personnes ont durant cette période été détachées auprès de l'état-major à Zagreb.

Dans le cadre de l'UEO, une frégate belge a pris part à l'opération de contrôle du respect de l'embargo décidé par l'ONU contre la Serbie et le Monténégro en mer Adriatique (1 octobre 1992 - 25 mars 1993). À partir de septembre 1994, la Belgique fournit de nouveau une frégate pour participer à l'embargo naval en mer Adriatique (opération Sharp Guard).

Outre ces opérations militaires de maintien de la paix, on notera trois opérations humanitaires menées par les soldats belges :

(1) Depuis février 1993, une organisation non gouvernementale belge gère un parc de bungalows qui a été construit par les troupes du génie belge (141 soldats du 4e et 11e Bataillon Génie) en Istrie croate, c'est-à-dire en dehors des zones de combat. Les travaux ont duré du 15 octobre 1992 au 5 février 1993. Financés par le gouvernement belge et placés sous l'autorité du Haut Commissariat pour les Réfugiés (HCR), les bungalows abritent 2 500 réfugiés (opération Winter Lodge).

(2) En plus de cette aide, la Belgique fournit, depuis le 22 octobre 1992, une compagnie de transport qui est chargée du ravitaillement de localités isolées en Bosnie-Herzégovine (opération Moving Star). Installée initialement dans la région de Belgrade (Pancevo), cette unité de transport lourd a été déplacée dans le courant de l'année 1993 vers la région de Vitez pour des raisons de sécurité. Elle est intégrée dans un bataillon belgo-néerlandais commandé par un officier néerlandais. Cette compagnie a acheminé dans des conditions souvent difficiles et dangereuses plus de 25 000 tonnes de vivres et de médicaments.

(3) Afin de permettre aux convois d'aide humanitaire de parvenir à bon port sans trop d'encombres, une compagnie du génie a entrepris, à partir du mois de septembre 1993 jusqu'au mois de janvier 1995 des travaux de remise en état et de construction de routes en Bosnie-Herzégovine (opération Bosnia Road).

Rappelons aussi pour terminer que, dans le cadre de l'OTAN, la Belgique est présente au quartier général de la UNPROFOR en Bosnie-Herzégovine. Ce quartier général se compose d'un petit groupe de personnes et de moyens fournis par l'OTAN. Pour finir, ajoutons que depuis le début du conflit environ 8 700 militaires belges ont participé aux opérations en ex-Yougoslavie dont trois y ont laissé leur vie.

d. La Somalie

Fin 1992, la Belgique s'est engagée à fournir une contribution substantielle aux opérations de maintien de la paix en Somalie.

Depuis le 13 décembre, 837 soldats belges ont pris le contrôle de la région de Kismayo, dans le cadre de l'opération Restore Hope. Un bataillon para-commando, deux escadrons de reconnaissance, des équipes de reconnaissance spécialisées, des éléments d'appui de génie, des transmissions et des moyens logistiques ont été déployés en support. Le Zinnia, navire de commandement et de soutien logistique, fut utilisé comme base logistique avancée. La force navale a également réorganisé le port de Kismayo et elle a rétabli l'accès au port (opération Equator Kiss). La force aérienne a géré et réparé partiellement l'aéroport international de cette ville et a assuré le transport aérien en permanence. L'opération prit fin le 4 mai 1993, mais les choses n'étaient pas terminées pour autant.

Le 4 mai 1993 est lancée l'opération connue sous l'abréviation anglo-saxonne: UNOSOM (United Nations Operation in Somalia). Sous la coordination directe de l'ONU, le contingent belge se voit attribuer la totalité de la zone de Kismayo, soit une région de près de deux fois la superficie de la Belgique. Le 15 décembre 1993, les Casques bleus belges quittent la Somalie et sont remplacés par des troupes indiennes. Lors des opérations en Somalie, cinq de nos compatriotes ont été tués et dix grièvement blessés.

e. Le Rwanda

Du 15 novembre 1993 jusqu'au 9 avril 1994, quelque 450 militaires ont participé à l'opération UNAMIR (United Nations Assistance Mission for Rwanda) en vue de surveiller le respect des accords de paix d'Arusha qui devaient mettre fin au conflit existant entre les différents groupes ethniques au Rwanda.

Lorsqu'en avril 1994 fut abattu l'avion transportant le président rwandais et burundais, le conflit prit de telles proportions – dix paras belges ont été assassinés – qu'il fut clair, aux yeux de tous, que ces accords ne seraient pas exécutés. L'ONU décide alors de limiter sa présence au Rwanda à 270 militaires. Le reste de la force de maintien de la paix – pour ainsi dire 2 500 militaires, parmi lesquels tous les Belges – furent retirés le 9 avril 1994. Parallèlement à cette opération, le gouvernement belge déclencha Silver Back et Blue Safari (voir plus loin). Est-ce que la Belgique aurait dû accepter de participer à l'opération UNAMIR? Certes elle a une responsabilité au Rwanda et un savoir-faire, mais le passé colonial ne pèse-t-il pas trop lourd?

f. Nos observateurs

Pour être complet, il faut donner un bref aperçu des missions les plus importantes auxquelles des observateurs belges ont participé, soit dans le cadre de l'ONU, soit dans le cadre de la CÉE:

(1) 14 juin 1948 - 20 juillet 1949: 121 Belges ont assisté comme membres de l'UNTSO (United Nations Truce Supervision Organisation) au contrôle de l'armistice en Palestine;

(2) 1949-1953: 8 officiers ont contrôlé le cessez-le-feu au Cachemire lors du conflit frontalier entre l'Inde et le Pakistan;

(3) 01 décembre 1980 - 2 janvier 1981: 2 officiers ont fait partie de l'UNMOGIP (United Nations Military Observer Group in India-Pakistan);

(4) 20 août 1989 - 30 mars 1990: 30 membres de la police ONU pour contrôler les élections en Namibie;

(5) 07 décembre 1991: 2 personnes ont participé à l'UNTAC (United Nations Transitional Authority in Cambodia);

(6) La Belgique fournit depuis juillet 1991, dans le cadre de la CÉE, 18 observateurs pour aider à maintenir la paix en ex-Yougoslavie. À partir du mois d'avril 1992, il faut ajouter 6 observateurs dans le cadre de l'ONU;

(7) À partir de mars 1993: 6 membres de MINURSO (<u>Mission internationale des Nations unies pour l'organisation d'un référendum au Sahara occidental</u>);

(8) 15 août 1993 - 18 novembre 1993: 1 officier au Liberia; Enfin nous devons mentionner qu'une équipe de 4 à 5 démineurs belges participe à l'UNDP (<u>United Nations Development Program</u>) au Cambodge, en collaboration avec le CMAC (<u>Cambodian Mine Action Center</u>).

Les opérations belges dans le cadre national

Voyons maintenant les opérations menées dans le cadre purement national. Qu'entendons-nous par là? Le gouvernement belge a pris l'initiative de celles-ci, certes en coordination étroite avec les autres partenaires de l'Union européenne. De plus, précisons aussi que l'armée belge a souvent pu compter sur l'aide logistique fournie par les États-Unis (pour le transport aérien par exemple). Certes, la Belgique a déjà une longue tradition en matière d'opérations humanitaires. Il suffit de penser à ses nombreuses interventions au Congo et au Zaïre, à l'envoi de sa colonne d'assistance au Sahel, ainsi qu'aux missions effectuées par ses avions C 130 en Éthiopie, au Soudan et en Somalie. Chaque fois, le personnel et le matériel de la Défense nationale furent l'instrument tout indiqué pour le gouvernement. Mais dans ce chapitre, notre attention se portera plus particulièrement sur les opérations qui eurent lieu au Congo, au Zaïre et au Rwanda.

a. Le Congo

Une première intervention belge a eu lieu du 30 juin jusqu'au mois d'août 1960, au moment de l'indépendance du Congo. Plus de 10 000 soldats et tous nos avions militaires de transport (renforcés par des avions de la SABENA) ont participé à l'évacuation de Belges, suite à une mutinerie de la Force publique congolaise. Je ne m'attarderai pas aux difficultés causées par des Belges à l'intervention de l'ONU, surtout lors de la sécession du Katanga.

Quatre ans plus tard, le 1er Bataillon Para (569 hommes) est intervenu à Stanleyville (opération <u>Dragon Rouge</u>) et à Paulis (opération <u>Dragon Noir</u>). Du 17 novembre jusqu'au 1 décembre 1964, nos paras ont pu libérer 2 375 personnes qui étaient prises en otage par les rebelles. Durant les deux opérations, deux militaires belges ont été tués et douze autres blessés.

b. Le Zaïre

En 1978, l'armée belge a assuré, sur ordre du gouvernement et en collaboration avec la Légion étrangère française, l'évacuation de 2 500 Européens. Cette opération s'est déroulée à Kolwezi du 18 mai jusqu'au 9 juillet et est connue sous le nom de Red Bean.

Un an plus tard, le 12 février 1979, à la suite de rumeurs d'un danger de déstabilisation du régime Mobutu, le gouvernement Vanden Boeynants a envoyé 250 paras à Kitona, dans le Bas-Zaïre. Ce petit corps expéditionnaire avait reçu la mission de protéger les quelque 30 000 Belges présents au Zaïre et d'assurer leur évacuation éventuelle en cas de danger (opération <u>Green Apple</u>). Le gouvernement belge a rappelé progressivement ses troupes à partir du 15 mars, laissant seulement à Kitona 70 officiers et sous-officiers au titre de l'aide militaire.

L'opération Blue Beam, qui a eu lieu entre le 24 septembre et le 9 novembre 1991, est l'exemple d'une parfaite collaboration entre les forces armées et la société civile. En quelques jours, 5 345 réfugiés ont été accueillis à l'hôpital militaire de Neder-over-Heembeek (Bruxelles) après avoir été évacués du Zaïre vers l'aéroport de Zaventem, tant par des avions militaires que par des vols civils. Une fois arrivés sur place, un centre d'accueil, qui fonctionnait 24 heures sur 24 grâce à plusieurs équipes du service médical, a pris ces personnes en charge ainsi que leurs proches.

Mais pourquoi les paras belges sont-ils intervenus de nouveau en Zaïre en 1993? En 1992, le Zaïre s'est engagé dans un processus de démocratisation, un parlement provisoire a été mis sur pied – le haut Conseil de la République – quand soudain, le 28 janvier 1993, de graves troubles éclatent à Kinshasa. Les troupes des forces armées zaïroises se révoltent, car elles ont été payées avec des billets de 5 millions de zaïres. Or ces billets ne sont pas acceptés comme moyen de paiement par les commerçants zaïrois.

Lors de ces troubles, les habitations de ressortissants belges sont pillées, certains sont molestés, l'ambassadeur de France est tué. Le gouvernement belge décide alors d'évacuer ses ressortissants. L'opération Sunny Winter est déclenchée en accord avec le premier ministre zaïrois Tshisekedi, les États-Unis et le Congo. La France, qui a aussi marqué son accord, envoie de son côté 200 paras à Brazzaville. Vingt-quatre heures plus tard, le 30 janvier, la brigade para-commando est envoyée à Brazzaville, sur l'autre rive du fleuve Congo, frontière entre le Congo-Brazzaville et le Zaïre. Là, elle est prête pour procéder à l'évacuation des Belges résidant au Zaïre ainsi que les autres personnes qui le souhaitent; 693 personnes seront finalement évacuées, parmi elles se trouvaient 581 Belges.

L'opération prend fin le 24 février, elle aura duré près d'un mois. On remarquera qu'il n'y a pas eu de déploiement de soldats belges cette fois sur le territoire zaïrois, à la différence de l'opération de 1991. Sans doute le gouvernement belge a-t-il tiré des enseignements de cette opération et il ne voulait pas que les paras redeviennent des pions dans la lutte pour le pouvoir entre le président Mobutu et le premier ministre Tshisekedi.

c. Le Rwanda

L'opération Green Beam (4 octobre - 1 novembre 1990) vit le déploiement d'un bataillon de para-commandos. Il avait pour mission d'évacuer les ressortissants belges et étrangers lorsque les troubles ont éclaté au Rwanda. Les paras belges ont utilisé 20 véhicules; 22 missions de C 130 et 4 de Boeing B-727 ont été nécessaires pour mener à bien cette évacuation.

Suite à l'assassinat des présidents du Rwanda et du Burundi (6 avril 1994) et aux troubles suscités au sein de la population (l'assassinat de 10 soldats belges), le gouvernement belge décide l'évacuation de tous les ressortissants belges résidant au Rwanda. La mission, connue sous le nom de Silver Back, permit d'évacuer en une semaine (du 9 au 16 avril 1994) 1 677 personnes, dont 1 242 Belges, dans des conditions parfois extrêmement périlleuses. Cette mission fut directement suivie par la mission <u>Blue Safari</u> qui évacua le matériel engagé par l'armée belge dans UNAMIR.

d. L'Afrique du Sud

En 1994, à la demande du nouveau gouvernement de l'Afrique du Sud, la Belgique a envoyé des officiers de gendarmerie afin d'aider à restructurer les forces de police sud-africaines.

Quelques chiffres

Depuis 1945, les troupes belges sont intervenues à 141 reprises à l'extérieur de nos frontières. Des interventions qui vont des missions de transporteurs à des interventions armées en zone de guerre.

Au cours des cinq dernières années, nos forces armées ont engagé 14 300 militaires et 1 150 véhicules. La Force aérienne a presté 14 000 heures de vol au cours de ces opérations. Notre Force navale y a pris part avec 10 navires qui ont couvert 123 100 milles marins.

La Belgique prend donc une part très active aux opérations de paix et humanitaires. Compte tenu du chiffre de la population, notre effort est nettement supérieur à celui de la plupart des autres pays.

Conclusion

Je crois qu'il faut relever l'impact des opérations humanitaires et de paix sur les forces armées belges, pour enfin parler du rapport avec l'ONU. En 1994, la Belgique a aboli définitivement la conscription. Les opérations à l'étranger, menées par des gens de carrière, ont soutenu cette décision auprès de l'opinion publique et même au sein de l'armée.

Les opérations à l'étranger – bien qu'elles ne soient pas une sinécure – ont rajeuni une armée belge qui s'était rouillée en Allemagne. L'imagination est de nouveau au pouvoir.

Les missions à l'étranger sont considérées comme un moyen pour arrêter l'érosion du budget de la défense.

La crise yougoslave actuelle est un nouveau test pour le nouvel ordre international que le président Bush avait proclamé à la fin de la guerre froide et qui s'était manifesté pour la première fois lors de la guerre du Golfe: créer l'ordre où règne le chaos, au moyen d'une action internationale rapide et coordonnée. Mais la recette n'a pas fonctionné quand la guerre de Yougoslavie a éclaté. L'insertion du monde dans ce nouvel ordre a porté à l'avant-plan l'idée modeste d'un <u>peace-keeping</u>, et celle plus offensive du <u>peacemaking</u>.

Mais, afin d'être disponible pour de telles opérations, les Nations unies doivent constamment mendier des hommes et de l'argent. Jusqu'à présent, elle les a obtenus, mais le prix du maintien de la paix est passé de 400 millions de dollars en 1990 à plus de 3 milliards de dollars cette année. L'Amérique, encore la plus grande débitrice, se plaint d'avoir à payer trop – 30 pour cent du coût total des opérations de maintien de la paix – et la Russie est à bout de souffle.

Les hommes sont encore plus difficiles à trouver. Les fournisseurs de troupes traditionnels – le Canada, les pays scandinaves, l'Inde etc. – voient leurs moyens se réduire suite aux économies dans le secteur de la défense, ou ne disposent plus des unités entraînées dont les Nations unies ont besoin pour mener à bien les nouvelles missions.

Si les Casques bleus sont pour les Nations unies une publicité reconnaissante, les Belges y contribuent pour 1,6 milliard de francs belges. C'est en effet ce que notre pays dépense pour les quelque 1 000 militaires belges sous le drapeau des Nations unies. Toutefois, la défense nationale, dont le budget est gelé à 98 milliards jusqu'en 1997, n'a prévu qu'un milliard pour les opérations de l'ONU, le reste doit venir d'autres départements.

Un Boutros Boutros-Ghali engagé, veut, partout où il n'y a pas de paix, envoyer des soldats de la paix coiffés du béret bleu. Sous la pression de l'émotion et du dégoût de nos compatriotes, les soldats des Nations unies ont été rappelés du Rwanda. Les mots de Willy Claes, alors ministre des Affaires étrangères : "onder geen beding zullen de Belgische blauwhelmen in <u>Rwanda blijven</u> (à aucune condition les Casques bleus belges ne resteront au Rwanda)" trahissaient l'amertume et la révolte, pour ne pas dire la désobéissance, à l'égard d'engagements contractés. Après le massacre de Kigali, le pays a droit à une explication définitive.

Dans l'émoi provoqué par tant de cruauté, le ministre a osé répéter bien haut ce que des officiers belges, sur base de leur expérience vécue dans des missions de l'ONU, avaient déjà depuis longtemps écrit dans leur cahier de doléances: l'ONU est un organe bureaucratique inefficace et irréaliste, imprévoyant dans des dépenses, peu clair dans sa diplomatie, impuissant là où la paix ne règne pas et naïf dans la détermination des obligations et règles militaires.

Les Nations unies envoient des troupes censées maintenir l'ordre, mais ne leur en donnent pas les instruments. Les forces de maintien de la paix reçoivent pour mission d'organiser des élections, mais personne ne leur dit que faire si un parti refuse d'y participer ou en rejette le résultat. On leur commande de fournir de l'aide aux victimes de la guerre, mais ne donne aucune directive dans le cas où les belligérants empêchent leurs camions de passer.

Les images récentes de soldats de l'ONU pris comme otage ont par ailleurs aussi fait forte impression, surtout chez ceux qui ont eux-mêmes des Casques bleus dans la région, ou en ont eu dans le passé. Les Casques bleus doivent-ils rester en ex-Yougoslavie? Doivent-ils être renforcés ou mieux armés? Ou le temps est-il venu d'annuler toute l'opération? D'un récent sondage d'opinion (juin 1995) est apparu que 70 pour cent des personnes sondées trouvaient que les forces de maintien de la paix de l'ONU étaient arrivées au terminus: le moment de reconnaître l'échec de la mission et de ramener les Casques bleus à la maison. Le Conseil de sécurité et tout ce qui gravite autour de lui peuvent aussi se frapper la poitrine pour ce qui aurait pu être évité à Kigali. Ce qu'une veuve disait lors de la cérémonie funèbre de Namur: "En mission, laissez désormais porter par nos hommes leur béret rouge ou vert, et ils sauront ce qu'ils ont à faire", ces mots sont au coeur du drame de Kigali. Cette femme donnait simplement le ton d'un débat nécessaire.

Pouvons-nous entraîner des militaires pour ensuite, conformément aux inepties onusiennes, les laisser conduire comme des agneaux à l'abattoir?

Un commandant belge à Kigali, n'agirait-il pas tout autrement que le détenteur de l'autorité, non belge, qui partagerait à tel point les dispositions de Boutros-Ghali que le droit de légitime défense n'existerait pas dans de telles situations conflictuelles, ou au cours de négociations à l'issue très incertaine?

PEACEKEEPING UNDER MILITARY OCCUPATION: THE CASE OF UNTSO AND UNRWA

Nitza Nachmias

As the controversy over peacekeeping and humanitarian operations is growing, UNRWA (United Nations Relief and Work Agency) and UNTSO (United Nations Truce Supervision Organization) present a fifty-year significant experience in peace servicing. This paper examines the work of the two organizations in the context of military occupation and evaluates their contribution to the peace process in the past, present, and the future.

General observations

UNRWA and UNTSO are unique organizations both in their mandate and their modus operandi. UNRWA is the oldest and largest "temporary" UN humanitarian agency, created by the General Assembly[1] on December 8, 1949 (G-A resolution[2] 302 IV) as a temporary relief agency. UNTSO was created by the Security Council[3] in 1948 (SC Resolution 572) as a multinational observation force, to support the newly signed armistice agreements. These important conceptual and strategic precedents are examined in the paper.

The nature, scope and effectiveness of any international intervention is conditioned by (a) the definition and (b) the perception of the situation. An intervention is more feasible if a mortal threat to a civilian population is perceived. This was not the case of the Palestinian refugees in 1948. The UN defined a Palestinian refugee (G-A Resolution 194 (III) of December 11, 1948), as "a person (and his direct descendants, N.N.) whose normal residence was Palestine for a minimum of two years before the 1948 Arab-Israeli war and who lost both home and livelihood as a result of the conflict". The common definition has been "the forced uprooting of people[4] from their permanent or habitual homes". The lack of "forced uprooting" and the unique two-year residence provision, enabled transients to acquire refugee status and become eligible for resettlement, repatriation or financial compensation. An estimated 330,000 to 500,000 people became refugees. A different definition would have reduced this number drastically. Clearly, the UN[5] singled out the case of the Palestinian refugees in order to establish UNRWA as an autonomous agency under Article 22 of the Charter and accountable directly to the General Assembly. When the UNHCR (United Nations High Commissioner for Refugees) was created in 1950 it was never asked to replace or to supervise UNRWA.

UNRWA is the largest UN humanitarian bureaucracy, employing over 20,000 local Palestinian people and managed by about 135 international civil servants. In 1995 UNRWA's regular budget exceeded $250 million and it provided[6] services to over 2.8 million people. An UNRWA task report of September 1993 asked for a 55 percent budget increase, or an increase of $138 million, to develop new support programs for the interim autonomy period "that will be vital in the West Bank and Gaza". It seems that UNRWA is reluctant to adjust its role to the new reality created by the Declaration of Principles (September 1993), although it admits that eventually its duties should be transferred to the Palestinian Authority.

"Work" should have been UNRWA's highest priority. Since the 1950s, it planned large scale public works that never materialized. Consequently, education, health and relief became UNRWA's main duties. (In 1995, about 400,000 pupils attended UNRWA's schools). No doubt, the fact that the territories were occupied by Egypt and Jordan (until 1967) and later by Israel, hindered UNRWA's efforts to initiate large scale public works. However, like most bureaucracies, UNRWA's mandate kept expanding. After 1967 it was broadened to include 600,000 to 800,000 (exact number not available) newly displaced people. Some 200,000 of them were already refugees from 1948. Gradually, the refugee population included more and more people who are second and third generation refugees. An average of 67 percent of UNRWA's registered population, namely 2 million people, live <u>not</u> in refugee camps![7] Only 1 million still reside in camps[8]. Since UNRWA never conducted a census of its customers, nobody was ever eliminated from the lists. Registered people who died or immigrated to other countries are still being counted as "eligible refugees".

Moreover, UNRWA's <u>modus operandi</u> seems highly atypical. The organization keeps a close contact with its clientele, and has chosen to have its own personnel carry out its programs. Consequently, it has become the second most important employer in its theatre of operation. Other organizations, such as the UNDP, the World Bank, etc., try to avoid direct involvement with their own local manpower, and focus only on formulating and coordinating programs. The execution of these programs is being left to host governments and various public and private corporations. UNRWA became an established bureaucracy, and it is reluctant to relinquish any part of its authority. Disregarding the Palestinian autonomy Mr. Ilter Turkmen, the Commissioner-General of UNRWA stated recently that "in the Gaza Strip and the West Bank, the situation in principle will be no different"[9].

The General Assembly's unique attitude toward UNRWA arose out of a wrong belief that the UN was responsible for the events that led to the refugees' flight from Palestine. The idea was first introduced by Count Folke Bernadotte, who in 1948 said "that both in origin and disposition the refugee problem entailed an United Nations responsibility"[10]. Bernadotte believed that since the Palestinians were without citizenship and were residents of a former League of Nations mandated territory, the UN had a continuing responsibility for them until a final settlement was achieved. G-A RES 194 (III) of 11 December 1948, reflected this approach[11]." Thus, UNRWA was given the unique political assignment of supporting and protecting the rights of a particular national group. "No other (such) intergovernmental international organization exists"[12]. Only later did the UN amend UNRWA's mandate and turn it into a humanitarian one. However, because the raison d'être of UNRWA remained unchanged — repatriation, compensation or settlement of the refugees in countries of first asylum — the organization has experienced major disagreements with Israel.

Clearly, several major political and administrative dilemmas greatly effected UNRWA's work. First, it operates as a de-facto territorial government providing local governments services but working within the territorial boundaries of sovereign states. UNRWA has no jurisdiction over either the territory in which it operates or over the population which it services. This situation often impedes the performance of UNRWA and leads to inevitable clashes with host governments and clients.

Second, UNRWA's compounds and employees do not enjoy diplomatic immunity. Indeed, Israel has consistently raided UNRWA's camps, arguing that they have been used to train and to harbour terrorists; UNRWA's employees have been occasionally detained and arrested[13]. Third, it has been argued that UNRWA's operation was counter-productive. It "has reified, for Palestinians, their refugee status. That the refugee camps...have been breeding grounds for national violence...and that its facilities have been used for military purposes"[14]. Fourth, UNRWA's operation has made the refugees situation more comfortable, thus reducing the refugees' discontent and their motivation for a settlement. Finally, UNRWA's critics have argued that the Agency has succumbed to major bureaucratic pathologies. It has become a self-serving, work-creating agency with little regard for the real interest of its clients, while various forms of favouritism and patronage have become prevalent in its employment practices.

UNRWA argued that the continued and ever-growing discontent of large numbers of refugees culminating in the 1987 outbreak in the Gaza Strip of the Intifada suggested that UNRWA's operations have been irrelevant to the refugees' political agenda. Moreover, UNRWA claimed that the refugees are better housed, better fed, healthier, and better educated. Its record on human rights is also impressive. Finally, UNRWA's overhead is minimal. Headquarters only account for 2 percent of the total posts[15].

Structures and procedures

A lingering question is whether UNRWA has exceeded its mandate by getting directly involved in the political conflict. UNRWA argues that its operation is consequential to the peace process,[16] while Israel and other parties involved in the conflict think otherwise; UNRWA enjoys an immense freedom of action and a corporate status. It is "capable of engaging in commercial transactions and establishing legally defined relations with governments, other international organizations, and employees"[17]. Its large administrative and professional apparatus is practically autonomous of the UN system. It is headed by a Commissioner-General who is appointed by the UN Secretary-General for a five-year term. No process of approval is required. The Commissioner-General's annual report goes directly to the G-A for a resolution and a vote.

In 1991, the autonomous authority of the Commissioner-General was further broadened by the elimination of the provision in UNRWA's mandate requiring the Commissioner-General to reach decisions in consultation with the Secretary General. UNRWA has an Advisory Commission of 10 nations. However, the odd composition of the Commission led to the development of friction between itself, contributing governments and often the Commissioner General. It also impeded the development of a minimum consensus needed for the Advisory Commission to be effective. Indeed, in recent years, the Advisory Commission declined to review UNRWA's budget without specifying a particular reason. However, UNRWA's officials seem to enjoy their autonomous status[18]. They are free to make policy decisions, to establish priorities and to allocate resources. Unlike UNICEF and UNHCR, UNRWA's expenditures are not subject to formal approval either by its Advisory Commission or by the Special Political Committee of the G-A. Moreover, "its fund-raising techniques and budgetary methods developed idiosyncratically within the UN family"[19]. Until the mid 1980's UNRWA used to submit artificially inflated budget requests. Recently, UNRWA overhauled its budgetary and fund-raising procedures. Since 1986, UNRWA is holding regular meetings with its donor states, and introduces budget proposals and long-term plans. The tactic of submitting inflated budgetary requests was abandoned, and new financial controls were introduced.

The fact that for almost five decades UNRWA has operated without proper financial accountability and control standards, shows (a) the level of autonomy that UN agencies can gain, (b) the vast power and authority that a head of a UN agency can exert, and (c) the effects of a lack of administrative mechanisms within the UN system.

UNTSO's Role in Peacekeeping

Peacekeeping is a conflict resolution mechanism which implies both pacific or coercive strategies used by international actors. It is aimed at stopping or deterring acts of aggression in a transition period toward a full settlement of the conflict. Since its early days, the Secretary-General has been the heart of the concept. Indeed, UNTSO (United Nations Truce Supervision Organization in Palestine), the first major UN peacekeeping force, was a humble beginning to a strategy that Sir Brian Urquhart argues "is not necessarily for the better". UN troops have been sent to places where they were not welcomed, and their mission involved active combat[20]. Interestingly, neither the Security Council nor the General Assembly ever established UNTSO as a peacekeeping force. Its mandate was based on vague resolutions adopted by the General Assembly and the Security Council[21]. UNTSO duties were to "conduct investigations into incidents involving alleged breaches of the truce", and to support the implementation of the G-A Partition resolution through the "Truce Commission for Palestine composed of representatives of those members of the Security Council which have career consular officers in Jerusalem"[22]. Later, Jerusalem became UNTSO's headquarters. Count Folke Bernadotte, who was appointed UN mediator, claimed that supervising the truce required an adequate observer mechanism. The S-C then added to the mandate of the Truce Commission a "sufficient number of military observers"[23]. Hence, 93 observers who formed the seed of UNTSO, accompanied Bernadotte in 1948. Once it was established, the Truce Commission consisted of 682 people. In addition, UNTSO was instructed to perform highly enforceable duties, namely, "to implement fully by appropriate and prompt instructions to the commanders in the field all agreements entered into through the good offices of the Mediator or his representatives"[24]. This, however, was never carried out since the peace process was soon deadlocked. Other duties included: supervision and maintenance of cease-fire and armistice agreements, assistance in troop withdrawals, the creation of buffer zones and prevention of invasion of forces behind agreed upon boundaries. UNTSO was the first to apply the principle of prior consent of any government on whose territory UN personnel, including observers and security forces, would be introduced[25].

UNTSO's early years involved mainly ad-hoc procedures and very little guidance or control. (The Special Committee on Peacekeeping Operations, Committee of 33, was created as late as 1965.) The signing of the Armistice agreements in Rhodes (April 1949), provided UNTSO with its most important task: heading the four Mixed Armistice Commissions (MAC): Israel-Jordan; Israel-Egypt; Israel-Lebanon; Israel-Syria. "The execution of the provisions of the Agreement...shall be supervised by a mixed Armistice Commission...whose chairman shall be the United Nations Chief of Staff of UNTSO"[26]. In a departure from the League of Nations model UNTSO has established the S-G's prerogative and leadership in peacekeeping. The force commander is appointed by the UN Secretary General and reports directly to him. The peacekeeping corps report directly to the UN commander and not to their respective governments, as had previously been the case. This structure of command was never voted upon but has been universally accepted by all UN peacekeeping operations. In 1949, UNTSO, and the Lebanon Observer Group included a force of 500 men, and in their first year of operation amounted to 12.6 percent of the UN budget. Recently, UNTSO has shrunk to a force of 221 (from 298 in 1994) and it is likely to contract more. It consists of officers from 19 countries, plus 140 staff members from 40 countries.

Unlike all other peacekeeping operations, UNTSO is not financed by voluntary contributions and is included in the UN regular budget[27].

UNRWA and UNTSO Mandate: theory and practice

The continued existence of UNRWA and UNTSO could be seen as an admission of the failure of the UN to settle the Israeli-Arab conflict. For almost five decades both Israel and the Arab countries, for different reasons, rejected all the peace initiatives and the proposals to settle the problem of the refugees. Consequently, UNRWA and UNTSO became a political "fire extinguisher", aimed at reducing the heat and making conditions conducive to a settlement. Both organizations have been functioning with complete disregard to their original mandates.

UNRWA's mandate has always exceeded the humanitarian duty. The "basic goal of the UN is to help avoid or ameliorate conflict through socioeconomic programs"[28]. Although UNRWA's original mandate was neither clear nor specific, the new agency adopted a two-pronged policy. "UNRWA itself became a channel for efforts to solve the refugee problem as well as a channel for technical assistance such as educational and vocational training"[29]. However, UNRWA's original mandate stated that UNRWA should operate "with a view to the termination of international assistance for relief"[30]. This should have been achieved through the development of self-help programs. Unfortunately, this goal was never achieved.

Whereas UNRWA assumed that its duties "go far beyond the purely humanitarian", and it competed with other UN agencies on executing development programs, it had neither the means nor the proper qualifications for doing it[31]. Olof Rydbeck, Commissioner General between 1979 and 1985 stated: "Either dissolving UNRWA or making it permanent would be an admission by the United Nations that there was no solution to the Middle East struggle. That leaves us with a permanently jerry-built structure to keep the fiction alive"[32].

UNRWA and the CCP (Conciliation Commission on Palestine), clashed over "which of the two subsidiary organs was primarily responsible for action on the question of repatriation and/or resettlement of the refugees...their meetings during the 1950s (were) characterized by friction...The origin of the conflict was basically a matter of institutional jealousy"[33].

Analyzing UNRWA's policy priorities it "appears clear from the records that personnel were concerned primarily with protecting the status of their organ"[34]. Interestingly, the UN Headquarters was hardly involved in the UNRWA-CCP conflict, which took place in the field. This flagrant conflict between two UN agencies, proves (a) a lack of clarity of UNRWA's mandate, (b) the Advisory Commission's little interest in UNRWA's activities and (c) the G-A's inability to regulate and control its agencies. Because the Advisory Committee included the majority of the Arab countries but excluded Israel,[35] a minimum consensus needed for the Committee to be effective could not develop. Consequently, in the "highly political context in which UNRWA operates, the Commissioner-General receives little guidance from either the Advisory Commission or the General Assembly"[36]. Indeed, UNRWA's Advisory Committee has been alienated since the early 1950s. The fact that UNRWA's headquarters were in Beirut, (between 1950 and 1978), created administrative problems and required complex lines of communication[37].

UNRWA's goal was to coerce Israel to allow the refugees to return, because of "humanitarian reasons and because I (Bernadotte) consider the danger to Jewish security slight"[38]. Israel argued that it "is still beset by enemy armies...and (this) would relieve the aggressor States of a large part of the pressure exerted on them by the refugee problem"[39]. Israel did not preclude repatriation if tied to a lasting peace.

Undoubtedly, the international community was not ready to vigorously pursue either repatriation or settlement. Israel and the Arab governments rejected either peace or repatriation. Moreover, the Arab governments utterly rejected UNRWA's plan of reintegration and resettlement of the refugees in the Arab countries through a UN grant of $250 million. Following these failures,

UNRWA's mandate was revised to reflect long-term economic development and rehabilitation projects, although their success was, at best, limited. While the CCP's goal was a limited repatriation. "Hence the two UN organs...were under-cutting each other's efforts"[40].

Whereas UNRWA has been autonomous in its operations, it seems that policy decisions, adjustments and changes were carried out first in the field, and only later were legitimized by the UN Headquarters. UNRWA's operation contrasts sharply with those of UNHCR and UNICEF. These organizations' founding resolutions were carefully drawn, and their purpose and structure were spelled out both in formality and detail. With UNRWA, the "General Assembly is a sounding board for policy initiatives that have occurred elsewhere"[41].

Because of the urgent needs of the refugees, UNRWA focussed its efforts during its early years (1950-1952) on direct relief and welfare assistance. However, UNRWA hoped that within two years (by 1952), the majority of the refugees would be off the relief rolls. It was assumed that by then, a political solution to the refugee problem would be achieved. Education or health care were not on the agenda, and UNRWA planned to guide and control the transition to large scale public works. Unfortunately, no progress was made on either the political or the relief-work plans. UNRWA's first Director, Howard Kennedy, a Canadian Major-General, reported to the G-A that public works provided no enduring benefit for refugees nor financial relief for the agency, thus, the public work plan was abandoned in 1951.

In 1959, plans for resettlement and/or repatriation were also abandoned, and UNRWA began to provide civil and social services. It became a de facto local government, which was a reversal of UNRWA's original intent to operate as a temporary-emergency agency.

The Six Day War of 1967 created an unexpectedly large number of displaced people. By August 1967 approximately 1,350,000 refugees were registered by UNRWA as living under Israeli occupation. Security Council Resolution 237 of 14 June 1967, called upon Israeli to ensure the safety, welfare and security of the inhabitants of the areas where military operations have taken place, and to allow the new refugees to return to their homes. A similar resolution was adopted by the G-A, Res. 2252 (ES-V). Whereas UNRWA was asked (A/43/57) to add this issue to its long list of duties, it <u>did not mention human rights</u>! Relations between UNRWA and Israel were based on an exchange of letters between the American Commissioner-General, Lawrence Michelmore (the fourth Commissioner, 1964-1971), and the Israeli Ambassador at-large, Michael Comay. It reaffirmed UNRWA's existing status; however, Israel insisted that on matters of military security UNRWA will not enjoy the UN standard Privileges and Immunities Protocol. Israel will reserve the right to use force at UNRWA's facilities, if necessary. Indeed, since 1967 skirmishes between UNRWA and the Israeli authorities had been commonplace. Often, UNRWA was perceived by Israel as an agent on the Palestinians rather than an international agency.

The occupation greatly affected the work of UNRWA. Various political problems followed the occupation, and UNRWA "could treat its humanitarian responsibilities as if nothing had changed from earlier days of "benign" occupation, or reinterpret its mandate to intercede between the occupying army and the refugee community in whatever measure possible"[42]. Giacomelli, the previous Commissioner-General said: "We provide the refugees with the help they need, when they need it...We know statistically that several dozen humans will be killed in demonstrations each month, and hundreds will be injured by tear gas, beatings and bullets...Our medical responsibility must address the needs that exist"[43].

However, before 1988, and the outbreak of the Intifada, UNRWA did not have an explicit mandate to handle human rights. In January 1988, the then Secretary General, Perez de Cuellar, urged the G-A (a) to ask UNRWA to help the people "cope with day-to-day difficulties of life under occupation, such as security restrictions, curfews, harassment", (b) to expand UNRWA's staff and mandate to include Palestinian with and without refugee status (c) to authorize UNRWA to uphold the safety, security, legal and human rights of the Palestinian refugees[44]. In fact, "the S-G proposals were more of what UNRWA had already found itself doing"[45]. The proposal was vetoed in the Security Council by the US, but was approved by the G-A. It was soon implemented and a group of RAO, or "Refugee Affairs Officers", joined UNRWA. Their duties were (a) to observe and report trouble spots on human rights issues, (b) to prevent trouble before it happened, (c) to serve as a deterrent. Later, the RAO duties were extended to include third party mediation services, because they could negotiate with both sides in good faith. In 1995, 12 RAO's served in the West Bank and about 19 served in Gaza. They are mainly from the US, Western Europe, Australia and Canada. Naturally, Israel strongly objected to UNRWA's new political role[46].

A case in point was Israel's plan to move camp dwellers in Gaza from their shanty dwellings, to government-supported housing outside the camps. However, Israel insisted on the demolition of the camp houses. This plan was seen by UNRWA as a major human rights issue. UNRWA viewed RES. A/43/57 I 1988,[47] as a mandate to protect the refugees' security and legal rights. Israel argued that UNRWA exceeded its mandate, since it was neither a matter of security nor a matter of human rights. UNRWA has consistently complained about Israel's harsh policy, specifically, the closing down of schools, military-ordered closures, curfews, arrests and raids. For instance, from July 1992 to June 1993, forty of UNRWA's personnel were arrested and released without charge or trial. Three employees were charged, tried and sentenced. Twenty-eight are still in detention. Five staff members were detained by Israel and were later deported to Lebanon. Of the total 71 people, only three were arrested in Syria, and one in Lebanon. The rest were arrested in the West Bank and Gaza[48].

UNRWA claims that due to these practices scholastic achievements "among West Bank students were far below those of their counterparts in Jordan"[49]. UNRWA' s education operation includes 641 schools with 400,000 elementary and preparatory school children, and over 10,000 employees[50]. Education programs follow the curricula of Lebanon, Jordan, Syria and Egypt (in Gaza). Recently, UNRWA reorganized the department by integrating all divisions into one institute: the UNRWA Institute of Education (Jordan). About half of the total budget is spent on education. In 1992, $137.5 million were spent on education, out of a budget of $274.9 million; in 1993, $141.3 million, out of a budget of $298.7 million; in 1994, $150.4 million of a $309.1 million budget.

Whereas education has been UNRWA's most expensive operation, it has also been the most controversial. Israel argued that the schools' curricula include anti-Israel slander, propaganda, with UNRWA's knowledge and approval. The Palestinians, on the other hand, charge UNRWA with failing to protect their human rights. For example, in 1984, "UNRWA responded to Israeli demands that it prevent Palestinian students from stoning Israeli vehicles on roads near West Bank UNRWA schools"[51]. UNRWA officials argued that they allowed this procedure because Israel threatened to close the schools if not allowed to search for students causing public disturbances. Whereas UNRWA consented to Israeli demand to construct hight fences to prevent stone throwing from school yards, it alienated their clients and perhaps impeded their plan to continue their operations in the West Bank and Gaza during and after the transition period to Palestinian rule.

UNRWA's health care and relief operations are less extended than education, but follow the same principles and procedures. UNRWA's health department employs 3,203 professional and auxiliary health staff (1992-1993) including 207 doctors and dentists, 683 nurses, hygienists and midwives and 230 paramedical staff. The agency delivers services to 2.8 million eligible Palestinians. The program provides preventive, natal and clinical health care. The number of area health care staff in Gaza is high in proportion to the number of beneficiaries because of the special needs of the refugee population in its nine refugee camps.

Relief has been UNRWA's controversial function aimed at providing temporary relief assistance including some cash but mainly food rations to eligible refugees, generally donated by the EU distributing its food surpluses. However, this operation was plagued by mismanagement and fraud, and UNRWA had to limit it only to the most vulnerable groups, children (6-36 months), sick and handicapped refugees. The program for 1994-1995 has been additionally reduced. (See Appendix III.)

In conclusion, it seems that during its fifty years of existence UNRWA has created a vast bureaucracy which endeavors to increase its activities and deepen its clients' dependence. "In the interim period (1994-1999, N.N.), the UN should...emphasize the direct and indirect creation of 15,000 or more job opportunities through direct employment in UN activities"[52]. UNRWA competes for contracts with the Palestinian authorities and has developed a Peace Implementation Program (PIP)[53]. It is doubtful, however, that the Palestinians would leave local government services in the hands of a UN agency, since it is an encroachment on their sovereignty.

Administrative and Support Systems

In 1949 the G-A made the mistake of giving both UNRWA and the CCP the responsibility for settling the refugee problem. UNRWA was not even perceived as the major player. Thus, its accountability system was hardly established. "The most important point of friction was the question of resettlement per se and which agency should handle discussions on this matter"[54]. The frustrated CCP wished to create its own Refugee Office, but encountered strong UNRWA opposition. "Hence, the two UN organs working on the refugee question were undercutting each other's efforts. While the CCP was trying to obtain agreement to limited repatriation...UNRWA was trying to implement de facto resettlement"[55]. In 1952 the CCP began to fade away, while UNRWA's mandate and budget were increased to include $250 million for resettlement of the refugees in the Arab countries. UNRWA believed that within "two or three years relatively few refugees would still be dependent and its own services would no longer be necessary"[56]. However, the Arab countries expressed great hostility for UNRWA's plans, and agreed to absorb only 20,000 refugees. UNRWA's $110 million project for irrigating the Sinai desert to resettle 200,000 refugees was abandoned.

The G-A ignored the failure of the 1952 plans and in December 1954 passed resolution 818 (IX) extending UNRWA's mandate for five years, and establishing a rehabilitation fund of $200 million. By 1956, UNRWA reported "that it had received only $37 million of the amount authorized. Approximately $19 million were actually spent, and the balance was kept as essential working capital"[57]. The main reason for UNRWA's failure was that neither the Arab governments nor Israel cooperated with UNRWA. One of Israel's main criticism of UNRWA is that many thousands of names were illegally on the refugee registration rolls[58] and almost all were dependent on the agency's relief operations.

The Arab states hardly wished to improve the refugees living conditions and make the refugee camps more acceptable. The contributors, especially the United States, were frustrated for lack of political progress. Work was not available in the camps or the West Bank. The refugees were either recipients of UNRWA's relief, or had to look for work in other countries. The intrusion of the Cold War into the Middle East added complexity to the already difficult situation. However, while the USSR was generous in providing the Arab countries with vast quantities of arms, it did not make any contribution to the refugees, and frequently even opposed UN efforts for a settlement. Thus, UNRWA lacked the funds and the support necessary for large-scale development projects. The United States became exceedingly impatient and expressed frustration over the lack of progress in resolving the refugee problem. The Eisenhower administration even threatened to withhold all further financial support for UNRWA. Dag Hammarskjold supported UNRWA's work and blamed lack of progress on unfavorable political and psychological conditions. The many G-A resolutions extending UNRWA's mandate to 1996 could be perceived as a failure of the organization to complete its mission.

Since 1967 Israel was faced with a dilemma: to link or not to link the issue of the refugees to the peace process? Israel chose the second option and tried to move the refugees, voluntarily, out of the camps. However, by the end of 1978 only 790 families from Khan Yunis and 922 families from Rafah camp had moved into the new housing projects. After many attempts, additional 1200 refugee families moved to new housing in the Radwan camp. Indeed, in December 1967, the then Commissioner-General, Lawrence Michelmore, reported to the G-A (A/SPC/121) that the refugees were not leaving the newly occupied territories. On the contrary, additional "110,000 refugees joined the 332,000 refugees living on the West Bank". At the same time "the GNP of the Gaza District rose at an annual average of 18 percent in real terms. During the next five years...growth rate slackened somewhat to a still impressive average of 8 to 9 percent...private building starts rose from 17,000 square meters (1969) to 250,000 meters (1976). Ownership of refrigerators rose from 6 percent (1972) to 29 (1977), TV sets from 2 percent (1972) to 42 (1976), cars 2% (1972) to 5% (1976)[59].

While the issue of human rights remained disturbing, none of the UN resolutions considered it. The repeated resolutions only mentioned the right of repatriation or financial compensation. Only after Mr. Marrack Goulding, Under-S-G for Special Political Affairs, completed a visit to the occupied territories in 1988, and submitted a critical report, the G-A passed the first resolution (A 43/57) pertaining to human rights[60]. The S-G then initiated the creation, under UNRWA, of a task force of RAOs (Refugee Affairs Officers) to facilitate the "upholding of the safety and security and the legal and human rights of the Palestine refugees in all the territories under Israeli occupation in 1967 and thereafter"[61]. Consequently, UNRWA's political role created tensions with Israel. In 1984, Hanna Siniora, remarked: "As long as UNRWA exists, it is a sign that the UN supports the Palestinian people"[62].

UNRWA had to cope with a new reality when the Intifada (Uprising) broke out in December 1987. Many of its local personnel took part or sympathized with the uprising, and suffered the consequences of the harsh measures applied by Israel, such as: collective punishment, demolition of houses, deportations, and curfew. UNRWA repeatedly complained about the treatment of its staff. Israel, however, argued that UNRWA supported the uprising. The combination of the harsh Israeli security measures and the loss of remittances from oil countries after the Gulf war, devastated the already weak Palestinian economy in the West Bank and Gaza[63].

UNRWA could hardly change the situation. The creation of the RAOs, which was a response to the Intifada, was only a sectional legal assistance program, overseeing human rights violations by both Israel and the extreme Palestinian groups. It could not stop Israel's actions or counter the argument that UNRWA supports Palestinians, not refugees, since 70% of UNRWA's clients did not live in camps[64]. Israel objected to the G-A human rights resolution, arguing that it gave UNRWA a mandate to act on behalf of the Palestinians in almost all spheres of life[65].

Limitations to Peace Servicing

A critical examination of UNRWA's past and present activities shows their extensive limitations, due to regional and global dilemmas. UNRWA was given vague and unspecified guidelines and could hardly rely on precedents. Its accountability system was not established and it experienced periods of creative development and expansion, coupled with periods of impasse and failures. It enjoyed little cooperation from either the host countries or its own Advisory Committee. It had to raise funds, build support, avert confrontations and continue to function under extremely dangerous and hostile conditions. Created as a trivial, temporary agency, UNRWA developed a permanent vast bureaucracy, experiencing inefficiency and mismanagement.

It was never the intention of the G-A to install a permanent quasi-government, to feed, educate, and provide health care for the Palestinians. Indeed, UNRWA's complex legal status has yet to be resolved. The agency is limited in its operation because "it has no jurisdiction over the refugees to whom it ministers. The anomaly is that, without territorial authority, UNRWA is performing functions normally the responsibility of government. Yet...UNRWA is without territorial authority"[66]. Another problem is: should UNRWA's local staff enjoy the rights, privileges and immunities assured to the international staff? Clearly, the convention never foresaw such a large scale operation, employing thousands of local personnel!

The yet unanswered question is: should primary responsibility for the refugees be on the host governments, or should it fall on the shoulders of the UN? If yes, how, and for how long? UNRWA's mandate never provided a clear answer. It only specified that UNRWA should assume temporary responsibility. The G-A neither specified what type of assistance it wished UNRWA to provide, nor resolved UNRWA's juridical status. "Especially difficult has been the conduct of programs of relief and education without a basic understanding with the territorial authority as to the prerogatives of international organization"[67]. Lacking territorial authority, UNRWA could neither assume responsibility for security in the camps, nor protect the refugees' legal and human rights. Prior to 1967 UNRWA was complaining to the governments of Egypt and Syria about mob attacks against UNRWA's property, schools, and the loss of lives of local staff[68]. However, since 1967 most of UNRWA's complaints were against Israel.

Another problem involved the PLO. In 1964 the Palestinian Liberation Organization instituted in Gaza a de-facto conscription. The recruits received military and political training, often in the camps, and the PLO did not exempt UNRWA staff. Although UNRWA's policy was to terminate the employment of people recruited to the PLO or any state military force, Israel claimed that in reality, this did not happen. Both Israel and the US blamed UNRWA for harboring and protecting PLO members[69]. UNRWA reacted angrily, arguing that Israel illegally entered its premises and illegally arrested and detained local employees on UNRWA's compounds. "The UNRWA leadership had to decide whether the agency would be a simple bystander to these conditions...or reinterpret its mandate to intercede between the occupying army and the refugee community in whatever measure possible"[70]. Giorgio Giacomelli, a former Commissioner-General of UNRWA said: "Our mission must take political reality into account. Of course we sympathize with the Palestinians. It is our mission to help them. Our relations with the Israelis are naturally strained..."[71].

Israel denied these charges saying that it has always "extended its cooperation and assistance to UNRWA"[72]. However, Israel maintained that Palestinian refugees should be the responsibility of the Arab states, not the international community. "After they created a refugee problem, the leaders of the Arab states and the Palestinians blocked any attempt of making these refugees proud members of their societies and economies"[73]. Indeed, Israel argued that UNRWA's existence facilitates the status quo, prolongs the conflict, and ultimately hinders a permanent settlement of the problem. Instead of creating conditions conducive to a permanent settlement, UNRWA serves to perpetuate and prolong the conflict. For example, in June 1959 Dag Hammarskjold suggested (A/4121) the resettlement of the Palestinian refugees in the various Arab countries through major economic development programs. Hammarskjold said: "the reintegration of the Palestinian refugees into productive life is perfectly within reach". It was rejected by the Arab countries. It seems that a contradiction exists between UNRWA's humanitarian and peace servicing missions. The more successful its humanitarian operation, the less incentive the parties have to reach a permanent settlement. Indeed, UNRWA never played any role in the process of resettlement or repatriation, which raises the question of the raison d'être of UNRWA. Last but not least, fraud and corruption have tarnished the organization. "In fact, a lucrative racket long flourished in Jordan, in which "ration merchants" paid fees to refugees for use of their UNRWA identity cards, which they presented at distribution centers to obtain food to sell later on the black market"[74]. Although UNRWA eliminated the ration program in Jordan the problem was not resolved.

Future role of UNRWA

UNRWA's future operation could evolve in various ways. In the DOP (Declaration of Principles), Israel and the PLO agreed that the refugee issue was not a high priority and it will be negotiated during the interim five-year period[75]. Thus, in Lebanon, UNRWA's operation will probably continue without major changes. In 1992, UNRWA registered 319,427 Palestinian refugees in Lebanon. It is highly unlikely that many of them, or any at all, will be allowed to return to territories turned over to Palestinian control. UNRWA's operation in Syria, serving 299,207 Palestinian refugees (1992) will also not change in any meaningful way. Any future changes will probably take place at UNRWA's operations in Jordan, the West Bank and the Gaza Strip. During 1992, UNRWA serviced 1,010,719 Palestinians living in Jordan. The high rate of population increase (3.7 percent per year) almost multiplies the number of refugees by 50 percent every decade. Over half of the population of Jordan are Palestinians, and according to UNRWA a third of Jordan's 3 million are registered Palestinian refugees[76]. If Jordan's population increase continues, and if UNRWA's operations will not change, UNRWA's Jordan operation will have to expand significantly. It could become a non-territorial, de-facto government.

The most promising option would be to gradually transfer UNRWA's responsibilities to the proper local authorities. Because UNRWA's future role was not specified in the DOP, it is unclear how UNRWA's services will be transferred. UNRWA plans to continue its operations at least until 1999; however, this might not be aceptable to the Palestinians. Although an independent Palestinian state is at least five years away, the people want that "immediately after entry into force of this DOP...authority will be transferred to the Palestinians on the following spheres: education and culture, health, social welfare, direct taxation, and tourism"[77]. The omission of UNRWA from the DOP could not have been accidental.

Following the DOP, about $2.5 billion were pledged for projects designated for the Palestinians. UNRWA wishes to take part in these projects since it already finances a vast bureaucracy. However, the Palestinians probably wish to develop their own enterprises. Indeed, disputes betwen UNRWA and PECDAR (Palestinian Economic Council for Development and Reconstruction), have already begun. Immediately following the DOP, UNRWA developed a program named PIP (Peace Implementation Program) "Supporting the Transition: An immediate response of the United Nations to the interim period in the West Bank and Gaza Strip". UNRWA asked for an increase of 55 percent in budget and activities for the first year (or $138,250,000). In fact, UNRWA received an increase of about $100 million, in addition to the regular $250,000,000 budget. UNRWA argued that since the Palestinians are not ready to assume responsibility for their lives, UNRWA should amplify ongoing programs[78]. "to ensure a smooth transition to subsequent phases...to mobilize and support the coordination of the large international effort from non-United Nations sources"[79].

It seems that UNRWA's vast bureaucracy is now fighting for its continued existence. In a condescending voice UNRWA claims that "the capacity of the incoming Palestinian authority to assume responsibility for services in education, health, social services, income generation, hospital care, etc., should be supported"[80]. This is a clear case of dependence building. For fifty years UNRWA has created a complete dependence on its services, failing to induce entrepreneurship, business, and self-reliance. UNRWA could be facing a conflict of interest with the new Palestinian authorities, which might not appreciate the transfer of financial resources to a United Nations agency for the construction of new projects. Israel has acknowledged the fact that the time has come to transfer authority to the Palestinians. Perhaps it is time that UNRWA will plan to do the same.

Appendix I: The distribution of UNRWA's clientele was as follows:
1993: Lebanon: 328,176 refugees
Syria: 314,039 refugees
Jordan: 1,072,561 refugees
West Bank: 479,023 refugees
Gaza Strip: 603, 380 refugees

Appendix II: Total number of students in UNRWA's schools
1993: Lebanon: 33,172
Syria: 60,216
Jordan: 152,350
West Bank: 42,310
Gaza Strip: 104,709
TOTAL: 392,757

Appendix III: Relief Program
250,000 children (6-36 months)
143,200 pregnant women and nursing mothers
Several hundred chronically sick people
Total number of special hardship cases: 178,575
UNRWA's expenditures for relief for 1992-1993: $62,525 million
Relief budget request for 1994-1995: $71,791 million.

Notes

1. G-A RES. A/48/13, extended UNRWA's operations to June 1996.

2. UNRWA replaced the short-lived UNRPR (United Nations Relief for Palestinian Refugees), a stop-gap agency created in 1948.

3. Security Council Resolution S/727 of 23 April 1948 "Establishes a Truce Commission for Palestine composed of representatives of those members of the Security Council which have career consular officers in Jerusalem".

4. Joan Peters, From Time Immemorial (New York: Harper & Row), 1984.

5. Between 1922 and 1944 the Arab population in Palestine grew from 82,700 people to 429,900 people. Joan Peters, From Time Immemorial, p. 425.

6. UNRWA's report (Vienna), 31 January 1995. Also, UN Doc. A/48/13.

7. Report of the Commissioner-General (A/49/13), 1 July-30 June, 1994.

8. UNRWA distinguished between the 1948 "refugees", and "displaced" people who fled after 1967 war mainly to Jordan, Syria and Lebanon.

9. Statement of the Commissioner-General to the Fifth Committee, Nov 15 1993.

10. Edward H. Buehrig. The UN and the Palestinian Refugees, (Bloomington: Indiana University Press, 1971), p. 11.

11. G-A RES 194 (III) called for the repatriation of the Palestinian refugees. UNRWA should be dissolved once the Resolution is implemented.

12. Benjamin Schiff, "Assistance to the Palestinian Refugees", in Emanuel Adler and Beverly Crawford Progress in Post War International Relations, (New York: Columbia University Press, 1991), p. 363.

13. In June 1982, Israel announced that it had discovered documents proving that UNRWA's school of Siblin was used by the PLO to train terrorists. Published in the H'aretz Israel Newspaper, June 27-30 1982.

14. Benjamin Schiff, "Assisting the Palestinian Refugees", p. 364.

15. Salaries of the international posts are covered by the UN budget.

16. G-A Resolution 302 (IV) of 8 December 1949 said: "Continued assistance for the relief of the Palestinian refugees is necessary...to further conditions of peace and stability".

17. Buehrig, The UN and the Palestinian Refugees, p. 6.

18. Interview with Mr. William Lee, UNRWA's liaison in New York, November 30 1993.

19. Schiff, p. 370.

20. The first major prolonged UN combat situation was ONUC (United Nations Force in the Congo), 1960-1964.

21. G-A Resolution 186 (S-2), May 14 1948; S/RES/801, May 29 1948, and S/1045 of October 19 1948.

22. Security Council resolution S/727, 23 April 1948.

23. Security Council resolution S/801, 29 May 1948.

24. S/1045, paragraph (d).

25. Nitza Nachmias, "The Secretary-General in the Israeli-Arab and the Cyprus Conflicts", in Benjamin Rivlin and Leon Gordenker The Challenging Role of the UN Secretary-General (Westport, CT: Praeger, 1993), pp. 112-113.

26. The Armistice Agreements, Rhodes, 3 April 1949. UN Doc S/1302.

27. UNTSO's annual budget is about $25 million (1994).

28. Introduction to the Report of the Commissioner-General, 1 July 1977-30 June 1978, UN DOC A/33/13.

29. David Forsythe, United Nations Peacemaking, (Baltimore: John Hopkins Press, 1972), p. 32.

30. G-A Resolution 302 (IV) paragraph 5.

31. Ibid., p. 1.

32. Milton Viorst, UNRWA and Peace in the Middle East, (Washington: The Middle East Institute, 1984), p. 6.

33. Forsythe, p. 79.

34. Ibid., p. 79.

35. Israel is excluded from the Committee and not even considered a "host" country, rather a government controlling "occupied territory".

36. Buehrig, p. 57.

37. UNRWA's Headquarters moved to Vienna in 1982. Currently they are divided between Vienna, Amman and Gaza.

38. From a proposition to Moshe Sharett, the Israeli Foreign Minister, 26 July 1948. Quoted in Buehrig, pp. 11-12.

39. Sharett's reply to Bernadotte, 30 July 1948. Buehrig, p. 12.

40. Ibid., p. 89.

41. Buehrig, p. 54.

42. Viorst, Reaching for the Olive Branch, UNRWA and Peace in the Middle East, (Washington D.C.: The Middle East Institute, 1989), p. 9.

43. Viorst, Reaching for the Olive Branch, p. 11.

44. G-A Res. A/43/57 I, 1988.

45. Viorst, Reaching for the Olive Branch, pp. 14-15.

46. G-A Res. A/43/57 I (1988), and A/47/69 I (1992).

47. Res. A/43/57 I, 1988.

48. Report of the Commissioner-General, 1993.

49. Report of the Commissioner-General, 1 July 1992, A/48/13.

50. UNRWA Update, April 1993.

51. Schiff, "Assisting the Palestinian refugees", p. 391.

52. UNRWA Task Report, September 1993, p. 3.

53. Statement of the Commissioner-General to the G-A, 15 Nov. 1993.

54. Forsythe, p. 79.

55. Forsythe, p. 89.

56. Viorst, Reaching for the Olive Branch, p. 37.

57. Fred Khouri, The Arab-Israeli Dilemma, (Syracuse: Syracuse University Press, 1968), p. 141.

58. Khouri, p. 135.

59. Report of the Secretary-General regarding Palestine refugees in the Gaza Strip, October 199 1978, UN document A/33/285.

60. UN document A/43/PV.71, 9 December 1988.

61. G-A resolution A/43/903 (I), UN document A/43/PV.7, 2 December 1988.

62. Editor of the Palestinian daily Al-Fajr, quoted in Viorst, Reaching for the Olive Branch, p. 39.

63. See Report of the Commissioner-General, 1 July 1991-30 June 1992, UN Document A/47/13, p. 2.

64. Report of the Commissioner-General of UNRWA, 1993 (A/43/13) p. 31.

65. Jack Donnely classified human rights as: personal rights, legal rights, civil liberties, subsistence rights, economic rights, social and cultural rights and political rights. See discussion in Jack Donnely "Progress in Human Rights", in Emanuel Adler and Beverly Crawford (eds.), Progress in Postwar International Relations, p. 314.

66. Buehrig, p. 64.

67. Buehrig, pp. 67-68.

68. UNRWA Commissioner-General Report, 1957, UN document A/6713; also Annual Report, 1958, A/3931.

69. US Senate Subcommittee investigating problems connected with refugees, 89th Congress (Washington: UN Government Printing Office, 1966). The Subcommittee sent two members of its staff to look at UNRWA's operations.

70. Viorst, <u>Reaching for the Olive Branch</u>, p. 9.

71. <u>Ibid</u>., p. 10.

72. Statement by Ambassador Uri Gordon to the Special Political Committee, UN G-A 43rd session, 15 November 1988.

73. <u>Ibid</u>., p. 9.

74. Viorst, <u>Reaching for the Olive Branch</u>, p. 85.

75. DOP, Article V. # 3.

76. Number repeated in UNRWA's recent reports.

77. DOP, article IV, # 2.

78. UNRWA Special Task Force Report, 31 January 1995.

79. <u>Ibid</u>., p. 2.

80. <u>Ibid</u>., p. 3.

MONITORING THE CONVENTIONAL ARMED FORCES IN EUROPE TREATY, 1992-1995

Joseph P. Harahan

T he Cold War ended suddenly in 1989-90 with the collapse of Communist governments in Hungary, Czechoslovakia, German Democratic Republic, Poland, Romania, and Bulgaria. The Berlin Wall fell in November 1989. In less than a year, Germany had unified and the Soviet Union had committed itself to withdraw, within four years, all of its 680,000 stationed troops from the GDR and the other central European states. Unrelated, but coincidental, the United States organized and led a decisive coalition victory over Iraq in the Gulf War of 1991. Shortly thereafter, US leaders declared that within three years, the US would withdraw nearly 2/3 or 160,000 American troops from western Europe. Against this background of political revolution, German reunification, and declared military withdrawals, the leaders of Europe, United States, Canada, and the Soviet Union met in France in November 1990 to sign the Peace of Paris. Two treaties constituted the heart of that peace conference: the Conventional Armed Forces in Europe Treaty and the Accords for the Conference on Security and Cooperation in Europe (CSCE).

The events on the European continent in 1989-1990 ended many long-held assumptions about the Cold War. During the Cold War we assumed that Germany would remain divided. Germany's unification in 1990 proved that assumption wrong[1]. We also assumed that the Soviet Union and the United States would retain sizable military forces in central and western Europe. President Gorbachev's decision and President Yeltsin's actions in withdrawing all of these Soviet and Russian troops by November 1994 proved that one-half of this assumption was wrong. As for the other half, President Bush's announcements in 1991 and 1992 and subsequent Clinton Administration actions caused the United States, along with other NATO nations, to withdraw in the past five years nearly 200,000 stationed forces from Europe by January 1995.

During the Cold War we assumed that the two military alliances, each buttressed by the forces of their principal ally, would continue indefinitely. That assumption proved wrong. The Warsaw Treaty Organization collapsed in 1990-91. Except for a minor role in implementing the CFE Treaty, the Warsaw Pact ended as a functioning alliance in late 1991. Further, I believe that we all assumed that during the "Long Peace" of the Cold War, there would be no all-European peace settlement since there had been none during the preceding 40 years. It seemed inconceivable that the Soviet Union would negotiate and sign a

Commission canadienne d'histoire militaire

comprehensive arms reduction treaty; AND that it would agreed to a reunified Germany; AND that it would withdraw its massive forward deployed forces from the center of Europe. All of these assumptions proved to be wrong in 1989-1990.

Finally, we held one bedrock assumption about the future of Europe. We believed that the Soviet Union would continue into the 21st century as the world leader of a Marxist-Leninist state, and as the leader of the Soviet Empire. When the Soviet Union collapsed as a nation state in the fall and winter of 1991, that bedrock assumption cracked and crumbled[2]. With it, the last of our long-held, fixed assumptions about Cold War Europe collapsed.

These events provide the historical context for examining the CFE Treaty and its implementation. I will argue later, that this treaty and the 30 signatory states that established verification agencies to monitor it, have been instituting day-by-day, month-by-month a new legal, post-Cold War security structure for continental Europe. In that structure existing nations and international organizations will not only operate, but they will seek through their foreign and military policies to maintain.

We should be clear about what was being done. The treaty signatory states were not constructing a new defensive alliance. Nor were they setting up a new collective security organization. Rather, they were implementing and monitoring a complex arms reduction and conflict prevention treaty. In doing so, they constructed bridges across older east-west national boundaries by involving new national military commands and personnel in the legal process of implementing an international arms control treaty across Europe. A rule of law was replacing the rule of force.

The CFE Treaty

The Conventional Armed Forces in Europe Treaty encompassed 30 nations, including the 16 NATO nations, 7 former Warsaw Pact nations, and 7 new independent states of the former Soviet Union[3]. The CSCE accord encompassed a larger group of European states, beginning with 35 in 1990, 48 in 1992, and 53 in 1994. Let me turn to the CFE Treaty first.

Serious negotiations began in January 1989 in Vienna, Austria. Diplomats and senior military negotiators worked within the "Mandate on the Conventional Armed Forces in Europe Treaty." Developed over the proceeding two years, this mandate had been extensively coordinated within NATO and the Warsaw Pact Alliance. As treaty negotiators labored for the next 23 months, their discussions were pierced and punctuated by outside events: the political revolutions in central Europe, the dramatic negotiations leading up to the 4 plus 2 agreement that unified Germany, and the continuing economic and political deterioration of the Soviet Union.

By early fall 1990 most of the treaty's major provisions, protocols, and memoranda had been agreed to. However, the basis for calculating the number of on-site inspections had not been finalized. On this important point NATO negotiators, led by the United States, argued that the place where treaty-limited equipment and military units were located, known as a "declared site," should be the basis for calculating the number of inspections. The "declared site" was what an inspection team would inspect. On the opposite side, negotiators for the Soviet Union argued that the number of inspections should be based on the number of declared military organizations holding treaty-limited equipment, known as objects of verification (OOHS). The Soviets held that the military organization was what an inspection team would inspect, not the site where the unit was located. This distinction was important because Soviet military forces collocated many of their military organizations – divisions, regiments, brigades – at a single declared site. If all of the organizations at a declared site were subject to inspection, then it opened up the possibility of multiple inspections at one declared site. They sought to limit their liability to be inspected. Here was a major disagreement, declared site versus objects of verification, and neither nation and their respective alliance partners were willing to compromise. In an eleventh hour effort, American CFE Negotiator Ambassador Lynn Hansen and Soviet CFE Negotiator Gennadiy Yefstaviyev held a series of meetings at a hotel room in New York City. They worked out a compromise which stated that the purpose of the on-site inspection was the object of verification, but that the inspection team had the right to inspect the boundaries and common areas of the entire declared site. When the respective allies were consulted, they concurred, and the treaty moved forward to final conforming and signature.

When the diplomatic "end game" finished in November 1990, the long scheduled, three-day Conference on Security and Cooperation in Europe (CSCE) convened in Paris, France, on November 19th 1990. Leaders of 22 nations, including Kohl, Mitterand, Thacher, Gorbachev, and Bush, signed the CFE Treaty. At that point, the signatory states included: Belgium, Bulgaria, Canada, Denmark, Czechoslovakia, France, Germany, Greece, Hungary, Iceland, Italy, Luxembourg, Netherlands, Norway, Poland, Portugal, Romania, Spain, Turkey, Soviet Union, United Kingdom, and the United States. (Later in 1992, following the collapse of the Soviet Union, 8 new nations became signatory states. They were: Russia, Belarus, Ukraine, Moldova, Armenia, Azerbaijan, Georgia, and Kazakhstan.) Many of the national leaders, especially among the smaller nations and the Visegrad states, stated that they regarded the CFE Treaty as a cornerstone for the future security structure of Europe, stretching from the Atlantic to the Urals.

Just what were the objectives of this new treaty? First, it established fixed levels of conventional offensive weapons for the nations of the two alliances. Five categories of offensive weapons were included: artillery, armored combat vehicles, tanks, helicopters, and combat aircraft. As one might expect in the continental wide treaty encompassing the conventional military forces of 30 nations, within each category there were many variations of equipment. For example, there were 24 types of tanks; 50 types of armored combat vehicles including armored personnel carriers, armored infantry fighting vehicles, and heavy combat vehicles. There were 55 different types of combat aircraft. In the initial information exchange, on the day preceding the treaty signing in Paris, the treaty signatory states declared 184,500 pieces of treaty-limited equipment (TLE). By category, there were 54,000 tanks, 70,000 armored combat vehicles, 43,000 artillery,

13,500 aircraft, and 3,000 helicopters. By November 1995, the total number of TLE within the area had to be below the treaty ceiling of 157,600 pieces. That final figure, listed below, was subdivided in the five categories: 40,000 battle tanks, 60,000 armored combat vehicles, 40,000 pieces of artillery, 13,600 combat aircraft and 4,000 attack helicopters. The treaty limited each group of states, specifically NATO and the WTO, to one-half of the total in each category.

TABLE. CFE Treaty Reduction Liability
(As of November 1990)

Equipment	ON HAND	TREATY LIMIT	LIABILITY
Tanks			
NATO	25,091	20,000	5,949
WTO	33,191	20,000	13,191
Armored Combat Vehicles			
NATO	34,453	30,000	4,631
WTO	42,949	30,000	12,949
Artillery			
NATO	20,620	20,000	2,334
WTO	26,953	20,000	6,953
Aircraft			
NATO	5,531	6,800	0
WTO	8,372	6,800	1,572
Helicopters			
NATO	1,685	2,000	0
WTO	1,700	2,000	0

Next, the CFE Treaty divided the land mass from the Atlantic to the Urals into four, large concentric zones. Centered on Germany, the treaty limited the deployment or stationing of offensive weapons in each zone and in certain designated flank areas. The treaty also mandated that the signatory states provide extensive order of battle force data, in order to increase transparency and lower the likelihood of a surprise attack across national borders. Fourth, it mandated intrusive on-site inspections to monitor, confirm, and report on treaty compliance. Finally, it set up an all-nation consultative group to raise and adjudicate problems with treaty implementation.

The initial data exchange gave all of the treaty states an open, transparent look at the status of all CFE forces on a nation-by-nation basis. On November 18th 1990, state representatives walked into the Hofburg Palace in Vienna and placed on long rows of tables, stacks and stacks of treaty-mandated data books. These books listed detailed information on force structure, force size, military units, military organizations, and military weapons in the five categories of offensive weapons: tanks, artillery, armored personnel carriers, helicopters, and combat aircraft. Shortly thereafter, state delegates moved from table to table scooping up copies of the invaluable military force data. U.S. Ambassador Lynn Hansen was in the Hofburg Place that morning and he described the CFE Treaty data exchange as having the "aura of a bazaar" with military officers and intelligence specialists excited and buzzing at the opportunity to compare treaty declarations against current estimates. The data was scrutinized immediately. It became the basis for planning treaty implementation and monitoring by national teams of on-site inspectors. Negotiators had developed the treaty so that implementation would occur in phases. The initial 120-day baseline phase would be the most intense for inspection activity. During this phase a state party had to accept on-site inspections of up to 20 percent of the number of their declared sites and units.

The initial reduction phase began at baseline in July 1992 and lasted for 16 months. It ended in November 1993 with a national reduction quota of 25 per cent. In the second 12-month phase, which ended in November 1994, the reduction totals reached 60 per cent. The remaining 40 percent will be reduced during a third and final 12-month phase, which will end in November 1995. Thus, there were 40 months to reduce all of the weapons excess to the final treaty limits. There were four ways of reducing the weapons: destruction, conversion, re-categorization, and reclassification, depending upon the specific type and category of equipment. Mandatory annual and periodic data exchanges aided in the process of treaty monitoring. However, the heart of monitoring lay in the four types of treaty-authorized on-site inspections: declared site inspections, challenge inspections, reduction inspections, and certification inspections.

Setting Up Verification Agencies: Two Patterns

All of the treaty signatory states set up new verification and compliance agencies, organizations, or staffs[4]. All used professional military officers and NCOs to carry out the on-site inspections and to escort the inspection teams. Some nations focused almost exclusively on treaty compliance which meant, at a minimum, complying with the mandatory annual and periodic data requirements and escorting inspection teams to their national CFE Treaty reduction sites and to their other declared national military sites. At a maximum, it meant national compliance with all treaty obligations AND the exercise of a nation's full inspection rights. When the CFE Treaty was signed in Paris in November 1990, there were only two nations with established, experienced, professional-military verification agencies: the United States and the Soviet Union. The Intermediate-Range Nuclear Forces Treaty of 1987 contained extensive on-site inspection rights and responsibilities. That treaty had caused both nations to act: the U.S. set up the OnSite Inspection Agency, and the USSR established the Nuclear Risk Reduction Center. INF Treaty inspections began in July 1988, and by the time of the signing of the CFE Treaty in November 1990, the US and USSR agencies had conducted more than 400 on-site inspections. They had recruited, trained, tested, equipped, and deployed hundreds of inspectors and dozens of teams. They had accumulated experience which was directly transferable to implementing the CFE Treaty.

460

Before 1990, Germany, Great Britain, France, Belgium, Netherlands, Poland, Hungary, Romania and the other European states had only limited experience with on-site inspection rights and mandatory escort responsibilities. The Stockholm Document of 1986, which was part of the Helsinki Process, was the first contemporary European multinational accord permitting on-site inspections of military sites and units. However, the scale of these inspection rights and escort responsibilities was quite limited. No European nation had established a separate treaty verification agency prior to the CFE Treaty of 1990. Thereafter, most nations set up agencies or organizations dedicated to treaty verification and compliance. All CFE Treaty national verification agencies had six basic functions: military force data verification, communications, escorting, inspecting, training of national military forces, and coordination within the alliance. The experiences of Germany, France, Netherlands, Belgium, and Poland were typical.

In October 1990, Germany established the Zentrum fur Verifikationsaufgaben der Bundeswehr, (Federal Armed Forces Verification Center). According to the Center's Director, Brigadier General Dr. Heinz Loquai, Germany decided to set up the new verification center in 1989. "The main reason," he stated, "for the establishment of the center was Germany's foreseeable workload in the area of the CFE Treaty. Germany had more CFE sites than did the Soviet Union." There were 450 inspectable CFE sites and units in the united Germany. The mission of the new German verification center was to inspect, escort, and monitor the reductions under the CFE Treaty. The also had responsibility for inspections under the Vienna Document of 1990, which substantially broadened the earlier Stockholm Document Agreement. In the fall of 1990, the German center had 65 officers and NCOs, two years later there were 400. When the French Government established its treaty verification unit, L'Unité Française de Vérification, in September 1990, they placed it at Creil Air Station, approximately 65 kilometers north of Paris. The new French verification unit consisted of an inspection and escort staff of approximately 100 officers and NCOs drawn from all of the military services. France had 236 CFE sites subject to inspection. The mission of the new French unit was to implement the CFE Treaty and the Vienna Document of 1990. The first commandant was Brigadier General Jean-Paul Huet. According to Colonel François Rozec, the second commandant, "The Arms Control Division on the General Staff in Paris, and their political equivalent, it is their concern to inform our (political) authorities on all aspects of verification. We are strictly implementers."

Among the other NATO nations, Belgium, Netherlands, and Italy used a different organizational concept when they set up their units to implement the CFE Treaty. They used a cadre model. This meant that the national military command, usually the Ministry of Defense, authorized the establishment of a small unit, usually 20-30 military officers, who were responsible for implementing the treaty. Located at the level just below the senior military headquarters, this unit's mission was to recruit, train, and conduct the inspections, escorts, data transmission, and monitor any reductions mandated by the treaty. The Belgium Verification agency, located in Brussels, was typical. Its mission was to lead all

Belgian CFE Treaty inspection teams and to provide officers, when invited, to serve as inspectors on other nation's inspection teams. For the escort mission, the Belgian Agency had complete responsibility for the logistics, preparations, and presentation of the sites and units to be inspected by Warsaw Pact national CFE Treaty inspection teams. They also had responsibility for collecting all treaty-mandated force data on the Belgium Armed Forces and for transmitting that data to all other CFE Treaty signatory nations. For the actual CFE inspections and escorts, the staff of the verification agency was augmented by personnel from the military forces. In most cases, especially during escorting, the bulk of the Belgium teams consisted of augmentees.

The Netherlands' had a small arms control treaty coordination section in the Ministry of Defense at The Hague. For Holland, the bulk of the CFE Treaty inspection and escort activity was carried out by the Dutch military forces. The Dutch Army had approximately 80 officers and NCOs trained as CFE inspectors, the Dutch Air Force had 35, and the Dutch Navy, 1. The actual size of the Netherland's professional staff committed to implementing the CFE Treaty was much smaller, with the Dutch Army committing 10-12 personnel, the Air Force 4-5, and the Navy 1. According to Navy Commander C.N.M. Wierema, Ministry of Defense Coordinator, the Netherlands set up a "decentralized organization," with the "bulk of the work done in the arms control sections of the forces."

Under the CFE Treaty, the activities of the NATO nations were coordinated by a Headquarters NATO Committee, the Verification Coordinating Committee. Collectively, the NATO nations would be reducing more than 12,900 conventional weapons under the CFE Treaty; and they would have a total of 1,899 CFE sites and military units subject to inspection throughout the alliance. Once the treaty was signed, the NATO Verification Coordinating Committee became deeply involved in treaty implementation.

As for the states of the former Warsaw Pact, the experience of Poland was typical. When Poland established its verification agency, the Polish government was in the midst of a general restructuring of the national armed forces. Colonel Stanislaw Malinowski, Director, Polish Verification Center, explained that the new center was located in the civilian component of the Ministry of National Defense, outside of the direct military structure of the armed forces. After CFE Treaty signature in November 1990, it was apparent that the Verification Center's initial staffing was not sufficient to carry out Poland's treaty requirements. Therefore, the Ministry of National Defense organized in each of the Polish Army's military districts, and at Headquarters of the Polish Armed Forces, special arms control sections. Colonel Malinowski explained that, "the center's present activities are, among other things, to supervise activities of these arms control divisions in the military structure." Under the CFE Treaty, Poland had 124 declared sites and 149 military units with treaty-limited equipment. Under the treaty, Poland had to reduce its forces by approximately 1,200 tanks, 715 artillery pieces, 300 armored personnel vehicles, and 41 aircraft. For CFE inspection and escort team leaders, Poland used professional military officers, with experience and knowledge of the armaments and equipment included in the CFE Treaty. Competence in a foreign language was an important criteria for selection. Colonel Malinowski said that from their initial planning they had anticipated hosting many national inspection teams at Polish reduction facilities and declared sites.

The largest CFE Treaty state, Russia, had a significant advantage in recruiting, selecting, and training its CFE inspection teams. It inherited from the Soviet Union an existing organization, experienced leaders, and a corps of professional inspectors and escorts who were steeped in the procedures and processes of conducting and hosting on-site inspections under the INF Treaty. For CFE Treaty implementation, the operation was led by General Major Sergey Fedorovich Tsygankov, Deputy Director of the Nuclear Risk Reduction Center (NRRC). He was assigned to the Moscow-based arms control center in May 1990, six months before the CFE treaty was signed in Paris. General Tsygankov said he started, "with the treaty theory." He drew upon his years of service with the Soviet Armed Forces Group of Western Forces where he had participated in inspections under the Stockholm Document. In selecting CFE team chiefs, deputies, and inspectors, General Major Tsygankov worked closely with General Lieutenant Vladimir I. Medvedev, Director, NRRC, and Colonel Kashirin, Director of Operations for the CFE Treaty Section. For team leaders, they selected career military officers with at least fifteen years of service. General Tsygankov indicated that some of Russia's CFE team chiefs had been "regimental commanders," others had held important "staff positions," and all "were considered professionals." The key element, he declared, in the selection of team chiefs was their "leadership skills." "Almost every officer in the Center," he concluded, "works as an inspection team leader or as an escort team leader. When they go on an inspection, they are responsible for supervising at least nine people. When you are assigned to the escort team, you are to some extent the leader of the inspection facility, so you are in charge of that facility. The inspection team leader, or the escort team leader, is the representative of Russia." To carry out the CFE Treaty, the INF Treaty, and the other arms control agreements, the Russian Center had approximately 250-300 personnel.

From these different national experiences, certain generalizations emerge. To begin with, all of the signatory states recruited, trained, and used their professional military as CFE Treaty inspectors. Among the NATO nations, the selection, training, and leadership responsibilities of the inspectors and team leaders were quite similar in all of the verification agencies. In the larger verification agencies – the U.S., Germany, France, and Great Britain, the concept of organic, fixed teams, predominated; while the smaller verification organizations Holland, Belgium, Luxembourg, Italy, to cite only four, developed composite inspection teams relying on professional, experienced military officers as team leaders and trained linguists, augmented with inspectors drawn from the military forces. Among the Warsaw Pact nations there was a similar conceptual distinction. Russia, with its INF Treaty experience, used the fixed team model for its CFE Treaty escort and inspection team operations. Poland, Belarus, and Ukraine focused their operations on escorting, but here again, they used professional military officers dedicated to implementing the CFE Treaty.

One other generalization applied: the directors, commandants, or commanders of all of the national CFE Treaty inspection agencies saw themselves as implementers of the treaty. Their mission was to monitor on-site the national rights and obligations, but they did not articulate policy or advocate future agreements. Their role was a limited one.

There were 20 months from the day that CFE Treaty was signed to the day it entered into force. During those months, all of the signatory states went through the process of ratifying the treaty. Essentially, ratification was delayed for three interrelated reasons. Initially in 1990-91, the Soviet military held up ratification, insisting on reclassifying certain units and weapons subject to inspection and reduction. In June 1991, the Soviet leadership submitted a statement to the Joint Coordinating Group making those reclassified units subject to inspection. Then, when the Soviet Union collapsed in 1991, ratification was delayed further by the need for organizing and instituting new governments in the republics. Finally, there was need to parcel out the massive military forces of the former Soviet Union. At a key meeting at Tashkent, the military forces and the CFE Treaty obligations were divided among the successor states. By July 1992, these historic processes had worked their way through the domestic and international political realm; the CFE Treaty entered its initial implementation phase: the 120-Day Baseline Inspection Phase.

Results of the CFE Treaty, 1992-1995

When discussing results, we are really speaking of compliance. Are the signatory nations complying with all of the national obligations mandated by this new cross-Europe treaty? To answer that question, it is useful to divide the national obligations required by the CFE Treaty into three broad sets of requirements. The first set involved compliance with several treaty-specific requirements. Nations had to compile and provide to all other nations annual data on their military forces and military equipment. The treaty also mandated periodic data updates and data to be provided during the on-site inspection at the specific site. Treaty protocols also required nations to establish a notification and communications system for dispatching and receiving inspection teams, submitting mandatory annual and periodic data reports, and for communicating with the inspection teams on-site. The treaty's protocols further required that the host nation have an escort team present at a point of entry to meet and accompany the inspection team throughout the inspection. Finally, the treaty mandated that the inspection teams write reports, countersigned by the escort teams, which would document the on-site inspection activity. Now, all of these CFE Treaty requirements, this set of national obligations, has been implemented and currently is functioning well. In general, the signatory nations have incorporated this set of treaty requirements into their national foreign and military policy.

The results of the second set of national treaty obligations can be measured by the actual reduction numbers from each nation. The CFE Treaty was an arms reduction treaty; consequently meeting these obligations within the time periods

464

established in the treaty constituted the heart of compliance. In the first treaty year each nation had to reduce 25% of its final quota. With the exception of two minor states, all treaty nations met their first year obligations. Collectively, the CFE Treaty states reduced approximately 17,450 pieces of conventional arms equipment. Of that figure, approximately 2/3 was in the East, with the former Warsaw pact states reducing more than 11,500 pieces. For some nations these reductions entailed a considerable effort. The Russian Army had to set up 11 elimination centers, Poland had 22, Belarus 4, and Romania 14. During the first year of the CFE Treaty reductions, some 350 on-site inspection teams traveled to the reduction sites, recorded serial numbers, and then returned to observe and record the results of the final reductions.

Results of the second treaty year were similar to the first. All nations, with the exception of Moldova, reported that they had met their treaty-mandated obligation of 60 per cent. The final reductions had to be completed by the end of the third treaty year, which ends officially on November 17, 1995. Throughout the second year, some nations complained about the high cost of reducing their conventional arms. Belarus, in particular, stated that as a new nation, it had inherited an arsenal that was excessive to its needs. These weapons had to be reduced in accordance with treaty protocols. Cutting up weapons, Belarus explained, was expensive. Despite these claims, no other nation came forth to support a reduction in either the time table for achieving the reductions or in the amount of materials to be reduced by Belarus. The U.S. did grant that nation $5 million in assistance. Belarus, like 28 other CFE Treaty nations met its reduction obligation for the second treaty year. Currently, the third treaty year is underway. If national reductions keep to the pace of previous years, the 30 nations will be in compliance by the end of the third year.

The third set of national obligations consisted of nations following treaty procedures by referring contentious issues to the all-nation CFE Treaty Joint Consultative Group. Meeting in Vienna, this group was sanctioned by the treaty specifically with responsibility for facilitating treaty implementation. It met frequently, convening for the first time shortly after the initial treaty signatures in Paris in November 1990. Over the past five years, the Joint Consultative Group has evolved into an effective all-nation forum for treaty issues. Representatives of small nations and large ones, west and east, flanks and core nations, met to resolve a host of issues. Specifically, they have taken up and approved measures for new destruction mechanisms, treaty inspection schedules, and, to a degree, treaty costs. The "flanks" issue has been most contentious in the past three years, 1992-1995. In September 1993, Russian President Boris Yeltsin formally requested to the Joint Consultative Group that the treaty's Article V be "revised or temporarily suspended." The Russian military wanted the restrictions lifted on the movement of certain types of armored personnel vehicles and tanks into certain military districts. Ukraine supported Russia on this issue. There were consequences, however. The issue of moving forces and military equipment directly influenced nations on the flanks of Europe: specifically Norway and Turkey. Any modification of the treaty would have to be approved by all nations.

From the time of President Yeltsin's September 1993 action, this issue became known as the "flanks" issue. It was discussed and debated without resolution in the Joint Consultative Group in Vienna. It remains unresolved.

Finally, let me conclude by referring to Donald Kagan's new book, *On The Origins of War and the Preservation of Peace* (1995)[5]. Kagan examines the origin of five wars, one in ancient Greece, Rome, two in 20th century Europe, and the US-USSR during the Cold War. His book is a comparative narrative history. It focuses on the origins of wars in the context of its existing international system. He concentrated on examining existing diplomatic and military structures, like treaties, accords, and alliances. They constituted the international system of the time, and within that system national perceptions of honor, power, and interests drove peoples and leaders to accept or reject war. Kagan's work has meaning for this panel today.

In contemporary Europe, new security structures are being devised which will become the new international system in which peace or war will be waged in the future. Europe is in transition. Nations and national leaders are now operating within this new international system. For that reason, it is important for military historians and military officers to jettison the old concepts and assumptions of Cold War Europe, and turn to studying and learning the assumptions and new structures of post Cold War Europe.

Notes

1. For German unification see, Timothy Garton Ash, *In Europe's Name: Germany and the Divided Continent*, pp. 344-357; Bernard Gwertzman and Michael T. Kaufman, *The Collapse of Communism*, pp. 329-349.

2. For the Soviet/Russian force reduction figures see, *The Military Balance, 1990-91*, pp. 38-43, and *The Military Balance, 1994-95*. The United States force figures are in *M.B. 1990-91*, p. 25, and *M.B. 1994-95*, p. 31.

3. There is no thorough, in-depth history of the CFE Treaty negotiations. This section is derived from research compiled in our forthcoming book, Joseph P. Harahan and John C. Kuhn, *On-Site Inspections Under the CFE Treaty*, (Washington DC, forthcoming, 1995).

4. Celeste Wallander, "Comparing the Roles of NATO, NACC, CFE, and CSCE As Security Institutions," Washington DC, National Council for Soviet and East European Research, 1994.

5. Donald Kagan, *On the Origins of War and the Preservation of Peace*, Doubleday, New York, 1995.

THE ROYAL CANADIAN AIR FORCE
AND PEACEKEEPING

William March

When the general public considers a peacekeeping mission, it is almost a truism that they picture blue-helmeted soldiers, patrolling a line between two hostile factions. At least that is the type of picture that the Cable News Network (CNN) projects most often on to the television screens of the world. This is an image which, although true on the surface, provides too narrow a view of the forces involved in a modern peacekeeping operation. From a Canadian perspective, few of the peacekeeping operations which this country has embarked upon have been undertaken without the active participation of the air force. More often than not, the main direction of air force participation took the form of transport to and from the theatre of operations. However, it has at various times also included the provision of small, indigenous flying units and/or specialist personnel. Except in the area of air transport, the support provided to peacekeeping operation never seriously strained Canadian air force resources. Nevertheless, beginning in 1956 with the Suez Crisis, and the subsequent United Nations Emergency Force (UNEF), the demands placed upon the Royal Canadian Air Force (RCAF) to support peacekeeping operations began to slowly impact upon the makeup of this branch of the armed forces. Over the next decade, the RCAF would find itself engaged in no less than seven peacekeeping operations. At the same time in Canada, it faced increasing political pressure as the government's foreign and defence policy evolved away from the traditional alliances of the North Atlantic Treaty Organization (NATO) and North American Air Defence (NORAD), and towards an increased emphasis on the United Nations (UN). The outcome of this eleven year period, 1956 to 1967, was an air force which had changed its structure and outlook as it adapted to its new peacekeeping mandate. Even as the demise of the RCAF approached, (it ceased to exist on 31 December 1967 with the birth of the integrated Canadian Armed Forces), the policies which would guide the air force in peacekeeping operations for the next thirty years were being put into place. For better or for worse, peace-keeping would be a part of air force history.

During the First World War, Canadians flew with the various British air services and established an enviable record in the skies over Europe. Denied an air force of its own throughout the war by frugal-minded politicians, the nation finally acquired a two-squadron Canadian Air Force (CAF) in late 1918[1]. With the end of the war, the CAF nearly perished, but was resurrected as an adjunct to civil air operations which were gaining importance throughout Canada. For the next fifteen years, the air force in Canada would survive by conducting forestry

and anti-smuggling patrols, combatting insect and agricultural pests, photographic missions, and in general by making itself useful to other government
departments[2]. Indeed, one of the few highlights of the period was the granting of
the "Royal" prefix to the air force in 1924. Training in the RCAF was limited to
the very basics and concentrated on producing the necessary air and ground crew
required to conduct civil government air operations[3]. By the early nineteen-thirties,
fiscal restraint and the growth of purely civilian air services, resulted in the RCAF
being reorganized along more military lines. This shift in focus, coupled with
modest budget increases throughout the remainder of the decade allowed
the RCAF to enter World War II with just over 4000 officers and men and less
that 300 aircraft[4].

The RCAF, woefully unprepared when Canada declared war on 10
September 1939, quickly expanded to meet a wide-range of commitments. At
home the air force planned, constructed and operated the massive British
Commonwealth Air Training Plan which had produced by the end of the war
over 131,000 aircrew [5]. Overseas, the RCAF fielded 48 squadrons and countless
support units and in addition, thousands of Canadian airmen and airwomen
served with Commonwealth units in every theatre of operations. By 1944,
Canada had the fourth largest Allied air force with 215,200 personnel in
uniform[6]. Upon the end of hostilities in August 1945, senior Canadian air force
officers, using the experience gained in creating and leading such a massive
organization, put forward a post-war proposal for a balanced air force of 30,000
regular air force personnel[7]. Eventually the RCAF would exceed the requested
30,000, but it would not be as balanced a force as the original planners had hoped.

Post-war retrenchment meant a drastic reduction in the size authorized for
all three branches of the Canadian armed forces. The air force reached a post-war
low of 11,569 officers and men by December 1946[8]. However, from this point
forward, the deterioration of relations between East and West resulted in a steady
increase in the size of the RCAF. In 1955, the government authorized a ceiling
for the air force of 51,000, which meant, for the first time, the Canadian air force
outnumbered the Canadian army[9]. Growth in the RCAF came about through
Canadian participation in two collective security organizations: NATO and what
would eventually become NORAD. Not only did these organizations provide the
reason for the growth of the RCAF, they also heavily influenced the direction
which that growth would take.

During NATO's first few years, especially after the Berlin Airlift and the
Korean conflict, the fear of impending Soviet aggression on the war-weary countries
of Western Europe, resulted in a call for immediate military support from across
the Atlantic. A NATO ministerial meeting held in December 1950, emphasised
the requirement for air power as the most effective means to counter possible
Soviet aggression. Canada responded to the call and by 1954 had stationed
12 squadrons in Europe[10].

In North America the growth of the Soviet nuclear threat and the possibility
of a manned-bomber attack over the North Pole brought about increased cooperation between the American and Canadian forces with respect to the defence
of North America. Although the NORAD agreement was not made official until

468

1 August 1957, in the decade prior the RCAF had committed vast resources to providing the necessary squadrons and infrastructure to this area of operations. Thousands of young Canadians found themselves either manning radar sites throughout the country or conducting intercept missions from one of nine regular and ten auxiliary NORAD designated fighter squadrons[11].

These commitments to NATO and NORAD did not permit the RCAF to develop a balanced air force. By the early nineteen-sixties, over fifty percent of the air force budget was allocated to maintaining the personnel, equipment, and infrastructure supporting these two alliances[12]. As a result, it became very difficult for senior air force officers to give sufficient weight to any type of operation which detracted from their pursuit of NATO and NORAD goals. Nor was this perception limited to the halls of Air Force Headquarters. It became apparent that the other functional elements of the air force, Air Transport Command and Maritime Air Command, were considered "backwaters" and not part of the "real" air force[13]. Such an attitude was fine as long as the government actively supported it and until the advent of the Liberal government of Lester B. Pearson in 1963, this was the case. Unlike previous administrations, this government favoured a shift towards greater support to the UN. Such a policy would conflict with the status quo with respect to Canadian defence policy.

On 9 July 1947, Brooke Claxton, the Minister of National Defence, outlined Canada's postwar defence policy. He indicated that the focus of the Canadian military would be to defend the country, provide assistance to the civil power in maintaining law and order and to undertake collective action, if required, under the auspices of the United Nations. This pronouncement was almost a complete return to a pre-war defence outlook. It was only with respect to the air force that Claxton foresaw any great change in that he stated that the main task of the air force would be to provide "interceptor fighter squadrons" for the defence of the country[14]. Claxton later expanded his concept of "defence of the country" to include the provision of a large number of "interceptor fighter squadrons" to NATO as well. Under his guidance, and with his full support, the RCAF quickly built a sizeable fighter force to fulfil its duties in the skies of North America and Europe. Although there would be little change in this policy for the next decade, by 1956 support for the United Nations was becoming a part of the military equation.

Although Canadian assistance to the UN had been a guiding principle of Claxton's 1947 defence policy statement, it had been overshadowed by the formation of NATO and the growth of North American air defence. Experience as part of a UN force in Korea, plus the very real fear of a general nuclear war, provided the impetus for a renewed focus on involvement with the UN as an alternative organization which could provide a form of collective security. Support for the world organization would fit in well with other Western alliance commitments, and at the same time, allow Canada to pursue a foreign policy separate from that of the United States and Western Europe[15]. The Suez crisis of 1956, underlined the viability of such a policy option. Action on the part of England, France and Israel against President Nasser's Egypt came close to plunging the world into a general war. The United Nations, acting on a proposal put forward by Canada's Minister for External Affairs, Lester B. Pearson, moved rapidly in setting up an international buffer force between the belligerents. Canada quickly found itself involved in its first major peacekeeping mission[16].

Support for the United Nations increased in popularity throughout Canada. The Conservative party, which as the Loyal Opposition had spoken out against peacekeeping, embraced it as a viable policy when they came to power in 1957 and sent Canadians on other peacekeeping tasks in Africa and the South Pacific[17]. The Conservative government also undertook a re-evaluation of defence requirements, generating a round of "belt-tightening" as appropriations for the Department of National Defence were reduced. The RCAF, and its cherished role of air superiority, found itself forced to deal with the cancellation of the Canadian designed and built Avro Arrow, reduction in the number of squadrons assigned to NATO and NORAD, and the acquisition of a reduced number of American interceptors[18]. Due to the weapons employed by the American aircraft which Canada had purchased, the RCAF also found itself with a nuclear role in both NATO and NORAD. Many Canadians did not approve of this new role and demonstrated their opposition during the next federal election.

The election of a Liberal government in 1963 came about to a large degree because of the previous government's adoption of a nuclear role for Canada in NATO and NORAD. The new government, under the direction of Lester B. Pearson, did not withdraw from the nuclear commitment, but it did undertake another re-evaluation of defence policy. This examination spurred Canada to move away from its traditional alliance structure and increased emphasis on the UN. This shift was made public by the new Minister of National Defence, Paul Hellyer, with the publication of the White Paper on Defence in 1964. For the first time, one of the basic principles of Canada defence became peacekeeping as the White Paper made a clear distinction between the "North Atlantic area" and the rest of the world. The government stated that it viewed collective measures, actions under the auspices of the UN, and collective defence, as typified by NATO, as "parallel methods by which the objectives of Canadian defence policy have been pursued." Peacekeeping would now be given increased backing by the Canadian government[19].

The 1964 White Paper also placed an emphasis on the necessity of having mobile forces which, although capable of employment within the traditional NATO and North American framework, would also be extremely useful with respect to peacekeeping duties. Although not a new proposal (the subject had been broached by Pearson at various forums), it was the first time it had the full support of the government in power. The call for mobile forces, capable of being air transportable, meant changes ahead for the RCAF. The air force would have to transport, support and sustain these mobile forces[20]. The writing was on the wall, peacekeeping was here to stay and the air force was going to be a part of the peacekeeping package!

Until the 1964 White Paper, the RCAF had managed to cope with its peacekeeping commitments utilizing available resources. Transport elements had been brought together to form Air Transport Command on 1 April 1948 and it was this formation that dealt with the bulk of RCAF peacekeeping missions. As noted above, RCAF support for peacekeeping missions fell into the areas of initial transport and sustainment, direct participation through small autonomous flying units and the provision of small numbers of specialist personnel. With respect to initial transport and sustainment, the two peacekeeping missions prior to 1963 which demanded the greatest effort were the United Nations Emergency Force in the Sinai (1956-1967) and UN operations in the Congo (ONUC, 1960-1964).

Each of these two missions involved almost every long-range transport aircraft that the RCAF had available at the time[21]. Only essential transport runs were maintained throughout North America and Europe. Nevertheless, for both the UNEF and ONUC airlift, limitations in the cargo capacity and range of the RCAF aircraft, meant that they were dependent upon the benevolence of "friendly" nations for additional transport and en route servicing[22]. The UNEF initial airlift involved several hundred air force personnel and elements of three "heavy-lift" RCAF transport squadrons. The initial phase lasted from October 1956 until January 1957 and concentrated on the deployment of equipment and personnel to Capodichino air field, Italy, (the main UN operating base) and the redeployment of UN personnel to various locations throughout the Sinai and along the Suez Canal. The airlift was deemed a great success, but it underlined weaknesses within Air Transport Command. If it had not been for American supplied facilities and fuel, the operation would have been much more difficult, if not impossible, to complete. In this instance additional heavy transport was provided by the Royal Canadian Navy when HMCS <u>Magnificent</u>, the navy's only aircraft carrier, was turned into a large cargo ship. Once the force was in place, the RCAF could maintain regular resupply flights to the UNEF with little difficulty.

Four years later there had been few changes and little growth in ATC when the RCAF embarked upon another major airlift in support of UN operations in the Congo. The movement of Canadian troops and equipment from Canada to Africa, code-named Operation Mallard, involved three phases. The first phase involved an airlift of emergency food supplies to the Congo. It was followed by a twenty day intensive airlift of Canadian personnel and at one point during this period two RCAF aircraft per day were arriving in Africa. When the deployment was complete the RCAF settled into a routine maintenance schedule conducting flights between Canada, Italy and the Congo[23]. Nevertheless, the RCAF still had to turn to the United States Air Force (USAF) once again for assistance in deploying heavy equipment to Africa[24]. Between 9 to 30 August 1960, thirteen C124 USAF Globemaster aircraft carried heavy vehicles and equipment from Canada to the UN theatre of operations. It was evident that Canada's aging fleet of transport aircraft were not capable of transporting the forces deemed necessary to meet peacekeeping requirements.

Transport aircraft deficiencies were not the only problem which the RCAF had to deal with. A lack of modern tactical aircraft caused difficulties for the air force as it was tasked time and again to provide small flying units to support UN operations. These Air Transport Units (ATUs) normally consisted of a few aircraft and the necessary air and groundcrew to keep them flying. They were utilized for those UN missions where reconnaissance, communication and light transport were made difficult because of the terrain. The RCAF provided ATUs for the UNEF, the United Nations Yemen Observer Mission (UNYOM), the United Nations Security Force (UNSF) in West New Guinea and for two UN operations in India and Pakistan[25]. Flying from primitive landing strips, often from makeshift facilities and with little or no formal procedures to follow, these units were almost a return to the bush-flying days in northern Canada of the inter-war period. Fortunately, the ATUs proved to be remarkably efficient and flexible enough to meet the changing requirements of their respective missions.

The first ATUs, 114 and 115, were tasked with supporting the UNEF. For 114 ATU, employed ferrying supplies from Italy to the Sinai, the UN flights became part of a daily routine, where en route weather caused the most difficulties. Flying deHavilland Otter and DC-3 aircraft, 115 ATU played a larger role in the day-to-day operation of the UNEF. This unit, which at peak strength never numbered more than 100 personnel and six aircraft, would conduct local utility flights for the next decade until the withdrawal of the UNEF in 1967[26]. So "permanent" had 115 ATU become, that it was the only RCAF formation attached to the UN that had its own unit crest authorized by Ottawa. Despite the excellent work which 115 ATU performed, the fact remained that the aircraft employed were mainly war-time vintage and lacked the cargo capacity and performance which would have made support operations more efficient. Nor would a modern replacement aircraft be provided until the fall of 1960 with the arrival of three deHavilland Caribou. Maintenance of these aging aircraft, difficult and expensive at the best of times, was much more difficult in desert conditions. Still, from the point of view of the RCAF, support operations for UNEF were a success. The same could be said for UNYOM and UNSF missions, but with some reservations.

On the surface, there is not much difference between the provision of ATUs for UNYOM and UNSF and the ones provided for the UNEF. Initial air support for UNYOM would come from the UNEF's 115 ATU and consist of two aircraft and 56 personnel. The unit commenced operations in Yemen on 12 June 1963 and the following day was redesignated 134 ATU[27]. Eventually, the RCAF aircraft would be replaced by UN-owned, or leased equipment. There was also an attempt to use a helicopter, but this was abandoned after initial trials indicated that it would not perform adequately in the desert[28]. Personnel assigned to 134 ATU soon realized that this mission was not as well planned or organized as that of the UNEF. The peacekeeping forces arrived before an infrastructure could be set in place. As a result, living and maintenance facilities were of the poorest quality or non-existent. The air and ground crew also had to deal with small arms fire from the belligerent which damaged some aircraft, but fortunately caused no casualties. As concern with conditions in Yemen grew, an RCAF Medical Officer was sent by ATC to investigate. In his report he noted that

...there is a feeling in United Nations circles that Canadians are an easy touch and much more malleable than other nationalities...we seem to them to be capable of existing on promises and...we begin operations with less than adequate United Nations provided facilites and equipments.[sic] The worst example of this is Yemen where living conditions of R.C.A.F. personnel are simply described as atrocious[29].

These observations had reinforced the air force's experience with the UNSF in West New Guinea.

Until 1962, RCAF support for peacekeeping operations had been restricted solely to Africa. However, in August of that year, thirteen members of the air force, equipped with two amphibious aircraft, found themselves on their way to West New Guinea in the South Pacific. They would form 116 ATU whose task was to support the UNSF which in turn provided a military presence for the United Nations Temporary Executive Authority (UNTEA). In order to avert a possible conflict between the Netherlands and Indonesia over the future of West New Guinea, the Middlesburgh Agreement between the two countries called for the UNTEA to administer the area commencing on 1 October 1962. This UN agency would ensure the withdrawal of Dutch forces before turning over the territory to Indonesian control. In return the Indonesians promised to allow the Papuan natives the opportunity to vote on self-determination. The RCAF ATU would provide badly needed communications and light transport for the UN mission over some of the most beautiful, but inhospitable terrain in the world.

The Canadian government had agreed to participate in the UNSF on 29 August and within 81 hours, 116 ATU was en route to Biak, West New Guinea which would be its home for the next seven months. Packed into the back of two C130 Hercules aircraft, space was so limited that the passengers were forced to sit inside their dismantled light aircraft which were in turn inside the Hercules. It was not a pleasant way to travel[30]. Upon arrival at Biak, the Canadians found out that no one had been informed that they were coming and as a result no preparations had been made. Acquisition of accommodation, working space, meals were left to the unit itself. Improvisation became the order of the day with assistance greatfully accepted from the Dutch and a detachment of the USAF who were to support the UNSF as well. To make matters worse, the aircraft and equipment had been packed so hurriedly in Canada, that major components of one of the aircraft had been left behind. Therefore, 116 ATU had to make due with only half their air resources for the next three months[31]. Once these initial problems were overcome, 116 ATU performed as required, but they figured prominently in the reports being sent back to ATC Headquarters.

Of the three areas of air force support to peacekeeping operations, the one that ran the smoothest was the deployment of specialist personnel. During most of the RCAF's peacekeeping history, specialist personnel normally meant a senior air advisor and a small staff to look after "air matters" for the force commander. Only during the Congo operation were significant numbers of other air force personnel involved. Initially, a handful of RCAF communications technicians were dispatched in order to set-up and monitor a radio-link between the Congo, RCAF Stations in Europe and Canada. Although there were a few minor diplomatic problems, the communication link was established with little delay. The RCAF also provided a number of air traffic controllers to ONUC. Due to the breakdown of facilities during the civil war, air traffic control was non-existent. The Canadians provided much needed traffic facilities using a combination of existing equipment and portable units which had been brought from Canada.

If all elements of air force support had operated as well as the small detachments of specialist personnel, the RCAF would have had little reason to alter its makeup and procedures. However, this was not the case.

Viewed separately, the difficulties noted above were mostly minor in nature. Viewed as a whole, they pointed out weaknesses within the structure of the RCAF which had to be remedied. Steps to do just that had been set into motion by the Conservative government in 1960. New long-range transport aircraft were acquired to replace the North Stars, but the type purchased was more conducive to carrying passengers than freight. Tactical transport also received a boost with the acquisition of the deHavilland Caribou. These short-takeoff-and-landing (STOL) aircraft were ideal for the type of work that the RCAF was having to undertake supporting the peacekeeping missions. However, only four of the Caribou were bought! Even the Chief of the Air Staff, Air Marshal C.R. Dunlap would admit later, "we have found that in our operations for the United Nations we could have used considerably more"[32]. Additional aircraft were not forthcoming until 1964 and even then it had to be insisted upon by the Minister, Paul Hellyer.

The White Paper spelled out the upcoming changes that would be required for the RCAF's Air Transport Command. With its emphasis on increased mobility for the Canadian Forces, the document stated that "a considerable augmentation of the 'air truck' component of the air transport fleet is being undertaken"[33]. With the policy clearly stated, it did not take long for the government to act. Hellyer was aware of the reluctance of the air force hierarchy to divert dollars away from their air superiority role. He believed that the senior officers felt that "any airman worth his salt had to be...an air-superiority type. If the department had any money for airplanes, the RCAF wanted it to be reserved for fighters"[34]. The Minister disagreed and decided that the RCAF would purchase additional strategic and tactical transport. He allocated funds on 9 November 1964 to buy fifteen Buffalo aircraft (an improved version of the Caribou) and four more C130 Hercules. It was not, he noted, "a package designed to please the air force" as it received aircraft that it did not want and saw its plans for a new tactical fighter aircraft deferred[35].

Regardless of what the RCAF felt about the shift in policy and the equipment purchases, it found itself heavily utilizing the new aircraft within months of their arrival. The Buffalos provided tactical support for two new UN missions attempting to keep the peace between India and Pakistan. Participation in the United Nations India-Pakistan Observer Mission (UNIPOM) and the United Nations Military Observer Group in India and Pakistan (UNMOGIP) would prove the effectiveness of the Buffalo aircraft and the necessity for having specialized tactical transport. The additional Hercules aircraft made it easier when Canada offered to send troops to Cyprus in March 1964. Operation Snowgoose was a totally Canadian operation with no support provided by the USAF other than the occasional use of European base facilities. Three years later, when President Nasser demanded the withdrawal of the UNEF from the Middle East, the additional aircraft acquired by Hellyer's direction allowed for the quick evacuation of Canadian personnel and almost all of their heavy equipment. Between 1960 and 1965, the increase in transport capacity brought about by the additional aircraft allowed the RCAF to more than double its passenger miles from 120.2 to 263.5 million and to increase its cargo ton miles from 16.2 to 65.8[36]. Air transport had now become an important component of the RCAF.

At the same time that Hellyer was forcing the issue of transport, Air Force Headquarters was attempting to deal with the difficulties associated with the deployment of air force units on peacekeeping missions. Negative reports from UNYOM and UNSF resulted in discussions being held at Air Transport Command. These talks were summarized in a letter to Air Force Headquarters wherein shortcomings in UN advance planning, the provision of rations and quarters, lack of a logical allowance policy, safe operating conditions due to lack of knowledge of the terrain, a scarcity of navigational aids and health standards were detailed. The letter was followed by a document entitled "Planning Guide for Air Transport Command Participation in U.N. Operations" with the recommendation that a similar guide be adopted at the headquarters level. In addition, it was proposed that responsibility for the items listed in the letter remain with Canada rather than the UN[37]. Air Force Headquarters, at the time trying to cope with its impending demise, does not appear to have acted upon the recommendations. As a result, similar difficulties would continue to trouble the air force during future peacekeeping missions.

The RCAF's last eleven years of existence had seen the air force become involved in a major new undertaking – peacekeeping. It was a new defence role which the government had embraced enthusiastically and which the RCAF supported, although somewhat reluctantly. Nevertheless, until the RCAF was absorbed into the Canadian Armed Forces, it provided essential airlift, tactical support and specialist personnel albeit with the occasional problem. The first mission in support of the UNEF in 1956 exposed weaknesses within the air force transport element which would continue to plague the air force until the 1964 White Paper. After the publication of this document, with its emphasis on peace-keeping as an equal "defence partner" with NATO and NORAD, the air force was forced to rectify, as much as possible, deficiencies within Air Transport Command. As well, the air superiority foundation upon which the air force had been based, and which had guided its development throughout the nineteen fifties, began to erode. It is interesting to note that when the integrated Canadian Armed Forces became a reality in 1967, and former service elements were amal-gamated into functional commands, within North America only Air Defence Command and Air Transport Command were retained from the RCAF. Peacekeeping and the Canadian air force are inseparable.

Notes

1. S.F. Wise, <u>Canadian Airmen and the First World War</u>, (Toronto, University of Toronto Press, 1981), 580-81.

2. W.A.B. Douglas, <u>The Creation of a National Air Force</u>, (Toronto: University of Toronto Press, 1986). For a detailed history of RCAF civil operations see Chapter Two: "The RCAF and Civil Aviation" and Chapter Three: "Bush Pilots in Uniform."

3. Ibid., 118.

4. Larry Milberry, <u>Aviation in Canada</u>, (Toronto, McGraw- Hill Ryerson, 1979), 193.

5. Air Historical Section, <u>RCAF Logbook</u>, (Ottawa, King's Printer, 1949), 83.

6. Ibid., 74.

7. Desmond Morton, <u>A Military History of Canada</u>, (Toronto, McClelland and Stewart, 1992), 227.

8. <u>RCAF Logbook</u>, 88.

9. John Griffin and Samuel Kostenuk, <u>RCAF Squadron Histories and Aircraft: 1924-1928</u>, (Toronto, Hakkert and Company, 1977), 144. The ceiling for the Canadian army was authorized at 49,000.

10. Ibid., 145.

11. Ibid., 145.

12. Stephen L. James, "<u>The Formation of Air Command, A Struggle for Survival</u>," MA Thesis, Royal Military College of Canada, Kingston, 1989, 19.

13. Ibid., 45.

14. James Eayrs, <u>In Defence of Canada: Peacemaking and Deterrence</u>, (Toronto, University of Toronto Press, 1972), 95-101.

15. Tom Keating, <u>Canada and World Order</u>, (Toronto, McClelland and Stewart, 1993), 112.

16. Fred Gaffen, <u>In the Eye of the Storm</u>, (Toronto, Deneau and Wayne, 1987), 38-41.

17. David Cox, "Peacekeeping: The Canadian Experience," <u>Peacekeeping: International Challenge and Canadian Response</u>, (Lindsay, Ontario, Canadian Institute for International Affairs, 1968), 47-8.

18. James, 19.

19. Cox, 50-51.

20. Ibid., 51-52. The document indicated that UN forces would have to "be used at very short notice" and would require "the necessary mobility" to meet their taskings. Given previous UN missions to the Sinai, Congo and Cyprus, necessary mobility could only be provided by air transport.

21. For both the UNEF and ONUC, the mainstay of the RCAF airlift were the Canadair North Star and the Fairchild C-119 Flying Boxcar aircraft. Both had limited range and cargo capacity. For more details on these aircraft see Milberry, <u>Sixty Years</u>, (Toronto, CANAV Books, 1984)

22. Jon B. McLin, Canada's Changing Defense Policy, 1957-1963, (Baltimore, Johns Hopkins Press, 1967), 195.

23. National Archives of Canada (NAC), RG 24, Vol 20, 244, UN Congo File, "Year End Round Up".

24. Cox, 52-53.

25. These operations were the United Nations Military Observer Group in India and Pakistan (UNMOGIP) and the United Nations India-Pakistan Observer Mission (UNIPOM).

26. Department of National Defence, Directorate of History (DHist), Unit Annual Historical Reports for 115 Air Transport Unit: 1956-1967.

27. DHist, Historical Report No. 13, "Canada and Peace-Keeping Operations Yemen", 11-12.

28. Ibid., 14-15. The helicopter was an H19 which was to be provided from UN resources in the Congo. The RCAF, having no personnel current on type, turned to the RCN to provide training on a similar helicopter. The H19 was tested during the last two weeks of August 1963 and the plan to use it was abandoned on 3 September.

29. Ibid., 33.

30. DHist, File 83/217, Unpublished Narrative by the Commanding Officer of 116 ATU, 6.

31. Historical Report No. 13, 28. The aircraft had arrived without brake discs. It would take three months before an RCAF Hercules was available to do a supply run to 116 ATU.

32. Standing Committee on National Defence, Minutes of Proceedings and Evidence, No. 18, Queen's Printer, 31 Oct 63, 639.

33. NAC, RG 24, Vol. 20, 123, file "Defence White Paper 1963-1969. White Paper on Defence, Queen's Printer, 1964, 23.

34. Paul Hellyer, Damn the Torpedoes, (Toronto, McClelland & Stewart, 1990), 73-74.

35. Ibid., 113-114.

36. Standing Committee on National Defence, Minutes of Proceedings and Evidence No. 9, Queen's Printer, 16 Jun 66, 215.

37. Historical Report No. 13, 34-35.

ITALIAN PEACEKEEPING OPERATIONS
(1950-1995)

V. Adm. Mario Buracchia

General

Persian Gulf, Middle East, Lebanon, Sinai: the attention of the national and world public has often been drawn on these names; some have been recurring for a long time, others quite recently. These names are all linked to regional conflicts that have been shaking the world since the end of World War Two and whose dangerousness for the world peace has certainly not receded.

The United Nations intervened to prevent the resumption of conflicts and, where this was not possible, multinational agreements were concluded to send military forces to the hotbeds of the world, to maintain a peaceful status quo while awaiting the final settlement of ongoing disputes.

The employment of Italian military units outside national territory for operational tasks is currently envisaged to meet the following specific requirements:

- participation in the management of the postwar phase of the Gulf crisis in pursuance of the UN resolutions on the Iraq-Kuwait conflict;

- participation of Italian personnel and equipment in Peacekeeping Missions:

  - as "Military Forces" or in "Missions of Military Observers" under the aegis of the UN;

  - in multinational agreements aimed at control/security activities similar to those pursued by the peacekeeping forces defined by UN Security Council Resolutions;

- technical-military assistance to foreign countries on the basis of bilateral agreements.

From the postwar period to the last few years, Italy has conducted a high international activity by participating in a variety of operations abroad, ranging from humanitarian rescue to downright peacekeeping operations including the use of military force.

The first mission started in 1950 when Italy undertook to organize the Somalia security forces under a UN Trusteeship assigned to Italy. The mission was concluded by end 1955, after about six years, and involved about 6,000 Italian troops.

From 1960 to 1964, Air Force personnel were employed in medical evacuation operations under the United Nation Observers Congo. During this mission, 7 Italian crew members died in 1961 in three air crashes and 13 airmen of the 46th Air Brigade were slaughtered at Kindu on 15 November of the same year.

We should then mention the rescue missions, more humanitarian than peacekeeping carried out by the Navy employing AB204 and SH3D helicopters; on the flood in Tunisia in 1973. On that occasion, 90 missions (218 flying hours) were carried out: about 1,000 people were rescued and 44 tons of various materials were carried. In support of these activities, the Italian ships Veneto, Doria, Indomito and Impetuoso were rotated in the port of La Goulette.

Also the rescue of Vietnamese refugees (boat people) by the Navy through the deployment of ITS Veneto, Doria and Stromboli to the Southern Chinese Sea in 1979 may be included among the humanitarian missions. On that occasion, the Italian units sailed almost nonstop for 45 days and rescued about 1,000 people including men, women and children, taking them aboard.

A more specific peacekeeping mission was carried out by the Army and Navy in Lebanon in 1982-1984. Italy contributed two contingents (totalling about 10,000 men) to the multinational peace force established to evacuate western nationals from Beirut and to try to restore peace among the factions. The first contingent concluded its mission on 12 September 1982. After the attack in which the Lebanese President Bachir Gemayel was killed in Beirut (14 September) and the slaughter in Sabra and Chatila refugee camps, another Italian contingent took part in a multinational force with security tasks, reaching Lebanon on 23 September. The missions came to a conclusion after the attacks against the French and US contingents (23 October 1983) and the resumption of hostilities between the Lebanese factions.

More recently, we can mention the operation "Airone" to assist the Kurdish minority in Northern Iraq at the end of the Gulf war. Within the framework of the Operation Provide Comfort, the operation Airone was aimed at assisting the Kurdish refugees in the area of Zhako, accommodating them in large camps and providing medical assistance, food and military protection against potential Iraqi attacks.

We should then mention the all Italian operation conducted by the Army and Navy in Albania to distribute international aid, also provided by other EC. nations, under bilateral agreements with that government.

After that, I will just mention the Italian participation in the operations "Desert Shield" and "Desert Storm" as well as the minesweeping operations in Kuwait territorial waters and in Somalia, within the framework of the US operation "Restore Hope," while I will describe in detail two specific peace-keeping operations:

• the Italian Naval contingent in the Sinai (MFO Sinai);

• the Italian Military Contingent in Mozambique (UNOMOZ).

The Italian naval contingent in the Sinai

The Sinai Peninsula

The Sinai Peninsula, a desert region, is both bridge and barrier between the Asian and African continents. The traditional Sinai economy, based on fishing and trading in the small coastal towns, and nomadic herding by the Bedouins of the interior, is in profound change. New village projects to settle the Bedouins have begun and development is transforming several coastal areas into international tourist resorts.

In recent years, the Sinai has been scarred by some of history's greatest battles: in 1948 following the proclamation of the State of Israel, in 1956 during the invasion of Egypt by Britain, France and Israel following the nationalization of the Suez Canal, in 1967 during the Six-Day War, and in 1973 during the October War.

The climate is dry and harsh. Only winter low pressure systems over the Mediterranean and Red Sea bring rains, also floods, to the area. Low pressure systems from the Sahara bring blinding sandstorms to the Sinai during much of the year. The coral reefs along the Gulf of Aqaba, among the world's most beautiful and well preserved, are prized by recreational divers and marine biologists alike.

Establishment of the M.F.O.

The Multinational Force and Observers deployed in the Sinai originate from many successful attempts to lay the foundations for a lasting peace through a treaty between Egypt and Israel following the 1973 war.

The peace process developed through two preliminary agreements (1974/1975) among the nations concerned calling for the deployment of UN emergency forces (UNEF 1st/UNEF 2nd) on the Sinai territory and led to a final Treaty between Egypt and Israel signed at Camp David (US) on March 26th, 1979.

This act brought an end to the state of war that had existed between the two nations since 1948, formalized a new relationship between them, and set out the terms of Israel's phased withdrawal from the Sinai.

The agreement is essentially based on the return of the Sinai to Egypt, on the almost total demilitarization of the Sinai and the bordering portion of Israel and on the presence of a peace force with a multinational composition since it cannot be directly assigned by the United Nations (declaration of the President of the Security Council, 18 March 1981).

This solution came at the end of the trilateral negotiations (Egypt-Israel-US) on the withdrawal of Israeli forces from the Sinai, with the signing of the "Protocol to the Treaty of Peace" (Washington, August 3, 1981) which established the Multinational Force and Observers (M.F.O.).

Between the end of 1981 and the beginning of 1982, the prospective contributing nations ascertained, through concerted action at diplomatic and military level, the availability of all necessary components. In particular, Italy assured it would assign and manage the M.F.O. naval component. To meet this requirement, the Italian Navy made provision for the conversion of four minesweepers to coastal patrol units suitable for operations in the Red Sea to ensure the presence of three units in the area as envisaged by the agreements.

On April 25, 1982, the date specified in the Treaty of Peace, representatives of Egypt, Israel and the MFO met at North Camp (the site of the Force Commander's Headquarters, at El Gorah in the northern Sinai approximately 20 kilometers south of the Mediterranean coastline). After a brief, cordial conversation, Israel's Star of David was replaced with the red white and black banner of the Arab Republic of Egypt. At that significant moment in the turbulent history of the region, the Sinai was returned to Egyptian sovereignty and the MFO took up its mission of peace.

Mission and tasks of the MFO

The mission of the MFO can be stated very simply: observe and report. Article II of Annex I to the Treaty of Peace established four security zones. Of these, three zones are in the Sinai in Egypt and one is in Israel along the international border. Limitations on military forces and equipment within each zone are stipulated in the Protocol to the Treaty. In all, there are four essential tasks assigned to the MFO:

1. Operation of checkpoints, reconnaissance patrols, and observation posts along the international boundary and line B, and within Zone C.

2. Periodic verification of the setting up of the provisions of the Annex to the Treaty of Peace, to be carried out no less than twice a month unless otherwise agreed by the Parties.

3. Additional verifications, within 48 hours, after the receipt of a request from either Party.

4. To ensure the freedom of navigation through the Strait of Tiran according to Article V of the Treaty of Peace.

The above-mentioned Article V reads at paragraph two:
"The parties consider the Strait of Tiran and the Gulf of Aqaba to be international waterways open to all nations for unimpeded and non suspendable freedom of navigation and overflight."

Organization of the MFO

The M.F.O. is an independent and multinational body established by Egypt, Israel and the United States with participation of ten other nations as agreed upon by the parties, each of which contributes a contingent and own assets for the fulfilment of the peace mission.

The MFO has been in operation for 13 years on a continuous basis and, since its inception, it has gradually improved to reach very high standards of excellence both in terms of coordination among the Force components and in terms of flexibility and effectiveness of the operational and logistic structure.

Responsibility for the direction of the MFO is vested in the Director General by the Protocol to the Treaty of Peace.

From MFO Headquarters in Rome, the Director General and a group of professionals from various countries exercise administrative and policy direction over MFO activities.

His authority is delegated to his staff at the headquarters in Rome, the Force Commander and his staff in the Sinai (North Camp) and the Director General's representatives in Cairo and Tel Aviv. The Host Nations grant the Director General of the M.F.O. a high degree of decision-making power which enables him to manage the Force, through the operational control of the Force Commander, thus meeting rapidly and effectively the demands submitted by the parties.

The delicate and fundamental aspect of the direct relations between the MFO components and the Host Nations is a responsibility of the liaison officers who entertain intense formal and informal relations with their Egyptian and Israeli counterparts to resolve minor problems and ensure a very high level of cooperation between the parties.

The operational component of the MFO organization comprises:

- 1 Fiji battalion in charge of the north-eastern sector of Zone "C";

- 1 Colombian battalion in charge of the central sector of Zone "C";

- 1 US battalion in charge of the southeastern sector of Zone "C";

- The Italian Coastal Patrol Unit in charge of the Strait of Tiran and surrounding waters;

- the civil observers entrusted with the verification of compliance with the Camp David Peace Treaty in the A, B, C zones.

In addition to the above-mentioned components, the Canadian contingent meets the support requirements of the Force Commander's staff, the French contingent provides for the airlift between North Camp and South Camp and other components meet the logistic, training and communication requirements.

The Coastal Patrol Unit

The MFO's Coastal Patrol Unit (CPU), which monitors the freedom of navigation through the Strait of Tiran at the southern entrance to the Gulf of Aqaba, is provided by the Italian contingent and is based at the Egyptian port of Sharm el Sheikh. Using the three converted minesweepers, the CPU works closely with the OPs in the southern sector of Zone C.

On a rotational basis, the Italian vessels operate regular patrols of the Strait and its approaches and possess an enviable availability record.

The tasks entrusted to the C.P.U. can be summarized as follows:

- to ensure the freedom of navigation in the Strait of Tiran;

- the interpretation of the word "ensure" is particularly important; by no means does it imply the use of force to deny or check any deliberate act intended to hinder the freedom of navigation in the Strait;

- to observe and report any element or activity within the scope of the peace treaty as well as to ensure that any verified violations are corrected;

- to report any current or imminent pollution damage in the area of responsibility.

The CPU must operate regular patrols, an average 12 hours a day on a month basis, of which no less than 30% to be performed at night.

To this end, the three units divide patrols and operational readiness tasks as follows:

- 1 unit at sea or in berth every day, kept at a state of readiness of 30';

- 1 reserve unit kept at a state of readiness of 2 hrs; - 1 unit kept at a state of readiness of 12 hrs.

Operational activity at sea

The CPU units have operated within the area of responsibility to monitor and identify merchant and military vessels transiting through the Strait of Tiran. Moreover, they have played an anti-intrusion role in the waters bordering some key coastal areas on the occasion of particular events.

The units carry out patrols inside the area of responsibility and identify by radio/optical means the merchant and military traffic transiting through the Strait and report the relevant data to the operations room ashore for their further assessment by the Command.

If the units believe they have detected a suspected boat, that is to say a boat thought to be acting against the freedom of navigation, they pursue and monitor the suspected boat and inform immediately the Force Command so that the Egyptian Authorities can alert their security forces to spring into action as soon as possible.

In normal situations, the average monthly volume of traffic through the Strait of Tiran is about one hundred merchant ships a month which confirms the importance of the Gulf of Aqaba for maritime trade.

The Italian patrol units have saved many human lives at sea and have contributed to rescue operations in the event of other sea accidents. For example, in February 1994, ITN ship Bambù was the first to report the accident of the Russian merchant ship "Baltiskie Zori" when it ran aground on the reef in the vicinity of the Ras Nasrani area and, during the following days, the Italian units worked hard and successfully to ensure the safe transit of vessels in the area where the sea accident had occurred.

The Italian contingent in Mozambique: operation "Albatross" (UNOMOZ)

Mozambique

The history of Mozambique as an independent nation is quite recent: it started in the 1960s, when various liberation movements developed and then united to form Frelimo, fighting for the full independence of the country from Portuguese rule. In 1975, after recognition of independence, S. Machel became Chief of State. Developing a Marxist-Leninist ideology, Frelimo centralized all powers and became a single party. An anti-government movement, Renamo, developed in the mid-1970s: it was supported by South Africa and Rhodesia and came into conflict with Frelimo.

The death of S. Machel and of his successor S. Chissano fostered the gradual liberalization of economy and the introduction of a multiparty system. The Rome agreements of 1992 ended the civil war.

Establishment of the contingent

The Italian participation in the UN mission in Mozambique was authorized by Parliament on 10 June 1992 following a request made to the Italian Prime Minister by the UN Secretary General under UN Security Council Resolution 797/1992. Operation ALBATROSS was a true peacekeeping mission conducted at the specific request of the conflicting parties, Renamo and Frelimo, who decided to stop fighting after 17 years of civil war.

The contingent's mission and tasks

To monitor:

- the cease-fire, the separation, concentration and demobilization of the opposed forces as well as the seizure, stockpiling and destruction of weapons;
- the complete withdrawal of foreign military forces;
- the demobilization of irregular armed groups.

To implement security measures for the protection of key infrastructure and services.

To protect the activities carried out by the UN and other international organizations in support of the peace process, concerning in particular the corridors connecting the sea to the internal borders.

In particular, the Italian contingent was tasked with contributing by its own presence to the peace and democratization process started with Italy's mediation. A more concrete task was to ensure practicability of the so-called BEIRA corridor, namely the road, railway and pipeline that enables Zimbabwe to be supplied from the sea. In substance, the Italian contingent was tasked with international police functions and with ensuring the transit of essential supplies to third countries.

Organization of the contingent and duration of the mission

The mission lasted about two years starting on 8 Feb. 1993 and was conducted in two phases. In the first phase, until April 1994, the contingent was structured as follows:

- 22 officers detached to MAPUTO and BEIRA Multinational Headquarters;
- a force:

- initially at brigade level (including a staff, a Command unit and tactical supports);
- later at regiment level (including 91 officers, 194 NCOs, 726 ORs and 4 voluntary nurses).

In the second phase, until 5 December 1994, the contingent was reduced as follows:

- a medical unit;

- a security company;

- a command and logistic support unit of 220 men including officers, NCOs, ORs and the 4 voluntary nurses.

In the second phase, the contingent's tasks were reduced to medical support to UN personnel and local population, as well as protection and security of Italian personnel and equipment.

The configuration of the assigned forces was at regiment level; they included:

- 1 alpine battalion, 1 AVES cavalry battalion, 1 medical unit and 1 logistic unit.

They were equipped with 700 means of different types, including 25 FIAT-6614 light armoured vehicles, 5 AB-205 helicopters, 3 CH47 helicopters and 2 SM-1019 light aircraft under the operational command of UNOMOZ Military Department and the operational control of the UN Commander, Central region, who was Italian and availed himself of a Multinational HQ.

The Contingent Commander's duty location was at BEIRA while the regiment HQ, signal platoon, engineer platoon, alpine battalion, AVES cavalry battalion, medical unit and logistic battalion were located at CHIMOIO.

In addition, a company was located at MORFAGA.

Main activities of the Contingent

The Contingent activities may be summarized as follows:

- 158 armed escorts to trains to/from BEIRA and MACHIPANDA (on the border between Mozambique and Zimbabwe);

- protection of oil pumping stations: 349 days at BEIRA and 350 days at MAFORGA (in addition, protection of other critical points);

- 44 armed escorts to logistic convoys in the area ranging between the BEIRA corridor to the North and RIO SAVE to the South;

- 1,386 patrols for control of state roads;

- 6 patrols on the road INCHOPE-RIO SAVE;

- 102 patrols on the road CHIMOIO-CATANDICA;

- security of regional staging areas;

- stockpiling and protection of:

- 100,000 armament materials;

- 19,000 light weapons;

- armed escorts to armament materials handed over by the demobilized forces during transfers;

- participation in humanitarian aid and food transportation;

- occasional presence near the staging areas of demobilized forces;

- protection of UN personnel on the above areas; the above activities amounted to 4,442,238 kms and 3,026 flying hours.

The flow of supplies was ensured by civil and military aircraft/ships which performed 3 flights and one shipping respectively every month on average, engaging 11 ships and 69 flights.

6,427 tons of materials were handled and 345 containers were carried.

Supplies have been ensured to all national units, to the staging areas of the local forces which were being demobilized and to all UN personnel of the Central region.

The field hospital set up by the medical unit played a key role in the relief operations. About 7,000 UN civilian and military personnel were examined and 862 hospitalized. About 23,000 Mozambican civilians were examined and 619 hospitalized.

During the operation, 4,734 servicemen were rotated in the contingent; 1 officer and 1 NCO died in an aircrash.

Conclusions

Having listed Italy's major overseas operations in the last few years, and having provided for a detailed description of two specifically "Peacekeeping" missions, I now would like to make a few general comments.

Chapter IV of the Charter of the U.N. provides for a sophisticated system for the settlement of international disputes, and it was exactly this international legal system that in 1950, shortly after the end of WW2, originated the first Peacekeeping operation for the solution of the Korean crisis. This operation came to a successful conclusion, after a three year involvement, with the signature of the armistice.

However, the first and probably most challenging test was represented by the operation for the settlement of the Middle East controversy, which was carried out in 1956 and originated from the nationalization of the Suez Canal by Egypt.

The U.N. General Assembly, under the "UNION FOR PEACEKEEPING" resolution, which legitimated its decision, ordered a cease-fire and endeavoured to form an international emergency force (UNEF) with the task of ensuring and monitoring the cessation of hostilities.

In conclusion, Peacekeeping operations have not disappointed the U.N.'s expectations, and have proved an effective instrument to safeguard world peace and security. Therefore, it would be desirable to better define their organization, techniques, equipment needed, training, and make all responsible Nations increasingly aware that they should equip themselves so as to provide for immediate and appropriate intervention in case of need. The tasks of the missions concerned are complex and exacting; they entail sacrifices and risks, and fully involve the consciousness and sense of responsibility of the individual soldiers and their commanders.

However, the practical implementation of the principles that have been openly agreed has led to a multitude of concepts and visions, and the Italian interpretation has often stirred debates and criticism. Every peace-loving Nation committing its forces abroad in order to pursue its objective, is not merely enforcing international humanitarian law but, in accordance with its own legislation, is applying the spirit of its national law.

As a consequence, a hypothetical European Peacekeeping force, formed by Italian, French and German units, would for instance see the Geneva protocols of 1977 thoroughly applied by the Italian contingent, partially applied by the German contingent and completely ignored by the French force. This undoubtedly represents a potential source of misunderstanding, frictions and inefficiencies that should be eliminated as soon as possible.

To conclude, I would mention two significant figures: so far, 600,000 men have in turn been engaged in the peace missions carried out during more than 40 years of activity; about 700 servicemen have died during such operations, in the performance of their duty.

In 1988, these sacrifices were tributed a fair and well deserved acknowledgement: the Nobel Prize for peace.

LE TRANSPORT AÉRIEN MILITAIRE FRANÇAIS ET LES INTERVENTIONS HUMANITAIRES DEPUIS 1945

François Pernot

1945 - *"Les déportés meurent d'une mort lente. Notre devoir est de ne pas laisser poursuivre cette oeuvre. L'armée de l'air a la responsabilité de les rapatrier depuis le lieu d'enlèvement jusqu'à l'aéroport d'arrivée"*[1].

1989 - *"Je tiens à adresser mes plus vives félicitations à tous ceux qui ont contribué au plein succès des opérations humanitaires récemment menées au Sénégal et en Mauritanie. Cette réussite honore le transport aérien militaire, et, au-delà, l'armée de l'air tout entière. Elle rehausse notre prestige, autant en France qu'à l'étranger, et démontre notre disponibilité ainsi que notre capacité opérationnelle. (...)"*[2].

Près de cinquante ans séparent ces deux textes et le premier, qui rappelle que des avions français de l'armée de l'air participent, dès 1945 et aux côtés des avions alliés, à une mission que l'on peut qualifier d'humanitaire puisqu'elle consiste à rapatrier les déportés, prisonniers et requis français en Allemagne, peut nous sembler déjà bien proche du second et des images que la télévision nous montre, depuis quelques années, de Transall et d'Hercules français rapatriant des ressortissants français et étrangers du Zaïre, parachutant des vivres en Bosnie ou acheminant du matériel médical au Rwanda, des missions que les médias désignent tantôt du terme générique et flou d'actions humanitaires, tantôt d'opérations de maintien ou de rétablissement de la paix – l'habitude s'est en effet prise à l'ONU de désigner ces deux dernières catégories de mission dont le contenu est très différent sous les noms de "peacekeeping" et de "peacemaking" ou encore "peace enforcement"[3]. Un essai de clarification s'impose donc dans le cadre de ce colloque pour différencier les missions et résoudre la question de leur définition et de leur finalité au sujet de laquelle une certaine confusion est souvent volontairement entretenue par les médias et les responsables politiques.

L'analyse des actions des forces armées françaises présentant un net caractère "humanitaire" permet de faire une nette différence entre celles qui ont lieu hors des zones de conflits et celles qui sont destinées à y mettre fin ou du moins à les atténuer. Dans le premier cas – catastrophes naturelles (séismes, cyclones, inondations...), famines, épidémies – il faut parer au plus pressé; c'est pour cette raison que l'on envoie en priorité des moyens aériens chargés de transporter des éléments d'intervention (EMMIR, Protection civile, BioForce...) ou des secours matériels (vivres, couvertures, médicaments...); dans le second cas, l'envoi de moyens militaires se justifie par un contexte politique dangereux et le besoin de protéger les convois humanitaires et de contrôler la distribution des secours.

Dans les deux cas, le transport militaire aérien français est sollicité, et ce depuis cinquante ans, ce qui prouve que l'aviation de transport militaire ne s'est pas lancée dans les interventions humanitaires à partir des années quatre-vingt seulement, comme sa brusque "découverte" par les médias de cette époque pourrait le laisser croire.

La diversité des missions et la médiatisation très importante du CoTAM/CFAP[4] au début des années quatre-vingt-dix, que ce soit dans les journaux ou à la télévision, pose également un problème d'identité au transport aérien militaire français qui a pu apparaître tour à tour comme une force aérienne de combat, une compagnie aérienne d'État, un organisme d'aide aux services publics ou une aviation à vocation humanitaire et qu'en conséquence son image peut sembler bien difficile à saisir. Pourtant, comme nous le verrons, cette image à plusieurs facettes s'explique par l'histoire de cet organisme depuis 1945, par la volonté politique de plus en plus forte, depuis la fin de la Seconde Guerre mondiale, d'impliquer davantage la France dans des opérations à caractère humanitaire et, de fait, par la multiplication et la diversité des actions humanitaires auxquelles a été confrontée l'aviation militaire de transport, qu'elle s'appelle GMMTA[5], CoTAM ou CFAP. On peut aussi légitimement se poser la question de savoir si les interventions humanitaires entrent dans les missions de l'armée et en particulier, dans le cadre de notre étude, dans les tâches spécifiques du transport aérien militaire. Enfin, il est intéressant d'analyser les problèmes que posent les missions humanitaires au transport aérien militaire français, les enseignements que ce dernier a tirés des nombreuses missions dans lesquelles il s'est trouvé engagé depuis cinquante ans – principalement depuis la fin des années soixante – et les solutions adoptées ou qui restent encore à adopter pour que le CFAP puisse bénéficier, dans le futur, d'une capacité d'intervention la plus polyvalente possible et la mieux adaptée aux différents types d'opérations humanitaires.

Du GMMTA au CoTAM

Si l'on fait abstraction des petites formations chargées d'acheminer les groupes d'infanterie de l'Air avant la Seconde Guerre mondiale, des GT II/15 et III/15[6] créés en 1940 et des lignes aériennes militaires du colonel de Marmier, le transport aérien militaire français naît, en tant qu'entité autonome, en 1945. En effet, en vue de rapatrier d'Allemagne – mais aussi de Suède, de Pologne et de Tchécoslovaquie[7] – les déportés, les prisonniers et les travailleurs français requis au titre du S.T.O. et dont l'état de santé ne permet pas un retour par train ou par route, le ministre de l'Air Charles Tillon signe, le 31 mars 1945, une note créant au départ une unité regroupant *"les avions non indispensables au fonctionnement des lignes extra-métropolitaines et les avions de transport de l'armée de l'air non sous commandement allié"* et la confie, provisoirement, au commandant Guillochon, chef du groupe 3/15[8]. Quelques semaines plus tard, à la suite du Comité de défense nationale du 18 avril 1945, le général de Gaulle prend la décision de former un Service des transports aériens militaires relevant de l'EMGA[9] et, le 21 mai 1945, Charles Tillon crée officiellement le Groupement des moyens militaires de transport aérien (GMMTA) – ce groupement devant, en principe et une fois sa tâche accomplie, être transformé en commandement de brigade ou d'escadre de transport selon le nombre des groupes de transport dont disposera alors l'armée de l'Air[10] – et donne pour mission au colonel Alias de poursuivre le travail entamé par le commandant Guillochon. Si, à l'origine, le colonel Alias et son adjoint, le commandant Jouhaud, ne disposent que de quelques trimoteurs Junkers Ju 52/3m, un mois plus tard, le GMMTA aligne quatre groupes sur Ju 52/3m et Douglas DC-3[11].

Pour coordonner les opérations de rapatriement est également mise sur pied, le 26 mai 1945, une commission interministérielle pour le rapatriement aérien, commission composée de représentants du ministère de l'Air, du ministère des Prisonniers, Déportés et Réfugiés, de l'association des anciens prisonniers et déportés, du ministère de la Santé publique et de représentants de la Croix-Rouge française. Cette commission a pour tâche de rechercher et rassembler les déportés à rapatrier, de régler les évacuations, d'en faire assurer l'exécution et d'organiser le fonctionnement des centres de réception et de tri sur les terrains de départ et d'arrivée. Pour assurer l'assistance en cabine des rapatriés, on fait également appel aux services des IPSA (Infirmières pilotes et secouristes de l'air) de la Croix-Rouge française installées au Bourget[12].

Au bout du compte, l'opération consistant pour l'armée de l'air à rapatrier en France les déportés, les prisonniers et les travailleurs requis, opération qui s'étend essentiellement entre les mois de mai et d'août 1945, permet de transporter quelque 30 000 personnes (16 000 prisonniers de guerre, 10 000 déportés politiques et 3500 S.T.O.) en 924 vols.

À la fin de l'année 1945 et parce que la guerre d'Indochine commence, le GMMTA n'est pas dissous. Cependant, dans les années cinquante, il ne constitue toujours qu'un groupement d'unités de transport formé à partir d'anciennes unités de bombardement et conservé, dans sa structure, pour assurer des missions de transport militaire dans le cadre des guerres coloniales. Partant, en 1955, les opérations humanitaires ne figurent pas encore dans la liste des missions du GMMTA. Il y est fait uniquement mention *"d'évacuations sanitaires vers la zone des arrières"*[13], donc dans le cadre d'un conflit, et il faut attendre le 22 avril 1958 pour que soit créé le Groupement d'unités aériennes spécialisées (GUAS) réaffirmant officiellement la mission du GMMTA et que, le même mois, soit installé à Villacoublay l'état-major du transport aérien militaire français.

Au début des années soixante, les opérations humanitaires n'apparaissent toujours pas dans la liste des tâches assurées par le GMMTA. Ne sont envisagées alors que des missions de *"politique de présence"*, les textes officiels précisant qu'elles comprennent aussi bien des *"missions de liaisons et communications nationales"* (transport de personnalités, valise diplomatique, liaisons aéropostales) que des missions *"d'aide et d'assistance que l'État prête, bénévolement, ou en application de conventions passées avec les collectivités ou des États étrangers, à des personnes ou à des populations dans l'embarras par suite de calamités naturelles, fortuites ou politiques"*[14].

En juin 1964, le CoTAM[15] acquiert une première dimension humanitaire avec la création, par Michel Debré, de l'Élément médical militaire d'intervention rapide (EMMIR), engagé au Biafra en 1968, au Pérou et en Jordanie en 1970, et au Nicaragua en 1972. Avec la mise sur pied de l'EMMIR, l'armée de l'air élabore un projet d'ordre d'opération pour le transport par voie aérienne de cet organisme et ce, en fonction de quatre zones d'actions délimitées géographiquement : l'Europe et le Moyen-Orient (zone A), avec quatre Noratlas en alerte au départ du Bourget; l'Afrique du Nord, le Sahara, Dakar, Abidjan et Brazzaville (zone B), avec cinq Noratlas en alerte; Madagascar, La Réunion et Djibouti (zone C) et l'Extrême-Orient (zone D), avec six Noratlas en alerte pour chacune de ces deux zones[16]. Progressivement, au cours des années soixante-dix, les Noratlas sont remplacés par des C-160 Transall capables de transporter des hélicoptères légers du type Alouette III, voire des Puma sous réserve de démontage partiel. Avec l'accroissement progressif de l'allonge des appareils et le fait que l'on raisonne maintenant en termes de capacités interthéâtres et intrathéâtres, cette division géographique n'est plus appliquée.

En 1983, la mission humanitaire du CoTAM est complétée par la création par Charles Hernu – en même temps que la Force d'action rapide (FAR) et après un accord entre le ministère de la Défense, la Fondation Mérieux et l'Institut Pasteur – d'une Force humanitaire d'action militaire et d'intervention rapide (FHAMIR). Celle-ci, qui intervient en 1985 au Mali, en Guinée, à Djibouti et à Madagascar, se compose de l'EMMIR, d'un hôpital aérotransportable de type Brochier en toile légère gonflable et d'un élément militaire biologique d'urgence ou Bioforce militaire, chargée, dans la plus pure tradition française, de soigner et de vacciner dans les pays du tiers-monde[17].

La création de la FHAMIR répond à une volonté politique d'intervenir davantage dans le cadre d'actions humanitaires liées à des opérations de maintien de la paix et, de la fin des années soixante à la fin des années quatre-vingt, le transport aérien militaire français s'est trouvé de plus en plus impliqué dans ce dernier type d'actions, qui ne sont encore, à cette époque, que des opérations de gestion périphérique de l'ordre établi à Yalta entre l'Est et l'Ouest.

La situation évolue encore au début des années quatre-vingt-dix, lorsque s'ouvre une *"une époque de rupture brutale qui bouleverse toutes les données de la diplomatie et de la stratégie classiques. L'accélération de l'histoire, avec les "trois glorieuses" de 1989, 1990, 1991, a mis fin au système bipolaire international issu de Yalta, Hiroshima et Potsdam. Les blocages et les rigidités du système Est-Ouest ont disparu. D'où de nouvelles crises, de nouveaux types de conflits, de nouvelles formes de violence armée incontrôlables, spécifiques au monde postcommuniste : conflits ethniques, de minorités, guerres civiles, frontalières, interétatiques. Le retour de la guerre, des affrontements armés, redevient possible sur l'axe Est-Ouest parce que le jeu de la dissuasion nucléaire entre les deux supergrands a fini de réguler les tensions et les crises internationales, régionales ou locales: la guerre du Golfe, les conflits dans l'ex-Yougoslavie ou en Afrique en constituent l'illustration"*[18]. Autrement dit, avec l'éclatement du bloc de l'Est, les opérations de maintien de la paix sont remises en question dans leur fondement même, les conflits étant maintenant le plus souvent des guerres civiles ou des *"guerres d'extermination dont la logique postule la victoire totale d'un parti sur l'autre"*[19] et dans lesquelles *"la conception classique des opérations de maintien de la paix (force d'interposition pour garantir un cessez-le-feu préalablement établi) n'est plus adaptée"*[20]. Bref, chacun s'accorde désormais pour dire que *"la mission nouvelle de consolidation de la paix n'est plus guère probante, comme en témoigne le Cambodge. La mission humanitaire apparaît alors, et ordre est donné à des soldats qui, sous casques bleus, ne doivent toujours pas combattre, d'assurer et de protéger l'acheminement des convois porteurs de secours"*[21].

La mission de type humanitaire prenant le pas sur la mission plus générale de maintien de la paix ou d'interposition, le transport aérien militaire est donc de plus en plus sollicité pour acheminer vivres, médicaments et équipes de secours un peu partout à la surface du globe. Les événements motivant ces interventions sont nombreux et conditionnent l'action du transport aérien militaire français, ce sont en particulier :

"• *La paupérisation et le dénuement des populations du tiers et du quart-monde, mais aussi la vulnérabilité et les exigences des populations des pays développés face aux catastrophes naturelles et écologiques.*

• *L'atomisation des anciens empires, coloniaux ou non, en petits États démunis de moyens et incapables de faire face aux crises.*

• *Le processus de démocratisation accélérée, source inévitable de déstabilisation et de troubles dans les pays où la vie politique repose sur d'autres traditions.*

• *La médiatisation du village mondial, qui offre à des milliards de spectateurs, des images de misère et des spectacles insoutenables, poussant ainsi les gouvernements des pays développés à agir"*[22].

Dans ce contexte, les actions humanitaires auxquelles participe le transport aérien militaire français sont de quatre types: l'évacuation de ressortissants; l'intervention en cas de catastrophes naturelles ou technologiques; les missions d'assistance aux populations; et l'intervention militaro-humanitaire. Dans ce cadre, par rapport aux O.N.G. et aux organismes caritatifs, qui peuvent eux-aussi affréter des moyens aériens civils, le transport aérien militaire français, que ce soit le CoTAM avant 1994 ou le CFAP après, bénéficie d'un atout maître. Outre des équipages parfaitement entraînés, il aligne en effet un matériel[23] disponible vingt-quatre heures sur vingt-quatre et comprenant des avions pouvant se poser non seulement sur n'importe quel aéroport international civil, mais aussi sur des terrains sommairement aménagés, ou encore, en cas d'absence de zones de poser, capables de larguer du matériel ou du personnel et ce à des altitudes variant entre 3 m et 10 000 m[24].

Des missions humanitaires de plus en plus nombreuses depuis la fin des années soixante

Si l'on fait à présent un rapide survol des opérations humanitaires dans lesquelles est engagé le CoTAM/CFAP depuis les années soixante, on constate qu'elles sont toujours déclenchées à la suite de la réunion d'une cellule de crise décidée au plus haut niveau politique. Comme le précise en 1992 le général Mercier, de l'État-major des Armées, *"toute crise mettant en jeu nos intérêts, la sécurité de nos ressortissants ou nécessitant une aide immédiate de la France, provoque la mise sur pied d'une cellule de crise. Constituée de hauts fonctionnaires des ministères concernés (Affaires étrangères, Défense, Secrétariat d'État à l'Aide Humanitaire,...) et de représentants des Armées, la cellule de crise n'est pas un organisme de décision. Pluridisciplinaire, travaillant en temps réel, elle analyse la situation et propose des options aux grands décideurs. Une fois le choix fait, la synergie des actions diplomatiques, militaires et humanitaires produit son plein effet et l'exécution est immédiate, chacun sachant les actions qu'il doit entreprendre"*[25].

Après consultation de la cellule de crise, l'État-major des Armées prépare la mission et définit, en fonction de celle-ci, les matériels, moyens, personnels et techniques les mieux adaptés pour remplir cette mission. Une des premières cellules de crise réunies pour coordonner une opération humanitaire menée par le transport aérien militaire français est mise en place lors de l'opération *"Secours Tunisie"*, en octobre-novembre 1969. Cette opération est lancée suite à une décision du gouvernement français d'apporter une aide aux populations tunisiennes sinistrées après les pluies diluviennes des 25-26 septembre 1969 et les trois vagues d'inondations qui en résultèrent, les 26 septembre, 8 et 22 octobre 1969. Dès le 11 octobre, un groupement de transport composé de quatre hélicoptères H.34 de l'escadron *Maurienne*, basé à Chambéry, et un Nord 2501 Noratlas de l'escadron *Bigorre*, stationné à Pau, quitte la métropole. D'autres appareils établissent peu après un pont aérien entre la France et la Tunisie, pont aérien qui est le seul moyen d'acheminer rapidement des secours à l'intérieur d'un pays privé de voies de communication – rails, routes – vers des régions isolées. Cette opération est importante à plus d'un titre car elle permit de dégager des enseignements repris par la suite pour préparer le transport aérien militaire aux missions ORSEC, notamment pour organiser les unités et choisir les matériels aériens les mieux adaptés, comme le C-160 Transall[26].

Dans les années qui suivent, le CoTAM assure de nombreuses autres missions de transport d'équipes de secours. Citons seulement, en novembre 1985, les deux hélicoptères SA.330 Puma prépositionnés à Cayenne, en Guyane, et à Pointe-à-Pitre, en Guadeloupe, et munis d'un équipement d'hélitreuillage, qui sont envoyés à Arméro, en Colombie, après l'éruption du volcan Nevado del Ruiz et la catastrophe provoquée par le torrent de boue qui a englouti la ville. Le 8 décembre 1988, à la suite d'un tremblement de terre en Arménie, deux C-130H-30 de la 61e escadre acheminent vers Ierevan les premières unités d'intervention de la Sécurité civile, soit, pour chaque avion, 85 personnes, 10 chiens et 7,5 t de matériels de secours et de déblaiement. Le 10 décembre 1988, des moyens de secours supplémentaires sont amenés à pied d'oeuvre par les DC-8 de l'escadron de transport *Estérel*. Au total, jusqu'au 18 décembre 1988, 680 personnes sont transportées (sauveteurs, équipes cynophiles, sapeurs-pompiers de Paris, marins-pompiers de Marseille, équipes de la base de transit aérien, journalistes) et 120 t de fret[27]. De la même manière, après le passage du cyclone Hugo, qui dévaste la Guadeloupe en septembre 1989, le CoTAM envoie aux Antilles des moyens importants, des hélicoptères Puma, des Douglas DC-8 et des C-160 Transall. Un premier enseignement peut déjà être dégagé de ces missions. Tout d'abord, la mise en oeuvre des moyens aériens doit être puissante et rapide, un impératif lorsqu'on mesure le rôle et l'importance du facteur temps dans la gestion des crises.

L'idéal est donc la force prépositionnée, ou force de présence. Le prépositionnement d'avions permet d'intervenir rapidement, comme en 1984 en Guinée, à partir de Dakar; en 1985, aux îles Fidji et à Vanuatu, à partir des bases de Tahiti et de Nouméa; et en 1986, en Colombie, avec des appareils basés à Pointe-à-Pitre et à Cayenne.

En 1992, partant de cette idée, le général Pennacchioni, chargé d'animer un groupe de travail sur les aspects technico-financiers de l'action humanitaire des armées, a formulé plusieurs propositions. Pour lui, le volume financier à consacrer aux actions humanitaires ne doit pas être budgétisé mais disponible à tout moment. Il a donc proposé une *"grille d'acceptabilité"* pour estimer, avec une faible marge d'erreur, le coût d'une opération humanitaire selon l'emplacement géographique et les moyens utilisés, en ajoutant que le rôle des attachés de défense devait être repensé et que ceux-ci devraient à l'avenir disposer de compétences élargies à l'action humanitaire en tant qu'experts ou conseillers[28].

Le CoTAM puis le CFAP prennent part également à des opérations de transport de populations et d'évacuation : au Liban, en avril 1989, des blessés sont évacués par Transall et Hercules sur l'aéroport de Larnaca, à Chypre; du 29 avril au 16 mai 1989, trois C-160 Transall et deux C-130 Hercules participent au pont aérien permettant de rapatrier 9 171 Mauritaniens et 10 792 Sénégalais dans leur pays respectif; et en Ethiopie, en mai-juin 1991, un C-160 Transall de la BA 181, évacue des ressortissants français[29].

Deux autres opérations récentes sont particulièrement importantes et caractéristiques du type de missions que le pouvoir politique demande au transport aérien militaire d'assurer. La première, l'opération *Baumier*, est déclenchée en septembre 1991, à la suite des troubles et du climat d'insécurité régnant au Zaïre. Pour cette opération, le CoTAM met en oeuvre dix C-160 Transall, deux C-130 Hercules et un Douglas DC-8 – auxquels se joignent deux SA.330 Puma de l'ALAT – afin d'effectuer des rotations entre Brazzaville, Bangui et Kinshasa ainsi que des transports logistiques entre la France et l'Afrique. La seconde grande opération de transport de populations se déroule d'octobre 1991 à novembre 1993 au Cambodge et, rien qu'entre février 1992 et novembre 1993, trois C-160 Transall de la 61e escadre d'Orléans – avec au total trente-quatre équipages – effectuent vingt-quatre allers et retours France-Cambodge en 918 heures de vol, et transportent 1 977 passagers et 279 t de fret entre les deux pays tout en accomplissant sur place et principalement entre Phnom Penh, Battambang, Seamreap et Tbeng Meanchey ainsi que sur la route Phnom Penh-Bangkok, 1 145 vols en 4 660 heures de vol, avec 48 096 passagers et 3 096 t de fret.

Toutefois, une des missions du transport aérien militaire que l'on peut qualifier de plus "humanitaire", concerne le transport de vivres et d'équipes médicales. Ainsi, dans les années quatre-vingt, les DC-8 du CoTAM transportent d'importantes quantités de vivres vers le Sahel – Burkina Fasso, Mali, Niger, Tchad – tandis que des C-160 Transall en provenance de la métropole et de Djibouti apportent l'aide de la France aux pays de la corne de l'Afrique touchés par la famine. Dans le même temps, d'autres Transall acheminent des médicaments et des équipes de vaccination appartenant à la Bioforce vers différents pays d'Afrique, comme la Guinée, Madagascar, le Mali et la Somalie. De la même manière, en décembre 1988, un C-160 Transall transporte des vivres en Ouganda où sévit une terrible famine; un mois plus tard, le 29 janvier 1989, un second C-160 Transall, repeint en blanc pour la circonstance, ravitaille le sud du Soudan en céréales[30].

Ces missions de transport de vivres requièrent des aviateurs non seulement un grand savoir-faire, mais aussi une puissante capacité d'adaptation. Adaptation à leur chargement d'abord, comme en avril 1989, les deux cents moutons vivants (!) que doit transporter à Aden un C-160 Transall de l'ETOM 00.088 de Djibouti, le gouvernement djiboutien ayant décidé d'apporter une aide alimentaire aux Yéménites après les fortes pluies de mars et avril 1989[31]. Adaptation d'une mission de paix à un contexte de lutte armée ensuite, comme l'opération *Libage*, à la fin d'avril 1991, soit deux mois après la fin de la guerre du Golfe, qui vise à secourir les réfugiés Kurdes, et engage, depuis la base turque d'Incirlik, des personnels du CoTAM, de la BOMAP (Base opérationnelle mobile aéroportée) et du RLA (Régiment de livraison par air). Six Transall du CoTAM (cinq équipages) partis de France les 5 et 7 avril 1991, effectuent – en compagnie d'avions américains et britanniques – leurs premiers largages au-dessus des réfugiés kurdes dès le 8 avril. En 15 jours, ils accomplissent cinquante-six sorties, soit 235 heures de vol et larguent 260 t de fret sous la protection de chasseurs F-15 et F-16, et d'avions de veille aérienne et d'A-10 américains[32].

Au début des années quatre-vingt-dix, d'autres opérations de transport de vivres et d'équipes médicales sont lancées en direction de la Corne de l'Afrique. En Somalie, en décembre 1992, dans le cadre de l'opération *Oryx* et de *Restore Hope*, le CoTAM ravitaille Mogadiscio en faisant des navettes entre la Somalie et Djibouti, renforcé en cela par des C-5 Galaxy de l'USAF entre le Bourget et Mogadiscio. Du 9 au 14 décembre 1992, les C-160 Transall de l'ETOM 88 de Djibouti et de la 64e escadre d'Evreux et les C-130 Hercules de la 61e escadre d'Orléans transportent de Djibouti à Mogadiscio, 466 passagers et 307 t de fret en 17 heures de vol de jour et 36 heures de vol de nuit[33]. Citons encore, à la fin de février 1993, l'opération *Iskoutir* que la France déclenche afin d'apporter une assistance médicale et humanitaire aux populations touchées par le conflit opposant des rebelles armés aux forces gouvernementales en république de Djibouti.

Mais les opérations les plus médiatiques et médiatisées, celles qui ont peut-être le mieux fait connaître le CoTAM auprès du grand public, sont les interventions en ex-Yougoslavie et au Rwanda. Ainsi, depuis juin 1992, le CoTAM (puis le CFAP) organise un important pont aérien entre Split et Sarajevo au cours duquel, de juin 1992 au 1er avril 1995, les C-160 Transall et C-130 Hercules français effectuent 2 120 missions et transportent 26 800 passagers et 24 900 t de fret. Enfin, du 21 juin 1994 au 15 août 1995, l'opération *Turquoise*, a vu la mise en place d'un pont aérien humanitaire entre Istres et les pays jouxtant le Rwanda, le transport de fret – essentiellement du matériel médical et militaire – étant assuré par quatre Antonov An-124 (loués par la France à une compagnie russe privée), trois C-130 Hercules, neuf C-160 Transall, un B-747, un Airbus A.310 et cinq hélicoptères dont deux SA.330 Puma SAR. En deux mois, grâce à cette impressionnante armada aérienne, pas moins de 2 960 t de fret et 7 080 passagers peuvent être transportés très rapidement au Rwanda en 2 120 heures de vol[34].

Enfin, la guerre du Golfe, la crise au Zaïre (opération Baumier) et l'évolution accrue vers des tâches de protection de l'environnement – qui incomberont de plus en plus, dans les années à venir, au transport aérien militaire –, montrent la nécessité impérieuse pour la France de disposer rapidement d'avions TLRA (transport à long rayon d'action), les DC-8 ne suffisant pas, même remotorisés. De la même manière, les C-160 Transall devraient à terme être eux aussi remplacés, en tous les cas ceux de la première génération, en attendant le FLA (*Future Large Aircraft*), le futur avion européen de transport qui succéderait à la fois au C-160 Transall et au C-130 Hercules. Cette nécessité a été réaffirmée par le Livre blanc sur la Défense nationale et le ministre de la Défense François Léotard lui-même lors d'un discours à l'Assemblée nationale sur la loi de programmation militaire[35].

Le transport aérien militaire et les problèmes que posent les opérations humanitaires

Après avoir effectué un rapide tour d'horizon – loin d'être exhaustif – des opérations humanitaires dans lesquelles le transport aérien militaire français est engagé depuis 1945, une première constatation s'impose: les opérations humanitaires en 1994 posent des problèmes souvent identiques à ceux qui étaient déjà apparus en 1945.

Problèmes d'informations tout d'abord : les transporteurs aériens militaires doivent disposer du maximum de renseignements sur les pays où ils vont opérer, renseignements sur le relief et le climat, mais aussi sur la localisation exacte du lieu où se trouvent les populations qu'ils ont à évacuer ou à ravitailler. Se posent également des problèmes de filtrage de ces populations à évacuer, des problèmes de capacité d'emport des avions et d'aménagement intérieur, des problèmes de relations avec les autorités locales, voire même avec les autorités alliées, des problèmes liés à la menace des tirs sol-air et des problèmes pour trouver la technique de largage le mieux adapté possible et le moins sujet à faire l'objet d'un racket du fret parachuté par des "petits seigneurs locaux", comme c'est le cas en ex-Yougoslavie.

Le premier problème concerne la nécessité d'obtenir des informations les plus complètes possibles sur les populations à évacuer ou à ravitailler. Il s'agit là d'un problème déjà ancien, qui s'est posé pour la première fois lors du rapatriement d'Allemagne des déportés, prisonniers et requis puisque, le 20 mai 1945, aucun aviateur français ne connaît encore précisément l'emplacement exact de tous les camps de prisonniers ou camps de concentration en Allemagne. Les hommes du colonel Alias doivent donc effectuer des reconnaissances dans le nord et le sud de l'Allemagne pour recueillir des renseignements afin *"d'agir rapidement si nous voulons faire un effort pour cette cause éminemment humaine"* comme le note le commandant Loisel, un des seconds du colonel Alias[36].

À ce propos, la lettre du 28 mai 1945 du général Valin au ministre de l'Air analyse bien toute la difficulté de la question : *"Le problème du rapatriement des déportés est avant tout un problème de prospection puis de rassemblement des déportés. Personne n'a été capable jusqu'à présent de nous indiquer des zones autres que celles que nous évacuons déjà, susceptibles d'un rapatriement aérien intéressant. On parle sans précision de petits camps d'une centaine de personnes la plupart situés en Bohème ou en Saxe, c'est-à-dire dans la zone russe où nous ne pouvons aller, et on attire notre attention sur le fait que les renseignements donnés datent de plusieurs jours, parfois plusieurs semaines, la situation a probablement évolué. Ce problème n'a pas échappé au général de Gaulle qui a provoqué la réunion du 26 mai à son cabinet. Cette réunion a montré une fois de plus que personne ne savait où aller chercher les déportés. (...) Force nous est donc, en attendant, de continuer le rapatriement dans les zones que nous évacuons déjà et de lancer des prospections dans d'autres zones en vue de trouver de nouveaux débouchés. (...) Par ailleurs, les résultats obtenus dans les 3 zones actuellement exploitées par moyens aériens (Lunebourg, Pilsen et Gotha – la zone de Dachau est évacuée dans de très bonnes conditions par le gouvernement suisse) – prouvent que malgré l'évacuation maintenant réalisée des grands camps de ces régions, un courant continu de rapatriés s'est établi vers les aérodromes utilisés par nos avions. Ce courant encore faible se développera certainement dès que l'existence de nos avions sera connue. Dès maintenant on apprend que de nombreux déportés se dirigent vers ces points. (...) Il apparaît donc en définitive que la solution du rapatriement aérien réside dans la stabilité des aérodromes d'évacuation et l'établissement en quelque sorte de lignes aériennes régulières sur lesquelles on peut doser facilement la quantité d'avions mis en jeu selon les besoins. (...) Ainsi, en évitant la dispersion des efforts et un rendement faible et lent, nous sauverons le maximum de braves Français déportés. (...) Je me permets enfin d'appeler votre attention sur le fait que nos évacuations par avion ne sont pas admises par SHAEF et que les premières ouvertures faites auprès de cet organisme ont été reçues assez froidement. Le cabinet du général de Gaulle cherche de son côté à faire revenir les Américains sur l'interdiction qui est faite d'envoyer des missions en Allemagne, interdiction qui entrave tout le travail de prospection. Nous continuerons quoi qu'il en soit nos évacuations en quelque sorte clandestines en s'efforçant toujours d'obtenir un accord amiable des autorités locales"*[37].

Un autre problème a trait à la nécessité qu'il y a d'établir un filtrage des personnes à évacuer ou à rapatrier, les opérations humanitaires se déroulant généralement dans des pays en pleine désorganisation, voire plongés dans la guerre civile. Ainsi, il ressort qu'en 1945 le remplissage des avions français en Allemagne est loin d'être satisfaisant puisque non seulement certains appareils attendent plusieurs jours durant des passagers, mais aussi qu'ils ramènent souvent des personnes suspectes ou du moins non prioritaires par rapport aux déportés, prisonniers et requis. Dans une note au ministre de l'Air, le général Valin affirme même que cinq Waffen SS seraient rentrés avec des avions français en se faisant passer pour des déportés![38] Pour cette raison, le ministre de l'Air exige qu'un filtrage sévère soit instauré et que soient aussi exclus du rapatriement aérien français les travailleurs volontaires et les femmes allemandes, qu'elles soient ou non mariées à des Français. Le général Valin fait donc mettre en place des mesures drastiques pour surveiller l'embarquement en Allemagne des personnes à rapatrier et, à la suite de ces mesures, deux ex-Waffen SS français sont arrêtés le 7 juin à Lunebourg. Valin fait toutefois remarquer que la surveillance est rendue difficile par le fait que les autorités américaines et britanniques imposent souvent des étrangers dans les groupes à rapatrier et menacent, en cas de refus, de ne plus laisser les aviateurs français rapatrier leurs compatriotes[39]. La précipitation avec laquelle sont menées certaines opérations explique également que le bilan des effectifs des personnes rapatriées d'Allemagne est très compliqué à établir. En effet, l'état des rapatriés d'Allemagne à la date du 21 juin 1945, réalisé par le médecin-colonel Tisney chef de la mission aérienne française de rapatriement, indique qu'ont été évacués 3 503 déportés politiques (52,28 %), 2 032 prisonniers de guerre (30,32 %), 1 066 S.T.O. (15,91 %) et 96 divers (1,49 %), soit, au total, 6 697 personnes, alors qu'un autre état, adressé par le général Valin au ministre de l'Air, signale déjà, à la date du 14 juin 1945, 3 717 déportés politiques soit presque deux cents de plus que le chiffre avancé par le médecin-colonel Tisney le 21 juin[40].

En revanche, le bilan du rapatriement aérien, à partir du 13 juin 1945, des déportés et prisonniers sanitaires évacués en Suède et, en particulier, en juillet et août 1945, des femmes déportées à Ravensbrück, permet d'établir avec précision que le GMMTA a ramené 490 personnes de la région de Stockholm, 438 de la région de Göteborg et 776 de la région de Malmö[41].

Il est maintenant aussi prouvé qu'après le 8 mai 1945 les aviateurs du GMMTA doivent bien souvent imposer leurs vues à leurs collègues alliés, peu désireux de voir des Français opérer dans leur zone d'occupation. Ainsi, dès le 9 mai 1945, comme le signale le général Valin dans sa lettre du 28 mai 1945 au ministre Tillon, le major-général américain John T. Lewis, du SHAEF, alors en mission en France, fait passer une note limitant pour les Français la visite des zones d'opérations à l'intérieur de l'Allemagne, en particulier des camps de concentration, *"aux infirmières et aux médecins expérimentés"*[42]. Pourtant, l'urgence demeure et les Français entendent bien rapatrier eux-mêmes leurs compatriotes. Cette lettre n'a donc, semble-t-il, pas eu grand effet, puisque le cabinet militaire l'envoie à l'EMGA *"à toutes fins utiles"*, sans plus d'explications[43].

D'autres officiers américains, comme le colonel Elliott, adjoint au chef du bureau "transports" de l'US Army, vont encore plus loin et s'opposent fermement à toute entrée française sans autorisation dans la zone contrôlée par l'état-major interallié, jugeant même inutile que des médecins français soient envoyés en renfort dans les camps en Allemagne!

Heureusement, tous les officiers américains ne sont pas aussi intransigeants et certains, tel le colonel Bagdy, chef du bureau "opérations" des transports aériens (*Combined Air Transport Operations Room*), ne sont pas opposés au fait que les Français utilisent leurs avions de transport pour rapatrier les déportés politiques, à condition qu'ils trouvent de l'essence. Car la priorité en matière de carburant d'aviation est à cette époque donnée aux B-17 Flying Fortress qui ont déjà ramené, le 25 mai 1945, 66 000 Américains, 135 000 Anglais et 116 000 Français prisonniers en Allemagne[44]. Il n'en demeure pas moins que, jusqu'à la fin du mois de mai 1945, les opérations aériennes françaises de rapatriement sont effectuées sur une très petite échelle et à l'insu du commandement interallié. Dans d'autres cas, les aviateurs français doivent composer pour ne pas dire négocier. Ainsi, du 24 au 31 mai 1945, à la demande du colonel Hamer de la 21ᵉ Armée britannique, les avions du GMMTA et la section IPSA de Lille, rapatrient de Lille-Lesquin à Lunebourg, près de Lübeck, 4 000 civils russes déportés par les Allemands et regroupés au Touquet-Paris Plage, recevant des Russes l'autorisation de ramener, "en échange", 5 000 prisonniers français[45]. Si l'attitude des Américains, des Britanniques et des Soviétiques a pu, en 1945, gêner les opérations de rapatriement effectuées par les aviateurs français, ces derniers ont par la suite appris à travailler en coopération avec leurs alliés, qui ont reconnu leur professionnalisme.

Un autre problème a trait à l'aspect géographique d'une mission: ainsi, la complexité du volet aérotransport de l'opération Libage en raison du relief montagneux et des mauvaises conditions atmosphériques de la zone frontalière entre l'Irak, la Turquie et l'Iran, a transformé cette opération en une véritable mission militaire tactique à vocation humanitaire. Dans d'autres cas, les appareils doivent évoluer depuis des pistes sommairement aménagées, comme le C-160 Transall évacuant, le 2 octobre 1991 lors de l'opération *Baumier*, une mission catholique perdue dans la forêt équatoriale en atterrissant et en décollant sur une piste en latérite de 1 000 m de long et d'à peine 30 m de large[46].

Aujourd'hui, comme c'est le cas depuis 1992 à Sarajevo, en ex-Yougoslavie, les aviateurs du transport militaire français se heurtent à un nouveau genre de difficulté, celle de l'ouverture de l'aéroport, qui est bien souvent soumise au bon vouloir des différentes factions politiques contrôlant la ville[47]. Combien de fois, depuis trois ans, les journalistes n'ont-ils pas annoncé que l'aéroport était ouvert puis fermé, puis réouvert, etc.? Cet intérêt nouveau pour la prise de possession d'un aéroport et son maintien en activité illustre parfaitement l'importance qu'a pris, depuis la fin de la Seconde Guerre mondiale, le transport aérien pour ravitailler et secourir des villes isolées ou assiégées. Dans toute intervention humanitaire, en ex-Yougoslavie comme au Rwanda, l'aéroport est donc devenu un symbole, sorte de terminal du cordon ombilical reliant deux mondes, une position-clé pour toute opération humanitaire car disposant de toute l'infrastructure – pistes, hangars, possibilités de stocker du carburant, moyens de chargement et de déchargement, ateliers de maintenance, etc. – nécessaire à une intervention aérienne rapide, massive et efficace. Cet intérêt pour le contrôle d'un aéroport s'était déjà manifesté lors du pont aérien de Berlin à la fin des années quarante, mais avec cette différence, qu'à l'époque les Soviétiques encerclant la capitale allemande ne tiraient pas sur les appareils effectuant la navette avec l'Ouest.

En Bosnie, la situation se trouve compliquée par le fait que la tâche d'aide aux populations se double d'une mission d'interposition très périlleuse. Là encore, le transport aérien militaire français a du s'adapter très vite pour trouver la parade la plus efficace aux tirs venant du sol et, après la destruction par un missile sol-air portable, en septembre 1992, d'un Fiat G.222 à proximité de l'aéroport de Sarajevo, un programme d'équipement a été lancé pour doter progressivement six C-130 Hercules et douze C-160 Transall du système de contre-mesures électroniques *Sherlock* et de lance-leurres montés sous le fuselage.

Enfin, lorsqu'il s'agit de parachuter du fret, des vivres ou des médicaments, il reste encore à définir la meilleure technique d'aérolargage, celle qui est en tous les cas la mieux adaptée et la moins dangereuse pour les populations au sol. Ainsi, en décembre 1993, au terme de neuf mois de largages nocturnes de vivres et de vêtements en Bosnie dans le cadre de l'opération baptisée *Provide Promise*, les C-160 Transall français (un chaque nuit), venant du CIET 340, de la 61e et de la 64e escadre ont effectué 169 missions nocturnes, 1 226 heures de vol et largué 877 t de vivres et de vêtements en mettant en oeuvre deux techniques de largages. La première technique répond au système CDS (*Contain Delivery System*), consistant en un conteneur sur palette avec un seul parachute-frein américain, le conteneur atteignant le sol avec une vitesse verticale de 87 km/h. La seconde, qui est basée sur le système TRIADS (*Tri Wall Aerial Distribution System*), fait appel à des cartons remplis de rations de vivres individuelles ou MRE (*Meals Ready to Eat*) et largués sans parachute à la manière de tracts, ce qui offre l'avantage d'assurer une meilleure distribution de l'aide et évite ainsi le racket exercé par certains potentats locaux sur les conteneurs. Au terme de 270 missions d'aéro-largage au-dessus de Sarajevo, 930 000 rations de ce type ont pu ainsi être larguées.

Conclusion : le transport aérien militaire français, les opérations humanitaires et l'avenir

Pour la France, si l'opération humanitaire pose un problème éthique et diplomatique, celui du droit d'ingérence et de l'obligation d'assistance, elle n'en constitue pas moins *"un témoignage de solidarité bilatérale avec les pays aidés"*[48]. Par ailleurs, *"aux yeux de la communauté internationale, elle* (l'opération humanitaire) *renforce l'image de volontarisme et d'humanisme affiché de longue date par la France. Sur le plan intérieur, elle est un remarquable facteur de cohésion pour l'armée. De plus, elle resserre le lien entre l'armée et la nation. Un récent sondage montre qu'une majorité de Français se reconnaissent dans la participation de l'armée à ce type d'opérations"*[49]. Si l'on se situe à un niveau plus européen, il est maintenant avéré que la présence militaire française, et plus généralement onusienne, en matière d'aide humanitaire effective dans une guerre comme celle qui frappe l'ex-Yougoslavie permet de battre en brèche tous les conflits emboîtés et d'éviter ainsi la prolifération à d'autres États. Comme le note le général Peron, *"La guerre du Golfe a ouvert une ère nouvelle, celle de la défense par la force du droit international. Les interventions en Somalie ou en ex-Yougoslavie ont illustré le concept nouveau et paradoxal de l'humanitaire armé. La vaste planète offre alors, hélas! un champ possible d'action"*[50]. Il apparaît donc que nourrir les populations constitue le premier stade pour prévenir ou tout au plus contenir les conflits. Dans ces cinq dernières années, l'humanitaire est devenu avec l'aide des forces armées – au premier plan desquelles se trouve le transport aérien militaire – un des bras de la diplomatie européenne pour imposer la paix, ce qui n'avait encore jamais été réalisé auparavant.

C'est pourquoi, à n'en pas douter, le transport aérien militaire français devra encore assurer bien des opérations humanitaires au cours du siècle prochain car ce type d'opérations semble bel et bien destiné, dans l'avenir, à devenir la mission première des pays occidentaux industrialisés, sortes de nouveaux "gendarmes mondiaux", comme le souligne Ph. Moreau-Defarges *"À la fin des années quatre-*

vingt, le droit d'assistance ou d'ingérence humanitaire se profile comme l'un des traits majeurs du nouvel ordre mondial. Puisque, désormais, la planète est une et que l'humanité est appelée à se transformer en une communauté universelle, il paraît légitime que toute situation mettant en péril des hommes, du fait soit de la nature (tremblements de terre, pollutions...), soit de la politique (guerres civiles, dictatures...), appelle une intervention internationale destinée à faire face à ce malheur"[51]. L'humanitaire est-il donc devenu un *"volet de la sécurité collective? N'est-il pas le pilier d'un nouvel ordre mondial?"*[52] Telles sont les questions que pose Maurice Torelli, doyen de l'Institut du droit de la paix et du développement de l'Université de Nice-Sophia-Antipolis, et, de fait, *"par-delà les ambiguïtés de cette stratégie, la France a-t-elle les moyens de ses ambitions?"*[53] On peut dès lors s'interroger: après son entrée dans le club très fermé des pays détenteurs de l'arme nucléaire – mais club maintenant de plus en plus ouvert –, la France ne se doit-elle pas, en tant que puissance, d'accroître son appartenance au cercle encore restreint des pays pratiquant "l'humanitaire armé" sur une grande échelle? Dans cette perspective, le transport aérien militaire français devrait être appelé à jouer un rôle majeur qui ne pourra se réaliser que si l'armée de l'air peut, selon les propres termes du général Douin, chef d'état-major de l'armée de l'air, *"mettre en oeuvre un nombre adapté d'avions ravitailleurs et une flotte importante d'appareils de tranport modernisés et protégés, qui offrent la double capacité tactique et stratégique"*[54].

Notes

1. "Déclaration de Charles Tillon à la séance du Conseil de Défense nationale du 25 mai 1945", minutes du procès-verbal de la séance, SHAA, papiers Gaujour, série Z non coté.

2. Message du général chef d'État-major de l'armée de l'Air à l'ensemble des unités ayant participé aux opérations au Sénégal et en Mauritanie, par le général d'armée aérienne J. Fleury, chef d'État-major de l'armée de l'Air. *Air Actu*, n° 423, juillet-août 1989.

3. Jean BETERMIER (vice-amiral), "Les Forces armées et l'action humanitaire", *Défense* n° 61, janvier 1993, UA/IHEDN, p. 40-41.

4. Commandement du transport aérien militaire (CoTAM) devenu, le 11 mars 1994, Commandement de la force aérienne de projection (CFAP).

5. Groupement des moyens militaires de transport aérien (GMMTA).

6. Ce dernier groupe fut dissous en 1942 et recréé en 1945 sous l'appellation de *Maine*.

7. Sur les rapatriements de Pologne et de Tchécoslovaquie, voir général GAZZANO, "Le rapatriement des déportés et des prisonniers par voie aérienne en 1945", *Revue historique de l'armée*, numéro hors série 1969 "L'aviation militaire française 1909-1969", Paris, 1969, p. 122 à 129, p. 127.

8. "Décision du ministre concernant l'utilisation des avions de transport", Paris, 31 mars 1945, SHAA, E 3836. Sur la création du GMMTA : général Raymond BARTHELE-MY, *Histoire du transport aérien militaire français*, Paris, 1981, France-Empire.

9. "Décision du général de Gaulle concernant la création d'un Service des transports aériens militaires", 4 mai 1945, SHAA E 3836.

10. "Note du ministre Charles Tillon pour le général, inspecteur général et commandant les forces aériennes engagées et le général, chef d'état-major général", Paris, 7 juin 1945, SHAA, E 3836.

11. Voir l'article du général GAZZANO, "Le rapatriement des déportés et des prisonniers par voie aérienne en 1945", *Revue historique de l'armée*, numéro hors série 1969 "L'aviation militaire française 1909-1969", Paris, 1969, p. 122 à 129, p. 123. Les 1/15 *Touraine* (commandant Vieugeot), avec quinze DC-3 ; le 2/15 *Anjou*, avec six DC-3; le 3/15 *Maine*, avec seize Ju 52 ; et le 4/15 *Poitou*. À ces groupes, il faut ajouter, à titre temporaire, cinq Ju 52/3m de la marine, deux Goéland sanitaires, quelques avions de liaison de l'EMGA, sept groupes de la Brigade de bombardement n° 11 sur B-26 Marauder (les GB 1/19 *Maroc*, 1/22 *Gascogne*, 2/20 *Bretagne* de la 31e escadre ; les GB 1/32 *Bourgogne*, 2/52 *Franche-Comté*, 2/63 *Sénégal* et 1/34 *Béarn* de la 34e escadre) ainsi que deux groupes lourds, les 1/25 Tunisie et le 2/23 *Guyenne* sur Halifax. Comme le signale le général Barthélémy, ces deux groupes ne quittent la Grande-Bretagne qu'en octobre 1945 pour s'installer à Bordeaux-Mérignac. Cf, Général Raymond BARTHELEMY, *Histoire du transport aérien militaire français*, Paris, 1981, France-Empire, p. 38.

12. Général GAZZANO, "Le rapatriement des déportés et des prisonniers par voie aérienne en 1945", *Revue historique de l'armée*, numéro hors série 1969 "L'aviation militaire française 1909-1969", Paris, 1969, p. 122 à 129, p. 123.

13. "Historique du TAM", *Info CoTAM*, n° 40, juin 1979.

14. Lieutenant-colonel GUIGNARD, "Possibilité d'utilisation de l'aviation de transport militaire au profit de la nation en temps de paix", ESGA/CESA, 1962-1963, SHAA, E 24192, p. 28-30.

15. La guerre d'Algérie ayant montré l'importance croissante du transport aérien militaire, ce dernier est hissé au niveau de grand commandement, le CoTAM, par un décret du 19 février 1962, et on y rattache les hélicoptères de l'armée de l'air.

16. "Projet d'ordre d'opération concernant l'aérotransport d'un élément médical d'intervention d'urgence", lettre du général Guernon au chef d'état-major de l'armée de l'air, Villacoublay, 30 juin 1964, SHAA, E 4302.

17. "Une dimension humanitaire", entretien avec Charles Hernu, *Armées d'aujourd'hui*, n° 148, mars 1990.

18. Daniel COLLARD, "La diplomatie caritative: alibi ou paravent?", in *Défense nationale*, mai 1993, p. 114-115.

19. Maurice TORELLI, "Les missions humanitaires de l'armée française", in *Défense nationale*, mars 1993, n° 3, p. 69.

20. *Idem*.

21. *Idem*.

22. Général MERCIER (État-Major des Armées), "Un même combat", *Armées d'aujourd'hui*, n° 170, mai 1992.

23. En 1995, en matière de moyens lourds en dotation, le CFAP regroupait cinq Douglas DC-8 pouvant transporter 172 passagers et 15 t de fret sur 9 000 km, deux Airbus A.310-300 capables d'acheminer 185 passagers et 11 t de fret sur 7 000 km, douze C-130 Hercules, 75 C-160 Transall dont 22 ravitaillables en vol. On peut ajouter à tous ces appareils les onze citernes-volantes C-135FR des CFAS, sans lesquels les missions à très longue distance ne seraient pas possibles.

24. Colonel ROUÉ, "Les ailes logistiques", *Armées d'aujourd'hui*, n° 166, décembre/janvier 1992.

25. Général MERCIER (État-Major des Armées), "Un même combat" par le général Mercier, *Armées d'Aujourd'hui*, n° 170, mai 1992.

26. Commandant Michel FLEURENCE, "L'opération 'Secours Tunisie'", *Forces aériennes françaises*, mai 1970, n° 269.

27. "Action du TAM au cours de l'opération sur l'Arménie", *Info CoTAM*, juin 1989, n° 62.

28. A.K. "Devoir d'assistance", *Armées d'aujourd'hui*, n° 169, avril 1992.

29. Michel LUIZET avec FFDJ et AFP, "Opération Godoria", *Armées d'aujourd'hui*, n° 163, septembre 1991.

30. Commandant BOUVET, "CoTAM sans frontières", *Armées d'aujourd'hui*, n° 145, novembre 1989.

31. "Missions humanitaires à l'ETOM 00.088 Djibouti - le ciel moutonne", *Info CoTAM*, juin 1989, n° 62.

32. Commandant Annie GRIMAL et Armelle DATIN, "Opération Libage", *Armées d'aujourd'hui*, n° 160, mai 1991.

33. Clc Olivier HARMANGE, "Opération Oryx", *Air actualités*, n° 459, février 1993.

34. Avt Valère MONTOYA, "Opération Turquoise", *Air actualités*, juillet/août 1994, n° 474.

35. *"L'examen par le Livre blanc des différentes hypothèses d'emploi de nos forces - les scénarios que nous avons élaborés - montre qu'il leur faudra aussi pouvoir agir loin des frontières, l'objectif à terme étant que toutes les forces puissent être projetées et intervenir dans des délais brefs. Le gouvernement estime en effet que le renforcement de la capacité de mobilité des forces s'impose aujourd'hui. Ce sont des ravitailleurs plus nombreux : cinq KC-135 seront achetés en 1995 car nous en avons de plus en plus besoin pour la projection stratégique de nos moyens aériens; cela a été récemment encore le cas au Rwanda. Ce sont des avions Airbus, qui viendront compléter les deux aéronefs achetés en 1993 et relever les DC-8 vieillissants. C'est le renouvellement à terme (...) des cargos tactiques C-130 et C-160; pour cela, des crédits sont prévus pour la définition et le prédéveloppement du programme de l'avion de transport futur, la décision finale ne devant être prise qu'en 1997."* Allocution de monsieur François LEOTARD, ministre de la Défense prononcée à l'Assemblée nationale sur la loi de programmation militaire. Deuxième séance de la seconde session ordinaire 1993-1994 de l'Assemblée. Mardi 24 mai 1994.

36. "Compte-rendu d'activités de la mission de rapatriement aérien des prisonniers et déportés français" par le commandant Loisel, secrétaire général adjoint du CGAT, Paris, 20 mai 1945, SHAA, papiers Gaujour, série Z non coté.

37. Lettre du général de CA Martial Valin, chef d'état-major général Air au ministre de l'Air, Paris, 28 mai 1945, SHAA, papiers Gaujour, série Z non coté.

38. Note du général Valin au ministre de l'Air, 3 juin 1945, SHAA, papiers Gaujour, série Z non coté.

39. Lettre du général Valin au ministre de l'Air, Paris, 18 juin 1945, SHAA, papiers Gaujour, série Z non coté.

40. État numérique des rapatriés d'Allemagne, 21 juin 1945, SHAA, papiers Gaujour, série Z non coté.

41. Lettre du ministre de l'Air au ministre des Prisonniers, Déportés et Rapatriés, Paris, 13 juin 1945, SHAA, papiers Gaujour, série Z non coté.

42. Lettre du major-général John T. Lewis, chef de la mission américaine en France, au général d'armée, chef d'état-major général de la Défense nationale française, 9 mai 1945, SHAA, papiers Gaujour, série Z non coté.

43. *Idem.*

44. Compte-rendu de liaison effectuée le 25 mai 1945 auprès du SHAEF à Reims par le lieutenant-colonel Alias au sujet du transport d'Allemagne en France des déportés politiques, SHAA, papiers Gaujour, série Z non coté.

45. Voir le dossier "Rapatriement des prisonniers français en Allemagne", SHAA, carton Correspondance, IX.7.

46. Lieutenant-colonel Bernard SALVIGNOL, "Le salut vient du ciel. Opération Baumier", *Armées d'aujourd'hui*, n° 167, février 1992.

47. Le même problème s'est posé lors de l'intervention au Rwanda avec l'ouverture de l'aéroport de Kigali.

48. A.K. "Devoir d'assistance", *Armées d'aujourd'hui*, n° 169, avril 1992.

49. *Idem.*

50. Général Pierre PERON, "La projection de forces", *Défense nationale*, août-septembre 1993, p. 57.

51. Philippe MOREAU-DEFARGES, "Quel est l'avenir des interventions humanitaires?", *Défense nationale*, août-septembre 1993, p. 87.

52. Maurice TORELLI, "Les missions humanitaires de l'armée française", *Défense nationale*, mars 1993, n° 3, p. 66.

53. *Idem.*

54. Allocution du général d'armée aérienne DOUIN, chef d'état-major de l'armée de l'air à l'IHEDN, 1er octobre 1994.

ESFUERZOS ARGENTINOS PARA EL MANTENIMIENTO DE LA PAZ DURANTE EL SIGLO XX.

Coronel (R) Dr. Profesor José Luis Picciuolo

1. Introducción.

La vocación argentina por la paz es una constante desde que surgió como Nación independiente, después de mayo de 1810. En 1821, el General José de San Martín, máximo prócer y héroe nacional, durante la guerra por la Independencia de Hispanoamérica, intentó en el Perú llegar a un acuerdo con el virrey realista, Teniente General José de La Serna. Se reunieron los dos en Punchauca, una hacienda próxima a la ciudad de Lima, con el propósito de hallar, como cita Mitre en su conocido libro, "un medio de avenimiento amistoso"[1]. San Martín quiso contribuir a evitar la continuidad de la lucha y sus lamentables consecuencias y alcanzar la paz con el Rey de España, Fernando VII.

En 1822, San Martín y Bolívar firmaron un pacto de unión, liga y confederación permanente, para poder terminar la guerra y unirse los nuevos países hispanoamericanos, ante la amenaza de las potencias europeas de la Santa Alianza. El objetivo, señalado explícitamente en los primeros párrafos de este tratado, era "terminar las calamidades de la presente guerra"[2].

En el conflicto de límites entre Argentina y Chile, de fines del siglo XIX y principios del siglo XX (que pudo desembocar en una guerra), el arbitraje de Gran Bretaña terminó en un tratado de paz y una convención de limitación de armamento entre los dos estados. Los dos gobiernos desistieron de la compra de naves de guerra en construcción en astilleros europeos y se comprometieron a disminuir sus escuadras en un período de cinco años[3].

En la guerra entre Chile y la alianza entre Bolivia y el Perú (1879-1884), Argentina se mantuvo neutral, con una inquietud permanente por lograr la paz entre países hermanos.

En 1902, las escuadras de Gran Bretaña, Alemania e Italia, ejecutaron una acción punitiva contra Venezuela, por el cobro compulsivo de algunas deudas contraídas por dicho país. La Argentina formuló, a través de su Ministro de Relaciones Exteriores el Dr. Luis María Drago, una tesis denegatoria de dicho cobro compulsivo. "La deuda pública no puede dar lugar a la intervención armada ni menos a la ocupación material del suelo de las naciones americanas por una potencia europea". Esta propuesta halló eco en los Estados Unidos, quién sostuvo la necesidad de utilizar el arbitraje en las reclamaciones de un estado a otro, de manera de evitar la violencia de la lucha armada, respetando la soberanía de los países[4]. Después de la Ira Guerra Mundial, Argentina formó parte de la Sociedad de las Naciones. Se retiró en 1920, sosteniendo la necesidad de admitir a los países vencedores. Se reintegró en 1932 y se incorporó como fundador a las Naciones Unidas.

2. Argentina y el Mantenimiento de la Paz en la Guerra del Chaco (1932-1935). Misión humanitaria en la Guerra Civil Española (1936). Mantenimiento de la Paz en la Guerra entre el Perú y el Ecuador (1941).

a. La Guerra del Chaco (1932-1935).

La guerra del Chaco entre Paraguay y Bolivia, reconoce antecedentes que se remontan a la época de la Guerra de la Independencia, después de 1810.

El territorio disputado fue el Chaco Boreal, al oeste del río Paraguay y al norte del Pilcomayo (límite entre Argentina y Paraguay), con una superficie aproximada a los 250.000 kilómetros cuadrados, una longitud de unos 1.000 kilómetros con un ancho de 450. Territorio de características áridas, cubierto a veces por un monte bajo, sin suficiente cantidad de recursos y de agua, con muy escasa población.

Antes de la guerra y durante décadas, ambos países lucharon diplomáticamente para que se reconocieran sus derechos. Bolivia los sostenía en la antigua jurisdicción de la Audiencia de Charcas, durante el período hispánico, la cual tenía jurisdicción hasta el río Paraguay.

Este país manifestaba que su dominio del territorio chaqueño constituía la herencia recibida cuando se independizó de España, porque siempre había tenido dependencia administrativa de Asunción. En 1877, un fallo arbitral del Presidente de los EE.UU. Rhuterford Hayes, adjudicó al Paraguay una parte del territorio del Chaco, comprendido entre los ríos Verde y Pilcomayo. Bolivia no aceptó el fallo plenamente[5].

Después de la Guerra del Pacífico, en la cual Bolivia perdió su salida al mar por el Océano Pacífico, este país intensificó sus aspiraciones.

En 1879 se firmó el tratado Quijarro-Decoud, aceptándose la división del territorio en disputa (línea Río Apa-Pilcomayo). Según Efraín Cardoso, se intentó ceder a Bolivia más de la mitad del Chaco, pero el Congreso del Paraguay no lo aprobó. El de Bolivia opuso dificultades y sus términos estimularon a este país para obtener una salida sobre el río Paraguay, "como un modo de compensar la pérdida de su litoral sobre el Pacífico"[6].

En 1906 Bolivia comenzó una tarea de penetración e instaló dos fortines sobre el río Pilcomayo, llamados Guachalla y Ballivián, mientras se realizaban conversaciones en Asunción. Con posterioridad continuaron sus avances, pero el 12 de enero de 1907 se concretó un Convenio de "Statu quo"[7].

En 1903, el Brasil obtuvo de Bolivia el territorio del Acre, pero le cedió un sector del territorio en Bahía Negra, con lo cual Bolivia accedió al río Paraguay.

Los intereses petroleros jugaron también un rol importante; según Efraín Cardozo, una de las más importantes empresas petroleras de los EE.UU. tenía vastas explotaciones en territorio boliviano, aledaños al Chaco. Estimuló a Bolivia en sus pretensiones, deseosa de ensanchar sus pertenencias con los hidrocarburos, que se creían existentes en gran escala en el Chaco y para asegurar salida propia por el río Paraguay[8].

Bolivia continuó su plan de ocupación progresiva, apoderándose de varios fortines. La Argentina ofreció a las dos partes sus buenos oficios y a tales efectos organizó una Conferencia entre 1927 y 1928, pero no se pudo aproximar a los dos países para lograr una solución negociada.

Desde fines de 1928 hubo encuentros de patrullas, ocupación de fortines y combates menores entre ambos bandos. El 8 de diciembre de 1928 Bolivia rompió relaciones con su vecino Paraguay, procediendo a la movilización de sus fuerzas militares. Los incidentes y choques entre destacamentos continuaron y fueron incrementados por ambas partes, en un clima bélico alarmante.

El 14 de diciembre de 1931 fuerzas bolivianas tomaron por asalto al fortín Boquerón. Fue recuperado por el Paraguay en una batalla importante, entre el 9 y 29 de setiembre de 1932 y se rindió la guarnición boliviana, después de fuertes combates. Las operaciones militares de esta guerra, que duró tres años, resultaron favorables al Paraguay. Después de la batalla de Boquerón, fracasó una ofensiva boliviana sobre Nanawa en 1933. Al año siguiente, dos nuevas acciones de repercusión estratégica del Paraguay (cuyo conductor militar era el después Mariscal José Félix Estigarribia), lograron hacer avanzar las tropas a los confines del Chaco. Al momento del armisticio, en junio de 1935, había ocupado el territorio en disputa y amenazado la zona petrolera de Bolivia y la provincia de Santa Cruz de la Sierra.

Este país tuvo unos 50.000 muertos, 31.000 prisioneros y desertores. Paraguay unos 36.000 muertos y menores pérdidas en heridos y prisioneros[9].

Fueron utilizados medios modernos de lucha, que para la época se pueden considerar avanzados: aviones de combate y de transporte, tanques livianos (en el bando boliviano), transporte motorizado masivo, coordinado con el ferroviario (especialmente en el Paraguay) e incluso fluvial. "Bolivia tenía una línea de comunicación larguísima (1.800 Kms.), de los cuales 800 correspondían al ferrocarril y 1.000 a malos caminos, que debían atravesar el terreno rocoso de las sierras y zonas arenosas o arcillosas. En época de lluvia se convertían en bañados casi intransitables[10].

b. *Esfuerzos diplomáticos y etapas para concretar la paz.*

Una Conferencia Especial de Arbitraje, reunida en Washington en 1928 y 1929 creó una "Comisión de Neutrales", integrada por cinco países no limítrofes de los beligerantes: Estados Unidos, Colombia, Cuba, México y Uruguay. La finalidad era iniciar negociaciones para concretar la paz, pero no pudo detener la guerra, según Cardozo por la intransigencia boliviana[11].

Argentina tuvo en este conflicto, un papel protagónico: junto a Brasil, Chile y Perú organizó otra comisión, conocida por A.B.C.P.. En la misma fue importante la presencia del Ministro argentino de Relaciones Exteriores del entonces Presidente Justo, el Dr. Carlos Saavedra Lamas, quién obtuvo posteriormente el premio Nóbel de la Paz. En un primer momento, la posición de la Argentina consistió en tratar de remitir la solución del conflicto a la Sociedad de las

Naciones, situación que obligó a los neutrales a disolverse como Comisión. Pero, "recusada la Sociedad de las Naciones por Bolivia, la solución quedó en manos del ABCP liderado por Saavedra Lamas, quién además proyectó un "Pacto Antibélico" o instrumento pacifista.

La finalidad de este Pacto fue "asegurar el imperio de la paz en un régimen de conciliación que no derogue sino complemente y armonice todos los acuerdos existentes"[12]. Fue ratificado en 1933 por Argentina, Brasil, Chile, México, Paraguay y Uruguay[13].

Los esfuerzos de Saavedra Lamas lograron organizar el llamado "Grupo Mediador", constituido por representantes de Argentina, Brasil, Chile, Estados Unidos, Perú y Uruguay. En Buenos Aires, con la participación de los delegados de Bolivia y Paraguay, este Grupo presidido por el mismo Saavedra Lamas, firmó un Protocolo el 12 de junio de 1935, cesando las operaciones militares el día 14. Se invitó al Presidente de la Nación Argentina a convocar a una Conferencia de Paz, inaugurada el 1° de julio del mismo año.

Los objetivos de la misma fueron: resolver la cuestión territorial o de límites, mediante acuerdo de partes o fallo arbitral; promover la devolución de prisioneros, dictaminar sobre responsabilidades de la guerra y hacer cesar definitivamente las hostilidades[14].

Se constituyó simultáneamente una "Comisión Militar Neutral", para trasladarse al teatro de las operaciones, poner en vigor una tregua de doce días y establecer una línea de separación de los ejércitos, que sería mantenida bajo la garantía de la Conferencia de Paz. Los beligerantes se comprometieron a desmovilizar sus ejércitos, conservando un máximo de 5.000 hombres y a no hacer nuevas adquisiciones bélicas[15].

Cuando la Conferencia inauguró sus sesiones, la presidencia fue nuevamente ejercida por el Dr. Saavedra Lamas. La terminación de los episodios bélicos fue encomendada a una Comisión Militar Neutral, presidida por el General Argentino Rodolfo Martínez Pita e integrada por jefes y oficiales de los países mediadores.

Esta Comisión logró el cese del fuego efectivo y la fraternización de los dos bandos, además de reuniones cordiales entre los Comandantes en Jefe, el Mariscal Estigarribia del Paraguay y el General Peñaranda, de Bolivia.

Pero sólo después de tres años de negociaciones se alcanzó el definitivo tratado de paz en 1938.

c. *Fijación de líneas intermedias de separación entre beligerantes.*

A los efectos de evitar infracciones a la cesación del fuego y separar en forma clara los bandos en lucha, la Comisión Militar Neutral (con la cooperación de los dos Comandos Superiores), estableció líneas intermedias de separación. Se organizaron dos subcomisiones:

- Del lado boliviano, con el Comando en Villa Montes, intervinieron los siguientes Jefes y Oficiales:

    - General Alfredo R. Campos (Uruguay).

    - Coronel Jorge Tagle (Chile).

- Teniente Coronel Manuel Morla Concha (Perú).
- Teniente Coronel José M. Santa Cruz (Chile).
- Mayor John A. Weeks (EE.UU.).
- Capitán Juan Esteban Vacca (Argentina).

- Del lado Paraguayo, con comando en Capirenda:
  - General Carlos Fuentes (Chile).
  - Coronel José E. Trabal (Uruguay).
  - Coronel Germán Yañez (Perú).
  - Coronel Jorge J. Manni (Argentina).
  - Teniente Coronel Jorge Pimentel (Chile).
  - Mayor Pery Constant Bevilaqua (Brasil).
  - Capitán Frederick Dent Sharp (EE.UU.).
  - Capitán Mardoqueo Muñoz (Chile).

La Comisión Militar Neutral solicitó de los dos Comandantes en Jefe que se realizara la limpieza de campos minados y la fijación mediante hitos de la línea intermedia. El trabajo se ejecutó normalmente, con la amplia colaboración de los dos bandos[16].

d. Devolución de los prisioneros.

El 21 de enero de 1936, Bolivia y Paraguay firmaron un Acta para proceder a la devolución recíproca de los prisioneros de guerra, comenzando la tarea treinta días después de la aprobación legislativa del documento. La Conferencia creó el 3 de febrero del mismo año la Comisión Especial de Repatriación, con la presidencia del Coronel Argentino Ernesto Florit, con Jefes y Oficiales de países neutrales y delegados de Bolivia y Paraguay. Se constituyó en Buenos Aires, con equipos de control en Asunción y La Paz y en los lugares fronterizos de pasaje de los medios de transporte. El gobierno argentino facilitó el transporte ferroviario y el control sanitario. Además brindó comunicaciones postales y telegráficas al servicio de autoridades y repatriados[17].

La repatriación comenzó el 2 de mayo y se dio por terminada el 21 de agosto. Por algunos detalles de ejecución, las tareas se dieron por finalizadas definitivamente recién en mayo de 1937. En total, volvieron a su país 344 oficiales y 16.600 suboficiales y soldados bolivianos; del Paraguay 94 oficiales y 2.400 suboficiales y soldados.

La participación de los oficiales argentinos en todas estas acciones de Mantenimiento de la Paz mereció palabras de apoyo y reconocimiento. La República del Paraguay, por decreto de la Presidencia de fecha 30 de marzo de 1940, otorgó la condecoración de la Orden Nacional del Mérito al General Rodolfo Martínez Pita y al Coronel Ernesto Florit, ambos en el grado de Gran Oficial.

La misma distinción, pero en el grado de Comendador, le fue entregada al Coronel Jorge J. Manni, Mayor Juan Esteban Vacca y Mayor Roberto J. Baldassarre, auxiliar del Coronel Florit[18].

Es interesante destacar que fue ésta una de las primeras oportunidades en que personal militar argentino participó de una misión de paz, tratando de evitar que continuaran las acciones bélicas de dos países hermanos, que siempre están muy cerca de los sentimientos fraternales de la Argentina. Como veremos luego, igual temperamento se adoptó durante la guerra entre el Ecuador y Perú en 1941 y más recientemente a comienzos de este año 1995, con los mismos países, en ocasión de un nuevo enfrentamiento.

e. *Tratado de Paz, Amistad y Límites y Laudo Arbitral definitivo.*

La Conferencia de Paz, de acuerdo al Protocolo del 12 de junio de 1935, debía comenzar el estudio de la solución definitiva del conflicto. El 15 de octubre de dicho año presentó a las delegaciones de Bolivia y Paraguay la propuesta siguiente:

- Restablecimiento de la paz entre los dos países.

- Obligación de no conservar ni construir fortines en una zona de 30 km a lo largo de la frontera.

- Concesión de un puerto franco por el Paraguay a Bolivia, en la zona de Puerto Casado, sobre el río Paraguay.

- Devolución de prisioneros.

- Restablecimiento de las relaciones diplomáticas.

- Convenio de reducción de efectivos y armamentos militares.

- Establecimiento de la siguiente línea divisoria en el Chaco: Puerto Caballo sobre el río Paraguay, 5 km al oeste, en línea recta hacia el sudoeste hasta la conjunción del paralelo 22 con el río Pilcomayo.

Esta línea divisoria no tuvo éxito y la delegación de Bolivia propuso la línea Puerto Heda, sobre el río Paraguay, en línea recta a Linares sobre el Pilcomayo[19]. Según Cardozo, la Argentina y el Brasil estaban de acuerdo en impedir que el Paraguay cosechara todos los frutos de la victoria. Renacieron viejos temores que se creían olvidados desde la Guerra del Paraguay (1865-1870) y existía en este país una opinión intransigente, contraria a ceder a Bolivia el territorio ocupado en la guerra[20].

El proceso de devolución de prisioneros absorbió la actividad de la Conferencia hasta fines de 1936. Recién a mediados de 1937, se abocó al estudio del problema de fondo e invitó a las delegaciones de los ex beligerantes a exponer sus respectivos puntos de vista. Se destacaron comisiones a La Paz y Asunción para concretar las aspiraciones mínimas de ambos países en abril de 1938.

No sin arduas negociaciones, se logró el 9 de julio de dicho año un acuerdo por el cual se firmó el día 21 el "Tratado de Paz, Amistad y Límites". Por el mismo se estableció un Colegio Arbitral, integrado por los Jefes de Estado de los países mediadores.

La Asamblea Legislativa lo aprobó en Bolivia sin dificultades y en el Paraguay se realizó un Plebiscito Nacional, que también expresó su conformidad por gran mayoría.

El 10 de octubre, el Colegio Arbitral emitió su laudo y los países ex-beligerantes lo acataron[21]. Se ejecutó sobre el terreno por medio de comisionados especiales y el 23 de enero de 1939, la Conferencia de Paz dio por terminadas sus funciones en la ciudad de Buenos Aires.

La Guerra del Chaco tuvo una amplia repercusión, no sólo en América del Sur, por la especial situación geopolítica del Paraguay y de Bolivia, situadas en el centro geográfico del subcontinente y limítrofes de la mayoría de los países meridionales. Fue sensible esta guerra a los intereses de los Estados Unidos, país que resolvió un embargo de armas con destino a los beligerantes.

En Europa, las implicaciones de la guerra llegaron a la Liga de las Naciones, que no pudo detenerla. Fueron momentos de gran preocupación, porque en esos años hubo conflictos y guerras simultáneamente entre Italia y Etiopía en 1935 y en Asia tuvieron lugar los prolegómenos de la guerra entre Japón y China de 1937, cuyos antecedentes se habían producido con la invasión a Manchuria por parte de Japón en 1931. En la propia Europa, el rearme alemán de 1935 realizado por Hitler, presagió el avance paulatino hacia el comienzo de la II Guerra Mundial.

Cuando el Paraguay declaró la guerra a Bolivia el 10 de mayo de 1933. Argentina optó por ser neutral. Para evitar situaciones que pudieran afectar a uno u otro de los beligerantes, se organizó en setiembre de 1932 una agrupación de tropas de todas las armas y servicios. La unidad se denominó "Destacamento Mixto Formosa" e instaló su comando en Las Lomitas, a las órdenes del Coronel Andrés Sabaláin.

f. ***Durante la Guerra Civil Española,*** la Argentina envió dos buques de guerra a Europa, el crucero "25 de Mayo" y el torpedero "Tucumán". La misión consistió en prestar auxilio y evacuar ciudadanos del país o cualquiera de los habitantes de España, sin tener en cuenta su ideología o situación política, en el ejercicio del derecho de asilo.

Fue una manifestación clara de nuestros lazos históricos y culturales con España, a quién siempre se la recuerda como "la madre patria hispanoamericana".

Sólo la Argentina aportó elementos por esta misión humanitaria, junto a buques de los Estados Unidos y destructores franceses y británicos. Este tema será tratado con mayor detalle en el trabajo del Capitán de Navío de la Armada Argentina Guillermo Montenegro[22].

g. ***Mantenimiento de la Paz en la guerra entre el Perú y el Ecuador (1941).***

Las causas de esta guerra fueron varias y se remontan a la época de la Independencia de los dos países, después de 1810.

Según el General del Perú Felipe de la Barra, la Real Cédula de 1802 devolvió al Perú "la posesión y soberanía del antiguo territorio de Mainas"[23].

Bolívar exigió, en 1828, la entrega inmediata de los territorios de Jaén y Mainas "en forma que implicaba evidente desmedro para el honor del Perú"[24].

El actual Ecuador formó parte de la República de Colombia y esta exigencia de Bolívar, junto a otras motivaciones, llevaron a una guerra peruano-colombiana, en 1828 y 1829.

Finalizó con la batalla del Portete de Tarqui, el 27 de febrero de dicho año 1829. Las tropas de la entonces Gran Colombia fueron conducidas por el Mariscal Sucre y derrotaron al Ejército del Perú, a las órdenes del Presidente General La Mar.

El Ecuador se independizó de Colombia en 1830. Sostuvo permanentemente que los límites iniciales territoriales fueron siempre los que correspondían a la antigua Audiencia de Quito, fijados por la Real Cédula del 15 de agosto de 1563. Comprendía Tumbes, Jaén e incluso Mainas. Según la norma del "Uti possidetis Juris" (aceptada en el ámbito hispanoamericano), esos territorios fueron heredados por la República del Ecuador[25].

Después de la Guerra de 1828/1829, se firmó un acuerdo entre Sucre y La Mar. Reconocía como límites territoriales los existentes entre el Virreinato de Nueva Granada y el Perú, en 1809. Bolívar ordenó la ocupación de Jaén y Mainas, que por diversos motivos no se hizo efectiva. También en esos años se fijó que el río Marañón constituía el límite natural entre Colombia y el Perú, "desde que entra en Jaén hasta su confluencia con las aguas del Brasil"[26].

El tratado de 1832 (el Ecuador era país independiente), reconoció los límites determinados en los antecedentes ya descritos. Durante un período posterior, los problemas internos de ese país e incluso del Perú, no permitieron concretar en el terreno dicha demarcación. Entre 1859 y 1860, el Presidente del Perú Mariscal Castilla, ocupó la zona del Puerto de Guayaquil.

Se firmó el Tratado de Mapasingue, sobre las bases de lo acordado en 1829. En 1863, según Tobar Donoso, el Perú reconoció la calidad de ribereño del Amazonas por parte del Ecuador. En 1890 se firmó el Tratado Herrera-García, el 2 de mayo de ese año.

El Ecuador reconoció al Perú el dominio de importantes territorios (que ya ocupaba, según Tobar Donoso en forma ilegítima): Jaén, Iquitos y Tumbes. Pero el Perú se negó a aprobar el Convenio. Además se propuso el arbitraje del Rey de España y como la Legislatura Peruana modificó el tratado de 1890, los dos países estuvieron al borde de la guerra[27].

h. El Acta del 6 de Julio de 1936.

Representantes de los dos estados firmaron un acta por la cual las diferencias territoriales se llevarían a un arbitraje "de derecho". Los dos países debían mantener el "statu quo" de sus posiciones hasta el término de las negociaciones, que se realizarían en Washington. Según Tobar Donoso, Perú comunicó a las cancillerías americanas una serie de supuestas posiciones limítrofes del Ecuador que no coincidían con lo defendido por este país. Además que no existía punto alguno de posición ecuatoriana en las márgenes de los ríos Marañón y Amazonas.

Esta situación llevó, entre otros motivos, al fracaso de las negociaciones que se realizaron en Washington en setiembre del mismo año 1936[28].

Según una fuente peruana, el acuerdo no llegó a ningún resultado práctico. A partir de ese momento se produjo por parte del Ecuador una infiltración de tropas que se apoderaron de las islas Matapalo y Noblecilla y la llamada Meseta del Caucho, zonas que se consideraban "auténticamente peruanas".

El gobierno presidido por el Dr. Manuel Prado exigió el retiro inmediato de las fuerzas ecuatorianas y al no hacerse efectivo, se resolvió recuperarlas por la fuerza. Esto desencadenó la guerra[29].

i. Las Operaciones Militares en 1941.

A partir de mayo de 1940, Ecuador ocupó territorio que el Perú consideró propio en la zona de Casitas, en la Cordillera del Caucho y en Alto Matapalo. Según Tobar Donoso, el puesto de Casitas instalado por el Comando Ecuatoriano de Frontera, se lo hizo sin anuencia de las autoridades superiores, "seguramente por celo patriótico"[30].

Además, el Ministerio de Relaciones Exteriores del Ecuador ignoraba la situación y tuvo conocimiento de ello por el representante del Perú en Quito[31].

Se fue instalando a continuación "un cordón de guarniciones" de ambos bandos, que motivó una difícil convivencia pacífica y que en definitiva llevó a los dos países al borde de la guerra. Esto en la "región occidental", es decir en la zona del río Zarumilla, porque en la región amazónica también hubo episodios de combate, aunque sus características selváticas limitaron las acciones bélicas[32].

En cuanto al poder de combate, los testimonios coinciden en que el Ecuador no estaba preparado para una guerra; el Perú, tanto en efectivos terrestres como navales, presentaba una marcada superioridad[33].

En diciembre de 1940, el Presidente del Perú ordenó la constitución de un "Agrupamiento del Norte", para recuperar ofensivamente las islas Matapalo y Noblecilla y la Meseta del Caucho. También se alertó a las tropas que ocupaban las regiones amazónicas y se dispuso ejecutar planes de operaciones que el Estado Mayor del Ejército había preparado desde hacía tiempo[34].

Entre el 23 y 31 de julio de 1941 hubo serios combates en el sector del río Zarumilla. En la frontera nororiental, entre el 10 de julio y el mes de setiembre[35].

En el sector denominado por el Perú "Norte", situado en la zona comprendida por la costa del Pacífico, el río Zarumilla, isla Noblecilla y provincia ecuatoriana de El Oro, tuvieron lugar los principales combates. El Agrupamiento fue conducido por el General Eloy G. Ureta, a quién asesoró un Cuartel General o Estado Mayor a las órdenes del Teniente Coronel Miguel Monteza Tafur. Formaron parte de esta Gran Unidad las Divisiones Ligeras 1ª y 8ª, formaciones (incluso tanques livianos checos) y unidades de servicios para apoyo de combate y aviación.

Los efectivos empeñados alcanzaron, hacia fines de julio y principios de agosto, a unos 14.000 hombres.

En cuanto al Ecuador, cuya actitud fue defensiva, fuentes peruanas apreciaron un efectivo de alrededor de 5.000 hombres.

La misión impuesta al "Agrupamiento Norte" fue la de desalojar a las tropas ecuatorianas que se encontraban ocupando territorio que el Perú consideró propio. La acción terrestre fue apoyada por buques de la Armada, los cuales cubrieron el flanco marítimo, ejecutaron fuego de apoyo sobre Puerto Bolívar, el que fue ocupado por un grupo paracaidista, apoyado por las tropas aerotransportadas.

En este sector cesó el fuego el 31 de julio, a las 18 horas. En la frontera del Nor-Oriente, las operaciones peruanas también fueron ofensivas, aunque de menor intensidad.

Las bajas peruanas en el sector norte fueron 95 muertos y 2 desaparecidos. En la frontera del Nor-Oriente los fallecidos, acusados por el Perú, llegaron a 14. Fue también sensible la cantidad de heridos estimándose las bajas ecuatorianas en forma similar.

La activa participación de la Argentina, Brasil, Chile y los Estados Unidos como mediadores, pudo detener la guerra. Los países mediadores enviaron "Observadores Militares", los cuales crearon una "zona desmilitarizada" o neutral.

La suspensión del fuego se ejecutó el 31 de julio y el 2 de octubre se firmó el "Acta del Acuerdo de Talara", entre los seis Oficiales Observadores y dos Jefes representantes del Ecuador y Perú.

Por el mismo, se definió la zona desmilitarizada que tenía como objeto la cesación de las hostilidades y la fijación de las zonas más avanzadas de los efectivos militares.

Además, un compromiso de no emprender nuevas operaciones bélicas ni patrullajes terrestres, aéreos o navales, constituyendo el documento de base para un Protocolo ulterior[36].

Este documento fue firmado: por la Argentina, el Mayor Carlos Toranzo Montero y el Teniente de Navío J. P. Ibarborde, Agregados Militares en Perú y el Ecuador; por Brasil, el Teniente Coronel S. Lima (acreditado en Ecuador) y el Teniente Coronel H. Figueiras (acreditado en Perú). Por los EE.UU., el Coronel J. B. Pate (acreditado en Ecuador) y el Teniente Coronel U. G. Ent (acreditado en Perú). Además, el Teniente Coronel Cristóbal Toledo Saénz fue el delegado del Ecuador y el Teniente Coronel Miguel Monteza Tafur por el Perú.

Las tareas de los Observadores Militares Argentinos fueron múltiples y por ello se designaron como auxiliares del Mayor Toranzo Montero a los Capitanes Juan J. Comas y Delfor B. Fantón. A su vez, los Capitanes Edmundo H. Civati y Dalmiro Videla Balaguer hicieron lo propio con el Teniente de Navío Ibarborde.

La actuación de los Observadores Militares facilitó la separación de los bandos en lucha y mediante un diálogo permanente creó las condiciones para las negociaciones políticas de los dos países.

El 29 de enero de 1942 en Río de Janeiro, tuvo lugar la 3ª Reunión de Consulta, importante reunión de Cancilleres americanos convocada como consecuencia del ataque japonés a los EE.UU., en diciembre del año anterior. Se logró firmar el "Protocolo de Paz, Amistad y Límites", entre el Ecuador y el Perú. Fue en presencia de los estados mediadores, que en adelante se denominaron "Garantes": Argentina, Brasil, Chile y los Estados Unidos.

El Artículo VIII fijó la línea de frontera; el Ecuador gozaría para la navegación en el Amazonas y sus afluentes septentrionales, de las mismas concesiones de Brasil y Colombia (Artículo VI).

Además, los observadores militares cooperarían para contribuir a desocupar y retirarse de las líneas de frontera determinadas por el acuerdo. Este aspecto fue especialmente redactado para las fuerzas militares del Perú, que se encontraban ocupando territorio ecuatoriano. Tuvieron quince días para retirarse, según se aprobó en el artículo II.

No fue fácil para los países mediadores lograr la firma del Protocolo, pues las dos partes no se consideraron satisfechos con algunas de sus cláusulas. La influencia de la comunidad americana y la amenaza que significó el ataque de Japón y la declaración de guerra de Alemania y de Italia a los Aliados, facilitó el entendimiento.

Como señaló Tobar Donoso, no quedó fijada definitivamente una línea demarcatoria en el Tratado, porque "en el Art. VIII se de terminaron varios puntos a los cuales esa línea se refería". Esos puntos quedaban aceptados para la fijación en el terreno por los técnicos entre los dos países. Las partes podrían otorgarse concesiones recíprocas, a fin de ajustar la línea a la realidad topográfica[37].

El artículo VI reflejó una vieja aspiración del Ecuador, por que siempre se consideró un país amazónico. Quedó también convenido que luego se establecerían otras facilidades, para permitir la navegación libre y gratuita de los ríos Amazonas y sus afluentes.

Los Congresos de ambos países ratificaron el Protocolo de Río, pero la demarcación de los límites no pudo finalizar, particularmente en la zona de la Cordillera del Cóndor, entre los ríos Zamora y Santiago, éste último afluente del Marañón.

j. La situación del conflicto después de la firma del Protocolo de Río de 1942 y a principios de 1995. Nuevos incidentes y acciones de combate.

Según lo sostiene el Ministerio de Relaciones Exteriores del Ecuador, en un comunicado titulado "La Cuestión Territorial Ecuatoriana-Peruana", el proceso demarcatorio de los límites fijados en 1942 se desarrolló en forma anormal. Tuvo mucha importancia el estudio aerofotogramétrico que realizó la Fuerza Aérea de los EE.UU. a solicitud de ambas partes, en febrero de 1947. Determinó los siguientes aspectos novedosos en la zona comprendida entre los ríos Zamora y Santiago:

- La ubicación de un nuevo sistema fluvial independiente, el del río Cenepa, afluente directo del Marañón. El río Cenepa llega con sus nacientes a las estribaciones septentrionales de la Cordillera del Cóndor.

- Hasta ese momento, se conocía tan sólo como una quebrada de poca significación, cuyos orígenes se pensaba que excedían apenas la latitud de la boca del río Santiago. Ese nuevo sistema fluvial alcanza unos 190 km.

- Como la línea prevista en el Protocolo no se pudo materializar en el terreno, sería menester acordar entre las partes la nueva demarcación.

- El Perú ha manifestado repetidamente, dice el comunicado, "que el caso Zamora-Santiago fue ya solucionado por un fallo del perito brasileño Díaz de

Aguilar del año 1945. El Ecuador replica que este fallo no lo consideró, por ignorarlo y ser posterior al estudio aerofotogramétrico que es de 1947[38].

Ambas partes conocen el valor económico de los territorios que incluyen a la Cordillera del Cóndor y se encuentran vecinos a una región que actualmente posee abundantes recursos petroleros. Es en esa cordillera que a fines de enero de 1981 hubo nuevos enfrentamientos bélicos, similares a lo ocurrido en 1995.

En la zona Cenepa-Coangas, se han producido en enero y febrero del presente año una serie de incidentes y combates entre efectivos militares de diversa magnitud, con apoyo de aviación, artillería, helicópteros y otras armas de destrucción modernas.

En el momento de escribir estas líneas (mayo de 1995), los dos bandos han acordado un cese del fuego y solicitado la participación de Observadores Militares de los países garantes.

3. Operaciones de Mantenimiento de la Paz por disposición de la ONU. (Misiones de Observación y Fuerzas de Mantenimiento de la Paz). Participación de la Argentina.

Según la Carta de las Naciones Unidas, uno de los propósitos de este Organismo Internacional es: mantener la paz y la seguridad internacionales y con tal fin tomar medidas colectivas eficaces para prevenir y eliminar amenazas a la paz[39]. Además, los países miembros se comprometen a poner a disposición del Consejo de Seguridad, cuando éste lo solicite, las fuerzas armadas, la ayuda y las facilidades, incluso el derecho de paso, que sean necesarios para el propósito de mantener la paz y la seguridad internacional[40].

La Argentina fue uno de los países fundadores de la Organización y permanentemente ha prestado su apoyo, toda vez que éste le ha sido requerido.

Desde hace 37 años, efectivos militares de las tres Fuerzas Armadas, han participado en misiones de observación o en fuerzas de mantenimiento de la paz, según expondremos brevemente a continuación.

En 1958, ante la queja del gobierno del Líbano al Consejo de Seguridad, por la intervención de la República Árabe Unida (que infiltró hombres y armas a través de las fronteras), el Consejo resolvió enviar un grupo de observadores para dar la seguridad que no hubiera infiltración ilegal de personas o provisión de armas.

El Ejército Argentino participó con cuatro oficiales, controlándose las rutas y caminos y ejecutando patrullajes para cumplir la misión[41]. Entre 1960 y 1963, la Argentina se hizo presente en el ex Congo Belga (actual Zaire), con cuatro contingentes de oficiales y suboficiales, tripulantes de aviones DC3 de la Fuerza Aérea.

Después de la Guerra de los Seis Días, observadores argentinos de las tres Fuerzas Armadas fueron enviados al Medio Oriente, en las alturas del Golán, en las márgenes del Canal de Suez y en el Líbano, dentro de la Organización que las Naciones Unidas denominó UNTSO y desplegó en los cinco países de la región.

Los observadores se mantuvieron en las operaciones de 1973 (Guerra del Yom Kippur) y un grupo constituyó las "Fuerzas de Separación de las Naciones

Unidas", creado en 1974 en las alturas del Golán. En la actualidad se encuentran allí 3 oficiales del Ejército.

Al término de la Guerra entre Irán e Irak, entre los años 1988 y 1991, observadores militares argentinos actuaron en el sector correspondiente a Irán, hasta el comienzo de la Guerra del Golfo en 1992.

En el Salvador, la Argentina ha participado en tareas de cese del fuego y ayuda humanitaria, con un grupo de oficiales y suboficiales de la Armada, entre 1991 y 1993. En Honduras también colaboró, en la zona del Golfo de Fonseca, para concretar el cese del fuego y separación de bandos en lucha. Esta misión fue cumplida por otro grupo de Oficiales y Suboficiales de la Armada, operando cuatro lanchas patrulleras, entre el 23 de junio de 1990 y el 15 de marzo de 1992.

También estuvo presente la Argentina en Angola, para verificar la retirada de las tropas cubanas, con oficiales de la Armada, Ejército y Fuerza Aérea, entre 1989 y 1991. En la actualidad, se mantiene en dicho lugar dos oficiales del Ejército y un grupo de la Gendarmería Nacional.

Después de la Guerra del Golfo, Argentina participó con un grupo de observadores de la Armada, Ejército y Fuerza Aérea, para controlar una zona desmilitarizada a lo largo de la frontera Irán-Kuwait. Una Compañía de Ingenieros del Ejército de 50 hombres continúa actualmente allí para efectuar tareas de control de dicha zona. Además, integran la Misión de Observación de las Naciones Unidas (UNIKOM), un oficial en el Comando UNIKOM y cinco observadores, todos del Ejército.

En el Sahara Occidental, Misión de las Naciones Unidas para el Referéndum, Argentina envió a partir del 5 de octubre de 1991, un grupo de más de 20 oficiales de la Armada, Ejército y Fuerza Aérea, actividad que continúa cumpliéndose actualmente.

En la República Popular de Kampuchea (Camboya), se envió otro grupo de cuatro oficiales entre 1991 y 1993, en carácter de Observadores. Colaboraron en el cese del fuego, reconocimiento de campos minados e instalación del nuevo gobierno.

En Chipre, Argentina mantiene una Fuerza de Tareas de unos 370 hombres, además de siete integrantes de los Estados Mayores, desde setiembre de 1993. Su principal misión es la de mantener la paz entre las comunidades griega y turca, junto a efectivos de Gran Bretaña y Austria.

En Mozambique se enviaron ocho Observadores Militares (seis del Ejército y dos de la Fuerza Aérea), desde abril de 1993 hasta diciembre de 1994. También se mantuvo allí un Hospital reubicable de la Fuerza Aérea, con una dotación completa de cuarenta profesionales, médicos. odontólogos y personal de apoyo. Fue transportado en vuelo por aviones C-130 e incluyó quirófanos y unidades de terapia intensiva. Hasta abril de 1995 brindó asistencia médica a los aproximadamente 2.000 efectivos de las Naciones Unidas desplegados en dicho país y a sus habitantes, dentro de sus posibilidades.

En Croacia, desde mayo de 1992, la Argentina mantiene el efectivo más numeroso de su participación en misiones de paz. En total se encuentran allí un oficial superior (Comandante del sector correspondiente a Croacia), un Batallón de Infantería de 850 hombres, que van rotando cada seis meses, nueve integrantes de Estados Mayores y dos Observadores Militares, todos del Ejército. También han participado en la Fuerza de Protección de las Naciones Unidas (UNPROFOR), cuatro oficiales de la Fuerza Aérea y 23 hombres de Gendarmería.

En la República de Nicaragua, entre marzo y diciembre de 1993, se enviaron tres oficiales del Ejército y uno de la Armada para colaborar en tareas de remoción de campos minados.

En Haití, se contribuyó con 100 hombres de la Gendarmería Nacional desde octubre de 1993, para asesorar y reorganizar los efectivos de la policía. En mayo de este año se envió un grupo sanitario de la Fuerza Aérea.

En la República de Ruanda, desde noviembre de 1994, se ha enviado también un Observador Militar del Ejército.

En cuanto a los recientes enfrentamientos entre Ecuador y el Perú, según hicimos referencia anteriormente, la Argentina participa con once Observadores Militares, dentro del grupo enviado por los países garantes, los cuales continuaban con su misión al escribir estas líneas (mayo de 1995).

En definitiva, la República Argentina ha efectuado en el siglo XX un valioso aporte al mantenimiento y restablecimiento de la Paz. En algunos casos, como durante la Guerra del Chaco y la Guerra entre Perú y el Ecuador en 1941, su contribución resultó importante y junto a países americanos, las misiones encomendadas a los Observadores Militares fueron precursoras de las que se realizan en la actualidad por mandato de las Naciones Unidas.

Notas

1. Bartolomé Mitre. Historia de San Martín y de la Emancipación Sudamericana. Editorial Universitaria de Buenos Aires. Tomo II. Buenos Aires. 1977. Pág. 326. Se refiere a este suceso también en detalle José Pacífico Otero. Historia del Libertador Don José de San Martín. Círculo Militar. Biblioteca del Oficial. Volumen 692. Buenos Aires. 1978. Tomo V. Capítulo LX. Pág. 169 y siguientes.

2. Tratado firmado entre el Estado del Perú y la República de Colombia en Lima, el 6 de julio de 1822. Instituto Nacional Sanmartiniano. La Conducción Política del General San Martín durante el Protectorado del Perú. Tomo II. Buenos Aires. 1982. Pág. 114.

3. Armando Braun Menéndez. Las Dos Presidencias de Julio A.Roca.(1880-1886 y 1898-1904). Separatas de la obra de la Academia Nacional de la Historia. "Historia Argentina Contemporánea". Buenos Aires. 1965. Pág. 114.

4. L.A. Podestá Costa. Manual de Derecho Internacional Público. 2ª Edición Editorial Chiesipo. Buenos Aires. 1947. Pág. 207 y 208.

5. Efraín Cardozo. Breve Historia del Paraguay. Editorial Universitaria de Buenos Aires. Buenos Aires. 1565. Pág. 112. Este fallo tuvo lugar para solucionar el conflicto limítrofe ocurrido después de la Guerra de la Triple Alianza (1865-1870) entre Argentina, Brasil y Uruguay contra el Paraguay, gobernado por el Mariscal Solano López.

   Argentina cedió al Paraguay una parte importante del Chaco, al norte del Pilcomayo. El laudo sirvió para afianzar los derechos del Paraguay frente a Bolivia, que no lo aceptó, aunque no pudo impedir que al Paraguay se le adjudicara un sector importante del territorio en litigio.

6. Efraín Cardozo. Breve Historia del Paraguay. Citado. Pág. 113.

7. David Zook. La Conducción de la Guerra del Chaco. Círculo Militar. Biblioteca del Oficial. Volumen 517. Buenos Aires. 1962. Pág. 35.

8. Efraín Cardozo. Breve Historia del Paraguay. Citado. Pág. 136.

9. Son cantidades que cita David Zook. Aquiles Vergara Vicuña, Oficial Superior Chileno que durante la guerra participó como Comandante de Artillería de algunos Cuerpos de Ejército de Bolivia, sostiene que el Paraguay movilizó 150.000 hombres, pero en el frente de lucha dispuso entre 17.000 y 40.000 (ésta última cifra en abril de 1935). Anota que de 100.000 paraguayos movilizados murieron 40.000. En cuanto a Bolivia llegó a tener en el frente entre 45.000 y 50.000 efectivos (mayo de 1935). Este autor cita al historiador boliviano Julio Díaz Arguedas, Jefe de la Sección Histórica del Estado Mayor del Ejército de Bolivia, quién estudió el total de bajas bolivianas y cuyo resumen sería el siguiente: muertos 20.728; heridos 24.000, desaparecidos 7.131 y desertores 9.655, en total unas 63.000 bajas. Ver para mayores detalles: Aquiles Vergara Vicuña. Historia de la Guerra del Chaco. Tomo VII. La Paz (Bolivia). 1940. Pág. 681.

10. Edmundo H. Civati Bernasconi. Guerra del Chaco. Círculo Militar. Biblioteca del Oficial. Buenos Aires. 1944. Pág. 207

11. Efraín Cardozo. Breve Historia del Paraguay. Citado. Pág. 137 y 138.

12. Alberto Comil Paz-Gustavo Ferrari. Política Exterior Argentina. 1930-1962. Círculo Militar. Biblioteca del Oficial. Vol. 625. Buenos Aires. 1971. Pág. 39 a 41.

13. Ídem. Pág. 42.

14. Argentina. Ministerio de Relaciones Exteriores. La Conferencia de Paz del Chaco. 1935-1939 (Compilación de documentos). Buenos Aires. 1939. Pág. 9.

15. Ídem. Pág. 10.

16. Argentina. Ministerio de Relaciones Exteriores. La Conferencia de Paz del Chaco. 1935-1939. Pág. 88 a 90. Además de los oficiales argentinos citados, en el Archivo General del Ministerio se incluyeron en varios documentos los nombres de otros Observadores Militares para el año 1938: de la Argentina el Mayor Oscar R. Silva y de Chile el Mayor Humberto Labarca. Guerra del Chaco. Expediente Seguridades. XII. Documentos 136, 137 y 163. Año 1938.

17. Ídem. Pág. 12 y 13.

18. Ejército Argentino. Servicio Histórico. Archivo General. Legajos Personales del General de División Rodolfo Martínez Pita y General Ernesto Florit. El General Martínez Pita era Ingeniero Civil y Militar (este último título le fue reconocido el 14 de mayo de 1902). Efectuó cursos de especialización en París y Alemania. Había nacido en Córdoba el 30 de octubre de 1879 y falleció el 21 de noviembre de 1956. En cuanto al General Ernesto Florit, fue también un oficial destacado a lo largo de toda su carrera militar. Nacido el 21 de noviembre de 1889, egresó como Subteniente en 1909, cursó la Escuela Superior de Guerra y egresó como Oficial de Estado Mayor en 1920. Fue profesor en dicho Instituto, Edecán Militar en 1925, Agregado Militar

en París en 1928 y Asesor Militar de la Delegación de la Conferencia Mundial de Desarme en Ginebra en 1931. Por sus brillantes antecedentes se lo designó Asesor Militar de la Conferencia de Paz entre el Paraguay y Bolivia, el 26 de julio de 1935, siendo en ese año Teniente Coronel. Más tarde, con el grado de Coronel, fue el Director fundador del Liceo Militar "General San Martín". Después de su retiro, con el grado de General, fue nombrado Presidente del Instituto Nacional Sanmartiniano, en enero de 1957 y luego Intendente de la ciudad de Buenos Aires. El Capitán Roberto J. Baldassarre se desempeñó, durante la Conferencia de Paz del Chaco, como auxiliar del entonces Coronel Florit.

19. Argentina. Ministerio de Relaciones Exteriores. La Conferencia de Paz del Chaco (1935-1938). Citado. Pág. 18.

20. Efraín Cardozo. Breve Historia del Paraguay. Citado. Pág. 145.

21. Argentina. Ministerio de Relaciones Exteriores. La Conferencia de Paz del Chaco (1935-1938). Citado. Pág. 24 y 25.

22. Ver también: Ricardo I. Irurzún. Proa al Mediterráneo. Edición Theoria. Buenos Aires. 1994. Puede consultarse a Clara Campoamor y Federico Fernández Castillejo en Heroísmo Criollo. La Marina Argentina en el Drama Español. Centro Naval. Buenos Aires. 1983.

23. Prólogo del Gral Felipe de la Barra al libro del Gral Miguel Monteza Tafur. El Conflicto Militar del Perú con el Ecuador (1941). Editorial Arica. Lima. 1976.

24. Carlos Dellepiane. Historia Militar del Perú. Círculo Militar. Biblioteca del Oficial. Volumen 267-268. Buenos Aires. 1941. Tomo I. Pág. 298.

25. Julio Tobar Donoso. La Invasión Peruana y el Protocolo de Río. Antecedentes y explicación histórica. Editorial Ecuatoriana. Quito. 1982. Pág. 3, 4 y 5.

"Uti Possidetis Juris": principio o concepto aplicado a la antigua América Hispana, por el cual al independizarse los diferentes países de España, pasaron a ser soberanos de las, jurisdicciones territoriales españolas que poseían antes de 1810. Como los límites en cuestión podían ser de difícil comprensión e interpretación, en varios países hispanoamericanos existieron numerosos conflictos, crisis y guerras por la disputa de importantes extensiones territoriales.

26. Julio Tobar Donoso. La Invasión Peruana y el Protocolo de Río. Citado. Pág. 14 y 15.

27. Julio Tobar Donoso. La Invasión Peruana y el Protocolo de Río. Citado. Pág. 32, 33, 45 y 46. El Rey de España Alfonso XIII no pudo laudar como árbitro por desacuerdo entre las partes. No obstante, se habían presentado, en 1905, los alegatos correspondientes.

28. Julio Tobar Donoso. La Invasión Peruana y el Protocolo de Río. Citado. Pág. 80 a 83.

29. Miguel Monteza Tafur. El Conflicto Militar del Perú con el Ecuador. Citado. Pág. 30.

30. Julio Tobar Donoso. La Invasión Peruana y el Protocolo de Río. Citado. Pág. 109.

31. Ídem. Pág. 100 a 112.

32. Ídem. Pág. 112 y 113.

33. Miguel Monteza Tafur. El Conflicto Militar del Perú con el Ecuador. Citado. Pág. 32 y 45-168 y 169.

34. Ídem.

35. Las operaciones militares las detallaremos brevemente, utilizando los datos de Miguel Monteza Tafur, complementados con los expuestos por Tobar Donoso y otras fuentes del Ecuador.

36. Miguel Monteza Tafur. El Conflicto Militar del Perú con el Ecuador. Citado. Pág. 188 y 189.

37. Julio Tobar Donoso. La Invasión Peruana y el Protocolo de Río. Citado. Pág. 423 y 424.

38. Ministerio de Relaciones Exteriores del Ecuador. La Cuestión territorial Ecuatoriana-Peruana. Documento aclaratorio de la situación que motivó los enfrentamientos de enero y febrero de 1995.

39. Carta de las Naciones Unidas y Estatuto de la Corte Internacional de Justicia. Capítulo I. Propósitos y Principios. Artículo 1° Apartado 1.

40. Carta de las Naciones Unidas y Estatuto de la Corte Internacional de Justicia. Capítulo I. Propósitos y Principios. Artículo 43.

41. Para exponer, muy sintéticamente, el accionar de las Fuerzas Armadas Argentinas a partir de 1958 en el ámbito internacional dentro de las Operaciones de Mantenimiento de la Paz, hemos recurrido a las efectuadas por el Ejército Argentino en 1994 tituladas: El Ejército Argentino y las Operaciones de Mantenimiento de la Paz (Volumen I, II, III y IV). Han sido redactadas por el Servicio Histórico e incluyen una abundante e inédita información sobre este tema. En cuanto a la Armada Nacional y la Fuerza Aérea Argentina, agradecemos la colaboración brindada por el Departamento de Estudios Históricos Navales y la Dirección de Estudios Históricos de la Fuerza Aérea Argentina, a través del Profesor Julio Luqui Lagleyze y Comodoro Pío Matassi, respectivamente.

BRAZILIAN PEACE OPERATIONS

L.P. Macedo Carvalho

PEACE OPERATIONS

Changing nature of conflicts in the post-Cold War has risen old new challenges for the collective security to maintain the peace among the nations and people.

For many years, peace operations meant military activities on conflict containment and on prevention of widespread conflicts. Nowadays, peace operation missions have become far more complex and ambitious, going beyond its original limits.

The traditional peace operations were a deployment of a multinational or coalition force in the field with the consent of the major belligerent, designed to monitor and facilitate implementation of an existing truce agreement in support of diplomatic efforts to put political settlement to the dispute.

In the past, peace operations had to satisfy three principles:

- To obtain the consent by all contending parties, including an explicit invitation from the countries where peace forces would be deployed (Art. 2, U. N. Charter specifies that it is not authorized "to intervene in matters which are essentially within the domestic jurisdiction of any state").

- To be impartial.

- To use the force only in self-defense.

The obvious purpose of such principles was to guarantee the sovereignty of the nation-states involved.

Today distinction between internal and international affairs is becoming increasingly unclear.

At the present time, new concepts have been accepted to impose peace in the world.

In the Santiago Declaration of 1991, the Organization of American States says that the "elimination of democracy in a member country is not just an internal matter but threatens collective security".

Boutros-Ghali, U. N. Secretary-General, recently spoke of a "dimension of **universal sovereignty** that resides in all humanity and provides all peoples with legitimate involvement in issues affecting the world as a whole".

As a matter of fact, non-combat operations are gradually being transformed into combat actions to deter war and solve conflicts.

Emerging doctrine due to the new challenges of the increasing violence suggests other forms of peace operations:

- **peacekeeping** (monitoring an existing cease fire),

- **peace enforcement** (conventional military intervention with forcible separation of belligerents),

- **peacemaking** (diplomatic mediation to end disputes with military advice),

- **peacebuilding** (civil affairs-type nation effort that can involve preventive force deployment).

The changes in multinational forces missions since the end of the Cold War have been profound in the light of the statistics: growing up from less than 10,000 people involved in peacekeeping missions to about 90,000 now, increasing the cost of such operations from US $ 700 million two years ago to a budget of more than US $ 3.6 billion by the end of 1993. During its first 40 years of existence, the U. N. conducted 13 peacekeeping missions.

The ruling principle of the nations for twenty centuries, rarely questioned, is based on the ancient Roman saying si *vis pacem para bellum*. The bulk of preparation for war took place in the XX century, despite the fact that 75 percent of all war deaths ocurred during that century.

The new principle of conflict resolution is: **if you want peace, prepare for peace.**

In the beginning of post-Cold War time an euphoric thinking was developed that the risks of global conflict had disappeared and the minor limited conflicts were the only remaining threats.

Indeed, the world is being torn by contradictory trends – **globalization and fragmentation.** We live in a world of uncertainties and instability, where there is no distinction between combatants and non-combatants. The alternative is to strengthen the international peace operations, even by enforcement actions.

Man faces the dilemma: to rely on military means as inevitable or legitimate the use of violence for political-economical ends.

"We do not hold the vision of a world without war and this inevitably requires an alternative system for coping with conflict", stated Adlai Stevenson, more than thirty years ago.

From the colonial to the present times, Brazilians are proud of participating in many peace operations, not only in South America but overseas.

RESTORATION OF ANGOLA (1645 AND 1648)

The first Brazilian peace mission took place for the restoration of Angola, occupied by Dutch forces, in 1645. After sixty years under Spanish domination, Portugal had no power to do so. It didn't succeed, due to the death of its commander-in-chief, former governor of Rio de Janeiro.

The second one happened three years later, under the command of General Salvador Correia de Sá e Benevides, who was the grandson of the founder of Rio de Janeiro, and born in this city. He organized a fleet of 15 ships, 4 bought by himself, with 600 sailors and 900 soldiers (including tapuias indians), under his command, landing near Luanda, Angola, on the 12th of July, 1648.

After fierce combat against 1.100 Dutch, French, German mercenaries reinforced by natives and more than one month siege of the Fortress of *São Miguel*, the invaders surrendered to the Brazilian Expeditionary Force. Escaping through São Tomé, the remaining Dutch forces gave up their positions too.

PEACE OPERATIONS ON RIO DE LA PLATA

The old Portuguese-Spanish antagonism from the Iberian Peninsula was transfered to the Rio de la Plata basin in the beginning of the XIX century, in a dispute to control the access and the trade to the area – main gate to the heart of South America territory. As a consequence of that conflict was created a buffer state – **Uruguay**, in 1828.

In early 1850, the Argentinian dictator *Rosas*, allied with the Uruguayan *caudillo Oribe*, dreaming to reconstruct the former Spanish *Vice-Reinado de la Plata*, dominated Uruguay and imposed a siege to the legal government of Montevideo. So, in 1851, was organized an Argentinian-Brazilian peace force, called "The Liberator Army of South America", that broke through the siege of Montevideo and liberated Buenos Aires from the Rosas tyranny by 1852. The mission was accomplished to preserve the independence of the new Republic of Uruguay.

As soon as the Brazilian forces crossed back the border, however, new threats rose in Uruguay. By request of the Uruguayan head of state, Brazil organized an "Observation Division" to guarantee the peace in that country, that remained there until December 1856.

PEACEKEEPING IN MIDDLE EAST AND CYPRUS

The first Brazilian Army experience in peacekeeping operations during the XX century happened in the Gaza Strip, Egypt, where it maintained an infantry battalion as part of the U.N. Emergency Force, to separate the belligerents of the Arab-Israeli wars.

Brazil contributed with twenty contingents, in an overall strength of 6,300 men, for 10 years, from 1956 to 1967.

Brazilian soldiers were also in Cyprus, under the flag of the U.N., in 1964.

INTER-AMERICAN PEACE FORCE IN THE DOMINICAN REPUBLIC

For 16 months, Brazil participated in the Inter-American Peace Force, organized by the Organization of American States, to restore the public order and peace in the Dominican Republic, from 1965 to 1966.

The Brazilian contingent was composed of command and staff sections, a marine company and an infantry battalion. More than 3.000 Brazilian soldiers, besides sailors and pilots, took part in that peace action in Central America.

MINOR PEACEKEEPING MISSIONS

In the sixties Brazil still gave minor contributions as member of the U.N. peacekeeping forces in Congo (1960-1964), New Guinea (1962-1963) and India-Pakistan (1965-1966).

BRAZILIAN "BLUE HELMETS" TODAY

From 1989 onward, the Brazilian military presence has been increased and diversified in peace operations in several parts of the world as follows:

Angola – Since 1989, the Brazilians are in that country. Firstly to supervise the retreat of 50,000 Cuban troops and now to give humanitarian aid by means of military observers, a medical team and an engineers company reinforced. It is supposed also to send an infantry battalion, in short time, for monitoring the truce between the belligerents.

El Salvador – Thirty-seven Brazilian military observers have been there since 1991, to control the demobilization of the Contras as well as the truce with the *guerrillas*, the destruction of ammunition stores and mine-clearing.

Ecuador – The last peacekeeping operation engaged by Brazil, where a Brazilian Army general and nine officers are in an observation mission, since March, 1995.

Guatemala – There are two Brazilian liaison officers since the end of 1994, for monitoring the peace agreement signed by the opponent groups.

Honduras-Costa Rica – Brazil keeps there six specialists, under the flag of the OAS, in mine-clearing mission.

Mozambique – In 1992, the Brazilian Army sent a group of observers commanded by a major-general to that ex-Portuguese colony for monitoring the ceasefire. Last year (1994), a parachutist company, reinforced by armored vehicles and helicopters, landed in the base of Macuba, Zambezia, to patrol and to keep the peace in that region, searching and seizing weapons, disarming *guerrillas*, mine-clearing and medical care of the local population.

Nicaragua – Mine-clearing mission is being carried out by three Brazilian specialists there.

Rwanda – During 1993, there were seven Brazilian peacekeepers in the Uganda-Rwanda U.N. Observation Mission.

Yugoslavia – A Brazilian general and 33 military observers are members of the U.N. Protection Force in Bosnia, Croatia, Serbia and Macedonia, under permanent risks, since 1994, where recently two army captains were used as human shield by the Serbians.

FINAL REFLECTIONS

Peace operations have been intensified in the post-Cold War years, starting a new era and doctrine along the history of the conflicts. But to keep the peace, we ought to make the peace before. It seems that the expected end of conflicts didn't really happen; the violence increased and new kinds of threats appeared all over the world, such as international terrorism, ethnic cleansing, religious fundamentalism, strong nationalism spectrum, drugs, narcotraffic, starvation etc. Conflicts have become far more complex.

The U.S. emerged from the Gulf War as the greatest military power, but it didn't decide to assume the role of world policeman, due to the high cost of this task. The U.S. seems to enjoy the prestige for being the world policeman without wasting a large amount of money on the defense budget – an impossible solution to the problem.

To get the "peace dividends" is a very complicated matter.

In fact, the lack of a significant threat justifies reduction in the defense expenditures. However, such a reduction brings unemployment of people who used to pay taxes. Those for whom there is no work will have to receive social assistance from the government and so goes away the billion cut of the defense budget. Demobilization is very difficult in short time. Thus multinational peace forces, for economic reasons, are profitable to the great powers.

While the overall number of major wars has declined in the last years, the widespread availability of arms exported by the great powers to the underdeveloped countries gives no alternative for a non-violent system to avoid aggression. Since the early sixties, at least 1 trillion dollars worth of arms crossed the borders of the First World to the underdeveloped countries. In 1994, France exports of weapons to the Third World reached 45% of the market and the United States, 24%. The French increased their selling to US$ 11.4 billion. France sold aircraft, ships and submarines to the Middle East states and Pakistan. Following France and the United States came United Kingdom and Russia as the majors arms exporters. More than 70% of the weapons sold in the world go to Asia and Middle East. The spread of conventional weapons is universal and one of the most militarized regions of the world is Europe.

Another question to be on focus is the dilemma to make a clear distinction between national sovereignty and the demand for foreign intervention to provide humanitarian aid. The traditional international law emphasizes that even some violation of human rights doesn't justify outside intervention. Intervention for humanitarian reasons is far from being universally accepted, because the dominating powers of the U.N. Security Council have long ignored violation of human rights according to their convenience.

If the U.N. intends to become more active, it needs greater financial backbone. Total unpaid peacekeeping assessments stood at US$ 645 million by the end of 1992, besides the regular debts of US$ 500 million. None of the permanent Security Council members has paid all its debts. Russia and the United States are the major debtors. The participating countries of the U.N. peace operations used to pay 20% for each one.

The armed option to resolve conflicts was never the vocation of the U.N. and it is very far to be accepted today.

In "An Agenda for Peace", Boutros-Ghali points out the need to make available, on a stand-by basis, contingents of the armed forces from the members of the U.N. to be prepared for international intervention, but it is necessary to define guidelines for a doctrine of peace operations. The United States, the United Kingdom, and China have been opposed to this idea. Only France, Russia and other European countries supported Boutros-Ghali's suggestion.

The U.N. command over national forces, chiefly those from the powerful states, is more nominal that real. There is also the danger that the armed forces of the underdeveloped countries become militia under the command of the great powers.

Lack of a political legitimacy, an international leadership and a strategy to cope with the violence in the world can demoralize the U.N.

To keep the peace with the development of the peace operations theory, the armed forces need to be trained, the military academies and staff colleges have to study this new doctrine in courses.

The crucial question is whether the "Blue Helmets" will continue to be committed unarmed to face violence with no violence.

Governments may not be keen to invest in peacekeeping aimed at remote conflicts where none of their interests seems to be directly at stake, as Michel Renner says. The perception that national interests collide with a stengthened U.N. may preclude rapid reform. It is difficult to maintain the cohesion of the national force, under the flag of the U.N.. The main question is whether the nations are prepared to transform the U.N., from a second class peacekeeper to a first class one.

Machiavelli says that "a war is just when it is needed".

The history leads to believe that war is a conflict of culture, according to John Keegan. As part of human nature is unavoidable. On the other hand, it is unbelievable that war, created by man, can not also be rid of by him.

Bibliography

BARRENTO, Antônio Martins, Brigadeiro. Alguns Comentários sobre Forças Multinacionais. *Nação e Defesa*, n. 68. out-dez 93. Lisboa, Portugal, 1993.

CALMON, Pedro. *Historia do Brasil.* Livraria José Olympio Editora. Rio de Janeiro, RJ, Brasil, 1961.

ESTADO-MAIOR DO EXÉRCITO. *Historia do Exército Brasileiro.* IBGE. Rio de Janeiro, RJ, Brasil, 1972.

GUEDES, Max Justo, Capitão-de-Mar-e-Guerra. As Guerras Holandesas no Mar. *Historia Naval Brasileira.* 2 v. tomo 1 B. Serviço de Documentação Geral da Marinha. Rio de Janeiro, RJ, Brasil, 1993.

KEEGAN, John. *A History of Warfare.* Alfred A. Knopf. New York, NY, USA, 1993.

MACEDO CARVALHO, Luiz Paulo, Coronel. As Forças Armadas no Século XXI. *Mastro,* jun 95. Lisboa, Portugal, 1995.

MEIRA MATTOS, Carlos de, General-de-Divisão. *A Experiência da FAIBRÁS na República Dominicana.* IBGE. Rio de Janeiro, RJ, Brasil, 1967.

OLIVEIRA, João Pereira de, General. *Vultos e Fatos de Nossa História.* Imprensa do Exército. Rio de Janeiro, RJ, Brasil, 1961.

RENNER, Michael. *The Future of Peacekeeping.* Worldwatch Institute. Washington, D.C., USA, 1993.

SOUZA, A. Botelho de, Contra-Almirante. *O Período da Restauração nos Mares da Metrópole, no Brasil e em Angola.* Agência Geral das Colônias. Lisboa, Portugal, 1940.

US ARMY COMMAND AND GENERAL STAFF COLLEGE. *Peace Operations.* Fort Leavenworth, Kansas, USA, 1994.

IRELAND'S UN PEACEKEEPING EXPERIENCE 1958 - 1995

Donal O'Carroll

U N action, almost by definition, involves the combined efforts of several states. In recounting the experience of one, we have to acknowledge that the experience has not been gained in isolation from others. Implicit in what follows here is the contribution of all those involved in the missions that are described. Indeed, one feels justified in treating of a single country only because limitation of space prevents a more inclusive approach.

Ireland's first opportunity of participating in a UN mission was in the contribution of an observer team to the United Nations Observation Group in Lebanon (UNOGIL) in 1958. In May of that year, armed rebellion broke out when the Lebanese president, Camille Chamoun, a Maronite, announced his intention of seeking an amendment to the constitution which would enable him to be elected for a second term. The hostile reaction of the large Moslem section of the population led to disturbances which assumed the proportions of civil war. Amid allegations that the United Arab Republic (of Egypt and Syria) was involved, the Security Council on 11 June agreed to send an observation group. UNOGIL's strength was to reach 591 observers drawn from 21 countries, 50 coming from Ireland.

Meanwhile, a further complication arose when, on 14 July, the Hashemite kingdom of Iraq was overthrown and replaced by a republic. In response to a request from President Chamoun, the United States landed marines in Lebanon on 15 July. Two days later, following a complaint from Jordan of interference in its domestic affairs by the UAR, British forces were dispatched to that country. Fortunately, in August two events occurred which were to have favourable effect on UN efforts. In Lebanon, General Fuad Chehab, who was acceptable to the Moslem leaders, was elected President, while the new revolutionary government of Iraq accepted the obligations of states under the United Nations Charter and was recognised by the United Kingdom and the United States. By early October, the US and UK governments announced that in agreement with the governments of Lebanon and Jordan, respectively, they would be able to withdraw. By 2 November all had departed and the UN was in a position to start winding up its operation which finally ended on 9 December.

As an introduction to UN operations the Lebanon experience was relatively low-key, but the fact that it had occurred at all was heartening to an army for whom the chance of foreign service had for long seemed impossibly remote. Nor did the conclusion of this mission mark the end, even temporarily, of Irish involvement in UN peacekeeping, for some of the observers transferred to the United Nations Truce Supervision Organisation (UNTSO), which had been set up in 1948 to supervise the truce at the end of the Arab-Israeli war. Irish officers have served with UNTSO ever since.

The major, one might say defining, step in Ireland's UN commitment, as it was to be for so many other countries, came in 1960 with the sending of troops to the Congo (now Zaïre). For the UN itself, this was to be its largest operation.

On 30 June 1960, the Congo was declared an independent state, Belgium retaining only the military bases of Kamina and Kitona. Unfortunately, little had been done to prepare for independence. Of the 14 million people in this country of one million square miles (2.3 million square kilometres) only 17 were graduates, with no doctors, lawyers or engineers. A political structure, with many party alignments, was, however, in place. A parliament had convened in June and by 23rd, six days before independence, had reached a compromise whereby the two most prominent political leaders, Joseph Kasa-Vubu and his left-wing rival, Patrice Lumumba, were elected president and prime minister, respectively. There was much support for a federal state, with Moise Tshombe, the Katangan leader, being particularly vociferous in this regard since his mineral-rich province was the wealthiest in the Congo and was the focus of much Belgian and international commercial interest, especially that of the Union Minière du Haut Katanga. Lumumba's party, the MNC, was the only one with a national outlook transcending tribal or provincial divisions. The Belgian government, too, favoured this course and ensured its adoption.

On 5 July, the Belgian-officered Force Publique, in whom, rather optimistically, faith was placed for the maintenance of good order, mutinied to enforce demands for promotion and other reforms. The soldiers imprisoned their officers and, in many cases, seriously molested their families, Belgian civilians and other Europeans. Most of these fled the country, thus leading to the collapse of many essential services. Lumumba, refusing an offer of Belgian troops to restore order, sought to regain control of the force by agreeing to the soldiers' demands. The name of the force was changed to the Armée nationale congolaise (ANC), the commander, General Janssens, was dismissed and all NCOs and men were promoted by one rank. However, the disorder spread and on 11 July, without consulting the Congolese government, Belgium sent in paratroops to restore order and protect its nationals. On their arrival, Tshombe declared the independence of Katanga. Some heavy fighting with the ANC ensued leading to further widespread tension and disorder. On 12 July, Kasa-Vubu and Lumumba sent a joint telegram to the Secretary-General asking for UN intervention.

The Security Council agreed to the request and called on Belgium to withdraw her troops. In setting out proposals for the use of the UN force (ONUC), the Secretary-General stressed, inter alia, the temporary nature of the force, its independence of the Congo government, the fact that its units could not become parties to internal conflict, and that force could be used only in self-defence or in response to an attempt to force units from positions they occupied under orders from the force commander.

In Ireland, the request to supply a battalion was met with a ready response, though with no illusion as to the strain that this might mean on the very depleted defence forces whose strength at little more than 7,000 regulars was at its lowest level in the post-war period. As all units were understrength, it was decided to seek volunteers to fill a composite battalion. For a mission in the tropics many essential items were unavailable. The one resource of which there was no shortage was manpower: virtually the whole army volunteered. By great efforts, the battalion, to be known at the 32nd (Irish) Battalion was ready to leave on 25 July. The extraordinary send-off by the populace of Dublin gave testimony of the goodwill to the troops and support for the UN mission.

The 32nd Battalion was assigned to Kamina and Bukavu, some 500 miles apart. Within two weeks it was followed by a second battalion, the 33rd, which was posted to Albertville and Manono. With a strength of over 1400, the Irish contingent in the Congo represented 20% of the regular establishment of the defence forces. Shortly afterwards, the two battalions, with contingents from Morocco, Sweden, Ethiopia and Mali were brigaded as the 9th (Irish) Brigade, the only Irish formation ever to serve abroad. At this point ONUC reached a total of 19,828, the highest it was to attain throughout its existence.

The two main objectives of ONUC during this initial phase were to help the Congolese government to restore law and order and bring about the speedy withdrawal of the Belgian forces. The second of these was made possible by the rapid arrival of UN units. Belgian troops in Leopoldville left the city on 16 July and moved to the bases of Kamina and Kitona. By early August they had withdrawn from the whole of the Congo except Katanga and the two bases. It was not until the Secretary-General personally intervened that UN troops were able to enter Katanga, but by early September the Belgian forces had withdrawn from the province, including the two bases, which were then occupied by ONUC. However, the secession of Katanga remained.

The law and order question arose mainly from the breakdown of discipline in the ANC and the flare-up of many tribal and other enmities. For the forces on the ground the daily duty consisted in providing protection, trying to control unruly elements, maintaining services and providing medical aid. The work was made more difficult because the rapid setting-up of the force and the relative inexperience of the UN at this stage had brought about a situation where supplies and essential support were inadequate and often haphazard. Troops had to accept primitive conditions and units had to fall back on the practise of local purchase, a system unlikely to be successful in a country where so much economic activity had been seriously disrupted.

There were dangers, too, often arising from misunderstanding. One such occurred in November 1960 when an eleven man patrol of 33rd Battalion was ambushed by tribesmen at Niemba in northern Katanga and nine of them were killed. Although the patrol was clearly identified as being UN, it is possible that the tribesmen, fearful of the mercenary elements leading the pro-Tshombe Katangan gendarmerie, had mistaken the Irish for some of these. In April 1961, 44 Ghanaian soldiers were massacred; in November, 13 Italian air-crew; and in January 1962, 22 European missionaries and an undetermined number of

Africans, all by the ANC. Lumumba himself, in his efforts to impose centralised control was involved in killings in Kasai, after which he was dismissed by Kasa-Vubu. Lumumba, in turn, dismissed the President. Subsequently, he was arrested and was murdered in January 1961.

In that month, Ireland was honoured by having its chief-of-staff, Lieutenant General McKeown, appointed force commander, while the two battalions were replaced by 34th Battalion and 1st Armoured Car Group. In February, an Irish diplomat, Dr. Conor Cruise O'Brien, was appointed special representative of the Secretary-General in Katanga. In New York, the Security Council took a decision which was to have far-reaching consequences when, on 21 February, it passed resolution 161 which, inter alia, authorised ONUC to use force as a last resort to prevent civil war in the Congo.

Although the cycle of violence continued, patient efforts saw the political process pushed forward. Parliament, which had not met since the constitutional crisis following the arrest of Lumumba, was reconvened on 22 July 1961. A government of national unity was formed under the acceptable Cyrille Adoula who at once set about ending the secession of Katanga. The task would be a difficult one, for the Tshombe government had received huge help from Union Minière. In addition to Belgian professionals who had managed to remain on, the regime had hired numerous white mercenaries to train and lead the Katangan gendarmerie. With civil war a distinct possibility, the Secretary-General invoked resolution 161 of 21 February and authorised the use of force to expel the mercenaries. On 28 August, Operation Rumpunch, the UN effort to round up the mercenaries was launched.

The Irish participation in this was by the 35th Battalion, which had replaced 34th in June. The Battalion took the gendarmerie HQ in Elisabethville and the Air Katanga installations at the airport, as well as 41 mercenaries. A further 12 were taken by other contingents, but many escaped. Two weeks later, on 13 September, a second operation, Morthor, was undertaken to complete the work. 35th Battalion's objectives on this occasion were the Tunnel, a strategic crossing-point, and the Radio College. Gurkhas of the Indian Army, supported by Irish armoured cars were to take the post office and Radio Katanga. Tshombe's intelligence network was good and the attack was expected. It was vigorously opposed with several casualties. At the same time, the air base at Kamina was attacked as was the UN garrison at Albertville. Kamina was held by the Irish 1st Infantry Group, a less than battalion-sized unit of 320, but it had under command a Swedish force of 300 and 100 Indians. The attacks went on for several days but thorough digging-in ensured that there were no fatalities, though many of the defenders were wounded. A complication was the use of a single Fouga jet by the Katangese which caused much trouble to troops without air defence. To prevent further harassment from the air, General McKeown asked India, Sweden and Ethiopia for aircraft. These arrived some time later and did useful work.

At this point, the Secretary-General, Mr. Dag Hammarskjold, alarmed at the turn events had taken, sought a cease-fire. He asked Dr. Cruise O'Brien to arrange a meeting with Tshombe. This was to take place at Ndola in Northern Rhodesia (Zambia) but on 17 September his aircraft crashed killing him and seven others. A cease-fire was signed on 20 September but Tshombe was soon flouting this by numerous violations. An attempt in October by the Congolese government to end the secession was repelled and in November the Security Council again took up the matter. On 24 November, the council, strongly deprecating the secessionist activities in Katanga, authorised the new Secretary-General, U Thant, to use force to complete the removal of the mercenaries. Tshombe's response to this was to launch an inflammatory campaign of propaganda which quickly degenerated into violence and attacks on UN officials. Fighting broke out in Elizabethville on 5 December, at a time when the UN did not have great force there, but by 15 December, having brought in reinforcements, ONUC, once again, launched a determined assault to secure vital installations in Elizabethville. The newly-arrived 36th Battalion found that, like its predecessor, its objective was the Tunnel. After three days fighting, the city was secured and on 21 December 1961 Tshombe, after meeting the prime minister, Adoula, signed the eight-point Kitona Declaration accepting the authority of the central government, though, once again, this was followed by procrastination and intransigence. Throughout 1962, U Thant made various moves to reach a settlement. A plan put forward in August was eventually accepted by Adoula and Tshombe, a draft constitution was prepared by the UN, and in November the central government proclaimed an amnesty. Once again, Tshombe took no steps to comply and the Secretary-General called for economic pressure, especially by stopping the export of cooper and cobalt. In response, the Katangese fired on UN positions, continuing for six days, ONUC did not return but sought to resolve the situation by negotiation. When this broke down ONUC went into action. In a series of operations Ethiopians, Indians, Irish, Swedes and Ghanaians secured themselves in Elizabethville, Kipushi, Kamina and Jadotville by 4 January 1963. On 17 January, Tshombe signed a document which undertook to permit the entrance of ONUC to Kolwezi, his last stronghold. On 21 January, Indian troops entered the town. The secession of Katanga was over.

The UN operation in the Congo was to last for another eighteen months during which steps were taken, among other things, to reorganise the Congolese armed forces. For the Irish, three more battalions, two armoured car troops and another infantry group were to serve in ONUC during this final period. Of all who went out, 26 were not to return.

As the Congo operation was coming to an end, trouble flared on the island of Cyprus. On 16 August 1960, Cyprus, which had long had a British presence, became an independent state as the Republic of Cyprus. The constitution of the new republic was based on agreements reached in February 1959, which envisaged a regime specially adapted to the ethnic composition of the population: 80% Greek Cypriot; 18% Turkish Cypriot; 2% made up of Maronites, Armenians and Latin (ie, Roman) Catholics. It took account, also, of the special relationships with the three other states concerned in the agreements, Britain, Greece and Turkey who became guaranteeing powers. The structure provided for a balance between the rights and interests of the respective communities and that, should the agreements be breached, the guaranteeing powers would consult. If it was not possible to reach a solution, each reserved the right to take action "with the sole aim of re-establishing the state of affairs". Union with another state or partition were expressly forbidden. The president and vice-president were to be elected by the Greek and Turkish communities, respectively, and would separately designate their allotted share of the council of ministers, being seven Greek and three Turkish. Two sovereign bases were reserved for British use in the south of the island.

There was trouble with the constitution from the start. The president, Archbishop Makarios, argued that it was impeding progress and causing the two communities to draw further apart rather than closer together. On 30 November 1963, he set out thirteen points for amendment. The vice-president did not immediately respond but the government of Turkey, to whom the proposals had been communicated "for information purposes" rejected them as weakening those parts of the constitution which recognised the existence of the Turkish Cypriot community as such. The possibility for rational discussion on the matter disappeared with the outbreak of violence between the communities on 21 December. On 24 December, the Turkish national contingent of 650 all ranks stationed in Cyprus under the Treaty of Alliance took up position at the northern outskirts of Nicosia where disturbances were taking place. Reports of Turkish aircraft flying over Cyprus, of military build-up in southern Turkey and of naval movements off north Cyprus added to the tension.

As a result of efforts by the guaranteeing powers, a cease-fire was arranged on 29 December and on 30 December it was agreed to create a neutral zone along the cease-fire line ("green line") between the areas controlled by the two communities in Nicosia. Despite this, during January, Lieutenant General Gyani of India, appointed by the Secretary-General to report on the situation, found that there was scattered intercommunal fighting, kidnappings, taking of hostages (many of whom were killed), and unbridled activities by irregular forces. By mid-February it was clear that the guaranteeing powers could not control the situation and on 4 March the Security Council recommended the creation of a United Nations Force in Cyprus.

On 6 March 1964, General Gyani was appointed force commander and a week later the first Canadian troops arrived. The incorporation of the British contingent and the arrival of advance parties of Swedish, Irish and Finnish contingents allowed the force to be operational by 27 March. Main bodies arrived in April and a Danish contingent and an Austrian field hospital in May. By 8 June the strength was 6,411 with, in addition, civilian police from Australia, Austria, Denmark, New Zealand and Sweden. The deployment of the force was based, as far as possible, on the existing administrative areas to allow a close relationship with Cyprus government district officers and Turkish Cypriot leaders. The Irish 40th Battalion was in Famagusta.

The main task of the UN force was to endeavour to ensure that the cease-fire would hold. This it did by manning observation posts, carrying out patrols, intervening to prevent incidents and helping to demarcate cease-fire lines. It also encouraged the reduction of tension by securing the elimination or withdrawal of fortifications erected by the two sides, assisted civilians caught up in the fighting and evacuated casualties. Despite these efforts the violence continued. In April 1964, shortly after the force was set up there were serious incidents in the south and north-west of the island and in the area north of Nicosia. In May, a number of UN soldiers were killed in the scattered fighting. In August, a major outbreak took place in the north-west leaving the Turkish Cypriot area restricted to the coastal village of Kokkina, following which Turkish fighter aircraft attacked Cyprus government forces. This led to a meeting of the Security Council on 9 August which called for a cease-fire. The acceptance of this by both the governments of Cyprus and Turkey did much to set the stage for a process of gradual normalisation which saw UNFICYP's main work now consisting in escorts of people and merchandise, especially of Turkish Cypriots; in making harvesting arrangements in sensitive areas; endeavouring to maintain water and electricity services, especially to isolated Turkish Cypriot villages; and in the delivery of post and pensions. This pattern was to continue for nearly ten years except for a serious occurrence in 1967 when General George Grivas, the Greek commander of the Cyprus National Guard, deployed a battalion in the Kophinou area in defiance of agreements with UNFICYP. Turkish Cypriot fighters responded by moving forward, and in manhandling senior UNFICYP officers whom they believed responsible. The incident led to a deterioration in the situation elsewhere during 1967 culminating in the overrunning of the Kophinou area by the National Guard in November which was followed by Turkish overflights and severe intercommunal clashes in the Kokkina and Kyrenia areas. After intense diplomatic activity the situation was resolved but from now on the question of "Enosis", re-union with Greece, became an increasingly important part of the agenda of many Greek Cypriots.

Overall, however, the situation allowed a scaling down of the UN force. In the Irish case, the period from 1964 to 1973 was to see three battalions and nineteen infantry groups pass through on six-monthly rotations. These latter, originally 420 strong, were reduced in the later period because of increased calls on the forces at home due to the situation in Northern Ireland. In October 1973, in a surprise move, Egyptian forces crossed the Suez Canal and advanced beyond the UNTSO posts on the eastern bank. All of the Irish 25 Infantry Group, after only one week in Cyprus, together with personnel of the Austrian, Finnish and Swedish contingents were transferred to the Middle East to form the advance elements of the United Nations Emergency Force. Only a very few Irish remained at HQ UNFICYP but they did useful work in the major humanitarian effort required in the aftermath of the Turkish invasion which followed the attempted anti-government coup of July 1974. The invasion split the island in two, altering the work of UNFICYP which has since then concentrated on maintenance of the status quo. A great part of this work is the control of the economic activities carried on in the UN buffer zone and the humanitarian effort in support of those cut off in the new situation, in particular the Greek Cypriots in the Karpas in the north eastern portion of the island. It is with this work that the Irish on the HQ staff are particularly associated, while there is also an Irish military police presence. One may add that two Irish officers have been force commanders in Cyprus, Major-General J.J. Quinn and Major-General M. Minehane.

The action of Egypt on 6 October 1973, and the counter-action by Israel led to an appeal from Egypt for super-power intervention. The USSR agreed, the US did not and a dangerous collision course ensued. On 25 October, the Security Council adopted a resolution demanding an immediate cease-fire and setting-up the second United Nations Emergency Force (UNEF II) with Major-General Ensio Siilasvuo of Finland as force commander. The troops from Cyprus were soon reinforced and were eventually joined by contingents from Ghana, Indonesia, Nepal, Panama, Peru and Senegal with logistics contingents from Canada and Poland. The operational basis was the manning of a demilitarised zone (DZ) agreed as a result of meetings between the opposing sides under UNEF auspices, as well as by diplomatic contacts. Each contingent was assigned an area and then established outposts in the DZ. As this was a mission whose prime task was ensuring non-violation, its tasks became those of inspection and verification. It worked well and continued for almost six years before it was wound up in July 1979. Ireland had long since left. 25 Infantry Group was replaced in April 1974, by the 26th which, regrettably, was recalled home a month later because of the Dublin bombings. There was much concern in the army that, having left a mission in such haste, we would not be asked to participate again. Fortunately, such was not the case, but it was to be four years before Irish troops were to serve with the UN. In the meantime, observers continued to participate in UNTSO and in the United Nations Disengagement Observer Force (UNDOF) on the Golan Heights.

In 1978, Lebanon was to appear again on the Irish horizon. In the aftermath of the civil war of 1975-76 sporadic fighting continued in south Lebanon. On 11 May 1978, a PLO commando raid into Israel resulted in the deaths of 37 Israelis and the wounding of 76 more. In reprisal, Israel invaded Lebanon a few days later and occupied the region south of the Litani river. On 19 May, in response to an appeal from the Lebanese government and on the proposal of the US, the Security Council adopted a resolution calling on Israel to withdraw and setting-up the United Nations Interim Force in Lebanon (UNIFIL) for the purpose of:

- confirming the withdrawal of Israeli forces,

- restoring international peace and security,

- assisting the government of Lebanon in ensuring the return of its effective authority in the area.

In Ireland, the prospect of again having units on UN service was warmly welcomed in the defence forces and the work of preparation was entered into with enthusiasm. The contrast with the first call to foreign service, to the Congo so many years before, could not have been greater. From UNEF II, in particular, the UN had learned much about the requirements for living and working in the Middle East, and the experience of the many missions to date had taught much about organisation. When 43rd (Irish) Battalion left at the end of May 1978, it was by far the best-equipped ever sent abroad, and, as it turned out, the best-equipped in the force.

An interim force commander, subsequently to be confirmed in the role, Major-General E.A. Erskine of Ghana, had been appointed on 19 March and had been joined by 64 members of UNTSO and some troops transferred from UNEF and UNDOF as a temporary measure to start-up the force. By stages the force reached 6,100 in June when it had infantry battalions from Fiji, France, Iran, Ireland, Nepal, Nigeria, Norway and Senegal, with logistics units from Canada, France and Norway. Over the years there have been comings and goings: at present there are six battalions deployed, those of Fiji, Finland, Ghana, Ireland, Nepal and Norway, two logistics units, from France and Poland, and an Italian helicopter element. In 1987, a Force Mobile Reserve was set up, a mechanised unit drawn from six of the contributing states. In 1981, Lieutenant General Callaghan of Ireland took over as force commander until 1986.

From the outset, there was evident weakness in the mandate. It was not clear that Israel would withdraw; it was equally not clear as to how to assist in restoring authority to a Lebanese government whose army was divided; there was no agreement on the area of operations; and no clear policy on how a peacekeeping force was to deal with the various armed elements in and around its area. In south Lebanon these were broadly divided into pro and anti Israel groupings. The former, led by Major Saad Haddad, a renegade officer of the Lebanese National Army, were Christian militias, termed de facto forces (DFF) by UNIFIL. They were armed, trained and supplied by Israel and, apparently, closely controlled by it. On the other side were the PLO and their allies, the Lebanese National Movement (LNM), a loose association of Lebanese Moslem and leftist parties. Since none of these elements was named in the mandate, relations with them had to be on an essentially ad hoc basis.

As a result of an appeal by the Secretary-General a tentative cease-fire was agreed at the end of March and efforts were continued to get the Israelis to withdraw. This was eventually agreed, and in three phases the Israelis pulled back their troops, though not to the international boundary. A complication arose when the PLO claimed the right to occupy the vacated areas and on 1 May attempted to infiltrate armed elements into a post held by the French. When challenged, they opened fire on the French who returned fire in self-defence, killing two of the infiltrators. Subsequently, in ambushes by the PLO, three French soldiers were killed and 14, including the battalion commander, wounded. This prompted intense activity by the Secretary-General to ensure that there would not be a recurrence. Mr. Yasser Arafat agreed that there would be no more PLO infiltrations into UNIFIL positions but, in return, insisted on the PLO's right to remain in the area of operations, though not for military purposes. The final Israeli withdrawal in June 1978, was unsatisfactory in that all but five of the posts were turned over to Haddad rather than UNIFIL, thus creating what was to become the long-standing difficulty of the DFF-occupied enclave.

The next two years saw the development of pragmatic arrangements to stabilise and, if possible, improve the situation. UNIFIL succeeded in occupying a further 19 posts in the enclave and understandings were reached with the Israeli Defence Forces (IDF) regarding re-supply. However, much harassment was suffered at the hands of the DFF: UN posts in the enclave were isolated, OPs were broken into, equipment stolen and personnel threatened. The Irish, holding the exposed south-eastern corner of the UNIFIL area, stoutly resisted these assaults. Sometimes they came to blows with the aggressors and, on occasion, when fired on, replied in kind. Three times UNIFIL HQ at Naquora was fired on by mortars and artillery causing casualties and damage. Shi'ite Arab villages were shelled and houses of PLO suspects blown up, while the suspects themselves were often abducted. Many attempts were made by DFF, often accompanied by tanks, to set up positions within the UNIFIL area, five such between July 1979 and July 1980 being successful. UNIFIL tried to block these incursions, often by negotiation with the IDF, but removing them, once established could involve heavy casualties.

A particularly serious incursion took place in April 1980 at the village of At Tiri, a platoon post in the Irish sector. The village, which jutted into the area controlled by Major Haddad, was strategically situated beside an important cross-roads which gave on to high ground dominating the Irish area of operations. Its loss would be serious. On Easter Sunday 1980, a DFF patrol mounted in a half-track and two jeeps forced its way past the checkpoint outside the village and, entering the village, took over some houses. On the Tuesday, the DFF opened fire on the platoon HQ and fire was returned. DFF reinforcements, including more half-tracks with .5 machine-guns arrived and were assisted by a couple of tanks outside the village. The confrontation continued throughout the week when, elements of the force reserve being made available to the company commander, he mounted a successful coordinated attack to clear the village, in the course of which the original half-track was knocked out by fire from an Irish AML 90 armoured car. One Irish soldier and one Fijian soldier of the force reserve were killed, as well as one of Haddad's men, who had several wounded. A tragic sequel to the affair was the abduction of three Irish soldiers and the murder of two of them as a reprisal for the death of the DFF man.

The action at At Tiri was important in making it clear to the DFF that there was a point beyond which UNIFIL would not be pushed and this has been described as having brought an uneasy peace for a time. The UN force endeavoured as far as possible to bring about a return to something like normal conditions by bringing in elements of civil administration to the area, developing services, providing medical treatment and so on, but harassment, including shelling, continued, punctuated by occasional cease-fires. The exterior factors referred to also had their effect as events in 1982 were to show. A resolution of the Security Council calling for a halt to shelling and to the bombing by Israel of PLO targets seemed successful, but the killing of an Israeli diplomat in Paris and the wounding of the ambassador in London led to a serious invasion by two mechanised divisions of the IDF with air and naval support, resulting in the inevitable over-running of the UNIFIL area. For three years the force had to operate from behind Israeli lines but, nonetheless, maintained stability in the area at a time when there was considerable turmoil elsewhere in the country. It was significant that each time the UN mandate came up for renewal, many village mukhtars beseeched the Secretary-General not to withdraw the force. Eventually, in 1985, after much negotiation, the IDF withdrew and something like the status quo ante was restored, though by now the PLO had been largely replaced by armed factions of the indigenous Shi'ite Muslims.

Israeli continues to justify its control of south Lebanon on the grounds that neither the Lebanese government nor UNIFIL can do so and are, therefore, unable to ensure that the area will not be used to launch attacks on Israel. Given the extent to which Lebanon is but a part of a much greater picture, it is impossible to envisage an early termination of UNIFIL's mission. Commenting on the fact that the 75th (Irish) Battalion is at present on duty there, one informed observer said that in ten years' time he expected that the 95th would be fulfilling that role!

One other UN operation deserves particular comment. In 1993 and 1994, an Irish logistics unit, involving a troop commitment of 160 personnel, served in Somalia and endeavoured to render some assistance to alleviating the suffering in that country.

While the major concern of this paper has been with those missions which involved troop commitment, one has to note the very considerable number of observer and similar missions in which we have been engaged. Irish officers and men have served the UN in nearly all the countries of the Middle East; in India, Pakistan and Afghanistan; in several African countries; as far east as West Iran and Cambodia; as far west as Central America; and now in Europe. As an experience it has been invaluable, giving access to a wider world to soldiers of a small and relatively isolated country; making contacts that are now world-wide; and giving a training to all ranks that would have been impossible within the confines of our own shores. If the call to this foreign service has arisen from the strife and suffering of others, we can only hope that the Irish soldier has played a useful part in seeking to heal them.

CANADIAN PEACEKEEPING: NEW AND OLD

Norman Hillmer

This paper seeks to make six arguments: that the new peacekeeping of the post-Cold War era has much more in common with traditional peacekeeping than is often conceded; that there is nevertheless a fundamental difference between old and new peacekeeping which must be understood if the endeavour is to be rescued from confusion and excessive expectation; that the Canadian government is deeply committed to peacekeeping operations and to major reforms in the United Nations' (UN) peacekeeping regime; that Canada's commitment to peacekeeping might be affected by a decline in public support, the military's inability to carry out operations or an evaporation of the UN's will and capacity to peacekeep; that peacekeeping's future will be more modest than its recent past and more in keeping with traditional norms; and that Canadians will continue to think peacekeeping a vital expression of their national identity and a contribution to international security for which they are uniquely qualified[1].

Not so long ago, peacekeeping was a well-understood concept. It was a contradiction: non-threatening military activity, involving the use of unarmed or lightly armed personnel for the purposes of truce observation or interposition between parties to a cease-fire. The powers of peacekeepers were few. They were on the line in Cyprus or between Arab and Israeli in the Sinai to react, monitor, pacify, deter even, but not to take the offensive, except in extremis. A prerequisite of peacekeeping was the consent of the former belligerents. Another was the impartiality of the peacekeeping force.

Peacekeeping did not ensure peace, or carry with it any sure mechanism for a negotiated settlement, and it was frequently criticized on that score. L.B. Pearson, the Canadian diplomat who was instrumental in the establishment of the United Nations Emergency Force (UNEF I) in the wake of the 1956 Suez Crisis, thought that there must be a direct and rapid link between peacekeeping and peacemaking[2]. But the two functions are quite separate. Peacekeeping is simply an expedient, meant to ease the transition from hostility to stability, to diffuse tension and contain aggression. The record is mixed, but after a careful review of 57 case studies drawn from a wide canvas of twentieth-century experience, British expert Alan James has concluded that peacekeeping's reputation as an international instrument for the "discouragement of armed conflict" ought to be better than it is[3].

In its modern laboratory, the United Nations, peacekeeping has benefited from its lack of precise definition. The term is nowhere to be found in the UN Charter; peacekeeping slowly emerged as a low-level conflict management tool when the hard experience of the early Cold War left the original collective security aims of the UN in tatters. The Department of National Defence's official historians pointed out in 1965 that "In some way each force has expanded the concept of peacekeeping and has contributed to the large body of precedent now available to guide the actions of the Secretary General and the nations which contribute to his forces"[4].

There has also been an expansion, or evolution, in the scope of what the international community was willing to take on under the rubric of peacekeeping – from small groups of observers, beginning in the late 1940s, through large multi-national units such as UNEF I and the United Nations Force in Cyprus (UNFICYP) to much more wide-ranging recent experiments in peace operations in Cambodia, Somalia, Haiti and the former Yugoslavia[5].

The explosion of peacekeeping in the post-Cold War era has brought peacekeeping "from a peripheral space on the margins of international security to a central position in the United Nations and in the foreign and defence policies of many of its member states"[6]. Twenty operations have been mounted since 1988, seven more than in the previous forty years, and the UN's peacekeeping expenditures had swelled by 1994 to US $3.6 billion, the largest single item in the world body's budget. As of 31 May 1995, 84 countries were contributing 64,273 personnel to UN peacekeeping operations. Peace duties encompass the monitoring or administration of elections; preventive deployments; implementation of peace settlements; humanitarian, human rights and information functions; enforcement of UN Security Council resolutions; and nation-building mandates, which can include activities such as the training of police[7].

That said, classical or traditional peacekeeping has far from disappeared. There are "first generation" peacekeeping endeavours that live on, for example, in India-Pakistan, the Middle East, Cyprus and Iraq-Kuwait; Canada has commitments to each of these forces. The fact is, moreover, that new order peace operations are not nearly as big a departure from tradition as many commentators have suggested. Or to put it another way, the new peacekeeping contains many of the elements of the old. The use of force is not novel nor is involvement in intra-state as well as inter-state missions.

James admits that so-called second generation peacekeeping has frequently seemed to have "more than a whiff of the character of peace enforcement." Nevertheless, he points out, "the roster of tough United Nations operations is not overfull"[8]. Even in the former Yugoslavia, the UN has struggled to maintain impartiality and negotiate differences rather than to take strong action. Prior to the July-August 1995 Croat offensive, the Second Battalion of Canada's Royal Twenty-Second Regiment was monitoring the cease fire in the UN protected area in the Krajina region, an inter-position task which would not have been unfamiliar to veterans of UNEF I or UNFICYP[9]. The further, indeed, that recent peacekeeping operations have edged towards enforcement, the less they seem likely to succeed. Somalia was the most muscular operation thus far and the most abject failure[10].

Canadians are the world's pre-eminent peacekeepers, having participated in almost every UN mission, and in many more operated outside the framework of that institution. By the end of the Cold War, Liberal and Conservative governments had contributed more than 80,000 Canadian Forces personnel to peacekeeping operations. Since then, Canada has dispatched more than 20,000 UN peacekeepers — to the borders of Iraq, to the UN Good Offices Mission in Afghanistan and Pakistan, to Mozambique, Namibia, Angola, the Western Sahara, Rwanda and Somalia, to El Salvador and Haiti, to Cambodia and the Balkans. There are currently 3,033 Canadian peacekeepers in various missions around the world, the largest <u>per capita</u> contribution of any major peacekeeping country[11].

The Conservative government of Brian Mulroney was an enthusiastic convert to post-Cold War peacekeeping. The prime minister called for a "more interventionist" UN in a world and an era where "the interests of nation states and the imperatives of geopolitics must be subordinated to the interests and well-being of people." "Some Security Council members," Mulroney told an American audience in September 1991, "have opposed intervention in Yugoslavia, where many innocent people have been dying, on the grounds of national sovereignty. Quite frankly such invocations of the principle of national sovereignty are as out of date and as offensive to me as the police declining to stop family violence simply because a man's home is supposed to be his castle"[12].

The speech-making of Canadian foreign policy after the fall of the Iron Curtain and the Berlin Wall was full of references to the need for strong action on behalf of "good government," democratic values and human rights in the world. State independence, the analysis went, was dead or dying, the victim of sophisticated technology, powerful market forces in a new global economy and the post-bipolar world's lack of geo-political discipline. In sovereignty's place was heightened interdependence, a cause the United Nations was well-qualified to serve; if the world body had to breach borders in the name of individual dignity, then so be it. The UN's vocation, foreign minister Barbara McDougall said approvingly in 1991, was "evolving from peacekeeping to peacemaking and even – as we see in Cambodia — into quite intrusive nation-building"[13]. Canadians boasted that they had been influential in the drafting of UN Secretary General Boutros Boutros-Ghali's activist tract, *An Agenda for Peace*, issued the next year. Welcoming the document at the 47th session of the UN General Assembly, McDougall said that "it lights a path to the future"[14].

The future, as we know, held disappointments and diminished resources. The euphoria of the early 1990s that led Boutros-Ghali to preach for an interventionist UN and muscular peacekeeping has largely disappeared. Nevertheless, the current government, which took power in 1993, has strongly reiterated Canadian support of peacekeeping as part of a huge menu of "multilateral operations" or "peace support operations," while at the same time promising to measure carefully a mission's purpose, design and feasibility before deciding to participate[15].

The philosophy of preparing for a broad range of multilateral operations moved — or allowed — the armed forces to reject the siren song of a cheap, lightly-armed constabulary force, equipped only for endeavours at the lower end of the security ladder. Instead, the government's 1994 Defence White Paper came down definitively on the side of a combat-capable, multipurpose armed force as the best foundation for the participation of the Canadian forces in activities of collective security and collective defence beyond those necessarily carried out for the protection of national sovereignty[16]. This was precisely the kind of flexible force, equipped and trained for battle, that National Defence Headquarters had always said provided the best peacekeepers.

The White Paper pledged contingency forces to future UN operations consisting of maritime task group, a brigade group plus an infantry battalion group, a wing of fighter aircraft and a squadron of tactical transport aircraft — a possible deployment of more than 10,000 military personnel if all these elements were used simultaneously. The commitment of standby forces was also increased to up to 4,000 personnel, and medical, transport, signals and engineering units were earmarked for humanitarian relief operations of limited duration. Despite a cut in overall strength of the Canadian forces from 75,000 to 60,000, the White Paper stated that 3,000 soldiers would be added to the army's field force along with a variety of modern equipment, including new armoured personnel carriers (APC)[17]. These measures were interpreted as a particular boost for peacekeeping operations, because the army traditionally carried the bulk of those duties. Its M-113, an ancient APC, had been criticized for deficiencies which became apparent early on in the former Yugoslavia[18].

The government appears very much wedded to the new ethos of peacekeeping. A key foreign policy document of February 1995 argues that in the context of international peacekeeping operations the Canadian Armed Forces must be equipped and trained to a high level of military preparedness in order to respond to "threats, armed attacks and other dangerous situations"[19]. The Defence White Paper views peacekeeping and the employment of force as part of a package running from observer missions to operations "to enforce the will of the international community," with preventive deployments, humanitarian assistance, the rebuilding of infrastructure and the like as points along the spectrum. The White Paper's definition of enforcement includes not only Gulf War-style operations but also the use of armed force to deliver aid, the denial of air space and the protection of civilians and refugees in safe areas — all functions of "second generation" peacekeeping[20].

Thus the government, at least in its official pronouncements, fully supports robust peacekeeping as part of a range of military security options and indeed sometimes employs the terms peacekeeping, enforcement and multilateral operations almost as if they ought to be interchangeable. It is obviously in the Department of National Defence's interest to argue publicly for higher end military activities moving towards enforcement, because without them, a well-equipped, combat-ready force would be more difficult to justify. But there are dangers here. Where terminology leads, policy can follow.

Policy, however, seems headed in a more realistic direction. Officials in the Departments of Foreign Affairs and National Defence are beginning to call for a peacekeeping future much more restricted in scope than the recent past, a viewpoint in line with an environment of multiplying international crises and finite resources, the government's own new guidelines identifying the need for a clear operational mandate, purpose and locus of authority and a real chance to succeed, and increasing skepticism about the UN's capacity to carry out major peace operations.

The director of regional security and peacekeeping at Foreign Affairs is a case in point. In a paper written in June 1995, Daniel Livermore was very critical of the "continuum" theory "in which traditional, lightly-armed peacekeeping duty is at one end of the spectrum, while large-scale heavily-equipped peace enforcement along the lines of the Persian Gulf conflict or the Haitian multinational force is at the other end. In this conception of peacekeeping missions slide up and down the continuum, based upon the tasks at hand and the mandate of the Security Council." The lines between traditional peacekeeping and peace enforcement, two kinds of operations which rested on completely different conceptual and practical foundations, had become blurred by such thinking. "We need," he said, "to draw a more distinct line between peacekeeping efforts and other military efforts which now fall under the banner of peacekeeping. In doing so, we need to revert to peacekeeping concepts which have stood the test of time and circumstance, adopting a more realistic doctrine of what is achievable in the contentious disputes which now dot the global horizon. Peacekeeping needs to revert to its more modest position as one instrument — but by no means the only instrument — available to the UN in conflict management"[21].

Officials also identify the clear need to improve the UN's peacekeeping arrangements, not least in the stable, assured delivery of trained and equipped troops at short notice. Over the past several months, the Canadian government has been conducting a major examination of the UN's capacity to respond rapidly in crisis. The study, publication of which is due in September 1995, will advocate the "Vanguard Concept," "in which a small, deployable, multinational and multi-dimensional UN 'operational headquarters,' responsible for generic and mission-specific planning works in tandem with a tightened system of UN 'standby arrangements,' thus ensuring, to a degree not possible now, both advance planning and the availability of trained, equipped forces"[22]. In addition, it would be surprising, given longstanding Canadian concerns and reform efforts, if the study did not concern itself with other administrative and financial deficiencies in the UN peacekeeping system.

Canada's peacekeeping is buttressed by a profound interest in and support for the endeavour on the part of the population at large. Despite some very bad publicity about Canadian peacekeepers after a Somalian youth was killed by members of the Airborne Regiment in 1993, followed by more bad publicity about the regiment resulting in its recent disbandment, 59 percent of Canadians are in favor of maintaining the current peacekeeping role, while 15 percent wish to see it increased. Only 23 percent, according to this July 1995 survey, want participation reduced. Even the Bosnian operation, during which 10 Canadian soldiers have been killed, has majority support: 36 percent of the public would like involvement scaled down, but 58 percent think it ought to be kept the same or amplified. These figures are less impressive than polling data from the spring of 1993, but still suggest that Canadians overwhelmingly favor peacekeeping[23]. The numbers also show that the public seems to distinguish implicitly between the new and the old variety of the beast, and prefer the latter.

Sadly, there is the question of the secession of Quebec from Canada to be considered. Should that occur, two effects are possible. Either Canadians will turn in on themselves as they reconstruct their country — hence little or no peacekeeping in the short and medium term – or, as is more likely, they will regard positive expressions of national achievement on the international stage as more important than ever, suggesting minimal change in policy. It is possible that the military could become involved should Quebec-Canada relations deteriorate, thus diverting attention and resources from peacekeeping, but that is improbable. Certainly it would go against the grain of the country's self-congratulatory rhetoric about its traditions of kindliness, compromise and the negotiation of difference.

Peacekeeping is as well-entrenched in the military as it is in the public consciousness. The Canadian Forces have been peacekeeping for just short of 50 years. In the beginning, the work was thought to be police duty, anything but a real exercise of the military profession, and unglamourous, ineffective and frustrating in the bargain. Gradually, however, peacekeeping came to be appreciated, although never overwhelmingly so, as a Cold War activity which produced pride, distinctiveness, responsibility, experience, training, qualities of leadership and even popularity for the forces, all at a very low cost[24]. Now that the Cold War is over, and peacekeeping has been raised to a new importance, Canadian governments have come very close to making it the raison d'être of the armed forces. The armed forces, in turn, with their relevance diminished as a defender of the nation, the continent and the Atlantic world, have taken on peacekeeping with a vengeance. It is not all that is left, but it may be the best of what is left.

At times since the end of the Cold War, the entire 19,000 person army has seemed to be doing little else but peacekeeping, with soldiers in training, in theatre, or in decompression after their tour of duty[25]. The pool of available soldiers has been expanded since 1991 through the use of reserves, who are carefully screened and trained before selection. About 10 to 15 percent of current peacekeepers are reservists, but there have been units and sub-units, some serving in ex-Yugoslavia, which have been almost entirely composed of men and women from the reserves. The performance of reservists, senior army officers report, has been creditable at all ranks. There are, moreover, to be the White Paper additions to the army, as well as heightened standby and contingency arrangements.

Existing equipment is, or can be made, adequate or better for most peacekeeping purposes. The system proved flexible enough, when faced with the demanding circumstances of the former Yugoslavia, to arrange for extra vehicles provided at Canadian expense, installations of ballistic shields and kevlar blankets in the M-113 APC's for the protection of crew members from snipers and enemy mines, new helmets and spall jackets and improved winter clothing[26]. Criticism of the M-113's performance in ex-Yugoslavia led not only to modifications in the APC's themselves but also to the announcement of an armoured personnel carrier replacement programme. A formal decision to acquire a first instalment of new APC's, 240 of them at a cost of some $500 million, was announced in mid-August 1995[27]. A defence analyst commented, "Strangely, not even a major regional conflict in the Middle East persuaded political decision-makers that there were glaring deficiencies in the army's inventory.... Not until a [Toronto] Globe and Mail article pointed out the M-113's suitability for the Balkans was serious public and federal attention stimulated.... That it took a <u>peacekeeping</u> mission to spur efforts to improve the army's <u>combat</u> capabilities is ironic"[28]. But it is less ironic than a perfect measure of Canadian priorities. Peacekeeping matters. Warmaking does not.

The Canadian public, then, does not lack the instinct to peacekeep, and the military does not lack the capacity. A more pressing problem for the future of peacekeeping, Canada's and otherwise, lies with the UN, and not simply in the chaotic bureaucracy or the ad hoc nature of peace operations. The institution is in crisis, in part because of the failure of modest achievements in places like ex-Yugoslavia to match the unrealistic ambitions of the early 1990s, in part because its leading members, the United States in particular, refuse or are unable to give the requisite support and leadership, in part because the world body is widely perceived as geriatric, bureaucratic, anachronistic, corrupt. The UN has been in crisis before, of course. It is in a sense always in crisis, but the present situation — as the Secretary General tries in vain to collect hundreds of millions of dollars of peacekeeping arrears and the US Congress runs headlong towards neo-isolationism — seems particularly dire.

Or perhaps not. Perhaps these jolts of realism are what is needed to remind the UN and us of its limitations. The immediate post-Gulf War period did the UN a disservice by creating the impression that it could become a powerful and visionary organization. "After Desert Storm," says the Under-Secretary General for Peacekeeping Operations, "there was a feeling in this building, and outside this building, that the UN could finally do what it was set up to do, to be an instrument for rolling back aggression"[29]. The legacy of the massive commitments and excessive expectations that followed was keen disappointment and the huge peacekeeping debts which have been run up by the likes of the US, Russia, Japan, France and Britain. The UN did learn, the <u>Economist</u> has pointed out, "to do some untraditional, but also unwarlike, things rather well: organizing elections and training policemen, for instance"[30]. It also learned that activism carried heavy burdens. The 1995 version of <u>An Agenda for Peace</u> is a much more sober document than its predecessor[31]. A former American representative at the UN caught the new mood well: "We now realize how difficult certain peacekeeping operations are and that they should be restricted in scope"[32].

The attitude of the United States government and Congress towards peacekeeping is nevertheless worrying. The US is, as it has often been in the past, a vital supplier of logistical and other military support to many peacekeeping operations. More generally, its money, vigor and leadership are crucial. Post-Somalia, however, the administration has set almost impossible conditions for US involvement in UN peacekeeping, and is cutting back its share of the UN peacekeeping budget from just under a third to a quarter. The Republican House of Representatives, which includes a new intake of "no-worlders," wants to go further and, in the view of the <u>Times</u> of London, "cripple all UN peacekeeping, with or without American military participation"[33].

Canada, by contrast, pays its bills on time. Peacekeeping is the representative Canadian activity, the ideal Canadian activity, the Canadian activity as it exists in the mind of God[34]. It is an outgrowth of the self-interested internationalism which took root in Canada during and after the Second World War; it is seen as an expression of national values, an attempt to apply internationally moderate Canadian principles; it differentiates Canadians from Americans ("The Yanks fought wars,...while Johnny Canuck kept the peace"[35]); it is popular in all regions and, until recently, with all political parties; it has become a true Canadian expertise; it provides a rationale for defence spending in a country which prides itself on its unmilitary tradition; it wins the country a voice and, so it is said (by Canadians), influence in international deliberations; it has become an indelible part of the Canadian national identity, so much so that the blue beret is one of the country's most potent symbols[36].

There is something else. Canadians are accustomed to imagining that they are different, and that their foreign policy is somehow special[37]. Peacekeeping is an important element in and reflection of this sentiment, feeding off a deep moralism in the Canadian psyche. When told by a member of the Reform Party in the Canadian Parliament in the fall of 1994 that the country should only peace-keep in areas where it had a vital and direct national interest, one of Canada's junior foreign ministers replied that polling information demonstrated that "moral and ethical considerations are considered by Canadians the way that they would judge priorities in the world. They put Rwanda and Haiti at the top of the list. At the bottom of the list they put self-interest. I am quite appalled that the Reform Party bases its foreign policy on self-interest"[38].

Canadians, it seems, need peacekeeping as much as the world needs Canada's peacekeepers.

Notes

1. This paper was written in August 1995. I thank senior members of the Department of Foreign Affairs and International Trade and the Department of National Defence for their generosity in providing documents and interviews.

2. See Norman Hillmer, "Peacekeeping: Canadian Invention, Canadian Myth," in J. L. Granatstein and Sune Akerrnan, eds., Welfare States in Trouble: Historical Perspectives on Canada and Sweden (Toronto, 1994), 161.

3. Alan James, Peacekeeping in International Politics (London, 1990), 370 and passim.

4. "Canada and Peacekeeping Operations," a Report of the Directorate of History, Canadian Forces Headquarters, 22 October 1965, 7.

5. See Norman Hillmer, "Canadian Peacekeeping and the Road Back to 1945," in Fabrizio Ghilardi, ed., Canada E Italia: Prospettive di Co-operazione (Pisa, 1994), 145-149.

6. Daniel Liverrnore, "Peacekeeping: Between Hope and Despair," a paper presented to the Ninth Asia-Pacific Round Table, Kuala Lumpur, June 1995, 2.

7. Ibid, 1-2; "PKO Summary," Peacekeeping & International Relations, XXIV, 3 (May-June 1995), 12-13; Senate of Canada, Standing Committee on Foreign Affairs, Subcommittee on Security and National Defence, Meeting New Challenges: Canada's Response to a New Generation of Peacekeeping, February 1993, 37.

8. Alan James, "Peacekeeping in the Post-Cold War Era," International Journal, L, 2 (Spring 1995), 251.

9. National Defence Headquarters, Ottawa, "Backgrounder," 2 June 1995, 8. See also Special Joint Committee of the Senate and House of Commons on Canada's Defence Policy, Security in a Changing World, 1994 (Appendices), 43.

10. James, "Peacekeeping," 251-257.

11. "PKO Summary"; "Backgrounder," 3-10.

12. The quotations are taken from Alex Morrison, "Canada and Peacekeeping: A Time for Reanalysis?" in David B. Dewitt and David Leyton-Brown, eds. Canada's International Security Policy (Scarborough, Ontario, 1995), 212-213.

13. Barbara McDougall, "Introduction," in John English and Norman Hillmer, eds., Making a Difference? Canada's Foreign Policy in a Changing World Order (Toronto, 1992), xiii.

14. Quoted in Morrison, 221

15. Canada, Department of National Defence, 1994 Defence White Paper, 28-31.

16. Ibid., 12-14.

17. Ibid., 34-35, 45-47.

18. David Rudd, "The Armoured Personnel Carrier Replacement Project: Some Thoughts on the Issues," Strategic Datalink #49, Canadian Institute of Strategic Studies, June 1995, 2.

19. Department of Foreign Affairs, Government Response to the Recommendations of the Special Joint Parliamentary Committee Reviewing Canadian Foreign Policy, February 1995, 12.

20. Defence White Paper, 28-32.

21. Livermore, 1-2, 9.

22. Ibid., 6.

23. Nat Stone, "Attitudes Toward Peacekeeping and the UN," document of the Department of Foreign Affairs and International Trade, 25 July 1995, reporting on a survey by Lou Harris Canada. See also The Goldfarb Report 1994, 4, and The Decima Quarterly Top-Line Report, XIV, 1 (Spring 1993), 28.

24. These statements are based on interviews carried out by the author from 1978 to the present with 36 Canadian Armed Forces personnel of all ranks with peacekeeping experience.

25. Meeting New Challenges, 67.

26. House of Commons of Canada, Standing Committee on National Defence and Veterans Affairs, The Dilemmas of a Committed Peacekeeper: Canada and the Renewal of Peacekeeping, June 1993, 29-31. For a more critical opinion, see George Koch, "Bosnia: How Our Troops View Their Equipment," Vanguard (January 1995), 22-27.

27. Minister of National Defence's Press Conference Talking Points, 16 August 1995.

28. Rudd, 2.

29. Quoted in Stephen Handelman, "Will World Turn Back on UN Forces," Toronto Star, 26 February 1995.

30. "Can Peacekeeping Survive ?" The Economist, 11 February 1995, 37.

31. Ibid.

32. Barbara Crossette, "UN Chief Ponders Future of Peacekeepers," New York Times. 3 March 1995.

33. "Gingrich's Blunderbuss," The Times (London), 20 February 1995. See also George Moffett, "GOP Seeks Smaller Peacekeeping Bill," Christian Science Monitor, 13 January 1995.

34. With apologies to historian Frank H. Underhill. See his In Search of Canadian Liberalism (Toronto, 1961), 127.

35. J. L. Granatstein, "Peacekeeping: Did Canada Make a Difference? And What Difference Did Canada Make to Canada?" in English and Hillmer, 231.

36. See Joseph T. Jockel, Canada and International Peacekeeping (Toronto and Washington, 1994), 13-23.

37. Leigh Sarty, "Sunset Boulevard Revisited? Canadian Internationalism After the Cold War," International Journal, XLVIII (Autumn 1993), 750.

38. Christine Stewart, quoted in "Canada as Peacekeeper: What Now?" Globe and Mail (Toronto), 29 September 1994.

ASPIRATIONS VS REALITY UN'S AGENDA FOR PEACE VS US PRESIDENTIAL DECISION DIRECTIVE 25

Brig. Gen. Theo.C. Mataxis USA (ret.)

Peacekeeping isn't a soldiers job,
but only soldiers can do it !
Military Sociologist
Chas. Moskos

PROLOGUE- Post-War Euphoria.

The end of the Cold War between the West and the USSR created a sense of euphoria that a "New World Order" was at hand. A feeling spread across the world that this new era offered hope that even the most prolonged and intractable conflicts appeared soluble through the United Nations Peacekeeping efforts[1]. In the US the frustration and UN bashing of the 1980's had been replaced by a growing cooperation between the United Nations and the United States in confronting Iraq's invasion of Kuwait in August of 1990. President Bush's address to the General Assembly in October 1990 reflected the leadership role that he was prepared to take in driving Iraq from Kuwait. He not only praised the United Nations for "now fullfilling its promise as the world parliament of peace" but also said "I support you." Desert Storm which was launched on 16 January 1991 resulted in a stunning victory for the troops of the United Nations Coalition led by the US. In his address to a Joint Session of Congress[2] at the end of the Gulf War Bush further reinforced his view of "a new world coming into view...A world where there is a very real prospect of a new world order". Soon the military[3] initiated a program of studies and training for Operations Other Than War (Peace Operations) in order to be prepared for possible new UN assignments![4]

However, this sense of euphoria over a New World Order where security problems would be handled by the UN was balanced at the grass roots in the US by an increasing emphasis on the domestic problems and huge deficit which the country faced. In the US there was not only talk of an end to wars, but also increased hope that there now would be a huge peace dividend which could be applied to its seemingly insolvable domestic social problems[5].

This shift from antagonisms of the Cold War which had fueled the communist guerrilla wars of National Liberation to the euphoria of the Post Cold War era is best illustrated by the title of former UN Secretary General Javier Perez de Cuellar's book "Anarchy or Order". This title clearly lays out the choices which we must face in today's troubled world. It covers his ten years in office - 1982/1991. His first Annual Report in 1982,[6] focused on the problems of the Cold War. It noted with pessimism the "erosion of authority and status of the United Nations and the inaction of the Security Council in the face of conflicts".

His last Annual Report in 1991[7] was optimistic and as he said "marked a turning-point in history brought on by the end of the Cold War". As highlighted in this Report during the UN's first 43 years of existence only thirteen Peacekeeping Operations were launched. In 1988 and 1989 five new ones were initiated and four more were projected for 1991. It is also important to remember his warning, which resonates today, that "careful thought will have to be given in the future to ensuring that the application of Chapter VII measures is not perceived to be overextended".

THE AGENDA FOR PEACE[8]

In wake of this optimism created by the collapse of the Cold War and the feeling that the world was on the verge of an emerging New World Order the UN Security Council directed Boutros Boutros-Ghali, the new Secretary General, to study ways to "strengthen and make the UN more efficient". At a meeting on 31 January 1992 the Security Council directed that his study of the provisions of the U.N. Charter specifically highlight "Preventive Diplomacy, Peace Making and Peace Keeping".

His report "The Agenda for Peace" was submitted to the UN in July 1992. It contained an ambitious proposal for expansion of responsibilities of the United Nations for a spectrum of Peace Operations[9] ranging from Preventive Diplomacy, traditional Peacekeeping Operations (Chapter VI) and Peace Making or Enforcement Operations (Chapter VII), to Nation Building. This was an ambitious proposal which would virtually make the United Nations the "World Policeman" headed by the Secretary General as a powerful activist Executive Officer of the UN. This aspect was opposed by many who felt that the Secretary General should remain the Administrative Officer, as called for by the Charter[10].

In the introduction to his study, "The Agenda For Peace," the Secretary General explained that "In the past months a conviction has grown, among the nations large and small, that an opportunity has been regained to achieve the great objectives of the Charter—a United Nations capable of maintaining international peace and security".

In establishing the Peacekeeping goals for the "Agenda for Peace" three major areas were stressed. These were Preventive Diplomacy, Peace Keeping and Peace Making. The Secretary General also noted in his report the need for action to be taken to discuss the complex subject of the need for the UN to assume responsibility for Post-Conflict Nation Building.

Preventive Diplomacy[11] is defined as acting: (1) to prevent disputes from arising between parties, (2) to prevent existing disputes from escalating into conflicts and (3) to limit the spread of the latter when they occur. Highlighted in some detail are actions to be taken under each of these subjects.

The foundation of Preventive Diplomacy's "Measures to Build Confidence" rests on the need for normal peaceful diplomatic relations. It is recommended that these normal relations be supplemented by military missions and the establishment by Regional Organizations of regional and sub-regional risk reduction centers which would assist UN Fact Finding.

The next rung on the ladder is classified as "Early Warning". Here an integration of current UN activities concerning early regional threats of famines, mass movements of populations, or widespread environmental disaster is mandatory. Even more important is the rapid dissemination of data concerning burgeoning civil unrest or the spread of animosity between neighboring countries. Such advance information of a potential crisis would allow the Security Council to address these potential problems in the early stages. This would allow the UN actions to be proactive, heading off disaster, rather than reactive, only responding after the disaster has been reported in ghastly detail on CNN.

Recommendations were also made concerning the need for appropriate arrangements to be made by the Regional Organizations in order to develop close ties with the UN's Security Staff so that a potentially dangerous situation can be followed closely in a region as it develops.

In past crises UN Peacekeeping Operations have been initiated after a conflict has ocurred. The need for Preventive Deployment of military forces in a crisis before the conflict breaks out is stressed. The Report notes that the deployment could also be made in adjoining countries if both nations feel that a UN military deployment would discourage hostilities. It also visualizes that when a country feels threatened it can call for the deployment of a UN force along its border for additional security. The current crisis in Bosnia has vividly illustrated the need for a "fire break" such as the UN Forces in Macedonia to keep the civil war in Bosnia from spreading to its Balkan neighbors in a wider war. Senior American officials have stated that the potential dangers of a wider war would affect our national interests[12].

Also discussed are the major problems which arise during internal insurrections and civil wars. The need to carefully observe impartiality and neutrality between opposing forces in an insurrection or civil war is stressed. Otherwise the peace-keepers will be perceived as assisting one side or the other and instead of solving problems, they will become part of the problem[13]. A case in point is the Civil War in Bosnia. The UN Forces (UNPROFOR) were deployed under Chapter VI to assist in the provision of humanitarian assistance, which was later extended by the Security Council to a "No Fly" zone and protecting civilians in populated "Safe Areas" by NATO air strikes. The recent media coverage concerning the NATO bombing and the subsequent taking of UNPROFOR Peacekeepers as hostages by the Bosnian Serbs illustrates the difficulty of the UNPROFOR Blue Helmets in walking this fine line between neutrality and partisanship both in Bosnia and Croatia.

In the past demilitarized zones have been used to keep belligerents of a conflict apart. This report also proposes the possible establishment of a demilitarized zone prior to the outbreak of hostilities along the border between the two potential belligerents.

A danger has surfaced in Bosnia where the UN established certain Safe Areas to protect civilians. Unfortunately some were not demilitarized and the Bosnian Muslim government has used these Safe Areas as a staging base to organize its troops to launch attacks against the Serb besieger. When the Serbs shelled cities in response, UNPROFOR called for air strikes against the Serbs. The Serbs in response took isolated UN detachments spread over Bosnia as hostages. UN actions in the future against the Bosnian Serbs may again result in their smaller detachments being taken hostage or larger ones isolated and even "starved out" in response by the Bosnian Serbs. These recent developments in Bosnia have illustrated the difficulty for the UN to protect isolated enclaves during a civil war where both sides are still pursuing their agendas which led to the civil war. Bosnia has become a case study of how difficult it becomes in the field to implement what looks so clear to the U.N. Headquarters in New York[14].

The Agenda notes that military force should only be approved by the Security Council under circumstances "of threat to the peace, breach of peace or act of aggression". Once approved these UN forces may include such military combat operations necessary to "maintain or restore international peace and security". In other words combat, with its results in casualties not only to the combatants, but the local civilian population. Here again the initiative lies with the Bosnian Serbs. If they are willing to "take on" the new UNPROFOR Rapid Reaction Force[15] and take casualties, the UN and NATO may be forced into a choice of a prolonged guerrilla war or a withdrawal.

In so far as raising the armed forces under Article 41, the Agenda visualized they would be maintained by member nations on an "on call basis". In addition to the substantial forces needed to conduct operations under Article 43 the Agenda proposes another catagory of forces under article 40 which would enable the Security Council to utilize provisional measures to deal with a "threat to peace"[16]. It notes that these forces would consist of volunteers more heavily armed than Blue Helmet Peacekeepers. It also visualizes that these forces would also be under command of the Secretary General[17]. The concept of either a standing UN army or a specific stand-by force has been rejected by the US.

The blurring of the gap between shooting only in self-defense (Chapter VI) and the use of military force (Chapter VII) is described in a controversial statement that "There may be no dividing line between Peacemaking and Peacekeeping"[18]. Today the chasm between Chapter VI Peacekeeping Operations where one only shoots in self defense and Chapter VII combat operations where you use massive fire power to force the other side to accept your demands is understood and accepted! This sophistry of "there may be no dividing line" may be suitable for use at the UN Headquarters level in New York, but it is far too vague for US policy-makers who would be expected to sell Congress and the public on this "new concept"[19].

The Report also gives an overview of the costs of the thirteen Peacekeeping operations launched between 1945-87. Highlighted are the financial cost of $8.3 billion dollars until 1992 and personnel costs of over 800 dead from 43 countries. The Agenda proposes that in order to pay these growing costs, approximately $3 billion for the current year, "peacekeeping budgets be financed from national defense budgets". This recommendation is extremely controversial in the US Congress!

With expanding financial and manpower needs the report warned that the current rate of increase for peacekeeping operations will "challenge the capacity, the political and financial will...of the...member states". This warning is now being played out in the US Congress where budget cutting is further exacerbated by the negative public and Congressional reaction at what they perceive as inept mishandling of the Somalia operation and a lack of consistency in the Balkans.

While discussing these new departures in Peacekeeping which will require flexibility the Agenda recognizes that a key is "the cooperation of parties in implementing the mandate". Details regarding the training of personnel and availability of communications and logistics necessary to support peacekeeping operations are also covered. The provision of air and sea lift "free of cost" or lower than commercial rates also is recommended. This is another controversial proposal under review in the US Congress[20].

A new social initiative proposed is that of the UN's responsiblity for "Post-Conflict Nation Building"[21]. This would be a long and extremely expensive venture rebuilding and in many cases establishing a completely new economic, social and cultural base in areas where democratic principles never existed. The Agenda recognizes that this is an aspiration that will only be possible when the "world develops a consensus that social peace is as important as strategic or political peace".

The importance of Regional Organizations throughout the world is also highlighted. As noted, "Today a new sense exists that they have a contribution to make". The Agenda acknowledges that today's rash of religious and ethnic conflicts give these Regional Organizations a unique opportunity to help to resolve threats to peace in their own vicinity[22]. It also notes that the cooperation of Regional Organizations in joint undertakings with the United Nations— "would encourage other states outside the Region to act supportively". A caution is given however that "the primary responsibility will continue to reside in the Security Council".

The Agenda closed with a pragmatic view of the future stressing the need for the powerful nations to "resist the dual opposing calls of unilateralism and isolation if the United Nations is to succeed". This warning highlighted a crucial problem which has already surfaced to bedevil current Peacekeeping Operations in the wake of the Somalia debacle and the current tensions over the UN's involvement in Croatia and Bosnia.

A year and a half after the Agenda For Peace report the Secretary General further expanded his view of the future of the UN in an article in Foreign Affairs (Winter 1992-93) titled "Empowering the United Nations". He points out that with the end of the Cold War "frozen political geography has led to the eruption of savage conflicts in and sometimes between emerging independent states". He further noted that the new era has resulted in the United Nations becoming the center of international efforts to deal with formerly unresolved problems of the past. Under these circumstances there is felt a need for the UN to "expand and adopt" in order to reinvigorate their operations to meet these new challenges[23].

His new concept goes far beyond Chapter VII Peace Making[24] in that "the operation would be deployed without consent of the two parties". Further the UN troops so deployed "would be authorized to use force" to enforce compliance with a UN Resolution. In other words under this concept the Blue Helmets would be uninvited foreign invaders enforcing an unwanted UN Resolution[25].

This concept is based upon the idea that "the century old doctrine of absolute and exclusive sovereignty (of states) no longer stands". Fortunately he notes that this is a novel idea that involves "some obvious difficulties". Difficulties, which, in view of the subsequent disaster in Somlia and the current problems in Bosnia where, on 19 June, the UN gave up its control over the Serb artillery around Sarejevo in an apparent trade for captured Peacekeepers, illustrates that this was a novel concept whose time has come and gone. As commented on by the media "after sixteen months the wheel has come the full circle" with nationalism still alive !

Also emphasized was the need to ensure that the Peacekeeping activities are not carried out to the detriment of the UN's development responsibilities. The need to streamline the UN bureaucracy to respond to its newly increased post-Cold War responsibilities was also recognized.

THE SOMALIA INTERREGNUM

The United Nations Operations in Somalia[26] – UNOSOM I, UNITAF and UNOSOM II spanned the end of President Bush's Administration and the start of President Clinton's. However, in retrospect it is best noted for the fact that it was launched with enthusiasm at the height of the optimism at the end of the Cold War when the United Nations seemed destined to put an end to world wide armed conflicts and it ended in frustration and pessimism in March 1995 with the withdrawal of UNOSOM II[27].

In August 1992 President Bush again pledged support for the UN by launching Operation "Provide Relief" to provide logistical support to the United Nations operation in Somalia (UNOSOM I). And in September 1992 President Bush addressed the General Assembly of the UN[28]. His remarks reflected the optimism of the initial post-Cold War era. He again emphasized that "with the Cold War end I believe we have a unique opportunity...to forge a genuine global community... built on respect for principle, of peaceful settlements of disputes and fundamental human rights".

In December when UNOSOM I was unable to provide security for the delivery of humanitarian relief[29] in Somalia President Bush agreed to "lead and provide US military forces to the United Task Force (UNITAF)", a US led UN Multilateral Coalition designed to bridge the gap until the situation stabilized enough so that it could be turned over to a permanent UN Force[30]. While UNITAF operated under a Chapter VII Resolution they depended more upon the "Talk-Talk" of face to face meetings with the leaders of Somalia than the fire power of their military.

As noted in an article titled "Intervention Decision Making During the Bush Administration: Deciding Where To Go In and When To Get out"[31], this involvement in Somalia produced predictable initial inter-departmental DOD State tensions. State normally views "the threat of force as a complementary to other foreign policy initiatives." While the "JCS mindful of the Vietnam Syndrome typically ... insist that military force should be deployed only if the President is actually ready to use force".

UNITAF eventually involved 28,000 US troops out of a total of 38,000 troops from 21 coalition nations. It was superseded in May 1993 by UNOSOM II when its objective of establishing a secure environment for uninterupted relief operations was attained.

The UNISOM II Security Council Resolution[32] closely followed the recommendations in the Agenda for Peace. It was a Chapter VII operation which was directed to disarm the clans by force if necessary. It also far exceeded any previous mandate when it also called for the virtual "Nation Building" of the entire infrastructure of both the political institutions and the economy[33].

Support for a more "robust" Chapter VII type of Peace Making, to include open ended Nation Building, was the hall mark of President Clinton's new administration's draft Presidential Decision Directive 13 (PDD 13). Termed "assertive multilateralism", PDD 13 supported using military force in concert with other nations and virtually abandoned a US unilateral approach to its own security problems. This approach by the Clinton Administration virtually "constituted an official US endorsement of the ambitious ideas suggested last year by Boutros Boutrous-Ghali's "Agenda for Peace"[34]. Kofi Amin, UN Under-Secretary for Peacekeeping Operations, hailed this initiative noting "there is a willingness from the US to be partners"[35]. However as noted by Ambasasador Robert Oakly: "The resolution by the Security Council (in New York) was one thing, implementation on the ground another"[36].

The mission assigned the 4,500 US troops left to support UNISOM II included "the conduct of military operations". This virtually assured that they would become involved in a "shooting war" with General Aideed, a powerful Somali Clan leader. This crisis came to a head on 5 June 1993 when 24 Pakistan soldiers were killed in an ambush, allegedly by Aideed's supporters.

The next day the Security Council responded calling for action against Aideed's followers (SNA)[37]. On 12 July a US helicopter gunship attacked Aideed's command and control center in a surprise attack designed to "eliminate the center and its occupants". ICRC reported 54 killed and 161 wounded. This conflict soon escalated with a manhunt for Aideed which led to still more casualties and culminated in an abortive raid by the US Rangers in September, publicized by CNN, which left 18 US dead and 75 wounded[38].

The public and Congressional outrage[39] over this Ranger raid disaster ended the Clinton Administration's "love affair with the UN". It also resulted in the emasculation of the draft of Presidential Decision Directive 13 and the adoption of a more pragmatic approach focused on US national interests.

An analysis of what went wrong should address both the UN Headquarters in New York as well as the operations in the field in Somalia. Reviews of this Chapter VII "Shoot-Shoot" approach noted that this was the most ambitious operation ever undertaken by the UN. Also that it was the first Chapter VII "intervention in the domestic affairs of a member state when that state has not presented a military threat to its neighbors". The disaster of this Peace Making/Enforcement-Nation Building Operation adds further emphasis to former Secretary Perez de Cuellar's caution about attempting to force belligerents in a conflict to accept UN solutions which they oppose.

In so far as operations in the field are concerned it is evident when UNOSOM II Headquarters put a price on General Aideed's head they were no longer neutral but "had become part of the problem". As noted by LtG. Robert B. Johnson USMC, former commander of US Forces in Somalia, in testimony before the House Armed Services Committee, "it was a gross miscalculation to shift from famine relief to a manhunt for Aideed. Whether you like Aideed or not, in the eyes of the Somalis he is a player."

Concerning tactical operations a "Lessons Learned" book[40] published by the National Defense University noted that "the greatest obstacles to the unity of command during UNOSOM II were imposed by the US on itself." The study highlighted the complications caused by the fact that the US Ranger Task Force "had its own chain of command...which extended directly back to CENTCOM without going through either US or UN channels". This was not only a violation of military doctrine but a prescription for disaster!

Security Council Resolution 954 extended the Mandate[41] of UNOSOM II until March 1995 and directed that "the force and its assets be withdrawn in an orderly manner...and called on member states to assist the withdrawal". Under Secretary Ceneral for Peacekeeping Kofi Amin, on return from a visit to Somalia reported that "The UN has learned to withdraw ... not retreat!"[42].

Whatever happened and who was at fault is not the crux of the matter in so far as the support of future Peace Operations is concerned. The bottom line is the perception by the public of what happened. As noted in a Report by the US Institute for Peace... "Somalia has become (to the public) a symbol for the unacceptable costs of humanitarian intervention and for the type of foreign involvement the US should avoid in the future!"

This example of how the US support for the UN operations in Somalia passed from a rosy glow of a CNN-motivated humanitarian assistance (Chapter VI) to the pessimism over the ineffectiveness of Peace Making provides an excellent subject for a reflective case study and analysis before embarking on future Chapter VII Peace Making Operations[43]. It would also be useful, as a part of such a study, to investigate whether nations, instead of being viewed as stumbling blocks on the road to a peaceful world may instead be found to be useful entities which have in the past blocked the savagery and slaughter of many ethnic and religious conflicts!

DRAFT PRESIDENTIAL DECISION DIRECTIVE 13

President Clinton's US policy in support of UN Peace Operations has travelled a "rocky road"[44]. His initial view of the world was unabashedly internationalist and supportive of a strong role for the UN in resolving the security crises of the future[45]. In a campaign speech in April 1992 he called for the creation of an international army which could "stand at the borders of countries threatened by aggression, preventing mass violence against civilian populations, providing humanitarian relief and combatting terrorism"[46].

He and his two key liberal National Security appointees, Ambassador Albright at the UN and Tony Lake at the National Security Council, also shared his New World Order view of a world where the United Nations would serve as the world's policeman and our national security interests would be protected through "Assertive Multilateralism"[47].

Shortly after the Clinton administration took office a draft of his new Presidential Decision Directive 13, which was hailed as a new revolutionary approach to foreign and military policy, was leaked to the press. It's basic thrust not only welcomed the UN's rapid expansion of peacekeeping operations but also pledged the commitment of US troops under UN comand. Another liberal academic, Morton Halparin so firmly exposed the cause of "assertive multilateralism" that he rejected the idea of the US ever acting unilaterally in its own security interests. He was nominated by President Clinton for a key assignment in the Defense Department to oversee the Administration's new policy of all out support for the UN, even to the point of placing US troops under UN command.

In the summer of 1993 when the news of PDD13 reached across the country concurrently with the taking of casualties by US troops in Somalia the country errupted. Those who feared that multilateralism would prohibit us from acting unilaterally to protect our "national interests", and those who felt that our national interests were not involved in humanitarian crises joined with those opposed to placing US troops under foreign commanders. Conservative "think tanks" such as the Heritage Foundation joined the campaign[48]. Letters were sent, meetings held, phone calls made and Congressional representatives were visited to convince them to oppose PDD 13.

CLINTON'S REVERSAL OF PEACE OPERATIONS POLICY[49]

Bedevilled by declining polls, an increasingly vocal domestic opposition to the involvement of US ground forces in a guerrilla war in Somalia, Clinton "changed course 180 degrees!" In an address in September 1993 to the UN General Assembly[50] he emphasized the need for caution in involving US military forces in Peace Operations. He pointed out that the end of the Cold War did not bring the expected era of peace but instead resulted in the renewal of past ethnic, religious and territorial controversies. He noted that the UN was now burdened with 17 Peacekeeping operations utilizing 80,000 troops. These far exceed the capability of the UN Headquarters to handle such a wide deployment efficiently. He called for the creation of a UN Peacekeeping Headquarters and planning staff, intelligence and operations center and logistics support able to respond promtly to world-wide emergencies

He also said "if the American people are to say yes to UN Peacekeeping, the United Nations must know when to say no"! He then outlined the following list of questions to be asked before a mission is approved. First, is there a real threat to international peace. Second, are there clear objective to be accomplished and has an end point been identified when the troops withdraw? And finally, "How much will the mission cost? A virtual rehash of the Weinburger-Powell Doctrine of the previous administration and a trademark of Clinton's "weather vane leadership by polls".

The sharpest rejection of his previous "multilateralism über alles" position was expressed by the blunt statement that "We must not hesitate to act unilaterally when there is a threat to our core interests or to those of our allies". This became a focal point for the revision of the draft of PDD 13.

The final blow came in the fall of 1993 when the abortive Ranger attack in Somalia caused casualties. Public and Congressional opinion turned against the Administration's strong support for the UN. A Senate aide said that "the administration realized they have an albatross around their neck". Halpern's nomination failed and the PDD 13 draft went down in flames.

PRESIDENTIAL DECISION DIRECTIVE 25

Under the heading, "Supporting the Right Peace Operations" new criteria were laid out giving strict guidelines which should be addressed before becoming involved in Peace Operations. It cautioned that "Peace Operations should not be open-ended commitments but instead they should be, as stated by Defense Secretary Perry, "Commensurate with our interests"[52].

PDD 25 also stressed that Peace Operations should have specified time frames closely tied to intermediate and final objectives, an integrated political military strategy, specified troop levels supported by a firm budget estimate. It also lists specific factors to be carefully considered before voting in the Security Council for either UN-or Regionally-sponsored Peace Operations[53].

The long laundry list of "factors to be considered" are highlighted only as "aids in decision making". PDD 25 stressed that decisions will be based on the cumulative weight of these factors with "no single factor being an absolute determinant!" A caveat which permits justifying operations such as the Haiti operation, which violated the clearly stated point that Peace Operations should have the support of both the public and Congress!

Another hot button issue was "Command and Control of US forces". It specifically states that the President retains and will never relinquish authority over US Forces. A long discussion clarified the aspects of "Command" which covers every aspect of military operations and administration and which extends "from the President to the lowest US commander in the field"[54].

PDD 25 also notes that when "Operational Control" is given, it is for a specific time frame or mission and includes the authority to assign tasks to US forces already deployed by the President. It states that the US forces cannot be given orders by a foreign comrmander[55] outside of the mandate of the mission. It also clearly provides authority for US commanders to report separately to higher US authorities in case of controversy. An excellent example of Operational Control is illustrated by the US Infantry Task Force under the UN Force Commander in Macedonia.

Another important topic addressed was the strengthening of US support for Multilateral Peace Operations. It highlights that it is no longer sufficient to address Peace Operations through the State Department's "political prism".

It recognizes that to meet the challenges of Peace Operations, it is critical to bring a clear military perspective by the Joint Chiefs of Staff to bear "on those missions that are likely to involve US combat units".

One of the most important points of PDD 25 is the portion which specifically addresses Congress and the American people. It clearly establishes that "Congress and the American people must understand...and also be genuine participants in the processes that support US decision making on new and on-going Peace Operations.

The draft of PDD 25 also caused a "turf battle" involving a bitter dispute between the State and Defense Departments. The internecine strife between these two Departments was based on a bureaucratic struggle over who would have control and who would pay the bills.

After prolonged negotiations a decision was finally made. State Department would be responsible for classic Peacekeeping Operations (Chap. VI) where troops monitor an agreement with the consent of both sides, while the Defense Department would assume responsibility for Peacekeeping operations where military units are used and for Chapter VII Peace Making Operations where the use of military force is authorized[56].

Finally after acrimonious negotiations with a skeptical Congress insistent that the primary interests of our military forces is to "protect our national interests" the new Presidental Decision Directive 25 titled "The Clinton Administration's Policy on Reforming Multilateral Peace Operations" was finally released on 5 May 1995. The basic message of PDD 25 is simple. It accepts the premise that: "The US cannot resolve the conflicts of the world ... but does not believe that the UN is capable of making and keeping peace—particularly when hostilities among parties still exist"[57]. The media coverage was best expressed by an article in the N.Y. Times titled "New Peacekeeping Policies De-emphasize UN Role". It emphasized that PDD 25 was a sharp departure both from Clinton's draft PDD 13 and campaign vision of the UN, supported by the US, as the global police-man[58].

Shortly after the approval of PDD 25 President Clinton faced strong Congressional and grass-roots opposition to his plan to intervene with US troops in Haiti. Both the American people, with polls running 70% against involvement in Haiti, and Congress were against the commitment of US ground forces in Haiti. With Congress set to debate the issue on a Monday, the 82nd. Airborne Division was ordered into Haiti on Sunday to avoid the upcoming Congressional debate. Fortunately President Carter's "peace mission" succeeded in defusing the crisis and the parachute assault was aborted and the subsequent air-landed entry of the airborne was unopposed.

While the expensive Haiti operation has been successful so far it has resulted in a bitter residual resentment against Clinton's unilateral involvement in Haiti not only against the opposition of the majority of public and Congress but also in violation of his own PDD 25. This has fuelled the 104th Congress's initiatives in the House and Senate to pass two bills - H7 and S 5, which are carefully crafted to restrict the President's ability to unilaterally commit troops overseas without Congressional approval[59].

SUPPLEMENT TO THE AGENDA FOR PEACE

In January 1995 the Secretary General prepared a Position Paper 60 for the UN which noted the increased pace in Peace Operations. Also he gave a somewhat belated recognition of the importance of Chapter 1 of the Charter which acknowledges "the principle of sovereign equality...(and notes) nothing shall authorize the UN to intervene in matters which are essentially within the domestic jurisdiction of any state"[61].

Chastened by the disasters in Somalia, Rwanda and Bosnia, he admitted "clearly that the UN cannot impose its changes in Preventive and Peace Making services on member states who do not want them." Legally[62] and politically their request for, or at least their acquiescence in, UN operations is a "sine qua non". A clear "retreat/withdrawal" from the empowerment of the UN visualized in his 1992 "Agenda for Peace"[63].

He stated this has led to a new kind of UN operation. He carefully explains even though the use of force is authorized under Chapter VII of the Charter, the United Nations endeavors to remain neutral and impartial between the warring parties, without a mandate to stop the aggressor or impose a cessation of hostilities. He explained "Nor is this Peacekeeping as practised hitherto, because the hostilities continue and there is often no agreement between the warring parties on which a peacekeeping mandate can be based." The "Safe Areas" concept in Bosnia and Herzegovina is a similar case. It too gives the United Nations a humanitarian mandate under which the use of force is authorized, but for limited and local purposes and not to bring the war to an end.

I'm afraid that this explanation may be understood, albeit with difficulty, by some of the professional diplomats and military. However, trying to gain support for it in Congress or among the public will be extremely difficult. For example recently on a TV News program the Speaker of the House, a history professor and a knowledgeable politician, commented about the UN's problems in Bosnia. He said "Soldiers are supposed to free hostages, not become hostages"! A great "Bumper sticker slogan", but a dismal misunderstanding of the mission of UNPROFOR under these new "guidelines"

The Secretary General also noted plaintively in his Position Paper that "Perceived shortcomings in the UN performance of the tasks assigned to it... seem to incline member states to look for other means. It is necessary to find ways of enabling the UN to perform better the roles envisaged for it in the Charter"[64].

His optimism which fuelled the "Agenda for Peace" has been replaced by a new and more cautious realism that "we are still in a time of transition". He noted the end of the Cold War was "a major movement...and the after-shocks can still be felt." With the serious "after-shocks" of Somalia and Bosnia still unresolved one can predict that, as in the controversial post-Congo Operation period, the next[65] Secretary General will take to heart former Secretary General Perez de Cueller's warning that careful thought will have to be given to the over-extension of Chapter VII!

AP FLASH-17 June '95. UNITED NATIONS

Struggling to rebuild a mission near collapse in Bosnia the Security Council voted to authorize the creation of a rapid reaction force of up to 12,500 heavily armed troops... However the resolution does not specify the circumstances under which peacekeepers could use their heavy weapons. This new force is seen as a way to give the UN Commanders a midway between protests and NATO airstrikes. The cost for the initial six months will be $414 Million.

Note: With the Speaker of the House diconcerted about past mandates in Bosnia this resolution which "does not specify circumstances..of using weapons" seems designed to increase confusion about UNPROFOR's role which will result in a still further erosion of confidence and public and Congressional troop and financial support for US involvement in the Balkans. And further as a byproduct also poison relations between the US and our Nato Allies.

EPILOGUE- Congressional Impact on UN Peace Operations

As noted by a recent Congressional Research Service Brief (17 May), Congress has long held an interest in influencing decisions over US contributions to UN Peace Operations. That interest recently has intensified as US soldiers have lost their lives and the amount spent on Peace Operations has mounted into billions of dollars[66]. This concern of Congress about "foreign entanglements" has a long history ranging from President George Washington through the Post WW I rejection by the Senate of President Wilson's League of Nations, to the debate in the Senate when joining the UN in 1945. When John Foster Dulles discussed "the provision of troops for the United Nations" before the Senate Foreign Relations Committee, his testimony firmly stated that "it should require the approval of 2/3rds of the Senate."

Public and Congressional outrage over the perceived mishandling of the operations in Somalia resulted in actions by the 103rd. Congress to adopt reporting requirements for US military forces being deployed on Peacekeeping Missions. A fact which must be kept in mind is that "Political factors outside the UN (public and Congress) are primary and political factors inside are secondary!"

In July 1994 the Security Council passed a Clinton Administration sponsored resolution which authorized the use of military force (Chapter VII) to restore Aristide to the Presidency of Haiti. Concerned by the signs that the administration was planning to intervene in Haiti without consulting Congress the US Senate voted unanimously, expressing its view that the Security Council Resolution "did not constitute authorization for the deployment of US military forces to Haiti under the War Powers Resolution."

This disagreement with President Clinton was further exacerbated by his move to send troops into Haiti. This was not only in disregard of the Senate's unanimous vote in August but also in violation of requirements of PDD 25, which clearly states that "Congress and the American people must be genuine participants in the decision making on new operations".

The week before the dispatch of the 82nd. Division into Haiti the polls showed nearly 70% of the public were against becoming involved in Haiti. Feelings on this issue ran high and Congress was scheduled to open debate on

Monday over the use of US troops in Haiti. However Clinton launched the aiborne assault late Sunday to forestall the debate. Fortunately, President Carter's peace mission was successful and the operation was changed to an unopposed air landing.

This frustration of Congress with President Clinton's flouting of their position against committing US troops in Haiti was reflected in the 104th Congress. They vented their frustration and dissatisfaction by the passing of the House's "National Security Revitalization Act" (HR7) and the Senate's "War Powers Act" (S5),

Both bills call for increased Congressional "oversight and input" on US troop and financial support for UN Peace Operations. The major thrust of the House Bill would impact on financing. It would not only include the costs of US military activities to support Peace Operations but would also limit the utilization of DOD funds to pay for the US share. Another key provision would place limitations on the placement of US Armed Forces under foreign control for a UN Peacekeeping activity. The major thrust of the Senate Bill introduced by Senator Dole is to repeal most of the War Powers Act.

With this background, what is the future outlook for US support for the United Nation's Peace Operation?[67] Listening to the supporters of a closer involvement in UN Peacekeeping Operations as "an inevitable part of the US leadership role in the world"[68] and those who feel that it is wiser "to chose the few vital interests we are willing to defend unilaterally if necessary"[69] reminds one of the philosophical question "Is the glass half full or half empty?" It seems to depend on one's philosophy – optimistic or pessimistic or internationalist or pragmatic. Supporters on both sides can marshal facts and bumper sticker slogans ad nauseam to support their positions.

American combat troops are "put in harm's way" – the issue will be decided by the public and Congress[70]. The key question is will the majority of the American public strongly support a UN Peace Operation to the extent that they are "willing to accept casualties?" Or will the compassion generated by the CNN's TV exposure to the horrors of human rights atrocities around the world vanish when the first body bags start coming home?

This no one knows. However, this question would seem not only to validate the key importance of item 6 of PDD 25—"UN Peace Operations can only succeed with the support of the American people and Congress"– but to raise it to the level of "the" sine qua non of future American support for UN Peace Operations!

"The constant struggle to close the gap between aspirations and performance now, as always, makes the difference between civilization and chaos!"

Dag Hammarskjøld

Notes

1. Charter of the United Nations-Chapters VI, VII & VIII.

2. Bush, George. Address to Congress 7 March 1991.

3. U.S. Institute for Peace. "Peace Keeping and Peace Making-Implications for US Military". Wn. D. C. May 1993.

4. U.S. Institute for Peace. "The Professionalization of Peacekeeping". Aug. 1993.

5. Geiger, David. "America's Missed Opportunities" Foreign Affairs 71 (1991-92).

6. Perez de Ceullar, Javier. "Anarchy or Order" (1982) Annual Reports 1982-1991.

7. Perez de Ceullar. Ibid (1991 Report).

8. Boutros-Gali, Boutros. "Agenda for Peace". United Nations, N. Y. July 1992.

9. CIA Directorate of Intelligence."World Peacekeeping Ops. Map" Wn., D. C. 1994.

10. Kirkpatrick, Jeanne "Boutros-Ghali's Power Grab" Washington Post 1 Feb. 1993.

11. U.S. Institute for Peace "Preventive Diplomacy Initiative" Wn. D. C.

12. Christopher, Warren. "Principles and Opportunities for American Foreign Policy" Speech Harvard University 20 Jan. 1995.

13. United Nations. "Blue Helmets" 2nd. Edition (p. 6), N. Y. 1990.

14. United Nations. "The Situation in Former Yugoslavia". N. Y. 15 March 1994.

15. AP Wire—"UN Approves Rapid Reaction Force" 17 June 1995.

16. Harvard University. "A Blue Helmet Combat Force". NSC Paper 93-01 1993 .

17. Roberts, Adams. "The UN and Int. Security". Survival, Summer. London 1993.

18. Roberts, Adams. "The Crisis in UN Peacekpg". Survival, Autumn. London 1994.

19. Durch, W. J. "Evolution of US Peacekeeping. Case Studies and Comparative Analysis" (p. 11). St. Martin's Press, N. Y. 1993.

20. 104th Congress 1st. Session "National Security Revitalization Act". 9 Feb. 1995.

21. Allard, Kenneth. "Somalia Operations: Lessons Learned". (p. 89) National Defense University Press. Wn., D. C. 1995.

22. Weis, G./Forsythe, D./Choate, R."The United Nations and Changing World Politics" (p. 33) Westview Press, CO. 1994.

23. George, A./Simms W. (eds) "Limits of Coercive Diplomacy" (p. 269) Westview Press, CO. 1994.

24. Liu, F. T. "United Nations Peacekeeping and the Non Use of Force". (p. 41) International Peace Academy 1992. N. Y.

25. Curtis, Willie. "Maneuvering in the Grey Zone: The Gap between Traditional Peacekeeping and War Fighting". Norwich Univ. Conf., VT. 24-25 Feb. 1994.

26. United Nations. "The UN and the Situation in Somalia". N. Y. 1 May 1994.

27. Damrosch, E. Ed. "Enforcing Restraint-Collective Intervention in Internal Conflicts" (p. 235) Council on Foreign Relations Press. N. Y. 1993.

28. Bush, George. "Address to UN General Assembly" N. Y. Sept. 1992.

29. Air, Land, Sea Application Center. "Multi-Service Procedures for Humanitarian Assistance Operations" (Final Draft) DOD 1994.

30. Sahoun, Mohammed. "Somalia Missed Opportunities" (p. 53) US Institute of Peace Press. Wn. D. C. 1994.

31. Kanter, A. "Intervention Decision Making During the Bush Administration" Special Warfare Bulletin. JFK Special Warfare Center. Ft. Bragg, N. C. April 1995.

32. Hirsch, J./Oakley, R. "Somalia and Operation Restore Hope". (p. 199) US Institute of Peace Press. Wn. D. C. 1995.

33. Makinda, Samuel. "Seeking Peace From Chaos: Humanitarian Intervention in Somalia" (p. 61) International Peace Academy Oc. Paper. Richner, CO., 1993.

34. US-UN Press Release 37-93 N. Y., 26 March 1993.

35. Washington Post. "US Set to Embrace Role as Peacemaker" 18 June 93.

36. Hirsch/Oakley Ibid (p. 111).

37. Hirsch/Oakley Ibid (p. 11).

38. Mataxis, T. "Few are Likely To Follow If the Trumpet Blows Uncertainly" OPED Fayetteville Observer Times N. C. 1 Nov. 1993.

39. Makinda. Ibid (p. 89).

40. Allard. Ibid (p. 94).

41. United Nations. "Peacekeeping" (p. 156) 1994.

42. UN Press Release (Kofi Amin, Under Sec.for Peacekeeping) N.Y. 15 Feb. 1995.

43. Allard. Ibid (p. 94).

44. Forte, David. "Bill Clinton, Boutros Boutrous-Ghali and the Unmaking of Foreign Policy". Free Congress Foundation. Wn., D. C. Dec. 1993.

45. Brown, S. J./Schaub, K.M. "Resolving Third World Conflicts" (p. 268) United States Institute of Peace Press. Wn., D. C. 1992.

46. Gort, T./Harff, R. "Ethnic Conflicts in World Politics' (p. 13) Westview Press, CO.'94.

47. Dole, Robert, Ltr to Anthony Lake Ast. to President for National Security. (re:"Views on Pending Peace Keeping Policy). Wn., D. C. 24 March 1994.

48. Mataxis, T. «Peace Can't be Imposed by Outside Forces» OPED Fayteville Observer -Times N. C. 8 May 1994.

49. President Clinton's Address to UN General Assembly. N. Y. 27 Sept. 1993.

50. Gilman, Benjiman. "Ltr. to Anthony Lake Ast. to President for National Security Affairs (re: Opposition to draft PDD13)" Committee on Foreign Affairs, House of Representatives. Wn., D. C. 14 Feb. 1994.

51. Presidential Decision Directive 25. "The Clinton Administration's Policy on Reforming Multilateral Operations." 6 May 1994.

52. Perry, Wm. J. Secretary of Defense. "Remarks to Fortune 500 Forum" Philadelphia. Pa. 3 Nov. 1994.

53. Shalikashvili, John. Chmn. JCS. "National Military Strategy" (p. 9) Feb. 1995.

54. Joint Chiefs of Staff. "Joint Tactics, Techniques for Peacekeeping Operations" (p. 111-1) Wn. D. C. 29 April 1994.

55. Dept. of the Army. FM 100-23 "Peace Operations" (p. 25) Wn. D. C. Dec. 1994.

56. Maclinlay, J. "Improving Multi-Functional Forces" (p. 141) Survival Autumn 1994. London.

57. Kapllin, R. D. "Where America Should Stand Among the Mini-Holocausts — Our Policy Should Start Where Our Moral, Economic, Strategic Interests Intersect." Washington Post, National Weekly Edition April 25-May 1, 1995. Wn., D. C.

58. Scioini, E. "New US Peacekeeping Policy De-emphasizes Role of UN". N.Y. Times, 6 May 1944.

59. Serafino, N. "Peacekeeping and US Foreign Policy: Implementing PDD 25". Congressional Research Service, Library of Congress. 17 May 1995. Wn. D. C.

60. Boutros-Ghali, Boutros "Supplement to the Agenda for Peace." United Nations General Assembly/Security Council 3 Jan 1995.

61. Albright, M. "Statement on Secretary General's Supplement to Agenda for Peace". US Mission to UN 18 Jan 1995. N. Y.

62. Council on Foreign Relations Book. "Right vs Might-International Law and the Use of Force". (p. 95) Council on Foreign Relations Press N. Y. 1991.

63. Damrosch. "Enforcing Restraint" Ibid (p. 316).

64. Roberts. Autumn 1994 Ibid (p. 117).

65. Sahoun."Somalia" Ibid (p. 56).

66. Serafino. CRS Ibid.

67. Weis Ibid. (p. 10).

68. Christopher, Warren. "Statement on National Security Revitalization Act. International Relations. Cmte. US House 26 Jan 1995.

69. Kirkpatrick, J. "Comments on the National Security Revitalization Act". International Relations Cmte. US House of Representatives 24 Jan 1995.

70. Gregg, Robert. "About Face? The US and the UN". Reinnar, CO. 1993.

"PEACEKEEPING, ENFORCEMENT: WHERE DO WE GO FROM HERE ?"

Dr. Mats R. Berdal

Introduction

United Nations involvement in the settlement of regional and internal conflicts between 1988 and 1992 was a source of considerable optimism for the delegates who gathered at the first ever Security Council Summit meeting in January 1992[1]. Although subsequent developments have shown much of this optimism to have been misguided, the UN's role in facilitating the withdrawal of Soviet troops from Afghanistan, its involvement in the transition process from South African rule to independence in Namibia, and its contribution to the peace process in Central America, were all seen at the time as foreshadowing a more proactive pattern of involvement on the part of the UN in international affairs. Moreover, the UN's legitimising role in support of allied military action against Iraq in 1991 convinced many that the paralysing influence of the Cold War would no longer undermine the effectiveness of the Security Council as the organ with "primary responsibility for the maintenance of international peace and security"[2].

It was against the backdrop of these events that UN peacekeeping – described as a "growth industry" by the Secretary General in 1992 – came to be viewed as an instrument whose further development would give the organisation a potentially even more prominent role in international security[3]. Over the next three years, attempts by various analysts to develop concepts for operations "beyond cold war peacekeeping" went hand in hand with a real tendency to downplay the importance of consent as a precondition for UN involvement.

As the UN prepared to celebrate its 50th anniversary, however, this early optimism had been profoundly shaken by the experiences of peacekeepers in former Yugoslavia, Angola, Somalia and Rwanda. Indeed, to most observers, the course of events in these places has been taken as evidence of a broader failure on the part of the UN to adapt to the changing circumstances of the post-Cold War era and, in particular, to reform its peacekeeping management practices. It is the basic contention of this paper, however, that the alleged inability of the UN to adjust itself to the changing character of the international political system is merely one aspect of the current malaise of UN peacekeeping. The question of "where we go from here" requires two more specific issues to be addressed:

(I) Does the recent and on-going experience of UN field operations suggest that "peacekeeping" no longer has any place in contemporary international relations? If, as I shall argue, the principles of consent, impartiality and minimum use of force remain crucial to the successful implementation of a peacekeeping mandate, what are the implications for peacekeeping forces that operate in situations where consent is often fragmentary and incomplete among the parties in the field ?

(II) Is the UN as an institution capable of providing the kind of executive direction and management of peacekeeping operations which the present range and variety of UN field operations demand ? A logical corollary to this is whether the reforms introduced in recent years have effectively addressed the major weaknesses in the UN machinery for peacekeeping?

The Changing Context of Contemporary Peacekeeping

The failure of "coercive disarmament" in Somalia in 1993, the continuation of ethnic warfare in Bosnia and the abysmal failure to respond to the massacres in Rwanda in April 1994, led several non-governmental organisations (NGO), military planning staffs and academics to reassess the implications of intervening in ethnically fragile and divided communities, where consent among warring factions is both sporadic and patchy. Within military establishments the debate about "peacekeeping doctrine" or "operations other than war" has come to focus on the question of whether it is possible to conceive of an area of military activity between "classic" peacekeeping and enforcement based on traditional war-fighting doctrines. On the one hand, attempts have been made to develop a concept of "second generation multinational operations"[4]. The key assumption here has been that an outside peacekeeping force does not necessarily need to rely on or be guided by the requirement of consent from the parties to a conflict. In the words of Richard Connoughton, "consent and impartiality are too fragile to serve as a fulcrum around which a sensible doctrine can be built"[5]. Instead, a military force that is properly equipped, trained and governed by the right operational concepts can engage in various intermediary "levels" of enforcement[6]. Proponents of this view argue, in effect, that a "middle ground" or "spectrum" of military activity exists between "classical" peacekeeping and large-scale enforcement, and that both intellectual and practical efforts should be geared towards developing the requirements for "aggravated", "robust" or "muscular" peacekeeping. As noted, while this debate has been conducted, there has been over the past three years a very real tendency to downgrade the importance of consent as a basis for UN involvement. This has been the case most evidently in Somalia and former Yugoslavia.

The question of whether there is in fact a "spectrum" of military activity between peacekeeping and enforcement may be approached from two perspectives. First, it requires a closer look at the actual nature of the changes in peacekeeping since 1988, because a key assumption of those who argue in favour of a "middle ground" is that Cold War peacekeeping has little relevance to contemporary operations. Second, it is necessary to examine the operational consequences of the downgrading of consent which has taken place in recent operations, most notably in the case of UNOSOM II but also in former Yugoslavia. An assessment of both operations shows not only that there are important lessons to be learned from the Cold War experience of peacekeeping, but also that to blur peacekeeping and enforcement in one location is highly destabilising operationally and unlikely ever to be successful.

The Evolution of Peacekeeping Since 1988

Viewed from a historical perspective, the evolution of UN peacekeeping since 1988 has involved two significant developments. First, a very considerable increase in the number and scale of operations has taken place. Between 1948 and 1987 a total of 13 operations was launched by the UN; since 1987, more than 20 new operations have been embarked on. The annual UN budget for peacekeeping was calculated at 230.4 million US dollars in January 1988; by late 1994 preliminary projections put the figure at 3,610 billion. At the same time, the permanent five members of the Security Council have become more directly involved with military personnel on the ground.

Second, the environment in which UN forces operate has become increasingly volatile, complex and violent. This development stems from the growing involvement of UN peacekeepers in intra-state conflicts. Since January 1992, nine out of 11 new UN operations have been related to an intra-state conflict. An important consequence of this has been that peacekeepers have often been forced to operate with only partial or sporadic consent from warring parties, while clear front lines or legitimate political authorities have often been difficult to identify. It has also meant that peacekeeping forces now face much greater risks than they have in the past[7].

While both these developments, as will be shown, have exposed major deficiencies in existing structures for mounting and sustaining UN operations, they do not in themselves indicate that the defining characteristics of peacekeeping – consent, impartiality and its essentially non-threatening character – have no relevance for operations after the Cold War. The reason for this is clear: the object of deploying a peacekeeping force remains that of assisting and reinforcing a political process towards the resolution of a conflict; it is not in itself designed to impose a solution. Consequently, building local support through the impartial character of UN activities is essential if a force is to accomplish its mission. Although consent in civil wars will never be absolute, it is the conscious promotion of it – through adherence to principles of minimum force, constant liaison and negotiation – which distinguishes peacekeeping from enforcement. Consent at the strategic and operational level remains a requirement for effective peacekeeping, while operations at the tactical level should be geared towards sustaining, promoting and expanding the margin of consent that exists in theatre. Thus, the philosophical framework of traditional peacekeeping retains its viability and provides the basis for thinking and planning future operations. In his Supplement to An Agenda for Peace, the Secretary-General (who initially put forward ideas echoing the "second-generation" school) strongly reaffirmed the validity of "basic principles" essential to the success of peace-keeping[8].

In some circles, this conclusion has been construed as evidence of a lack of moral resolve or a shortage of intellectual imagination in the face of seemingly

568

intractable civil wars. The fundamental issue, however, is that the military and political requirements of enforcement are wholly different from those of peace-keeping and that any attempt to combine these two very different sets of activities in one operation is certain to destabilise the operational environment in which forces are deployed. Moreover, the need to maintain the distinction between peacekeeping and enforcement is also based on a recognition of both the inability of the UN to engage in enforcement operations and the paucity of political will among member states to take action except where a compelling "national interest" is deemed to be at stake. These are also some of the major "lessons" to emerge from the UN's involvement in former Yugoslavia and Somalia; places where the assumptions and principles that had historically guided peacekeeping activities were set aside.

"Peacekeeping" in former Yugoslavia

The central problem and basic political reality facing the UN throughout the entire Yugoslav conflict, has been the lack of political will among the Permanent Five members of the Security Council (and the troop-contributing countries not on the Council) for action beyond that of: (a) relieving the humanitarian conse-quences of the war; (b) containing the conflict, and (c) promoting a negotiated solution among the parties. These objectives, which do not envisage an enforce-ment role for UNPROFOR, are legitimately seen by many as being too limited; yet, they reflect the profound disagreements that exist among the major outside powers about the origins and nature of the conflict. As William Shawcross correctly notes: the "West has never defined a political objective for former Yugoslavia"[9]. It is in light of this political reality that maintaining impartiality remains a critical determinant of operational activity for UN peacekeepers in the field[10]. The difficulty with the "lift and strike" policy (air strikes and the selective lifting of the arms embargo) initially promoted but since abandoned by the US, as well as with other calls for punitive actions, was that they would destabilise the operational environment to such a degree that only withdrawal or an escalating level of involvement in favour of one party could be pursued.

Although the UN has struggled hard to reconcile tensions inherent in its mandate (more than sixty Council resolutions have been passed about the former Yugoslavia), UNPROFOR has remained under constant and conflicting pressures from member states to take more forceful action without changing the peace-keeping basis of its mandate. In particular, pressures for "tougher action" to be taken against one of the parties to the conflict have been difficult to resist, yet they have immensely complicated the role of UNPROFOR. As a draft report, produced by senior UN officials on the future of the mission in May 1995, observed:

While the function UNPROFOR was tasked to implement was adopted under Chapter VII of the United Nations Charter, the resolution determining its deployment assumed normal peacekeeping rules of engagement. UNPROFOR's mandate became further complicated by resolutions referring to Chapter VII for security and freedom of movement purposes, without clearly defining the tasks or ramifications emanating from them. Finally, the introduction of the safe area mandate by the Council in resolution 836 (1993) has brought the Force to the edge of an almost untenable balance between its impartiality as a peacekeeping force and the use of force.

The dramatic deterioration of the situation in former Yugoslavia following the Croatian attack on Sector West (an attack which the US and Germany were not prepared to formally condemn) and, a few weeks later, the NATO air strike on Serb targets close to Pale in May 1995, coincided with a review by the UN of its operation. Although the report presented by the Secretary-General to the Security Council on 30 May 1995 was regarded as "unhelpful" by the Council, it did spell out the major dilemmas in which UNPROFOR had been placed:

UNPROFOR remains deployed in a war situation where, after more than three years, there is still no peace to keep. Its position is further complicated by the fact that its original peacekeeping mandate, which cannot be implemented without the cooperation of the parties, has gradually been enlarged to include elements of enforcement, which cause it to be seen as a party to the conflict. .... As a result of these contradictions, UNPROFOR, now finds itself obstructed, targeted by both sides, denied resupply, restricted in its movements, subject to constant criticism...[11]

One may legitimately ask whether peacekeeping was ever the right instrument to be applied to the particular case of the former Yugoslavia. It is no secret that senior UN officials back in 1992 were deeply sceptical about involving the UN in the conflict after the failure of European Community attempts to mediate. In effect, the UN has "served" the "international community" by acting as a substitute for the lack of agreement and coherent policy towards the wars in former Yugoslavia.

"The dynamics of war" in Somalia

The brief and hapless history of the Second United Nations Operation in Somalia (UNOSOM II) highlights the dangers of confusing peacekeeping and enforcement even more starkly.

The continuing precariousness of the humanitarian situation in Somalia in early 1993, the abundance of weapons, and the general state of anarchy characterising many aspects of Somalian society, were all deemed to require a more forceful mandate for the UN forces preparing to take over from UNITAF in May 1993. Consequently, UNOSOM II was "endowed with enforcement powers under Chapter VII of the Charter" and became the "first operation of its kind to be authorised by the international community"[12]. The overall task of the UN in Somalia was to assist "the Somali people in rebuilding their shattered economy and social and political life, re-establishing the country's constitutional structure; achieving national reconciliation, [and] recreating a Somali State based on democratic governance"[13]. Clearly, these objectives could only be achieved with the support of the Somalis themselves, and it was essential, therefore, to ensure that military operations were subordinate to and closely co-ordinated with the broader political process. This in turn meant that the third party, neutral and impartial status of UNOSOM II had to be preserved.

In early 1993, following the death of more than 20 Pakistani soldiers at the hands of "forces apparently belonging to the United Somali Congress (USC/SNA)"[14], UNOSOM II became largely a US-directed operation. The enforcement provisions of the mandate and Security Council Resolution 837 were interpreted by the US military leadership in Mogadishu as requiring a significant escalation in the use of force, including the targeting of the top hierarchy of the SNA loyal to Aydeed.

This course of action was fully endorsed by the Secretary General, Boutros Boutros-Ghali, who claimed specialist knowledge of the situation in Somalia. The new phase of operations began on 12 June 1993 with a series of night and daytime attacks by US attack helicopters of the US Quick Reaction Force (QRF) and AC 130 SPECTRE gunships in an effort to destroy SNA weapons sites and Radio Mogadishu. Throughout the entire operation in Somalia, the QRF remained under the direct tactical command of the Deputy Force Commander, US Lt. General Thomas Montgomery.

More damaging in terms of undermining the overall objectives of the operation, however, was the attack on 12 July on the house belonging to Abdi Abdiid, described as "a major SNA/Aydeed militia command and control centre, serving as a militia meeting site, staging area and rally point". Described immediately afterwards by Admiral Jonathan Howe (SRSG) as a "clean, surgical attack", the operation was estimated by the ICRC to have killed more than 50 Somalis and injured a further 170, including key religious and clan elders. The high casualty figure in this attack stemmed from the fact that, unlike previous QRF actions in the month of June, no warning had been given before the attack. The aim had been quite simply to "eliminate the SNA command centre and its occupants"; consequently the policy of prior notification designed to minimise collateral damage had to be abandoned in favour of preserving the element of surprise. By the time of the 12 July attack, the SNA had already gone on the offensive and in UN communications references were now made to "enemy" rather than "hostile" forces, as had hitherto been the case. The US-UN forces had been drawn irretrievably into the clan warfare of Somalia.

An internal report completed in late February 1994 by a Commission of Inquiry, established to investigate the circumstances surrounding the death of UNOSOM II personnel in Somalia, concluded that after the 5 June incident the UN had gradually become involved in what amounted to a "war" against Aydeed's SNA. The commission noted that Resolution 837 (authorising the hunt for Aydeed) was interpreted as providing the basis for an offensive against all of the SNA's power bases. Although, as noted above, attempts were initially made to avoid collateral damage, the commission members still did not feel that Resolution 837 had really envisaged the bombing of houses, radio stations and meetings. As the report perceptively added, however: "presumably the war, when it started, followed its own dynamics". The dynamics of war reached its tragic climax on 3 October, when 18 American soldiers were killed and 78 wounded in a firefight which also killed hundreds of Somali civilians. After this, the relationship between US forces and Somalis in Mogadishu deteriorated further, to the point where the US forces had become completely estranged from the local population. Indeed, the final withdrawal of US troops in late March 1994 was aptly described by the Washington Post as a "guns-cocked withdrawal"[15]. For future peacekeeping operations the principal lesson that emerges from the Somalian debacle has been succinctly summarised by Charles Dobbie who, well before the US decision to pull out had been made, observed that UNOSOM II demonstrates:

...what seems likely to happen in theatre if a peacekeeping force crosses the impartiality divide from peacekeeping to peace enforcement. If perceived to be taking sides, the force loses its legitimacy and credibility as a trustworthy third party, thereby prejudicing its security. The force's resources will then become ever more devoted to its need to protect itself. It actually joins the conflict it was there to police and is likely to become embroiled in activities that are irrelevant to the overall campaign aim. Such a situation will almost certainly result in the loss of popular support, a loss of control and uncontrolled escalation upwards in the ambient level of violence which will heighten political tension and foreclose opportunities for resolving the conflict. To cross the impartiality divide is also to cross a Rubicon. Once on the other side, there is very little chance of getting back and the only way out is likely to be by leaving the theatre[16].

The Direction and Management of UN Peacekeeping Operations

The "higher management" of Peacekeeping

Although the argument so far has emphasised the basic responsibility of member states for the current malaise in peacekeeping, it would be wrong to view the UN as an institution entirely at the mercy of the decisions of member states. The Secretary-General and the Secretariat in New York do have an autonomous role to play, especially with regard to the management of peacekeeping and the initiation of reform. While financial support comes from member states, the actual restructuring of the UN machinery for peacekeeping is planned and implemented by the Secretariat at the initiative of the Secretary-General. In some areas, notably the Department of Peacekeeping Operations (DPKO), important progress has been made; yet serious problems remain and the UN is still ill-equipped to mount and sustain operations on the scale similar to that witnessed in recent years.

At the heart of the UN's management difficulties in the field of peacekeeping has been the growing decentralisation of peacekeeping functions in the Secretariat and the consequent diffusion of authority in the management of operations. The reforms introduced since 1992 cannot be said to have curbed this process effectively. The management of UN field operations – much like in Cold War period – continues to rely to an unusual degree on improvisation and ad hoc arrangements. There are two basic challenges as far as the "higher management" of peacekeeping from New York is concerned.

(1) vertical integration, that is, introducing measures that will streamline procedures and decision making within individual Departments, above all the DPKO; and

(2) horizontal integration, that is, improving overall co-ordination among the key departments, offices and divisions involved in various aspects of UN field operations, i.e. the DPKO, the Department of Political Affairs (DPA), the Department of Humanitarian Affairs (DHA), and the Department of Administration and Management (DAM).

Vertical Integration. Since March 1993, a number of initiatives aimed at upgrading the DPKO in New York have produced significant results by UN standards. These initiatives include: a major expansion of staffing levels; the establishment of the Situation Centre and, more recently, the creation of an Office of Planning and Support headed by a new Assistant Secretary-General for Planning and Support[17]. The Situation Centre was set up in April 1993 with a view to monitoring UNITAF/UNOSOM II operations in Somalia and has since been upgraded to provide a support capability for all UN field operations. It now operates in accordance with proper and regularised staff procedures. Although it clearly does not (nor should it ever) act as a kind of "central operations room" for UN operations worldwide, the Situation Centre does enable the UN to receive and process information on a far more timely basis than it has ever done in the past. Other potentially important steps have also been taken to enhance the flow of information into the UN HQ from member states. One of these has been the installation of a US-donated intelligence processing system in the DPKO. This system and the Situation Centre notwithstanding, the capacities for the collection and dissemination of information are still underdeveloped within the UN.

More important, however, have been the various initiatives aimed at strengthening the UN's ability to plan operations before the decision to deploy is taken by the Security Council. In 1994, the Field Operations Division (formerly located within the DAM) was finally incorporated into the DPKO. It has been renamed Field Administration and Logistics Division (FALD) and is located within the newly created Office of Planning and Support. The incorporation of the FALD should, in theory, help to remedy the old problem of dual lines of reporting between the administrative and logistic aspects of an operation and the military. In practice, the FALD remains a separate entity within the DPKO and has yet to be fully integrated into its operations. The Office of Planning and Support also includes a Planning Division with responsibility for areas such as training, demining and civilian police co-ordination.

The overall verdict on DPKO reform in recent years must be a positive one. Although there is much scope for further improvements, the beneficial effects of the aforementioned reforms have already been demonstrated on two occasions: the successful withdrawal of UN troops from Somalia in 1994 and the planning and initial deployment of UNAVEM III in Angola.

Horizontal integration. While measures of vertical integration have undoubtedly enhanced the ability of the DPKO to co-ordinate activities in the field, the problem of horizontal integration persists. The nature of the problem was well illustrated in the long-awaited report of the Secretary General on "Improving the Capacity of the United Nations for Peace-Keeping", requested by the Security Council in May 1993 and finally released by the Secretariat in March 1994. In an attempt to clarify reporting channels and delineate the respective roles of key departments (DPA, DPKO, DHA, DAM), the report embodies a formula which reflects bureaucratic interests as much as any desire to rationalise decision-making procedures. Under this "new order", the DPA is described as the "political arm" of the Secretary-General, the DPKO his "operational arm ... for the day-to-day management of peacekeeping operations", while the DHA is responsible for "co-ordination and humanitarian operations". Peacekeeping operations, however, by their very nature, encompass overlapping political, military and humanitarian components, and it is simply not possible to separate the "political" and "operational" aspects of a mission from each other. Within a bureaucratic structure such as the UN, this contrived allocation of functional responsibilities makes effective decision-making particularly contingent on close working relationships between Departmental heads and officers further down the hierarchy. It also means that unity of reporting and, therefore, unity of strategic instructions from UN HQ to the field is very difficult to obtain.

This deficiency has been further aggravated by another development since 1992: the increasingly important role of the Secretary-General's immediate circle of advisors, reflected in the expansion of the Executive Office of the Secretary-General (EOSG), with both geographical and functional responsibilities accorded to his immediate advisors (the geographical distribution of responsibilities took effect from mid-January 1994). This has resulted in a top-heavy structure in New York and has, in effect, created another layer between the Secretary-General and the substantive departments of the Secretariat. As such, it has reinforced the process alluded to above whereby various functions relating to peacekeeping within the Secretariat have been steadily decentralised. Those who suffer most from this development are the civilian and military officials deployed in the field.

Continuing Challenges in the Field

The scale and hybrid nature of contemporary peacekeeping operations have placed severe strains on UN practices for initiating and supporting field operations. Indeed, many of the self-imposed restraints which have traditionally characterised UN peacekeeping — *ad hoc* mounting procedures; limited planning capability; an arcane and complex procurement system; restrictions on the collection and use of intelligence material — have increasingly come to undermine the effectiveness of UN forces in the field. Whilst differing markedly in the complexity and the nature of their mandates, contemporary operations all point to certain basic weaknesses that have been accentuated by the necessity of operating in the context of actual or latent civil war. Five areas of weakness continue to merit particular attention[18].

(i) *Logistics planning and support.* The limited logistics capabilities available to the UN and the absence of an effective planning agency to co-ordinate and direct logistics support continue to bedevil operations[19]. The creation of a Planning Division within the DPKO and the incorporation of the FALD should begin to address the problem of planning. Yet, as noted above, the FALD is far from fully integrated into the DPKO and various planning functions remain diffused throughout the organisation.

(ii) *Command, control, co-ordination and intelligence (C3I).* The failure to establish an efficient command and control system in the field and to provide Force and Unit Commanders with intelligence of a political and military nature, have plagued all missions. The command and control issue, however, is not merely a "UN problem". Differences in staff procedures and training, language barriers and equipment incompatibilities among participating forces, ensure that reliable communications are hard to establish in any multinational coalition. Such technical constraints are magnified in the UN context by the broad geographical spread of contingents involved. Added to this, the tendency for national governments to intervene directly in the chain of command of a peacekeeping mission has become a growing obstacle to command, control and co-ordination by the UN. This tendency has increased in proportion to the perception of danger to soldiers involved in operations, and has been facilitated by the ease with which contingent commanders can now communicate confidentially with national authorities. As a result, the formal command status of contingents (under the Operational Control of the Force Commander) has often been more apparent than real. Again, this problem has been particularly acute in former Yugoslavia and Somalia.

(iii) *Training and lack of specialised units.* Peacekeeping operations also continue to suffer from inadequate training of many participating contingents and, especially, from an acute shortage of specialised units and personnel in three areas: logistics, communications and engineering. The introduction, in 1994, of a system of stand-by forces capable of deployment within an "agreed response time" has only partially addressed this issue. The reason is that the commitments made so far "do not yet cover adequately the spectrum of resources required to mount and execute future operations"[20].

(iv) *Tactical mobility and procurement.* Lack of tactical mobility (especially air assets) to support operations and outdated procurement regulations continue to create major complications on the ground. For example, in early 1994 the grounding of 8 heavy transport helicopters after contracts expired threatened to derail the entire demobilisation schedule in Mozambique where the UN was engaged in a major peacekeeping operation. Although the UN head-quarters knew about the problem for some time, procurement regulations prevented a rapid resolution of the problem. When the UN did eventually hire some more helicopters, these turned out to be unsuitable (i.e. there were too few crews per helicopter; they did not have night-flying capability; and their range and loading capacity was too limited for operations in Mozambique). It is one of many examples where the procurement regulations severely restrict the effectiveness of a UN force.

(v) *UN Finance.* Although the UN's financial difficulties have long been a subject of concern, the present state of affairs is arguably more critical than it has ever been, and short-term remedial solutions (such as borrowing from one peacekeeping account or from the regular budget to pay for the costs of starting a new mission) may no longer be sufficient to stave off a "financing disaster"[21]. Increasingly, the financial situation is impacting directly on operational activities. Moreover, in spite of the comparatively modest sums involved, arrears continue to accumulate whilst very few of the measures proposed (by member states and advisory bodies) to improve the situation have been acted upon[22].

The overall picture which emerges from this overview of UN peacekeeping practices points to the need for centralisation (or, at the very least, increased coordination) of management functions within the Secretariat on the one hand, and greater delegation of operational, financial and administrative responsibility to the field on the other. Delegation to the field does not imply that the UN HQ's overall political and strategic control of operations will be lost; such control must remain firmly with the Secretary-General under the authority of the Security Council. The delegation of administrative and financial authority is clearly needed however, if the operational efficiency of peacekeeping forces is to be increased.

Conclusion

There has been a widespread tendency, especially in the popular media, to attribute the failures of UN peacekeeping since 1992 to the UN itself and its perceived inability to reform management practises and develop a coherent doctrine for operations beyond so-called "traditional" peacekeeping. As suggested in this chapter, this is to simplify a more complex reality. While the UN's record of reform after the Cold War leaves much to be desired, recent setbacks reflect the nature of an international system which, even after the Cold War, remains profoundly divided by conflicts of interest and value. These conflicts have been most evident and most acute in respect of the UN's involvement in Somalia and the former Yugoslavia. Indeed, in both these cases, the UN's role must also be understood in terms of what Conor Cruise O'Brien perceptively identified as one of the chief functions of the UN: "taking the blame for the mistakes of national leaders ... is one of the things the UN is about, and is a large part of its utility to national governments"[23]. It is questionable, however, whether the UN can go on acting solely in this capacity, especially if doing so entails the continued blurring of peacekeeping and enforcement action. The question posed at the outset, therefore, can only be answered if a clear distinction is first made between peacekeeping and enforcement. With regard to peacekeeping operations, a considerable body of experience has been accumulated and the principles on which such operations are based have proved their viability since 1988. Subsumed under the category of "peacekeeping", new tasks will continue to emerge as the UN confronts a variety of different situations on the ground. These tasks, however, should remain distinct from enforcement which requires a very different degree of political commitment and military capability. The UN remains ill-suited for these kinds of operations and any future enforcement tasks are likely (as in the past) to be entrusted to "coalitions of the willing".

Notes

1. "UN Declaration - World Leaders Optimistic on Future", Financial Times, 1 February 1992.

2. UN Charter, Article 24 (1).

3. Boutros Boutros-Ghali, "Empowering the United Nations", Foreign Affairs, Vol. 72, No. 5, 1992, p. 89.

4. John Mackinlay and Jarat Chopra, A Draft Concept of Second Generation Multinational Operations (Providence RI: The Thomas J. Watson Jr. Institute for International Studies, 1993), pp. 4-5.

5. Richard Connoughton, "Time to clear the doctrine dilemma", Jane's Defence Weekly, 9 April 1994.

6. Mackinlay and Chopra, Concept of Second Generation Multinational Operations.

7. As of 9 March 1994, the total number of fatalities from on-going missions was 677, of which 201 occurred in 1993.

8. S/1995/1, 3 January 1995, para. 33. In essence, the Supplement represents the "lessons learned" by the Secretariat in the period since the Security Council summit in January 1992.

9. William Shawcross, "Don't Blame UN Personnel for Bosnia Failures", International Herald Tribune, December 3-4, 1994.

10. Reflecting on the "lessons of Yugoslavia", Cedric Thornberry, former Head of Civil Affairs in Zagreb, has noted that "without impartiality, the primary virtue, a UN peacekeeping operation will self-destruct". Cedric Thornberry, "The Lessons of Yugoslavia", Paper Presented to Centre for Defence Studies seminar, King's College, London, 7 December 1993.

11. Report of the Secretary-General Pursuant to SC Res. 982 and 987, 30 May 1995, pp. 33-34.

12. S/25354, 3 March 1993, para. 58 and 101.

13. Report by the Secretary General, S/25354, 3 March 1993, para. 91.

14. Security Council Resolution 837 (1993) (my emphasis). USC/SNC were loyal to clan leader Mohamed Farah Aydeed.

15. "US to Leave Somalia With Its Guard Up", The Washington Post, 8 December 1993.

16. Charles Dobbie, "Wider Peacekeeping - A Peace Support Operations Doctrine" (Presentation Script), ND.

17. Alongside the Office of Planning and Support (and under the Office of the Under Secretary-General for Peacekeeping Operations), is the Office of Operations also headed by an Assistant Secretary General (currently Mr. Iqbal Riza) and responsible for the day-to-day direction of the field operations. See "Functions and Organisation of the Department of Peace-keeping Operations", ST/SGB/Organisation, Section: DPKO, 22 March 1995.

18. I have addressed these and other problems in greater detail in *Whither UN Peacekeeping?* Adelphi Paper 281 (London: Brasseys/IISS, 1993). I have singled out these four areas in this paper as they appear particularly important in terms of improving future operations.

19. For a discussion of UN logistics problems, see Ibid. pp. 32-39.

20. S/PRST/1994/36, 27 July 1994, UN.

21. Anthony McDermott, *United Nations Financing Problems and the New Generation of Peacekeeping and Peace Enforcenement* (Brown: Occasional Paper #16, Thomas J. Watson Institute, 1994), p. 1. For a review of the UN's system of financing its activities see also, Financing an Effective United Nations: A Report of the Independent Advisory Group on U.N. Financing (New York: Ford Foundation, April 1993).

22. As of 30 June 1994, the total amount of outstanding assessed contributions for all peacekeeping operation is $2,100 million. S/1994/803, 7 July 1994, para. 39. It has been estimated that the total cost of UN peacekeeping between 1948 and 1992 (in 1990 dollars) was $8.3 billion. McDermott, *United Nations Financing*, p. 4.

23. Conor Cruise O'Brien, "Faithful Scapegoat to the World", The Independent, 1 October 1993.

INTELLIGENCE AND PEACEKEEPING: THE UN OPERATION IN THE CONGO 1960-64

A. Walter Dorn and David J.H. Bell*

"We are fully aware of your long-standing limitations in gathering information. The limitations are inherent in the very nature of the United Nations and therefore of any operation conducted by it."
- Secretary-General U Thant to the Commander of the UN Operation in the Congo (ONUC), Lt-Gen. Kebbede Guebre, 24 September 1962.

The United Nations has always been sensitive about the issue of intelligence gathering. UN officials fear that Member States, many of whom possess their own powerful and established intelligence networks, would accuse the UN of violating national sovereignty if discovered probing into their affairs without invitation. They also fear that the UN's integrity would be compromised if it were discovered to be engaged in intelligence activities, since some habitually employed intelligence techniques, such as theft, eavesdropping, surveillance and bribery, are often sinister elements of the international conflicts that the UN is committed to resolving.

Such reasoning doubtless underlay Secretary-General Hammarskjöld's refusal in 1960 to support the establishment of a permanent UN intelligence agency and his conviction that the UN "must have clean hands"[1]. Similarly U Thant was vigilant about maintaining strict limits on the scope of information gathering. That the UN today lacks a formal intelligence body shows that such views continue to prevail.

The UN's opposition to founding an intelligence network also carries over to resistance to the establishment of intelligence operations in its peacekeeping missions. Out of necessity, however, the UN has embraced at least some intelligence-gathering techniques and, on occasion, established dedicated intelligence bodies. This paper describes the first such organization set up by the UN: the Military Information Branch of the UN Operation in the Congo (ONUC)[2]. This early attempt at intelligence gathering demonstrates both the benefits and limitations of such bodies.

The ONUC Precedent

The UN Operation in the Congo foreshadowed the current peacekeeping operations in many ways. It was a large and complex operation, numbering about twenty thousand personnel at its peak, the largest peacekeeping operation prior to the end of the Cold War. Two hundred thirty-four ONUC personnel perished in the

Congo, the most fatalities of any UN peacekeeping operation. ONUC's mandate covered not only traditional peacekeeping between belligerents, such as interposition between hostile parties and the maintenance of neutral zones, but it also included elements of policing, disarmament and enforcement. ONUC provided security for technical aid personnel, senior Congolese officials, refugees (including 30,000 Balubas in one camp) and for important installations, including major airports and certain mines. It had responsibilities for restoring law and order, preventing civil war, training Congolese security forces, and ultimately, for securing the withdrawal of foreign mercenaries, by force if necessary. In its campaign against Katangese mercenary forces, ONUC carried out air attacks, the only UN peacekeeping operation to do so to date. Lastly, the problems that attended UN efforts in the Congo — especially the absence of central government and the frequent hostility of various factions to the UN — seem to presage the difficulties which the UN has encountered in Somalia and the former Yugoslavia.

While the UN's experience in the Congo (now Zaire) has been the subject of numerous memoirs and academic works, no study has ever been devoted to ONUC's extensive intelligence operations. The fact that the UN possessed an advanced intelligence component in the Congo is not known, even to many who have studied the operation in detail[3]. This case history merits attention considering that the most recent peacekeeping operations are facing similar challenges to ONUC, including the need for intelligence gathering. Thanks to the excellent condition of ONUC archival files, and in particular those of the Military Information Branch (now declassified), it is possible to paint a detailed picture of ONUC intelligence-gathering functions[4].

Background

The Congo was left totally unprepared for its independence from Belgium on 30 June 1960. Even on the eve of independence, Africans were excluded from government administration and from the officer corps of the Force Publique (the predecessor to the Congolese National Army or ANC).[5] The latter difficulty sparked a series of mutinies by Congolese soldiers beginning on 5 July. In an effort to protect European residents, Belgium deployed its troops in the Congo, in contravention of the Treaty of Friendship, which was supposed to form the basis for post-independence relations between the two countries. The Belgian action led the Congolese government to appeal to the UN Secretary-General for military assistance. Fearing superpower intervention if the request went ignored, Hammarskjöld obtained Security Council approval on 14 July 1960 to send such a force which became known as ONUC.

The mutinies not only destabilized the political system and precipitated lawlessness, but they also represented the catalyst for the secession of Katanga province. Immediately following the mutinies, the government of Katanga, the mineral-rich province of the south, became frustrated over the poor prospects for settling its political and economic claims with the central government. Katangese independence, proclaimed on July 11 by Katangese President Moïse Tshombé, was not formally sanctioned by the Belgian government but was nevertheless supported by Belgium through military aid and by Belgian mining interests eager to retain control of the province's mining industry. In addition to supplying armaments, Belgium also assisted Katanga in the recruitment of European mercenaries for the latter's army. Katangese secession relied on approximately 500 well-trained and disciplined foreign mercenaries for leadership of its army (the Gendarmerie) of under ten thousand.

A constitutional crisis emerged in early September after President Joseph Kasavubu dismissed Prime Minister Patrice Lumumba. Lumumba, who refused to step down, attempted to flee to Stanleyville where his deputy Antoine Gizenga had established a rival regime. When, in August 1960, the Baluba of South Kasai also proclaimed independence, the country was divided into four camps. Into this quagmire the UN found itself thrust under the dynamic and ambitious leadership of Secretary-General Dag Hammarskjöld, who lost his life in a plane crash on 17 September 1961 while on his way to meet with the Katangese leader. His successor, U Thant, led the Operation out of its impasse and brought stability to the country before finally overseeing the withdrawal of UN forces. The last UN peacekeepers left the Congo on 30 June 1964.

Creation of the Military Information Branch (MIB)

In the initial period of ONUC's existence an ideological fray developed between the Force's military and civilian leadership[6]. The military elements were accustomed to military operations in which organized intelligence gathering was an accepted practice. They were critical of the lack of any comparable structures in ONUC and were concerned about the threat that this posed to ONUC personnel. The civilian leadership justified the absence of an intelligence system on the grounds that ONUC military forces were mandated to perform a strictly peacekeeping and training role. Hammarksjöld stated at an early meeting of the Congo Advisory Committee that ONUC could not afford to engage in secretive practices habitually associated with intelligence services, even though he admitted that the lack of an intelligence network was a serious handicap for the operation[7].

Two months of relative calm after ONUC's deployment were followed by a rapid decline in the political situation in the Congo. Civil war erupted in North Katanga and South Kasai, with the central government, the artificiality of its authority growing apparent, powerless to act. The "Congo crisis" reached its climax after the death of Lumumba in February 1961, at which time ONUC's mandate was transformed to include an enforcement dimension to take "all appropriate measures to prevent the occurrence of civil war...including...the use of force, if necessary, in the last resort"[8].

It was at this stage, when ONUC acquired a more ambitious mandate, that the need for an intelligence structure was accepted by ONUC's civilian leadership and an intelligence organization was established. It was particularly important since none of the countries with embassies and intelligence officials in the Congo (especially the US) were willing to supply intelligence, even though many of them supported the operation in principle and voted for it in the Security Council[9]. If the UN was to obtain any information on sensitive political and security matters in the Congo, it would have to be through their own intelligence apparatus.

The Military Information Branch (MIB) was established in order to accumulate and collate information, evaluate it, and disseminate intelligence. Its duty was to provide intelligence for four purposes: 1. Enhanced security of UN personnel; 2. Support for specific operations; 3. Warning of possible outbreaks of conflict; 4. Estimations of outside interference (including arms and mercenary traffic).

Evolution of the MIB

In September 1961, ONUC embarked on implementing SC Resolution 161 (1961) by staging a dragnet operation designed to round up and expel foreign mercenaries in the Katangese Gendarmerie. The operation illustrated the unpreparedness and lack of organization of ONUC forces to perform their enforcement mandate, and exposed the UN to international reproach. As Chief of Military Information, Lt-Col. Borchgrevink maintained, a "main shortcoming" of the operation was inadequate intelligence. This resulted in a "failure [by the MIB] to estimate the capabilities of the Katangese Gendarmerie."

The military leadership, which had earlier demanded the establishment of MIB, now began urging its restructuring and requested a dramatic increase in its resources. The Military Advisor to the Secretary-General, General Indar Jit Rikhye of India, agreed that it was "urgently necessary to establish an efficient intelligence service which is totally lacking at the moment." After further persistent pressure from the Information Chief, a revamped MIB was approved in March 1962. The organization's resources were heightened, its personnel increased to over 50, and changes were made to ONUC procedures regarding intelligence flows. New MIB sections were added, including units for photo-interpretation and wireless monitoring. The creation of the positions Counter Intelligence Officer (CIO) and Provincial or Field Liaison Officer (PLO, and also called "Field Intelligence Officer") was accepted. A PLO was to be designated for each of the Congo's six provinces in order "to collect and collate military, political and tribal information." By 17 September 1962 there were 27 intelligence officers either stationed at the various provincial headquarters or posted with national brigades. An intelligence officer was to be assigned to the Political/Economic Branch to ensure quick exchange of intelligence. Procedures were tightened to give MIB the exclusive authority to prepare intelligence reports for New York.

The new structure remained in place until after ONUC's December 1962-January 1963 campaign in Katanga, in which UN forces successfully occupied most of the secessionist province and forced Tshombé to capitulate[10]. Soon afterwards ONUC command was instructed by UN Headquarters to effect a 30 percent reduction of its staff. This led the Force Commander Kebbede Guebre in March 1963 to amalgamate the Military Operations and Military Information Branches, reducing the total number of officers, secretaries and non-commissioned officers in Leopoldville headquarters from 36 to 26. A further abatement was the abolishment of the PLO post in August 1963. Similar reductions to ONUC's intelligence component continued until the UN operation concluded in 1964.

Intelligence-Gathering: the Means and the Achievements

As ONUC's intelligence system developed, a variety of intelligence-gathering techniques were introduced, continued and/or expanded. These techniques were characteristic of conventional intelligence operations. They included wireless message interception, aerial intelligence, and human intelligence.

a. Wireless Message Interception. No permanent wireless message interception system existed in the early stages of ONUC. A minimal amount of interception of ANC and Katangese radio sets was nevertheless utilized on an *ad hoc* basis with positive results. For example, an intelligence officer was surprised when on a visit to Kabalo (in northern Katanga) he discovered that the Ethiopian Battalion Commander, Lt-Col. Alemu, had established an improvised interception service. Messages were intercepted using a commercial receiver, while a local Baluba took down messages in Swahili and translated them into French. Security of Katangese radio nets was found to be "extremely bad."

In February 1962 the Secretary-General's Military Advisor agreed to the establishment of a broad radio monitoring organization for the MIB. Rikhye justified such a monitoring system on the grounds that it was an "invisible" activity and therefore did not violate ONUC's agreements with various Congolese factions, notably its cease-fire agreement with Katanga.

The service was authorized to monitor broadcasts of foreign radio stations, Radio Katanga, and radio stations in Leopoldville and Stanleyville. This provided forewarning when Tshombé and his Interior Minister, Godefroi Munungo, used public radio broadcasts to incite violence against ONUC and even to call for the death of the UN representative in Elizabethville[11]. ONUC soldiers could thus prepare themselves for threats from both Katangese civilians (including children) and military and paramilitary personnel.

ONUC was also authorized to monitor the operational and administrative wireless nets of the ANC in Leopoldville and Stanleyville, and of the Gendarmeries in Katanga. The structure provided for a staff of seven at ONUC HQ Leopoldville, including one cipher operator for breaking codes, and four operators in Elisabethville, Stanelyville, Bukavu and Luluabourg.

By May 1962 ONUC HQ in Katanga had established a system to monitor the Katangese military radio net on a 24 hour basis. In the one-month period between 30 March and 30 April 1962, for example, Katanga headquarters intercepted 382 messages. Katangese radio security measures were again found to be poor, with even the most sensitive military information going on the air in clear.

Radio intercepts provided voluminous intelligence, and were particularly useful during ONUC's December 1962-January 1963 Katanga campaign ("Operation Grand Slam") to remove foreign mercenaries, gain complete freedom of movement in the province, and bring about the end of the Katangese secession. ONUC learned of orders from Katangese authorities for bombardment missions and reconnaissance missions, and obtained information regarding troop movements, arms shortages, and hidden arms caches. For example, knowledge that the Katangese Gendarmerie Commander had ordered his air force Commander to bomb the Elizabethville airfield during the night of 29 December, obtained by radio interception, triggered the final military push into Katanga. ONUC learned on 5 January 1963 of discussions being made for a possible attack by Gendarmeries on Albertville. On 10 January ONUC discovered, again through a radio intercept, that 1,200 gendarmes had arrived in Luena and that they were awaiting new heavy guns. Since some of these messages were sent in code, this intelligence would not have been procured without the MIB's code-cracking capabilities.

b. Aerial Intelligence. For much of its operation, ONUC possessed insufficient aircraft and photographic equipment to provide photographs and photo-inter- pretation of strategic installations and positions in the Congo. A minimal amount of air intelligence was gleaned in the early period of ONUC from aircrews of UN and commercial transport aircraft working for the UN and from their stops at Congolese airfields. Mandatory debriefing of all military transport and charter company aircrews was later instituted when MIB suspected that these personnel were making important observations and were not reporting them.

The absence of jet fighters left ONUC severely handicapped in its September 1961 Katanga campaign. A lone Katangese Fougamaster jet almost paralysed ONUC forces, and compelled UN Headquarters to consider adding to ONUC a fighter aircraft dimension. This was instituted in October 1961, when four Ethiopian F86 and five Swedish J29 fighter jets, and four Indian B(1) Canberra light bombers, entered service to become the "UN Air Force." The primary task of the fighter force was to incapacitate the Katangese Air Force (FAK). Its secondary tasks were to provide aerial reconnaissance and air support during hostilities. In January 1962 the Chief of Military Information sought to capitalize on the reconnaissance potential by requesting that Fighter Operations Branch initiate an extensive air "recce" (reconnaissance) program. Such an undertaking, however, was inhibited since the only aircraft available for photo-reconnaissance were two Canberras of the No. 5 Indian Squadron and the odd transport plane. The cameras on the Canberras left much to be desired for effective photo work, since they could only take vertical photographs and were primarily designed for photographing bombing results. Photos from transport planes were of limited usefulness because they were taken through aircraft windows using ordinary hand-held cameras. These restrictions led the Chief of Fighter Operations, Col. S. Lampell, to assert that "it is not possible to carry out such an extensive air recce programme with the...aircraft available." But even if such an ambitious recce operation had been possible, ONUC would still have faced difficulties in converting photographs into reliable intelligence; ONUC lacked photo-laboratory resources, including processing and interpretation equipment, and personnel.

Aerial reconnaissance was especially imperative since detailed maps of the Congo were unavailable, and because ONUC communication was poor in much of the country. This meant that the UN often had no other means of obtaining information except by continuous visual and photo-reconnaissance from the air. The confined use by ONUC of ground radar facilities also translated into a necessity for air intelligence.

Because of the "exorbitant expense" of radar, ONUC possessed only two radar sets: one at Kamina, with a maximum range of 200 miles; and one in Elisabethville, which was installed in August 1962. The shortage of radar made it difficult for ONUC to track and intercept airborne Katangese aircraft. Destruction of FAK aircraft thus depended on following up reports by ONUC troops of aircraft movements, and on frequently combing airfields. This fact was demonstrated in ONUC's December 1961 Katanga operation: all the Katangese aircraft destroyed were located on the ground, whereas those that were airborne evaded their UN pursuers by disappearing into the clouds.

UN Headquarters was able to secure improved aerial intelligence resources after the Swedish government agreed to send two Saab 29C aircraft equipped for photo-reconnaissance and a photo-interpretation detachment. Their arrival in November 1962 signalled a considerable improvement in ONUC's ability to collect aerial intelligence, and supplied ONUC with vital information prior to its campaign in Katanga during the next month. The aerial intelligence that they provided led the MIB to reappraise its estimation of Katangese air capability. Many FAK planes which had previously been cited by ONUC were found to be unserviceable, and it was also determined that Katangese ammunition stock-piling was occurring only at several airfields. Due to the new photo-interpretation facilities, reports of anti-aircraft batteries and underground aircraft shelters at some Katangese airfields were rejected.

c. Human Intelligence – Prisoners, Informants, and Agents. Captured or suspected mercenaries detained by ONUC Forces underwent a formal interrogation procedure. While this term is used sometimes to imply brutality, there is no indication that "interrogations" conducted by MIB officers were anything but scrupulous. Memos were distributed by ONUC Command instructing UN forces to comply with the 1949 Geneva Convention on the treatment of prisoners. The Convention text itself was widely circulated among UN personnel.

Staging "detailed interrogations" (as opposed to "preliminary interrogations") was the responsibility of MIB officers. Three hundred interrogations were conducted from the beginning of the operation in July 1960 until March 1962 alone. Given the shortage of MIB officers and the fact that many interrogations took days, the procedure placed considerable strain on MIB resources. The exercise, however, sometimes led to positive results. For example, the interrogation of several suspected mercenaries in March 1962 was particularly helpful to evaluate FAK air capacity. The intelligence obtained pointed to the presence of modest numbers of small aircraft in Katanga, and to vigorous efforts by Katanga to purchase transport and fighter aircraft. In his recent account of the Congo operation, General Rikhye states that interrogations "proved invaluable" and that updated lists of mercenaries, so obtained, aided O'Brien in his negotiations with Tshombé for the removal of European advisors and mercenaries[12].

MIB officers also conducted interrogations of asylum-seekers from the Katangese Gendarmerie and bureaucracy. On occasion this was an invaluable way of gathering intelligence. For example, Cleophas Kanyinda, a clerk with the Katangese government who was responsible for paying the salaries of mercenaries, fled to the Tunisian camp of ONUC on 25 Nov. 1962. He divulged to ONUC the names and whereabouts of several dozen mercenaries. David Sutherland and John Franklin, vehicle mechanics for the Katangese Gendarmerie, sought asylum with the UN in late summer 1962 after they were ordered to participate in transport convoys. The two disclosed the names of 52 mercenaries and revealed the location of several large weapons dumps near Jadotville. They also informed ONUC of the import of 600 Landrovers into Katanga from N'Dola, Rhodesia. On the basis of this information, MIB instructed officers to make "discreet inquiries" (presumably with contacts in Rhodesia) in order to confirm these details. An inquiry was urged because, "...premised on the fact that Government permission would be required for their import...[c]onfirmation of this information may even lead to our knowing if the Rhodesian Government helped [Katanga in securing] this deal."

Informants, both paid and unpaid, were utilized to a limited extent. For example, in 1962 an intelligence officer (IO) with the Irish Battalion kept a mercenary "on tap" in order to glean information. At the same time the Tunisian battalion IO maintained a Belgian contact in Kipushi (on the Katangese border with Northern Rhodesia) to learn of troop and arms movements. The IO also had several contacts in the Elisabethville post office, whom he regarded as a "very useful method of collecting information."

One notable and successful use of informants was the search on 6 April 1962 of an Elisabethville warehouse which uncovered 40-50 aircraft engines and a wealth of other aircraft parts. The search was conducted after an inside source informed ONUC HQ Elisabethville of the location of this cache and noted that it was set to be shipped elsewhere for assembly. The source thus enabled ONUC to thwart an escalation in FAK's air capability.

ONUC also possessed informants within the Katangese government and contacts outside of the Congo. The MIB based its April 1961 estimate of foreign mercenaries in the Katangese Gendarmerie ("between 400-550") on "informants in [Katangese] Government circles," in addition to statements by mercenaries. MIB's July 1962 assessment of Katanga Military forces was based in part on information provided by "five regular European sources all with indirect access to military information," each of whose information corroborated with the others. In March 1962 informants carried out an investigation (without any positive results) in Congo (Brazzaville) of a report that six FAK Fougamasters were stationed at Pointe Noire.

Information provided by informants was a mixed basket, as were details dispensed by prisoners and asylum-seekers. MIB had no means of confirming or denying much of the information provided by these sources. Informants sometimes only reported on statements made by others, for example, Katangese politicians, or Gendarmerie officers. The information they provided was consequently only as accurate as the information provided to them. Since it was in the Katangese interest to provide assurances of safety to its residents (not to mention to keep informants in Katanga misinformed), it is not surprising that information provided by some informants grossly exaggerated Katangese military capacity. For example, Jean Pignorel and Corey de Vries were each told repeatedly and separately that FAK had assembled 20-30 Fouga jets at Kolwezi by late 1962. As already discussed, however, aerial intelligence suggested that FAK capabilities were minimal, an opinion that was ultimately verified during ONUC's December 1962/January 1963 Katanga operation.

The use of agents by MIB touches upon the issue of the limits of UN intelligence gathering techniques. Chief of Military Information, N. Borchgrevink, noted in 1962 that "[UN] agents have...been used on a very limited scale," and further stipulated that the "field of work for UN agents was in the Congo and in its neighbour states, from which arms supplies and mercenaries enter the Congo."

There is indication that contributing states were extremely reluctant to accept the use of agents, particularly outside Congolese borders. On one occasion, the MIB was instructed by the Force Commander to conduct a "special mission" to gather intelligence on surrounding African countries. The Branch nominated a French-speaking Canadian officer to undertake this mission. The Canadian contingent Commander, however, refused to accept the request, stating that Canadian personnel could not participate in missions outside of the Congo without the approval of the Canadian government, and that approval was unlikely to be forthcoming considering the "covert" nature of the task. The Branch was unable to carry out this mission because suitable personnel were not available.

ONUC Force Commander Kebbede Guebre thought it "not advisable" at all for the UN to employ professional intelligence agents. Fear of a fall from grace if the UN was discovered employing "spies" in the Congo and elsewhere seemed enough to outweigh the benefits that such exercise might have provided.

MIB: The Shortcomings

The timidity of the UN's leadership toward intelligence precluded MIB's establishment until after ONUC's statutory authority was transformed to include an enforcement dimension. The late start was not without serious implications. A twelve-man patrol from ONUC's Irish contingent was ambushed on 8 November 1960 by bow- and arrow- wielding Baluba tribesmen near Niemba, in Kivu province. Only two of the soldiers survived. While it has been suggested that a Swedish officer warned the officer in charge of the patrol to exercise caution in dealing with Baluba of this isolated area[13], there is no indication that ONUC Command was aware of the warning. The warning was not taken seriously by the patrol: one of the survivors explained that the patrol was under the false impression that the tribesmen were friendly[14]. It was later determined that the tribesmen could not distinguish ONUC from other military forces who were hostile to them. Had ONUC possessed a well-equipped intelligence organization that oversaw a structured intelligence procurement and dissemination process, these killings might have been prevented.

In numerous instances, inadequate information on deteriorating political conditions exposed ONUC troops to extreme hazards. An example is the bloody Port Francqui incident of 28 April 1961. The incident was precipitated by the visit of the Congolese Interior Minister to Port Francqui, in northwestern Kasai province. During a public speech the minister accused the local ANC of being anti-Lulua. He also threatened that the UN would disarm them if their attitudes did not change. The minister was under UN escort. The ANC troops were offended by these comments, and believed that the UN shared the same partiality toward the Luluas in the tribal conflict in northern Kasai as the Minister. The next evening, ANC forces attacked UN troops stationed at Port Francqui. The ninety-man Ghanaian garrison was clearly unprepared for the attack. Dispersed in six different places in the town, the UN troops were quickly overpowered[15]. According to UN records, 47 UN personnel were killed.

The official report of the incident concluded that the direct cause of the incident was the speech and attitude of the Interior Minister. What is striking about this is that the minister's UN escorts did not make the connection between the minister's threat and the potential for a violent reaction against the UN; nor did they report information on the minister's visit to intelligence-trained officers who could have made the connection and alerted command of the possible threat. As the report suggests, the principal weakness of ONUC that was evident in the Port Francqui incident was that there was "no system of alert to warn troops against any aggressive action by ANC" — in sum, poor procedures leading to no intelligence.

The arrival of jet fighters and light bombers in late 1961 constituted a mighty increase in ONUC firepower. Unfortunately, ONUC's aerial intelligence capabilities remained meagre and this meant that there was a high likelihood of mishap during jet attack missions. ONUC's December 1961 campaign in the Elisabethville area of Katanga demonstrates this.

Fighter Operations Branch lacked "attack photographs" of many of the intended targets prior to this campaign. These photographs were intended for briefing pilots on the location and appearance of targets before an attack mission. The airfield at Shinkolobwe, located northwest of Elisabethville, was among the targets in Katanga of which it lacked a photograph. During an attack sortie on this target the Shinkolobwe hospital was attacked by UN jet fighters. According to the Chief of Fighter Operations, Col. S. Lampell, the lack of these photographs made it difficult for pilots under attack conditions to distinguish between targets and non-targets. He noted that "[if] such photos had been available during the Katanga campaign it is most likely that the regrettable attack on the hospital could have been avoided."

The addition to ONUC of two photo-reconnaissance aircraft and a photo-interpretation unit was a decisive factor contributing to the success of the UN operations in Katanga in December 1962/January 1963. During the weeks preceding this operation, these aircraft undertook continuous reconnaissance flights. As a result of these flights, the whereabouts and numbers of FAK's fighter aircraft — according to Force Commander Guebre, two Vampire and eight to ten Harvard aircraft — were known before the operation began.

Conclusions – Lessons for Today

The Military Information Branch that was established as part of ONUC represents a major precedent for a variety of reasons. The MIB was the UN's first body dedicated to gathering and producing intelligence. In its systematic information-gathering, it employed such means as radio message interception, aerial recconnaissance and human intelligence. The Congo operation clearly revealed the necessity of introducing an extensive intelligence element in a sophisticated UN peace-keeping operation.

The reluctance of the UN's civilian leadership to embrace intelligence gathering in the Congo operation was a manifestation of a broader concern about the future of the UN in a polarized world. At the peak of Cold War acrimony, there existed no shortage of vehement opponents to the UN's increasing authority, especially that of its Secretary-General. The UN could not afford to be seen engaging in sinister activities commonly associated with intelligence gathering. For political reasons, the UN thus could not institutionalize a permanent agency to collect sensitive information.

The end of the Cold War signals an important opportunity for the UN to increase its information-gathering capacity. There is no compelling political or legal reason why the UN should not institutionalize a sophisticated information-gathering and analysis system operating within the bounds of international law. This holds especially true if the UN wants to improve its early warning and preventive diplomacy abilities[16]. Clearly, today's UN peacekeeping operations must not be burdened with the intelligence handicap that ONUC faced in its early days. The UN can also draw from the Congo experience as it considers adding new technologies, including aerial and satellite reconnaissance[17], to its information-gathering repertoire.

There exists a principled basis for such an expansion in UN capability. Information-gathering is hardly an anathema to UN policy. To the contrary, it is more in accordance with UN practice than the use or threatened use of bombers, guns and tanks. Information-gathering can help defuse an incipient crisis that might otherwise only be responded to by brute force later. Such activity therefore must be seen not only as a practical, worthwhile exercise but also an application of the principles for which the UN stands.

The establishment of the Situation Centre at the UN Secretariat in 1993 reflects an effort within the UN to expand its information capacity. The Centre, part of the Department of Peacekeeping Operations, manages the dissemination of information reports from governments and the UN's peacekeeping operations on a 24-hour basis, and also performs limited analysis of information. While peacekeeping operations have proliferated — the number of personnel engaged in these operations has increased from 15 to 75 thousand personnel in three years — there has not been a correspondingly large increase in support-level staff at UN headquarters. In a setting where decisions must be made rapidly by the UN's leadership, the information and research capacity of the Secretariat must be sufficient to meet the task of instructed decision making. The Congo operation demonstrated this and current experience renders the same conclusions.

Future studies could examine the extent to which the information-gathering techniques employed by ONUC have been used in contemporary peacekeeping operations. The larger UN forces have at times monitored radio communications of the belligerents (e.g., in the former Yugoslavia and Cambodia)[18]. In Cambodia, peace-keepers gathered intelligence on a battalion level. During raids on the SOC party headquarters, UNTAC teams were able to obtain documentary evidence of non-compliance with provisions of the peace treaty[19]. In Rwanda, officers with the poorly equiped and understaffed UN force unsuccessfully attempted to corroborate allegations made by moderates in the Rwandan military that a plan for mass genocide was being developed. According to Force Commander Romeo Dallaire, information was bought as part of the effort to become informed about deteriorating conditions[20]. The information-gathering and analysis capability of the force, however, was far from adequate: without intelligence, Daillaire lamented, the peacekeepers were operating "deaf and blind"[21].

It would be unwise for the UN to employ full-time "agents" to conduct covert investigations, and it is doubtful that Member States would permit such a practice; but local civilians in areas where peacekeeping operations are conducted will always be an important source of information. Covert methods are not necessary for the UN to keep informed of most conditions in its peacekeeping operations, and for the UN to identify potential political hotspots. ONUC showed how open information sources, or "high intelligence", were invaluable for the conduct of a dangerous peacekeeping operation. Even today, most information on such matters is procurable from open and in-confidence sources. Moreover, according to staff at the Situation Center, a great deal of information is available that is not being exploited[22]. It is true that some vital information may need to be targeted using dedicated resources; but UN methods should always operate within the bounds of international law and common sense. The UN should not carry out any intelligence work that involves disguising or misrepresenting its activity.

An increase in resources dedicated to UN information-gathering services, such as those in the Situation Center, will leave the UN better equipped to face its many challenges. That there existed in the formative years of UN peacekeeping an extensive information-gathering branch might make it easier to accept a more far-reaching network in the future. The Congo experience demonstrates that knowledge is power for the UN. It shows that the UN can still have clean hands and engage in extensive and necessary information-gathering for the prevention and management of conflict.

Notes

* The authors benefitted greatly from discussions with Sir Brian Urquhart, General Indar Jit Rikhye and F.T. Liu. They gratefully acknowledge the assistance of Marilla S. Guptil, Deputy Chief Archivist, and the other staff at the UN Archives, New York. Funding from the Department of Foreign Affairs and International Trade Canada (DFAIT) is also gratefully acknowledged. A longer version of this paper is being published in International Peacekeeping (Vol. 2, No. 1) and permission for publication of an abridged version in these conference proceedings was kindly granted.

1. Conor Cruise O'Brien, To Katanga and Back, New York: Grosset and Dunlop, 1962, p. 76. For a further discussion of Hammarskjöld's views on UN intelligence activities, see Brian Urquhart, Hammarskjöld (New York: Alfred A. Knopf, 1973), pp. 159-60.

2. The acronym ONUC is from the French title: Opération des Nations Unies au Congo.

3. For example, Anthony Verrier, in International Peacekeeping (London: Butler and Tanner Ltd, 1981, p. 48), states that "Neither in New York nor in Leopoldville was there a staff which dealt with information and intelligence." Similarly, Peter Jones states in his paper on Aerial Surveillance in Peacekeeping and International Relations

(March/April 1993, p. 4), that "there is no evidence that any of ONUC's aerial assets were ever dedicated to aerial surveillance." Both statements are incorrect.

4. The archival references for the quotes and ONUC documents used in this paper are provided in the longer version of this paper in the journal International Peacekeeping. As a general guide, the ONUC files are located in archival boxes beginning with the designation DAG-13/1.6 while those of the Secretary-General's office dealing with ONUC matters are mostly at DAG-1/2.2.1 and DAG-1/5.1.2. The Military Information Branch files are located for the most part at DAG-13/1.6.5.4.

5. The acronym ANC is from the French title: Armée Nationale Congolaise.

6. Interview: Sir Brian Urquhart, UN Representative in Elisabethville (November 1961-January 1962), 24 August 1994.

7. Conor Cruise O'Brien, To Katanga and Back, New York: Grosset and Dunlop, 1962, p. 76.

8. SC Resolution 161 (1961), 21 February 1961.

9. Interview: General Indar Jit Rikhye, Trinity College, 7 February 1995.

10. The operation was based on SC Res. 169 (1961), 21 November 1961, which authorized "the use of the requisite measure of force" to apprehend and deport all foreign mercenaries from the Congo.

11. Rikhye, pp. 258-9.

12. Rikhye, p. 253.

13. Ernest W. Lefever and Joshua Wynfred. United Nations Peacekeeping in the Congo: 1960-1964: An Analysis of Political, Executive and Military Control. Vol. 1, Washington: Brookings Institution, 1966, Appendix P 7.

14. Op cit., Verrier, p. 62.

15. Op. cit., Lefever and Wynfred, Appendix P 18.

16. The UN Declaration on Fact-finding, approved by the General Assembly on 9 December 1991 in Resolution 46/59, reflects this sentiment. The Secretary-General's Agenda for Peace, section III, and subsequent General Assembly resolutions also precribe increased monitoring for early warning and preventive diplomacy.

17. Walter H. Dorn, "Peace-keeping Satellites: The Case for International Surveillance and Verification", Peace Research Reviews, vol. X, pts. 5&6, Dundas: Peace Research Institute–Dundas, 1987.

19. Interview: UN official involved in peace-keeping operations.

19. See also Michael Doyle and Nishtala Suntharalingam, "The UN in Cambodia: Lessons for Complex Peacekeeping", International Peacekeeping, Vol. 1, No. 2, 1994, p. 125.

20. Romeo Dallaire, "Our Man in Rwanda", presentation at Trinity College, University of Toronto, 15 March 1995.

21. Ibid.

22. Interview: Mr. Stan Carlson, Chief, UN Situation Centre, 18 August 1994.

SWEDEN AND THE SAAR, A PEACE-KEEPING OPERATION 1934-1935

Lars Ericson

In the 1920's and 1930's Sweden prepared for participation or took part in three peace-keeping, or similar, operations under the auspices of the League of Nations.

When Poland and Lithuania in the years 1919-1921 fought for the area of Vilnius/Vilna a referendum was prepared by the League of Nations during the autumn of 1920. This referendum was to be supervised by an international force, and in Sweden a Company of some 100 soldiers were organized. However, after new fighting together with protests from Soviet Russia, the plans for a referendum were cancelled, and the forces were demobilized.

In the last months of the Spanish civil war – in late 1938 and early 1939 – the League of Nations organized an International Commission to supervise the withdrawal of the so-called International Brigades, the volunteers from many countries that fought on the Republican side in the war. In this operation also two Swedish Officers took part.

When the League of Nations during the first years of the 1930's was becoming increasingly weak, the need for another mission emerged on the scene.

In the Versailles-treaty parts, the Saar was removed from German administration. With Saarbrucken as a capital land on both sides of the river Saar, a tributary to the river Mosel, was allowed to be used by France during 15 years. The 800,000 inhabitants together with rich coal-mines thus were dominated by the French, as a part of the German payment for war-damages. But the Saar-area was administered under the supremacy of the League of Nations. The Council of the League in Geneva yearly appointed a governing Commission of five persons, who were to be the rulers of the Saar from their office in Saarbrucken. After 15 years, in 1935, a referendum should decide the definitive destiny of the Saar, whether it would belong to Germany or France.

In the early 1920's the French played an active political role in the Saar, but towards the end of the decade the pro-French policy more and more lost its power when the propaganda from the Weimar-Germany steadily grew in intensity. When the time for the referendum in 1935 got closer, the worries for a military confrontation between France and Germany grew in Europe. The French had the permission of the League of Nations to control the internal security in the area, while the governing Commission in Saarbrucken only had limited police forces to its disposal.

Since Germany would never accept the result of a referendum supervised by French military forces, the international worries grew during the autumn 1934. On December 4, 1934, however, France, gave up its security functions in the Saar, on the condition that Germany would not be allowed to control the local security forces. In that situation Great Britain made an offer to send military forces to the area.

In this way the British managed to avoid a French-German confrontation, at the same time as France could withdraw from the Saar without loosing its face. The Council of the League of Nations accepted the British offer and also decided to organize an international military force to support the weak Saar-police.

Besides Great Britain, Italy and, after special requests from the League of Nations, the neutral Netherlands and Sweden, declared themselves ready to send troops to the Saar. Of these four countries Sweden was the only one who hadn't a unit prepared to send immediately. Such a unit first had to be organized.

The main part of Sweden's conscripts had, after a far reaching disarmament decision in the Parliament in 1925, a totally insufficient training. That is why most of the men in the Saar-unit were recruited from former regular soldiers as well as from NCO's and cadets of the infantry. The force was organized with a staff and two rifle-companies, in total 261 men of whom 50 were active officers or NCO's.

On December 16, 1934 officers, NCO's and privates were mobilized at the Royal Svea Life-Guard (Infantry Regiment No 1) in Stockholm, were they where equipped with machine-guns, rifles, steel-helmets, gas masks and smoke- and gas-hand-grenades. After a fast and short education period, during which they among other things were trained in how to combat riots, the battalion left Stockholm on December 20 and arrived in Saarbrucken on the 22nd.

The troops were inspected by the CIC of the League-forces, the British General Grind, and then transported to Kreis Merzig in the northern part of the Saar-area. One Company was deployed in Merzig, one Company in Beckingen and a Platoon in Mettlach. The Swedish sector was regarded to be relatively calm, while the larger British and Italian contingents had been deployed in the more tense parts of the Saar. On Christmas Eve the Commanders of all four contingents were informed in Saarbrucken about the security situation by the CIC General Grind.

When the referendum date came closer (January 13, 1935) the different political parties arranged their forces. The most powerful and important party was the Deutsche Front (DF), to a large extent a branch of the German Nazi Party (NSDAP), both were being controlled and financed from Berlin. The Front argued for an immediate adhesion to Germany. Behind the Front stood the armed branches of the NSDAP, the SA and SS.

Another group mainly consisted of anti-Nazi refugees of whom many had come from Germany since January 1933. The main part of these wished a continued governing body by the League of Nations, that is a status quo. These groups were united in Die Einheitsfront (EF) with a nuclear group of socialists and communists. A smaller group within the EF argued for an adhesion to France.

After Hitler came to power in Germany in 1933, the amount of refugees to the Saar increased and to some extent created a counterbalance to the massive pro-German support in the Saar. Also some anti-Nazi inhabitants in the Saar region had become less convinced of the advantages of a return of the area to Germany. The DF though worked very actively to organize most parts of the population in a cell-system, where every house or block constitued one cell. Within these cells it was easy to conduct an individual propaganda.

The unspoken threat from the SA- and SS-forces made many Saar-inhabitants join the DF, but there still was a great uncertainty on how they would vote in a free and secret referendum. The task for the League of Nations forces was to secure the order and protect the referendum. General Grind, however, demanded and got more specific instructions from the League in Geneva. Only if the local Saar-police didn't manage to cope with the situation, the League-forces were allowed to act and use arms.

Exactly as had been discussed during the UN-missions in former Yugoslavia in general and in Bosnia-Herzegovina in particular, there was in the Saar-operation an early demand for clear and specific aims and rules for the operation, so that the situation wouldn't get out of hand due to unclear instructions.

The main part of the daily routines consisted of foot – and cyclepatrolling, sometimes joined by troops in motorcars. During these patrols the international troops scouted important objects to take control over in an acute crisis, such as bridges and electric power stations. They also constantly tried to "show their flag" in order to calm the general situation. It was regarded as important not to allow the inhabitants to get the impression that the only forces of importance were the loud speaking SA and SS troops. Together with the Saar-police the League-forces, if possible, also had to prevent infiltration in the area from both Germany and France.

One of the Swedish participants was Sergeant Torsten Karlsson from the Skaraborgs regiment (Infantry Regiment No 9) in Skovde close to Gothenburg. He has, in a very lively way, written about his experiences, from his departure from Stockholm, via the stormy seatrip to Sassnitz, before new ceremonies waited for the soldiers in Stralsund.

The still more or less seasick soldiers left Stralsund on a night train through Germany. This trip "was not exactly funny". On the coaches among all other people there were a lot of "insurance – agents, eager to sell life-insurance to rather high costs, though none knew if we would come out of all this still alive".

Torsten Karlsson's most important memory from the time in Saar and the town of Merzig was the constant presence of German children begging for Swedish money or other souvenirs from the soldiers.

Despite a large flow of rumours the Swedish soldiers had a relatively calm period in the Saar, also on the day of the referendum. The most dramatic events were the night-patrols close to the French border with sharp-loaded rifles and bayonets.

The Swedish soldiers were overwhelmed by the hospitality that was shown towards them; cinema and theater visits as well as different cultural programs helped to create a far from tensioned situation for the soldiers. Many of the Swedes, however, realized that not everything was as spontaneous as it seemed to be: "It was, of course, to a large extent a matter of showing the positive sides of the Third Reich".

In January 1935 the international tension was concentrated on the Saar, although on the surface it was relatively calm within the area itself. The Swedish soldiers couldn't avoid noticing the tension in the air, symbolized by the SA- and SS-units in the area as well as by large French units that were deployed just on the other side of the border. Despite some minor incidents the Swedish Saar-force never had to cope with any serious incidents of violence.

The balance of forces in and close to the Saar was not to the advantage of the international troops. In the Saar-area there were at least 1 800 men from the SS and even larger units from the less well organized – but after the June-killings in 1934 relatively disciplined – SA 51st Brigade. Only in the Swedish sector there were at least one battalion and half a motorized Company from the SA. In a critical situation other units could be expected to join from Germany.

Over all 83 voting districts the League of Nations had 3 300 soldiers – 1 500 British, 1 300 Italians, 261 Swedes and 250 Dutch. The closer the day of the referendum came, the more the tension grew and the Swedish force was set in a stage of emergency when unrest was reported from Saarbrucken. Within the Swedish sector however, the situation was mostly calm. Before the referendum the soldiers from the four countries were instructed how to guard polling stations as well as transports of ballot boxes.

On the evening of January 12th the Council of the League in Geneva sent an appeal directly to all citizens in the Saar to keep calm and act with dignity on the following day. At eight o'clock on Sunday the 13th of January, 1935 some 800 polling stations opened their doors for a referendum that was going to last for 12 hours. During the referendum a part of the Swedish force was posted at polling stations or took control over strategic positions in Merzig, Beckingen and Mettlach, while the rest was held on alert as a reserve if anything dramatic would happen. In the evening the Swedish soldiers collected some 40 ballot boxes. The boxes were transported by railroad to Saarbrucken where they were handed over to British soldiers. The day of the referendum was almost totally calm, and by the end of the day the League-forces had completed an important part of their mission. Before the forces arrived a large preparation work for the referendum process itself had been conducted by an international commission under the Swedish government official A. Rodhe.

The tensions were, however, just beneath the surface for the whole day of the referendum. Several transports of ballot boxes were followed by DF-supporters who had a lot of suspicion towards the League soldiers. On the 15th of January the result of the referendum was announced, and it was an overwhelming one. The majority had voted for a return of the Saar-area to Germany with close to 91% of the votes.

The votes for France were only 0,4% while 8,8% voted for a status quo, that is some sort of a continued League of Nations-supervised rule. The city of Merzig, the base for the Swedish contingent, was the most pro-German of all the towns in the area. Six weeks later on March 1, 1935, the reunion between Germany and the Saar was proclaimed.

The League-forces stayed after January 15. The result made an end to all expectations for some resistance towards the Nazi regime, but the international forces now had to prevent persecutions from victorious SA- and SS-men. The time was used for athletics and education in the German language. The Swedish soldiers played several football games against their British, Italian and Dutch colleagues. It was on February 18, 1935 that the Swedish battalion left the Saar and on the 23rd the unit was demobilized.

The League of Nations operation in the Saar was successful to that extent that it prevented any violence so that the referendum could be arranged in a proper way. The aim to reduce the tensions between France and Germany was only reached in the short run, not in the long. The result of the referendum only made Hitler's appetite greater. A year later German forces marched into the demilitarized Rhine-area and another two years later Austria was swallowed by the Third Reich. In that perspective the result of the League-operation in the Saar is, to say the least, rather ironical. The irony is not reduced by the fact that the strong support for the return to Germany in the Saar to a large extent was the result of a very active pro-German propaganda before 1933. Thus Hitler could harvest the fruits of the efforts made by Chancellor Bruning during the years 1930-32.

However one should not do the mistake to reduce the importance of the League-operation in the Saar by only regarding it as a help to Hitler to take the first step on the road, that would lead to the war in 1939. Instead the Saar operation was the last, and at the same time most successful, attempt to solve Europe's political conflicts with common and peaceful means. At the same time the Saar operation, compared with the UN-operations after 1945, still could be regarded as one of the most efficient international peace-keeping operations ever conducted.

The sources and literature to this paper are listed in a new book published by the *Commission Suédoise d'Histoire Militaire*, namely Lars Ericson, editor, *Solidarity or Defence. Swedish Military in International Peace-keeping Operations during the 19th and 20th Centuries*, Stockholm 1995 (distributed by the Military Archives, S-115 88 Stockholm, **SWEDEN**).

THE ROOTS OF INTERNATIONAL PEACEKEEPING IN THE CRISIS OF YUGOSLAVIA

Dr. Pablo Antonio Fernandez Sanchez.

A.- Historical perspective. B.- The beginning of the end. C.- The appearance of the United Nations on the scene. D.- The Death of Yugoslavia. E.- A new focus point: Bosnia-Herzegovina. F.- Serbia, as scapegoat. CONCLUSIONS.

A.- Historical perspective.-

On June 28, 1914, a Serbian nationalist murdered the Crown Prince of the Austro-Hungarian Empire in Sarajevo. This event was the cause of the beginning of the First World War.

After this so called Great War, the Habsburg Empire disintegrated. Croatia and Slovenia, as parts of the aforementioned Empire, voluntarily united with the Kingdom of Serbia, which fought jointly with the Allies. The legal moment took place in 1917 after the Corfu Declaration[1]. The political dream of the Southern Slavs' unity was, at last, possible on December 1, 1918.

According to DRAGNICH, the unity was achieved for three reasons:

A) The dream of unification of Croats, Serbs and Slovenes;

B) The disintegration of the Ottoman Empire[2];

C) The dismemberment of the Austro-Hungarian Empire[3].

Until 1929 the new State was called the Kingdom of Serbs, Croats and Slovenes. After that date, the King, who sincerely tried to unite the country[4], suspended the Constitution and changed the name of the country, before the comparative grievances of the different communities. In the future the name of the country would become Yugoslavia[5].

In 1934, during an official visit to Marseille, a nationalist Croat murdered the Serbian King of Yugoslavia, Alexander the First, and Louis Barthou, Minister of Foreign Affairs of France.

Paul Karadjordjevich, first cousin of the late King, became the Regent Prince because Peter the Second, the son of the King and heir to the throne, was only 11 years old.

At the beginning of World War II, Germany invaded Yugoslavia and created the State of Croatia. Croatia collaborated with Nazi administration in the massacre of "hundreds of thousands of Serbs as well as thousands of Jews and Gypsies"[6].

United States Senator Mr. Jim WOODY reflects upon this question as follows:

> The Nazi occupation of Serbia was one of the most brutal of anywhere in Europe in all of World War II, and many thousands of Serbs gave their lives in organized resistance to that occupation"[7].

The Communist Yugoslavian leader Josip Broz TITO (half Croat and half Slovene) joined Serbian General Draza Mihailovic for the resistance against the Nazi occupants.

After the triumph of Communism in Yugoslavia, Tito ordered the execution of Mihailovic[8]. In this way, he reduced the Serbian influence in Communist Yugoslavia.

All of these events can give an idea of the ethnic violence in which Yugoslavians have permanently lived during their short history. Moreover, Yugoslavia has four official languages: the Serb-Croatian[9], Slovene, Macedonian and Albanian, and has three major religions within the country[10]. The intercommunal relationships within the country are very difficult.

Perhaps, the sole period of quasi-tolerance was that ruled by Tito, from 1945 until 1980[11].

Tito's parents are Croat and Slovene and his main ideologist Edvard Kardelj was Slovene. Both kept Serbian nationalism in check for more than 30 years.

Serbs were tired of being the national majority with limited participation in the life of the country[12]. Thus, they attended in mass a speech delivered by Slodoban Milosevic, leader of the Serbian Communist Party on April 4, 1987. In his speech, Milosevic exalted Serbian nationalism.

On January 1990, Croats and Slovenes abandoned the Communist League of Yugoslavia and declared themselves independent States on January 25[13].

B.- The beginning of the end.-

In principle, the reaction of the international community before the Declaration of Independence of Croatia and Slovenia was negative[14]. However, according to International Law, Croatia and Slovenia fulfill all formalities for presenting themselves as independent States before the international community[15].

The new Governments suspended the rights of the Serbian minority in Croatia and Slovenia[16].

In effect, on August 17, 1990 "the Croatian Government sent special units of police to prevent the celebration of a referendum of autonomy by the Serbs of this region"[17].

When Milosevic won the election to the Presidency of Serbia, he presented himself more as a nationalist than a communist. RAMET refers to him, in an exaggerated way, as a New Napoleon[18].

However, it is true that "Milosevic emerged as a hero to the crowds. By November 1988, when Milosevic addresses a Belgrade rally estimated at between 800,000 and 1.3 million Serbs, it was apparent that he was the most popular leader since Tito, and that he had transformed the character of Yugoslav political life"[19].

The Federal Government tried to counteract the paramilitary units of Croatia and the illegal import trade of weapons. However, the Croatian Parliament decided that Federal Laws were not in force in the Republic of Croatia.

Before this fact (on May 12, 1990), "Croats had the right to the rotatory Presidency of Yugoslavia. However, the sectarianism of Serbia and its allies blocked the elections, leaving the country not only without Presidency but without a Head of Armed Forces as well"[20].

Croatian and Slovene Officers and Officers in command deserted the Federal Army and the Serbs left in great number. Now,

> "The Government of Zagreb, as the Government of Slovenia had done, proceeded to block the quarters and to cut supplies of water, light and feeding. This decision provided a new mission and excuse to the Federal Army. The new mission: to unblock the military precincts. The excuse: to start to bombard the cities where there was not already Serbian population to protect but where there were comrades-in-arms[21].

Until now, the international community (especially the United States, the European Community and the Soviet Union) had agreed to favor the Unity of Yugoslavia[22]. The formula "Yugoslavia united and democratic" had been a message of Michel Rocard in his visit to Belgrade on December 23, 1989[23]. Mrs. Cresson secured categorically on May 23, 1991, that Yugoslavia can become Part of Europe only by being united[24].

In an official communiqué on March 26, and May 8, 1991, respectively, the European Communities picked up the same idea of a Yugoslavia united and democratic[25].

C.- The appearance of the United Nations on the scene.-

On September 3, 1991, the Participant States in the Conference on Security and Cooperation in Europe announced that they will not recognize any territorial change in Yugoslavia made by force.

During the same month, the Permanent Representative of Yugoslavia to the United Nations asked for an urgent meeting of the Security Council[26]. Through Resolution 713(1991) of 25 September, 1991, the Security Council expressed its support of the collective efforts for dialogue and peace in Yugoslavia carried forward under the auspices of the Member States of the European Communities with the support of the Participant States in the Conference on Security and Cooperation in Europe.

In the framework of chapter VII of the Charter of the United Nations, the Security Council decided to apply a general embargo of weapons and military supplies to Yugoslavia. It asked the Secretary General for his support in this conflict.

On October 8, 1991, the Secretary General appointed Cyrus Vance, Former American Secretary of State, as his Personal Envoy.

On the other hand, on November 8, 1991, in Rome, an extraordinary meeting of EEC Ministers decided to impose sanctions on Yugoslavia. Specifically, they suspended Yugoslavia as a preference country[27].

On November 23, 1991, in Geneva, all involved parties in the conflict agreed to a cease-fire, under the auspices of Lord Carrington, Representative of the EEC. This agreement was systematically violated.

On November 26, 1991, the Permanent Representative of Yugoslavia to the United Nations sent a letter to the President of the Security Council. He asked for the establishment of a United Nations peacekeeping operation[28].

One day later, the Security Council decided through its Resolution 721(1991) of 27 November 1991, to order the Secretary General to present recommendations about the dispatch of a peacekeeping force to Yugoslavia.

The Secretary General made a Report[29] on December 11, 1991. He expressed that the conditions for a peacekeeping operation were not yet given. However he proposed that the Security Council send an advanced group to prepare the plan.

The Security Council approved the Secretary General's ideas and decided to establish a Committee, under its authority, in the Resolution 724(1991) of 15 December 1991.

This Committee, established according to rule 28 of the internal procedure, would be integrated by all Representatives of the States in the Security Council. Its mission was to supervise actively the fulfilment of the embargo against Yugoslavia.

The functions of the mentioned Committee will be as follows:

A) Examine Reports from all countries about the measures taken for carrying out the embargo.

B) Consider any information on any violation of the embargo.

C) Recommend the appropriate measures to reply to the violations of the aforementioned embargo.

In December 1991, "when it became clear that German government was determined to go it alone if necessary in recognizing Croatia and Slovenia, the UN Secretary-General felt impelled to declare in December 1991 'that any early selective recognition could widen the present conflict and fuel an explosive situation'"[30].

On January 2, 1992 Cyrus Vance agreed with the Republic of Croatia and the Popular Yugoslav Army to an unconditional cease-fire. However, five days later a deplorable incident occurred. Five Members of the European Community Monitoring Mission died in a cross-fire. The next day, the Security Council approved the Resolution 727(1992) of 8 January 1992. It reaffirmed the embargo applied in Resolution 713(1991) and approved the Secretary General's Report on January 5, 1992[31].

D.- The Death of Yugoslavia.-

In ROBERTS's opinion the death of Yugoslavia "was sounded in December 1991 when Germany pressured other members of the European Community into an agreement to recognize the independence of Croatia and Slovenia"[32]. Germany's reason is still unknown. Perhaps its action was triggered by a desire to extend its areas of influence, to show gratitude to the Croatian immigrants in Germany, to satisfy the Catholic Bavarians, to sound out its new-found international leadership...

For ROBERTS "the best explanation is that German – as well as Austrian and Hungarian – policy has been driven foremost by historic anti-Serbianism"[33]. However, in my view, this opinion is exaggerated. Perhaps, a little of all these reasons contributed to Germany's attitude.

During the first fortnight of January 1992, the Vatican recognized the new States. We must not forget that Croatian cultural personality identifies with Catholicism. POWERS says, in connection with this recognition, that "the Vatican's justification for its decision to recognize Croatia and Slovenia reflects how the war changed the moral and political calculus of secession"[34].

Effectively, the same writer recognizes that

"The Catholic Church criticizes human rights abuses by the Serbian government in Kosovo, while the Orthodox Church emphasizes the need to protect the Serb minority in the region and retain Serbian control over a religiously and politically historic part of Serbia"[35].

Meanwhile, the Vatican encourages Croatia and Slovenia. On the other hand, some "Muslim countries encourage the Bosnian government. Muslims from Turkey, Saudi Arabia, Algeria or Tunisia are voluntarily fighting too. In the same way, Orthodox countries like Greece, Russia, Macedonia or Romania secretly support Serbia"[36].

On January 15, 1992, under Germany's pressure, all Member States of the EEC recognized Croatia and Slovenia[37]. However, some of them, like the United Kingdom, indicated that they will not send Ambassadors and Consuls until the situation of human rights and fundamental freedoms is improved.

In this framework, the European Communities, instead of having been "the midwife to the birth of the third Yugoslavia by non-intervention"[38], were the institution which helped to shroud this Balkan country. In DRAGNICH's opinion, "it seemed obvious that the EEC was acting without much knowledge of Yugoslav history"[39].

The UN Secretary General said in his Report on January 5, 1992, that the arms embargo imposed by the Security Council was not being observed. He added that

"Under the circumstances, it is all the more essential that the arms embargo be scrupulously respected, and the Security Council will no doubt wish to keep the situation under careful scrutiny in order to ensure this"[40].

Accordingly, the Security Council recognized this situation in a new Resolution: 740(1992) of 7 February 1992, which required that the Secretary General prepare a peacekeeping operation. The Resolution 743(1992) of 21 February 1992 was that which decided to establish, under its authority, a United Nations Protection Force in Yugoslavia, according to the Secretary General's Report and his peacekeeping plan.

The Resolution of UNPROFOR constitution does not mention Chapter VI of the UN Charter, upon which the Security Council traditionally bases its arguments for establishing peacekeeping operations. Chapter VII is not mentioned either.

It is important to remember that paragraph 1 of the aforementioned UN peacekeeping plan says the force must organize for an interim agreement. Its objective must be to create the necessary security and peace conditions[41].

In the Report of February 15, 1992, the new Secretary General Butros Ghali, according to the new circumstances, recommended that the Headquarter of peacekeepers be in Sarajevo[42]. He also prefered to enlist a Military Commander-in-Chief with a Director for Civil Affairs in order to distinguish the UN operation from the EEC action, which was eminently civil.

In the same Report, the Secretary General proposed that the forces be known as UNPROFOR[43]. Its component would be around 14.000 persons including military, civil servants and police officers.

E.- A new focus point: Bosnia-Herzegovina.-

In 1970, TITO elevated the Yugoslav Muslim people to the rank of a nation through a decree. Thus, according to ZIVOJINOVIC, "Yugoslavia is the sole European country where religion is used as the basis for ethnic identity"[44].

Now, the situation is uncontrolled although consented. The factions comprise the <u>Chetnik</u> Serbs, commanded by Zeljko Raznatovic, the Serbian Guard of Volunteers, the <u>Ustacha</u> Croats, under Dobroslav Paraga's rule, etc. For ARIJA, "aforementioned factions are of fascist, ultranationalist and religious mentality". The same writer thinks that "the governments of Bosnia-Herzegovina, Croatia and Serbia control less than half the forces which fight on their behalf"[45].

In 1992, Muslim and Croatian leaders from Bosnia-Herzegovina commenced their process towards independence. On February 29, the Bosnian people decided about their independence in a referendum[46]. Their decision was to become an independent State.

The following day, on March 1, 1992, two Muslim nationalists and a Croat machine-gunned attendants of a Serbian wedding in Sarajevo. This event was the direct cause and the excuse for the civil war between different ethnic groups in Bosnia-Herzegovina[47]. In GATTI's view, "the worlds of Sarajevo 1992 and Sarajevo 1914 suffer from the same disease"[48].

On March 15, 1992, General Satish Nambiar, from India, Commander-in-chief of UNPROFOR, opened the mission in Yugoslavia.

The first blue helmet contingents arrived in Yugoslavia on the same day. On April 6, 1992 the European Communities recognized Bosnia-Herzegovina as an independent State, under Alija Izetbegovic's rule. The United States recognized this new State together with Croatia and Slovenia on April 7.

We cannot forget that during centuries of Muslim occupation, conversion was obligatory for getting privileges within the Ottoman Empire. For this reason, most of the Bosnian population is Muslim[49].

Prof. ZIVOJINOVIC, from Serbian ancestors, accuses that during World War II,

"a majority of Muslims found themselves on the side of the Germans and the Croatian Ustashe regime. They fought in the notorious elite Handzar SS Division that helped to carry out the policy of extermination of Serbs, Jews and Gypsies"[50].

On the other hand, "the Muslim Albanians from the Kosovo found themselves supporting the Italians and fought with them until the end"[51].

At present Bosnia-Herzegovina gives "courtesy calls to Iran, Libya and Turkey"[52], and it receives many Muslims from abroad who are joining the "Holy War"[53].

Prof. VARVITSIOTES observes about the problem of Muslim fundamentalism in Yugoslavia that this manifestation supposes a greater threat to Balkan stability[54].

In protest for the recognition of Bosnia-Herzegovina by the European Communities, Serbia proclaims the Serbian Republic of Bosnia-Herzegovina. With this action, Serbia wanted to attract international opinion about the negative consequences of the premature recognition of Bosnia-Herzegovina as an independent State. Prof. ZIVOJINOVIC justifies this attitude in the following way:

"I believe that the Serbian insistence on internal rearrangements is justified, as the Serbs intend for these to protect them from the growing pretensions of Islamic elements and the preserving Bosnia and Herzegovina as independent entities. Obviously, the 1.4 million Serbs of Bosnia have as much right to self-determination as the Muslims and Croats do"[55].

Meanwhile, "the blue helmets did not want implications and retired their forces, about 250 militaries, from the Bosnian capital, installing their Headquarter in Belgrade"[56]. Butros-Ghali recognized at this time that the UN peacekeeping operation was in jeopardy.

The civil war in Bosnia-Herzegovina is provoking general indignation in the world. Its cruelty is demonstrating the incapacity of the international community to resolve this kind of conflict. There are too many uncontrolled and irregular forces involved.

One of the most tragic consequences of this conflict is the hundreds of thousands of refugees who have crossed the borders fleeing from the civil war.

In his Report of 26 May 1992, the Secretary General recognized that the movement of civilian population is the greatest in Europe since World War II[57].

On May 20, 1992, the United States prohibited the landing of Yugoslav Airlines in its territory and on May 22, the Bush Administration announced sanctions against Belgrade. This same day, the United Nations admitted the three new States from the former Yugoslavia as Member States of the United Nations.

F.- Serbia, as scapegoat.-

On May 24, 1992 the US Secretary of State, James Baker asked the United Nations for imposition of sanctions against Serbia. The same day Kosovo (with 90% of Albanians) voted massively in favor of the secession from Serbia and Yugoslavia.

On May 30, 1992, after considering that the claim by the Federal Republic of Yugoslavia to continue the UN Membership of the former State of Yugoslavia had not been generally accepted, the United Nations instituted an international general embargo against Yugoslavia (now Serbia and Montenegro), under chapter VII of the Charter. The Security Council Resolution 757(1992) of 30 May, 1992 approved the embargo on Yugoslav products, except foodstuffs and supplies intended strictly for medical purposes[58], and commodities, except for food or humanitarian purposes. Moreover, it approved financial and economic contacts, as well as scientific, technical and cultural exchanges.

The Resolution also imposed an air embargo, except for flights approved for humanitarian reasons, and prevented Yugoslav participation in sporting events. Additionally, States must reduce the level of staff at Yugoslav diplomatic missions and consular posts.

The implementation of these sanctions will be monitored by the Committee created by Resolution 713(1991).

In addition, other International Organizations were sanctioning the Federal Republic of Yugoslavia. Thus,

"In early May 1992, the United States asked the Conference on Security and Cooperation in Europe to suspend Serbia. The CSCE at first declined to do so, primarily as a result of Russia's objections, but eventually, on July 8, it suspended Serbia for three months[59]. Over the summer, foreign ministers of the 12 European Community States, in a show of solidarity, announced that they were recalling their Ambassadors from Belgrade. In the same statement they declared that they were recognizing Serbia-Montenegro as a new State and would not view it as the successor to former Yugoslavia"[60].

At the same time the Council of the General Agreement on Tariffs and Trade suspended Serbia too. On June 4, 1992 the North Atlantic Treaty Organization (NATO) criticized Serbia and Montenegro.

In this way, Serbia and Montenegro were not represented in the Olympic Games of Barcelona and its international Pavilion in the World Fair of Seville was closed by the *Bureau International des Expositions* of Paris.

On June 15, 1992 the parties in the conflict signed yet another agreement of cease-fire. That same day, Serbia and Montenegro informed the United Nations that they had "no territorial claims" on Bosnia-Herzegovina[61]. However, the cease-fire was violated for the umpteenth time.

Resolution 758(1992) of 8 June 1992 demanded that all parties concerned immediately create the necessary conditions for unimpeded delivery of humanitarian supplies, including the establishment of a security zone encompassing Sarajevo and its airport.

The United States was meanwhile involved in its election campaign and it did not have much time to dedicate to this "European" question. On June 11, 1992 in order to justify his non-action, President Bush said that "we're not the world's policeman"[62].

During the month of June, Serbian, Bosnian and Croatian atrocities continued. The Security Council adopted on 29 June 1992 the Resolution 761(1992) wherein it "declared that in the absence of cooperation from all concerned with

UNPROFOR and international humanitarian agencies and organizations, it did not exclude other measures to deliver humanitarian assistance to Sarajevo and its environs". These terms allude to the recourse to the use of force, without mentioning it directly.

On June 30, 1992 the resolution 762(1992) "urges, in accordance with paragraph 4 of resolution 727(1992) the Government of Croatia to withdraw its army to the positions held before the offensive of 21 June 1992 and to cease hostile military activities within or adjacent to the United Nations Protected Areas". It also reaffirms the embargo applied in Resolution 713(1991).

In an international cosmetic operation, on July 14, Mr. Milan Panic took office as Prime Minister of Yugoslavia. Mr. Panic is an American millionaire of Serbian ancestry. Mr. Dobrica COSIC continued as President of the new Yugoslavia, that is, the Federal Republic of Yugoslavia (Serbia and Montenegro) and Slobodan Milosevic, as the President of Serbia.

However, the circumstances were not improved by this cosmetic operation. The Security Council continued asking for peaceful settlement of disputes[63], but without success.

At this time, the international community witnesses with perplexity new horrors after the discovery of the camps, prisons and detention centers, above all, on the Serbian side. The pathetic images reflect similar ones from the Nazi concentration camps of the Second World War.

The Security Council was conscious of this reality and after denunciations of the International Committee of the Red Cross, approved Resolution 770(1992) of 13 August 1992, as follows:

"authorizes all measures necessary for the delivery of humanitarian assistance to Bosnia-Herzegovina".

The same day, another Resolution, number 771(1992) demanded immediate access to detention centers by the International Committee of the Red Cross and asked countries to provide information on possible violations of humanitarian law.

According to RAMET, the cruelty in the fight in Bosnia-Herzegovina has been that

"Numerous Croatian, Serbian and Muslim villages have disappeared from the map in the fighting, with what was once the thriving city of Vukovar, population 45.000, reduced to rubble"[64].

Under these circumstances, on August 26, 1992 a Conference on Bosnia-Herzegovina was inaugurated in London, under the Presidency of the European Communities and the United Nations Secretary General. However, it did not have practical results.

UN troops have not been accepted by one party because "in Yugoslavia anybody understands the neutrality: the blue helmets are considered as enemies by all contenders"[65].

However, as GAUTIER says:

"the most intolerable thing in this Balkan conflict has been that mediocre men such as Slobodan Milosevic, Rodovan Karadzic, Milan Babic and Franco Tudjman[66], have manoeuvred as they pleased in order to face France against Germany, the United Nations High Commissioner for Refugees against the International Committee of the Red Cross or against the humanitarian organizations such as "Balance", and the European Communities monitors against the United Nations peacekeepers"[67].

The United Nations Security Council on September 19, 1992 voted 12 to 0 that Belgrade's representative cannot continue to sit in the seat of the former Yugoslav federation, a move that is seen as a first step toward expelling the truncated Yugoslavia from the UN General Assembly[68].

CONCLUSIONS.-

The Balkan crisis is not a new problem. It is a product of history and reveals that ethnic and religious questions, in general and particularly in Europe, are not easy to solve.

In addition to the mentioned situation and to the described international implications, we cannot forget that Macedonia is not yet affected by the struggle though it has a very significant Serbian minority[69].

Albania, Greece, Serbia and Bulgaria have different interests there. PEF-FITER asks himself if the attitude of each of the mentioned countries is of a wolf or a lamb[70]. Greece, for example, considers that it has the "historical copyright", as GAUTIER calls[71], to the use of the name Macedonia. GIANNAKOS says that for Greeks "Macedonia is a name of a place, but it does not have physical homogeneity and is not a natural region"[72]. So, the problem of the recognition of Macedonia as an independent State is that "such recognition automatically legitimizes the expansionist tendencies of geographical nationalism"[73].

On the other hand, for Bulgarians, "Macedonians are merely western Bulgarians"[74].

Perhaps for these and other reasons there is a deep preoccupation in the border countries of Yugoslavia. Thus, Greece has required that the European Communities recognize Macedonia only in the case that it changes its name.

In the same way "both Bulgaria and Hungary have asked that European Community (EC) observers be stationed on their borders with Yugoslavia to prevent any spill-over and to testify to their correct behavior. The EC has declined to do it"[75].

On the other side, Kosovo "often called 'the Serbian Jerusalem' (because it had once been a core part of medieval Serbia, but now has a population that is 90 percent Albanian) lay at the heart of Serbian frustration"[76].

Maybe the best situation would have been unity, as a new federated State. US Senator Helm Delich BENTLEY remembered before the Committee on Foreign Relations United States Senate, that "in 1939 Vlatko Machek, the undisputed leader of the Croat people in prewar Yugoslavia, signed a key agreement with the government in Belgrade which began with a statement that 'Yugoslavia is the best guarantee of the independence and progress of Serbs, Croats and Slovenes'"[77].

I know that we are in the same circumstances, but the international community must know that the crisis in Yugoslavia "shows, how, without reconciliation, even legitimate claims of self-determination disintegrate into new injustices"[78]. In this regard, the international community cannot collaborate to do it.

Maybe Yugoslavia's crisis will suppose, as GATTI asks himself, "the beginning of the Balkanization of Europe, east and possibly west"[79].

In any case it will be a lesson for History: the precipitation of the recognition of seceded States is a very delicate problem that we cannot take lightly.

The International community is partially responsible in this crisis and it may well feel the consequences.

Additionally, the crisis has showed that European Communities have not prepared for solving problems of security, although it is closely involved. It also showed that in its bosom there are both States of First Line and of Second Line. If now EEC is more conscious of its failures its future will be better.

To know the end we cannot do anything more than wait, as Prince Alexander, the aspirant to the Serbian Crown, is waiting in his exile in London.

Notes

1. DRAGNICH, Alex N.: **Yugoslavia in historical perspective**, in Mediterranean Quarterly, vol. 3, number 3, Summer 1992, p. 6.

2. In the Balkan wars of 1912, Serbia and its allies drove the Turks out of Europe.

3. DRAGNICH, Alex N.: **op. cit.**, pp. 5 and 6.

4. As a sign of this contribution, the King called each of his three sons by Serbian, Croatian and Slovene names respectively.

5. In Serbo-Croatian, YUG is SOUTH and SLAVIA is SLAV COUNTRY.

6. ROBERTS, Walter R.: **The life and death of integration in Yugoslavia**, in Mediterranean Quarterly, vol. 3, number 2, Spring 1992, p. 35.

7. MOODY, Jim, U.S. Representative from Wisconsin: **Civil Strife in Yugoslavia: the United States Response**, Hearing before the Subcommittee on European Affairs of the Committee on Foreign Relations United States Senate, February 21, 1991, U.S. Government Printing Office, Washington D.C., 1991, p. 44.

8. ROBERTS, Walter R.: **op. cit.**, p. 36.

9. IGLAR said in this respect: "The Serbs, Croats, Bosnians, Montenegrins speak Serbo-Croatian. Serbian and Croatian nationalists, however, have argued that there is a separate Serbian language and a separate Croatian language. The dispute, in reality, is more political than linguistic. The major difference between the two is that written Serbian uses the Cyrillic alphabet while Croatian uses the Latin alphabet". See IGLAR, Richard F.: **The constitutional crisis in Yugoslavia and the International Law of self-determination: Slovenia's and Croatia's right to secede**, in Boston College International &Comparative Law Review, vol. XV, Winter 1992, pp. 231-232.

10. 32% are Catholics (the majority are Croats and Slovenes); 41% Orthodox (Serbs, Montenegrins and Macedonians), and 12% Muslims (Bosnians, Albanians and Turks).

11. Tito died in 1980.

12. The census of 1981 of the 22.4 million Yugoslavians facilitates the following statistics: 9.3 million Serbs, 4.6 million Croats, 4.1 million Bosnians, 1.9 million Macedonians, 1.8 million Slovenes, 1.7 million Albanians, 590,000 Montenegrins, 120,000 Turks, 83,000 Slovaks, 58,000 Rumanians and 70,485 Gypsies.

13. To know strictly constitutional implications, see BAGWELL, Ben: **Yugoslavian Constitutional Questions: Self-determination and Secession of Member Republics**, in Georgia Journal of International and Comparative Law, vol. 2, number 3, 1991, pp. 485-523.

14. See the article **Yugoslavia in such a bother**, in The Economist, June 29, 1991, p. 41.

15. See WELLER, Marc: **Yugoslavia: words make law**, in Solicitors Journal, February 14, 1992, vol. 136, number 6, p. 135.

16. Do not forget that in Croatia there are 600,000 Serbs who claim obviously the same right to the secession as Croats. See in this way **Serbs in Croatia Refuse to be Considered as Minority by Peace Conference**, in BBC, Summary of World Broadcasts, October 11, 1991.

17. ARIJA, Jose Manuel: **Yugoslavia, la tierra del odio**, in Historia 16, number 198, October 1992, p. 14.

18. RAMET, Sabrina P.: **Nationalism and Federalism in Yugoslavia, 1962-1991**, Indiana University Press, Bloomington and Indianapolis, USA, 1992, p. 225.

19. COHEN, Lenard J.: **Regime transition in a Disintegrating Yugoslavia: the law-of-rule vs. the rule-of-law**, University of Pittsburg Center for Russian and East European Studies, Pittsburg, PA, USA, April 1992, p. 6.

20. ARIJA, Jose Manuel: **op. cit.**, p. 14.

21. **Ibidem.**

22. On May 28 and 29, 1991, Mr. Delors and the President of the Council of Ministers of the EEC, Mr. Santer, visited Belgrade and they met with the six Presidents of the Yugoslavian Republics. See Bulletin of the European Communities, 5-1991, p. 63.

23. CACCAMO, Domenico: **La questione yugoslava (1989 - gennaio 1992)**, in Revista di Studi Politici Internazionali, vol. 233, gennaio-marzo, 1992, p. 57.

24. **Ibidem**, p. 58.

25. See the Bulletins of the European Community 3-1991, p. 71 and 5-1991, p. 83, respectively.

26. See Doc. S/23069.

27. See the text of the EEC Declaration in Bulletin of the European Communities 11-1991, pp. 91-92.

28. See Doc. S/23240.

29. See Doc. S/23280.

30. ROBERTS, Walter R.: **op. cit.**, p. 40.

31. See Doc. S/23363 and Add. I.

32. ROBERTS, Walter R.: **op. cit.**, p. 34.

33. **Ibidem**, p. 42.

34. POWERS, Gerard F.: **Testing the moral limits of self-determination: Northern Ireland and Croatia**, in Fletcher Forum of World Affairs, vol. 16, number 2, Summer 1992, p. 36.

35. **Ibidem**, p. 37.

36. ARIJA, Jose Manuel: **op. cit.**, p. 22.

37. See the Declaration of the recognition in the Bulletin of the European Communities, 12-1991, pp. 119-120.

38. GOW mentions these words for referring to the Federal Yugoslav Army. See GOW, James: **Legitimacy and Military, the Yugoslav Crisis**, St. Martin's Press, New York, 1992, p. 152.

39. DRAGNICH, Alex N.: **op. cit.**, p. 18.

40. Doc. S/23513 of 5 January 1992, paragraph 21.

41. See the plan in Secretary General's Report of 11 December 1991. Doc. S/23280, annex. 3.

42. Doc. S/23592, p. 3.

43. **Ibidem**, p. 5.

44. ZIVOJINOVIC, Dragaljub R.: **Islam in the Balkans: origins and contemporary implications**, in Mediterranean Quarterly, vol. 3, number 4, Fall 1992, p. 55.

45. ARIJA, Jose Manuel: **op. cit.**, p. 18.

46. This referendum was boycotted by Serbian people of Bosnia-Herzegovina. The other ethnic groups (57%) of the population voted 99% in favor and 1% against or with invalid votes.

47. According to 1991 census, the Bosnian population is 43.7% Muslims, 31.3% Serbs and 17.3 Croats.

48. GATTI, Charles: **From Sarajevo to Sarajevo**, in Foreign Affairs, vol. 71, number 4, Fall 1992, p. 71.

49. Bosnia was conquered by the Ottoman Empire in 1463 and Herzegovina in 1498. These territories were under Ottoman rule for centuries. Serbs expelled Turks from Europe in 1866 but thousands of Muslims were left in Bosnia, Hercegovina and other areas. See ZIVOJINOVIC, Dragaljub R.: **op. cit.**, p. 53.

50. ZIVOKINOVIC, Dragalpub R.: **op. cit.**, p. 54.

51. **Ibidem.**

52. VARVITSIOTES, Ioannis M.: **Security in the Mediterranean and the Balkans**, in Mediterranean Quarterly, vol. 3, number 1, Winter 1992, p. 29.

53. HADGES, Chris: **Muslims from afar joining 'Holy War' in Bosnia**, in The New York Times, December 5, 1992, pp. 1 and 6.

54. **Ibidem.**

55. ZIVOJINOVIC, Dragaljub R.: **op. cit.**, p. 52.

56. ARIJA, Jose Manuel: **op. cit.**, p. 52.

57. See Doc. S/24000, p. 2.

58. Resolution 760(1992) of June 18, 1992 corrected this Resolution 757(1992) in order to decide that prohibitions imposed against Yugoslavia should not apply to the sale or supply of 'commodities and products of essential humanitarian need'.

59. In effect, on July 8, the CSCE Committee of Senior Officials decides not to allow attendance by Serbia and Montenegro at the CSCE summit meeting in Helsinki or at future meetings. See US Department of State, DISPATCH, August 31, 1992, vol. 3, number 35, p. 677.

60. RAMET, Sabrina Petra: **War in the Balkans**, in Foreign Affairs, vol. 71, number 4, Fall 1992, p. 96.

61. Doc. S/24074.

62. RAMET, Sabrina Petra: **War in...**, **op. cit.**, p. 96.

63. Resolution 764(1992) of 13 July 1992 and Resolution 769(1992) of 7 August 1992.

64. RAMET, Sabrina Petra: **op. cit.**, p. 79.

65. ARIJA, Jose Manuel: **op., cit.**, p. 24.

66. President of Serbia, leader of Bosnian Serbs, leader of Serbs from Krajina (Serbian part in Croatia) and President of Croatia, respectively.

67. GAUTIER, Xavier: **Balkans: la contagion**, in Politique Internationale, number 57, Automne 1992, p. 291.

68. New York Times, September 20, 1992, sec. 1, p. 9, col. 1.

69. Moreover, Macedonia adopted a declaration of sovereignty on September 1991.

70. PETTIFER, James: **The new Macedonian question**, in International Affairs, vol. 68, number 3, July 1992, pp. 484.

71. GAUTIER, Xavier: **op. cit.**, p. 297.

72. GIANNAKOS, Symeon A.: **The Macedonian Question Reexamined: Implications for Balkan Security**, in Mediterranean Quarterly, vol. 3, number 3, Summer 1992, p. 31.

73. **Ibidem**, p. 45.

74. RAMET, Sabrina Petra: **War in the Balkans...**, **op. cit.**, p. 87.

75. FELDMAN, Harvey J.: **The Balkan Dimensions of the Yugoslav Crisis**, in Mediterranean Quarterly, vol. 3, number 3, Summer 1992, p. 23.

76. RAMET, Sabrina Petra: **op. cit.**, p. 83.

77. BENTLEY, Helen Delich, US Representative from Maryland: **Civil Strife in Yugoslavia: the United States Response**, Hearing before the Sub-committee on European Affairs of the Committee on Foreign Relations, United States Senate, February 21, 1991, U.S. Government Printing Office, Washington D.C., 1991, p. 50.

78. POWERS, Gerard F.: **op. cit.**, p. 49.

79. GATTI, Charles: **op. cit.**, p. 64.

INTERNATIONAL RELATIONS IN SOUTH AMERICA NINETEENTH CENTURY A CASE STUDY: THE INDEPENDENCE AND SOVEREIGNTY OF URUGUAY

Nilton Freixinho[1]
Colonel (Retired), Brazilian Army

In August 1825 Britain and Portugal broke a long diplomatic impasse by signing treaties recognizing the independence of Brazil. In the following year, Austria, the Vatican, Sweden, France, the Netherlands, Prussia, and Russia greeted the entry of the Brazilian Empire into the community of nations.

One foreign relations question remained to be solved: the fate of the "Provincia Cisplatina[2]", in Brazilian terms, "the province on this side of the River Plate".

I believe that the reader will readily understand the reasons why the final episode of the Cisplatine Province is brought into this essay on foreign relations. At the end of 1824, just when settlement had been reached in the issue of the submission of Pernambuco and other provinces of the Northeast to the constitutional authority of the Empire, and when the nation was making every effort to have her independence recognized by the European powers, the Central Government of Brazil became involved in the climactic point of an age-old external crisis, an inheritance from the time when Brazil was a colony. A climax was reached in the clash of two expansionisms in southern South America — one Argentine, the other Brazilian. The focal point of the dispute resided in the desire, on one side or the other, to hold onto the left bank of the River Plate: the "*porteños*" of the Argentine shore, out of a political drive towards hegemony in the Basin of the Plate; the Brazilians, driven by the strategic need to keep open access by river to the Brazilian interior, the Mato Grosso. This crisis, as noted above, went back almost two centuries, and arose from the antagonism between Spanish and Portuguese on the Iberian peninsula, now transplanted into the Plate Basin.

And now this antagonism was to undergo further complication in the first years of the Nineteenth Century with the yearning of Uruguayan patriots to liberate their homeland both from the dominion of Brazil and from the patronage of Buenos Aires.

The intransigency of both sides, neither one willing to give up long-standing claims to ownership of the "Eastern Shore", the *Banda Oriental del Uruguay*, led to armed conflict, a chronic recurrence in that area ever since the foundation of the Colonia del Sacramento in 1680, notwithstanding the efforts of Portuguese diplomacy to find a peaceful solution through agreements and treaties between the two Iberian powers.

With the capitulation of Portuguese troops occupying Montevideo in November, 1823, during Brazil's War of Independence, the Brazilian Empire assumed political as well as physical control of the Cisplatine Province by annexing it to the Brazilian nation-state. This act was ratified by the Cabildo of Montevideo when in May, 1824, it swore allegiance to the Constitution of the Empire.

Still, though it was clear that the majority of the Uruguayan population was hostile to this forced union, Brazilians came in significant numbers, primarily to engage in trade and in cattle ranching. This was the situation when, on 19 April 1825, supported from Buenos Aires, the Uruguayan patriot Juan Antonio Lavalleja landed on the left bank of the River Uruguay. Along with the famous "*treinta-y-tres*", his thirty-three followers, he had come to raise the nation against Brazilian domination, repeating an attempt made years before. The Argentine Government, which had already sent an Army — for purposes of "observation", they said — to the right bank of the River, declared on 25 October 1825 the *Banda Oriental* to be reintegrated into the "United Provinces of the River Plate".

The Government in Rio de Janeiro responded with a war to maintain its dominion in the Cisplatine Province (3 December 1825). Fighting proceeded through a number of actions, both by land and by sea, in which there distinguished itself the grouping of Brazilian forces into a single army under the command of Lieutenant General Felisberto Caldeira Brant, the Marquis of Barbacena, known as "the soldier diplomat". He was charged with the defence of the Province of Rio Grande do Sul against the massed forces of the United Provinces of the River Plate; these, after successfully occupying the Banda Oriental, entered Brazilian territory in the region of Bagé. On 20 February 1827, the two armies came face to face in the Rosário de Santa María pass. Here was fought the most famous battle in the history of international conflict in the Plate Basin: the Battle of Ituzaingó. Its outcome, in military and strategic terms, was indecisive, in the opinion of historians specializing in the period. In fact, the Brazilian forces of the Marquis de Barbacena managed to break off the engagement and withdraw after six hours of battle, while the joint army of the Provinces of the River Plate remained inactive, without initiating the pursuit that good military practice enjoins.

After Ituzaingó, guerilla warfare continued by land and by sea. Meanwhile, Argentina was exhausted by the war and Brazil weakened by internal dissensions that were shaking the authority of Emperor Pedro I. And so the two sides resolved to enter an agreement to end the conflict with Britain acting as mediator. The result was that Uruguay would never re-enter the Confederation of the United Provinces of the River Plate, nor would she continue as a possession of Brazil, but would set herself up as an independent nation through the Preliminary Treaty of Peace of 28 August 1828.

From that time on, the Uruguayan nation took on strategic importance, both for Brazil and for the United Provinces of the River Plate, as the two powers faced each other throughout the Nineteenth Century. Tensions between Brazil and Argentina took a new course during the period of the Second Reign[3] with a drive by Paraguay to carve an outlet to the sea from the lost territories of Argentina and Brazil and from Uruguay. To block this drive, Brazil, Argentina and Uruguay in 1864 created what was known as the "Triple Alliance". The resolution of this issue created the historical and diplomatic bases for the treaties ratifying the frontiers between Brazil and her Hispanic neighbours in the Plate Basin, treaties still in force today. And so harmony and understanding came to prevail in the area, reconfirmed more recently by the Plate Basin Treaty of 23 April 1969, by bilateral cooperation agreements in all areas of power, the most important of these being the Treaty of Itaipu, between Brazil and Paraguay, and culminating, at the end of the Twentieth Century, in MERCOSUR, the Southern Cone Common Market.

• • • • • •

The contemporary political configuration of the territory contained within the Plate Basin is the result of a confrontation between three European powers — Spain, Portugal and Britain — during the phase of colonial and imperial expansion through the South American continent. The epicentre of this conflict was the dispute over the control of trade in the Plate River Estuary, the gateway to the territorial and commercial domination of the heart of South America, and it turned the Treaty of Tordesillas into a dead letter.

There had been about two hundred years of local conflict in the colonial period, with intense diplomatic activity in the foreign offices of Madrid, Lisbon and London through the Seventeenth and Eighteenth Centuries. The conflict continued into the turbulent phase of local struggles for independence against Spanish domination, now within the interplay of the interests of an independent Brazil, of Britain, and the as yet unfocussed aspirations of the provinces left over after the dismemberment of the Viceroyalty of the River Plate. And, in the first decades of the Nineteenth Century, Great Britain committed herself to participation in the conduct of international relations in the Plate Basin.

Around about 1848, the British gave up their claims in the area of the Plate. Now it would be exclusively up to Brazil and the new independent states emerging from Spanish colonization to find a *modus vivendi* for international relations in the area. The crucial political decisions would now be made in Rio de Janeiro, Buenos Aires, Montevideo and Asunción.

These decisions would be made in Rio de Janeiro, as the capital of the nation-state of continental Brazil; in Buenos Aires, because of its aspirations to be the centre of the agglomerating power that would cement the former River Plate provinces together, it was hoped, into an Argentine Confederation, though it yet lacked the support of Corrientes and Entre-Ríos; in Montevideo, as the capital of an independent state — the Republic of Uruguay — a creation of British diplomacy, in 1828, to settle the dispute between Brazil and Buenos Aires about who owned the Eastern Shore, as mentioned earlier in this paper; and, finally,

Asunción, capital of the Republic of Paraguay, a sovereign political entity which in 1814 refused the hegemonic claims advanced by Buenos Aires, and which then moved to a reliance on support — diplomatic, economic and military — from Brazil, for the preservation of her independence and sovereignty against attempts by the *porteños* to absorb it.

In the meantime, much remained undefined in the realms of international public and private law, in the relations between the parties concerned, and even in the demarcation of frontiers and more particularly in the question of riverine navigation in the Plate Basin which, with the coming of steam navigation, took on vital importance for Brazil if she was to maintain her communications with the Mato Grosso region.

The major event in this process was the creation in 1828 of the Republic of Uruguay under a preliminary peace treaty signed between Rio de Janeiro and Buenos Aires under British sponsorship. This would sow seeds of discord in the River Plate area for some forty years to come.

As it turned out, Brazilian intervention in the affairs of the Plate Region, which had nothing to do with the independence of Uruguay, took the form of three military operations during the *Segundo Reinado*, in alliance with Plate Region nations who were also interested in maintaining the *status quo* of Uruguay. The first of these came in 1850, against the Buenos Aires Government (Rosas); the second in 1864, to re-establish internal order in the Republic of Uruguay, with the goal of protecting the lives and property of Brazilians resident there; while the third and last intervention (1864-1870) was as a member of a tripartite alliance — Argentina, Brazil and Uruguay — against the government in Asunción.

The Intervention against the Government in Buenos Aires (1850) in Defence of the Independence of the Republic of Uruguay and of the Vital Interests of the Brazilian Nation-State in the area of the River Plate

At the outset, it must be pointed out that in international relations there prevails a combination of factors and circumstances such that any attempt at simplification is inadvisable. Complexity of situations is the rule.

This was the state of affairs in the River Plate during the *Segundo Reinado* and more particularly in the period from 1835 — when the *"Farroupilha"* began in Rio Grande do Sul — to the year 1870, with the settlement of the conflict between the Triple Alliance — Argentina, Brazil and Uruguay — and the Republic of Paraguay.

On the "living frontier" of the pampa, a diversity of interests were all mixed together on both sides of the frontier — regional fights for better pasturage, trade disputes over livestock by-products, primarily leather or beef jerky — created an atmosphere of interdependence between the domestic politics of Brazil, the internal political life of the Republic of Uruguay, and the struggles for power among the Argentine provinces said to be "coastal" (because they were on the banks of rivers flowing into the Plate Estuary), most notably the reaction of the provinces of Corrientes and Entre-Ríos against the predominance of Buenos Aires.

The political instability of the recently created Republic of Uruguay spilled over beyond the borders of the "Eastern Shore", both into the "coastal" provinces on the Plate and up into the Brazilian state of Rio Grande do Sul. Tension entered into all kinds of relations, public and private.

In this context, the Brazilian authorities — both central and provincial — were accused by Argentine groups in both Uruguay and Buenos Aires of giving protection and support to leaders — *"caudillos"* — in the eastern provinces of Corrientes and Entre-Ríos who opposed the policies of Buenos Aires.

On the other side, Brazilians from the province of Rio Grande do Sul, including former chiefs of the *Farroupilha* movement, were pressing the Central Government of the Empire to take measures to protect their interests in the Republic of Uruguay, where their cattle ranch properties were suffering real devastation by guerrilla forces who were fighting to seize power in Montevideo.

All the 1840s were a time of grievances and mutual resentments that generated a highly insecure, unstable and explosive situation.

According to writers who have made a thorough study of this stormy period on the River Plate, when Brazil again and again declared her neutrality in regional affairs, she could not underestimate the existing tensions, because her vital interests as a nation were what was at stake in the region. In actuality, the Imperial Government got ready to intervene at the right opportunity, either to defend and maintain the independence of the Republic of Uruguay, after it had had to accept it (1828), or to protect the private interests of Brazilian citizens in the Plate Region, or to guarantee free navigation on the Paraná, Uruguay and Paraguay Rivers, essential for communications between the Atlantic Coast and the vast hinterland of the Mato Grosso.

There was clear evidence that the head of government of the Province of Buenos Aires and therefore, of the Argentine Confederation — Juan Manuel de Rosas — in his efforts to build the grandeur of the political union that replaced the United Provinces of the River Plate, was nursing the dream of restoring the old Viceroyalty of the River Plate. This colonial jurisdiction had been created by Madrid in the second half of the Seventeenth Century and fell to pieces at the dawning of the Nineteenth with the rise of independence movements against Spanish domination. Rosas was aware that there was a lack of "national spirit" to bond together the old Provinces of the River Plate, all the more so for Uruguay and Paraguay, the latter now with her own identity as a result of the segregation led by the dictator José Gaspar Rodríguez Francia. Even so, Rosas, a tireless labourer for Argentine unity, took steps to translate his plans into reality, including a resistance to opposition by Britain and France, at least until the year 1848, when they decided to withdraw from the affairs of the Plate region.

Of course, Uruguay would have been the first to enter into this plan for a historic restoration and it was at this time that Rosas found an ally in the person of presidential candidate Manuel Oribe, who lent Rosas aid, while Brazil, naturally, backed his rival, Fructuoso Rivera, who was sympathetic to the Brazilian cause.

Thanks to the support of Buenos Aires, Oribe managed to seize the entire countryside of Uruguay, while the opposing faction remained in power in Montevideo, where the diplomatic representatives of Brazil, France, Britain and Spain lent them a certain moral prestige.

With the rebel forces of Oribe having the upper hand in the Uruguayan countryside, with military support from Rosas, incidents multiplied along the frontier between Uruguay and Rio Grande do Sul. Tensions grew when the Buenos Aires Government, through its ambassador in Rio de Janeiro, announced that it had decided to share with the Brazilian Government protection of the interests of the Uruguayans, interests that had allegedly been harmed by the actions of Brazilian ranchers. The Secretary of Foreign Affairs rejected this allegation as unfounded. The Imperial Government declared that it would now only deal with Eastern Shore affairs in loco and only with the belligerents themselves, protesting even to Oribe himself, though unsuccessfully, and demanding full satisfaction for the depredations, confiscations and violence of which Brazilian citizens had been victims, some of them being even dragooned into military service with Oribe's forces. Rosas, however, assumed a more aggressive attitude, demanding in turn reparations for a Brazilian incursion into Eastern Shore territory. When this went unheard, he recalled his ambassador to the Brazilian Government.

And so the road was open for armed hostilities against Oribe and Rosas.

What had been going on behind the scenes, as a result of the intense efforts of Brazilian diplomacy in the years 1847 to 1850, for the formation of an alliance against Oribe and Rosas with the Uruguayan Government and with the *caudillos* of Entre-Ríos and Corrientes, became public knowledge on 29 August 1851 with the signature of an offensive-defensive treaty with Montevideo, signed as well by the *caudillos* of the "coastal" provinces, and notably Entre-Ríos provincial governor General Justo José de Urquiza.

Coalition Military Operations against the Dictator Rosas, 1851-1952
The Independence of Uruguay Assured

The military forces of Brazil were made ready to participate in operations in the Plate area, along with forces from Entre-Ríos and Corrientes. On the Brazilian side, command fell to Marshal Luís Alves de Lima, Conde of Caxias, the suppressor of the insurrections in Maranhão (1840) and in São Paulo and Minas Gerais (1842) and the pacifier of the Province of Rio Grande do Sul in the episode of the *Guerra dos Farrapos* (1845). The naval forces of the Empire were under the command of Admiral John Pascoe Grenfell (1823-1924), veteran of the Wars of Independence in the Northeast and North of Brazil.

This, then, would be a military expression beyond her borders of Brazil's national power, a power that now had a solid basis in the domestic stability that began with the coming of age of Dom Pedro II in 1840, and in the pursuance of the diplomatic actions carried on by the *Segundo Reinado* in the period from 1847 to 1850 to attain Brazil's policy objectives in the area of the River Plate.

Through Caxias, who had a personal understanding with the caudillo Urquiza, a special agreement was signed governing relations between Brazil, the Republic of Uruguay and the Provinces of Corrientes and Entre-Ríos in the conduct of military operations in the Plate area.

And so yet once more in the turbulent history of the Eastern Shore, in September 1851 the Brazilian Army penetrated into the Uruguayan pampa, reached the River Plate Estuary, raised the siege of Montevideo and liberated Brazil's former Cisplatine Province from occupation by Oribe. Oribe fled. Admiral Grenfell made himself master of the waters of the Plate and Paraná Rivers; he blockaded Buenos Aires and carried over to the Argentine shore what was now known as the *Ejército Libertador de Sud América*, the "South American Liberation Army", made up of forces from Entre-Ríos and Corrientes under the command of *caudillos* Urquiza and Virasoro.

The clash between the Coalition and Rosas' forces came at Monte Caseros, just outside Buenos Aires in February 1852. The Argentines fielded about 25,000 men; Corrientes and Entre-Ríos, 20,000; while the Brazilians, under the command of General Manoel Marques de Souza, future Conde of Porto Alegre, contributed a contingent of 4,000 men. Caxias remained in Uruguay with the bulk of the Brazilian Army as a strategic reserve, ready to intervene at Buenos Aires if he was needed. The Coalition's victory at Monte Caseros was complete. Rosas, with the *sang-froid* for which he was known, went into Buenos Aires, made his way to the Legislature of the Province, and after twenty-two years in power resigned his positions on the executive where he had exercised total political power. He sought asylum aboard a British vessel which took him to England, where he ended his days on 14 March 1877.

Following his defeat at Monte Caseros (1852) Rosas would no longer figure on the political horizon of the River Plate, which would now be dominated by the Argentine political leaders Sarmiento, Paunaro and Mitre, who returned from exile in 1852 aboard the flagship of the Brazilian squadron that had supported the campaign to liberate the region from the domination of Rosas. Nevertheless, when Caxias' forces withdrew to return to Brazil, the political instability of the "coastal" Platine provinces continued, coming to an end only in 1861, with General Bartolomé Mitre's victory against the rebels. From that time onwards Mitre committed himself to building and organizing "a new Argentina" with the configuration that the nation retains today, at the end of the Twentieth Century. But in any case, the main objective of the *Segundo Reinado's* intervention in the River Plate region in 1851-1852 had been achieved: to preserve the independence of the Republic of Uruguay under the terms of the Preliminary Treaty of Peace of 1828, signed by Rio de Janeiro and Buenos Aires.

Political Instability in Uruguay.
The Conflagration in the River Plate Basin, 1864-1870
With Peace, the Sovereignty of the Republic of Uruguay is Assured

Meanwhile, as soon as the Brazilian forces withdrew from the Republic of Uruguay in 1852 political anarchy returned in the form of a power struggle between two opposing parties, the *Blancos* and the *Colorados*. This atmosphere of political instability in the climate of a bloody civil war led in 1864 to a new crisis with Brazil, once again ready to protect the lives and property of the 30,000 Brazilian victims of atrocities living on the Eastern Shore between the Quarhim and Negro Rivers, as well as to aid the *Colorados* to return to power. And so a new intervention in Uruguayan affairs was underway. *Blanco* President Aguirre had just assumed the Presidency of the Republic, but was incapable of re-establishing and guaranteeing law and order, or of protecting the interests of the Brazilian *estanceiros* and their employees on the distant frontier between Uruguay and Rio Grande do Sul. He rejected the mediation of the Argentine Confederation and through diplomatic channels requested the mediation of the Government in Asunción (President Solano López) and of the Argentine Province of Entre-Ríos (*Caudillo* Urquiza). Paraguay offered Brazil its mediation to solve the Brazilian-Uruguayan impasse, and declared it would never consent to an invasion of the Republic of Uruguay by Brazilian troops. Brazilian diplomacy rejected the Paraguayan démarche. The Empire then began military hostilities in Uruguay with naval operations and the advance of land forces against Montevideo. This set of circumstances lit the fuse that from 1864 to 1870 ignited the lamentable episode of the war between Paraguay, on the one side, and the Brazilian Empire in alliance with the Republic of Argentina, on the other.

This armed involvement with the Republic of Paraguay in the middle of the Nineteenth Century proved a frustration to the expectations of the Brazilian nation-state, which had aspired to arrive, through mutual understanding, at a *modus vivendi* with Paraguay. It was a genuine frustration, not only for the diplomatic policies of the *Segundo Reinado* in regional affairs, but also for the Head of State himself, Emperor Dom Pedro II, who had been personally engaged in seeking a peaceful outcome to the differences with Paraguay. As historical records show, Dom Pedro understood that the balance of power in the Plate region hinged on preservation of the two nation-states of Uruguay and Paraguay.

As soon as the conflict had come to an end, the *Segundo Reinado* undertook to negotiate, with the provisional government set up in Asunción under the auspices of Brazil, the terms of a separate peace with Paraguay.

Notes

1. Nilton Freixinho, historian and political thinker, is a member of the Brazilian Institute of Strategic Studies.

2. This was that part of South American territory which would give rise to the Republic of Uruguay.

3. After gaining its independence in 1822, Brazil constituted itself as an empire ruled by a constitutional monarchy over a period of 77 years, distinguished as the *Primeiro Reinado* or First Reign (Dom Pedro I) from 1822 to 1831, and the *Segundo Reinado* (Dom Pedro II) from 1840 to 1889, a period of Regency (1831 to 1840) intervening between the two reigns.

THE NATURE AND DYNAMICS
OF PEACEKEEPING

Dr. Enrico Magnani

BACKGROUND

This subject is an extremely vast and complex one, and, like other similar phenomena of contemporary society, difficult to define and to encapsulate in a few simple categories and/or words.

Current doctrine regarding the concept of peacekeeping lists fourteen operational profiles:

1) Observing and reporting back to the Secretary-General (and/or the political authorities).

2) Investigating disputes and conflicts.

3) Negotiating with the parties in order to prevent the renewal of hostilities.

4) Monitoring cease-fires, truces, and/or armistices.

5) Interposing between hostile forces and disarming them.

6) Supervising the withdrawal and/or redeployment of troops to fixed positions, and the movement of troops, ammunition, and equipment within the most sensitive areas of conflict.

7) Maintaining law and order.

8) Encouraging dialogue and internal pacification.

9) Providing humanitarian aid and urgent medical-health services.

10) Helping to resettle evacuees and refugees.

11) Assisting populations to return to normal civilian life.

12) Monitoring plebiscites and/or elections (electoral registers, election campaigns, preliminary operations, voting operations, ballots, second ballots).

13) Assisting and safeguarding the transition to independence or to new and/or different state entities.

14) Assisting and monitoring the setting up, training, and <u>modus operandi</u> of armed forces and/or police in accordance with generally accepted principles.

This political-military concept and doctrine is now part of the operational planning in all armed forces and international organizations, even in economic/tariff development and cooperation organizations.

Historically, multilateral peacekeeping developed during the second half of the last century, and subsequently went through an "experimental" stage of growth between the post-World War I and II periods, before finally gaining official recognition with the launching of the so-called "United Nations system". Between the Second World War and the fall of the Berlin Wall, peacekeeping operations were largely marginal issues as far as public opinion and real global (and/or regional) decision-making were concerned. As a result of a series of events since the end of the Cold War, peacekeeping operations have become one of the cornerstones of international politics.

What exactly is peacekeeping today? There is no clear-cut answer to this question except as far as its basic concepts are concerned: namely, the activities of an international organization (or a regional one or even a group of states), which seeks to prevent war between two states (or war within a state between its various ethnic, political, and religious components) through the interposition of impartial contingents, or the flare up of dangerous and destabilizing crisis situations between states (or within a state).

As mentioned above, the definition of peacekeeping is extremely general although it might well have been adequate during the early stages of peacekeeping, especially the post-1945 stage. Indeed, complex international scenarios were not the order of the day and could be relegated to the more general context of the East-West confrontation. Therefore, there was very little room in this field for United Nations action, which was mostly limited to the dispatch of unarmed observer groups or, in the worst cases, of lightly armed contingents to control borders.

It can be seen that UN action was marginal as indeed was its political role and function compared to those of the USA and the USSR. However, gradually, although somewhat hesitantly, this function grew, mainly as a result of the worsening and urgent nature of the various crises. This was the case in 1956 when the first massive interposition force was deployed along the Suez Canal to separate the Anglo-French and Israeli forces on the one side and the Eqyptian forces on the other.

The function of peacekeeping forces, which had previously been limited to that of observing, good offices, and monitoring – the UNTSO, UNMOGIP, UNCCI, UNTCOK, UNSCOB, and UNSSCOB missions – made a quality jump when UNEF, which was renamed UNEF I in 1973 in order to distinguish it from UNEF II, which was set up in the Sinai after the Yom Kippur War, was assigned the predictably long task of controlling the borders and monitoring the cease-fire between Israel and Egypt, from the Egyptian side of the border only, particularly the Gaza Strip.

The changes in the international framework, especially in the so-called Third World, gradually led to the enlargement of UN peacekeeping mandates. Nevertheless, UN forces continued to operate, and are still operating, within an ill-defined legal framework, under ill-defined and confused structural and institutional conditions (rights and duties of forces, C31 systems and chains of command), and with risky and incredible budgetary systems. In fact, it was the principle of "voluntary" contributions which led to the scaling down to an observer contingent of the interposition force which had been in Cyprus since 1964, even though the local situation called for caution.

Indeed, we have progressed from monitoring cease-fires and deploying interposition forces to international police operations and supporting a government against an internal uprising (the Congo); supervising territorial changes (West New Guinea, Namibia, Cambodia, Mozambique, and the Western Sahara); monitoring elections (Angola, El Salvador, and the Western Sahara); protecting refugees (Kurdistan); efforts to rebuild shattered state structures caused by crisis situations and/or civil war (Mozambique, Somalia, Angola, Cambodia, El Salvador, and Haiti); and disarming hostile forces (Central America and Iraq).

As can be seen, this is a "grid" framework in which the crisscrossing of requirements, operational profiles, and political mandates makes it difficult to relate specific peace missions to particular countries.

This was all carried out initially on the basis of improvisation and subsequently in accordance with a practice which has gradually been built up and strengthened. Although this practice is criticized by the purists, the fact that it is not bound by any precise regulatory constraints permits all actors, both the Secretary-General and the participating nations, to back out rapidly if situations become difficult and there is the risk of losing face.

The system has been enlarged, but internally it still lacks harmonization and clarity, even in very important areas. Not only has there been a functional enlargement but obviously a numerical one too, which is of course linked to the former. In fact, the UN is now carrying out more missions than in its entire previous history, and this entails a huge financial and structural burden. Indeed, we have to go back to 1960 and the mission in the ex-Belgian Congo (now Zaire) to find a mission comparable in scale to current ones (ex-Yugoslavia, Somalia, and Cambodia), and the lessons drawn from that particular mission have been completely forgotten.

In the last few months, we have moved from operations involving a few thousand units to operations involving more than one hundred thousand men: 30,000 in Somalia; the same or more in ex-Yugoslavia; 20,000 in Cambodia; 7,500 in Mozambique; 5,000 in the Lebanon; 2,000 in Cyprus; 2,000 in Kuwait; 2,000 in the Golan Heights; 2,000 in Rwanda; as many ready to land in Haiti; 500 in the Sahara, with a further 1,200 to follow; and hundreds more soldiers, policemen, and observers in Afghanistan, Georgia, Kashmir, the Middle East, Angola, Tajikistan, Armenia, Iran, Iraq, Moldova, El Salvador, and Kurdistan.

Moreover, the outlook may be even worse since the other recent missions in Haiti, Rwanda, the Western Sahara, Kuwait, and the Transcaucasus and those which are likely in the medium term in Togo, Zaire, South Africa, Sri Lanka, ex-Yugoslavia (to monitor agreements), the Solomon Islands, Sudan, and Angola require huge resources of all kinds, starting with the political resources which appear to be lacking, as well as the financial ones.

This is quite apart from the other really sensitive issues such as peacekeeping in the CIS area, which Russia has claimed as its exclusive right, or peace-enforcement in respect of contentious parties and parties which threaten to destabilize international security.

The first issue is an extremely sensitive one since, as a result of the break-up of the Soviet Union, Russia has inherited specific strategic and defence interests in respect of the Russian/Slav ethnic populations living in the successor states to the former Soviet Union. Russia's claim to the right to maintain peace and security in the region of the former Soviet Union has aroused considerable discontent amongst the NATO and the neutral countries, but especially those of the ex-Warsaw Pact and the CIS. However, there is no reason to think that it will encounter any real opposition.

Conflicting reports have been received on peacekeeping operations in this region, ranging from police operations to the full use of force or from rescue and relief operations for besieged civilian populations to the implementation of multilateral agreements through the deployment of multinational forces. Even the Military Balance, which is usually well informed, does not give any explicit details about these operations because there is no precise information available for enlightened assessment and analysis.

The second issue of peace-enforcement is an equally sensitive one because although there is a more clearly defined legal framework – the UN Charter – the political conditions for its implementation are extremely difficult to fulfil. The first intervention of this kind was in 1950 in Korea, thanks to the abstention of the Soviet Union and the absence of Communist China. Both these countries abstained from all operational support when Iraq invaded Kuwait, which was the second intervention of this type.

Ex-Yugoslavia is an example of the kind of situation in which peacekeeping – keeping the peace with the minimum use of force and the consent of all parties to the UN's presence – hovers dangerously between this concept and the use of force to impose peace.

The fluctuating situation in ex-Yugoslavia is an extremely complex one in which international organizations such as the EC (now the EU), NATO and the WEU are present for the first time. This raises a further point since the presence of these organizations is not only a sign of their vitality but also of their continued search for legitimization. Victims of their own unwieldiness (the so-called "Eurocracy" and NATOcracy"), they are seeking and finding occasions for their theoretical involvement, as in the EU/EC's civil/military monitoring mission in ex-Yugoslavia, as well as for their concrete involvement, as in NATO's "Deny Flight," "Disciplined Guard," "Sharp Vigilance," and "Sharp Fence" operations and the dispatching of a NORTHAG command unit for the UNPF-BHC; the WEU's "Danube," "Maritime Monitor," and "Maritime Guard" operations; and NATO/WEU's "Sharp Guard" operation.

This point is difficult to define as it has still not been fully developed, although it does meet specific requirements for maintaining stability in neighbouring areas and for preventing the spreading of crises as far as possible. Indeed, in the case of the Yugoslav crisis, NATO and the WEU have never envisaged replacing and/or superimposing themselves upon the main mandator organization, the UN, and below that the CSCE; they are simply the regional representatives of these organizations.

The problem is one of defining levels of intervention and roles, assuming that the WEU and NATO were to accept any functional role the UN and the CSCE might decide to assign them. But for how long? Would both these organizations, and above all their member countries, also be willing to take on the function of contributing to international security and stability if a regional threat were to reappear?

According to one theory about the definition of roles, the United Nations would devote itself to the highest role of political mediation, monitoring, and prevention, which require less structures, means and men, and task the various regional and transregional bodies to intervene in situations where peace is threatened within the framework of specific peacekeeping operations.

This might be the first step towards achieving what many experts would like to see, and that is the setting up of an "interlocking system," which would not only enable resources to be used to the best effect but would also prevent confusion arising at both the decision-making level and on the ground. This was illustrated recently in Yugoslavia when Generals Rose and Cot were pushing for a NATO air strike, UN Special Envoy Akashi was stalling, NATO was pushing, and New York believed that Serbia would keep its promises. This is more than just a listing of problems, because these problems point once again to the complexity of the issue and the overriding importance of the political dimension, failing which the military contribution can do very little.

Moreover, it must be stressed that peacekeeping operations are different from all other kinds of military operations. The aim of peacekeeping operations is not victory in the military sense, and it is the enemy himself who represents the real enemy rather than any particular military forces.

Peace operations can lead to a clash of blurred and changeable military aims with the loss of some typical assumptions about the traditional concept of victory, such as the destruction of the enemy's forces or the conquest of cities or centres of particular importance. In many cases, success is (or has been) achieved as a result of compromise rather than victory.

ITALIAN PEACEKEEPING OPERATIONS: A BRIEF HISTORICAL OUTLINE*

Italian armed forces have been involved in international peacekeeping and policing operations on a number of occasions since the unification of Italy in 1860. Although the nature and the operational profiles of these missions, as well as the general political context, have changed substantially since then, the overall approach has, nevertheless, remained basically the same: preserving international stability and ensuring peace and security to people involved in the tragedy of civil and international wars or other adverse circumstances.

Participation in international operations also produced some immediate political returns for the new kingdom which had come into being at the end of the 19th century. On the one hand, the Italian State seized the opportunity to

624

"show the flag," underlying the presence of a new actor in the international arena, which had hitherto been firmly dominated by the Great Powers (Austria-Hungary, France, Great Britain, Prussia, and Russia). On the other hand, stability in neighbouring regions, such as in the Balkans and the Mediterranean, was an indispensable component for proceeding with the social and economic reorganization of the Italian State. Thus, even a small contribution, such as sending troops or observers to the abovementioned regions, to the efforts to prevent turmoil and political storms outside its borders was regarded by the Italian government as highly beneficial for the construction of the nation, and immediately profitable in terms of international prestige.

The first example of the presence of Italian forces in these kinds of international operations was their participation in the European Commission of Border Delimitation (a technical body established by the Berlin Congress of 1877/78), which was at work in the Balkans. Subsequently, Italian observers and military specialists were dispatched on a variety of missions until World War II: border delimitation (Albania, Czechoslovakia); temporary authority(Crete); cease-fire commissions (Greece-Turkey, Serbia-Bulgaria, Greece-Bulgaria); monitoring elections (Allestein & Marienwerder, Silesia, Sopron, Teschen, Klagenfurt, Saarland); disarmament control (Central Powers); good offices (Vilnius); and interposition (Shanghai).

After fighting the first half of World War II on the Axis side and after being torn apart by civil war during the second half, Italy was slowly readmitted to the international community. The first sign of this process was the Trusteeship Administration of a former colony, Somalia, which was also claimed by the Soviet Union at that time. Italian military and civilian personnel contributed to the protection and support of a newly created national administration, as well as to the organization of the armed services and the police, and completed the mandate five months before it was due to end.

At the time of the Trusteeship mandate in Somalia, Italy was not a member of the United Nations Organization, nor was it when it fielded a military Red Cross hospital with the UN during the Korean War. Italy's membership of the UN in 1955 further increased the level of material commitment and the number of operations carried out under the "blue and white flag." Furthermore, the regional dimension, which had characterized the Italian kingdom's earlier involvement, no longer mattered. Frozen in the logic of the bloc-versus-bloc stalemate, Europe offered no opportunities for UN or multinational peace initiatives, and nor did the Mediterranean. The Mediterranean itself became an integral part of the deadly chessboard of the superpowers' game, thus drastically limiting the "freedom of movement" of the Mediterranean Basin states.

Within this framework, Italy viewed participation in "out-of-area" UN missions as a relatively safe and low-cost means of reaffirming its international status, and of implementing one of the moral principles enshrined in the Italian Constitution, which states that Italy rejects war as a means of settling international disputes. Moreover, Italy saw its contribution as a way of fostering the spirit of the United Nations Charter. Furthermore, no Italian political party has ever really strongly opposed Italy's involvement in UN-sponsored operations.

Since 1955, Italian troops and specialists have taken part in almost all UN operations, either directly with combat support, medical and helicopter units, or indirectly, e.g. through airlift of other UN troops (i.e. the airbridge to transport the Swedish contingent from Stockholm to Ismailia for UNEF I in 1956). The Italian contribution to UN missions has not been free of casualties: two blue helmets were killed in UNTSO (1958 to date) and UNIIMOG (1988-1991), and 13 airmen from ONUC lost their lives in the Congo (1960-1964).

The Camp David Agreement of 1978 marked the first multilateral (Western) effort to stabilize the region, and Italy promptly joined it. In 1982, under the Multinational Forces and Observers (MFO), the Italian Navy provided MCMVs for the Suez Canal.(4)

The MFO attempt peaked in 1982-84 with the deployment of two multinational forces in Lebanon following the invasion by the Israeli Army. Italian troops (one infantry battalion), along with French and American troops, supervised the withdrawal of PLO fighters from Beirut in the Spring of 1982. A few months later, in September 1982, following the public outrage caused by the massive killings in Palestinian camps by Christian Maronites, the second, stronger MFO expedition landed in Beirut. For the first time in its post-war history, Italy was present with a large array of equipment and units: one combined-arms brigade, one naval division (with amphibious troops) and combat and transport aircraft based in Cyprus to maintain the air-bridge to Italy.

The scale of this commitment, its cost and its casualties generated the first major debate in Italian public opinion on the status, the role, and the future of national armed forces. Despite the good performance by conscripts in Beirut, it became evident that modern peacekeeping operations required a level of training and dedication that only professional troops could guarantee.

The attitude towards employing long-term personnel in peacekeeping and peacemaking operations has also been fostered by the recent experience of Italian forces in Somalia and Mozambique, where, thanks to the expertise they had acquired, many draftees were asked by their commanders to prolong their stay at the end of their period of service. Consequently, these soldiers were asked to change their status from draftees to long term volunteers.

The end of the Cold War produced rapid settlements of many international and civil wars, burdening the United Nations with a burst of requests for peace-keeping and peacemaking missions. Unfortunately, the collapse of the Wall, that had been so cheerfully greeted by the Europeans, opened up the door to the return of nationalistic grievances, which were still active and destabilizing even after 45 years. The Europeans, who had long thought themselves to be "immune" to local wars (World War III was never thought to be likely), were to witness the spread of local patriotism and nationalism all over the continent, and the collapse of Yugoslavia into civil war. Organizations such as the European Community, the Western European Union (WEU), NATO and the CSCE (the Conference on Security and Cooperation in Europe) were called upon to stop the civil war in Yugoslavia and to monitor the turmoil and "hot spots" in the former Soviet Union. Italy, which is a member of all these institutions, joined almost all of these operations.

After the liberation of Kuwait, to which the Italian Air Force contributed with a group of fighter bombers, Italian paratroopers, medical, support and demining units were sent to Kurdistan as a contribution to the "Provide Comfort" operation. The mobile hospital was particularly appreciated by the civilian population. At the same time, the tragedy of Yugoslavia broke out, calling for further commitments from Italy to peace-oriented missions.

Italian military and civilian personnel have been deployed in former Yugoslavia within the framework of the European Community Monitor Mission (ECMM). Four Italians and one French observer were killed when their helicopter was hit by a Yugoslav fighter. It was an international attack since the helicopter was painted white and carried the blue and gold flag of the European Community. Furthermore, four Italian airmen died when their cargo plane was shot down by a missile during a humanitarian relief flight to Sarajevo. None of the warring parties claimed responsibility.

During the Yugoslav crisis, Italy also deployed observers in the area under the aegis of the CSCE. Italian ships, aircraft and patrol boats (on the Danube) contributed to the embargo on the remnants of Yugoslavia. The presence of land forces there has been minimal in view of the sensitivity of all the warring parties in former Yugoslavia to seeing Italian (or German) soldiers, even with blue helmets, on their territory.

On the other hand, the Army has been Italy's pivotal contribution to two major UN operations: in Mozambique to control the application of the cease-fire between the government and the opposition (ONUMOZ), and in Somalia (UNOSOM II). Whereas in the former, Italian mountain troops performed their duty (i.e. guarding an important corridor from the interior to the sea) with relative ease, in the latter, Italian paratroopers and infantry suffered substantial casualties (5 dead and 30 wounded).

The Italian government (and public opinion) clashed with the UN Secretary-General and the United States over Somalia. Italy's official position rejected the use of force and was aimed at opening up a dialogue with all the warring factions, blaming the Secretary-General and the UN military command in Mogadishu for increasing the recourse to violence. Eventually, the Italian contingent was withdrawn from the capital of Somalia and redeployed in the interior.

Italian policy in Mogadishu has not been flawless, especially since Italy insisted on maintaining a dialogue with the warlords and the bandits. Nevertheless, the overall approach has been correct. The UN went to Somalia at the end of the American-sponsored "Restore Hope" in order to provide humanitarian aid and to restabilize some form of government. Although some positive results were reached by the UN and the humanitarian aid workers (e.g. the man-made famine was stopped), the increased use of military force has strengthened the local population's hostility.

It is admittedly difficult to adopt satisfactory political and military behaviour in Somalia, given the intricacies of the local situation. The author does not intend to criticize the participants in the mission. Yet, it is useless to look for responsibilities and mistakes in Mogadishu if, at the political level, mutual understanding and planning between the UN and the governments have fallen short so often.

Once the United Nations took over the command of "Restore Hope" from the United States, it should have stated clearly and unequivocally what the political goals of the operation were and how to fulfil them. Furthermore, the governments participating in the mission should have been asked to refrain from exercising <u>political</u> control over their contingents.

It is not feasible to undertake a peacemaking operation subsequent to civil war in such a delicate area as Somalia without deciding in advance who is the commander-in-chief, who does what, and the goals to be achieved. Without such clarification, any intervention by military troops, both in peacemaking and in waging war, is doomed to failure.

Notwithstanding what happens in Somalia, Italy's support and involvement in peace-oriented operations will continue. Both the government and public opinion are very likely to attribute high priority to troop deployments or humanitarian aid sponsored either by the UN or by other international organizations. It is also likely that Italy will want to play a greater role within the UN organization along with other states such as Japan and Germany. Clearly, in pursuing such an approach, Italy will try to improve her status in the international arena. But, at the same time, it is also true that Italy's intention and commitment to "restoring hope" and building peace in less fortunate places will be sincere, and this cannot be dismissed as simply promoting national interests.

* In co-authorship with Dr. G. GIACOMELLO

THE AUSTRIAN MEDICAL UNIT IN THE CONGO, 1960-63: AUSTRIA'S FIRST PARTICIPATION IN A UN OPERATION

Erwin A. Schmidl[1]

Austria today enjoys a proud "peacekeeping" reputation, having contributed more than 35,000 volunteers to some 30 UN operations so far[2]. This article describes the first Austrian participation in a UN operation, in the former Belgian Congo in the early 1960s. The contribution of an Austrian medical unit, though small in numbers, to the UN's effort to intervene in the Congo crisis, was important for Austria for three reasons: it was the first time Austrians served overseas under the UN flag; it established the country's reputation as a troop contributor to peace operations; and it set the course for further participation in future missions[3].

The decision to contribute a medical unit to the Congo operation

Austria had regained her sovereignty in the 1955 Treaty of Vienna, and in the same year had been accepted as a member into the United Nations Organisation. As a small and neutral country in a very exposed position on the western side of the "Iron Curtain," Austria tried to establish herself in the international community through active participation in the UN system. One early success in this regard was the UN's selection of Vienna as the location for the headquarters of the newly created International Atomic Energy Agency (IAEA) in 1957—the first step towards Vienna's status as the "third UN capital," finally achieved with the creation of the UN Office in Vienna (UNOV) in 1979. A further opportunity came with the Congo crisis in July 1960.

UN Secretary General Dag Hammarskjøld had "invented" the concept of neutral UN peacekeeping forces after the Suez crisis of 1956. His aim was a UN intervention system in order to keep regions not yet absorbed by the East-West confrontation out of the Cold War. The Congo crisis appeared a "test case" for this model, and he decided to commit a multinational UN force to replace Belgian troops in July 1960 in order to defuse the tensions in the country[4]. At the time, this decision was hailed as a new chance for the UN to play a role in enhancing international security. As Sweden, Ireland, and many other countries contributed troops to the Congo operation, Austrian Foreign Minister (later Chancellor) Bruno Kreisky saw this as a good opportunity to demonstrate Austria's commitment to world peace by offering his country's participation as well. Furthermore, Austria was intent on bringing the situation of the German-speaking population in South Tyrol (the Italian Alto Adige) to the attention of the

UN General Assembly in autumn 1960. Taking part in the Congo operation appeared to be a good way to gain wider support for Austria's agenda, especially from the organisation's numerically powerful Third World members[5].

In Austria, political and popular support for the participation in this operation was rather mixed—World War II had ended just fifteen years before, and many Austrians were reluctant to commit their country's soldiers to the UN's new colonial adventure. ("Should young Austrians die for the UN in the faraway Congo?" asked one newspaper headline.) Even the two major political parties (Conservatives and Social Democrats), linked in a coalition government, were far from unanimous on this issue, and it took Kreisky some time to convince his fellow ministers to commit a medical unit to the Congo operation, as had been requested by the UN in August 1960. Due to the opposition of some cabinet members, though, it was not possible to send an additional field post unit (which had been requested earlier by the UN). Notwithstanding the decision to commit a medical unit, the debate over Austria's service in the Congo continued throughout the operation. Consequently, the country refused to commit staff officers or a police contingent to the Congo operation.

The first Austrian Contingent—Incident at Bukavu

The Austrian government agreed on September 20, 1960 to "assist the UN operation in the Congo in the field of hygiene and the medical field," and called for volunteers accordingly. Preparations began in October to set up a 400-bed field hospital (later scaled down to 100 beds, divided among two locations). As the constitution prohibited deployment of army units outside the country's borders,[6] the medical unit was organised by the Ministry of Defence, but outside the existing army structure. The volunteers, most of whom came from the army, were therefore granted leave without pay and, at the same time and by the same office, were contracted for their UN service—an arrangement in the country's best (or worst?) bureaucratic tradition! Medical examination and immunization of the volunteers began in October, as did the acquisition of the requisite supplies (nearly seventy tons for each unit—never before had Austria sent a field hospital so far abroad) and the design of the necessary tropical uniforms. The volunteers were fairly well equipped when they were at last ready to leave for the Congo at the beginning of December.

One-half of the contingent was destined for Stanleyville (now Kisangani) but was held back because of the continued fighting in the Congo's eastern provinces. The party designated for Bukavu (in the Kivu province) left Vienna in transport planes provided by the U.S. Air Force on December 11, 1960.

The 49 volunteers arrived at Bukavu on December 14-15, and immediately set about unloading the equipment and occupying their houses which had been leased by the advance party with the help of the UN "Blue Helmets" already there: the headquarters and HQ company of the 5th Battalion, Queen's Own Nigerian Regiment. This unit was the only UN presence in the Kivu, and its other three companies were scattered across the entire province (nearest being A Company in Goma, on the northern shore of Lake Kivu, some 200 kilometers away)[7].

Communications between the UN and local authorities in Bukavu were not without problems which contributed to a rather inauspicious beginning of Austria's participation in peace operations. At the time, tensions among the Congolese were running high, since they feared a Belgian armed intervention from nearby Rwanda (still under Belgian administration at the time)[8]. Unfortunately, the uniforms of the Austrian contingent somewhat resembled Belgian ones, and the volunteers' German sounded similar to Dutch (Flemish). Possibly for these reasons, Congolese *gendarmes* arrived on the scene in the afternoon of December 15 and declared the Austrian medics (among them a female nurse) to be Belgian spies in disguise. Despite the protests of the UN representatives and the efforts of the Nigerian UN soldiers, the *gendarmes* whisked the Austrian medical unit into the local prison[9].

In charge of Bukavu's civilian UN office was Robin Miller from New Zealand, while the commanding officer of the Nigerian battalion was Lieutenant Colonel J.T.U. "Crocodile" Aguyi-Ironsi[10]. During the evening of December 15, both repeatedly negotiated with the Congolese provincial president, Jean Miruhu, and other local authorities for the Austrians' release. At midnight, the mayor of Bukavu agreed to let the Austrians return to their houses, but the convoy was stopped after a few hundred meters. After prolonged discussions amidst an agitated crowd, the Austrians had to return to the prison. Ironsi succeeded, however, to leave a platoon of 28 armed Nigerian soldiers in the prison—whose presence probably saved the Austrians' lives[11].

Negotiations continued on the morning of December 16, with Miruhu first giving in and then changing his mind again. When the *gendarmes* at the prison compound refused to let the Austrians out by 11:00 a.m., and with the usual contradictory orders from civilian and military authorities at the UN's headquarters in Léopoldville (now Kinshasa), Ironsi and Miller finally decided at noon to free the Austrians by force. Major Roderick Galloway (a British officer on secondment and the battalion's second-in-command) had already developed a plan to secure the heights surrounding the prison before approaching the prison itself. The Nigerians (from HQ company—mainly clerks, cooks, and the members of the battalion's band) were divided into four ad-hoc platoons, commanded by British officers. Their task was not an easy one, as the element of surprise had been lost in the long hours of negotiations, and the "Blue Helmets" were only lightly armed, with two Bren light machine guns as their only back-up. According to UN "minimum force" practice, the mortar platoon had to stay in the camp, and no armoured cars were available.

The Nigerians' advance met with fierce opposition from Congolese troops who were already well entrenched on the heights surrounding the prison. One Nigerian soldier was killed and several were wounded, three seriously. Only slowly were the Congolese pushed back; their casualties mounted to at least eleven killed, probably more. The tide finally turned in the favour of the UN soldiers when A Company, called in from Goma, arrived on the scene in the late afternoon. By 5:00 p.m., the Congolese at last released the Austrians from the prison. However, since tensions continued to run high, and as most of the hospital's equipment already had been stolen or destroyed by the Congolese, it was decided to transport the Austrians as quickly as possible to the Rwandan (i.e. Belgian controlled) side of Lake Kivu and then to Léopoldville by plane.

Refugee Relief Work in South Kasai

After the Bukavu incident, some Austrian authorities were inclined to recall the Austrian contingent, which probably would have meant an early end to Austria's participation in UN operations. It took Foreign Minister Kreisky some effort to get the government to agree to the contingent's continued deployment. However, it was decided to disband the Stanleyville party—which was still waiting in Vienna—and not to completely re-equip the original contingent in order not to compromise any claims for reimbursement.

The members of the first group were given a few days of rest and recuperation in Léopoldville before moving to Bakwanga (now Mbuji-Mayi) in southern Kasai province. There, the local Baluba ruler, Albert Kalonji, had declared the independence of his "diamond state" and formed an alliance with Moise Tshombé of Katanga (now Shaba province). Some 250,000 Baluba refugees from other parts of the Congo had fled to the Bakwanga region, where food supplies became quickly exhausted. The refugees suffered severely, with little or no medical facilities available to help them.

For the Austrians, the work in Bakwanga was very hard, given the adverse living conditions. They had to erect their own tents and then establish a field hospital (also in tents), with two filiary hospitals further away. Over the next few months, and despite the prophylactic measures taken, nearly all members of the Austrian contingent became ill with malaria or amebic diarrhea; about one-fourth of the contingent had to be repatriated prematurely for medical reasons. Nonetheless, the Austrians did an exemplary job in Bakwanga, caring for more than 10,000 patients between January and May 1961. As this was Africa, most patients were accompanied to the hospital by their whole family who had to be fed and accomodated as well, putting additional strain on the Austrians' services.

In mid-1961, due to the changed political situation in the Congo, the refugee work came to an end. There had been several incidents of unrest and disorder throughout the Kasai province in the first half of 1961, often resulting in UN casualties. As a consequence, and because UN troops were needed for the operations to conquer Katanga, UN headquarters in Léopoldville decided to withdraw smaller garrisons, and concentrate UN troops in the provincial centres instead. By mid-May, the Austrian medical unit was ordered to turn over the hospital to a team from the World Health Organisation and local civilian authorities. The volunteers moved to the provincial capital, Luluabourg (now Kananga). From there, the Austrians flew to Léopoldville and then, upon the end of their six month tour of duty, back home on May 26.

The second Contingent and the next rotations:
Kamina, Stanleyville and Kindu, 1961-63

Already in the spring of 1961, Austrian officials were planning the dispatch of a second medical unit to replace the first contingent. In practical terms, this

"Second Austrian Medical Contingent" in the Congo was more or less a revived version of the Stanleyville party of December 1960 that had not been able to leave Austria. As conditions in Stanleyville were still not sufficiently stable to allow them to go there, and as emotions in Bukavu (where the need for a medical team still existed) continued to run high, it was decided to bring the Austrian unit to Kamina Air Base in Katanga instead—one of the UN's main bases for the Katanga operations—in order to assist the Scandinavian hospital there. The second Austrian medical contingent arrived there on July 16, 1961 and stayed for two months. Just before their transfer to Stanleyville, a part of this contingent (the advance party had already left for Stanleyville) came under fire during the Katangese attack on Kamina Base in mid-September.

Stanleyville (or "Stan", as it was known in UN parlance), became the home of the Austrian Medical Unit for more than a year, from September 1961 until January 1963. Attached to the Ethiopian UN brigade which controlled the Congo's Orientale province, the Austrian medical officers and medics ran the military hospital in Stanleyville and often accompanied UN units deployed in the field. Additionally, they also provided medical assistance to the local population, often supplied medication to what was left of the country's once renowned medical facilities, and were responsible for hygiene measures to prevent the spread of disease. In addition to the work carried out by the main team in Orientale province, a second Austrian hospital was established at Kindu, in Kivu province, in February 1962.

As the volunteers had been contracted for a service period of six months, the Austrian Medical Unit's personnel were rotated in January and July 1962, changing the unit's name to the "Third" and the "Fourth Austrian Contingent" respectively. However, many officers, doctors, and medics volunteered to extend their service, thus initiating the system (successfully retained ever since) of rotating only part of a unit at any one time. This allowed for a smoother continuation of the unit's operation.

1963: the last Austrian Medical Contingent in the Congo

Despite the early enthusiasm, the UN Operation in the Congo was not successful. In fact, the Congo operation plunged the UN itself into a political and financial crisis, as the UN force became embroiled in the country's ethnic and political conflicts. After the death of Secretary General Hammarskjold in September 1961, his successor, Sithu U Thant, was intent on reducing the UN's commitment without any further loss of face. In 1963, the operations against Katanga succeeded at last in ending the province's self-declared independence, and the UN operation was gradually reduced, finally ending in June 1964.

In Orientale province, the situation had stabilized sufficiently by 1962 to allow a substantial reduction of the UN military presence there. For the Austrians, this meant that their services were no longer needed, and thus the medical facilities in Stanleyville, as well as in Kindu, were reduced or closed down in early 1963. With the next rotation of personnel, in February 1963, the Austrian Medical Unit (by now the "Fifth Contingent") was moved to Luluabourg, in Kasai province, where it took over from an Indian field hospital. The Austrians established a small but efficient hospital service in "Lulu," ministering—as before—not only to UN soldiers and civilian UN employees, but also to the local population. Due to the phasing down of the UN operation, however, it soon became clear that the medical service there, too, would have to be reduced. At one point, there was talk about taking over the central UN hospital at Léopoldville from the Indians[12]. However, it was finally decided to end the service of the Austrian Medical Unit in July.

The last Austrians returned home in the autumn of 1963. Only one medical officer stayed on, having volunteered for a secondment to the UN Yemen Observation Mission (UNYOM), where he served until December 1963.

The Austrian medical contingents served in the Congo for almost three years, from December 1960 until 1963. Altogether, 166 volunteers (164 men and two women) took part in this operation—clearly a small contribution, compared to the participation of other countries, but important nonetheless since it showed Austria's willingness to carry out the obligations resulting from her membership in the UN. However, Austria was still reluctant to commit combat troops. When approached by Secretary General U Thant, in March 1964 to send a battalion to Cyprus, the Austrians refused, opting instead to send a medical as well as a police unit. Thus the course was set for the gradual intensification of Austrian participation in UN operations, leading in due course to passage of the necessary law permitting Austrian peacekeeping contingents to serve abroad (1965), the establishment of a reserve standby battalion (1966), the dispatch of the first military observers to the Middle East (1967), and finally the dispatch of one infantry battalion to Cyprus (1972 to the present) and a second one to the Middle East (to Suez, in 1973, then on the Golan Heights from 1974 where it continues to serve to the present).

Notes

1. Dr. Erwin A. Schmidl, a graduate of the University of Vienna, is currently a senior fellow at the U.S. Institute of Peace in Washington D.C. During 1981-95, he was affiliated with the Austrian Military Historical Institute (Army Museum), interrupted by a secondment to the Austrian Foreign Ministry (UN section) during 1991-92, and service as UN observer in South Africa in 1994.

2. For a summary of Austrian participation in UN operations, see *In the Service of Peace*, (Vienna: Austrian Federal Press Service, 1995). See also the article by Wolfgang Etschmann on Austria's participation in the Cyprus operation from 1964, elsewhere in this volume.

3. This paper closely follows the detailed description in my book, *Blaue Helme, Rotes Kreuz: Das österreichische UN-Sanitätskontingent im Kongo*, 1960 bis 1963, Innsbrucker Forschungen zur Zeitgeschichte 13 (Innsbruck-Wien: Österreichischer StudienVerlag, 1995). Readers are referred to this publication for detailed information on sources and literature used in writing this article.

4. From the operation's French name, Opération des Nations unies au Congo, it is usually referred to as ONUC.

5. This move was ultimately successful. Whereas Italy had so far refused Austrian interference in what the Italians considered a purely internal problem, the General Assembly in Resolution 1497 (XV) called for negotiations between the two countries. However, years passed before a satisfactory agreement was concluded: a treaty to this effect was signed in 1969, but only in June 1992 did Austria and Italy finally declare that they had settled the dispute.

6. An amendment to the Austrian constitution, allowing Austrian soldiers to serve outside the country's borders, became law only in 1965.

7. Bukavu and Goma became familiar names in 1994 under very sad circumstances, when thousands of refugees from Rwanda crossed the border into Zaire, escaping the bloody civil war in their own country.

8. Rwanda-Burundi, originally part of German East Africa (Tanganyika), remained under Belgian administration until 1962.

9. Each Austrian in the unit was armed with a pistol and a sub machine gun, but most of these weapons were still dissassembled and in duffel bags at the time of the Congolese intrusion into the Austrian camp. All eyewitnesses agree that in the ensuing confusion, any attempt to use the arms could have resulted in a disaster.

10. Ironsi was Nigeria's first black battalion commander and, already a general, became the last UN force commander in the Congo in 1964. Two years later, Ironsi became Nigeria's president and was eventually killed in a *coup* in 1966.

11. About a year later, on November 11, 1961, thirteen Italian airmen were brutally murdered at Kindu, also in Kivu province (see the contribution by Coronel Buracchia in this volume).

12. From the beginning of the UN operation in the Congo, India had supplied many troops and the bulk of the medical facilities for the UN force. However, the country reduced its commitment in 1962-1963 because of the Sino-Indian border dispute.

DISCOURS PAR LE MAJOR-GÉNÉRAL ROMÉO DALLAIRE

ADDRESS OF MAJOR-GENERAL ROMÉO DALLAIRE

À titre de militaire de l'OTAN qui pendant 30 ans s'est entraîné à la guerre, je suis au nombre des personnes qui applaudissaient la fin de la guerre froide et la mise en place d'un nouvel ordre mondial porteur de promesses de paix, de désarmement et de prospérité. Ces changements constituaient pour moi de beaux défis. En quelques années seulement, depuis ces jours d'exaltation, j'ai, comme beaucoup d'entre vous, perdu bien de mon excitation et de mon optimisme à cause du nombre sans cesse croissant de conflits et de catastrophes qui frappent notre monde d'incertitudes. Cela m'est évidemment clairement apparu lorsque j'ai vécu l'holocauste au Rwanda. Cependant, l'apathie de la communauté internationale et son impuissance à s'occuper de ces catastrophes de l'après-guerre froide me préoccupent encore plus. Je considère que cette situation est à la fois scandaleuse et immorale. Il m'est parfois arrivé au Rwanda de me demander sérieusement si la communauté internationale ne serait pas intervenue avec plus de vigueur si les gorilles de montagne du pays, une espèce en voie de disparition, avaient fait l'objet d'un carnage visant à les éliminer de la surface du globe.

Diane Fossey a payé de sa vie pour s'être intéressée à eux et avoir réussi à attirer l'attention du monde entier sur leur situation critique. Je ne suis pas sûr que l'ONU ait aussi bien réussi, même si, pourtant, des centaines de milliers de vies humaines étaient en cause dans ce même pays.

Je suis personnellement d'avis, compte tenu de mon expérience au sein de la MINUAR (Mission des Nations unies pour l'assistance au Rwanda), qu'il est nécessaire et obligatoire que **la communauté internationale** modifie le mandat de l'Organisation des Nations unies pour qu'elle puisse intervenir de façon proactive en cas de crises, de sorte que, lorsque la situation dégénère, elle soit en mesure de gérer efficacement les problèmes de sécurité et de réagir en temps opportun au nombre croissant de catastrophes.

You will notice that I said the responsibility for reform **was not the UN's but the international community's**. The UN, created in the aftermath of the genocide and holocaust of World War 2, was founded on the hope of establishing a more peaceful and humane world. However the politics of the Cold War developed a UN which has not been particularly suited politically, militarily, administratively or logistically to react <u>rapidly</u> and dynamically in conflicts or humanitarian crises where <u>security</u> is a major concern.

As the basic premise for my argument let me state that the UN in its present form and organization **cannot and is not reacting** quickly enough to crises. In this regard it is, in my opinion, the international community that has failed by <u>**denying**</u> the UN the means to effectively react to crises around the world.

The UN is not a sovereign country with superpower status and capabilities. It is an organization which reflects and acts on the collegial will and the means made available to it by the international community. Quite frankly, as with Rwanda, the UN is too often used as the scapegoat to cover the apathy, self-interest and collective impotence of the international community. When the finger is pointed at the UN it should in fact be pointed at oneself, for I believe the UN is <u>us</u> and <u>we</u> are the UN.

All of us, as members of the international community, **failed in Rwanda**. The UN, denied the will, the means and the support of the international community, was unable to manage this terrible crisis which is still ongoing. **Even though the CNN factor has put Rwanda in the history pages, the catastrophe is still very much there and buying time to explode again. The cost of failure** in Rwanda has been so far nearly one million people killed and half a million injured; one million people are still displaced; and two million are refugees in neighbouring countries sowing the seeds for the next conflict and human disaster. This is a high human price to pay for inaction and apathy, even though many countries have tried to smother their guilt by finally throwing hundreds of millions of dollars in aid at the problem. Let me show you in more graphic detail what our failure looks like.

<u>In conclusion</u>, let me once again thank you for this opportunity to speak to you today. I hope the example of the Rwanda holocaust will produce an impetus for positive results through sustained efforts to reform elements of the UN operations.

Ladies and gentlemen, I saw too many corpses, too many tears, too much human suffering and destruction in Rwanda. I also sent too many of the brave young blue beret soldiers home either in body bags or on stretchers to accept that we, the international community, can continue to do business as usual. The UN must be given the mandate and the support of the international community to prevent and manage crisis. The world powers have to either support the reforms of the UN as a crisis manager in both security and humanitarian situations, or they must overtly show their hand in their true expectations of the UN organization.

Major-général Roméo Dallaire

ALLOCUTION DE CLÔTURE

Monsieur le Président,
Mesdames, Messieurs,
Chers amis,

Je tiens d'abord à remercier les autorités qui ont permis de tenir ce colloque en en assurant les moyens, la Commission canadienne d'histoire militaire, l'initiateur et organisateur Serge Bernier, ses collaborateurs, notamment Claude Beauregard et son charmant escadron féminin, les interprètes qui ont toujours une tâche difficile, enfin les guides des activités culturelles grâce auxquels nous rapportons des souvenirs précieux du safari-baleines ou de la visite de Montréal, du Village huron, de la citadelle de Québec et, je pense, pour les dames, des visites faites dans la ville et dans les musées.

Permettez-moi quelques réflexions concernant les travaux de cette semaine.

Gaston Bouthoul a publié en 1976 un livre intitulé <u>Le défi de la guerre</u>. On peut s'inspirer de ce titre en parlant du défi de la paix, c'est-à-dire du maintien de la paix contre passions et forces contraires. Enfin l'étude du maintien de la paix n'a-t-elle pas constitué un défi porté à l'histoire militaire traditionnelle?

Madame Jacqueline de Romilly a écrit que la paix dans l'Antiquité n'était autre chose que l'absence de guerre, constatation qui n'éclaire pas beaucoup le problème! Étudier la guerre est assez simple quand il s'agit de guerre réglée, mais il existe aussi des guerres sans règles, des guerres subversives, des guerres civiles, donc un éventail très large de situations diverses et variées.

Variées dans l'espace où l'on voit subsister des aires de paix au milieu d'un monde qui se déchire, assurées par des formes diverses de neutralité incluant neutralité défensive et neutralité armée dissuasive à l'égard d'un camp ou des deux. Variées dans le temps, car au cours d'un conflit, il faut imaginer des mesures destinées à empêcher les neutres de s'engager par les armes. Ces deux cas s'inscrivent souvent dans le sens de l'axiome <u>Si vis pacem, para bellum</u>, mais posent le problème du <u>Jus ad bellum</u>. Variées enfin dans les méthodes de combat, l'humanisation de la guerre étant un pas vers la paix. C'est le problème du <u>Jus in bello</u>.

En fait, le colloque de Montréal en 1988 avait déjà été un prélude au colloque de Québec. Mais le maintien de la paix est un thème plus vaste, plus complexe, plus difficile que la limitation des conflits alors abordée.

Disons qu'en une semaine nous avons tous beaucoup appris. En effet la multiplicité des actions entreprises pour maintenir la paix, fait que l'on ignore trop souvent le caractère exact de la participation de chacun des États. Merci donc à tous les auteurs et intervenants, quel que soit l'aspect qu'ils ont présenté, pour tout ce qu'ils nous ont apporté. En particulier, la dernière table ronde, ainsi que le discours prononcé par le général Dallaire lors du banquet d'hier, n'auront, je pense, laissé personne indifférent.

Je voudrais tout de même dire quelques mots des difficultés rencontrées. D'abord l'imbrication du politique et du militaire risque d'amener une dérive vers la politologie. Cela a été signalé par le général Mourrut. En fait le risque a été limité. Ensuite la variété des cas, de la guerre générale à la guerre civile localisée dans un pays, la guerre subersive et le terrorisme, bref l'émiettement de la guerre, risque d'amener une dispersion des études, depuis celles concernant purement et simplement des opérations militaires, jusqu'à celles concernant le maintien de l'ordre.

Faut-il tenter de proposer une typologie au risque de négliger l'imbrication des aspects, l'absence fréquente de lignes de démarcation entre ces aspects?

Il me semble que l'on peut tout de même distinguer deux groupes d'actions.

Premièrement les actions volontaristes d'un État, parmi lesquelles on peut ranger :

1) les actions "dissymétriques" dont l'exemple est celui de la <u>Pax romana</u> ou encore la colonisation pacificatrice. Mais c'est aussi un rêve qui a tenté les conquérants. Napoléon, Hitler ou Staline ont conçu le rêve inacceptable d'imposer <u>leur</u> paix.

2) l'équilibre de la terreur. Ce fut le cas pendant la guerre froide : paix entre les deux grands, mais au prix de nombreuses guerres "périphériques".

3) la course aux armements qui a produit des entre-deux-guerres plus ou moins longs, donc des paix, mais des paix fragiles. La guerre froide offre peut-être le premier exemple d'une course aux armements terminée de manière pacifique par l'épuisement d'un des adversaires, donc de manière positive pour la paix.

4) la neutralité armée, dans des cas précis, avec menace d'intervention pour empêcher l'extension d'un conflit. Deuxièmement, les tentatives d'actions collectives. On se trouve bien avant la création de la S.D.N. ou de l'O.N.U. C'est une action de ce type qui mit fin aux troubles apportés en Europe par Napoléon. Aujourd'hui ces actions, avec ou sans l'assentiment des parties peuvent prendre des formes différentes et graduées :

(a) l'envoi d'observateurs de l'O.N.U.

(b) l'action humanitaire.

(c) l'organisation de "cordons sanitaires" autour des pays troublés.

(d) l'interposition de tampons entre belligérants sans l'usage de la force, sauf pour leur propre sécurité.

(e) enfin l'intervention armée pour geler une situation, ou empêcher des conquêtes. C'est le cas de la guerre d'Irak. Mais l'imposition de la paix par les armes n'est-elle pas la guerre?

On peut constater que les difficultés sont plus grandes quand le désir de paix se heurte à des guerres déréglées, où le droit des gens est bafoué, par exemple, actuellement, en Bosnie. L'histoire offre bien des précédents. Ce conflit fait penser aux guerres de religion du XVIe siècle en Europe, qui bafouaient les règles de la guerre "guerriable", c'est-à-dire ce qui restait des règles de la chevalerie.

Certes les différences entre ces deux cas sautent aux yeux. Sur le plan technique quel rapport entre bombarde et missile ou même entre mousquet et pistolet mitrailleur? Mais que de ressemblances entre la passion animant les combattants, ou le fait que la guerre implique toute la population sans distinction entre civils et combattants. D'où l'appel que je lance aux historiens contemporanéistes de ne pas bouder le colloque de Vienne en 1996 qui nous ramenera à cette époque ancienne. J'ai déjà eu l'occasion de parler de l'actualité de la guerre de Trente ans.

Donc, Mesdames et Messieurs, mes chers amis, je vous dis à tous : à bientôt, au revoir, dans un an à Vienne.

André Corvisier, Président d'honneur
Commission internationale d'histoire militaire

DISCOURS DE CLÔTURE

Chers ami(e)s et collègues,

L e grand moment de la séparation est arrivé. Durant la dernière semaine, vous avez travaillé avec rigueur pour faire de ce colloque le succès intellectuel qu'il a été. Sa marque sera bientôt inscrite dans l'histoire grâce aux actes.

La Commission canadienne d'histoire militaire n'aurait pu vous recevoir sans l'appui inconditionnel offert par le ministre de la Défense nationale, le sous-ministre et le chef de l'état-major de la Défense, le général John de Chastelain, le seul des trois signataires originaux de la promesse d'appui qui soit encore en poste aujourd'hui.

Notre colloque s'est tenu dans un certain dépouillement dû au problème endémique que vous connaissez aussi bien que moi et que nous qualifions ici de «compressions budgétaires», ce qui fait un peu plus poétique que coupures financières radicales. Nous aurions souhaité, nous, les membres du comité organisateur, pouvoir compter, comme par le passé, sur l'appareil militaire, avec ses autobus et ses soldats non spécialisés qui peuvent donc tout faire. Mais, à l'ère moderne, les autobus jaunes réservés aux écoliers deviennent la norme pendant que les généraux conduisent leur voiture. J'ignore si, dans ces conditions, nous aurons satisfait tous vos désirs, mais je sais que nos supérieurs seront, pour leur part, heureux de nos performances financières.

Assez sur ces détails qui ont leur importance, mais restent, somme toute, bassement matériels. Un autre aspect qui vous aura peut-être étonné, fut l'absence de toute référence visible aux États dans notre salle de réunion. Nous avons pensé qu'un colloque international comme le nôtre pourrait probablement porter plus de fruits dans une atmosphère aussi neutre que possible. Personnellement, mais ici je serai bien seul, je souhaite qu'on en arrive au même effacement des nationalités lors des jeux olympiques. Cette mise de côté momentanée d'une certaine réalité est cependant allée trop loin lorsque nous avons confondu quelques pays dans notre liste des participants: veuillez accepter mes excuses les plus sincères, car loin de nous le désir de choquer.

Mon regret principal, à part cette erreur (et de quelques autres dans le domaine protocolaire) qu'on saura me pardonner, ou retenir contre moi seul, mes collègues du comité organisateur n'y étant pour rien, a été de ne pouvoir assister aux sessions autant que je l'aurais voulu. Je crois que chacun a pu noter ma présence fidèle en salle lors des précédents colloques. Ici, j'ai pu grapiller des instants et une seule séance au complet, celle sur le Moyen-Orient qui, pour moi, a été un moment spécial. Mon renseignement m'a d'autre part confirmé ce qu'une consultation sommaire des communications reçues avant le colloque me disait : la qualité de vos interventions, mesdames et messieurs, a été à la hauteur de tous nos espoirs, qui étaient élevés.

Pour cette conférence, nous avons reçu plus de 85 propositions. Nous en avons retenu 57. Certains désistements, dont un de toute dernière minute, vous ont permis d'en suivre 51. Le programme réel, c'est-à-dire celui que vous avez en main, mais dont la forme aura été légèrement éditée et corrigée, fera partie des actes. Ceux-ci comprendront d'autre part quatre textes qui ne vous auront pas été servis.

Au cours des dernières heures, beaucoup de personnes ont été remerciées pour leur apport à la réussite de notre réunion. Je ne voudrais cependant pas conclure sans souligner l'immense contribution d'un groupe dont le travail a été essentiel à la qualité de nos délibérations. Ce sont les interprètes. Mesdames, messieurs les interprètes, veuillez s'il-vous-plaît oublier l'interprétation une minute et quitter vos cabines afin de recevoir notre reconnaissance bien méritée.

Mesdames, messieurs, chers amis, merci d'être venus à Québec et bon retour. Le XXIe Colloque international d'histoire militaire se termine. Vive le XXIIe, à Vienne, et ceux qui suivront.

Serge Bernier, Président
Commission canadienne d'histoire militaire

PROGRAMME

PROGRAM

PRÉSIDENT D'HONNEUR

Son Excellence le très honorable Roméo LeBlanc

C.P., C.C., C.M.M., C.D.

Gouverneur général du Canada

PATRON

His Excellency the Right Honourable Roméo LeBlanc

P.C., C.C., C.M.M., C.D.

Governor General of Canada

Maintien de la paix de 1815 à aujourd'hui
Hôtel Hilton de la ville de Québec
Salle Porte du Palais
20 au 26 août 1995

Peacekeeping, 1815 to today
Québec City Hilton
Porte du Palais Room
20-26 August 1995

ORGANISATION DU COLLOQUE - COLLOQUIUM ORGANIZATION

Comité de la Commission internationale d'histoire militaire
International Commission of Military History Committee

PRÉSIDENT D'HONNEUR / *HONORARY PRESIDENT :*

A. Corvisier, Professeur émérite de l'Université de Paris-Sorbonne (France).

PRÉSIDENT / *PRESIDENT :*

C.M. Schulten, Directeur du Rijksinstitut voor Oorlogsdocumentatie (Hollande).

MEMBRES ASSESSEURS / *MEMBERS :*

D. Volkogonov, Vice-Président ex officio (Russie).

J. Delmas, Vice-Président ex officio, Général de brigade e.r., (France).

J.E. Jessup, Dean of Graduate Studies, American Military University (États-Unis).

D.G. Chandler, Professeur à la Royal Military Academy Sandhurst (Royaume-Uni).

J. Rohwer, Bibliothek für Zeitgeschichte, Konrad Adenauerstr. (Allemagne).

O. Riste, Directeur de l'Institut norvégien d'étude sur la défense, Institut for forsvarsstudier (Norvège).

R. Luraghi, Professeur à l'Université de Gênes, Président de la Société italienne d'histoire militaire, Instituto di Storia Moderne (Italie).

T. Panecki, Directeur adjoint de l'Institut d'histoire militaire, Wojskowy Instytut Historyczny (Pologne).

SECRÉTAIRE GÉNÉRAL / *SECRETARY GENERAL :*

P. Lefèvre, Conservateur au Musée royal de l'armée et d'histoire militaire (Belgique).

SECRÉTAIRE GÉNÉRAL ADJOINT-TRÉSORIER /
ASSISTANT SECRETARY GENERAL-TREASURER :

H. de Weck, Professeur au Lycée cantonal (Suisse).

Comité organisateur du XXIᵉ Colloque de la Commission internationale d'histoire militaire

XXIst Colloquium of the International Commisssion of Military History Organizing Committee

PRÉSIDENT / *PRESIDENT :*

Serge Bernier (Service historique, Défense nationale)

MEMBRES / *MEMBERS :*

Capitaine Claude Beauregard, Trésorier

Angèle Clavet, Assistante administrative

Hélène Desjardins, Assistante administrative

Liliane Grantham, Tourisme

Edith Holly, Assistante administrative

Adjudant Marielle Potts, Administration

MOT DE BIENVENUE

C'est un grand plaisir pour moi de vous recevoir à Québec en vue d'une semaine intensive entremêlée de moments de détente à caractère éducatif.

En grande partie, le succès de ce colloque repose sur vous, participants et participantes, qui avez souvent parcouru de grandes distances et consenti plusieurs sacrifices pour vous rendre jusqu'ici. Mes collègues, qui forment le comité d'organisation du XXIᵉ Colloque international d'histoire militaire, et moi-même, vous remercions de votre générosité. Nous souhaitons que votre séjour parmi nous soit à la fois profitable, agréable et que, comme le veulent nos statuts, l'occasion soit propice à «encourager et coordonner les recherches des historiens militaires dans un esprit d'entente internationale, afin qu'ils puissent mieux se connaître et confronter le résultat de leurs efforts».

Serge Bernier
Président
Comité d'organisation
XXIᵉ Colloque de la Commission
internationale d'histoire militaire

REMERCIEMENTS

Ce colloque n'aurait pu avoir lieu sans l'appui total que lui ont fourni le ministre et le sous-ministre de la Défense nationale, ainsi que le chef de l'état-major des Forces armées canadiennes. De multiples organismes militaires ont été appelés, depuis près de quatre ans, à soutenir notre effort, au premier rang desquels se trouve le Service historique de la Défense nationale. De plus, nous tenons à remercier la compagnie Pratt et Whitney (Canada) de sa collaboration.

S.B.

WELCOMING NOTES

On behalf of the Canadian Commission of Military History, it gives me great pleasure to welcome you to Quebec City. This will be a week of intense work, but one punctuated by moments which, though lighter than those of the official sessions, will still be educational.

The success of this conference is assured – thanks to your willingness to travel great distances and make personal sacrifices to attend, either to present a paper or contribute in other ways. My colleagues who make up the organizing committee of the 21st International Conference of Military History, and myself, thank you for your generosity. We hope that your stay among us will be profitable, pleasant, and that, in accord with our statutes, the conference will «encourage and coordinate research by military historians in a spirit of international understanding so that they can become acquainted and can compare the results of their efforts».

Serge Bernier
President
Organizing Committee
XXIst Colloquium of the International
Commission of Military History

ACKNOWLEDGEMENTS

This conference would not have been possible without the complete support of the Minister and Deputy Minister of the Department of National Defence, as well as the Chief of the Defence Staff of the Canadian Armed Forces. Many military organizations have been called upon to support our efforts in the last four years, notably the Directorate of History of the Department of National Defence. We would also like to thank the Pratt and Whitney (Canada) corporation for its collaboration.

S.B.

Notices administratives

I. Le petit déjeuner du 21 août 1995 et toutes les séances auront lieu dans la salle Porte du Palais de l'hôtel Hilton de Québec.

II. Les autobus seront sur place, dix minutes avant l'heure annoncée de chacun des déplacements prévus au programme, qu'ils soient réservés à tous les participants (mercredi après-midi, banquet de clôture du vendredi soir), aux accompagnateur(trices)s (mardi et jeudi avant-midi) ou lors d'une activité spéciale (visite au Village huron).

III. Dès votre arrivée, n'oubliez pas de prendre connaissance, dans votre chambre, des possibilités offertes par l'hôtel, en particulier en ce qui concerne les éventuelles urgences médicales.

IV. Pour toute question ou tout problème, n'hésitez pas à contacter en tout temps un des membres du comité organisateur, que vous saurez rapidement reconnaître.

Administration Notes

I. Breakfast on 21 August 1995 and all work sessions will take place in the Porte du Palais room, at the Quebec Hilton.

II. For activities in the programme requiring transportation, buses will be waiting, ten minutes before the scheduled time of departure. This includes activities reserved for all participants (Wednesday afternoon, closing banquet Friday evening), for their companions (Tuesday and Thursday morning), and for special activities (the visit to the Village Huron).

III. Upon your arrival, remember to familiarize yourself with the hotel's services, especially those for dealing with medical emergencies.

IV. If you have any questions or problems, do not hesitate to contact a member of the organizing committee, whom you will quickly learn to recognize and who will be available at all times.

PROGRAMME QUOTIDIEN - DAILY PROGRAM

DIMANCHE 20 AOÛT 1995 – *SUNDAY, AUGUST 20, 1995*

9h - 22h	Inscription (salle Porte du Palais, hôtel Hilton)
	Registration (Porte du Palais Room, Hilton Hotel)
15h30 - 17h	Visites guidées du Parlement de Québec
	Guided tours of the Québec Parliament
20h - 22h	Cocktail d'accueil offert par la Commission canadienne d'histoire militaire (salle Panorama, hôtel Hilton)
	Get-Together organized by the Canadian Commission of Military History (Panorama Room, Hilton Hotel)

LUNDI 21 AOÛT 1995 – *MONDAY, AUGUST 21, 1995.*

8h15 - 9h	Petit déjeuner / Continental breakfast[1]
9h - 12h	Inscription / Registration
9h - 12h	Conférence historico-touristique sur Québec et tour guidé de la ville / Conference and historical guided tour of Québec City.
12h - 13h30	Déjeuner (libre) / Lunch (participant expense)
13h30 - 15h	Ouverture / Official opening *Invité / Guest*: Prof. Albert Legault, Centre québécois de recherches internationales
15h - 15h10	Pause / Coffee break

15h10 - 16h30 **PREMIÈRE SÉANCE – FIRST SESSION**

Présidence / *Chairperson: Col Luiz Paulo Macedo Carvalho (Brésil / Brazil)*

Communications:

1. Mircea Dogaru, **La Sainte-Alliance et les conséquences de la paix armée pour les pays roumains (1815-1849).**

2. Prof. René Pillorget, **Les interventions françaises en Amérique latine et en Extrême-Orient au XIXe siècle.**

3. Roch Legault, **Ramener et maintenir la paix: l'intervention des forces armées britanniques au Bas-Canada, de 1837 à 1841.**

16h30 - 16h45   Photo de groupe / Group photograph

16h45 - ...   Soirée libre / Free evening

MARDI 22 AOÛT 1995 – *TUESDAY, AUGUST 22, 1995*

8h30 - 10h10   **DEUXIÈME SÉANCE – SECOND SESSION**

Présidence / *Chairperson: Prof. André Corvisier (France)*

Communications:

4. Michèle Battesti, **Aspects maritimes des actions d'interposition sous le Second Empire.**

5. Hugo O'Donnell, **Spanish North African Campaign (1859-1860).**

6. Général Manuel Freire Themudo Barata, **Trois conflits internationaux résolus par arbitrage (1870-1905).**

7. Dr Benjamin Franklin Cooling, **Union Peacekeeping and Pacification in the Upper Confederate Heartland 1862-1865.**

Échanges / *Questions*

9h - 13h   L'Île d'Orléans et la chute Montmorency[2] [accompagnateur (trices)s inscrit(es)s / registered guests]

10h10 - 10h30 Pause / Coffee break

10h30 - 12h10 **TROISIÈME SÉANCE – THIRD SESSION**

Présidence / *Chairperson: Gen J.L. Collins (É.-U. / USA)*

Communications:

8. Stefan Pâslaru, **Rapports de force et actions pour le maintien de la paix dans le Sud-Est de l'Europe depuis la guerre de Crimée jusqu'au Congrès de Berlin (1853-1878).**

9. General Andres Mas Chao, **L'expédition de Cochinchine. Une contribution espagnole au début de l'occupation française de l'Indochine.**

10. Prof. Dr Jozsef Zachar, **Europaeisches Mandat, Österreichisch-ungarische Durchführung. Die Okkupation von Bosnien und der Hercegovina im Jahre 1878.**

12h10 - 13h30 Déjeuner (libre) / Lunch (participant expense).

12h10 - 13h30 Réunion administrative du Regroupement des historiens militaires canadiens / Administrative meeting of the Canadian Military History Group.

13h30 - 14h50 **QUATRIÈME SÉANCE – FOURTH SESSION**

Présidence / *Chairperson: Dr Pablo Antonio Fernandez Sanchez (Espagne / Spain)*

Communications:

11. Pedro Pascual Martinez, **Las expediciones militares españolas en las guerras de Cuba Y la respuesta de la sociedad civil.**

12. Dr Dumitru Preda, **La conférence de la paix de Paris et la guerre roumano-hongroise de 1919. Implications sur le nouvel équilibre européen.**

13. Col Dr Dimiter Minchev, **Bulgarian "Troops of Occupation" 1915-1918.**

Échanges / *Questions*

14h50 - 15h10 Pause / Coffee break

15h10 - 16h40 **CINQUIÈME SÉANCE – FIFTH SESSION**

Présidence / *Chairperson: Général Jean Delmas (France)*

Communications:

14. Olivier Forcade, **Interventions françaises dans le cadre des traités de paix (Hongrie, Haute-Silésie et Turquie) 1920-1923.**

15. Captain (r) Guillermo J. Montenegro, **Operaciones navales humanitarias argentinas en la guerra civil española.**

16. Prof. Willard Frank, **International Efforts at Sea to Contain the Spanish Civil War, 1936-1939.**

Échanges / *Questions*

17h30 - 23h Village huron

8h15 - 9h35   SIXIÈME SÉANCE - SIXTH SESSION

Présidence / *Chairperson: Prof. Dr Jürgen Rohwer (Allemagne / Germany)*

Communications:

17. Tiberio Moro, **Peacekeeping in Northern Adriatic after World War I: The Allied Occupation of Fiume 1918-1920.**

18. Dr Jürg Stüssi-Lauterburg, **Les trains de marchandises suisses 1918-1920.**

19. Prof. Kenneth J. Hagan, **U.S. Navy as a Peacekeeping Force.**

Échanges / *Questions*

9h35 - 9h50   Pause / Coffee break

9h50 - 11h10   **SEPTIÈME SÉANCE – SEVENTH SESSION**

Présidence / *Chairperson: Brigadier-général Jean Langenberger (Suisse / Switzerland)*

Communications:

20. Jan Korcek, **Slovakia and the Slovaks in Peacekeeping Actions, 1919-1994.**

21. Dr Kent Fedorowich, **Propaganda and Political Warfare: The Foreign Office, Italian POWs and the Free Italy Movement, 1940 -1945.**

22. General Major Vladimir Zolotarev, **Warsaw Treaty and Cooperation of the Armed Forces of the Member Countries.**

Échanges / *Questions*

11h10 - 12h30 Déjeuner (libre) / Lunch (participant expense)

12h30 - 17h   Québec et ses environs militaires / The military heritage of Québec.

17h30 - 19h15 Réception offerte par le maire (sur invitation seulement)
Mayoral reception (by invitation only)

8h30 - 10h10   HUITIÈME SÉANCE – EIGHTH SESSION

Présidence / *Chairperson: Steve C. Ropp et/and Theodore Ropp (É.-U. / USA)*

Communications:

23. Col. Carlos Gomes Bessa, **Le «Maintien de la Paix» dans la péninsule ibérique pendant la Seconde Guerre mondiale.**

24. Prof. Liu Lu-Min, **Forget Not Lessons of WWII.**

25. Captain(N) Igor Amosov, **Role of the Soviet Military Personnel in the Foundation and Development of the Polish Army (1942-1956).**

26. Prof. Dʳ Hasan Koni, **Turkish Participation in the Korean War of 1950-1953.** (Lu par / Read by: Selim Ercan)

Échanges / *Questions*

9h - 12h   Réunion du Comité des archives militaires de la Commission internationale d'histoire militaire. (Auberge Saint-Antoine)
Meeting of the Military Archives Committee, International Commission of Military History. (Auberge Saint-Antoine)

9h30 - 12h30   Musée du Québec, Villa Bagatelle et Domaine Cataraqui
Quebec City Museum, Villa Bagatelle and Cataraqui Domain
[accompagnateur(trices)s inscrit(es)s / registered guests]

10h10 - 10h30 Pause / Coffee break

10h30 - 11h50 **NEUVIÈME SÉANCE – NINTH SESSION**

Présidence / *Chairperson: Prof. Yang Shao-Jun (Chine / China)*

Communications:

27. Dʳ P.H. Kamphuis, **Boundaries and Priorities, Dutch Policy for the Deployment of Military Personnel Beyond the National Borders.**

28. Dʳ Wolfgang Etschmann. **The Austrian Participation in Peacekeeping Operations in Cyprus 1964-1994.**

29. Laurent Wehrli, **La mission suisse en Corée.**

Échanges / *Questions*

11h50 - 13h30 Déjeuner (libre) / Lunch (participant expense)

13h - 16h Réunion du Comité de bibliographie, Commission internationale d'histoire militaire. (Auberge Saint-Antoine) Meeting of the Bibliography Committee, International Commission of Military History. (Auberge Saint-Antoine)

13h30 - 15h10 **DIXIÈME SÉANCE – TENTH SESSION**

Présidence / *Chairperson:* *Dr Prof. Jehuda L. Wallach (Israël)*

Communications:

30. Dr Helmuth Schubert, **Zur Entstehungsgeschichte der "Inneren Führung" der Bundeswehr.**

31. Prof. Sune Persson, **Swedish Participation in Peacekeeping Operations on Cyprus, 1964-1987.**

32. Prof. Andrzej Ajnenkiel, **Participation de l'armée polonaise dans les opérations de l'ONU après la Seconde Guerre mondiale.**

33. Prof. Peter Dennis, **From War to Peace: The Transition in SE Asia Command, 1945-1946.**

Échanges / *Questions*

15h10 - 15h30 Pause / Coffee break

15h30 - 17h **SÉANCE SPÉCIALE – SPECIAL SESSION** Le maintien de la paix au Moyen-Orient de 1949 à 1967 Peacekeeping in the Middle East 1949-1967

Présidence / *Chairperson:* *Col Luc Bujold (Canada)*

Communications:

34. Prof. Matitiahu Mayzel, **The Pitfalls of Peacekeeping : UNTSO and the Six Days War 1967.**

35. MGen (ret) Mohammad K. Shiyyab, **The UN Peacekeeping Operations in the Middle East: A jordanian Perspective.**

36. Col Yigal Eyal, **Peace Within War - Israël and the Maintenance of the Armistice Agreements, 1949-1967.**

Échanges / *Questions*

17h - ...   Soirée libre / Free evening

VENDREDI 25 AOÛT 1995 – *FRIDAY, AUGUST 25, 1995*

8h30 - 10h10   **DOUZIÈME SÉANCE – TWELFTH SESSION**

Présidence / *Chairperson: Brigadier Louis Edouard Roulet (Suisse / Switzerland)*

Communications:

37. Dʳ Jarl Kronlund, **The Canadian Initiative of Creating UN Stand-by-Forces in 1964 and the Finnish Reaction.**

38. Claude Bonard, **Services d'ordre de l'armée suisse lors des conférences internationales à Genève.** (Lu par / Read by: Col Hervé de Weck)

39. BGen Photios Mermigidis, **Greece's Peacekeeping Operations Since 1950.**

Échanges / *Questions*

10h10 - 10h30   Pause / Coffee break

10h30 - 11h50   **TREIZIÈME SÉANCE – THIRTEENTH SESSION**

Présidence / *Chairperson: Dʳ Stoyan Germanov (Bulgarie / Bulgaria)*

Communications:

40. Dʳ Luc de Vos, **Les opérations humanitaires belges.**

41. Dʳ Nitza Nachmias, **Peacekeeping Operations Under Military Occupation: UNTSO and UNRWA.**

42. Joseph P. Harahan, **Monitoring the Conventional Armed Forces in Europe Treaty, 1992-1995.**

Échanges / *Questions*

11h50 - 13h   Déjeuner (libre) / Lunch (participant expense)

13h - 14h20 **QUATORZIÈME SÉANCE – FOURTEENTH SESSION**

Présidence / *Chairperson:* Dr *Carl Christie (Canada)*

Communications:

43. Major Bill March, **The Royal Canadian Air Force and Peacekeeping, 1948-1968.**

44. Adm. Mario Buracchia, **Italian Peacekeeping and Humanitarian Operations (1950-1995).**

45. François Pernot, **Participation de l'armée de l'air aux missions humanitaires dans le monde contemporain.**

Échanges / *Questions*

14h20 - 14h40 Pause / Coffee break

14h40 - 16h **QUINZIÈME SÉANCE – FIFTEENTH SESSION**

Présidence / *Chairperson:* *Sabine Marie Decup (France)*

Communications:

46. José Luis Picciuolo, **Argentina's Efforts in World Peacekeeping in the 20th Century.**

47. Col Luiz Paulo Macedo Carvalho, **Brazilian Peacemaking and Peacekeeping Forces.**

48. Col Donal O'Carroll, **Ireland's UN Peacekeeping Experience 1958-1995.**

Échanges / *Questions*

16h - 17h45 Assemblée générale / élections quinquennales
General assembly / quinquennial elections

19h - 24h Banquet de clôture
Closing banquet

9h30 - 10h50 **SEIZIÈME SÉANCE – SIXTEENTH SESSION**

Présidence / *Chairperson: Alex Morrison (Canada)*

Table ronde / *Round Table:*

49. Prof. Norman Hillmer, **Peacekeeping in Canada: A View to the future.**

50. BGen Theodore Mataxis, **Aspirations vs. Reality: UN's Agenda for Peace vs. US Pres. Decision Directive 25.**

51. Dr Mats Berdal, **Peacekeeping, Peace Enforcement: Where do we go from here?**

Échanges / *Questions*

10h50 - 11h10 Pause / Coffee break

11h10 - 12h Fermeture / Closure

PROGRAMME SOCIAL – *SOCIAL PROGRAMME*

Cocktail d'accueil (dimanche 20 août 1995, 20h). Salle Panorama, hôtel Hilton
Get-Together (Sunday, August 20, 1995, 20h). Panorama Room, Hilton Hotel

Réception offerte par le maire (sur invitation seulement – nombre limité, malheureusement) (mercredi 23 août 1995, 17 h 30 à 19 h 15)
Mayoral reception (by invitation only – unfortunately, places are limited) (Wednesday, August 23, 1995, 17h30-19h15)

Banquet de clôture (vendredi 25 août 1995, 19 h). Château Frontenac
Closing banquet (Friday, August 25, 1995, 19h). Château Frontenac

EXCURSIONS POUR TOUS – *TOURS FOR ALL*

Conférence historico-touristique sur Québec et tour guidé de la ville, petit déjeuner inclus (lundi 21 août 1995, 8 h 15 à 12 h)
Conference and historical guided tour of Québec City, continental breakfast included (Monday, August 21, 1995, 8h15-12h)

Québec et ses environs militaires (mercredi 23 août 1995, 12 h 30 à 17 h)
The military heritage of Québec (Wednesday, August 23, 1995, 12h30-17h)

EXCURSIONS POUR ACCOMPAGNATEUR(TRICES)S – *TOURS FOR GUESTS*

L'Île d'Orléans et la chute Montmorency (mardi 22 août 1995, 9 h à 13 h)
L'Ile d'Orléans et la chute Montmorency (Tuesday, August 22, 1995, 9h-13h)

Musée du Québec, Villa Bagatelle et Domaine Cataraqui (jeudi 24 août 1995, 9 h 30 à 12 h 30)
Québec City Museum, Villa Bagatelle and Cataraqui Domain (Thursday, August 24, 1995, 9h30-12h30)

ACTIVITÉ SPÉCIALE – *SPECIAL ACTIVITY*

Village huron (mardi 22 août 1995, 17 h 30 à 23 h)
Village Huron(Tuesday, August 22, 1995, 17h30-23h)

Notes

1. Toutes les séances et le petit déjeuner du lundi 21 août se dérouleront à la salle Porte du Palais.

    All sessions as well as the Monday 21 August breakfast will be held at the Porte du Palais room.

2. Les autobus seront disponibles dix minutes avant l'heure annoncée du départ pour chaque activité extérieure.

    Buses will be available ten minutes before each activity requiring transportation.

TABLE DES MATIÈRES

TABLE OF CONTENTS